유가철학, 감정으로 이성을 말하다

중국철학총서 3

유가철학, 감정으로 이성을 말하다

지은이 蒙培元
옮긴이 주광호 · 임병식 · 홍린
펴낸이 오정혜
펴낸곳 예문서원

편집 유미희
인쇄 및 제책 주) 상지사 P&B

초판 1쇄 2020년 1월 20일

출판등록 1993년 1월 7일(제307-2010-51호)
주소 서울시 성북구 안암로 9길 13, 4층
전화 925-5913~4 | 팩스 929-2285
전자우편 yemoonsw@empas.com

ISBN 978-89-7646-400-2 93150
YEMOONSEOWON 13, Anam-ro 9-gil, Seongbuk-Gu, Seoul, KOREA 02857
Tel) 02-925-5913~4 | Fax) 02-929-2285

값 70,000원

중국철학총서 3

유가철학, 감정으로 이성을 말하다

蒙培元 지음
주광호·임병식·홍린 옮김

예문서원

서문

어떤 학자는 중국의 유가철학이 인간의 감정 문제를 중시하지 않았다고 주장한다. 또 어떤 학자는 감정은 낮은 차원의 문제일 뿐 유학의 핵심적 과제를 구성하기에 부족하다고 주장한다. 나는 이에 반대한다. 유가는 감정을 삶에서 가장 중요한 문제로 보았을 뿐만 아니라, 2천 년간의 끊임없는 토론을 통해 마침내 이것을 가장 높은 차원으로 끌어 올려 유학의 핵심 내용으로 만들었다. 그러나 오랜 시간 이 문제는 우리의 관심을 끌지 못했다. 그렇게 된 중요한 원인은 우리가 서양철학의 영향을 받게 됨에 따라 감정은 철학이 다룰 문제가 아니라고 보았기 때문이다.

나는 감정을 유가철학의 핵심 문제로 설정하고 연구를 진행했으며, 그리하여 마침내 이 책을 내게 되었다. 이것은 하나의 새로운 시도라고 할 수 있다.

이러한 시도는 연구의 측면에 있어 일련의 전환이 요구되었다. 이 책에서는 또다시 본체론이나 지식론 그리고 지식학의 각도에서 유학을 연구하지 않고, 존재의 문제에서 출발하여 인간의 존재와 가치, 그리고 인생체험의 문제에 대한 유학의 기본적인 주장을 검토할 것이다. 감정의 문제는 아주 복잡한 문제다. 그래서 소위 순수이성적 분석을 진행하기는 매우 어렵다. 중국과 서양의 철학적 문화는 이 문제에 대해 각기 다른 해결방식을 가지고 있지만, 여기에는 서로 비교를 진행할 수 있는 지점도 있다. 이 책에서는 유가의 감정철학을 논할 때, 필요할 경우 서양철학과 비교를 통해 논의를 전개했다. 서양철학에 대한 본인의 이해가 제한적인 까닭에 이러한 비교에는 허술하고 부족한 점이 다소 있겠지만, 그럼에도 나는 이러한 연구방향이 견지되어야 한다고 본다.

유학 내에서 감정이 어떤 중심적 내용, 성질, 지위 그리고 작용을 가지는지에 대한 탐구를 통해 우리는 감정이 전체 유학이론의 기본적인 구성성분이며, 심지어 유학이론의 출발점이라는 점을 발견했다. 감정과 의지, 욕망과 지식, 특히 감정과 이성의 관계를 연구할 때, 우리는 의지와 욕망 그리고 지식 등이 모두 감정과 관련이 있을 뿐만 아니라, 많은 경우 이들이 감정적 욕구와 내용에 의해 결정되는 것임을 발견했다. 이는 유가가 감정을 의지와 결합시켜 결과적으로 '감정의지'(情意)의 철학을 만들어 냈다는 것을 의미한다.(중국의 대표적인 의지철학자로는 劉宗周를 예로 들 수 있다.) 또한 유가는 감정을 인식과 결합시켜 감정을 인식의 동력과 내용으로 보았고, 그리하여 결과적으로 '감정적 앎'(情知)의 학문으로 발전시켰다.(중국에서 감정과 앎[知]을 서로 구분해서 논한 대표적인 학자로는 戴震을 들 수 있다.) 사실 중국철학에서 욕망은 감정과 관계되는 것이지 의지와 관계되는 것은 아니다. 그래서 중국철학에는 '정욕'을 논한 경우는 있지만 '의욕'을 논한 경우는 없다.

이성과 감정의 관계는 유학의 핵심적 주제였다. 이성은 유학에서 의리義理와 성리性理로 불리며, 이는 가치이성에 속하는 것이다. 가치는 분명 감정과 관련되는 것으로, 감정에서 결정되는 것이지 인식에서 결정되는 것이 아니다. 사물의 이치(物理) 역시 생명과 직접 관련해서 말한 것이지, 물리학적 관점에서 말한 것이 아니다. 유학이 이성주의인지, 아니면 비이성주의인지의 논쟁은 바로 여기에서 발생한 것이다. 유학 내에는 이 논쟁을 둘러싼 서로 다른 관점들이 있었으며, 그에 따라 서로 다른 해결방식이 제시되었다. 하지만 그들은 감정과 이성을 대립시키지 않고 통일시켜서 바라보았다는 점에서는 분명한 공통점을 지닌다. 우리는 유학이 이성주의적이라는 것을 인정하지만, 유학의 이성은 '정리情理' 즉 감정이성이지 감정과 대립되는 인식이성 혹은 기타 특수한 이성이 아니다. 유학에서 논하는 '심성'의 학문은 본성과 감정을 통일시키는 것이지 결코 그들을 분리하지 않는다. '성리'의 학문 역시 결코 이성과 감정의 통일을 벗어나지 않는다. 결국 유가의 이성은 감정의 내용을 지닌 것이다. 이는 구체적 이성이지 순수 형식적인 추상적 이성이 아니다. 감정과 이성을 대립시킨 이원론적 철학, 그리고 감정을 순수주관적인 비이성으로 보는 감정주의 윤리학 등 서양철학과 비교해 볼 때, 유가는 감정의 동질성과 보편성을 중시했으며, 따라서 감정과 이성의 동일성을 주장했다고 볼 수 있다. 이것이 유가철학이 지닌 가장 큰 특징이다.

　사람들은 흔히 유학을 인학仁學이라고 말한다. 인仁은 본질적으로 감정인 동시에 이성이며, 또한 이성적 감정 혹은 감정적 이성이다. 이 책은 새로운 시각에서 유학에서의 인학의 문제를 해결하고자 시도했고, 이에 따라

제12장에서는 인의 다양한 차원을 논술했다. 또한 유가는 '안신입명安身立命'의 문제를 논할 때, 삶의 최고 즐거움을 추구함으로써 이를 향유하고자 했는데, 제13장에서는 즐거움의 체험 문제를 탐구했다. 또한 유가는 삶과 우주의 궁극적 본성의 문제를 논할 때 심오한 종교적 감정 특히 경외의 감정을 부각시켰다. 제14장에서는 이에 대한 논의를 진행했다. 끝으로 이 책은 유가의 감정철학에 대한 현대적 발전 과정을 개괄함으로써, 동서철학의 교류와 충돌이라는 상황 속에서 유가의 감정철학이 처한 위상 및 앞으로의 발전과 공헌 가능성을 제시했다.

옮긴이의 말

6년의 시간이 흘렀다. 한국 싸나톨로지협회 이사장인 임병식 박사께서 이 책을 번역하자고 제안했을 때 흔쾌히 동의한 것이 6년 전의 일이다. 그때는 무슨 생각에서였는지 금방 끝낼 수 있을 것만 같았다. 지금 생각해 보니 이 얼마나 가소로운 생각이었나.

몽배원 선생은 '감정'과 '이성'이라는 두 개의 키워드로 사실상 유가철학 전체를 해부하고 또 동시에 조망하고 있다. 그만큼 이 글은 정밀하면서도 거대하다.

'차가운 머리, 따뜻한 가슴'이라는 상투어에서 보이듯 흔히 이성은 머리, 감정은 가슴이라고들 생각한다. 그러나 한자에서 생각(思, 慮)이나 지속적인 사고(念, 憶)가 모두 마음(心)과 관련되어 있는 것에서도 보이듯이, 고대 동양인은 이성이나 생각을 머리가 아닌 가슴에서 진행되는 것으로 보았다. 감정(感, 情)과 의지(意, 志)처럼 모두 가슴에서 나오는 것이다. 때문에 감정은 욕망이나 의지 혹은 지식과 결부될 뿐만 아니라 이성이나 도덕과도 관련된다.

그래서 유가의 도덕은 도덕이성이라기보다 도덕감정이고, 그것이 인仁이다. 이러한 관점은 유가철학에서는 대부분 동의되는 것이지만 이 글만큼 심층적이면서도 체계적이고 종합적인 연구는 지금껏 없었다.

이는 서구문명의 충격 속에서 동양의 사유에도 그들에 필적할 만한 것이 있었다고 주장하던 종래의 자기위안적 태도를 필자가 온전히 극복했음을 의미한다. 그렇기 때문에 그 내용과 관점 역시 소위 '리기·심성·수양이라고 하는 '전통적'인 범주를 벗어날 수 있었다. 이를 위해 필자는 광범위하게 서양철학을 끌어와 비교하면서 동양철학의 특징과 가치를 드러낸다. 그런 점에서 이 글은 저자 일생의 학술에 대한 종합이자 완성이라고 할 수 있다.

하지만 그런 만큼 내용은 쉽지 않았다. 이전까지 몽배원 선생의 문장은 대개가 간결체였다. 문체와 내용 모두 분명하고 군더더기가 없다. 아마도 그래서 쉽게 번역할 수 있으리라 넘겨짚었던 모양이다. 하지만 이 글에서만큼은 문장이 길어졌다. 미묘한 차이와 연속을 드러내기 위해 표현은 정밀해질 수밖에 없었다. 번역자들에겐 고역이 아닐 수 없었다. 게다가 심령心靈·심경心境·심정心情처럼 비슷한 의미의 단어를 구분해서 사용하는 경우 그것을 적절한 한글로 번역하는 것은 정말 어려운 일이었다. 감히 온전히 옮기지 못했을까 두렵기 그지없다.

5년을 고생해서 번역을 거의 마쳤는데 인민대학출판사의 새로운 판본이 출간되었고, 〈부록〉 6편이 추가되었다. 이를 다 번역하느라 다시 시간을 늘리지 않을 수 없었다. 분량의 문제로 이 책에서는 〈부록〉을 포기해야 했지만, 그 중 〈부록 1: 내가 중국철학을 연구해 온 길〉만은 실었다. 그간 여러 권 저자의 학술은 소개되어 왔지만, 그의 사적인 성장과정과 중국철학 연구의 개인적인 관점과 태도는 이 글을 통해서만 소개할 수 있겠다 싶어서였다.

원고는 북경대학에서 공부하는 홍린을 포함해 세 명이 공히 번역에 참여하고 함께 읽으며 교정했지만, 역자주와 원문대조 등에서 홍린은 특히 고생이 많았다. 예문서원은 이 책이 세상에 나올 수 있도록 안팎의 일을 꼼꼼히 처리해 주셨다.

몽배원 선생은 내가 북경대학 박사학위 답변을 할 때 심사위원으로 들어오신 인연이 있다. 사시던 중국사회과학원 대학원(花家地) 근처에서 반려견과 함께 산책 다니시던 모습이 선연하다. 지금은 건강이 좋지 않으시다 들었다. 미진한 이 번역본으로 선생과의 학연에 감사의 마음을 표할 수 있었으면 좋겠다.

2019년 12월 23일
역자를 대표하여 주광호 씀

차례

■ 일러두기 ■

• 단음절어의 경우 동음이의어와의 혼동을 피하기 위해 가능한 한 2음절어 이상으로 바꾸었다.
(예: 仁 → 인 / 人 → 사람) 그러나 개념쌍이나 개념군의 경우, 그리고 다른 개념어와의 비교에
서는 한자음을 되도록 그대로 살렸다.(예: 仁義禮智 → 인의예지)

• 개념어는 우리말에 이미 익숙해진 경우를 제외하고는 되도록 번역했으나, 한자음을 이용한 설
명이 이어질 경우 개념어의 한자어를 노출하기도 하였다.(예: 五性 → 다섯 가지 본성 → 오성)

• 적합하지 않을 경우를 빼고는 주로 '知'는 '앎'으로 '智'는 '지혜'로 번역하였다.

• 情感·情 → 감정 / 情操 → 정서 / 性 → 본성 / 心·心靈 → 마음 / 直覺 → 깨달음 /
自我直覺 → 자신을 향한 깨달음 / 理學 → 송명 성리학 또는 성리학 / 理 → 이치 /
性命 → 본성과 천명 / 心智 → 마음속 지혜 또는 마음의 지적(능력) / 仁者 → 인자 /
整體 → 온전체 / 靜 → 잠잠함으로 번역하였다.

• 인명은 한자어 그대로 표기하였다.

제1장 서언

제1절 문제 제기

‘중국철학’은 복합적인 의미를 지닌 말로서 그 속에는 다양한 의미의 철학이 포함되어 있다. 중국철학이 정식으로 탄생했던 때인 춘추전국시기에는 소위 ‘제자학諸子學’이 있었고, 진·한 이후의 발전기에는 유가·도가·불교의 삼대 유파가 있었다. 그러나 중국철학 전체를 ‘유형’으로 분류한다면, 크게 두 개의 유형으로 구분할 수 있을 것이다. 즉 하나는 ‘지식형知識型’이고, 다른 하나는 ‘경지형’(境界型)이다. 전자는 묵가墨家와 명가名家가 대표적이고, 후자에는 유가·도가·불교가 대표적이다. 여타의 학파들은 이 두 유형 중의 어느 하나에 속하기도 하고, 혹은 이 두 유형과는 별개의 유형을 구성하기도 한다. 법가法家의 경우는 지식형과 경지형 중 어디에도 속하지 않는 특수한 형태의 정치철학이다.

지식형의 철학은 인간의 지적 능력을 중시해서 인간을 인식의 동물로 본다. 그와 함께 지식이론을 수립하기 위해 노력하고, 이를 통해서 인간이 살아가고 있는 이 세계를 이해하려 한다. 묵가가 바로 이와 같다. 묵가는 인간의 경험지식을 매우 중시하여 경험의 객관성과 의존가능성을 인정하고 이것이 바로 세계를 이해하는 기초라고 생각했다. 그리하여 중국적 논리학을 수립하고 논리추리의 원칙을 제시했다. 이러한 원칙은 비록 아리스토텔레스의 3단 논법과 완전히 동일한 것은 아니지만 이 역시 세계를 인식하는 중요한 방법이 된다. 이러한 의미에서 묵가의 논리학은 서양철학의 방법과 비교될 수 있다.

명가의 경우에는 개념의 분석과 비교를 중시하여 개념 간의 차이를 논했다. 예컨대 소위 '같음과 다름을 합일시키는' 합동이合同異파와 '견고함과 흼을 분리한다'로 대표되는 이견백離堅白파로 나누어지는데,[1] 이들은 이러한 주장을 기초로 하여 세계에 대한 개념적 인식을 진행했다. 명가 학설은 중국인이 이성사변과 분석능력을 중시했음을 드러내 주기 때문에 단순히 궤변으로 치부해 버릴 수는 없다. 이런 점에서 명가는 서양의 개념론적 이성주의 철학과 비교될 수 있다.

묵가가 경험주의적 경향을 갖고 있다면 명가는 이성주의적 경향을 띠고 있다고 말할 수 있다. 다만 이 두 학파에는 공통점이 있는데, 그들의 학설은 모두 대상적 학설이며, 그들의 이론은 모두 '대상을 향한'(指涉性) 이론이라는 것이다. 그것이 경험이든 아니면 개념이든 그것은 모두 객관 대상을 향하고 있으며 또한 객관적 인식을 진행하고 있다. 인간은 다만 그 속에서 인식자의 역할을 담당할 뿐이다.

그러나 경지형 철학은 이와 다르다. 경지형의 철학은 마음(心靈[2])을 지

---

1) 역자주: 합동이파는 극대와 극소 개념을 구사해서 사물의 차이를 상대화했다. 혜시로 대표된다. 이견백파는 개념을 사물로부터 분리해서 실체화시켰다. 공손룡으로 대표된다.

2) 역자주: 원문에서 사용된 '心靈'을 저자는 육체와 대비되는 개념으로서 내면의 지적·감정적 자아를 의미하는 것으로 보았다. '마음'이나 '영혼' 혹은 '정신'이 이와 유사하다고 할 수 있다. 그러나 저자는 '心'이나 '靈魂' 그리고 '精神'이라는 개념을 동시에 사용하기 때문에 혼동이 불가피하다. 이 책에서는 기본적으로 '마음'이라고 번역하나 의미에 따라서 '내면'이나 '자아' 등으로 번역하기도 했으며, 경우에 따라서 '심령'을 곧바로 사용하기도 했다.

닌 존재 상태 혹은 존재 방식으로서의 인간을 중시하지, 인식능력을 중시하지 않는다.—그렇다고 일률적으로 인식을 부정하는 것은 아니다.— 그들은 인간을 특수한 생명적 존재로 보고 정신적 초월이라는 과정 속에서 일련의 경지를 실현한다고 생각했다. 여기에서 말하는 경지는 정신의 초월을 통해 도달하는 존재 상태이다. 그것은 생명의 가장 근본적인 체험이라고 볼 수 있다. 이러한 체험과 인간의 인식은 연결되어 있다. 그것은 미학적일 수도 있고 도덕적일 수도 있고 종교적일 수도 있다. 중국 역사에서 오랫동안 중요한 지위를 차지했고 또 중대한 영향을 미쳐 온 유가·도가·불가 삼대 유파는 바로 이러한 형태의 철학에 속한다.

경지형의 철학은 존재론이 아니다. 경지형의 철학은 어떠한 실체도 최고의 절대적 실체라고 인정하지 않는다. 마음 역시 실체라고 인정하지 않는다.—예컨대 영혼과 같은 유형이 이에 해당한다.— 도가에서 말하는 도나 유가에서 말하는 천 혹은 불교에서 말하는 불성, 법심 혹은 여여如如 등과 같은 것은 최고 존재이지만 결코 최고의 실체는 아니다. 그들이 말하는 마음은 심체 혹은 영명한 지각 혹은 명덕 혹은 양지양능이지 영혼과 같은 실체는 아니다.

경지형의 철학은 비록 존재론은 아니지만 이 역시 존재론적인 것이기는 하다. 경지형의 철학은 존재를 그 전제로 한다. 그러나 경지형 철학은 인간의 존재 문제를 해결하고 인간 존재의 의의와 가치문제를 반드시 해결하려고 할 뿐 다른 객관적 존재의 문제를 다루거나 해결하지 않는다. 특히 인간 존재의 의의와 가치문제는 매우 중요하다. 여기에서 비로소 소위 경지라는 문제가 발생된다. 경지란 정신의 경지 혹은 마음의 경지이다. 이는 인간의 존재와 불가분의 관계며, 마음의 존재와도 불가분의 관계에 있다. 그 자체가 심체 존재의 한 형식이라 할 수 있다. 바로 이 점에서 존재에 대한 유가·도가·불가의 설명에 서로 다른 점이 생겨난다. 또 이로부터 서로 다른 가치선택 혹은 가치지향을 보이게 되지만, 다만 그 기본적인 형태는 서로 같다.

풍우란馮友蘭 선생은 체계적인 경지설을 제시했다.(『新原人』) 그가 강조한 것은 세계와 인생의 의의에 대한 인식(혹은 깨달음)의 문제였다. 다만 그는 존재의 문제를 제기하지는 않았다. 그는 만년저작인 『중국철학사신편中國哲學史新編』에서 중국철학의 영원한 가치는 바로 인간의 정신 경지를 높이는 데에 있다고 반복해서 강조했다. 동시에 그는 또 수·당시기 불교철학이 일종의 경지형 철학이라고 주장했다. 사실 불교철학과 유가·도가철학은 그것이 경지 형태냐 비경지 형태냐에 따라 구별되는 것이 아니라, 단지 어떤 경지를 추구하느냐에 따라 구별될 뿐이다.

모종삼牟宗三 선생은 경지 형태와 존재 형태를 다음과 같이 구분했다. 경지 형태는 인식적 영역에 속하는 수평형이지만3) 존재 형태는 도덕적 주체에 관한 학문에 속하는 수직형이다4). 이러한 관점에서 그는 불교와 도교의 철학은 모두 경지형 철학이지 존재형 철학이 아니며, 오직 유가철학만이 경지형 철학일 뿐 아니라 더 중요하게는 존재형 철학이라고 보았다. 이로부터 유가철학은 '도道의 객관실체'를 수립하고 그것으로부터 주관과 객관이 통일되는 단계를 실현할 수 있다고 생각했다.5) 모종삼은 경지를 그저 주관적이거나 혹은 텅 비어 있는 마음의 상태라고 생각했다. 그래서 그것은 다만 인식과 관계가 있을 뿐 존재와는 관계가 없다고 생각했다. 또 존재 문제를 존재론 등과 함께 엮어서 존재가 곧 실체라고 생각

---

3) 모종삼, 『재성과 현리』(才性與玄理, 臺灣學生書局, 1989년판), 125쪽.
4) 모종삼, 『재성과 현리』, 125쪽.
5) 모종삼, 『재성과 현리』, 276쪽.

했다. 이렇게 그는 유가를 도덕존재론으로 만들어 버렸다. 내가 보기에 이런 식의 구분과 그 기준은 다시금 검토되어야 한다. 경지가 비록 내면적이고 주관적이기는 하지만 그 경지가 경지일 수 있기 위해서는 반드시 존재론적 전제를 지니고 있어야 하며, 최종적으로는 주관과 객관의 구분을 깨부술 수 있어야 하고, 그리하여 주관과 객관 혹은 내부와 외부의 합일을 실현할 수 있어야만 한다. 여기에는 불교와 도가 그리고 유가도 예외일 수 없다. 만일에 경지가 인식의 문제일 뿐이어서 수평적이라고 한다면 그것은 진리의 문제지 경지의 문제가 아니다. 진리가 일종의 인식적 경지라고 말할 수는 있다. 그렇지만 경지가 곧 인식적 진리라고 말할 수는 없다. 이는 서로 구별된다. 만일에 정말 모종삼 선생이 말한 것과 같다면 더 이상 경지를 말할 필요가 없게 된다. '진리'는 당연히 사실에 대한 진리일 수만은 없고 가치에 대한 진리를 반드시 포함해야 한다. 다만 어떠한 진리도 그 본래적 의미에서는 모두 인식에 속한다.(진리에 대한 실존철학의 관점은 전통적 관점과 다르다.) 그러나 경지는 그저 존재에 속할 뿐이다. 이것이 가장 기본적인 판단의 준거여야 한다.

인간의 존재 문제를 말하는 한 감정을 빼놓을 수는 없다. 왜냐하면 감정이라야 그리고 오직 감정만이 인간의 가장 우선적인 또한 가장 기본적인 존재 방식이기 때문이다. 아무리 그 구체적인 해결방식에 있어서 서로 다르다고 할지라도 중국의 유가, 도가, 불교는 모두 이 점을 아주 분명하게 보았고 감정의 문제를 가장 기본적인 존재 문제로 그들의 철학 속에 담아냈다. 유가와 도가 학파는 모두 '진정한 감정'(眞情)에 대해 말하고 있다. 더 나아가 가장 원초적인 또한 가장 자연적인 형태로서 본래의 진정한 감정에 대해 말하고 있다. 다만 도가는 조금 더 개체의 생명에 대한 정서(심미적 감정을 포함하여)에 치중하고, 유가는 조금 더 개체의 생명에 대한 배려(關懷, 도덕감정을 포함하여)[6]에 치중한다. 불교의 경우에는 대자대비의 바람 혹은 대자대비의 감정을 말하는데, 그것은 중생들을 구제한다는 일종의 종교적 감정이다. 생명을 지닌 존재로서의 인간이라는 측면에서 말할 때, 불교철학은 더도 덜도 아닌 일종의 고통과 즐거움에 대한 관점이다. 즉 인생은 엄청난 고통이다. 때문에 그것으로부터 해탈하고 초월하여 극락세계 혹은 열반세계로 들어가야 하는 것이다. 그것은 극도의 비관적이면서도 동시에 대단한 흡입력을 갖춘 감정 세계이다.

어떤 사람은 도가는 결코 감정을 중시하지 않았다고 말한다. 그래서 도가철학은 비감정적, 심지어는 반감정적이라고 말한다. 이러한 관점은 우리가 좀 더 세밀하게 검토해 볼 필요가 있다. 도가는 도를 깨달을 것을 말한다. 그런데 도가에서 말하는 도를 깨닫는 공부라는 것은 인생체험과 직접적으로 관련이 있다. 인생체험의 아주 중요한 측면이 바로 감정이다. 만약 감정적 체험이 없다고 한다면 도를 체험한다고 하는 것에 무슨 의미와 보람이 있겠는가? 노자가 말하는 도란 처음부터 생명의 창조 그리고 생명의 활동과 불가분의 관계에 있다. 도는 절대적 실체가 아닐 뿐만 아니라 이념 혹은 개념도 아니다. 그것은 "길러 주고 키워 주고 멈추게 하고 죽이는"[7] 근원적 존재이다. 생명을 지닌 존재로서의 인간이라는 측면에서 보았을 때 "도는 인간을 낳고 덕은 인간을 길러준다."[8] 때문에 인간은 도의 경지를 실현할 수 있는 것이다. 이러한 경지는 젖먹이 어린아이와 같다. 젖먹이 어린아이는 아무것도 모르고 아무 생각도 없다.(즉, 인위적인 분석이 없다.) 그러나 어린아이는 부모를 사랑하는 마음 즉 인간의 원초

---

6) 역자주: '關懷'는 한국어로 관심, 배려에 해당한다. 이때의 관심은 흥미(interest)의 의미와는 전혀 무관하며, 대상에 대한 지향, 사랑의 의미를 가진다.
7) 『老子王弼注』, 제1장, "長之, 育之, 亭之, 毒之."
8) 『老子』, 제51장, "道生之, 德畜之."

적이고도 진정한 감정을 보존하고 있다.(곽점초묘죽간에서 발견된 『노자』본에는 이러한 점이 더욱더 명확하게 서술되어 있다.) 이런 감정 상태는 명가 학설에서는 찾을 수 없다. 사마담은 「여섯 학파의 요지를 논하다」(論六家要旨)라는 글에서 다음과 같이 말하고 있다. "명가는 지나치게 분석에 치중하여 사람을 각박하게 만들어 그 진실함을 잃게 만들곤 한다."[9] 명가에서의 '명名' 즉 '이름'이란 논리적 개념이자 인식이다. 그것은 존재론의 측면에서 말하면 실재론이다. 이런 방식으로 계속해서 가면 '인간의 감정을 잃게' 된다. 감정을 잃는 것은 곧 '진실함을 잃는 것'이다. '각박하다'는 것은 감정에 대해 말하는 것인데, 곧 개념적 인식만 하고 아무런 감정이 없다는 것이다. 이로 보건대 사마담은 감정을 '진실한 것'으로 보았음을 알 수 있다. 혹여 어떤 사람은 사마담이 말하는 '정情'이라는 것은 실정情實을 가리킬 뿐 감정을 가리키는 것은 아니라고 말할지도 모른다. 그러나 이렇게 되면 '감정'(情)과 '진실함'(實)은 중복된다. 그러면, 감정을 잃은 이후에 진실함을 잃는다는 이 구절은 어떤 의미도 없게 된다. 만약 그렇다 하더라도 인간의 실정이라는 것은 결국 무엇을 가리키는가? 진실한 감정을 떠나서 또 무엇을 참된 실정이라고 할 수 있겠는가? 설마 그것이 겨우 생물학적 존재를 의미하겠는가? 사마담은 도가적 경향을 지닌 인물로서 인간의 존재 문제를 중시했다. 그가 명가에 내린 평론으로부터 우리는 그가 인간의 감정이야말로 인간의 진실한 존재근거라고 보았음을 확인할 수 있다. 노자가 도는 '이름 지을'(名) 수 없다고 한 것, 그것은 바로 도를 개념화하는 것에 반대한 것이고 그렇게 함으로써 인간의 '진실함'을 잃지 않으려고 한 것이다.

---

9) 『論六家要旨』, "名家苟察繳繞, 使人儉而善失眞."

도가의 또 다른 위대한 스승인 장자는 다음과 같이 말했다. "희노애락과 같은 감정이 가슴속에 파고들지 않는다."[10] 그의 아내가 죽자 그는 질항아리를 두드리며 노래 불렀다. 그는 또 혜시와 함께 감정 있음과 감정 없음의 문제에 대해 토론했다. 겉으로만 보면 그는 공개적으로 감정 없음을 주장하는 것 같다.(이것이 바로 장자 언어의 특색이다.) 장자가 말하는 감정 없음은 결코 정말로 아무런 감정이 없음을 의미하지 않는다. 그것은 굉장히 승화된 감정이요 지극히 고양된 기분이다. 그의 실제 주장은 세속의 감정을 뛰어넘어 천지의 감정으로 돌아가라는 것이다. 세속의 감정이란 대부분 교활한 꾸밈 혹은 조작으로부터 나온 것이어서 이익을 추구하도록 교묘하게 자신의 마음을 옥죄어 오는 것이지 진정한 마음 혹은 진정한 감정에서 나온 것이 아니다. 오직 진정한 감정이라야 비로소 인간이 인간일 수 있는 근거라고 할 수 있다. 위에서 인용한 문장이 장자의 반세속적 정신을 보여 주는 것이기는 하지만, 장자가 감정을 반대했다는 증거가 될 수는 없다. 장자가 불렀다는 노래란 슬픈 감정이나 슬픈 노래지, 현대 사람이 이해하는 것과 같은 노랫가락은 아니다. 후세 사람들이 말하는 진솔한 성정이라는 말의 연원은 바로 장자에서 시작된다. 울고 싶을 때 소리 내어 울고, 웃고 싶을 때 크게 웃는 것은 장자의 정신에 부합한다. 다만 장자는 이보다 한층 더 높은 목표가 있었으니, 그것은 바로 세속을 초월한 천지의 감정, 즉 천지의 정신과 교감하는 것이었다.

『장자』 속에는 우언寓言이 다수 등장하는데 그 속에는 비논리적인 감정적 언어가 매우 많다.(사실상 그것은 유비논리이다.) 그는 항상 물고기의 비유를 통해 인간의 감정을 설명하곤 했다. 시냇물이 말라 버렸을 때 물고

---

10) 『莊子』, 外篇, 「田子方」, "喜怒哀樂, 不入於胸次."

기들은 "서로 물기를 뿜어 주고 거품으로 적셔 준다."[11] 이것이 바로 생명의 진정한 감정이요 진실함이다. 인간의 삶이 언제고 이러지 않았던 때가 있었던가? 가장 이상적인 상태는 "물고기가 물속에서 서로를 잊어버리고 사람들이 도 속에서 서로를 잊는 상태"[12]다. 잊어버림(忘)이라는 것은 남과 나를 둘 다 잊어버려 타인과 나를 구분하지 않는 것이다. 즉 그것은 아무런 감정 없음의 감정으로서 진정한 감정이다. 즉 감정을 위한 감정도 없고 또 어떠한 인위적인 조작이나 꾸밈 혹은 계산도 없다. 자연스러움에서 나온 그대로 각자 자신의 본래 모습을 확보하고 각자 자신의 감정에 순응하는 상태이다. '도'란 세속의 인생을 초월한 자연을 의미하고, 이는 장자가 말하는 "인위적인 것으로 천성을 없애지 않는다"[13]라고 할 때의 천성(하늘, 자연)이다. 이것이 바로 인간의 감정이 순조롭게 달성될 수 있도록 할 때 자유가 실현될 수 있는 근거이다. 이로부터 나오는 감정은 일종의 마음가짐(情態)이자 흥취(情趣)이며 감정적 지향(情志)이자 정서(情操) 혹은 기분(情懷)인데 그것은 인간과 인간 그리고 인간과 자연이 서로 화해하고 혼연일체가 되는 자유의 경지이다. 장자가 추구하고 또 묘사했던 인간과 동물이 함께 살아가는 상태란 바로 이러한 경지가 진정으로 실현된 상태이다. 감정에 아무런 속박과 구속도 없는 상태가 바로 진정한 자유이고, 이는 오직 자연 속에서만 실현될 수 있다. 감정의 자유는 도덕의지의 자유와는 다른 것이지만 여전히 아주 귀중한 정신적 자유이다.

신도가新道家 즉 현학玄學은 또 어떤가? 풍우란 선생은 주리파主理派와 주정파主情派를 구분하고서 이에 대해 심도 있는 논의를 진행했다.[14] 사실

---

11) 『莊子』, 內篇, 「大宗師」, "相呴以溼, 相濡以沫."
12) 『莊子』, 內篇, 「大宗師」, "魚相忘乎江湖, 人相忘乎道術."
13) 『莊子』, 外篇, 「秋水」, "無以人滅天."
14) 『中國哲學簡史』(北京大學出版社, 1985년판), 19장과 20장.

아무리 주리파라고 할지라도 리와 감정을 확연하게 분리한 이성주의자는 아니다. 비록 하안何晏의 경우 '성인은 아무런 감정도 없다'는 학설을 제기하기도 했지만, 가장 이성주의적 특징을 갖고 있다는 왕필王弼조차도 '성인도 감정은 있다'는 설을 주장했다.

> 성인이 다른 사람보다 더 많은 것은 신명神明함이고 다른 사람과 같은 것은 다섯 가지 감정이다. 신명함이 많기 때문에 조화로움을 체현[15]하고 무無에 통할 수 있다. 다섯 가지 감정이 같기 때문에 슬프고 좋아하는 감정으로써 타자에 응대할 수 있는 것이다. 그러나 성인의 감정은 타자에 응대할 뿐 타자에 의해 얽매이진 않는다. 성인이 타자에 의해 얽매이지 않음을 보고서 타자와 응대함이 없다고 말하는 것은 큰 잘못이다.[16]

'신명神明함'이란 특수한 인식능력 혹은 지력을 의미하고 '다섯 가지 감정'이란 인간의 감정 일반을 가리킨다. 이 두 가지는 모든 사람이 지니고 있는 것이다. 다만 성인은 신명함이 일반적인 사람들보다 많기 때문에, 무無 즉 본체를 체현할 수 있는 것이다. 그러나 성인의 다섯 가지 감정은 일반 사람들과 다를 것이 없다. 다섯 가지 감정은 타자에 대응하여 발생하는 것이다. 인간은 사태와 대상에게 응대하지 않을 수 없다. 그러므로 다섯 가지 감정이 없을 수 없는 것이다. 인간은 타자에 대응할 때만이 타자에 의해 얽매이지 않을 수 있다. 즉 외물에 얽매이지 않을 수는 있지만 타자에 대해 응대 자체를 안 할 수는 없는 것이다. 여기에서 이성

---

15) 역자주: 體現은 사상이나 관념 따위의 정신적인 것을 구체적인 형태나 행동으로 표현하거나 실현한다는 의미이다.(참고: 국립국어원)

16) 『三國志』, 「鍾會傳附王弼傳」, "聖人茂於人者神明也, 同於人者五情也. 神明茂, 故能體沖以通無. 五情同, 故不能無哀樂以應物. 然則, 聖人之情, 應物而不累於物也. 今以其無累, 便謂不復應物, 失之多矣."

주의의 대표적 인물인 왕필마저도 감정을 인간의 가장 기본적인 생존방식이라고 본 것이다. 즉, 그는 결코 감정을 떠나서 인간의 존재 문제를 논하지도 않았고 또 논할 수도 없었던 것이다. 물론 왕필은 "이치(理)로 감정을 주관하다" 혹은 "본성으로 감정을 주관하다"[17]를 주창한 사람으로서 감정을 이성화하기 혹은 본성으로 감정을 변화시키기 등을 주장하여 감정을 이성화하려고 했다. 다만 이러한 과정에서 그가 말하는 리는 만물을 즉 감정 세계 속의 일들을 조절하고 변화시킬 수는 있다. 그래서 그것을 정리情理라고 부를 수는 있다. 그렇지만 그는 감정을 벗어나는 혹은 감정과 직접적으로 대립하는 순수지성주의는 아니다. 만약 감정이 타자와 대응함으로써 생기는 것이라고 한다면, 이치는 '타자에 의해 얽매이지 않도록' 하는 것이다. 그러나 감정에 의해 타자와 응대하는 것이 인간의 가장 기본적인 생존방식이라는 점을 바꿀 수는 없다.

현학파 중 혜강이나 완적 같은 사람은 명교를 초월하는 방식으로 자신의 사상과 인격을 표현하려고 했으며, 그들은 모두 감정을 중시했다. 풍우란 선생은 그들을 '풍류風流'라고 칭했다.[18] 모종삼 선생은 혜강과 완적을 구분해서, 혜강은 현리파玄理派라고 규정하고 완적은 낭만적 문인이라고 평가했다.[19] 사실 이 두 사람은 모두 감정을 중시하면서 감정과 이성의 통일을 주장했다. 그들은 현학자이면서 또한 정리情理를 중시한 사람이었지 결코 정욕에 탐닉할 것을 주장한 괴상한 사람들이 아니었다. 혜강의 경우 "고원한 정취가 단아하고 현묘하다"[20]고 평가된다. 그러므로 그의 문장은 능히 감정으로 타인을 감동시켜 움직일 수 있었다. 당대

---

17) 『周易注』, 乾卦, "不性其情, 何能久行其正? 是故始而亨者, 必乾元也; 利而正者, 必性情也."
18) 『중국철학간사』, 268쪽.
19) 『재성과 현리』, 319쪽.
20) 『晉書』, 「阮籍傳」, "其高情遠趣, 率然玄遠."

의 사람들은 그를 '외로운 소나무'(孤松) 혹은 '옥으로 된 산'(玉山)으로 형용
했는데 이는 혜강의 감정적 지향과 인격을 아주 잘 표현한 것이다. 그는
"명교를 뛰어넘어 자연스러움에 맡긴다"[21]라고 하는 유명한 현학 명제를
제시했는데 그가 여기에서 말하는 자연은 인간의 진실한 감정을 그 속에
포함하고 있다. 그것은 명교를 뛰어넘는 자유의 감정이다.

> 감정은 바라는 바에 얽매이지 않기 때문에 귀함과 천함을 꿰뚫어 보고
> 타자의 감정에 통할 수 있다. 타자의 감정에 순조롭게 통하기 때문에
> 위대한 도에 위배되지 아니하고, 명교를 뛰어넘어 마음 가는 대로 하니
> 시비가 뒤섞이지 않는다.[22]

사람은 응당 감정을 드러내야지 감정을 감추어서는 안 된다고 그는
생각했다. 다만 '바람'이라는 감정에 얽매여서는 안 된다는 것이다. 이것
이 바로 명교를 뛰어넘는 자연의 감정이다. 그렇기 때문에 타자의 감정에
통하여 도와 하나가 되는 경지에 이를 수 있는 것이다. 이러한 감정이
바로 '잠잠하고 맑은 마음'(淑亮之心)이고, 여기에서 말하는 마음 가는 대로
맡긴다는 것은 '잠잠하고 맑은 마음'에 맡기는 것이며, 이는 바로 자연의
감정에 맡기는 것이다. '잠잠함'(淑)이라는 것은 좋고 아름다운 것이며, '맑
음'(亮)이라는 것은 안과 밖이 뻥 뚫려서 아무것도 가려지지 않는 것이다.
이것은 심미적이고 감성적인 것일 뿐만 아니라 인격적이며 덕성적인 것
이다. 그래서 혜강의 '현묘함'이란 감정적 지향이 현묘하다는 것이고 혜
강의 '마음 가는 대로 맡긴다'는 것은 진실한 감정으로서의 마음에 맡기

---

21) 『嵇康集』, 「養生論」, "越名敎而任自然."
22) 『嵇康集』, 「養生論」, "情不系於所欲, 故能審貴賤而通物情. 物情順通, 故大道無違, 超名任心,
   故是非不措."

는 것이다.

완적은 "거만하게 혼자서 본성 가는 대로 내어 맡겨 구속되지 아니하나 기뻐하고 화내는 감정이 겉으로 드러나지 않는다"[23]라고 했으니, 그 역시 감정을 중시한 인물이다. 여기에서 말하는 '구속되지 아니한다'는 것은 명교에 얽매이지 않는다는 것을 의미하며, '본성 가는 대로 내어 맡긴다'는 것은 본성의 감정에 내어 맡긴다는 것인데 여기에서 본성은 곧 감정이다. 무릇 진정한 감정을 소유한 사람은 모두 효심이 있다. 완적과 혜강도 마찬가지이다. 그들은 모두 지극히 효성스러운 사람이었는데 어머니가 돌아가셨을 때 "심하게 건강을 해쳐 거의 생명을 잃을 지경에까지 이르렀다"[24]고 했으니 이것은 그들의 효가 전적으로 마음속 진정한 감정으로부터 나온 것임을 말해 준다. 완적이 감정을 중시한 것은 확실히 심미적 감상의 측면에서 주로 드러난다. 생활 속에서든 혹은 작품에서든 이와 관련된 기술과 기록은 많다. 그러나 낭만적 문인일 뿐만 아니라 아주 대표적인 현학자이기도 했던 그의 주된 철학적 관점은 바로 감정과 도의 통일 혹은 감정과 자연의 통일이다. 자연은 곧 세계의 본체이다. 혜강뿐 아니라 완적 역시 '명교를 뛰어넘어 자연스러움에 내어 맡길 것'을 주장했다.

이상 도가와 신도가의 몇몇 중요 인물을 들어서 그들의 사상과 인격의 특징을 개론적으로 설명했다. 이는 도가가 결코 '감정 없음'을 주장하거나 혹은 순수한 이지주의자가 아님을 설명하기 위해서였다. 도가의 깨달음이나 체험의 학문 등은 감정과 연결되어 있는데, 도가의 최고 경지(특히 장자로 대표되는 학설)는 감정을 기초로 하고 물욕과 자기 자신을 뛰어넘는

---

23) 『晉書』, 「阮籍傳」, "傲然獨得, 任性不羈, 而喜怒不形於色."
24) 『晉書』, 「阮籍傳」, "毀瘠骨立, 殆致滅性."

상태에서 펼쳐지는 심미적 경지이다. 도가와 현학은 중국의 미학, 시학, 문학, 예술에 아주 중요한 영향을 끼쳤는데, 가장 중요한 이유는 그들이 감정을 매우 중시하고 그것을 인생의 중요한 내용으로 보았기 때문이다.

사실 유가와 도가로 대표되는 중국철학은 근본적으로 시학적이고 예술적이지 순수한 이지적 형태라고 할 수 없다. 바로 이 점이 서양의 주류 철학과 선명하게 대비되는 점이다. 여기에서 말하는 시학이란 협의의 시학 즉 노랫말에 대한 학설이나 이론을 의미하지 않는다. 그보다는 좀 더 본질적인 의미에서 인간의 존재 문제를 논한 것이며 인간의 감정과 본성을 논한 것으로서, 논리와 개념 등 지식의 체계를 논한 것이 아니다. 중국철학도 우주와 자연계를 논했다. 그러나 결코 그것은 객관적 존재와 대상을 마주하는 것이 아니라 오히려 우주와 자연계를 인간의 존재와 떨어질 수 없는 것으로 본 것이다. 중국철학 역시 우주론과 존재론을 논하긴 하지만 이는 결코 세계의 모습이나 원형을 구성해내기 위한 것이 아니라, 인간의 생명을 어디에 위치시킬 것인가의 문제 즉 감정의 귀속 문제를 해결하기 위한 것일 뿐이다. 시는 의지를 표현하고 감정을 드러내기 위한 것이다. 이것은 시의 근본적인 특징이다. 감정과 의지는 모두 인성과 인생의 문제와 관련된 것이다. 다만 중국철학은 문학의 방식이 아닌 철학의 방식으로 동일한 문제를 다룬다. 때문에 우리는 중국철학을 시학이라고 부를 수 있다. 여기에서 가장 중요한 것은 감정의 문제이지 결코 이지적 능력이나 이론의 문제가 아니다. 철학은 당연히 지성을 논한다. 그러나 중국철학에서 말하는 지성은 결코 순수한 지성이 아니고, 필연적으로 감정과 관계를 맺음과 더불어 감정이 제기하는 문제를 해결하는 것이다. 이것이 바로 중국철학의 특수성이다.

유가철학은 도가철학과 비교했을 때 감정의 문제를 한층 더 중시했고, 이것이 바로 이 책에서 주로 다루고자 하는 문제이다. 따라서 이 장에서는 더 이상 구체적으로 논하지 않겠다. 우선적으로 짚고 넘어가야 할 점은 유가가 근본적으로 인간에 관한 학문이며, 인간(人)의 학문은 바로 어짊(仁)의 학문이라는 점이다. 그러나 어짊이란 무엇인가? 그것은 인간과 자연의 관계 문제와 연결된다. 때문에 유가 역시 우주존재론과 같은 문제를 다루기는 한다. 하지만 이 한 가지는 분명하다. 어짊은 다른 게 아니고 바로 감정이다. 더 정확하게 말해 도덕감정이다. 어짊은 근본적으로 자신의 가족을 사랑하는 감정으로부터 시작해서 타자를 사랑하고 모든 존재하는 것들을 사랑하는 것으로 전개되어 결국 천지만물과 일체가 되는 경지에 도달하게 된다. 그래서 궁극적으로는 사람으로 하여금 안신입명安身立命의 경지에 이르게 한다. 이러한 것과 관련하여, 유가철학 안에는 수많은 문제들 예컨대 이성 문제, 지식과 인식의 문제, 의지 문제, 욕망의 문제 특히 이성과 감정의 관계와 같은 문제들이 있다. 이것들은 유가철학이 가장 관심을 두었던 문제이다. 다만 이 문제들은 모두 감정이라는 울타리를 벗어나서 논의될 수 없는 것들이다. 즉 이 모든 것들은 감정의 문제를 둘러싸고 전개된다. 이 책에서는 이러한 문제들을 모두 다루었다.

모종삼 선생은 유학이 곧 인간에 관한 학문이라는 관점에 동의하지 않는다. 그 주된 이유는 유가 역시 우주존재론과 종교 문제를 다루고 있기 때문이라는 것이다. 그러나 유가의 우주존재론은 결코 '인간에 관한 학문'이라고 하는 이 근본적인 문제를 벗어나지 않는다. 인간의 학문이라고 해서 고립적으로 인간만을 논한 것은 아니다. 인간과 자연의 관계 문제는 시종 유학의 가장 기본적인 문제였다. 인간이 자연계에 대해 짊어져야 할 책임과 사명은 시종 인간에 관한 학문의 근본적인 과제였다. 바로 이 점에서 감정 문제의 중요성이 드러난다. 또 종교 문제에 있어서 모종삼 선생 역시 유학은 인문주의적 종교임을 인정했다. 인문주의적 종교인 이상 이것은 인간의 문제와 결코 분리될 수 없는 것이며, 인간의 문제를 그 출발점으로 삼는다.

제2절 유가 감정철학의 특징

감정은 중요하다. 유가는 그것을 진정한 철학 문제로, 그리고 인간의 존재 문제로 인정하고 여러 측면에서의 감정의 문제들을 제시하고 토론했다. 예컨대 유가는 호오의 감정, 희노애락의 감정, 사단의 감정 또는 희노애락애오욕의 칠정, 그리고 즐거움의 체험, 그리고 경외하는 감정 등을 마음의 중요한 내용으로 간주하여 인간과 세계의 관계 문제를 해결할 수 있는 주요한 주제로 바라보았던 것이다. 이것은 유가철학만이 가지고 있는 고유한 특징이라고 할 수 있겠다.

여기에서 말하는 철학 문제라는 것은 철학 중의 어떤 하나의 문제 혹은 철학에서의 어느 한 유파 예컨대 미학이나 윤리학 등과 같은 유파를 지칭한 것이 아니라 철학의 핵심 문제 혹은 철학 전체의 문제를 의미한다. 서양철학에서도 감정을 철학의 중요한 문제로 처리하는 경우가 있다. 다만 서양철학은 분석적 사유의 전통 하에서 감정을 철학의 일부분 혹은 한 유파로 처리하곤 한다. 예컨대 흄 같은 경우는 감정을 윤리학과 연결했는데, 그는 윤리학의 기초는 이성일 수 없고(그는 이성은 아무런 능력도 없다고 생각했다.), 또 경험일 수도 없다고 보았다(경험은 인식에 관계될 수 없다고 생각했다.). 다만 감정은 감정윤리학으로 분류될 수 있다고 생각했다. 흄은 사실과 규범을 구분했는데, 전자는 인식의 문제에 해당하고 후자는 가치의 문제에 해당한다고 보았다. 이러한 생각은 서양철학의 발전에서 한 획을 긋는 의의를 지닌다. 바로 이러한 구분을 통해 감정은 합당한 지위를 얻었다. 그의 관점에서 윤리는 인간의 동정심 위에서 세워질 수 있는데 이것이 바로 '자연원칙'이다. 인간의 '정의원칙'은 바로 이 원칙 위에서 세워질 수 있는 것이다. 또한 그는 동정심에는 차등성의 원칙이 있다고 주장했다. 익숙한 사람에 대한 동정은 익숙하지 않은 사람에 대한 동정보다 깊고, 같은 나라 사람에 대한 동정은 외국인에 대한 동정보다 더욱 깊다고 생각했다. 그러나 훗날 쇼펜하우어는 이러한 차이성을 타파했다. 그는 동정심에는 종족이나 지역의 구분이 있을 수 없어서 인류에게는 공통의 감정이 있다고 생각했다. 이 공통의 감정에는 국가와 민족의 구분도 있을 수 없다. 때문에 인간에게는 보편적인 윤리학이 가능한 것이다. 현대의 철학자(예컨대, 카르납, 에이어[25] 등과 같은 사람) 역시 윤리를 인식이 아닌 감정에 호소했다. 다만 그들은 또 다른 극단적인 방향으로 흘러가 버렸다. 즉 감성화 혹은 개인화의 극단으로 흘러가서, 윤리와 도덕이 전적으로 감정에 의해서만 결정된다고 생각했고, 그리하여 감정을 순수하게 개인적이고 주관적인 것으로 만들어 버렸다. 이렇게 될 경우, 윤리도덕은 객관보편성을 상실하게 된다. 이러한 상대주의적 윤리학과 분석철학자들이 말하는 본래적 의미의 윤리학 간에는 상당한 차이가 있다. 전자는 감정으로 윤리를 설명하고, 후자는 언어로 윤리를 설명한다. 전자는 가치상대론에 해당하고, 후자는 가치중립론에 해당한다. 그러나 이 둘은 하나의 공통점을 가지고 있는데, 보편적으로 유효한 윤리적 가치를 인정하지 않았다는 점이다. 이들은 윤리를 개인의 기호, 관심, 취향에 귀속시키거나 아니면

---

25) 알프레드 줄스 에이어(Alfred Jules Ayer, 1910~1989): 영국의 논리실증주의의 대표적 철학자.

순수한 언어의 문제로 귀속시켰는데, 이는 사실상 윤리도덕의 가치와 의미를 부정한 것이다.

　서양의 또 다른 철학유파는 감정을 미학의 문제로 귀속시켰다. 그들은 감정을 심미적 현상으로 해석했다. 상당히 많은 철학자들이 아름다움을 감정으로 설명할 수 있다고 생각했다. 심지어는 아름다움이 감정에 의해 결정된다고 생각했으며, 유쾌함과 같은 감정은 바로 아름다움의 심리적 본질이라고 생각했다. 칸트가 그 대표적 철학자이다. 칸트는 흄이 제시한 문제를 매우 중시하면서 도덕감정에 대한 문제를 다루었다. 다만 그의 결론은, 도덕감정은 심미적이고 경험적인 것이어서 도덕형이상학의 기초가 될 수 없다는 것이었다. 도덕철학은 오직 초월적인 필연적 근거 위에서, 즉 순수실천이성 위에서 성립될 수 있다는 것이다. 그러나 미학의 영역에 있어서 감정은 결정적인 작용을 한다. 심미적 감상은 오직 감정에 의해 이루어지는 것으로, 개념이나 범주와는 무관하다. "미가 만약 주체의 감정에 대해 아무런 관계도 맺지 않고 있다면, 그 자체로서는 아무것도 아니다." "취향의 판단은 개념들에서 독립하여 객관을 흡족함과 아름다움이라는 술어와 관련하여 규정된다. 그러므로 이 관계에서의 주관 통일성은 오로지 감각에 의해서만 제시될 수 있다."[26] 미학에서 '주관 통일성'은 개념에 의해 표시될 수 없고 오직 감각에 의해 제시된다. 이 감각은 유쾌한가 유쾌하지 않은가의 감정을 의미한다. 칸트는 아름다움을 다음과 같이 정의한다. "아름다움이란 개념에 의지하지 않고도 보편적으로 사람을 유쾌하게 하는 것이다."[27] 이처럼, 유쾌하냐 유쾌하지 않느냐의 감정은

---

26) 칸트, 宗白華 역, 『판단력비판』 상권(상무인서관, 1964년판), 56쪽. 번역은 백종현 옮김, 『판단력비판』(아카넷, 2009), 212쪽과 213쪽의 것을 인용함. 이후 칸트의 삼비판서에 대한 번역은 백종현의 번역본을 그대로 인용하고, 필요에 따라 중국어본의 직역을 병기하여 대조할 수 있게 했다.

아름다운가 아름답지 않은가를 판정하는 최후의 근거가 된다.

칸트의 관점에서 감정은 경험적일 뿐만 아니라 주관적이다. 하지만 심미적 감상에서 공통의 개념(인식)이 없다면 공통의 심미적 판단은 과연 가능한가? 칸트는 가능하다고 생각했다. 이것이 바로 공통감각 혹은 공통의 감정이다. 하지만 이것이 객관필연성을 갖추고 있는가? 그는 이것이 그저 일종의 가능성이라고 생각했던 것 같다. 그래서 감상의 공통감각이라는 것은 그 가능성 중의 한 실례라고 생각했던 것 같다.[28] "우리는 우리의 판단을 개념들에 기초하지 않고, 단지 우리의 감정에 기초할 따름이며, 그러므로 우리는 이 감정을 사적 감정이 아니라 하나의 공통/공동체적 감정으로서 기초에 놓고 있다."[29] "그러므로 취향의 판단들은 개념들에 의해서가 아니라 단지 감정에 의해서, 그러면서도 보편타당하게 무엇이 유쾌하고 무엇이 유쾌하지 않은가를 규정하는, 하나의 주관적 원리를 가진 것이 틀림없다. 그러한 원리는 단지 하나의 공통감(각)으로 볼 수 있겠다."[30] 칸트가 비록 미학을 논하면서 주관성 원리를 언급하기는 했지만, 감정에 공통성 즉 공동의 감정이 있다는 것을 인정했다. 이것이 바로 주관성 원리이고 주관적 객관성이다. 이 점은 매우 중요하다. 칸트가 비록 이러한 공통의 감정을 완전히 선험적 필연성으로 귀결시키지는 않았더라도 결국 그는 심미적 감정이 개인적인 것도 아니며 서로 통하지 못할 것도 아니라는 것을 인정했던 것이기 때문이다.(그는 합목적성 형식의 문제도 제시했지만 여기에서는 다루지 않겠다.)

문제는 모두들 감정에 대해 말하지만 그들이 말하는 감정의 의미에

---

27) 칸트, 宗白華 역, 『판단력비판』 상권, 57쪽.
28) 칸트, 宗白華 역, 『판단력비판』 상권, 78쪽.
29) 칸트, 宗白華 역, 『판단력비판』 상권, 78쪽; 백종현 옮김, 『판단력비판』, 242쪽.
30) 칸트, 宗白華 역, 『판단력비판』 상권, 76쪽; 백종현 옮김, 『판단력비판』, 240쪽.

매우 큰 차이가 있다는 것이다. 감정으로 윤리를 해석하는 철학자들은 동정심과 같은 감정에 중점을 두거나(흄이나 쇼펜하우어 등), 혹은 관심, 기호와 같은 감정에 중점을 두었지만(과학철학자들), 그들은 미학으로까지 연결하지는 못했다. 감정으로 미학을 설명하는 철학자들(칸트를 비롯한 기타 수많은 미학자들)의 경우 유쾌함과 같은 감정에 중점을 두지만 그들은 윤리학을 논하지는 않았다. 지혜를 근본적인 특징으로 하는 철학들, 즉 엄격한 의미에서의 철학은 모두 감정을 배제하고 있다. 서양철학은 끊임없이 자기분화의 길을 걸어왔다. 고대 그리스 시기에는 아직 뭉뚱그려진 형태였다고 한다면, 후대의 발전 과정에서 윤리·미학 심지어는 논리학 등이 차례로 소위 엄격한 의미에서의 철학으로부터 분리되어 나왔다. 그래서 소위 진정한 의미에서의 철학이란 인식론 혹은 지식학 심지어는 어떤 분석의 방법 정도가 되고 말았고, 마음의 측면에서는 오직 지성이나 지능의 문제만이 남게 되었다.

감정과 이성을 둘로 구분하는 것(혹은 지식, 감정, 의지로 구분하는 것)은 이미 서양철학 발전의 중요한 전통이 되어서 부인할 수 없는 사실이 되어버렸다. 또 일반적으로 감정은 비이성적인 것으로 치부된다.

칸트는 일찍이 서양 전통 속에서 심미적 감정과 도덕감정은 결합되기 어려운 것 심지어는 결코 결합될 수 없는 것이라고 지적했다.31) 하지만 그는 어쨌든 오성(인식)과 이성(도덕) 혹은 현상과 본체를 연결하는 다리를 놓으려고 했기 때문에 그에게 있어서 심미적 감정과 도덕감정은 일정 정도 연관이 있다. "그러나 취향은 근본에 있어서 윤리적 이념들의 감성화를 (양자에 관한 반성을 통해 어떤 유비에 의해서) 판정하는 능력이고,

---

31) 칸트, 宗白華 역, 『판단력비판』 상권, 143쪽.

x

x

또한 취향이 한낱 각자의 사적 감정에 대해서뿐만 아니라, 인간성 일반에 대해서 타당하다고 언명하는 쾌는 바로 이러한 판단능력으로부터, 그리고 그 위에 기초하고 있는 윤리적 이념들에서 나오는 감정—이것을 도덕감정이라고 일컫는다.—에 대한 보다 큰 감수성에서 유래하는 것이므로, 취향을 정초하기 위한 참된 예비학은 윤리적 이념들의 발달과 도덕감정의 교화라는 것이 명백해진다. 이러한 도덕감정과 감성이 일치하게 될 때에만 진정한 취향이 일정불변의 형식을 취할 수 있을 것이니 말이다."[32] 즉 칸트는 심미적 감상의 영역 속에서만 감정으로 개념을 대신했을 뿐만 아니라 도덕감정의 자격과 의미를 인정했다. 이것은 곧 다음과 같은 점을 의미한다. 감상과 도덕 혹은 미학과 윤리는 결코 아무런 연관이 없는 것이 아니며, 감상의 판단 역시 일종의 판단인 이상 인식과 아무런 관계가 없는 것일 수는 없다. 다만 순수실천이성, 즉 도덕형이상학의 영역에서만큼은 도덕감정이 정당한 지위를 획득할 수 없다는 것이다.

하지만 경험과 선험의 구분은 언제나 존재하기 마련이다.(이것은 칸트철학의 기본적인 설정이다.) 따라서 그는 다시 경험판단과 선험판단이라는 두 종류의 감상 판단을 제시했다. "하나의 취향판단에서 판단력을 위한 보편적 규칙으로서 선험적으로, 누구에게나 타당한 것으로 표상되는 것은 쾌감이 아니라, 마음에서 어떤 대상의 한갓된 판정과 결합되어 있는 것으로 지각되는 이 쾌감의 보편타당성이다. 내가 어떤 대상을 쾌감을 가지고 지각하고 판정한다는 것은 하나의 경험판단이다. 그러나 내가 어떤 대상을 아름답다고 본다는 것, 다시 말해 그러한 흡족을 누구에게나 필연적인 것으로 감히 요구해도 좋다고 하는 것은 하나의 선험적 판단이다."[33] 이

---

32) 칸트, 宗白華 역, 『판단력비판』 상권, 204쪽; 백종현 옮김, 『판단력비판』, 406쪽.
33) 칸트, 宗白華 역, 『판단력비판』 상권, 133쪽; 백종현 옮김, 『판단력비판』, 312쪽.

두 가지 판단은 결코 확연히 구분될 수 있는 것이 아니다. 동일한 대상에 대해 감상 판단을 내릴 때도 역시나 이 두 가지 판단이 존재할 수 있다. 하나는 즐겁다는 것이고 또 하나는 아름답다는 것이다. 전자는 감정이고 경험적인 것이며, 후자는 그것의 보편 유효성 즉 아름다움이고 선험적인 것이다. 보편 유효성을 갖추고 있는 모든 것 혹은 이 원칙에 부합되는 유쾌한 감정들은 누구에게나 필연적이다. 이렇게 감정은 선험적 판단 속에 포함될 수 있다. 다시 말해 감정 역시 선험적 형식 속에서 보편성을 획득할 수 있다는 것이다.

유가철학 역시 철학의 한 종류이다. 철학인 이상 그것은 일반적인 철학이 갖고 있는 조건들, 예컨대 지성이나 감정의 문제, 또 당연히 의지 등의 문제를 지니고 있다. 그러나 유가철학은 온전히 유기론적 철학이다. 역사의 발전 속에서든 아니면 특정한 철학자의 체계 속에서든 명확한 분화를 보였던 적은 없다. 즉 지성과 감정의 이분도 보이지 않았고, 지성과 감정과 의지의 삼분도 보이지 않았으며, 더더욱 감정을 윤리학 혹은 미학에 귀속시킴으로써 오로지 지성만을 엄격한 의미에 있어서의 철학으로 한정하는 모습들도 보이지 않았다. 그래서 종합적으로 말했을 때 유가철학은 지성과 감정과 의지의 합일론이며 진·선·미의 합일론이라고 말할 수 있다.

물론 이것이 유가철학에는 아무런 강조점이 없다는 말은 아니다. 즉 고대 그리스철학이 지혜(知性)에 강조점을 둔 것처럼 유가철학은 처음부터 감정에 강조점을 두어 왔다. 유가철학의 지식학이나 인식론 및 의지 문제들은 모두 감정과 관련되어 있다. 그러나 유가 최대 관심사는 바로 보편적으로 유효한 도덕감정을 갖추는 것이며, 아울러서 이와 관련된 소위 우주론이나 존재론 철학을 형성하는 것이다. 유가는 마음을 온전한 존재로 보고 이 온전함 속에서 감정의 지위와 기능을 부각시키고자 했다. 그렇게 함으로써 감정을 핵심으로 하여 지성과 의지와 욕망 그리고 성리性理를 통일하려고 했다. 이것이 바로 유가철학의 특징이다. 따라서 유가철학 안에는 독립적인 미학 혹은 윤리학이 존재하지 않는다. 더욱이 순수한 의미에 있어서의 이론 이성 혹은 인식론 철학 또는 소위 존재론 철학과 형이상학 등과 같은 것들도 존재하지 않는다.

이 말은 유가철학이 그저 미학으로 귀결된다는 것인가, 아니면 윤리학 혹은 도덕철학으로 귀결된다는 것인가? 왜냐하면 서양철학적 구분에 의거했을 때, 감정의 문제를 중시하고 그것을 기초로 하는 학설은 윤리학으로 귀속되지 않고 미학으로 귀속되기 때문이다. 물론 유가철학은 이러한 기준으로 구분될 수 없지만, 그렇다고 이러한 문제를 무시할 수도 없다. 다시 말해 유가철학이 다루는 문제에 중점을 놓고 보자면, 유가철학은 분명 도덕을 강조하고 있다. 이 역시 분명한 사실이다.

어떤 사람은 이 때문에 유가철학이 도덕주의 혹은 범도덕주의라고 말한다. 나는 이런 식의 이해가 너무 협소하고 극단적이라고 생각한다. 모종삼 선생은 유가의 도덕형이상학을 세우는 것을 자신의 임무로 여겼으나 그 역시 이러한 방식에는 동의하지 않았다.[34] 여타의 요소들은 잠시 유보해 두고 이론적 측면에서만 보아도 이런 주장은 성립되기 어렵다. 왜냐하면 유가철학은 도덕윤리를 논하고, 미학도 논하고, 지식학도 논하고, 또 윤리와 도덕을 뛰어넘는 형이상학도 논하고, 종교와 유관한 문제들도 논하고 있기 때문이다. 유가에서 형식미의 유형과 같은 독립적인 순수 미학이 발전되지 않았다고 말할 수는 있지만 그렇다고 유가에 미학

---

34) 모종삼, 『牟宗三新儒學論著輯要』(중국광파전시출판사, 1992년판), 171쪽을 보라.

사상이 없었다고 말할 수는 없다. 오히려 이와는 정반대로 유가 미학은 유가철학의 중요한 한 부분이다. 마찬가지로 유가에서 개념추리를 특징으로 하는 순수이론이성의 인식론 철학이 독립적으로 발전되지는 않았다고 할 수는 있지만 유가에 인식론이 없었다고 말할 수도 없다. 도덕철학은 당연히 유가의 핵심이다. 그러나 그것이 순수한 실천이성의 의미에서의 도덕철학은 아니다.(이 문제에 있어서 나는 모종삼 선생이 말하는 '초월적 · 절대적 형이상학이라는 관점에 완전히 동의하지는 않는다.) 그것은 미학 혹은 지식학과 결합하여 수립된 것으로서 경지론을 이론형태로 하는 전체적인 덕성의 학문이라고 할 수 있다. 이 속에서 도덕감정은 중요한 위치, 심지어는 가장 중요한 위치를 차지하고 있다고 말할 수 있다. 유가에서 말하는 도덕감정은 경험적이고 심미적인 측면을 지니면서 동시에 선험적이고 형이상학적인 측면도 지니고 있기 때문에 한마디로 평가할 수 없다. 유가는 도덕감정 말고도 감정 일반의 문제도 다룬다. 그러나 유가에서 말하는 감정이 개인의 주관적인 감정만을 의미하는 것은 결코 아니다. 유가는 좀 더 공통의 혹은 보편의 감정을 중시한다. 이는 바로 주관적 객관성 원리를 의미한다. 그 속에는 미학의 문제도 있고, 직접적 체험과 같은 인식 문제도 있다. 또 윤리와 도덕을 뛰어넘는 종교 문제의 경우, 특히 종교적 감정에 관한 문제의 경우 이는 더욱 경시할 수 없는 것이다.

　　유가의 심미적 감상과 도덕감정의 배양은 하나로 결합되어 있다. 미와 선은 하나로 결합되어 있다. "바랄 만한 것을 일러 선이라고 한다"나 "가득 찬 것을 일러 아름다움이라고 한다"[35]라는 말에는 독특한 감상 방식과 체험 방식이 담겨 있어서, 반드시 "진선진미盡善盡美", 즉 가장 선하고

---

35) 『孟子』, 「盡心下」, "可欲之謂善, 有諸己之謂信. 充實之謂美, 充實而有光輝之謂大, 大而化之之謂聖, 聖而不可知之之謂神."

가장 아름다울 때라야[36] 이상적 경지라고 할 수 있다. 이것은 결코 선으로 미를 대신한다거나 혹은 미로 선을 대신한다는 말이 아니라, 선과 미가 유기적으로 결합함을 의미하는 것이다. 유가의 인식론과 지식학 역시 감정 체험과 결합된 것이다. 그것은 성정을 도야하고 경지를 높이는 중요한 방법이다. 소위 '하늘의 명을 안다'(知天命), '마음을 다하고 본성을 알아 하늘을 알게 된다'(盡心知性知天), '이치를 궁구하여 본성을 온전히 실현한다'(窮理盡性), '자신에게 부여된 밝은 덕성을 밝힌다'(明明德), '대상을 탐구하여 지식을 확장한다'(格物致知), '어진 본성을 깨닫는다'(識仁), '자신에게 부여된 양지를 확충한다'(致良知) 등등은 모두 자기반성적인 자아 체험과 분리될 수 없다. 즉 그것은 자신의 심성과 덕성에 대한 자각을 의미하며, 이에 근거하여 내외가 합일되고 천인天人이 합일되는 경지를 실현하는 것이다. 이러한 직접적인 깨달음으로서의 체인은 그 자체가 일종의 생명체험으로, 체험 중에 인식이 진행되고 인식 중에 체험이 진행된다. 오직 이렇게 되었을 때에야 비로소 인간의 지위와 생명의 가치 및 의미가 드러나게 되며, 타인 및 외부세계와의 관계를 원만히 처리할 수 있게 된다. 인간과 세계의 관계는 비단 인지적 관계이기만 한 것은 아니며, 인간 역시 인식 주체이기만 한 것도 아니다. 인간과 세계의 관계는 감정교류의 관계이며 이 관계에 있어서 인간은 덕성의 주체로서 도덕적 의무를 지게 된다. 이 중 후자의 측면이 바로 유가가 가장 관심을 두는 부분이다. 현대의 자연교육자인 조셉 코넬(Joseph Knell)이 말한 것처럼 "과학은 일종의 독특한 언어로서 그것은 우리를 위해 지식을 제공한다. 그러나 과학에는 분명한 한계가 있으니, 과학이 우리에게 이야기해 주는 세계는 완전하지 않다.

---

36) 『論語』, 「八佾」, "子謂韶: 盡美矣, 又盡善也! 謂武: 盡美矣, 未盡善也!"

과학은 우리 내면의 자연에 대한 감각과 지식에 아무런 도움을 주지 못한다. 나는 자연에 대한 사람들의 감정을 끌어내어 온전한 세계를 만들도록 도와야 한다고 생각한다."[37] 우리는 온전한 세계를 이루어야 하고 또한 온전한 인간이 되어야 한다. 과학의 세계와 감정의 세계는 마땅히 통일되어야 하고, 지성의 인간과 감정의 인간 역시 마땅히 통일되어야 한다.

과학적 인식은 우리에게 지식을 제공하며 인류의 복지에 기여한다. 감정의 세계는 우리로 하여금 아름다움을 느끼게 하여 충실하고 의미 있는 예술적 삶을 살 수 있게 할 뿐만 아니라 자연을 주목하고 사랑하며 존중하게 해 준다. 그리하여 우리의 의식과 행위를 변화시키고 이로부터 인간의 진정한 정신적 안식처를 찾도록 해 준다. 유가의 감정철학은 우리에게 이러한 측면에서의 풍부한 자원을 제공해 준다. 인문주의 전통은 겉으로 보기에는 이성주의 전통과 서로 다른 길을 걷는 것처럼 보인다. 그러나 사실 이들은 상호보완적으로 동전의 양면을 이루는 관계라 할 수 있다. 그래서 러셀은 다음과 같이 말했다. "그리스문명이 시작된 이래로 이성주의와 반이성주의는 계속해서 공존해 왔다. 그래서 매번 어느 한쪽이 완전히 우세한 지위를 점유할 수 있는 것처럼 보일 때마다 항상 그 반대의 반응이 있어 왔다. 그로부터 그 대립의 면이 폭발하는 상황이 도래하곤 했다."[38] 소위 '공존해 왔다'라는 말은 이성주의가 비이성주의 혹은 반이성주의와 서로를 대체하는 관계가 아니라 서로 의존하는 관계임을 말해 준다. 바꾸어 말해 이성주의 전통은 결코 중단된 적이 없었고 언제나 주도적인 위치를 점유해 왔다. 실존주의철학자인 하이데거는 다음과 같이 명확하게 말했다. "비이성주의는 그저 이성주의의 명확한 약점

---

37) 「대자연의 기적에 대한 깨달음」, 『중화독서보』(2000년 7월 26일).
38) 러셀, 「파시즘의 계보」, 『러셀전집』 제3권(내몽고인민출판사, 1997년판), 341쪽.

이자 완전한 실패일 뿐이다. 그래서 비이성주의는 이러한 의미에서 또다른 이성주의일 뿐이다. 비이성주의는 이성주의로부터 도망쳐 나온 길이지만 그 길은 그러나 결코 자유를 향해 가지 않는다. 더 많은 경우 그것은 오히려 이성주의 속으로 끌려들어 간다. 끌려들어 갈 때에 새로운 생각을 깨우게 되기 때문에 이성주의는 사라지지 않고 극복되지 않는 것이라고 말할 수 있다. 사실 이때에 더욱더 위험해지게 된다. 왜냐하면 그것은 결코 가려지거나 간섭되지 않고 여전히 자신의 노래를 부를 수 있기 때문이다."[39] 하이데거는 전통적 이성주의를 비판한다. 그러나 그는 이성주의 전통이 매우 강고함을 인정한다. 그가 말하는 비이성주의는 무엇을 가리키는 것일까? 그다지 분명하지는 않지만 아마도 이 역시 전통적인 의미에서의, 예컨대 의지의 철학 같은 것이라고 볼 수 있다.

제3절 감정과 이성의 관계

감정의 문제에 대한 사고에 있어서 가장 큰 문제는 아마도 감정과 이성의 관계 문제일 것이다. 이것은 동서철학에서 공통으로 마주치는 문제이다. 그러나 이를 해결하는 방식에 있어서는 큰 차이를 보인다. 간단히 말해, 서양은 감정과 이성을 둘로 나누지만 중국철학은 감정과 이성을 합일하며, 서양철학은 이성을 중시하지만 동양철학은 감정을 중시한다.

위에서 언급한 서양철학 중에서도 감정의 문제를 다루는 일련의 논술이나 견해들은 서양철학의 특징을 반영하고 있다. 그러나 서양철학의 주

---

39) 하이데거, 『형이상학도론』(상무인서관 1997년판), 178~179쪽.

류 전통은 여전히 이성주의 전통이다. 따라서 이러한 측면에서 보았을 때 감정은 서양철학에서 주류에 들지 못한다.

고대 그리스철학은 비록 분화되기 이전 형태의 철학이고 인간의 덕성과 선을 중시하기는 했지만 처음부터 지식에 편중되었다. 때문에 소크라테스의 '지식은 곧 선이다'라는 식의 말이 있을 수 있었던 것이다. 아리스토텔레스에 이르러서는 좀 더 분명히 '인간은 이성적 동물'이라고 말했다. 서양철학은 처음부터 지혜를 사랑하는 학문이었고, 지혜는 결국 이성으로 귀속된다. 이러한 전통 하에서 철학자들은 대부분 인간과 인성의 문제를 다루면서 감정에서 출발하지 않고 이성에서 출발했다. '인간은 이성적 동물이다'라는 이 명언은 이성을 인간의 가장 본질적인 정체성으로 삼은 것이다. 서양의 이성적 전통은 고대의 로고스 혹은 이데아로부터 시작하여 근대 데카르트의 '나는 생각한다, 고로 존재한다'에 이르러 정점에 도달했다. 그러나 무엇을 일러 이성이라고 하는가?

사실상 이성은 그 함의와 사용되는 범위에 있어서 매우 광범위한 개념이다. 각각의 시대마다 철학자들은 각기 다르게 이성의 개념을 이해하고 운용했다. 그러나 가장 기본적인 함의에 대해서는 일치된 모습을 보인다. 이는 적어도 서양철학자라면 누구라도 받아들이는 것으로, 그것은 이성이 곧 인간의 지적 능력을 가리킨다는 것이다. 이러한 지적 능력은 수학과 논리에서 유독 부각된다. 예컨대 수학 원리와 증명, 그리고 논리적 개념의 분석과 추리에 있어서 이러한 능력 즉 지적 능력이 사용되며, 철학적 사변 중에서는 곧 이성이 된다. 그러나 서양철학의 발전에 있어서 이성은 사변이성으로부터 인지이성으로, 다시 더 나아가 도구적 이성으로 변해 갔다. 그래서 지금에 이르러서는 지능 즉 단순한 인식능력으로 칭해진다. 이러한 전통은 현대까지 지속되어 현대사회의 현대성을 논할 때에 그것의 중요한 상징으로 이성을 떠올리지 않을 수 없게 되었다. 심지어 현대화는 곧 이성화이며, 현대성은 곧 이성이라고 말하지 않을 수 없게 되었다. 이러한 문제와 관련하여 마음의 문제 역시 전적으로 '마음의 지혜'의 문제로 이해되었다.

이성이 인류의 역사에 기여한 공헌은 모두가 다 인정하는 바이다. 그러나 이성주의 역시 나름의 편중됨을 면할 수는 없었다. 그것은 바로 인간 자신의 문제를 소원하게 여기고 홀시했다는 점이다. 때문에 포스트모더니즘에서 이성의 권위를 비판하고 온전한 인간을 회복할 것을 주장한 것 역시 의미가 없다고 할 수 없다. 앞에서 언급한 것처럼 서양에는 또 다른 전통이 있다. 그것은 바로 인문주의 전통이다. 이들은 비교적 감정의 문제에 관심을 기울였다. 그러나 이들 중 대다수의 학자들은 자기 스스로를 비이성주의자로 칭하고 있다. 따라서 그들은 여전히 감정과 이성을 분리하는 이원대립적인 사고의 경향을 보이고 있다.

인문주의 전통은 겉으로 보기에는 이성주의 전통과 서로 다른 길을 걷는 것처럼 보인다. 그러나 사실 이들은 상호보완적으로 동전의 양면을 이루는 관계라 할 수 있다. 그래서 러셀은 다음과 같이 말했다. "그리스문명이 시작된 이래로 이성주의와 반이성주의는 계속해서 공존해 왔다. 그래서 매번 어느 한쪽이 완전히 우세한 지위를 점유할 수 있는 것처럼 보일 때마다 항상 그 반대의 반응이 있어 왔다. 그로부터 그 대립의 면이 폭발하는 상황이 도래하곤 했다."40) 소위 '공존해 왔다'라는 말은 이성주의가 비이성주의 혹은 반이성주의와 서로를 대체하는 관계가 아니라 서로 의존하는 관계임을 말해 준다. 바꾸어 말해 이성주의 전통은 결코 중

---

40) 러셀, 「파시즘의 계보」, 『러셀전집』 제3권, 341쪽.

단된 적이 없었고 언제나 주도적인 지위를 점유해 왔다. 실존주의철학자인 하이데거는 다음과 같이 명확하게 말했다. "비이성주의는 그저 이성주의의 명확한 약점이자 완전한 실패일 뿐이다. 그래서 비이성주의는 이러한 의미에서 또 다른 이성주의일 뿐이다. 비이성주의는 이성주의로부터 도망쳐 나온 길이지만 그 길은 그러나 결코 자유를 향해 가지 않았다. 더 많은 경우 그것은 오히려 이성주의 속으로 끌려들어 갔다. 끌려들어 갈 때에 새로운 생각을 깨우게 되기 때문에 이성주의는 사라지지 않고 극복되지 않는 것이다. 사실 이때에 오히려 더 위험해지게 된다. 왜냐하면 그것은 결코 가려지거나 간섭되지 않은 채 여전히 자신의 노래를 부를 수 있기 때문이다."[41] 하이데거는 전통적 이성주의를 비판한다. 그러나 그는 이성주의 전통이 매우 강고함을 인정한다. 그가 말하는 비이성주의는 무엇을 가리키는 것일까? 그다지 분명하지는 않지만 아마도 이 역시 전통적인 의미에서의, 예컨대 의지의 철학 같은 것이라고 볼 수 있다.

칸트의 코페르니쿠스적 전회라는 것은 사실상 인식이 어떻게 가능한지에 대한 인식론적 전향이다. 칸트는 비록 이성의 독단을 비판하고 의지와 감정의 문제를 제시함으로써 인식의 주체 원칙을 확립했지만, 이는 결코 문제를 해결한 것이 아니며 오히려 더욱더 많은 논쟁을 불러일으켰다. 소위 형이상학이 비판됨에 따라 오히려 인식론적 전향은 진정으로 완성되었고, 이성은 온전히 인지이성으로 변해 갔으며, 후대의 발전 과정에서 점점 더 도구화되었다. 칸트는 심미적 감정과 도덕감정을 결합하여 인간의 숭고한 감정을 제시했고, 경외의 마음을 중요한 도덕감정으로 인정했다. 이러한 것들은 우리에게 많은 시사점을 제공한다. 칸트는 흄의 경험주의

---

41) 하이데거, 『형이상학도론』, 178~179쪽.

를 극복했지만 서양에서 장기간에 형성된 이성주의 전통을 극복할 수도 없었고, 극복하지도 않았다. 그리고 어떤 측면에서는 감정과 이성을 더욱 분명하게 구별했다. 왜냐하면 그는 도덕철학의 영역에 있어서 언제나 도덕감정을 배척했기 때문에 도덕감정을 이성의 전당에 들이지 않았다.

서양철학의 형성과 대조했을 때 중국의 유가철학은 감정에 특별히 중요한 지위를 부여했을 뿐만 아니라 인간의 존재 문제에 있어서도 감정이 중요한 의미를 갖고 있다고 보았다. 또한 감정과 이성을 대립시키지 않았을 뿐만 아니라 그 둘의 통일을 추구했고, 이에 근거하여 보편적으로 유효한 덕성의 학문을 건립했다.

유가의 덕성지학은 심리적 기초에서 보았을 때 감정 위에 수립된 것이다. 감정은 심리적이고 경험적인 것이기는 하지만 그 연원의 측면에서 보았을 때 그것은 역시 선천적인 것이지 후천적 경험에서 온 것은 아니다. 따라서 감정은 형이상적인 측면과 형이하적인 측면 모두에서 논의될 수 있다. 모종삼 선생은 "마음은 위에서도 아래에서도 모두 논의될 수 있다"고 말했는데 내가 보기에는 감정에 대해서도 이처럼 말할 수 있다. 왜냐하면 유가철학에서 마음과 감정은 언제나 동일한 층위에서 논의되었기 때문이다. 마음이 곧 감정이고, 감정이 곧 마음이다. 이것은 그렇게 말할 수 있는 '관점'일 뿐만 아니라 가장 기본적인 '지향' 혹은 '신념'이다.

선천적이라고 해서 반드시 이성적일 필요는 없다. 예컨대 인간의 생물학적이고 심리적인 각종 현상은 모두 천성적이어서 태어나면서부터 갖추어진 것이다. 그러나 이러한 것들은 그저 후천적인 경험적 사실이 될 수 있을 뿐이며 그 이외의 의미를 갖지 않는다. 감정 역시 이러한 특징을 갖는다. 그러나 유가에서 말하는 선천적이라는 것은 또 다른 중요한 의미를 지닌다. 그것은 곧 선험적 이성 혹은 선험적 이성능력을 의미한다. 이는 비록 잠재적일지라도 경험에 앞서서 존재한다. 이것이 바로 유가에서 말하는 의리義理, 성리性理, 양지양능良知良能이며, 곧 '하늘이 내게 부여해 준 것' 혹은 '천도가 인간에게 부여해 준 것'이다. 한마디로 그것은 '하늘이 인간에게 부여한 명령으로서의 본성'이다. 때문에 유가학설에서 순자나 동중서 등을 빼고는 모두 '본성과 천명의 이치'(性命之理, 혹은 義理, 性理)를 논했다. 성리性理는 곧 덕성이며 이성이다. 다만 이것은 이론적 이성이 아니라 실천적 이성이다. 그러나 이것은 칸트가 말하는 순수실천이성과도 다른 것이며, 감정과 하나로 연결되어 감정을 그 내용으로 하고 있는 구체적인 이성이다. 이것이 바로 유가 이성 학설의 진정한 특징이다.

유가철학은 실천적일 뿐 이론적이지 않다는 말은, 그것이 인간의 행위의 원칙 혹은 법칙과 관련된 것이지 이론적 사유나 이론적 인식의 개념 혹은 관념과 관계되어 있지 않음을 의미한다. 유가의 실천적 이성은 인간 자신의 실천적 활동을 제어하지 객관적 인식을 제어하지 않는다. 어떤 것에 대해 '이성적이다'라고 한다면 이는 그것이 객관적 필연성과 보편성을 갖추고 있다는 말이다. 그러나 이는 순수한 형식만 의미하는 것이 아니며, 감성적 경험과 분리된 이념과도 거리가 멀다. 이는 감정 속에 존재하고 있는 것 혹은 감정활동을 통해 드러나는 것이다. 따라서 그것은 구체적 내용을 갖추고 있는 것이다. 맹자의 "인의예지는 마음에 근본하고 있다"[42] 혹은 "마음은 도리와 의로움을 좋아한다"[43], 주희의 "사랑은 감정이며 사랑의 이치는 본성이다"[44]에서 언급하는 것은 모두 구체적 이성이지 초월적 순수형식이 아니다. 마음에 근본하고 있다는 것은 곧 감정에

---

42) 『孟子』, 「盡心下」, "君子所性, 仁義禮智根於心."

43) 『孟子』, 「告子上」, "聖人先得我心之所同然耳. 故理義之悅我心, 猶芻豢之悅我口."

44) 『朱子語類』 20, 86쪽, "仁者愛之理, 只是愛之道理, 猶言生之性, 愛則是理之見於用者也. 蓋仁, 性也, 性只是理而已. 愛是情, 情則發於用. 性者指其未發, 故曰: 仁者愛之理."

근본하고 있다는 것이다. 사단의 마음이란 곧 사단의 감정이다. 바로 사단 속에 네 가지 본성이 있다. 그것을 '확장하여 가득 채운다'(擴而充之)는 것은 그것을 객관화, 보편화함으로써 이성으로 만든다는 것을 의미한다. 왜냐하면 그것은 원래부터 하늘이 내게 부여해 준 것으로서 '생각함'(思)을 통해서 실현되는 것이기 때문이다. '생각'은 선험적 이성능력이다. 다만 맹자가 말하는 생각이란 데카르트식의 사유가 아니다. 데카르트가 말하는 사유란 일종의 선험적인 천부관념으로서 순수한 정신이다. 그러나 맹자가 말하는 생각이란 것은 '내게 있는 것을 생각한다'라는 것으로서 마음속에 갖추어져 있는 것을 생각하는 것이다. '마음속에 갖추어져 있는 것'이란 곧 사단의 감정을 말한다. 이것이 바로 이른바 본심이다. 사단은 곧 본심이다. 도덕감정은 '생각'을 통해 이성적 형식을 획득하고 보편성을 갖추게 된다. 그러나 도덕감정 그 자체는 인간이라면 누구나 갖추고 있는 것이다. 즉 그것은 공통성을 갖추고 있는 공통의 감정인 것이다. 그러나 그것은 별도의 이성형식을 통해 자신으로 하여금 보편적 유효성을 갖추게 하는 것이 아니라, 그 자체가 곧 '생각'의 형식 속에서 보편적 유효성을 갖추는 것이다. '마음은 도리와 의로움을 좋아한다'의 경우는 더 분명하게 감정을 말하고 있다. 좋아한다는 것은 감정적 체험이다. 의리지성義理之性은 마음이 갖추고 있는 것이다. 다만 그것은 감정 밖에 있는 순수한 형식이 아니라 그 자체로 감정이 갖추고 있는 이성적 형식이다. 때문에 마음은 기뻐할 수 있는 것이다. 이것은 자신이 스스로 기뻐하는 것이며, 이 가운데 감정과 이성 혹은 내용과 형식이 통일될 수 있다.

송명 성리학은 형이상학을 논하고 성리性理는 형이상자로서 하늘이 명해 준 것이다. 그것은 의심할 여지없이 선험적 이성이다. 그런데 성과 심은 구분하여 말할 수 있는 것이 아니다. 마음과 감정 역시 구분할 수 있는 것이 아니다. 이것이 바로 소위 '심성지학心性之學'이며 심성지학은 곧 '성정지학性情之學'이다. 누구라도 감정을 벗어나 형이상의 성리학을 논하려고 한다면, 심성지학은 '체만 있고 용은 없는' 혹은 '텅 빈 허공에 떠 있는' 공허한 학문이 되고 말 것이다. 이렇게 말하는 데에는 충분한 이유가 있다. 왜냐하면 모든 성리학자들은 그들이 심心·성性(혹은 理)·정情의 관계 문제에 대해 어떤 관점을 갖고 있든지 간에, 모두 본성은 감정을 떠나지 않고 이성은 감정을 떠나지 않으며 감정이 없는 본성은 결코 없다고 주장했다. 여기에서 말하는 벗어나지 않는다는 말은 존재의 측면에서 말하는 것이지 인식관념 혹은 개념의 측면에서 말하는 것이 아니다. 물론 관념과 개념의 측면에서는 감정, 본성, 이성 간에 구분이 있을 수밖에 없다. 특히 표현에 있어서만큼은 다르다.—육구연이 "말이 서로 다르다"[45]라고 했던 것처럼.— 그러나 관념과 개념은 인식의 수단일 뿐이며 언어는 인식의 매개일 뿐이다. 여기서 말하는 인식 역시 존재 인식이지 대상 인식이 아니다. 그것은 존재가 드러나고 보이는 것이지 지식을 획득하는 것이 아니다. 존재의 차원에서 본성(性) 혹은 이치(理)는 소위 이성理性이 되는데—실제로는 성리이다.—, 그것은 인간의 존재 본체가 되는 것이지 실체가 되는 것이 결코 아니다. 또한 이성은 자아의식 혹은 관념적 실체일 수 없으며, 오히려 감정의 존재양식 즉 감정이 감정일 수 있도록 하는 이유이다. 이 때문에 이성은 결코 감정을 떠나 존재할 수 있는 것이 아니다.

예컨대 "어진 사람은 다른 사람을 사랑한다"[46]라는 말은 본래는 감정을 의미했을 뿐이다. 다만 성리학자들에게 있어서 본성과 감정은 구분되었다.—정이, 주희 등의 경우— 사랑은 감정이고 사랑의 이치는 본성이다. 감

---

45) 『陸九淵集』, 卷35, 「語錄下」, 442頁, "且如情性心才都只是一般物事, 言偶不同耳."
46) 『孟子』, 「離婁下」, "仁者愛人."

정은 형이하자이며 본성은 형이상자이다. 그러나 형이상자로서의 본성인 사랑의 이치라는 것도 사랑이라고 하는 감정을 그 내용으로 하고 있는 것이다. 만약 사랑의 감정과 분리된다면 소위 인의 리나 인의 본성이라는 것이 무슨 의미를 가질 수 있겠는가? 만약 감정활동이 없다면 인성이 어떻게 실현될 수 있겠는가? 바로 사랑이라는 특수한 활동 안에서만 인성의 보편성이 구현될 수 있는 것이다. 따라서 사랑의 이치라는 것은 그저 개념상의 표현에 불과하다. 결국 이성이라는 것은 그저 하나의 도리일 뿐이고, 최고의 이성이라는 것은 표덕表德 즉 개념화된 덕성일 뿐이다. 이론적으로 따지고 들어간다면 리는 기보다 선재하고 본성은 감정보다 선재한다. 그러나 이것은 논리적으로 따지고 들어갔을 때뿐이지 존재의 상태를 말하는 것은 아니다. 따라서 이것은 개념적인 이해일 뿐 실제적인 존재가 아니다. 즉 존재 측면에서 진실한 존재가 아닌 것이다. 존재의 측면에서 말하자면 그것은 동시적으로 존재하는 것이다. 성리학자들이 비록 개념과 범주를 사용하기는 하지만, 그들이 결코 개념론의 철학자가 아니고, 그들의 학설 역시 개념론의 학설이 아닌 까닭이 바로 이것이다.

앞서 감정을 상하 모두의 측면에서 논할 수 있다고 했다. 이것은 감정을 상위의 차원뿐만 아니라 하위의 차원에서도 말할 수 있다는 것이다. 여기에서 말하는 상하란 형이상과 형이하의 의미이다. 감정이라는 것은 인간의 가장 기본적인 존재 방식이며, 이것은 인간의 존재가 시간 속에서 존재함을 의미한다. 아래의 측면 즉 형이하적 측면에서 말하자면 감정은 감성적이고 경험적이며 구체적이고 실제적인 마음의 활동이다. 위의 측면 즉 형이상적 측면에서 말하자면 감정은 성리에 통할 수 있으며 이성적 형식을 갖추고 있다. 혹은 감정 그 자체가 형이상적이며 이성적이라고 할 수도 있고, 혹은 감정은 이성의 실현 혹은 작용이라고 할 수도 있다.

소위 감정이 이성과 통할 수 있다는 관점은 정호程顥(明道)의 "감정은 다가오는 모든 일에 따르지만 스스로는 아무런 감정도 없다"[47]와 같은 표현이 그 대표적인 경우라고 하겠다. 아무런 감정 없음의 감정이란 이성화된 성리性理 혹은 정리情理를 의미한다. 이들에게 있어 감정은 그 자체로 이성적이다. 예컨대 육구연의 본심설이나 왕수인의 양지설이 대표적이다. 그들은 본심이 곧 감정이자 이성이고, 심·성·정·재才는 같은 것이다. 양지는 이미 시비지심是非之心(옳고 그름을 판단하는 마음)이고, 동시에 호오지심好惡之心(좋아하고 미워하는 마음)이며, 진성측달지심眞誠惻怛之心(진정으로 측은해하는 마음)이므로 감정과 본성은 합일된다고 보았다. 이른바 감정이 이성의 실현이라는 것은 주희의 '성체정용性體情用'(본성은 체가 되고 감정은 용이 된다.)이나 '심통성정心統性情'(마음이 본성과 감정을 통어한다.)이라는 표현으로 대표될 수 있다. 감정이 없으면 본성도 드러날 수 없다.

결론적으로 유가의 덕성지학은 이성적이지 결코 비이성적이지 않다. 다만 그들의 학설에서 말하는 이성이라는 것은 서양식의 이지능력이 아니며 인간이 인간일 수 있는 성리를 가리킨다. 여기에서 말하는 성리라는 것 또한 감정을 그 내용으로 하고 있다. 이 때문에 그것은 구체적인 이성이지 형식적 이성 혹은 추상적 이성이 아니며, 정리는 순수한 이지 혹은 지성이 아니다.

감정과 이성의 관계 문제를 논함에 있어서, 우리는 유가가 모든 인간이 공유하는 감정의 존재를 인정하고 있음을 확인할 수 있다. 공통의 감정이라는 것은 인간의 덕성이 지니고 있는 보편유효성에 대한 증명이다. 다만 여기에서 말하는 보편유효성은 경험의 측면에서 말하는 것이 아니

---

47) 『二程集』 2, 1쪽, 「答橫渠先生定性書」, "情順萬事而無情."

며, 심리적 경험의 집합 혹은 통계학적 의미에서의 일치를 의미하는 것도 아니다. 그들은 선천적인 혹은 선험적인 성리를 그 보편유효성의 증거로 삼고 있다.—특히 송명 성리학이 더욱 그러하다.— 그러나 이러한 선험적 이성(성리)은 잠재적인 것으로, 오직 감정적 경험 속에서만 실현되고 현실성을 획득할 수 있다. 그리고 이에 근거하여 인간의 생명 역시 구체적인 의의를 갖게 된다. 따라서 우리는 그것을 '구체적 이성'이라고 말할 수 있다.

다른 각도에서 말하자면 유가의 이성은 일종의 '목적적 이성'이라고도 말할 수 있다.

또한 감정철학은 일종의 생명철학이라고 할 수 있다. 그러나 유가의 생명철학은 생명의 충동이나 본능을 논하는 것이 아니다. 유가의 생명철학에는 이성적 정신이 깃들어 있으며, 이러한 이성 정신과 자연목적론은 서로 깊은 관계를 맺고 있다.

유가철학에서 최고의 존재는 하늘이다. 천도는 근본적 의미에서의 '생生'이다. 자연계는 낳고 낳아 끊이지 않는 생명의 과정 속에 놓여 있다. 생의 철학은 일종의 목적성을 함축하고 있다. 즉 완전하고 충만함을 향해 가는 부단한 생성의 과정이며, 인간 자체가 바로 이 자연목적의 실현이다. 다만 여기에서 말하는 실현이라는 것은 그 자체로 목적, 곧 목적적 활동이다. 이는 그 실현을 통해서 우주 대생명의 목적을 완성하는 것을 자신의 목적으로 삼는다는 말이다. 이것이 바로 유가에서 말하는 "(하늘을) 계승한 것이 선이요 그것을 완성한 것이 본성이다"[48]라는 의미이다.

선 그 자체는 목적이다. 그러나 순수객관적인 천도라는 측면에서 말하자면 선이라고 말할 것이 없다. 천도는 그저 '생生'일 뿐이다. 선이라는

---

48) 『周易』, 「繫辭上」, "繼之者善, 成之者性."

것은 인간의 측면에서 말한 것일 뿐이며, 목적도 인간의 측면에서 말한 것일 뿐이다. 그러나 인간의 목적이라는 것은 결국 천도를 계승하여 나가는 것일 뿐이다. 이것이 바로 '인간과 하늘의 관계'에 관한 학문이다. 인간은 '실현'의 원칙이다. "하늘이 명한 것을 일러서 본성이라고 한다"는 말은 천명 그 자체가 목적성을 체현하고 있다는 것이다. 다만 천명을 진정으로 실현하는 것은 인간의 본성이다. 본성은 인간에 의해 완성된다. 어떤 사람은 천명을 필연성 즉 도덕적 명령으로 번역한다. 이렇게 말하는 데에는 나름의 이유가 있다. '명命'이라는 글자는 확실히 명령의 의미를 가지고 있다. 그래서 천명은 일종의 말없는 명령처럼 보인다. 명령은 언제나 실현되어야 하는 필연적인 것이다. 그러나 사실 각각의 사람들에게 있어서 천명이 언제나 실현되는 것은 아니다. 여기에는 외부적인 요인 이외에 자기 내부적 요인도 있다. 목적론은 필연성에 있어서 느슨한 이론이지 강력한 이론이 아니다. 하늘과 인간이 주고받은 그 사이에는 일종의 목적적인 관계가 있다. 인간에게는 좋은 마음과 좋은 본성이 있다. 이것이 인간의 목적이지만, 이것을 실현할 수 있느냐 없느냐는 온전히 인간 자신에게 달려 있다.

목적은 '마음'에 의해 표현된다. 유가는 하늘에게 마음이 있는지 없는지에 대해 논한 적이 있다. 그 결과는 하늘은 '낳음'(生)을 마음으로 삼는다는 것이었다. 이는 하늘의 생도生道 그 자체가 목적성을 함축하고 있다는 것이다. 인간은 천지가 만물을 낳고 낳는 마음(生物之心)을 받아서 자신의 마음으로 삼았다. 때문에 인간에게는 '차마 하지 못하는 마음'(不忍之心)이 있다.[49] 이 차마 하지 못하는 마음이 곧 인심仁心이고 도덕감정이다.

---

49) 『孟子集注』, 「公孫丑上」, "天地以生物爲心, 而所生之物因各得夫天地生物之心以爲心, 所以人皆有不忍人之心也."

그러나 인간에게 이러한 인심이 있는 이유는 하늘의 마음을 품수 받았거나 혹은 계승했기 때문이다. 하늘의 마음이 곧 생生이요 인仁이다. 이렇게 볼 때 인은 곧 목적 이성이다.

목적 이성과 구체적 이성은 통일적이다. 이들은 모두 감정과 관계가 있다. 이것이 바로 이성에 대한 유가학설의 특징이다.

제2장 무엇이 진정한 감정인가?

제1절 인간은 감정의 존재다

인간은 어떤 존재인가? 이것은 유학자들이 그 무엇보다 우선적으로 질문하고 또 해답을 찾으려고 했던 문제이다. 유가는 비록 존재라고 하는 개념을 제시하지는 않았지만 유가철학에서 다루는 문제는 존재의 문제였다. 무엇보다도 인간의 존재 문제는 인간 존재의 근거 혹은 본원의 문제와 아주 밀접하게 연결되어 있다. 물론 그 속에는 인간과 천지만물의 관계 문제도 포함되어 있다.─천지만물이라는 것은 생명이 있는 것과 생명이 없는 것을 포함하는 것으로, 존재하는 모든 것을 의미한다.─ 공자는 인간이 짐승과 함께 살 수는 없다고 말했었는데, 그 말의 의미는 인간은 동물과는 다른 별개의 집단생활을 하는 동물 혹은 사회적 동물이라는 뜻이다. 그러나 공자는 다른 의미에서 인간의 존재 문제에 대해 논할 때 즉 인간의 인간됨에 대해 말할 때, 인간이 무엇보다도 바로 감정을 가진 동물이라는 점을 지적했다. 즉 인간은 감정적 존재라는 말이다. 물론 이것이 인간에게 있어 감정만이 유일한 것이고, 감정 이외에는 어떤 다른 것도 없다는 말은 아니다. 다만 인간에게 있어서 감정은 직접성과 내재성 그리고 근원성의 의미를 지니고 있으며, 또 최초의 원시성이기도 하다. 바로 그렇기 때문에 감정은 인간 존재의 중요한 상징이 되며, 그와 함께 인간의 각종 행위에서 가장 중요하게 작용하고 영향을 미치며, 심지어는 결정적으로 작용하기도 한다. 이것은 결코 과장이 아니다.

유가의 창시자로서 공자는 인간감정에 대해 기본적으로 긍정했는데, 어떤 의미에서는 이것이 유가철학 발전의 기본적 방향을 결정했다고도 할 수 있다. 주지하다시피 공자와 후대의 유학자들은 모두 인간 생명의 의미와 가치를 매우 중시했고 이를 통해 그들의 인학(仁學)을 세웠다. 그러나 이러한 중시와 긍정은 감정이라는 기초 즉 감정에서부터 출발한 것이지 결코 과학적 인식이나 생물학 혹은 생리학에서 출발하거나 혹은 자연철학에서 출발한 것이 아니었다. 공자는 인간의 참되고 진실한 감정을 매우 중시했다. 그는 이것이 인간의 가장 근본적이며 진정한 존재 상태라고 생각했다. 만일 어떤 사람이 '진실한 감정' 즉 '진정한 감정과 참된 느낌'(眞情實感)을 갖고 있다면 그는 어진 사람(仁人)이 될 수 있다. 어짊 즉 인(仁)은 인간의 최고 가치이다. 그러나 반대로 만일 어떤 사람이 진실한 감정이 없다면 그는 '간사하게 겉으로만 꾸미는 사람' 즉 영인(佞人)이 되거나 혹은 '싫은 내색 없이 사는 사람' 즉 향원(鄕愿)이 될 것이다. 영인은 입만 나불대는 사람이고[1], 향원은 덕을 해치는 자라고 했다[2]. 이들은 모두 인간의 가치를 실현할 수 없는 사람들이다.

소위 '진정한 감정'(眞情)이라는 것은 내심으로부터 우러나오는 가장 원시적이고 진실한 자연적 감정이며, '참된 느낌'(實感)이라는 것은 생명 존재 그 자체의 진실하면서도 어떠한 허구나 꾸밈도 없는 자아인식, 혹은 자아에 대한 이해와 느낌으로부터 오는 것이다. 여기에서 이미 중국철학

---

1) 『論語』, 「衛靈公」, "放鄭聲, 遠佞人. 鄭聲淫, 佞人殆."
2) 『論語』, 「陽貨」, "子曰: 鄕原, 德之賊也."

의 중요한 문제 즉 마음과 몸 혹은 정신과 형체의 관계 문제와 연결된다. 모두 인정하는 바와 같이, 서양철학과 구분되는 중국철학의 중요한 특징은 바로 몸과 마음 혹은 형체와 정신의 이원론이 아닌 일원론이라는 점이다. 즉 중국철학은 정신과 육체의 결합과 통일을 주장했지, 정신과 육체의 분리 혹은 대립을 주장하지 않았다. 이 점은 공자가 진실한 감정을 언급했을 때부터 매우 분명했다. '진정한 감정'이 참될 수 있는 것은 그것이 '참된 느낌'에서 온 감정이기 때문이다. '참된 느낌'이 참될 수 있는 것은 그것이 '진정한 감정'에서 온 느낌이기 때문이다. 이 둘을 결합한 것이 바로 유가에서 말하는 감정이고, 또한 이 둘을 결합할 때라야 비로소 진실한 생명 존재 즉 진실한 인간이 된다.

먼저 인간은 진실한 존재이다. 그러나 생명이 없는 존재도 모두 진실한 존재이다. 이러한 차원에서 볼 때는 인간과 무생물은 모두 동일하다. 다음으로는 인간도 생명의 존재이고 일체의 생명이 있는 것들은 모두 생명의 존재이다. 이 차원에서 봤을 때 인간과 생명이 있는 것들 역시 모두 동일하다. 마지막으로 인간은 특수한 의미와 가치를 지닌 존재이고, 이것은 인간만의 고유한 존재 방식이 있음을 의미한다. 이것이 바로 공자가 말했던 '진정한 감정'이며, 맹자가 말했던 '사단'이고, 순자가 말했던 '의義'이며, 후대의 유학자들이 말한 '성정性情'이다. 이러한 '진정한 감정'은 인간이 본래 가지고 있는 것이고, 오직 인간만이 특별히 가지고 있는 것이다. 또한 가장 원시적인 것이며 가장 큰 가치와 의미를 지닌 것이다. 인간의 형체는 시간과 공간 속에 존재하는 감성적 존재이다. 그러나 인간의 감정을 '분석적으로' 말하자면 비시공적 심지어는 초시공적이다. 예컨대 인간은 노년에 이른 이후에도 여전히 유년시기에 느꼈던 감정을 체험할 수 있다. 혹은 옛사람들의 문학작품을 읽을 때 마치 자신이 그 상황에

던져진 것처럼 그들의 감정을 느낄 수 있다. 그러나 현실적 측면에서 보자면 감정은 결코 시간과 공간 속에 있는 형체적 존재를 떠날 수 없으며, 또 시간과 공간 속에 있는 존재 즉 생명활동 역시 감정활동이어서 이 둘은 확연히 구분하기가 어렵다. 바로 이런 의미에서 인간의 감정은 구체적이지 추상적이 아니며, 실체적인 내용을 가지고 있는 것이지 그저 비어 있는 형식에 불과한 것이 아니다.

왕수인은 이러한 감정활동을 '인간의 감정과 사태의 변화'(人情事變)라고 칭했다. 그는 이렇게 말했다. "인간의 감정과 사태의 변화 이외에는 아무런 일도 없다. 희노애락이 인간의 감정이 아니던가? 보고 듣고 말하고 행동하는 것으로부터 부귀와 빈천 혹은 환란과 생사 이 모든 것들은 모두 사태의 변화이다. 그런데 사태의 변화는 언제나 인간의 감정 속에서 벌어진다."[3] 왕수인은 '진정한 감정'의 철학적 의의에 대해 아주 심층적으로 깨달았다고 볼 수 있다. 사태의 변화라는 것은 곧 인생의 역정이지만 그것은 언제나 인간의 감정 속에서 벌어진다. '인간의 감정과 사태의 변화 이외에는 아무런 일도 없다'라는 이 구절은 너무나도 명백하게 인간이 감정적 존재임을 말하고 있다. 인간은 매일매일 혹은 시시각각 사태의 변화 속에 던져져 있다. 사태의 변화는 매우 다양하고, 살아가는 동안 이러한 사태의 변화는 끊임없이 이어진다. 다만 모든 사태의 변화는 언제나 인간의 감정 속에서, 즉 감정의 상태로 발생한다.—혹은 감정 속에서 발생된다. — 그렇지만 반대로 인간의 감정 역시 사태의 변화를 통해 드러난다. 희노애락의 감정은 구체적 사태의 변화 속에서 표현되는 것이다. 따라서 인간의 감정과 사태의 변화는 인간과 그 인생의 모든 것이라고 할 수 있

---

3) 『傳習錄』, 卷上, 37쪽, "除了人情事變, 則無事矣. 喜怒哀樂非人情乎? 自視聽言動以至富貴貧賤患難死生, 皆事變也, 事變亦只在人情裏."

으며, 인생의 분망함 그 자체라고 할 수도 있다. 그러나 이러한 분망함이 그렇다고 아무런 가치와 의미가 없는 것은 아니다. 그 가치와 의미는 사태의 변화 속에 놓여 있는 인간의 감정으로부터 나온다. 사태의 변화에는 객관적 요소와 조건이 있다. 그러나 인간의 감정 속에서 벌어지는 사태의 변화는 결코 피동적이고 소극적인 객관적 과정이기만 한 것은 아니다. 즉 그것은 물리적이거나 기계적인 운동과 변화만이 아닌, 기뻐하고 슬퍼하고 좋아하는 등의 사태도 의미한다. 이것이 바로 인생이다. 바로 이런 의미에서 인간은 인간의 감정과 사태의 변화를 제외하고는 그 무엇도 없으며, 그 무엇도 말할 수 없다고 할 수 있다.

이것이 바로 공자를 비롯한 유가가 인간 존재 문제에 대해 취한 가장 기본적인 입장이다. 즉 인간의 존재는 아주 실제적이며 구체적인 감정활동이지, 추상적인 이성적 사유가 아니라는 것이다. 유가가 순수 이론적 윤리학(혹은 도덕철학)을 수립하지 못하고 또 형식화된 미학을 수립하지 못한 원인은 대체로 여기에 있다. 그러나 유가는 시종 감정으로부터 인생 문제와 존재 문제를 고찰해 왔다. 그리고 이로부터 인간의 의미와 가치를 수립해 왔다. 이는 매우 귀중하며 또 나름의 특별한 공헌을 해 왔다고 말해야 할 것이다.

제2절 진정한 감정은 자연스러움으로부터 나온다

유가에서 논하는 감정은 우선 부모와 자식 간의 관계에서 발견되는 '가족 간의 사랑'으로부터 시작된다. 그 중 가장 중요한 것이 소위 효孝이다. 공자 본인도 효자였다. 그의 아버지는 일찍 돌아가셔서 어머니가 어린 공자를 키웠다. 그래서 그는 모친에게 매우 효성스러웠다고 한다. 효는 무엇보다 감정의 영역이다. 사상가이며 철학자인 공자 역시 감정의 각도에서 효를 보았다.

공자의 제자인 유자(有若)는 이렇게 말했다. "효성스러움과 형제간의 공손함은 인을 행하는 근본이로다."4) 이 말은 비록 유약의 입을 통해 나왔지만 그것은 공자의 관점을 대표한다. 공자학설의 핵심으로서의 인은 최고의 덕성이며 인생의 최고 가치를 체현한 것이지만 그것은 효의 기초 위에서 세워진 것이다. 인에 대해서는 뒤에서 다시 논하도록 하고, 우선 효에 대해 이야기해 보자. 왜 그것이 '인의 근본'인가?

'근본'(本)이라는 것은 나무의 줄기 즉 기둥을 의미하는데, 나무의 뿌리로부터 자라난 것이다. 그래서 그것을 뿌리의 몸통 즉 '근본根本'이라고 부르는 것이다. 효는 부모와 자식 간의 사랑으로부터 나온다. 따라서 이것은 근본적으로 자연적 감정이다. 바로 이런 자연적 감정이 인간의 최고 덕성 즉 인의 진정한 기초라고 할 수 있다. 이것이 유가의 자연주의적 면모이다. 인이라고 하는 덕성은 인간 생명의 뿌리로부터 자라 나온 것이다. 여기에서 말하는 자연이라는 것은 생명과 생장의 의미로서, 여기에는 목적적 의미가 있을 뿐이다. 결코 인간과 대립해서 존재하는 자연계 혹은 기계론적이고 물리학적인 의미에서의 자연을 의미하지 않는다. 이러한 자연적 감정은 인간에게 있어 매우 중요한 것이며 이것이 바로 인의 싹이다.

어떤 사람은 동물에게도 부모자식 간의 감정이나 사랑이 있고, 이는 일종의 자연적 본능이라고 말한다. 만약 유가에서 말하는 가족 간 사랑이라는 감정이 동물의 그것과 유사하거나 심지어 아무런 구별이 없는 것이

---

4) 『論語』, 「學而」, "孝弟也者, 其爲仁之本與!"

라고 한다면, 가족 간 사랑이라는 감정에 별다른 위대함이 있다고 말할 수는 없을 것이며, 기껏해야 소위 자연적 혈연관계에서 세워진 가족윤리라고밖에 말할 수 없을 것이다.

이러한 사실을 어떻게 이해해야 할까? 오랜 시간 동안 사람들은 동물적인 모성애와 동물이 자식을 사랑하는 감정을 자연적 본능이라고 이해해 왔다. 그래서 거기에는 아무런 의식도 없으며, 언어 혹은 의미라고 할 것도 없고, 더더군다나 사회나 문화라고 할 것이 없다고 생각해 왔다. 그러나 최근의 과학적 연구는 동물(특별히 고등한 동물)에게 사유뿐만 아니라 감정도 있고 또 언어와 사회 그리고 문화도 있다고 밝히고 있다. 인간과 동물의 구별은 본질적인 것이 아니라 정도의 차이일 뿐이다. 특히 생명의 의미에서 봤을 때 인간과 동물은 모두 자연계의 구성원이며 동일한 대가족 안에서의 서로 다른 가정일 뿐이다. 그렇기 때문에 공통된 측면이 있다. 뿐만 아니라 현대 과학의 실험은 인간과 동물 사이에 정보를 교류할 수 있으며 심지어는 언어를 교류할 수 있다고 증명하고 있다. 어떤 동물 예컨대 침팬지와 같은 경우에는 나름의 문화를 가지고 있으며 집단마다 서로 다른 전통과 행위의 방식을 지니고 있다고 한다.[5] 또 많은 동물들은 호혜적이거나 이타적인 행위를 하는데, 심지어는 친족이 아닌 이들을 보호하기 위해서 자신을 희생하기까지 한다.[6] 어떤 학자들이 말하는 것처럼 "문화를 지니고 있는 동물로서 말하자면, 인간은 이전에 우리가 생각했던 것만큼 그렇게 특별한 존재는 아닐지도 모른다." 그러나 이와 정반대로 이러한 사실들은 오히려 "인류와 대자연계 속의 다른 부분과의 연속성"을 설명하거나 강조해 주고 있다.[7]

---

5) 『參考消息』(1999.06.19.)을 참고하라.
6) 『參考消息』(1999.03.10.)을 참고하라.

이렇게 볼 때, 설령 공자가 인간과 동물 간의 공통성 혹은 연속성의 측면을 지적했다고 해서, 그것이 반드시 인간의 존엄을 깎아내리거나 인간을 동물의 수준으로 떨어뜨렸음을 의미하지는 않는다. 그것은 그저 자연적 감정이 인간 덕성의 심미적 기초임을 강조한 것일 뿐이다. 중국의 많은 사상가들은 인간과 동물 사이의 차이가 그다지 크지 않다고 인정한다. 맹자는 인간과 동물 사이의 구별은 그저 얼마 안 되는 그 정도 즉 '거의 드묾'(幾希)이라고 보았다. 송나라의 정호는 다음과 같이 말했다.

> 짐승과 인간은 매우 비슷하다. 다만 (짐승은) 그것을 확장하지 못하는 것일 뿐이다. 그러나 짐승의 본성은 자연적인 것이며 배울 필요도 없고 가르칠 필요도 없다. 예컨대 둥지를 만들고 새끼를 키우는 등의 것들이 바로 그러한 것이다. 인간이 비록 영험하다고 하지만 (본성으로부터) 잃어버린 것이 매우 많다. 오직 하나 갓난아기가 모유를 먹을 수 있는 것, 그것만이 자연적이고 배워서 하는 것이 아닐 뿐이다. 그 외의 모든 것들은 모두 유도해야 된다. 어떤 아기를 착하게 하려고 하면 어렸을 때부터 내면의 본성을 억지로 끄집어내지 않고 진정한 본성대로 남겨 두어야 한다. 그래서 그의 자연적인 본성이 저절로 나오기를 기다려서 그 본성을 완전하게 할 뿐이지 다른 것이 아니다.[8]

이로써 우리는 인간과 짐승이 매우 비슷한 이유는 바로 인간과 짐승 모두 자연의 본성 혹은 자연적 감정을—여기에서의 본성과 감정은 동일한 것이다.— 가지고 있기 때문이라는 점을 확인할 수 있다. 이러한 자연적 감정은

---

7) 『參考消息』(1999.03.10.)을 참고하라.
8) 『二程遺書』 2下, 35쪽, "禽獸與人絶相似. 只是不能推. 然禽獸之性却自然, 不待學, 不待敎. 如營巢養子之類是也. 人雖是靈, 却椓喪處極多. 只有一件嬰兒飮乳, 是自然非學也. 其佗皆誘之也. 欲得人家嬰兒善, 且自小不要引佗, 留佗眞性. 待他自然, 亦須完得些本性須別也."

매우 귀중한 것이어서 잃어버려서는 안 되는 것들이다. 또한 정호는 벌이나 개미와 같은 동물들이 사회적 행위를 하고 수달이나 이리 같은 것들이 제사 지낼 줄 안다는 예시를 들어서 인간과 동물이 매우 비슷한 점이 있음을 설명했다.[9] 이처럼 유가의 사상가들이 모두 인간의 가치를 중시하지만, 그렇다고 해서 인간과 동물을 매우 엄격하게 구분한 것은 아니었다. 오히려 그들은 인간과 동물 사이에 존재하는 공통점과 연속성을 인정했다. 이는 중국철학자들의 탁견이라고 말하지 않을 수 없다. 중국에서 인간중심주의가 등장하지 않았던 것은 이와 매우 직접적인 관계가 있다. 그러나 그들은 동시에 인간만이 '확충'할 수 있다고 주장했다. 이것이 바로 인간이 인간일 수 있는 지점이다.

공자가 말하는 효는 비록 자연적 감정의 기초 위에 세워진 것이지만 오히려 자연보다 한층 높은 것이다. 효는 행동으로 부모를 봉양하는 책임을 다하는 것만을 의미하지 않고 거기에 더하여 부모를 공경하고 사랑하는 마음이 요구된다. 이러한 공경의 감정은 분명 동물에게는 부족하거나 혹은 아예 없는 것이다. 이것은 일종의 문화적 의식에서 드러나는 감정이다. 공자가 말한 것처럼 만일 부모에 대한 사랑이 그저 봉양 즉 부모를 물질적으로 보살펴 드리는 것으로만 표현된다면 이러한 일들은 개나 말과 같은 가축들을 상대로도 역시 할 수 있는 것이다. 그것을 어떻게 효라고 부를 수 있겠는가? 효가 비록 사랑의 감정을 기초로 한다고 할지라도 효가 효일 수 있는 진정한 이유는 부모를 공경하고 존중하기 때문이다. 이것은 부모가 자신을 길러 준 은혜에 대한 보답만을 의미할 뿐만 아니라 부모의 희생과 수고로움 그리고 살아온 인생에 대한 존중과 공경을 포함

---

9) 『二程遺書』 17, 58쪽, "物有自得天理者, 如蜂蟻知衛其君, 豺獺知祭, 禮亦出於人情而已."

하고 있다. 또한 이는 문화적 전통의 누적과 인정을 포함하고 있는 것이지 결코 단순한 혈연적 관계만을 의미하지 않는다. 사람들은 효라는 감정을 혈연관계로 해석하곤 한다. 이러한 관점은 인간의 생물성 혹은 가족성이라는 측면을 보여 주기는 하지만 오히려 또 다른 측면 즉 정신적 측면은 간과한 것이 된다. 정신적 측면은 인간의 존재에 있어 매우 중요한 것이어서 '물질이 정신을 결정한다'는 식의 단순한 공식으로 설명될 수 있는 것이 아니다.

유가는 효를 인간의 자연적 감정으로 보는데, 이는 인간을 감정의 존재로 이해함에 있어서 요구되는 가장 기본적인 전제이다. 자연적 감정은 인간에게 있어서 원시적이며 또한 목적적이다. 여기에서 원시적이라는 말은 그 생명이 태어나는 날로부터 인간은 감정적인 안위와 사랑을 필요로 하고 있다는 측면에서 즉 태어나면서부터 지니게 된다는 의미이다. 뿐만 아니라 그것은 인간의 일생 가운데 모종의 잠재적 지배 작용을 하게 된다. 여기에서 목적성 혹은 목적적이라는 말은 인생의 목표가 감정적 욕구와 분리될 수 없으며, 감정적 욕구가 인생이 추구하는 목적을 결정한다는 의미이다. 즉 이것은 유가에서 말하는 안심입명安心立命의 학문을 의미한다. 이는 편안함을 구하는 것이지만 역시 매우 높은 경지에서의 편안함이다.

매우 흥미롭게도, 인간은 태어남과 동시에 가장 먼저 감정활동부터 시작하게 된다. 아기가 태어났을 때에 첫 울음을 터뜨리는 것은 바로 생명의 탄생이면서 또한 감정적 활동의 시작이다. 아기가 태어난 이후에 가장 먼저 접하는 것은 부모와 형제자매이며, 그의 감정적 욕구와 활동은 일단 부모와 형제자매와의 관계 속에서 발생한다. 이때 희노애락과 같은 각종 감정이 끊임없이 드러나게 되는데 그 속에서 가장 기본적인 감정은 당연히 부모에 대한 사랑 혹은 부모의 사랑을 받아들이는 것이 된다. 이로부터 소위 효의 문제가 발생하게 되는 것이다. 그래서 맹자는 다음과 같이 말했다. "걸음마를 뗄 정도의 아이들은 누구라도 다 부모를 사랑할 것이며, 그들이 자라게 되면 누구라도 다 그의 형들을 공경하게 될 것이다."10) 맹자는 사실 매우 평범한 일을 언급한 것이다. 다만 이러한 평범함 속에 아주 커다란 의미가 함축되어 있다. 다만 어떤 철학자들은 이 평범한 이야기 속에서 별다른 의미를 찾으려 하지 않는다.

사실 아기 때의 감정이 가장 풍부하고 진실하며 또 가장 순박하다. 아기가 아직 말을 배우지 않았을 때, 즉 언어로 자신의 요구와 생각을 드러낼 수 없을 때에도 감정활동은 이미 시작된다. 아기가 감정으로 자신의 요구를 표현할 때 그것을 '감정 언어'라고 부를 수 있다. 중국의 여러 철학자들은 아기에 대한 관찰 특히 아기의 감정 세계에 대한 관찰을 중시했으며, 그로부터 많은 철학적 문제들을 발견하고 제기했는데, 이는 결코 우연이 아니다.

도가의 노자는 최고 경지, 즉 도의 경지를 아기로 비유했다. '어린아이로 돌아감', '무극으로 돌아감', '소박함으로 돌아감'11) 등의 철학 명제를 제시해서, 어린아이를 무극, 소박함 등과 비교하면서 어린아이처럼 살아가야 한다고 주장했다. 이는 분명 인간의 존재 상태를 지칭한 것이다. 이것은 인간의 존재 방식 혹은 양태의 측면에서 말한 것이다. 아기는 비록 아무런 지식도 없고 언어도 없지만 그에게는 부모를 사랑하는 것과 같은 감정이 있다. 이렇게 볼 때 노자 역시 인간이 감정적 존재임을 부정하지

---

10) 『孟子』, 「盡心上」, "孩提之童, 無不知愛其親者; 及其長也, 無不知敬其兄也."

11) 『老子』, 제28장, "復歸於嬰兒. 知其白, 守其黑, 爲天下式. 爲天下式, 常德不忒, 復歸於無極. 知其榮, 守其辱, 爲天下谷. 爲天下谷, 常德乃足, 復歸於樸."

않았다. 유가의 맹자 역시 이렇게 말했다.

대인이란 어린아이의 마음(赤子之心)을 잃지 않은 자이다.[12]

어린아이의 마음은 가장 순진하고 가장 고귀하다. 여기에서 어린아이의 마음은 곧 어린아이의 감정이다. 왜냐하면 맹자는 언제나 감정의 차원에서 마음을 논했기 때문이다. 이는 맹자가 감정을 중시했음을 또 다른 각도에서 입증하는 것이다. 노자가 아기의 순박하고 천진한 자연적 상태를 좀 더 중시했다면, 맹자는 순박하고 천진스러우면서도 자연스럽게 가족 간의 감정에서 우러나오는 사랑을 좀 더 중시했다고 할 수 있다. '걸음마 떼는 아기들이라도 누구나 그 부모를 사랑할 줄 안다'는 말은 사실을 제시하고 진술한 것일 뿐만 아니라, 걸음마 떼는 아이들의 '사랑'으로부터 부모에 대한 그들의 '효성'의 마음이 생겨남을 논증한 것이다. 이 때문에 효라는 것은 인간의 진실한 감정일 뿐만 아니라 인간 존재의미가 최초로 드러나는 곳이기도 하다.

제3절 인간은 왜 효를 선택하는가?

존재와 가치의 차원에서 가족적 감정인 효를 이해하는 것은 매우 흥미롭다. 공자가 논했던 '곧음'(直)이라는 것은 이에 대한 매우 좋은 예이다. 『논어』에는 공자와 섭공이 나누는 대화가 있는데, 이 대화에서 부모와 자

---

12) 『孟子』, 「離婁下」, "孟子曰: 大人者, 不失其赤子之心者也."

식 간의 감정에 대한 공자의 태도를 확인할 수 있다. 섭공은 공자에게 다음과 같이 말했다. 그의 지역에는 아주 곧은 자가 있는데 그는 언제나 반듯하게 행동하는 자였다. 그의 아버지가 양을 훔쳤을 때 그는 가서 그의 아버지를 고발했다.─'그 아버지가 양을 훔쳤을 때 그는 증인이 되었다'라는 원문에서 '증인이 되다'라는 말은 고발의 의미이다. 그러나 어떤 사람은 증명이라고 해석하기도 한다.─ 하지만 이에 대해 공자는, 우리 지역의 곧은 자는 당신이 말하는 곧음과는 다르다고 말한다. "아버지는 자식을 숨겨 주고 자식은 아버지를 숨겨 주는데, 곧음은 그 속에 있다."13) 아버지가 자식을 숨겨 주고, 자식이 아버지를 숨겨 주는데 어떻게 곧음이 그 안에 있을 수 있을까? 주희는 다음과 같이 설명했다.

> 부모와 자식이 서로 숨겨 주는 것은 천리天理와 인정人情의 지극함이다. 그러므로 억지로 곧으려고 하지 않을 지라고 곧음은 그 속에 저절로 있게 된다.14)

이런 해석은 공자의 원의에 완전히 부합한다. 하지만 이런 해석에도 여전히 일정 정도의 불명료함은 남는다. '솔직해지려고 하지 않을 지라도 곧음은 그 속에 있다'는 말은 숨겨 주는 그 자체는 곧음이 아니지만 그 속에 다시 곧음이 있다는 것으로, 그 관건은 천리와 인정이라고 말하는 것 같다. 부모와 자식이 서로 숨겨 주는 것은 천리와 인정에서 나온 것인데, 이처럼 천리와 인정에서 나오는 모든 일들은 그 속에 반드시 곧음이 있기 마련이다. 주희는 다시 사량좌謝良佐15)의 해석을 인용하여 다음과 같

---

13) 『論語』, 「子路」, "葉公語孔子曰: 吾黨有直躬者, 其父攘羊, 而子證之. 孔子曰: 吾黨之直者異於是. 父爲子隱, 子爲父隱, 直在其中矣."

14) 『論語集注』, 「子路」, "父子相隱, 天理人情之至也. 故不求爲直, 而直在其中."

이 말한다. "이치에 순응하는 것을 곧음이라고 한다. 아비가 자식을 숨겨 주지 않고 자식이 부모를 숨겨 주지 않는 것이 이치에 순응하는 것이겠는 가?"16) 사량좌는 순리를 곧음이라 했는데, 여기에서 말하는 순리順理의 '리理'라는 것은 정리情理 즉 감정의 이치이다.

이렇게 볼 때, 공자 시대에는 소위 곧음에 대한 두 개의 완전히 서로 다른 관점이 있었음을 알 수 있다. 공자와 섭공은 이 두 서로 다른 관점을 대표하고 있다. 때문에 위에서 제시한 논쟁이 있었던 것이다. 만일 사실 판단으로부터 생각하자면 아버지에게 어떤 이유가 있든 양을 훔쳤다고 하는 것은 사실이다.—주희는 이유가 있어서 양을 훔친 것으로 이해했다.— 또한 자식이 고발하는 것 즉 양을 훔친 사실을 드러내고 지적하는 것은 당연히 곧은 것이다. 이것이 바로 곧음에 대한 섭공의 관점이다. 그렇지만 공자는 진실한 감정으로부터 고려한 것이지 사실 아버지를 고발한 사실 그 자체로부터 문제를 고려한 것이 아니었다. 왜냐하면 여기에서 중요한 것은 부모와 자식 간의 감정이지 일반적인 사실관계의 문제가 아니었기 때문이다. 공자의 관점에서 부모에 대한 자식의 진실한 감정은 이미 양을 훔쳤다고 하는 사실 그 자체를 뛰어넘고 있다. 따라서 아버지를 숨겨 주는 것은 아버지가 양을 훔쳤다고 고발하고 지적하는 행위를 뛰어넘고 있다. 이것은 역시 가치의 문제이지 사실의 문제가 아니다. 따라서 비록 사

---

15) 역자주: 謝良佐(1050~1103). 북송 蔡州 上蔡 사람. 자는 顯道이고, 시호는 文肅이다. 二程의 문하에서 배웠다. 游酢, 呂大臨, 楊時와 함께 '程門四先生'으로 일컬어졌다. 上蔡學派의 비조이며 上蔡先生으로 불렸다. 神宗 元豊 8년(1085) 進士가 되고, 應城縣令 등을 지냈다. 徽宗 때 西京 竹林場을 감독하다 일에 연좌되어 투옥된 뒤 평민으로 떨어졌다. 해박하여 옛 역사를 인용할 때는 글자 한 자 틀리지 않았다. 仁을 覺, 生意로, 誠을 實理로, 敬을 常惺惺으로, 窮理를 求是라고 주장했다. 그의 사상은 다분히 禪佛敎의 내용을 포함하고 있어 주희로부터 비판을 받았다. 저서에『上蔡語錄』과『論語說』이 있다.(출처:『중국역대인명사전』)

16)『論語集注』,「子路」, "謝氏曰: 順理爲直. 父不爲子隱, 子不爲父隱, 於理順邪?"

실을 숨겼지만 그 속에 곧음이 있는 것이다. 여기에서 공자가 이해한 곧음이란 부모와 자식 간의 숨길 수 없는 진실한 감정이지 양을 훔친 것에 대한 사실 지적이 아니라는 것은 매우 분명하다. 공자는 결코 양을 훔쳤다는 사실 자체를 부정한 것이 아니다. 하지만 고발하고 지적하는 것은 별개의 문제이다. 여기에는 가치 선택의 문제가 숨어 있다. 공자는 양을 훔친 이 사실에 대한 태도를 통하여 감정의 진실성과 중요성을 설명하는 것이며, 동시에 가장 본질적이고 진정한 인간의 존재는 곧 감정을 가진 존재임을 설명하고 있는 것이다.

여기에서는 또 다른 문제, 이른바 감정이 법보다 중요한지 아니면 법이 감정보다 중요한지의 문제를 끌어낼 수 있다. 유가는 가족적 감정을 중시하여 법치를 반대한다. 이는 무척 분명해 보인다. 하지만 이 문제는 이 책에서 논하는 범위를 넘어선다. 하지만 공자와 섭공이 논하는 문제에서 봤을 때 이것은 또 다른 성격에 속하는 별개의 문제인 거 같다. 감정은 인간의 존재 문제이고 법은 사회제도의 문제이다. 인간은 사회적 존재인 동시에 개별적 존재다. 사회적 존재로서는 당연히 법치 혹은 예치와 같은 문제에 직면할 수밖에 없다. 하지만 개인으로서의 인간에게는 존재 방식과 가치 선택의 문제가 있다. 중국에 법치의 전통이 결핍되어 있다는 것은 분명한 사실이다. 이것이 유가의 학설과 무관하다고 말할 수는 없다. 왜냐하면 유가는 예치를 강조하며 그것이 감정의 기초 위에서 세워져야 한다고 주장했기 때문이다. 하지만 개체로서의 인간에게는 감정과 법이 충돌할 경우 선택의 자유가 있다. 이는 공자의 학설이 우리에게 말해 주는 바이다. 구체적으로 말해서 섭공은 법을 선택했고 공자는 감정을 선택했다. 하지만 공자는 섭공으로 하여금 반드시 자신의 관점에 따를 것을 요구했던 것은 아니며, 그저 자신의 삶의 태도를 표명하고 있을 뿐이다.

여기에는 확실히 선택의 자유라는 문제가 존재한다. 공자는 현대 서양의 실존주의자(사르트르)처럼 인간의 완전한 자유를 주장했던 것은 아니다. 인간의 자유는 곧 선택의 자유일 뿐이며 그 선택의 가능성은 무한하다. 다만 실존주의자들은 인간이 자신의 행위에 대해 책임을 질 것을 주장하고 있다. 이 측면에 있어서는 공자의 학설과 매우 비슷해 보인다. 감정과 법이 충돌할 때 공자는 감정을 선택했지만, 그 역시도 그의 선택에 대해 책임을 지고자 했다. 이는 주희가 말한 '천리와 인정의 지극함'과 같은 것이다. 유가의 학설은 곧 천리와 인정의 학문이다. 그렇다고 여기에 근거해서 공자가 법치에 반대했다고 간단히 결론 내릴 수는 없다. 공자와 유가 학설의 가장 큰 실수는 개인의 존재 문제를 사회의 구조 문제와 완전히 구분하지 못했고, 이로 인해 감정의 기초 위에 일종의 이상적인 예치 사회를 수립하려고 했다는 것에 있다.

그러나 역사적 측면에서 볼 때 공자의 시대는 비교적 자유로웠다. 당시에는 많은 사람들이 직업을 선택할 수 있는 자유가 있었다. 예컨대, 공자의 제자인 자공은 상인이면서 동시에 정치에 종사했다. 그가 위나라에서 관료로 있을 때 위나라에 내란이 발생하자 그는 자유롭게 자신의 관직을 버리고 노나라에 가서 상인이 될 수 있었다. 그러나 더욱 중요한 것은 당시 백가쟁명의 환경 속에서 사람들에게 신념의 자유가 있었다는 것이다. 사람들은 유가의 학설을 믿을 수도 있었고 또는 묵가나 도가 혹은 기타의 학설을 믿을 수도 있었다. 예컨대, 『맹자』에서 언급되는 진량陳良 같은 경우는 원래 초나라 사람이었지만 북쪽으로 가서 주공과 공자의 학설을 공부했다. 그런데 그가 죽은 후에 그의 제자들은 오히려 다시 허행許行의 '신농지학' 즉 농가학설을 믿어서 맹자와 격렬한 논쟁을 벌이기도 한다. 공자와 섭공 간의 대화는 바로 이러한 개인의 신념 혹은 선택의 문제에 속한다. 이것은 후대의 전제주의 사회와 매우 다른 부분이다. 전제주의 사회에서는 소위 충과 효가 양립될 수 없다는 관점이 있었다. 그래서 군주에 대한 충성과 부모에 대한 효성이 충돌했을 때에는 선택의 자유가 없었다. 그저 충을 선택할 수 있을 뿐이었고 효는 포기할 수밖에 없었다. 공자의 시대에는 분명히 자유의 여지가 많았다. 섭공은 법을 선택할 수 있었고 법을 지키기 위해 부모를 고발할 수 있었다. 반면 공자는 감정을 선택할 수 있어서 효를 완성하기 위해 부모와 자식이 서로 숨겨 줄 수 있었다. 이런 의미에서 말하자면 공자가 논하고 있는 문제는 감정과 법의 관계 문제라기보다는 오히려 자유로운 선택의 문제라고 봐야 한다. 비록 그가 사회와 정치 문제를 중시하여 예치사회를 그 이상으로 삼았다 하더라도, 그 속에서 그가 가장 관심을 둔 것은 인간의 존재 문제이지 사회제도 혹은 체제의 문제가 아니었다. 인간의 존재에 착안했을 때 부모와 자식 간의 감정과 같은 인간의 특수한 감정은 결코 못 본 체하거나 혹은 무시할 수 있는 것이 아니었다.

공자가 효와 법의 충돌 문제에 대해 아직 직접적으로 논하지 않았다고 한다면 맹자는 전설상의 성인(舜임금)에 대한 평가를 통해 이 문제를 직접적으로 제기하고 그에 대해 대답했다.

맹자는 공자를 계승하는 것을 자신의 임무로 여긴 철학자이다. 그는 언제나 요임금과 순임금을 언급했다.[17] 순은 전설 속의 위대한 성인일 뿐만 아니라 위대한 효자이기도 했다. 맹자가 순의 효행에 대해 칭찬한 것은 그가 순의 치적에 대해 칭찬한 것보다 훨씬 많다. 이는 우리가 주의 깊게 봐야 할 부분이다.

---

17) 『孟子』, 「滕文公上」, "孟子道性善, 言必稱堯舜."

『맹자』에서는 가설 설정의 방식으로 다음과 같은 문제를 논한다.

도응이 물었다. "순이 천자이고 고요가 재판관인데 순의 아버지인 고수가 사람을 죽인다면 고요는 어떻게 하겠습니까?" 맹자가 답했다. "잡아들일 수밖에 없었을 것이다." 도응이 물었다. "그렇다면 순은 그것을 막지 않았을까요?" 맹자가 답했다. "순이 어떻게 그것을 막을 수 있었겠는가? 고요는 부여받은 직책이 있었다." 도응이 물었다. "그렇다면 순은 어떻게 했을까요?" 맹자가 답했다. "순은 천하 버리기를 마치 헌신짝 버리듯이 했을 것이다. 그래서 자신의 아버지를 등에 짊어지고 도망가서 해안을 따라가 살면서 종신토록 기꺼이 천하를 잊어버렸을 것이다."[18]

순임금은 이상적인 천자였고, 고요는 이상적인 사법관이었으며, 고수는 순임금의 아버지였고—그러나 그는 매우 문제가 많았던 아버지였다. 순임금의 이복동생인 상에게 순임금을 괴롭히고 해치도록 종용했었다.—, 순임금은 위대한 효자였다. 이러한 상황에서 만약 고수가 살인을 저질렀다면 어떻게 하겠는가? 이것은 매우 첨예한 문제였으며 또한 첨예한 충돌을 낳았다.

그러나 맹자의 대답은 매우 명확하다. 그의 아버지가 이미 사람을 죽였다면, 순임금은 자신의 아버지를 잡아들여 죄를 논할 수밖에 없었을 것이다. 다만, 이어지는 질문은 순이 이미 천자로서 최고의 권력을 지니고 있다면 과연 고요가 자신의 아버지를 체포하는 것을 금지시키지 않았을 것인가이다. 이에 대한 맹자의 대답 역시 명확하다. 그렇지 않다. 왜냐하면 고요와 같이 충분한 법률적 근거를 지니고 있는 이가 법을 집행한다는

---

18) 『孟子』, 「盡心上」, "桃應問曰: 舜爲天子, 皐陶爲士, 瞽瞍殺人, 則如之何? 孟子曰: 執之而已矣. 然則舜不禁與? 曰: 夫舜惡得而禁之. 夫有所受之也. 然則舜如之何? 曰: 舜視棄天下, 猶棄敝蹝也. 竊負而逃, 遵海濱而處, 終身訢然, 樂而忘天下."

것은 그가 부여받은 직책이 있기 때문이다. 그것은 개인적으로 부여받은 것도 아닐 뿐만 아니라 개인을 위한 법 집행도 아니다. 고요는 사법관이라는 직위에 임명되었기 때문에 죄를 저지른 고수를 체포하는 것인데, 무슨 근거로 이를 막을 수 있겠는가? 그렇다면 순임금은 어떻게 할 것인가? 천자로서 순임금은 이치상으로는 응당 고요의 법 집행을 지지해야겠지만, 잡아들인 것은 그의 부친이 아니던가. 그렇다면 위대한 효자인 순임금에게는 여기에서 감정과 법 집행 사이의 충돌이 발생하게 되는 것이다.

순임금이 선택한 최후의 방법은 천자 노릇을 하지 않는 것이었다. 맹자의 관점에서 천자라는 직위는 천하를 소유하고 많은 사람들의 존중을 받는 지위다. 그러나 순임금의 관점에서 이렇게 최고의 자리인 천자라는 직위를 버리는 것은 마치 헌신짝 버리는 것처럼 쉬운 일이다. 사실 맹자는 여러 곳에서 이러한 내용을 논하고 있다. 예컨대 그는 다음과 같이 말하고 있다. "군자에게는 세 가지 즐거움이 있는데, 천하에 왕 노릇 하는 것은 여기에 포함되지 않는다."—세 가지 즐거움 속에 제일 첫 번째 즐거움은 곧 부모가 모두 살아계시며 형제에게 아무 일도 없는 것, 즉 부모형제에 대한 감정이다.—[19] 세 가지 즐거움 속에서 특별히 "왕천하王天下" 즉 천자 노릇 하는 것은 그 속에 있지 않다고 밝힘으로써 맹자는 일관된 태도를 표명하고 있다. 천자라고 하는 지위를 버린 뒤에 그는 몰래 자신의 아버지를 등에 업고 해안을 따라 살 만한 곳을 찾고 삶이 다할 때까지 천륜의 즐거움을 누리며 천하는 잊어버릴 것이다.

이것은 효자와 천자의 충돌이며 또한 감정과 권력의 충돌이다. 비록

---

19) 『孟子』, 「盡心上」, "孟子曰: 君子有三樂, 而王天下不與存焉. 父母俱存, 兄弟無故, 一樂也. 仰不愧於天, 俯不怍於人, 二樂也. 得天下英才而教育之, 三樂也. 君子有三樂, 而王天下不與存焉."

공자가 말한 곧은 사람인 직궁자와는 다르지만 그 성격은 같다. 그들은 모두 가족적 감정을 위해 법으로부터 도망쳤다. 그들은 모두 부모와 자식 간의 감정을 중요하게 생각하여 이를 인간 생명의 기초이자 인간의 가장 기본적인 생활 태도라고 인식했다. 바로 이러한 점이 감정과 법이 충돌할 때에 감정을 선택하도록 하는 것이다. 공자가 말하는 상황에서는 부모와 자식이 서로 숨겨 줄 수 있으며, 맹자가 말하는 상황에서는 어떤 회의와 주저함 없이 최고의 권력을 버린 채 개인의 마음속 바람을 실현할 수 있었던 것이다. 그렇다고 여기에서 맹자가 법의 합리성을 부정하는 것은 결코 아니며, 또한 권력을 이용해 법을 억압하려고 하는 것 역시 결코 아니었다는 점에서 감정 때문에 법을 훼손하는 문제도 없었다.

공자와 맹자가 말하는 것은 모두 극단적으로 특수한 사례이다. 그들은 바로 이렇게 극단적으로 특수한 사례를 통해야만 감정의 중요성을 설명할 수 있다고 생각한 것이다. 사실 일반적인 상황에서 감정과 법이 언제나 충돌하는 것은 아니며, 또한 원시유가가 감정과 법 혹은 가치와 사실을 완전히 대립시키고자 했던 것도 아니었다.

만약 유가에서 말하는 부모와 자식 간의 감정, 이러한 가족적 감정을 일종의 사사로운 감정이라고 본다면 유가는 이러한 개인 간의 감정을 매우 중시한 것이었다. 왜냐하면 이러한 가족적 감정은 인간의 가장 원시적이고 기본적인 존재 방식이기 때문이다. 또한 이것은 인을 행하는 근본이다. 그렇기 때문에 사람 노릇 하는 근본이기도 하다. 왜냐하면 인(仁)은 인간 그 자체이기 때문이다. 인간이 인간일 수 있는 이유는 그 인이라는 덕성에 근거하고 있기 때문이다. '인을 행하는 근본'이라고 할 때의 '근본'(本)이란 싹 혹은 맹아 즉 '발단처'라고 번역될 수 있다. 그 근본은 지속적으로 확충되고 발전되어 인간의 각종 행위 속에서 다양한 감정활동과 감정 태도로 드러나야만 하고, 그래서 다양한 감정의 의식으로 형성되어야 한다. 그리고 그 최고의 경지는 바로 인이다. 이에 대해 왕수인은 다음과 같은 매우 훌륭한 해석을 내리고 있다.

인은 조화와 생생의 이치이다. 이는 온 세상에 두루 펼쳐져 있어서 인이 아닌 것은 없지만 그 유행과 발생은 또한 점진적일 수밖에 없다. 때문에 낳고 낳아서 끊임이 없는 것이다.…… 그것이 점진적이기 때문에 거기에는 발단처가 있을 수밖에 없다. 거기에 발단처가 있을 수밖에 없기 때문에 낳을 수 있는 것이다. 그것이 낳는 것이기 때문에 쉼이 없을 수 있는 것이다.…… 나무로 비유하자면…… 뿌리가 있어야 살고 뿌리가 없으면 죽는다.…… 부모와 자식, 형제간의 사랑은 곧 인간의 마음속 생명을 향한 의지의 발단처이다.…… 묵가는 겸애를 주장하여 차등이 없을 것을 말하며 자신의 부모형제를 길거리에서 만나는 사람과 동일하게 대우했으니 이는 발단처가 없는 것이다.…… 효성스러움과 공손함은 인을 행하는 근본이라고 했으니, 인의 이치는 내면으로부터 발생되어 나오는 것이다.[20]

여기에서 언급하고 있는 '인의 이치'라는 것에는 이미 이성화가 진행되고 있지만 여기에서는 잠시 논하지 않겠다. 효의 실질에 대해 말했을 때 부모·형제간의 사랑은 일종의 자연적으로 낳고 낳아 끊임이 없는 의지이다. 이러한 자연의 낳고 낳아 끊임이 없는 의지가 곧 생장점이고 발단처이다. 이에 근거해서 보편화되고 이성화된 도덕감정 즉 인이 있을

---

20) 『傳習錄』, 卷上, 93쪽, "仁是造化生生不息之理. 雖瀰漫周遍, 無處不是, 然其流行發生, 亦只有箇漸. 所以生生不息.……惟有漸, 所以便有箇發端處. 惟其有箇發端處, 所以生. 惟其生, 所以不息.……譬之木……有根方生, 無根便死.……父子兄弟之愛, 便是人心生意發端處.……墨氏兼愛無苦等, 將自家父子兄弟與途人一般看, 便自沒了發端處.……孝弟爲仁之本, 卻是仁理從里面發生出來."

수 있는 것이다. 그는 묵가의 겸애학설이 차등이 없는 사랑을 제시하고 있지만, 거기에는 생장점 혹은 발단처가 결핍되어 있기 때문에 뿌리가 없는 관점이라고 비판한 것이다. 묵가의 학설은 반드시 외재적인 모종의 권위 즉 하늘의 의지(天志) 곧 인격신을 필요로 한다. 왕수인은 이 뒷부분의 문제에 대해 논하고 있지 않지만 유가는 분명히 하늘의 의지를 부정하고 있다.

여기에서 언급하고 있는 '낳는다' 혹은 '생生'이라는 것은 유가철학에서 매우 중요한 문제이다. 그것은 가장 깊은 의미에서의 생명을 의미한다. 인간의 생명 존재와 감정은 본질적으로 연결되어 있어서 근본적으로 구분될 수 없다. 옛날 사람들이 말하는 '마음이 생겨난다'는 것은 곧 '감정이 생겨난다'는 것이다. 감정은 생명의 가장 직접적인 표현이어서 감정을 떠나 인간의 생명 문제를 논한다는 것은 유가에서는 생각할 수도 없는 일이다. 여기에는 소위 자연주의 문제가 있다. 그러나 그것이 순수하게 자연주의만의 문제는 아니다. 왜냐하면 유가에서 말하는 자연은 서양의 철학자들이 말하는 것과 매우 다르기 때문이다.

효는 부모에 대한 사랑으로부터 출발하지만 결코 거기에만 머물지 않는다. 생장점 또는 발단처로서 그것은 부단히 생장하고 발전하며 확충된다. 그래서 그것은 최종적으로 인덕仁德으로 통하게 된다. 최근에 발견된 곽점초묘죽간 중 유가학설을 기록하고 있는 몇몇 죽간은 이 문제에 대해 아주 분명한 해석을 내리고 있다. 「당우지도唐虞之道」라는 죽간에서는 다음과 같이 말하고 있다. "효의 방법은 곧 천하 백성들을 사랑하는 것이다."[21] 「오행편五行篇」에서는 이렇게 말하고 있다. "부모를 사랑하는 것은

---

21) 『郭店楚簡』, 「唐虞之道」, "孝之方, 愛天下之民."

곧 사람을 사랑하는 것이니 그것이 인이다."22) 「어총삼語叢三」에서는 또
이렇게 이야기한다. "부모를 사랑하는 것은 곧 사람을 사랑하는 방법이
다."23) 이 죽간들은 고고학자들의 연구에 의하면 공자 이후 맹자 이전의
시기에 해당되는데, 따라서 이는 매우 중요한 가치를 지니고 있다. 총
13,000여 자로 이루어진 죽간 중 '효', '애부愛父', '애친愛親'을 논한 부분은
매우 많으며, 이런 경우는 『논어』, 『맹자』, 『효경』을 제외하고는 현존 선
진 문헌 중 거의 찾아볼 수 없는 현상이다. 이러한 논술로 봤을 때 효의
범위는 이미 크게 확장되었고 그 함의 역시 확대되었음을 알 수 있다.
효는 더 이상 개인적 감정이기만 한 것이 아니다. 부모에 대한 사랑으로
부터 시작되었으나 이미 보편화되고 확충된 인류의 감정 즉 인간에 대한
사랑인 인이 된 것이다.

　게다가 분명히 짚고 넘어가야 할 점은, 죽간은 가족적 감정을 중시할
뿐 아니라 이것이 순수하고 진실하여 아무런 거리낌이 없는 자연적 감정
이라는 점을 강조하고 있다는 것이다. 「어총삼」에서는 다음과 같이 말하
고 있다. "부모에게 효성스럽고 자식을 사랑하니 이는 억지로 하는 것이
아니다."24)—부모에게 효성하고 자식을 사랑한다는 것은 '부모에 대해서는 효성스럽고
자식을 사랑한다'라고 번역되어야 하는데 여기에는 주어가 없다.— 이는 부모와 자식
간의 감정이 자연스러움에서 나온 것이지 어떤 인위적 결과가 아님을 말
하고 있다. 혹은 어떤 인위적 결과 혹은 교육에 의한 혹은 인간이 제정한
규범과 법칙에서부터 나온 것이 아님을 설명하고 있다. 이는 자연에서
나온 것이기 때문에 인간은 모두 이러한 감정을 지니고 있다. 「성자명출

---

22) 『郭店楚簡』, 「五行」, "愛父, 其攸愛人, 仁也."
23) 『郭店楚簡』, 「語叢三」, "愛親, 則其方愛人."
24) 『郭店楚簡』, 「語叢三」, "父孝子愛, 非有爲也."

性自命出」은 더욱 명확하게 다음과 같이 말하고 있다. "모든 인위적인 것은 나쁜 것이다."[25] 여기에서 말하는 인위人僞라는 것은 곧 '인간의 의식적 행위'(人僞)를 의미하는 것으로, 이는 순자가 말하는 인위와는 다르다. 순자가 말하는 인위는 긍정적 의미를 지니고 있다. 그는 인간의 본성이 악하다고 생각했고, 따라서 인위의 방법으로 그것을 개조해야 한다고 보았다. 그는 인간의 감정이 자연에서 나온 것이라고 보기는 했지만, 인간의 생물학적 측면을 더 중시했고, 이는 성악론과 연결되었다. 「성자명출」에서 감정을 논하는 부분은 매우 많고 또한 내용적으로도 중요하다. 「성자명출」은 자연스러워서 어떠한 인위적 조작도 없는 감정이라야 인간의 진정한 감정이라고 생각했다. 그래서 의지적이고 인위적인 감정은 모두 자연에 위배되는 것이며, 따라서 나쁜 것이라고 보았다.

도가의 노자가 유가와 완전히 대립적인 것이 아니듯이 이 점에 있어서도 유가는 결코 도가와 대립적이지 않다. 과거의 많은 사람들은 유가와 도가가 대립하며, 유가는 유위를 주장하고 도가는 무위를 주장한다고 생각했다. 그러나 곽점초간의 출토문헌은 이에 대해 새로운 대답을 하고 있다. 초간에는 유가의 문헌뿐만 아니라 도가의 문헌도 포함되어 있는데 이러한 문헌들은 통행본과 매우 다르다. 통행본 『노자』에는 "대도가 폐해지자 인의가 생겨났다", "육친이 불화하자 효성과 자애로움이 생겨났다"[26]와 같은 말이 있으며, 사람들은 이에 근거해서 노자가 인의와 효성과 자애에 반대했다고 결론 내렸다. 그러나 효성과 자애를 반대했다는 말은 통행본에서는 성립되기 어렵다. 왜냐하면 다른 곳에서는 효성과 자애를 제시하고 있기 때문이다. 예컨대 제19장에서는 다음과 같이 이야기

---

25) 『郭店楚簡』, 「性自命出」, "凡人僞, 可惡也."
26) 『老子』, 제18장, "大道廢有仁義, 慧智出有大僞, 六親不和有孝慈, 國家昏亂有忠臣."

하고 있다. "인과 의를 버리자 백성들은 다시 효성과 자애를 회복하게 되었다."[27] 이러한 대목은 위의 결론과 모순이 있을 수밖에 없다. 통행본에 의하자면 이러한 모순은 해결하기 어렵다. 그러나 초간 『노자』 갑·을·병본이 출토되자 이러한 모순은 순식간에 사라졌다. 초간 『노자』 병에서는 이렇게 말하고 있다. "그러면 대도가 폐하면 어찌 인과 의가 있겠는가? 육친이 불화하면 어찌 효성과 자애가 있을 수 있겠는가?"[28] 여기에서는 효성과 자애를 긍정할 뿐만 아니라 인과 의도 긍정하고 있다. 초간본은 그 성립 연대가 이르기 때문에 사료적 가치가 있을 뿐만 아니라 표현도 온전하기에 그 내용이 더 믿을 만하다고 볼 수 있다. 이는 유가와 도가가 모두 인간의 감정을 중시했음을 말해 준다.

제4절 진정한 감정은 모두 소중하다

공자가 감정에 가장 중요한 지위를 부여하기는 했지만, '정情'이라는 개념을 직접적으로 제시한 것은 아니었다. 맹자에 이르러서야 정식으로 '정'자를 말하기 시작했다.—"만약 그 '정'대로라면 선이라고 할 수 있다."[29]— 그러나 많은 학자들은 맹자가 말한 '정'이 사실 즉 실제 정황이나 상황을 의미하지 감정을 의미하지는 않는다고 보고 있다. 서양의 동양학자들—예컨대 유명한 한학자인 그레이엄(A.C. Graham, 1919~1991)—을 포함한 일련의 학자들은 '정'자가 고대 특히 선진시대에는 드물게 출현했으며, 출현했다 할지라도

---

27) 『老子』, 제19장, "絶仁棄義, 民復孝慈."
28) 『老子丙』, 제18장, "故大道廢, 安有仁義. 六親不和, 安有孝慈?"
29) 『孟子』, 「告子上」, "乃若其情, 則可以爲善矣."

실정이나 신실함 혹은 상황을 의미할 뿐 감정의 의미는 아주 적거나 아예 없다고 생각했다. 그러나 현재 곽점초간에서 출토된 문헌들은 이러한 관점이 성립될 수 없음을 증명하고 있다. 초묘죽간에서는 대량으로 '정'자를 사용할 뿐만 아니라 그것은 의심할 바 없이 감정을 의미하고 있다. 더욱더 중요한 것은 초묘죽간에서 말하는 '정'자는 일반적으로 말하는 감정이 아니라, 그 감정에 특별한 의미를 부여한 것으로서 인간을 중심으로 하는 학문에서 핵심적인 지위를 차지하고 있다는 것이다. 예컨대 「성자명출」이 바로 그러하다.

「성자명출」이 주로 논하고 있는 것은 감정과 마음·본성·도道·명命 등 주요 철학적 범주와의 관계 문제이다. 이 중에서 '정'자는 매우 중요한 의미를 지니고 있다. 여기에서는 이들 간의 관계에 대해 논하지 않겠다. 다만 감정에 대해 「성자명출」은 다음과 같이 말했다.

> 인간의 모든 감정은 기뻐할 만하다. 만약 이 감정대로만 하면 비록 과실이 있더라도 악하지 않을 것이지만, 이 감정대로 하지 않는다면 비록 어렵게 얻은 것이라도 귀하게 여길 수 없다. 만약 이 감정대로만 한다면 비록 아직 행하지 않았더라도 사람들은 그를 믿어 줄 것이다. 말을 하지 않았는데도 믿어 주는 것은 그가 아름다운 감정을 가졌기 때문이다.[30]

이것은 공자의 '진실한 감정'이라는 관점보다 한 걸음 더 발전된 주장이자, 공자의 곧음에 대한 가장 좋은 설명이라 할 수 있다. 만약 다른 점이 있다고 한다면 그것은 바로 「성자명출」에서 감정이란 좋은 것이라고

---

30) 『郭店楚簡』, 「性自命出」, "凡人情爲可悅也. 苟以其情, 雖過不惡. 不以其情, 雖難不貴. 苟有其情, 雖未之爲, 斯人信之矣. 未言而信, 有美情者也."

명확하게 규정함으로써 감정의 긍정적 가치를 인정했다는 점이다.

"모든 인간의 감정은 기뻐할 만한 것이다"라고 할 때에 '기뻐하다'라는 것은 곧 좋은 것이라는 의미이다. 그것은 누구라도 기뻐하게 할 만한 것으로서 곧 긍정적인 것이라는 의미이다. 모든 진실한 감정은 언제나 좋은 것이다. 더 나아가 진실한 감정을 지닌 사람은 모두 좋은 사람이다. 여기에서 말하는 인간의 감정이라는 것은 인위적인 가공을 거친 감정이 아니라, 인간의 자연스럽고도 진실한 감정을 의미한다. 진실한 감정이라는 것은 가장 얻기 어려운 것이며 가장 고귀하기 때문에 당연히 그것은 다른 사람들을 기쁘게 하는 것이다. 공자의 제자 중에는 이렇게 숨김없는 감정으로 이야기하고 숨김없는 감정으로 행동한 사람들이 많았고, 그들의 언행으로 봤을 때 그들은 분명히 다른 사람들을 기쁘게 했다. 그들이 공자에게 제시했던 일련의 문제들 심지어 원망하는 감정의 표현까지도 모두 그들이 아주 진실하며 솔직하고 담백한 본성과 감정을 지닌 사람들이었음을 알려 준다. 「성자명출」에서 제시하고 있는 것이 바로 이러한 감정이다.

"만약 이 감정대로만 하면 비록 과실이 있더라도 악하지 않을 것이다"라는 말은 감정에 따라 행동하는 사람들에 대한 가장 중요한 가치평가이다. 만약 진실한 감정에서 나온 것이라면 설령 그것에 약간의 오류나 잘못이 있을지라도 악이 되지는 않는다는 말이다. 과실과 죄악에는 차이가 있다. 사람들은 누구나 실수를 저지를 수 있다. 그러나 실수를 저질렀으면 바로잡으면 되고, 그렇게 하면 군자라고 할 수 있다. 이것이 바로 공자가 주장하는 것이다. 그러나 죄악은 별개의 일이다. 여기에는 또 다른 의미가 있는데 그것은 곧 진정한 감정에 따라 행동하는 이들은 결코 악행을 저지를 수 없다는 의미이다. 여기에서 말하는 악이라는 것은 도덕적 의미에서의 악이다. 왜냐하면 인간의 감정은 본질적으로 모두 좋기 때문이다. 이렇게 봤을 때 공자가 주장한 '곧은 사람'에 대해 설령 지나쳤다고 말할 수는 있겠지만, 결코 그를 악하다고 평가할 수는 없다. 그렇다면 감정에 따라 행동하는 이는 언제나 실수하기 마련인가? 당연히 그렇지 않다. 다만 그러한 가능성을 배제할 수는 없다는 말이다. 여기에서 다시 한 번 앞에서 다루었던 문제로 돌아가게 되는데, 곧 특수한 상황에서 그렇게 선택을 할 것인가 말 것인가 하는 문제이다. 재미있는 것은 초간 「육덕六德」편에는 "부모를 위해 군주를 버리지, 군주를 위해 부모를 버리지는 않는다"[31]라는 명제가 있는데, 이것은 곧음이라는 문제에 대한 공자의 주장을 가장 잘 주해한 것이자, 순임금이 아버지를 업고 도망가는 것에 대한 맹자의 설명이 어디에 기원하고 있는지 잘 보여 주는 것이라고 할 수 있다. 이는 선진유가가 부자의 정을 군신 간의 도의보다 더 중요하게 여겼음을 말해 주고, 또 고대에 말하는 소위 법이라는 것이 군주를 대표하는 것이지 백성을 대표하는 것이 아님을 설명해 주고 있다. 짐이 곧 국가요 짐이 곧 법률이라는 것은 민주사회 이전의 사회에서 언제나 발견되는 보편적인 일이었다.

그렇다면 그 반대의 상황은 어떤가? "이 감정대로 하지 않는다면 비록 어려운 것이라도 귀하게 여길 수 없다"고 했는데, 만일 진정한 감정에서 나온 것이 아니라면 그 행위가 비록 아무리 어려운 것이어서 다른 사람이 결코 할 수 없는 것이라 할지라도 그것은 전혀 귀하다고 할 수 없다는 말이다. 이것은 반대의 측면에서 감정의 중요성과 귀함을 논증한 것이다. 여기에는 지성에 대한 비판적 견해가 함축되어 있다. 모든 인간의 행

---

31) 『郭店楚簡』, 「六德」, "爲父絶君, 不爲君絶父."

위에는 언제나 감정의 작용이 있기 마련이고 감정적 욕구로부터 나오기도 하고 혹은 감정적 태도를 수반하기도 한다. 그래서 결코 완전히 기계처럼 움직일 수는 없는 것이다. 현대의 로봇은 매우 높은 정밀도를 가지고 있어서 사람도 할 수 없는 일을 완성해 낼 수 있다. 그래서 로봇 역시 매우 높은 정도의 지능을 지니고 있다고 할 수 있다. 그러나 로봇에게는 감정이 없다. 때문에 그것은 주동적인 것일 수도 없고 더군다나 자유의지나 자유선택이 있을 수도 없다. 들리는 바에 따르면 최근 과학자들이 감정을 가진 로봇을 연구한다고 한다. 그러나 그것이 성공한다 할지라도 인간과 같은 그런 감정은 불가능할 것이다. 왜냐하면 인간의 감정은 컴퓨터의 언어보다 훨씬 더 복잡하기 때문이다. 결국 유가의 관점에서는 감정이 결핍된 사람이라면 그가 설사 고도의 지능을 갖추고서 아무리 어려운 일을 해낸다 할지라도 그것에는 어떠한 고귀함도 있을 수 없다는 것이다. 진정으로 고귀한 것은 인간 그 자체 곧 감정이 있는 인간이다. "만약 이 감정대로만 한다면 비록 아직 하지 않았더라도 사람들은 그를 믿어 줄 것이다"라고 했는데, 인간에게서 고귀함은 곧 상호 간의 신뢰에 있고, 또한 진실함과 인애(仁愛)에 있다는 말이다. 이것은 곧 삶 그 자체이다. 만약 어떤 사람이 진정한 감정을 지니고 있다면 어떤 일들을 하지 않거나 혹은 하지 못한다 할지라도 그 사람은 여전히 신뢰할 만한 사람이고 진실한 사람이다. 인간의 삶은 응당 이러한 모습이어야 한다.

감정은 매우 다채롭다. 그래서 일반적인 언어로 모두 표현해 낼 수 없다. 어떤 경우에는 눈썹을 치켜세우거나 혹은 눈동자를 돌리는 것만으로도 인간의 감정적 태도를 표현해 낼 수 있다. 소위 눈으로 감정을 전한다고 하는 것은 중국인들이 감정을 표현하는 하나의 방식으로, 행위의 동작과 감정 표현의 경우 더욱 그러하다. 중요한 것은 실제의 행위이지 언어가 아니다. 때문에 진정한 감정이 있는 사람은 아무런 말을 하지 않을지라도 여전히 신뢰할 수 있는 사람이다. "말을 하지 않았는데도 믿어주는 것은 그가 아름다운 감정을 가졌기 때문이다"라고 했는데, 언어를 사용하지 않아도 다른 사람의 신뢰를 받을 수 있는 사람이란 '미정美情' 곧 아름다운 감정을 가진 사람을 의미한다. 여기에는 언어에 대한 비판적 관점이 포함되어 있으며, 이는 매우 중요한 문제이다.

「성자명출」에서 언급하고 있는 기쁨·귀함·믿을 만함·아름다움과 같은 것들은 모두 평가의 언어이며 이것은 모두 인간의 감정에 대한 고도의 칭찬이다. 감정을 지닌 존재로서 인간의 긍정적인 의미와 가치는 바로 감정에 있다.

현대 서양철학자 중에도 이것과 비슷한 문제를 제시한 경우가 있다. 현상학자인 후설이 그 예라고 할 수 있다. 후설은 의지적 객체의 각도에서 감정과 가치의 관계 문제를 제시했다. 그는 감정 행위가 '비교적 높은 층위'에서의 행위라고 생각했다. 후설은 다음과 같이 주장하고 있다.

> 일반적으로 말해서 정서적 행위와 '의지행위'는 고차원에 위치한 것들이다. 따라서 의지적 객체는 통일된 모든 객체 안에 포괄된 객체가 지향하는 방식과 마찬가지의 방식으로 복잡화된다.…… 이러한 객관화로 인해 우리는 자연적 태도 안에서, 그리고 자연계의 구성원으로서, 자연뿐 아니라 각종 가치 및 실천 객체들을 대면하고 있는 것이다.[32]

이러한 관점에서 볼 때 고차원적 행위로서의 정서적·감정적 행위는 객관화된 과정 속에서 복잡화된 상황을 드러낸다. 그것은 자연계라고 하

---

32) 후설, 『순수현상학통론』(商務印書館, 1995년판), 108~109쪽.

는 객체를 대면한 것일 뿐만 아니라 가치적 객체 혹은 실천적 객체를 대면한 것이기도 하다. 이것은 곧 칸트를 계승하여 서양철학의 자연을 대상화하는 전통을 더욱 발전시킨 것이다. 그럼으로써 가치 객체 혹은 실천 객체의 문제를 제시한 것이다. 칸트와 다른 점은 칸트처럼 감정을 낮은 층위의 것으로 인정한 것이 아니라 정서, 감정 행위가 비교적 높은 층위의 행위라고 인정했다는 점이다. 바로 그렇기 때문에 칸트가 기본적으로 실천에 대한 감정의 의미를 배제하는 것과는 달리 정서와 감정이 가치와 실천에 참여하고 심지어는 그것을 결정한다고 생각한 것이다. 이 밖에도 그가 말하는 '자연 세계의 일부분으로서의 인간'이라는 구절은 매우 중요한데, 이것은 서양철학에서 말하는 주체성에 대한 일종의 충격이라고 말할 수 있다. 그러나 이는 별개의 문제이다.

유가에 있어서는 이 뒤의 문제가 더욱더 중요하다. 유가가 말하는 감정이 서양철학에서 통상적으로 말하는 정서, 감정 혹은 격정과 완전히 동일한 것은 아니다.─비록 큰 틀에 있어서는 공통의 범위 내에 있다고 할 수 있을지라도─ 유가가 중시하는 것은 감정의 긍정적 가치이다. 바로 그렇기 때문에 그들이 중요하게 생각하는 것은 인식이 아니라 실천이며 사실이 아니라 가치이다. 감정과 의지의 관계 문제에 대하여 유가는 고유한 관점을 가지고 있다. 그것은 바로 감정의 요구로부터 의지와 행위를 결정해야 된다는 것으로, 이는 감정의지라고 칭할 수 있다. 때문에 감정은 더욱 근본적인 것이다.─다음에 더 논하도록 하겠다.─

인간의 감정은 고귀한 것이다. 때문에 인간 역시 고귀하다. 인간이 고귀한 이유는 그가 감정을 지니고 있기 때문이다. 『효경』에서는 공자의 말을 인용하여 다음과 같이 적고 있다. "천지의 본성을 지니고 있기에 인간은 고귀하다."[33] 여기에서 말하는 본성은 감정을 포함하고 있다. 동물도 정서와 감정을 지니고 있다. 인간도 물론 동물적인 정서와 감정을 지니고 있다. 그러나 인간이 인간인 이유는 인간은 동물과는 다른 고급 감정을 지니고 있기 때문이다.

맹자는 곽점초간을 계승해서 인간의 감정을 더욱 중시했다. 그는 특히 도덕감정을 중시하여 심성철학을 수립했다. 이 과정에서 그는 인간과 동물의 차이점에 대해 논했는데 여기에서 나온 것이 이른바 '인간과 금수의 구별'(人禽之辨)이다. 맹자는 이렇게 말했다.

> 사람이 짐승과 다른 점은 매우 적다. 그런데 대부분의 사람들은 이것마저 버려 버리고 군자는 이것을 간직한다.[34]

앞에서 언급한 것처럼 인간이 동물과 다른 점은 아주 적다. 다만 바로 이 적은 것이 매우 중요하다. 소인들은 그것을 쉽게 잃어버리고 군자는 그것을 보존해 낼 수 있다. 때문에 소인은 자각이 결핍해 있고 군자는 자각해 낼 수 있는 것이다. 사실 그 '조금밖에 없다'는 것, 그것은 다름 아닌 도덕감정인데 그것이 바로 인간이 인간일 수 있는 근거이다. 맹자는 또 사람마다 모두 양귀良貴 즉 원래부터 지닌 고귀함이 있다는 설을 제시했다. "귀해지고자 하는 바람은 사람이라면 모두 지니고 있는 마음이다. 그런데 사실 사람들은 모두 자신에게 귀한 점이 있는데 다만 생각하지 않을 뿐이다. 요즘 사람들이 귀하게 여기는 것은 양귀(원래부터 지닌 귀함)가 아니다."[35] 다른 사람이 귀하게 해 준 것은 다른 사람이 부여해 준 존귀

---

33) 『孝經』, 「聖治章」 第九, "子曰: 天地之性人爲貴."
34) 『孟子』, 「離婁下」, "孟子曰: 人之所以異於禽於獸者幾希. 庶民去之, 君子存之. 舜明於庶物, 察於人倫, 由仁義行, 非行仁義也."
35) 『孟子』, 「告子上」, "孟子曰: 欲貴者, 人之同心也. 人人有貴於己者, 弗思耳. 人之所貴者, 非

함이니 그것은 외재적인 것이다. 그러나 자신의 귀한 점이란 자기 자신이 본래부터 갖추고 있는 존귀함이고 그것이야말로 양귀여서 다른 사람이 줄 수도 없고 뺏을 수도 없는 것이다. 여기에서 말하는 양귀라는 것은 곧 도덕심이며 도덕감정으로서 그것은 동물에게는 없는 것이다. 맹자는 한편으로는 인간과 동물이 모두 생명 존재이고 자연계의 일부분이어서 그다지 큰 차이가 없다고 생각했다. 그러나 또 다른 한편으로는 인간과 동물 사이에는 아주 작은 차이가 있는데 그 차이로 인해 인간의 지위를 확립할 수 있다고 보았다.

생명과학적 관점에서 볼 때 인류는 하나의 동일한 유파에 속한다. 그래서 "개와 말은 나와 같은 부류가 아니다"[36]라고 말한 것이다. 같은 부류로서의 인간은 모두 공통의 본질을 가지고 있는데, 그 속에는 감정도 포함되어 있다. 이 점에 있어서만큼은 보통 사람과 성인 사이에 구별이 있을 수 없다. 성인도 보통 사람이 지니고 있는 감정을 가지고 있고 보통 사람도 성인이 될 수 있다. 때문에 "성인과 나는 동류인 사람이다"라고 한 것이다. "모든 같은 부류는 대부분 비슷하다. 어찌 오직 인간에게 있어서만 그것을 의심하겠는가?"[37] 맹자는 모든 사람이 공통적인 욕망을 지니고 있다는 사실을 통해 모든 인간에게 공통적인 감정이 있음을 증명한다. 맹자는 다음과 같이 말했다.

입이 느끼는 맛이라는 것은 대개 비슷하다. 이아는 옛날의 유명한 미식가인데 그는 내가 느끼는 맛을 먼저 느낀 이에 불과하다. 만약 사람마다

良貴也."
36) 『孟子』, 「告子上」, "犬馬之與我不同類也."
37) 『孟子』, 「告子上」, "故凡同類者, 擧相似也, 何獨至於人而疑之?"

맛을 느끼는 정도의 다르기가 마치 짐승과 인간의 차이 정도였다면 어떻게 세상 사람들이 이아의 감식을 믿을 수 있었겠는가? 맛에 있어서만큼은 천하 사람들이 모두 이아의 평가를 믿는데 그 이유는 천하의 사람들 입맛이 대개가 비슷하기 때문이다.…… 소리를 느끼는 귀도 역시 그렇다. 천하 사람들은 절대음감을 지닌 사광의 평가를 믿고 따른다. 그것은 소리를 느끼는 사람들의 귀가 대개 비슷하기 때문이다. 아름다움을 느끼는 눈 역시 그렇다. 세상 사람들은 모두 옛날의 미인이었던 자도를 아름답다고 생각한다. 자도의 아름다움을 모르는 사람은 눈이 없는 사람이다. 이렇게 사람이라면 누구나 입이 느끼는 공통의 맛, 귀가 느끼는 공통의 소리, 눈이 느끼는 공통의 아름다움이 있다. 유독 마음에 있어서만 이렇게 공통의 것이 없겠는가? 마음이 느끼는 공통의 것은 무엇인가? 그것은 바로 도리이고 의로움이다. 성인이란 내 마음이 공통으로 느끼는 바로 그것을 먼저 느꼈던 사람에 불과하다. 도리와 의로움이 내 마음을 기쁘게 하는 것은 마치 맛있는 음식이 내 입을 즐겁게 하는 것과 같다.[38]

인간이라면 누구나 맛있는 것을 먹고자 하고 좋은 것을 듣고자 하고 아름다운 것을 보고자 하는데 이것은 모두 이목구비와 같은 감각기관 측면에서 이야기한 것이다. 그렇다면 인간의 마음은 어떠한가? 인간의 마음 역시 비슷한 점이 있으니 그것은 바로 도리와 의로움을 좋아한다는 것이다. 기뻐한다거나 좋아한다는 것은 일종의 감정적 체험이다. 도리와 의로움을 좋아하는 마음이라는 것은 일종의 보편적인 도덕감정을 말한다. 도

---

38) 『孟子』, 「告子上」, "口之於味, 有同耆也. 易牙先得我口之所耆者也. 如使口之於味也, 其性與人殊, 若犬馬之與我不同類也, 則天下何耆皆從易牙之於味也?……至於聲, 天下期於師曠. 是天下之耳相似也. 惟目亦然. 至於子都, 天下莫不知其姣也. 不知子都之姣者, 無目者也. 故曰: '口之於味也, 有同耆焉; 耳之於聲也, 有同聽焉; 目之於色也, 有同美焉.' 至於心, 獨無所同然乎? 心之所同然者何也? 謂理也, 義也. 聖人先得我心之所同然耳. 故理義之悅我心, 猶芻豢之悅我口."

리와 의로움이라는 것은 도덕적 이성이며, 외부에서 가해져 오는 타율이 아니라 도덕적 자율이라 할 수 있다. 다만 거기에는 보편성과 객관성이 있다. 소위 좋아한다, 기뻐한다는 것은 스스로 기뻐하는 것이지 다른 사람이 기뻐하게 하는 것이 아니다. 즉 그것은 자신의 도덕이성에 대한 자아체험이다. 그것은 감정활동이라는 방식으로 표현되지 다른 방식으로 표현되지 않는다. 이것은 매우 중요하다.

그렇다고 해서 유가가 인간과 동물 간에 감정적 차이만 있을 뿐 다른 측면의 차이는 없다고 생각한 것은 아니다. 유가는 지식·사고·추리 등의 방면에서도 인간과 동물이 중요한 차이를 보이고 있다고 인정한다. 만일 감정의 측면에서 인간과 동물 간에 정도와 성질의 차이(도덕감정의 유무)가 있다고 한다면 지식·사고·추리 등의 사유활동 측면에서 양자 간 구별은 오히려 더 크다고 할 수 있다. 그러나 유가는 인간을 감정을 지닌 존재로 보고 있기에 감정은 근본적 성질을 지니고 있다. 때문에 인간과 동물의 구별을 논할 때 특별히 감정을 부각시켜 강조하는 것이 이상할 것은 없다. 맹자의 사단에 관한 언설(사단지심 혹은 사단지정)은 이러한 점을 분명히 보여 주고 있다.—이 문제에 대해서는 뒤에서 다시 논하도록 하겠다.—

제3장 양심과 양지에 관하여

제1절 양심은 곧 도덕감정이다

인간의 감정이 기뻐할 만한 것이며 귀한 것이고 믿을 만한 것이며 또 아름다운 것이라면, 그것과 양심良心, 양지良知는 또 어떤 관계인가? 인간에게는 과연 양심과 양지가 있는가? 이것은 유학에서 아주 중요한 문제이다.

인간의 감정과 심성의 문제를 제시하면서 맹자는 매우 중요한 관점을 제시했다. 그것은 곧 인간은 쉽게 '자신의 양심을 놓아 버린다'는 것이며 때문에 '그 놓아 버린 마음을 구해야 한다'[1]라는 것이다. 양심은 본심本心이라고 하는데 자신의 양심을 놓아 버렸다고 하는 것은 곧 '자신의 본심을 잃어버렸다'[2]는 것이다. 그래서 잃어버리고 놓아 버린 마음을 구한다는 것은 자신의 양심 즉 본심을 회복하는 것이다.

맹자가 말하는 양심(즉 본심)은 도덕심 곧 선량한 마음인데 그것은 도덕감정을 기초로 한다. "만약 감정대로만 한다면 선하게 될 수 있으니, 이에 선이라고 이를 수 있다."[3] 어떤 사람은 맹자가 말하는 정을 실정實情 혹은 본바탕(素質)이라고 해석했는데—戴震의 『孟子字義疏證』— 사실 그것은 적

---

1) 『孟子』, 「告子上」, "孟子曰: 學問之道無他, 求其放心而已矣."
2) 『孟子』, 「告子上」, "是亦不可以已乎? 此之謂失其本心."
3) 『孟子』, 「告子上」, "孟子曰: 乃若其情, 則可以爲善矣, 乃所謂善也."

절하지 못하다. 실정에 대해서는 제1장에서 이미 논했듯이, 나는 주희의 해석이 정확하다고 생각한다. 본바탕 혹은 재질과 관하여 맹자는 비록 감정(情)과 재질(才)을 함께 칭했지만 그는 이 구절 다음에 이어서 "그 불선함 같은 경우는 재질의 죄가 아니다"[4]라고 했다. 그러나 그렇다고 해서 감정이 곧 재질이라고 말하는 것은 아니다. 감정과 재질은 밀접한 관계가 있다. 그것들은 모두 심리적 층위에서 논의되는 것들로서 인간의 심리적 감정과 심리적 바탕은 나눌 수 없는 것이다. 그렇다고 그 둘이 완전히 동일한 것은 아니다. 감정은 의지적 특징을 지니고 있다. "그 감정대로라면 선이 될 수 있다"라고 했으니 이것은 감정적 지향의 측면에서 말한 것이다. 즉 감정의 의지적 지향대로 발전시켰을 때 선이 될 수 있다는 말이다. 그러나 재질이나 본바탕과 같은 것은 더욱 기초적인 것으로서 능력을 포괄한다. 여기에서 감정과 재질은 통일적인 것이다 그러나 맹자의 이 구절로부터 '논리적으로' 감정이 곧 재질이라는 결론을 얻을 수는 없다. 이것과 비교할 때 주희의 해석은 좀 더 맹자의 원의에 접근해 있다. 주희는 다음과 같이 말했다. "감정은 본성이 움직인 것이다. 인간의 감정은 본래 선이 될 수만 있을 뿐 악이 될 수는 없다. 그러므로 본성이 본래 선하다는 것을 알 수 있다.", "재는 재질이라는 말과 비슷하니 인간의 능력을 의미한다."[5] 주희는 감정과 재질을 구분했는데 여기에는 나름의 근거가 있다. 그러나 감정과 본성의 관계 문제에서 맹자와 완전히 동일한 것은 아니다. 이 점에 대해서는 뒤에서 다시 논하도록 하겠다.

　'선함'(善)은 곧 양지양능의 '량良' 즉 '좋음'이고, 감정은 선이 될 수 있

　　4)『孟子』,「告子上」, "孟子曰: 若夫爲不善, 非才之罪也."
　　5)『孟子集注』,「告子上」, "情者, 性之動也. 人之情, 本但可以爲善而不可以爲惡, 則性之本善可知矣.", "才, 猶才質, 人之能也."

다. 그러므로 감정은 양심의 기초라는 의미가 된다.

중국인들에게는 하나의 강렬한 신념이 있다. 그것은 분연히 일어나 어떤 일을 할 때 공정하지 못한 상황을 만나거나 혹은 불행한 일을 당했을 때 항상 '천리와 양심'에 호소한다는 것이다. 이를 철학적 용어로 말하자면 '천리天理로서의 인정人情'[6) 혹은 '인정人情으로서의 천리天理'[7)가 된다. 이 인정이 곧 양심이지만, 다만 이것은 무원칙적인 사사로운 감정을 의미하지 않는다. 오히려 그것은 도덕적 함의를 지닌 감정을 의미한다. 따라서 인간 마음속의 '좋음'(良)이라는 것은 인간감정에서의 신뢰할 만한 것과 아름다운 것을 의미한다. 이것과 후대 사람들이 말하는 '인간의 감정대로 놓아둠'은 다른 것이다. 더군다나 현재의 시장경제 조건 하에서 도처에서 성행하고 있는 정당하지 못한 사사로운 개인의 감정과는 더욱 별개이다. 현대의 많은 사람들이 인정을 언급할 때, 거기에는 어느 정도 폄하하는 의미가 담겨 있다. 그래서 이 인정이라는 개념은 그 변천 과정에서 이미 많은 변화를 겪으면서 원래의 의미와 매우 동떨어져 있거나 혹은 양심과는 아무런 관계도 없는 것이 되어 버렸다. 이는 언어의 변화로 인한 것이다.

그러나 도대체 양심이 존재하는가 그렇지 않은가의 문제 자체는 확실히 동서고금을 막론하고 많은 철학자들이 끊임없이 논쟁해 온 문제이다. 서양의 수많은 실증주의철학자 과학철학자 혹은 논리철학자들은 공공연히 소위 양심이라는 것이 도대체 무엇인지 알 수 없다고 말한다. 양심은 결코 실증할 수도 없고 인식할 수도 없고 잡을 수도 없는 것으로서, 양심

---

6) 『孟子集注』, 「梁惠王下」, "蓋鐘鼓苑囿遊觀之樂, 與夫好勇好貨好色之心, 皆天理之所有, 而人情之所不能無者."

7) 『傳習錄』, 卷上, 43쪽, "豈有一人致敬盡禮, 待我而爲政, 我就先去廢他, 豈人情天理?"

은 오로지 상상 속에서 만들어진 '괴물' 같은 것이라고 말하고 있다. 혹은 일련의 철학자들은 양심을 설정 가설 혹은 일종의 공포라고 말하기도 한다. 예컨대 철학자 러셀은 양심을 일종의 심리적 공포라고 생각했다.

> 사실 양심이라는 것은 여러 층위의 의미를 포함하고 있다. 그 중 가장 간단한 것은 잘못을 적발당할 것에 대한 두려움이다.…… 이런 사람들의 행위는 적발당할 경우 처벌을 받을 수 있기 때문에 당신은 이들이 적발당하겠다 싶으면 다급히 죄를 참회하는 모습을 볼 수 있을 것이다.…… 이러한 관점과 밀접하게 관계된 것은 무리에게 피해를 입히는 말이 쫓겨날지 모를까 걱정하는 공포와 같은 것이다.[8]

인간이 이러한 심리적 공포를 가지고 있는 이유는 범죄를 저질러서 벌을 받을까 하는 걱정 혹은 모종의 두려움과 연결되어 있는 것인데, 이렇게 되면 양심은 곧 범죄심리학에서 다루는 문제로 변질되어 버린다.

사실 러셀이 말하는 것과 같은 심리현상은 유가에서도 인정하고 있다. 즉 양심과 양지는—둘 사이의 관계는 또 구별이 있을 수 있다.— 범죄 혹은 부도덕한 행위와 연결될 수 있다고 생각한다. 어떤 도적이 적발된 이후에 만약 그를 도적이라고 부른다면 그 역시도 부끄러워하고 불안해할 것이다. 왜냐하면 그 역시도 양심과 양지가 있기 때문이라고 왕수인은 말한다. 그러나 왕수인의 이 말은 러셀이 양심을 단순히 공포의 감정으로 귀결시킨 것과는 다르다.

서양의 또 다른 철학자들은 양심이 일종의 바람이라고 보았다. 이러한 바람은 도덕윤리와 관련된 것인데, 예컨대 라이헨바흐(Hans Reichenbach,

---

8)「행복론」,『러셀전집』제1권(내몽고인민출판사, 1997), 338쪽.

1891~1953)는 이러한 관점을 견지하고 있다.

> 도덕명령의 특수한 표징은 우리가 그것을 명령으로 여기고, 또한 우리
> 자신이 그것이 수용하는 범위에 머무는 것이다. 이처럼 우리는 우리 자
> 신의 '의지행위'를 부차적인 '의지행위'로 간주한다. 이것은 모종의 고차
> 원 혹은 권위에서 나오는 명령에 대한 반응이다. 이러한 고차원의 권위
> 에 대해서…… 어떤 이는 이것을 신이라 여기고, 어떤 이는 이것을 그들
> 의 양심이라 여기며, 또 어떤 이들은 이것을 그들 마음속 악마나 마음속
> 도덕법칙이라 여긴다. 분명히 이러한 것들은 모두 상징적 언어에 대한
> 해석이라는 점이다. 심리 차원에서 말하자면 도덕명령은 의무감이 수반
> 하는 일종의 '의지행위'이며, 우리는 이것이 우리 자신 혹은 타인에게 적
> 용될 수 있다고 여긴다.[9)]

라이헨바흐는 그가 말하는 도덕명령을 심리적인 의미에서의 의지행
위로 환원시켰고, 이것이 의무감을 수반한다고 보았다. 이것은 심리학적
측면에서 내린 해석이다. 그러나 그는 의지행위라는 것이 결국 무엇인지,
또한 그것은 어디에서 오는지에 대해 심리적 의미에서 진일보한 해석과
설명을 내리지 못했다. 그는 그저 양심을 신 혹은 악마와 결부 짓고 있는
데 이것은 기본적으로 서양의 종교윤리에서 나온 양심에 대한 이해 혹은
설명이다. 라이헨바흐의 환원작업이 아무런 의미도 없다고 말할 수는 없
다. 유가와 라이헨바흐는 공히 신의 명령을 인정하지 않았다. 그러나 유
가에서 말하는 양심이 비록 바람과 밀접히 관련이 있다고 할지라도 그것
을 간단하게 바람 혹은 의지행위로 귀결시킬 수는 없다. 왜냐하면 양심은
의지행위를 결정하는 것이고, 이는 곧 양심이 인간의 의지행위를 결정하

---

9) 라이헨바흐, 『과학철학의 흥기』(북경: 상무인서관, 1991년판).

는 것이기 때문이다. 이처럼 결정적 작용을 하는 양심은 곧 생명 존재의 미에서의 감정이다. 이는 신이나 악마 등과는 아무런 관련이 없다. 그렇다고 양심에 근원이 없는 것은 아니다.―이 문제는 뒤에서 다시 논하겠다.―

서양 전통에서 매우 중요한 윤리학인 종교윤리학에서는 도덕을 어떤 절대적인 권위가 결정하거나 '명령'한 것이라고 이해한다. 이 권위는 곧 절대적인 실체 즉 신이다. 칸트는 신의 권위를 부정하고 도덕주체를 세웠다. 그는 도덕적 행위는 자신의 마음속 도덕적 자율로부터 나온다고 생각했다. 그러나 이러한 자율 역시 절대적인 명령이며 절대적인 실체이다. 때문에 칸트의 철학은 종교를 위해 일정 부분의 기반을 남겨 주었다고 할 수 있다. 종교윤리학이든 칸트의 철학이든 일종의 형이상학적인 절대적 실체를 주장하고 있다. 그러나 유가철학은 존재론이 아니고 경지론이다.[10] 우리는 응당 여기에서부터 유가에서 말하는 양심을 분석해 들어가야 할 것이다.

사실 서양에는 양심에 대한 또 다른 관점도 있다. 여전히 러셀을 예로 들 수 있겠다. 그가 비록 양심을 심리적 공포로 말하기는 했지만 또 다른 곳에서는 양심이 가치적 범주에 속한다고 말하기도 했다. 그는 다음과 같이 말한다.

도덕은 히브리 선지자 이래로 시종 두 가지 방향의 의미를 지니고 있다. 한 방면은 도덕이 일종의 사회적 제도로 발전해 나간 것으로 법률과 같은 것이다. 또 다른 한쪽은 도덕이 개인의 양심과 같은 것으로 발전해 간 것이다. 전자에 있어서 도덕은 권력구조의 한 부분이 되고, 후자에 있어서 도덕은 언제나 변혁의 성질을 갖게 된다. 그래서 법률과 유사한

---

10) 몽배원, 『심령초월과 경지』를 참고할 것.

것을 절대(Positive)도덕이라고 하고 후자의 것을 본심(Personal)도덕이라고 이름 붙일 수 있다.[11]

러셀은 외재적인 절대도덕과 내재적인 본심도덕을 구분해 놓았는데 이것은 매우 재미있다. 그가 아무리 본심을 개인적인 것으로 여겼다 할지라도 그는 본심에 대해 긍정하고 있고 또한 그것이 어느 정도의 보편적 의미를 지니고 있다고 생각한 것이다. 그렇지 않다면 이는 완전히 상대주의적인 것이 되어 버릴 것이다. 과학과 가치의 관계에 대해 논하면서 그는 과학은 이성적이며 가치는 감정적이라고 생각했다. 그는 과학적 측면에서는 죽어도 후회하지 않는 이성주의자라고 스스로를 칭했지만 가치문제에 있어서는 그는 결코 감정 작용의 중요성을 부인하지 않았다.

과학 그 자체는 윤리적으로 중립적인 것이다. 이것은 역량을 제공하는 것이지만, 사악한 일을 위해 그 역량이 제공되는 경우가 선한 일을 위해 역량이 제공되는 경우만큼이나 많다. 만약 과학이 인간에게 유익한 것으로 되고자 한다면 지식이 아닌 감정에 호소해야 한다.[12]

러셀은 결코 서양 전통의 과학(지식)과 감정을 둘로 나누어 보는 기본적인 관점에서 벗어난 적이 없었다. 그러나 그는 여기에서 감정을 충분히 긍정하고 있다. 그가 말하는 본심이란 사실상 양심이고 그것은 감정에 속할 뿐만 아니라 윤리의 기초와 근거를 제공해 준다. 과학이 인류에게 그저 단순한 공리주의적 의미에서의 유용함이 아니라 진정한 유용함이 되도록 함에 있어서 만일 인간의 양지가 없었다면 과연 어떻게 될 것인지

11) 「권력의 욕망」, 『러셀문집』 제1권, 392쪽.
12) 「자서전」, 『러셀문집』 제1권, 527쪽.

생각해 볼 수 있다. '강력한 권력이 곧 진리이다'라는 것은 인간의 역사에서 수없이 반복되었지만 인간은 결국 끊임없이 정의를 외쳤다. 이것이 어떻게 가능할 수 있었겠는가?

과학과 윤리, 지식과 가치는 명확하게 구분하기 어렵다. 그러나 그 둘은 결코 상호 대체될 수 있는 것이 아니다. 전자는 인식의 영역이지 감정의 영역이 아니며, 후자는 감정의 영역이지 인식(혹은 지식)의 영역이 아니다. 이것은 흄에서 러셀에 이르기까지 서양철학자들의 공통된 관점이다. 그렇다면 감정과 양심은 결국 어떤 관계인가? 양심은 존재하는가 그렇지 않은가? 혹은 인류에게 양심이란 존재하는가? 이것은 영원히 증명될 수 없는 문제로 보인다. 그러나 인류의 삶이 조금 더 나아지려면 인간의 양심이 없을 수 없다는 것, 그래서 인간의 양심에게 호소하지 않을 수 없다는 것은 근본적으로 지식적 논증 혹은 과학적 증명의 문제가 아니다.

유가는 양심이 존재한다고 긍정하며 양심의 존재는 인간의 존재만큼 분명한 것이라고 생각한다. 양심은 선천적으로 특수한 설정(후설의 말)과 같은 성질을 갖고 있고 나면서부터 갖추고 있는 즉 자연이 인간에게 부여한 것이다. 유가는 인간의 존엄성을 긍정하였는데, 그것은 바로 여기에서부터 시작된 것이다. 또한 유가는 인간의 생명의 의미와 가치를 긍정하는데, 그 역시 여기에서부터 시작된 것이다. 그렇다고 그것이 곧 후천적인 사회적 경험과 획득을 부정하는 것은 아니다. 다만 양심의 문제에 있어서 유가는 분명 인간을 사회적 존재로 보기보다는 자연계의 한 성원으로, 즉 생명의 존재로 보고 있다. 유가는 사회정의의 이론을 세우지는 않았지만 인류 도덕의 정의를 신장시켰다.

때문에 유가의 관점에서 문제는 양심의 존재 여부가 아니라 양심을 간직할 수 있는지 여부 혹은 그 양심을 간직할 방법이었다. 자신의 양심을 지킨다고 할 때의 '지킨다'라는 말은 실천적 의미에서의 지킴 곧 존양의 의미가 된다. 실제로 그것은 자신의 감정을 배양하고 도야하는 것이다. 간직함과 반대되는 것은 놓아버림 즉 방기 혹은 상실이다. 양심은 본래 누구나 가지고 있는 것으로서 인간이 인간일 수 있도록 하는 본질적 정체성 중의 하나이다. 그것은 인간이 본래부터 가진 것을 간직한 것이지 인간 외부에 있는 것을 간직한 것이 아니다.[13] 인간에게 있는 것을 간직한다고 할 때의 간직함은 존재의미에서의 간직함이다. 양심은 인간의 존재 그 자체로서 인간 내부에 존재하고 있다. 그 자신의 양심을 간직한다는 것은 자신에게 간직되어 있는 것을 간직하는 것이다. 즉 자신의 존재를 간직하는 것이다. 비록 그렇다고 할지라도 그것을 상실할 수 없는 것은 아니다. 사실 그것은 아주 쉽게 상실할 수 있다. 그래서 자신에게 '간직된 것을 간직한다'는 일이 문제가 될 수 있는 것이다. 『주역』「계사전」에서는 "본성을 이루고 자신에게 부여된 것을 간직하는 것이 도의로 들어가는 문이다"[14]라고 했다. 이것이 바로 자신에게 존재하는 것을 간직한다는 의미이다. 다만 이것은 본성을 이루는 측면에서 말한 것이므로, 여기에서 본성과 감정은 구분될 수 없다.

　도대체 양심을 왜 상실하는지에 대해, 유가의 관점에서는 여러 원인을 제시할 수 있다. 그 중 가장 중요한 원인은 상해를 입는 것인데, 그것은 외부적인 원인으로부터 오는 상해일 수도 있고 자기 자신이 원인이 되어 발생한 상해일 수도 있다. 만약 이미 잃어버렸다면 반드시 수습해 와야 하는데 이것이 바로 '자신의 잃어버린 마음을 구한다'는 것이다. 맹자는 자신의 집에서 키우던 닭을 잃어버리면 누구라도 그것을 찾아와야

---

13) 『孟子』, 「告子上」, "雖存乎人者, 豈無仁義之心哉?"
14) 『周易』, 「繫辭上」, "天地設位, 而易行乎其中矣, 成性存存, 道義之門."

함을 알고 있는데, 그렇다면 자신의 양심을 잃어버렸을 때도 응당 그것을 찾아와야 될 것이 아니냐고 말한다.

자신의 마음을 잃어버려서도 구하지 아니하니 애석하도다.…… 학문의 길은 다른 것이 아니다. 자신의 잃어버린 마음을 구하는 것일 뿐이다.[15]

소위 자신의 잃어버린 마음을 구한다는 것은 양심을 정말로 잃어버려서 외부로부터 찾아와야 된다는 말이 아니다. 그것은 양심을 상하게 하는 것을 제거해서 양심으로 하여금 드러날 수 있도록 해야 된다는 말이다. 유가의 학문은 외부로부터 모종의 지식을 추구하는 것이 아니며, 또 변론을 위한 기교나 방법을 얻기 위한 것도 아니며, 모종 형식의 과학방법(예컨대 논리학이나 수학)과 같은 것을 얻기 위한 것은 더욱 아니다. 그것은 인간 존재의 의의와 가치를 추구하는 것이다. 감정과 양심은 인간의 기본적 존재 방식이기 때문에 인간 가치의 내재적 기초이다. 그렇다면 자신의 감정을 아주 잘 보존하고 배양하는 것은 곧 인간의 가치를 실현하는 중요한 방법이 된다. 때문에 잃어버린 마음을 구한다는 것은 방법론적인 의미만 있는 것이 아니라 일종의 실천적 의미를 지니게 된다. 실천을 통하여 양심의 실현을 보증해 낼 수 있다는 것은 매우 중요한 문제이다.

양심이 결국 감정의 문제이냐 아니면 인식의 문제이냐에 대해 서양의 일련의 철학자들은 각기 다른 관점을 제시하고 있다. 주의주의자인 쇼펜하우어는 양심을 일종의 인식으로 보았다. 그는 다음과 같이 말했다.

정의와 불의는 도덕적 규정일 뿐이다. 그것은 곧 인간 행위가 이러한

---

15) 『孟子』, 「告子上」, "舍其路而弗由, 放其心而不知求, 哀哉!……學問之道無他. 求其放心而已矣."

행위로부터 고찰된 측면과 이러한 행위 그 자체의 내재적 의미에서 보았을 때 모두 유효한 규정이다. 이것은 의식상에서 직접적으로 드러나는 것이다.…… 그러나 이것은 사회구성원이 아닌 인간의 측면에서 말한 것이다. 그러므로 어떠한 현행 법률의 적용도 받지 아니한 채 자연상태에 처한다 해도 이것은 여전히 존재하는 것일 뿐만 아니라 이것은 현행 법률의 기초 및 내용이 되기도 한다. 이것이 바로 사람들이 자연법이라고 부르는 것인데 그것은 오히려 도덕법이라고 부르는 것이 낫다. 왜냐하면 도덕법의 효력은 어떠한 상해나 외부적 현실의 관여를 받지 않기 때문이다. 그것은 단지 인간의 행위와 그것으로부터 나온 인간의 자의식에 해당될 뿐이다. 즉 그 개인의 의지와 인식에 해당될 뿐이며, 이것을 일러 곧 양심이라고 한다.[16)]

쇼펜하우어는 정의와 불의를 양심과 연결시켰다. 이것은 매우 심층적인 견해이다. 특히 그것은 인간 행위의 내재적 의미 문제를 제시하고 있다는 점에서 매우 의의가 있다고 하겠다. 여기에서 말하는 정의라는 것은 시민사회에서 말하는 사회적 정의와도 구별된다. 그것은 일종의 정의감이라고 부르는 편이 나을 것이다. 왜냐하면 그것은 인간다움으로서의 인간이라는 의미이지 사회구성원으로서의 인간에 대해 논하는 것이 아니기 때문이다. 그러나 이처럼 '의식에 직접적으로 드러난' 정의감은 오직 양심과 관련될 뿐이다. 이른바 양심은 곧 인간의 자의식이다. 좀 더 정밀하게 말하자면 자기 자신의 의지에 대한 인식인 것이다. 쇼펜하우어의 관점에 따르면, 오직 의지만이 내재적이고 본질적인 "원래부터 있는 그것이다." 의지와 인식의 관계에 대해 그는 이렇게 말한다.

---

16) 쇼펜하우어, 『의지와 표상으로서의 세계』(상무인서관, 1994년판), 467쪽.

의지는 제1성질이며 본연의 것이고, 인식은 차후에 부가된 것이다. 인식은 의지 현상의 도구로서 의지 현상에 예속되는 것이다.[17]

이 말은 '의지 현상'의 도구로서의 인식이 의지에 예속한다는 말이다. 인식으로서의 양심 역시 예외가 아니다. 다만 이것은 의지 현상에 대한 인식이 아니라 의지 그 자체에 대한 인식이라는 점에서 차이가 있을 뿐이다.

유가의 관점에서 보았을 때, 마음속에 원래부터 간직되어 있는 것으로서의 양심 혹은 인간에게 간직되어 있는 것으로서의 양심은 본질에 있어서 존재론적인 것이지 인식론적인 것이 아니다. 따라서 간단하게 그것을 인식이라고 귀결시킬 수 없다. 그러나 존재 자아를 표출하는 것으로서의 양심은 또한 일종의 인식이라고 말할 수 있다. 다만 그것은 의지에 대한 인식이 아니라 감정에 대한 '인식'이며 이러한 인식은 감정의 체험과 구분될 수 없다. 유가철학에서도 의지는 역시 중요한 문제이다. 다만 의지가 감정에 속하는 것이지 감정이 의지에 속하는 것은 아니다.(이에 대해서는 뒤에서 논하겠다.) 맹자가 말한 "도리와 의로움을 좋아한다"라는 것은 일종의 감정체험이다. 그 속에도 역시 인식이 있고 '생각함'의 문제도 있다. 양심이 비록 누구나 갖고 있는 것이라고는 하지만, '생각'(思)하지 않으면 그것이 있다고 자각할 수 없게 된다. 그것이 있다고 자각할 수 없게 되면 쉽사리 잃게 된다. '도리와 의로움'은 곧 '정의正義'다. 다만 이는 주로 도덕적 의미에서의 정의를 의미하며, 분명 의식 속에 직접적으로 드러나게 된다. 그러나 의지는 감정의 활동 속에서 드러나기도 한다. 이것이 바로 기쁨, 좋아함이다. 만약 이 과정에 인식이 참여하고 있다고 말한다면, 이는 그저 정의감 그 자체에 대한 인식일 수밖에 없다. 이때 인식은

---

17) 쇼펜하우어, 『의지와 표상으로서의 세계』, 401쪽.

기뻐함, 좋아함의 감정적 체험과 구분될 수 없다.

현대 인본주의철학자인 에리히 프롬은 다음과 같이 주장했다.

> 양심은 우리들이 인간으로서 마땅히 다해야 할 책임을 규정해 준다. 양
> 심은 우리 자신에 대한 인식이다. 이는 비록 인식의 일종이기는 하지만
> 추상적인 사유에서의 인식으로만 그 범위가 제한되는 것은 아니다. 이
> 것은 감정으로서의 성질을 가지며, 따라서 그것은 전체 인격의 반응이
> 지, 정신에 대한 반응으로만 제한되는 것은 아니다.[18]

에리히 프롬은 비록 양심이 일종의 인식이라고 규정했지만 거기에는
또 어느 정도의 감정적 성질도 갖추고 있다고 보았다. 또한 이것이 인격
전반의 반응이라고 생각했는데, 이는 유가와 매우 근접한 것이다. 사실
유가는 양심이 인식적 성질과 기능을 갖추고 있음을 부인하지 않는다.
다만 그것은 실질적 의미에서 말한 것으로서, 일종의 존재의미에서의 감
정의식 혹은 일종의 체험과 같은 인식일 뿐, 추상적 사유 속에서 발생하
는 순수한 인식과는 근본적으로 다른 것이다.

제2절 양지는 도덕감정에 대한 스스로의 깨달음이다

'양심良心'과 관계있는 것으로 '양지良知'가 있다. 이 둘은 어떨 때는 동
일한 의미로 사용되기도 하고 어떨 때는 서로 다른 의미와 용법으로 사용
되기도 한다. 그렇지만 이 둘은 모두 감정과 관계가 있다. 양심이 도덕심

---

18) 에리히 프롬, 『자신을 위하는 인간』(*Man for Himself*, 삼련서점, 1993년판).

즉 도덕감정의 기초 위에 세워진 감정이라는 측면을 가진다고 한다면, 양지는 인식과 관련된 측면이 있다. 아무리 그렇다 할지라도 그 양지를 통상적인 의미에서의 인식으로 귀결시킬 수는 없다.

맹자는 '양심'을 제시하면서 동시에 '양지'의 문제도 제기했다. 그는 이렇게 말했다.

> 사람들이 배우지 않아도 할 수 있는 것은 양능이요, 생각하지 않아도 할
> 수 있는 것은 양지이다.[19]

맹자가 말하는 양지는 마치 태어나면서부터 갖추게 된 일종의 선천적인 인식능력으로서 어떠한 전문적인 학습과 사고도 요구되지 않는 것으로 보인다. 그가 언급한 양능이란 마치 일종의 원시적 본능으로서 더더욱 어떠한 학습과 단련을 필요로 하지 않는 것처럼 보인다. 그는 계속해서 다음과 같은 예를 든다.

> 걸음마를 뗄 정도의 아이들은 누구라도 다 부모를 사랑할 것이며, 그들
> 이 자라게 되면 누구라도 다 그의 형들을 공경하게 될 것이다.[20]

자신의 부모를 사랑할 줄 안다거나 자신의 형제를 존중할 줄 안다고 하는 그 앎이란 응당 양지라고 해야 할 것이다. 그러나 진정한 의미에서 이것은 여전히 감정적 반응 혹은 감정적 의식이다. 개체의 발전이라는 측면에서 보았을 때 이러한 앎은 분명 가장 먼저 출현한 것이며, 또한

---

19) 『孟子』, 「盡心上」, "孟子曰: 人之所不學而能者, 其良能也; 所不慮而知者, 其良知也."
20) 『孟子』, 「盡心上」, "孩提之童, 無不知愛其親者; 及其長也, 無不知敬其兄也."

가장 원시적인 것이라 할 수 있다. 만일 이것이 일종의 인식이라고 한다면 이는 일종의 직관적 감각(直覺) 즉 자연적으로 발생되는 직관적 감각과 같은 것이다. 이러한 직관적 감각의 능력은 분명 학습을 필요로 하지 않는다. 또한 여기에서 말하는 '양지양능'의 '양良'이 '양심'의 '양'과 같은 것이라면, 이는 좋음 또는 선함의 의미가 된다. 주희는 이에 대해 "양심이란 본연의 선한 마음이다"[21]라고 설명한다. 본연이란 본래부터 이와 같은 것으로서 왜 그런지를 다시 물을 필요 없는 것이다. 이 문제에 대해 정자程子[22](형과 동생 두 사람 중 어느 사람의 말인지는 모르겠다.)의 표현을 빌리자면 "그것은 아무런 이유, 아무런 근거가 없는 것이다."[23] 사실 아무런 이유, 아무런 근거가 없다는 말은 아무런 연원이 없다는 말이 아니라, 어떠한 인위적인 원인도 없다는 의미이다. 그래서 다시 정자는 "이것은 곧 하늘에서 나온 것이지 인간과는 아무런 관련이 없다"[24]라고 말하고 있다. 여기에서 말하는 하늘이라는 것은 곧 자연이다. 이러한 자연적 본능이 왜 선할 수 있는가 혹은 왜 선하다고 평가될 수 있는 것인가? 이는 '천인관계天人關係'의 문제로 연결된다. 유가의 감정철학은 본래 천인관계의 문제로부터 분리될 수 없다.

양심과 양지는 본심이라고 불리기도 한다. 본심이란 원래의 의미에서 이야기했을 때 그것은 본래의 마음 혹은 본연의 마음을 가리킨다. 그러나 후대의 유학자들(특별히 송명 유자들)은 그것을 본체심이라고 불렀으며 이것은 더 나아가 소위 도덕 본체가 되었다. 아무리 그렇더라도 그 근원적인

---

21) 『孟子集注』, 「盡心上」, "良心者, 本然之善心."
22) 역자주: 북송대의 유학자인 程顥·程頤 형제를 말한다.
23) 『孟子集注』, 「盡心上」, "皆無所由."
24) 역자주: 여기에서 말하는 '인간'이란 '인간의 행위' 즉 인위적인 사고나 활동을 의미한다.

의미에는 어떠한 근본적 변화도 생기지 않는다.

그러나 서양의 일련의 철학자들의 관점에서 보았을 때 양지와 감정 간에는 아무런 관계가 없다. 아무리 적극적으로 말해 봐야 그것은 통상적인 의미에서의 이성적 능력이다. 칸트도 이런 관점을 견지하고 있다.

소위 양지를 써서 어떤 일을 결정한다는 것은 모든 사람들이 할 수 있는 것은 아니다. 그것은 오직 개별적인 성격에 따라 적합할 뿐이다.……그러나 또 개념과 원칙에 있어서—이것은 개념과 원칙이 경험에 대해 지니는 효과를 의미하는 것이 아니라 개념과 원칙이 경험의 조건 이외에 얼마나 효과가 있는지에 대해 말하고자 하는 것이다.— 만일 그것이 양지에게 도움을 요구한다면 더더욱 엉망이 된다. 왜냐하면, 무엇이 양지인가? 양지란 곧 판단이 정확했을 때의 보통의 이성적 능력에 불과하다. 무엇이 보통의 이성적 능력인가? 보통의 이성적 능력이란 구체적 인식과 규칙을 사용할 수 있는 능력인데 그것은 사변적 이성의 능력과는 별개의 것이다. 사변이성이란 추상적 인식 규칙의 능력이다. '발생한 모든 것들은 그것의 원인에 의해 규정된다'는 말처럼 보통의 이성적 능력은 이해하기 매우 어려운 것이다. 게다가 일반적인 방식으로 해서는 영원히 이해될 수 없는 것이다. 보통의 이성적 능력은 경험으로부터의 예증을 필요로 한다. 오직 그것의 규칙이 경험 속에서 실증될 때만이 그것을 사용할 수 있게 된다. 이 밖에는 아무런 쓸모가 없다.[25]

칸트가 양지와 사변이성을 대립시키는 것에는 나름의 이유가 있다. 그의 선험철학은 사변이성을 필요로 하고 사변이성은 곧 선험적 '순수이성'이다. 그것은 어떠한 경험을 필요로 하지 않으며 '추상적 인식 규칙의

---

25) 칸트, 『미래 형이상학 도론(프로레고메나)』(상무인서관, 1997년판).

능력'을 갖춘 것으로서, 이러한 능력이 있어야만 형식적 추리를 진행하고 분석적 명제를 제기하며 또 선천적 종합판단을 할 수 있고, 이로부터 새로운 지식이 생산될 수 있다. 그러나 양지는 이와 정반대여서 오직 경험적 실증에 의거할 뿐이다. 이와 같이 볼 때 그는 완전히 순수인식의 의미에서 양지를 말하고 있다. 이러한 양지는 당연히 유가에서 주장하는 것과 구분된다.

그러나 다음의 이 문제는 매우 중요하다. 이는 바로 양지가 비록 선험적인 사변적 인식능력은 아니라 할지라도 여전히 선천적 능력이라는 점이다. 예컨대 맹자가 말했던 '하늘이 내게 부여해 준 것'[26]과 같은 것처럼 그것은 선험적이지는 않지만 선천적인 것이다. "하늘보다 먼저 하지만 하늘이 그것을 거스르지 아니하고, 하늘보다 나중에 하지만 하늘의 때를 받든다"[27]는 말이 설명하는 것처럼 그것은 자연의 도에 부합된다. '하늘'은 신이 아니고 자연계이다. 인간은 천지의 자연계 속에서 살아가고, 그의 생명은 자연계로부터 왔다. 인간의 일체의 능력, 양지를 복원하는 일체의 능력은 결국 근본적으로 자연계로부터 왔다는 것이 유가의 기본적인 신념이다.

> 아무도 그렇게 하는 자가 없는데도 그렇게 되는 것이 하늘이며, 아무도 그렇게 되고자 하지 않는데도 그렇게 되는 것이 명命이다.[28]

하늘 곧 자연계에서는 어떠한 유일자 혹은 창조자도 없다. 하늘은 곧

---

26) 『孟子』, 「告子上」, "心之官則思, 思則得之, 不思則不得也. 此天之所與我者, 先立乎其大者, 則其小者弗能奪也."

27) 『周易』, 「文言傳」, "先天而天弗違, 後天而奉天時."

28) 『孟子』, 「萬章上」, "莫之爲而爲者, 天也; 莫之致而至者, 命也."

자연계로서 모든 것을 창조하는 근원이다. 어떤 사람이 "하늘은 일일이 명을 내려주는가"라고 물었을 때 맹자는 단연코 그것을 부정하며 다음과 같이 말했다.

> 아니다. 하늘이 무슨 말을 하겠는가? 행위와 일로 보여 줄 뿐이다.[29)]

여기에서 말하는 행위와 일이라는 것은 하늘이 목적적 혹은 의지적으로 목적과 의지를 가지고 행위 하는 것이 아니라 자연의 도가 유행한다는 것이다. 그러나 여기에는 또 목적적 의미가 있다. 이를 공자의 말로 이야기할 때 천은 근본적 의미에서 곧 '생'이다.

> 하늘이 무슨 말을 하던가! 사시가 운행하고 만물이 생겨남에 있어 하늘이 무슨 말을 하던가![30)]

이 '생'의 철학은 감정 또는 양지의 문제와 밀접한 관계가 있다.

이 밖에도 칸트는 양지를 신앙과 연결시켰는데 이것은 매우 흥미로운 것이며 또한 중시할 필요가 있는 문제이다. 그는 이렇게 말했다.

> 따라서 순수이성의 사변철학에서, 즉 형이상학에서 우리는 영원히 양지의 도움을 받을 수 없다. 오직 우리가 그것을 방기하도록 또 일체의 사변인식을—이러한 사변인식은 영원히 그리고 반드시 일종의 이론적 지식일 수밖에 없다.— 버려 버리도록 강제당하여 결국에는 형이상학 자체와 그것의 가르침을—특정한 경우에 있어서— 포기해 버리고, 그럼으로써 일종의 합리적인

---

29) 『孟子』, 「萬章上」, "曰: 否. 天不言, 以行與事示之而已矣."
30) 『論語』, 「陽貨」, "子曰: 天何言哉? 四時行焉, 百物生焉, 天何言哉?"

신앙을 선택하도록 하는 경우가 아니라면 말이다. 이때의 신앙은 우리에게 있어서 유일하게 가능하며 또 우리의 수요를 유일하게 만족시킬 수 있는—아마도 지식 그 자체보다 더 유익할 것이다.— 신앙을 의미한다. 왜냐하면 그렇게 해야 문제가 완전히 새로워지기 때문이다.[31]

칸트가 실제로 중국 유가의 저작을 읽었는지 어땠는지 혹은 그가 말하는 양지가 중국 유가에서 말하는 양지와 같은 것인지 아닌지 문제를 차치하더라도, 그의 이 문장으로 볼 때 그는 확실히 두 가지 서로 다른 의미의 철학을 주장하고 있는 것 같다. 하나는 그가 제시하고 있는 사변적 형이상학이고 다른 하나는 소위 합리적 신앙이다. 양지학설은 어떤 의미에서 분명히 일종의 신앙이며, 좀 더 정확하게 말했을 때 그것은 어떤 지식의 신앙이 아니라 삶의 신앙이라고 말할 수 있다. 그러나 이러한 삶의 신앙은 인간이 인간으로서 가지는 감정적 욕구와 구분될 수 있는 것이 아니다. 그것은 인간의 감정 특히 도덕감정의 철학적 표출이다.

앞에서 송명 유가가 양지를 본심 즉 본체의 마음으로 만들었다고 말했다. 이 점에 있어서는 주희든 왕수인이든 일치한다.—이 문제에서 두 사람의 차이점을 지나치게 강조하는 것은 아무런 의미가 없다. 물론 그렇다고 그들 간에 전혀 구별이 없다는 것은 아니다.— 왕수인은 양지설을 자기 철학의 핵심적 내용으로 삼고서 그것을 표방했기 때문에 우리는 왕수인이 말하는 양지가 도대체 무엇인지, 특히 그것이 감정 혹은 자연과 어떤 관계가 있는지 집중적으로 논할 필요가 있다. 이러한 논의를 통해 우리는 왕수인의 양지설이 지식론, 인식론이라기보다는 그 뼛속까지 감정론이라는 점을, 혹은 그것을 존재론이라고 말한다 할지라도 그것이 결코 서양철학적 의미에서의

---

31) 칸트, 『미래 형이상학 도론(프로레고메나)』.

존재론이 아니라 인간의 존재 본체를 논하는 것이라는 점을 발견할 수 있을 것이다.

양지는 우선 '영명靈明함'이다. 소위 '영靈'이라는 것은 '인간은 만물의 영장이다'라고 할 때의 그 의미이다. 그 주된 의미는 인간의 의식활동, 특히 감정의식과 도덕의식을 가리킨다. 이 문제에 대해서는 앞에서 인간과 동물의 관계를 논하며 이미 다루었다. 소위 '명明'이란 눈과 귀의 '총명함'과 같은 지각활동과, 생각함과 같은 마음의 사유활동을 모두 포괄하는 인간의 '총명예지聰明叡智'를 가리킨다. '영'과 '명'을 합치면 그것이 곧 양지이다. 이렇게 볼 때 양지는 결코 앎의 문제가 아니라 감정의 문제임을 알 수 있다.

양지를 말할 때 양지의 '영명함'이라는 것은 인간과 자연계의 만물 사이에 벌어지는 '감응의 기제'(感應之幾)에서 말하는 것이다. 소위 감응이란 자극과 반응 혹은 인식과 인식됨의 관계가 아니라 일종의 상호감통이다. 여기에서 인간은 단순한 인식주체가 아니라 실천활동의—감정활동을 포괄하는— 주체로서 의미를 가진다. 감이 있으면 반드시 응이 있기 마련이며, 이 둘은 동시에 발생한다. 그것은 시간적으로 선후관계 혹은 인과관계를 맺지 않는다. 인식론적 의미에서의 지각활동에는 모종의 선후가 있다고 하더라도, 감정활동의 감응에 대해서는 그렇게 말할 수 없다. 인간의 감정활동 일체는 모두 '마음에서 생겨난다'[32]거나 혹은 '내면에서 움직여'[33] '대상을 감동시키는'[34] 것이다. '감응의 기제'에서 본 양지도 역시 응당 이와 같다.

---

32) 『禮記』, 「祭統」, "夫祭者, 非物自外至者也, 自中出生於心也."
33) 『禮記』, 「樂記」, "情動於中, 故形於聲, 聲成文, 謂之音."
34) 『禮記』, 「樂記」, "人心之動, 物使之然也. 感於物而動, 故形於聲."

유가에서 말하는 양지는 결코 지각 그 자체는 아니지만 '지각할 수 있는 것'이며 '보고, 듣고, 말하고, 움직일 수 있는 것'이다.[35] 이것은 사실상 마음의 지각능력을 말하는 것인데 이러한 지각능력은 단순히 인식론적 의미에서만 이해될 수 있는 것이 아니다. 구체적으로 말해 양지는 시비지심이지만 그 자체는 시비가 아니며 옳은 것이 옳음을 알고 그른 것이 그름을 아는 것이다. 옳은 것이 옳음을 알고 그른 것이 그름을 아는 마음은 능력이고, 옳은 것이 옳음을 알고 그른 것이 그름을 아는 것은 인식이다. 그러나 이는 어떤 인식인가? 그것은 표상론 혹은 대응론적 의미에서의 인식인가? 당연히 그렇지 않다. 사실상 그것은 일종의 투사식 혹은 조응식의 인식이다. 그것은 분석을 통해 획득되는 것이 아니라 부여되는 것이다. 이른바 부여된다는 것은 일정한 형식으로 조직되는 경험을 부여한다는 것이 아니라, 그 의미를 부여한다는 것이다. 그렇다면 시비의 기준은 존재하는가? 그 시비의 기준은 또 어디에 있는가? 당연히 그 기준은 있다. 그 기준은 바로 양지 그 자체이다. 이렇게 보건대 양지는 바로 맹자가 말했던 인의예지의 지智로서 그 자체가 기준이 된다. 또 감응과 지각활동 속에서 그것의 옳고 그름을 안다는 것은 그것이 옳은지 그른지를 분별해 내고 그 의미를 드러내 보이는 것이다.

그러나 양지는 '옳은 것이 옳음을 알고 그른 것이 그름을 아는 것'만은 아니고, '좋아하고 싫어하는 마음'이기도 하다. 좋아하고 싫어하는 그 자체라기보다는 '좋은 것을 좋아하고 싫어하는 것을 싫어할 줄 아는 것'이다. 이때의 좋아하고 싫어하는 것에도 마찬가지로 기준이 존재한다. 그 기준이란 바로 '양지' 자체이다. 이렇게 볼 때 양지는 공자가 "오직 인자

---

35) 『傳習錄』, 卷上, 122쪽, "緣何不能視聽言動? 所謂汝心, 卻是那能視聽言動的."

만이 사람을 좋아하고 싫어할 수 있다"36)고 했을 때의 '인(仁)'이며, 또 맹자가 '측은해하는 마음'이나 '차마 하지 못하는 마음'이라고 했던 '인'이다. 그것은 좋아하고 싫어함의 기준이 된다. 그러나 그것은 오직 실천적 활동 속에서만 좋아하고 싫어함을 드러낼 수 있다. 즉 좋아할 만한 것을 좋아하고 싫어할 만한 것을 싫어하는 것이다. 이는 분명 감정활동이다. 사실 이것은 매우 중요하지만 많은 사람들은 곧잘 이것을 간과하곤 한다. 어떤 사람들은 양지가 일종의 '앎'인 이상 오직 '지식'의 측면에서만 이해될 수 있다고 생각한다. 그러나 이는 아주 커다란 오해이다.

그렇다면 '옳고 그름'과 '좋아하고 싫어함'의 관계는 어떠할까? 이 둘이 모두 양지인 이상 이들은 조금도 의심할 것 없이 통일되어 있는 것이다. 그러나 '옳고 그름'은 앎의 측면에서 말한 것이고 '좋아하고 싫어함'은 감정의 측면에서 말한 것이다. 앎과 감정은 도대체 어떻게 통일되는가? 이것이 문제의 핵심이다. 이에 대해 왕수인은 아주 분명하고 명확하게 말하고 있다.

> 양지는 그저 옳고 그름을 판정하는 마음이다. 옳고 그름은 좋아하고 싫어함일 뿐이다. 좋아하고 싫어함을 제대로 다하기만 하면 옳고 그름은 온전히 해낼 수 있다. 옳고 그름을 온전히 다하기만 하면 모든 일들을 온전히 해낼 수 있다.37)

여기에는 층위의 구분이 있다. 양지가 비록 '옳고 그름을 판정하는 마음'이지만 '옳고 그름'은 다시 '좋아하고 싫어함'일 뿐이다. 물론 '옳고 그

---

36) 『論語』, 「里仁」, "子曰: 惟仁者, 能好人, 能惡人."
37) 『傳習錄』, 卷下, 288쪽, "良知只是箇是非之心. 是非只是箇好惡. 只好惡就盡了是非. 只是非就盡了萬事萬變."

름'이 곧 '좋아하고 싫어함'이라는 말은 아니다. 다만 '옳고 그름'이 '좋아하고 싫어함'에 의해 결정된다는 말이다. 즉 '옳고 그름'의 기준은 '좋아하고 싫어함'의 기준에 의해 결정된다는 말이다. 이는 결국 '지혜'(智)는 '인仁'에 의해 결정된다는 말이다. 그렇기 때문에 '좋아하고 싫어함'을 모두 발휘해 내기만 하면 일체의 '옳고 그름'을 모두 발휘해 낼 수 있고, '옳고 그름'을 모두 발휘해 내면 모든 일들을 모두 발휘해 낼 수 있는 것이다.

'인仁'과 '지혜'(智)의 관계에 대해 송명 유학자들은 보편적으로 인을 '체'로, 지혜를 '용'으로 여겨서, 인이 지혜를 결정하고 지혜는 인을 표현한다고 생각했다. 따라서 지혜는 있어도 좋고 없어도 좋다는 식으로 대충 임해도 되는 것이 아니다. 지혜는 인의 작용이면서 동시에 인의 한 조목이라고 할 수 있다. 인의 작용으로서의 지혜는 인식적 기능을 수행하여 인을 자각할 수 있게 해 주며, 인의 한 조목으로서의 지혜는 인의 특정 측면을 표현한 것에 불과하다. 지혜 이외에도 인에는 여타 표현방식이 존재한다. 다만 가장 중요한 것은 인의 '속성'으로서의 좋아하고 싫어함이 인식이나 혹은 지성에 속하지 않고 감정에 속한다는 것이다. 따라서 좋아하고 싫어함이 '옳고 그름을 판정하는 마음'(是非之心), 즉 지혜의 성질을 결정하는 것이다.

사실 '옳고 그름'이란 '사실'판단에 있어서의 옳고 그름이라기보다는 가치판단 혹은 도덕판단에 있어서의 옳고 그름이다. 비록 그것이 사실판단에 있어서의 옳고 그름을 배제하거나 부정하지는 않는 것이라 하더라도 그 근본적인 의미와 목적에 있어서는 여전히 가치의 기준을 확립하고 실현하는 것이며, 이 점은 바로 감정에 의해 결정되는 것이다. 예컨대 공자가 말한 '곧음'이나 맹자가 말한 '아버지를 등에 지고 도망간다'는 것은 유가사상과 왕수인의 관점에서는 양지에 의해 행위한 것이기에 인한 행위이며, 따라서 당연히 지혜로운 행위인 것이다.

결론적으로, '옳고 그름을 판정하는 마음'으로서의 양지는 '좋아하고 싫어하는' 감정에 의해 결정되는데, 이는 양지를 결정하는 가장 기본적인 출발점이 된다. 물론 모든 사람에게 과연 공통의 좋아하고 싫어하는 감정이 있는지는 역시 또 다른 중요한 문제이다. 이 문제는 뒤에서 다시 논하도록 하겠다. 다만, 감정의 태도와 평가의 측면에서 보았을 때 '아름다운 외모를 좋아하고 악취를 싫어하는' 감정과 '선을 좋아하고 악을 싫어하는' 감정은 동일하다. 다만 전자는 일종의 구체적인 감성적 감정이고 후자는 일종의 형이상학화한 도덕감정으로서 보다 이성적 특징을 지니고 있다.

만약 양지를 규정하는 '좋아하고 싫어하는' 감정이 양지로 하여금 '상대주의'라는 혐의를 받게 한다고 말한다면, 양지에 관한 또 다른 정의 즉 "양지는 그저 진정으로 측은해하는(眞誠惻怛) 마음일 뿐이다"라는 말은 좀 더 명확하다. 왕수인은 이렇게 말한다.

> 양지는 그저 천리가 자연스럽게 드러나 밝은 깨달음이 발현되는 것으로서 진정으로 측은해하는 마음이 그 본체이다. 그러므로 이 양지의 진정으로 측은해하는 마음을 다하여 부모님을 섬기면 그것이 효이고, 이 양지의 진정으로 측은해하는 마음을 다하여 형제를 사랑하면 그것이 공손함이다.…… 그저 하나의 양지일 뿐이며 그저 하나의 진정으로 측은해하는 마음이다.[38]

아무리 천하의 일들이 수없이 많다고 하더라도 오직 부모님을 섬기고

---

38) 『傳習錄』, 卷中, 189쪽, "蓋良知只是一箇天理自然明覺發見處, 只是一箇眞誠惻怛, 便是他本體. 故致此良知之眞誠惻怛以事親便是孝, 致此眞知之眞誠惻怛以從兄健是弟. 此眞知之眞誠惻怛以事君便是忠. 只是一箇眞知, 一箇眞誠惻怛."

형제를 사랑하는 마음에 대해 진정으로 측은해하는 마음으로 응대하기만 한다면 어떠한 결핍이나 부족함도 없을 것이다. 이는 오직 이 양지만 있으면 되기 때문이다. 부모님을 섬기고 형제를 사랑하는 것에 마음을 다해 양지를 사용하는 것 이외에는 양지를 확충하고 실현할 방도가 없다.[39]

너무도 분명한 것은, 왕수인이 반복적으로 강조하는 '진정으로 측은해하는 마음'이 다름 아닌 가장 기본적인 도덕감정이라는 것이다. '진정함'(眞誠)은 '진실함'(眞)을 의미하고 '측은해함'(惻怛)은 '감정'(情)을 의미한다. 진실함과 감정은 본래 통일된 것이며, 이는 결국 인을 의미한다. 이것이 바로 유학의 근본정신이다. 인은 진정한 감정으로부터 나오고 '효성스러움과 형제에 대한 사랑'과 같은 진정한 감정은 인의 감정적 기초이다. 인은 '효성스러움과 형제에 대한 사랑'과 같은 감정이 보편화·이성화된 것이다. 때문에 왕수인은 정호의 말을 인용하여 다음과 같이 말한다.

(효성과 형제애를) 인을 행하는 근본이라고 말하면 괜찮지만 인의 근본이라고 말하면 옳지 않다.[40]

'인을 행하는 근본'과 '인의 근본'이 구별되는 것은 '효성과 형제애'가 인의 '발단처'일 뿐이라는 점이다. 인은 분명 여기에서 시작되겠지만, '인의 근본'은 보편적인 사랑이기 때문에 결코 '효성과 형제애'에만 머물러서는 안 된다. 그러나 '효성과 형제애'든 '인'이든 모두 '진정으로 측은해하

---

39) 『傳習錄』, 卷中, 190쪽, "蓋天下之事雖千變萬化, 至於不可窮詰, 而但惟致此事親. 從兄一念眞誠惻怛之良知以應之, 則更無有遺缺滲漏者. 正謂其只有此一簡良知故也. 事親從兄一念良知之外, 更無有良知可致得者."
40) 『傳習錄』, 卷中, 190쪽, "謂之行仁之本則可, 謂是仁之本則不可."

는' 감정 즉 양지로부터 나왔다는 점은 분명하며, 이것은 가장 근본적인 것이다.

'옳음도 알고 그름도 아는' '옳고 그름의 마음'으로서의 양지가 능력 즉 지혜의 측면에서 규정된 것이라고 한다면, '진정으로 측은해하는 마음'으로서의 양지는 본체 존재의 의미에서 규정된 것이다.—여기에서 말하는 '본체'란 실체가 아닌 근본 존재로 이해될 수 있다.— 오직 '진정으로 측은해하는 마음'이 있어야만 이러한 본체 존재(혹은 '존재 본체')는 비로소 '옳음도 알고 그름도 아는' 기능과 작용을 갖출 수 있는 것이다. 이 역시 신유가 즉 성리학자들이 말하는 체용의 관계이다.

이렇게 볼 때, 단지 협의의 '앎'으로 양지를 이해하는 것은 충분치 못하고, 순수한 인식의 의미에서 양지를 이해하는 것 역시 잘못된 것이다. 왕수인 등 송명 유학자들의 해석에 입각했을 때 양지는 그 자체 온전한 것으로서 '분석될 수 없는 것'이다. 그것은 인식과 감정의 통일이지 인식과 감정 중 어느 하나이기만 한 것이 아니다. 그러나 그렇다고 해서 우리가 양지에 대해 '분석'할 필요가 없다는 것은 아니다. 왜냐하면 그 함의의 측면에서 양지는 서로 다른 층위의 의미를 지니고 있고, 따라서 서로 다른 측면에서 설명될 수 있기 때문이다. 다만, '분석'은 '정합' 혹은 양지의 '본래 모습'을 회복하기 위한 것이어야 한다. 하이데거는 이렇게 말했다.

양지를 지·정·의와 같은 영혼이 지닌 능력들 중 하나로 끌어올리든 아니면 그것을 이러한 능력들의 혼합물로 해석하든, 양지를 직면하고서 전체를 조각낸 영혼의 능력과 개인의 행위상에서 이리저리 떠다니는 모습이 존재론적 인류학에서 얼마나 비루한 것인지를 우리는 수없이 목도하게 된다.[41]

양지에 대한 하이데거의 해석이 어떻든 간에 그의 이러한 관점은 매우 정확한 것이다. 즉 양지를 마음이 지닌 능력의 어느 한 부분으로 혹은 이러한 능력의 '혼합물'로 끌어올릴 수는 없으며, '조각내는' 방식으로 그것을 해석할 수도 없다. 그러나 마음의 능력을 가지고 양지를 이해하는 자체는 문제될 게 없다. 또한 지·정·의의 능력으로 양지를 해석하는 것 역시 필요하다. 뿐만 아니라, 유가학설의 관점에서 도덕감정을 양지의 기본적인 내용으로 삼는 것은 인정될 수 있다. 양지의 핵심은 '양良' 즉 '좋음'에 있지 '지知' 즉 앎에 있지 않다. 이는 유가의 양지를 이해하는 관건이다.

양지는 완전히 개인적인 것인가? 왕수인은 개인을 발견했던 것인가? 이는 항상 논쟁을 유발하는 문제이며, 이에 대해 왕수인의 설명은 아주 명료하다. 양지는 오직 개인의 양지일 수 있다. 왜냐하면 그것은 개체적 생명 존재와 불가분의 관계에 있기 때문이다. 개체 생명을 떠나 또 무슨 양지를 논할 수 있을 것인가? 양지는 곧 '진정한 자신'이다. 그러나 "진정한 자신이 언제 이 육신을 떠난 적이 있었던가?"[42] 모든 인간에게는 각각의 양지가 있고 또 각각의 신체가 있다. 모습도 형체도 서로 다르고 흥미와 기호 역시 서로 다르다. 그러나 이에 근거해서 양지가 완전히 주관적인 것이라고 단정 지을 수 있을까? 공통의 혹은 공공의 양지는 존재할수 없는 것일까? 이것이 바로 문제의 소재이다.

어떤 사람들은 양지는 공공의 마음이 아니라 개체의 마음이기에 서로 통할 수 없다고 생각한다. 그런가 하면 어떤 사람은 양지는 개체의 마음이 아니라 우주의 마음이기에 서로 통할 수 있다고 말한다. 이렇게 완전

---

41) 『존재와 시간』(삼련서점, 1987년판).
42) 『傳習錄』, 卷上, 122쪽, "眞己何嘗離着軀體?"

히 서로 다른 두 개의 관점 중에서 어느 것이 과연 왕수인의 원의에 부합하는가?

왕수인은 이렇게 말한다. 사람은 저마다 모두 양지를 지니고 있어서 "외부로부터 구해올 필요가 없다." 이는 외부의 권위를 부정한 것이다. 양지는 그리고 '네 자신의 기준'일 뿐이기에 밖에서 어떤 준칙과 기준을 찾을 필요가 없다. 이는 외부의 규범을 부정한 것이다. 이러한 관점은 분명히 반전통적이고 반교조적이며 반권위적이라는 점에서 중요한 의의를 지니고 있다. 왕수인은 모든 사람들이 경전과 권위에 의지하지 말고 자신의 양지를 믿어야 한다고 주장했다. 더 나아가 그는 소위 보편적인 '천리'로 인간을 억압하는 '장애가 될 뿐인 이치'(理障)에 더욱 반대했다. 이런 측면에서 보자면 왕수인은 분명히 일련의 틀을 깨부수고 개체성 원칙과 주관성 원칙을 제창했다고 말할 수 있다. 그러나 양지가 시비와 선악을 판단하는 능력이자 기준인 이상, 그것이 아무리 개인의 마음속에 있다고 하더라도 공통성이 없다고 말할 수는 없다. 왜냐하면 '시비'의 기준은 순전히 주관적이기보다는 객관적이고 보편적이어야 하기 때문이다. 만약 그것이 주관적이어서 사람마다 옳고 그른 것이 다르고 각자의 기준이 있다고 한다면 그것은 곧 옳고 그름 자체가 없는 것과 마찬가지가 된다. 왕수인은 결코 가치적 상대주의자 혹은 주관주의자가 아니었다. 그가 말하는 시비와 선악에는 공통성이 있다. 한쪽 측면에서 보자면 양지는 그저 '자신의 마음에서 체인할 수 있는 것'이어서 밖에서 구할 수 없지만, 다른 한쪽에서 보자면 "양지는 모든 사람의 마음에 공통적으로 있는 것이어서 성인과 어리석은 사람 간에도 차이가 있을 수 없다. 옛날이나 지금이나 천하의 모든 사람들에게 같은 것이다." 때문에 "사사로운 마음"을 제거하여 '호오와 시비를 같게 해야 하는 것'이다.[43] 이렇게 보자면 양지는 개인적이면서 동시에 공공적이며 주관적이면서 객관적인 것이다. 즉 주객과 내외의 합일인 것이다. 그러므로 왕수인의 양지설을 주관주의로 평가하는 것은 분명 옳지 않다.

현대 신유가인 모종삼 선생은 '지혜'(智)의 측면에서 양지를 '지혜의 깨달음'(智的直覺)이라고 규정했는데, 이는 칸트의 도덕형이상학으로부터 영감을 받은 것이다. 다만, 칸트는 '지혜의 깨달음'이 인간에게는 있을 수 없고 오직 신에게만 있다고 한 반면, 모종삼 선생은 인간에게도 역시 '지혜의 깨달음'이 있고 그것이 바로 양지라고 주장했다. 양지를 '지혜의 깨달음'이라고 규정하는 것이 터무니없는 것만은 아니다. 왜냐하면 왕수인 역시 양지는 천지만물의 '정령精靈'이자 천지 귀신의 '주재主宰'이기에 만물을 알 수 있고 또 천지와 귀신을 알 수 있다고 말했기 때문이다.[44] 그러나 '지혜의 깨달음'은 절대 본체 즉 절대 실체를 가리켜 하는 말이다. 칸트가 말한 '지혜의 깨달음'이란 이러한 고찰 속에서 나온 것이다. 그러나 양지를 절대적 실체라고 말하기는 어렵다. 그것은 분명 '하늘이 심어 준 영명한 뿌리로서, 낳고 낳아 쉬지 않는'[45] 생명의 한 줄기 '정령精靈'이다. 여기에서 말하는 '정령'이란 실체도 아니고 속성도 아니며 생명 존재 그 자체이면서 그 본질과 의의이다. "마음에는 체가 없다. 천지만물에 감응하여 나타나는 옳고 그름을 체로 삼는다"[46]라고 했으니 이러한 '몸뚱이'로서의

---

43) 『傳習錄』, 卷中, 165쪽, "良知之在人心, 無間於聖愚, 天下古今之所同也. 世之君子惟務其良知, 則自能公是非, 同好惡."

44) 『傳習錄』, 卷下, 336쪽, "我的靈明, 便是天地鬼神的主宰. 天沒有我的靈明, 誰去仰他高? 地沒有我的靈明, 誰去俯他深? 鬼神沒有我的靈明, 誰去辯他吉凶災祥? 天地鬼神萬物, 離卻我的靈明, 便沒有天地鬼神萬物了; 我的亞明, 離卻天地鬼神萬物亦沒有我的靈明. 如此, 便是一氣流通的, 如何與他間隔得? 又問: 天地鬼神萬物, 千古見在, 何沒了我的靈明, 便俱無了? 曰: 今看死的人, 他這些精靈游散了, 他的天地鬼神萬物尙在何處?"

45) 『傳習錄』, 卷下, 244쪽, "天植靈根, 生生不息."

46) 『傳習錄』, 卷下, 277쪽, "心無體. 以天地萬物感應之是非爲體."

'체(體)'가 어떻게 실체일 수 있겠는가?

양지는 분명 일종의 '앎'(知)이라고 할 수 있다. 그러나 통상적인 의미에서의 '앎'이 아니기에 본체의 앎 혹은 본체의 깨달음이라고 불려야 할 것이다. 다만 이때의 본체는 실체가 아니며, 절대적 실체는 더욱 아니다. 이는 인간 생명의 근원과 뿌리를 가리킨다. 그렇다면 전체 생명의 측면에서 말했을 때 앎과 감정은 마땅히 통일되는 것이지 분리될 수 없는 것이다. 따라서 여기에서의 '앎'은 지식으로서의 의미가 아니라 인간 생명 의미에 대한 깨달음이라는 의미를 지닌다. 이는 바로 '진정으로 측은해함' 즉 인의 근본적인 내용이다. 다시 말해 그것은 '진정으로 측은해하는' 인 자체에 대한 깨달음이다. '진정으로 측은해함'은 결국에 일종의 '감정' 문제로서 '본래적 감정'(本情, 모종삼의 표현)이라고 표현할 수 있을 것이다. 그러나 이것은 실체가 아니기에 실체화해서는 안 된다. 따라서 앞에서 말한 것처럼 양지는 그저 '지혜'에 관한 문제가 아니라 '감정'에 관한 문제로 보아야 할 것이다. 소위 '낳고 낳아 그침이 없음의 근본'[47]이란 생명적 감정이라는 의미에서 말한 것이다. 따라서 양지에는 '깨달음'의 문제뿐 아니라 '체험'의 문제도 존재한다. 왕수인은 '깨달음'(覺)뿐 아니라 '체험'(體)도 언급했다. 여기에서의 '체험'이란 몸으로 하는 실천의 의미도 있지만 동시에 마음의 체험을 의미하기도 한다. 깨달음이 깨달음일 수 있는 까닭은 삶의 감정적 체험과 불가분의 관계에 있기 때문이다. 즉 체험 안에서의 깨달음이지 순수한 '지혜'의 깨달음일 수 없다는 것이다. 양지는 근본적으로 '낳고 낳아 끊임이 없는' 인이다. 왕수인은 이 점을 그 누구보다도 깊이 이해하고 있었다. 만약 '감정'을 떠나 '지혜'를 말하고 '체험'을

---

47) 『傳習錄』, 卷下, 272쪽, "若告子只要此心不動, 便是把捉此心, 將他生生不息之根反阻橈了, 此非徒無益, 而又害之."

떠나 '깨달음'을 말한다면, 이는 양지의 본래 의미를 상실한 것이다. 양지는 인간 생명의 '진실한 바탕'이다. 소위 "현묘한 이치가 분명히 살아 있다"는 말처럼 오직 생명의 체험 속에서만 느끼고 깨달을 수 있다. 또한 깨달음은 오직 '감응' 속에서만 실현될 수 있다. 이 '감응'은 감정적 활동을 포함하고 있다. 칸트적 의미에서의 '지혜의 깨달음'으로 왕수인의 양지를 해석한다면 지나치게 '초월화하고 절대화'하는 오류를 피할 수 없을 것이다.

왕수인은 "양지는 마음의 본체이다"라고 말한 적이 있는데, 모종삼은 본체에는 '형이상학적인 실체의 의미'가 있다고 보았다. 바로 이러한 이해에 근거하여 양지를 실체화하는 것이다. 그러나 사실 중국철학에서 말하는 본체란 근본적인 뿌리 혹은 근원의 의미일 뿐으로, 이는 생장의 의미에서 사용된 것이지, 본체와 현상 혹은 실체와 속성의 의미에서 사용된 것이 아니다. 이는 왕수인이 마음의 "낳고 낳아 그침 없음의 뿌리"로서의 양지를 두고 "나무에 비유하자면 뿌리가 있어야 살 수 있는 것과 같다. 뿌리가 없으면 곧장 죽는다"[48]라고 말했던 것과 일맥상통한다. 양지본체는 기능과 작용 속에서, '발육하고 유행하는' 과정 중에서, 그리고 '감응함' 속에서 실현된다. 이것은 현상 배후의 본체도 아니며, '정해지고 고정된' 실체도 아니다. 이는 '잠잠함'(寂)과 '감응함'(感) 혹은 '미발'과 '이발'의 관계로 설명할 수 있다. '잠잠함'이란 '미발'의 본체(體)이다. '감응함'은 '이발'의 작용(用)이다. 따라서 비록 체용의 학설이 있기는 하지만, 사실 이들은 희노애락과 같은 감정을 논하고 있는 것이다. '본래적 감정'으로서의

---

48) 『傳習錄』, 卷上, 93쪽, "譬之木, 其始抽芽, 便是木之生意發端處. 抽芽然後發幹. 發幹然後生枝生葉. 然後是生生不息. 若無芽, 何以有幹有枝葉? 能抽芽, 必是下面有箇根在. 有根方生, 無根便死."

양지는 희노애락 속에 있으며, '미발'은 '이발' 속에 있다. 왕수인이 남쪽으로 정벌하러 갔을 때에 꽃을 보고서 "모두 잠잠함으로 돌아온다"[49]라고 말한 적이 있다. 이때 '잠잠함'이란 실체이지만, 이는 사실 잠재적 존재와 그 의미를 가리키는 것으로서 언제든지 감응하여 나올 수 있는 것이다. '감응하여 통했을'(感而遂通) 때, 즉 완전히 실현될 때, 그것은 곧 '잠잠함과 감응함이 일체'(寂感一體)가 되는 것이지 결코 현상 배후의 어떤 실체가 있는 것이 아니다. 따라서 그는 "마음에는 체가 없다. 천지만물에 감응하여 나타나는 옳고 그름을 체로 삼는다"라고 한 것이다. 양지는 언제라도 때에 맞춰 드러날 수 있으며, 항상 자라나고 유행하는 과정 속에 있다. 왜냐하면 그것은 '감정과 사태의 변화'와 '보고 듣는 일상의 생활' 등 감성활동과 떨어질 수 없기 때문이다. 그래서 그것은 '활발하게 살아 움직이는 것'이지 결코 순수한 형식 혹은 정신적 실체일 수 없다. 만약 서양철학에서 본체 즉 실체를 이해하는 방식으로 양지를 이해한다면 본체와 기능·작용은 통일될 수 없다. 왜냐하면 그 둘 사이에는 넘을 수 없는 경계선이 있기 때문이다. 만약 그 둘을 통일시키고자 한다면 반드시 본체에 관한 서양철학적 이해를 수정하여 '본체가 곧 실체이다'라는 생각을 포기하고, 왕수인이 본체에 대해 언제나 '낳고 낳아 그침 없음의 뿌리'라고 했던 것처럼 다시금 중국철학으로 돌아와야 한다. 이것이야 말로 중국철학의 정신이다. 그렇지 않다면 소위 동서양의 '회통'이란 단지 서양철학을 동양철학에 '이식'하는 것이 되고 말 것이다.

---

49) 『傳習錄』, 卷下, 275쪽, "儞未看此花時, 此花與汝心同歸於寂."

제3절 양지와 자연

감정의 의미에서 양지를 말할 때, 양지는 결코 단순한 감성적 감정으로 귀결될 수도 없고, 감정으로만 머무를 수도 없다. 왕수인은 다음과 같이 말했다.

> 희노애구애오욕을 일러 칠정이라고 하는데 이 일곱 가지는 사람이라면 모두 가지고 있는 것이다. 그러나 양지에 대해서 정확하게 이해해야 한다.…… 이 일곱 가지 감정이 자연스러운 본성에 따라 흐른다면 그 모든 것은 양지의 드러남(用)이요, 여기에는 선과 악의 구별이 있을 수 없다. 다만 이러한 감정에 집착이 있어서는 안 되니 이 일곱 가지 감정에 어떤 집착이 생기면 그것은 욕망이 된다. 집착은 양지를 가리는 장애가 된다.[50]

여기에서 말하는 칠정이란 완전히 자연적인 정서 혹은 감정이다. 소위 '자연스러운 본성을 따라 흘러나오는 것이다'라는 것은 양지를 따라 자연스럽게 흘러나온다는 것이며, 따라서 이것은 곧 양지의 드러남(작용)이란 말이다. 그렇다면 무엇을 자연이라고 한 것이며, 또한 그가 말한 집착은 어떤 의미인가?

왕수인은 다음과 같이 말하고 있다.

> 양지는 그저 천리자연의 밝은 깨달음이 드러나 보이는 것이다.[51]

---

50) 『傳習錄』, 卷下, 290쪽, "先生曰: 喜怒哀懼愛惡欲, 謂之七情, 七者俱是人心合有的. 但要認得良知明白.……七情順其自然之流行, 皆是良知之目, 不可分別善惡. 但不可有所著, 七情有著, 俱謂之欲. 俱爲良知之蔽."

본체의 밝은 깨달음이 드러나 보이는 자연 그 자체이다.52)

타고난 모습 그 자체이다.53)

　또한 양지는 '자연의 유행'54)이며 '자연의 조리'55)이고 '하늘이 부여해
준 준칙으로서의 자연'56)이라고 한다. 이렇게 볼 때 자연이란 매우 중요
한 범주이다. 그러나 이것은 결코 완전히 자연주의 의미에서의 자연 혹은
완전히 스스로 존재한다는(자재하는) 의미에서의 자연이 아니다. 유가에서
말하는 자연은 하늘과 연결되어 있다. 하늘은 유가 우주론의 최고 범주로
서 실제적으로 우주자연계의 발육, 유행, 생생불식의 과정, 그리고 그 속
에 담겨 있는 목적이라는 의미를 지닌다. 따라서 이것은 천인관계 즉 하
늘과 인간의 관계 문제로 연결된다. 천도가 유행하여 만물을 발육하는
것은 곧 (천리자연의) '밝은 깨달음이 드러나 보이는 곳' 즉 자연의 목적
성이 실현되는 것이다. 왕수인은 바로 이것을 양지라고 불렀다. '밝은 깨
달음'(明覺)은 지혜의 측면에서 말한 것이고 '영명함의 뿌리'(靈根)는 감정의
측면에서 말한 것이지만, 자연계의 발육, 유행과 생생불식의 측면에서 보
았을 때 이 둘은 모두 일종의 무목적적인 목적성을 체현한 것이다. 자연
계는 기계론적인 것 혹은 인과론적인 것이 아니라 생명에 목적과 의미를
두는 유기세계이다.―유가철학은 결코 인과론적 자연세계를 발견했던 적이 없다.―

---

51) 『傳習錄』, 卷中, 189쪽, "蓋良知只是一箇天理自然明覺發見處."
52) 『傳習錄』, 卷中, 160쪽, "照心非動者, 以其戁於本體明覺之自然, 而未嘗有斫動也."
53) 『傳習錄』, 卷中, 189쪽, "然其發見流行愫, 卻自有輕重厚薄, 毫髮不容增減者, 所謂天然自有
　　之中也."
54) 『傳習錄』, 卷下, 290쪽, "七情順其自然之流行, 皆是良知之目, 不可分別善惡."
55) 『傳習錄』, 卷下, 276쪽, "大學所謂厚薄, 是良知上自然的條理, 不可踰越, 此便謂之義."
56) 『傳習錄』, 卷下, 270쪽, "先生曰: 吾懦養心未嘗離卻事物, 只順其天則自然就是功夫."

양지는 이 목적을 실현하는 것이면서 동시에 또 자기 자신의 목적을 실현하는 것이다. 이렇게 보건대 양지는 양지 그 자체가 목적이다. 영명함 혹은 밝은 깨달음으로서의 양지는 자연계와 대립하는 것이 아니며 자연계안에 있는 '존재'이다. 따라서 "인간의 양지는 곧 초목, 기와, 돌의 진지이다"[57]라는 말이 가능한 것이다. 양지는 하늘이 심어 준 영명함의 뿌리혹은 그 자체로 낳고 낳아 그침이 없는 것이며, 이러한 양지의 생생불식은 자연계의 생생불식으로부터 나온 것이면서 동시에 자연계의 생생불식을 완성하는 것이다. 이 때문에 양지는 '좋음'(良)일 수 있고 '주재'일 수있는 것이다. 이것은 순수한 자연주의도 아닐 뿐만 아니라 만물영혼론혹은 범신론도 아니며, 더 나아가 자연진화론이나 생물진화론도 아니다. 여기에는 더 깊은 함의가 있다. 그것은 바로 자연목적론이며, 그 최고의목적은 선 혹은 인이다.—인에 관해서는 다음에 자세히 다루겠다.— 양지는 인간생명의 의미와 가치를 체현하고 있고 동시에 자연계의 목적성을 체현하고 있다. 소위 '자연의 유행' 혹은 '밝은 깨달음의 자연'이라는 것은 바로인간과 자연의 관계 혹은 양지와 자연의 관계를 논하는 것으로, 그 핵심은 낳고 낳음의 인이다. 양지론은 우주론 측면에서 인간의 도덕감정과양지의 진실성을 인정한다. 이는 자연진화론이라기보다는 도덕진화론이라고 부르는 것이 더 적합할 것이다. 이러한 양지론의 근거는 자연목적론사상이다. 양지의 생생불식은 자연계의 생생불식으로부터 나온 것으로, 왕수인이 말하는 '점증'(漸)이란 점차적으로 변화해 간다는 의미이다.[58] 그러나 이러한 진화는 가치의 의미를 지닌 것이며, 선을 향해 발전해 나

57) 『傳習錄』, 卷下, 274쪽, "先生曰: 人的良知就是草木瓦石的眞知."
58) 『傳習錄』, 卷上, 93쪽, "仁是造化生生不息之理. 雖瀰漫周遍, 無處不是, 然其流行發生, 亦只有簡漸. 所以生生不息."

가는 것이다.

양지는 내용이 없는 순수한 형식이 아니다. 즉, 순수형식으로서의 '이성법칙'이 아니라는 것이다. 소위 천리 혹은 천칙이라는 것이 송명 유가의 최고 범주이기는 하지만, 그 근본적인 의미는 생 혹은 생생불식의 과정이며, 이 과정에는 방향성과 목적성이 담겨 있다. 이 천리천칙을 실현하는 것, 그것은 곧 양지이며, 양지 그 자체 역시 부단히 자신을 실현시키고 있다. 이것이 소위 '자연 그 자체로 자족함'(天然自足)의 이치이며, 이는 양지의 목적이라는 측면에서 말한 것이다. 그것을 '앎'(知)이라고 부르는 이유는 두 가지이다. 첫째, 『대학』의 격물치지를 둘러싼 송명 성리학자들의 논쟁에서 왕수인은 주희와 구분되는 큰 흐름을 이루었기 때문에 부득이하게 '앎'(知)의 측면을 논할 수밖에 없었다. 둘째, 감정과 앎의 통일을 강조하고, 인과 자신의 깨달음 즉 인간의 자아 체험을 더욱 강조하기 위한 것이었다. 이것은 원래 유가가 일관되게 강조한 것이지만 왕수인은 그 목적성의 의미를 좀 더 강조했다.

양지의 목적성이라는 의미에서 말했을 때 양지는 선 혹은 '지극한 선'(至善)이다. 왜냐하면 선이 곧 목적이기 때문이다. 왕수인은 무선무악을 말하기는 했지만 이는 사실 지극한 선을 말한 것이다. 왕수인이 말하는 무선무악에서 무란 얽매임이 없음 혹은 어떤 조그만 생각도 남기지 않음 혹은 교묘하게 꾸미고 안배하는 생각이 없음이지, 무엇도 선 혹은 악이라고 말할 것이 없음을 의미하지는 않는다. 그가 강조하는 것은 하늘의 준칙으로서의 자연을 따르는 것이니, 이것이 곧 "선도 없고 악도 없음을 일러 지극한 선이라고 한다"[59]는 의미이다. 하늘의 준칙 즉 '천칙天則'이란

---

59) 『傳習錄』, 卷上, 101쪽, "不動於氣, 即無善無惡, 是謂至善."

서양철학에서 말하는 자연법칙 혹은 칸트가 말하는 도덕법칙이 아니다. 이는 생생불식이라는 목적적 법칙이며, 이것이 바로 선이다. 만약 무선무악이 초월적 의미를 지니고 있다고 한다면 그것은 절대목적 혹은 궁극적 목적, 즉 절대적 선 혹은 지극한 선이다.

> 선과 악은 본래 하나이다. 지극히 선한 것은 마음의 본체이지만 그 본체
> 에서 조금이라도 지나친 것이 있으면 그것이 곧 악이다. 하나의 선이
> 있고 또다시 악이 있어서 서로 대립하는 것이 아니다.(60)

이 구절은 분명 본체의 선은 원래부터 절대적인 것이지, 하나의 선이 있고 또 별도의 악이 있어서 '서로 대립'하는 것이 아님을 말한 것이다. 이런 의미에서 말할 때 본체에는 선도 악도 없다. 이것이 바로 '없음'의 의미이다. 그것은 곧 조그만 생각의 얽매임도 없이 자연 그 자체를 추구하는 것이다. 만일 조금이라도 얽매이는 생각이 있게 된다면 여기에는 선과 악이 생겨서 서로 대립하게 되니, 이는 자연 그 자체가 아니다. 만약 자연에 아무런 목적성이 없다고 한다면 이것이 어떻게 양지의 지극한 선함(良知至善)의 근원이 될 수 있겠는가?

무는 어떤 의미에서는 자유의 경지라고 이해될 수 있다. 그러나 이는 실존주의에서 말하는 자유와 완전히 동일한 것은 아니다. 실존주의자인 하이데거는 양지가 일종의 '부름'이라고 보았다. 그것은 '현존재'가 본래 부터 있는 '가능존재'를 부르는 것이다.(61) 가능존재는 정말로 하나의 가

---

60) 『傳習錄』, 卷下, 228쪽, "先生曰: 善惡只是一物……至善者, 心之本體, 本體上才過當些子, 便是惡了. 不是有一箇善, 卻又有一箇惡來相對也."
61) 하이데거, 『존재와 시간』, 321쪽.(역자주: 현존재라는 것은 인간, 결국 실존을 의미하며, 자기의 존재나 자기 이외의 것에 관심을 보이는 존재이다. 이러한 현존재는

능성이며, 따라서 여기에는 선택의 자유가 있다. 그러나 그것은 오직 하나의 가능성만을 선택할 수 있다. 이는 분명히 개체성의 원칙 혹은 자유의 원칙을 구현하고 있다. 비록 왕수인이 말하는 없음 역시 아무런 얽매임이 없는 자유를 의미하기는 하지만 그것은 불교와 도교에서 말하는 자유(일체의 해탈과 정신적 자유)는 아니며, 실존주의에서 말하는 자유도 아니다. 그것은 어떤 최고의 목적 즉 지극한 선을 지향하는 것이다. 지극한 선은 일종의 마음의 경지 즉 '천지만물과 일체'가 되는 것으로서의 인이지 최고의 절대적 실체 즉 신이 아니다.

양지는 굳어 버리고 변화가 없는 죽어 버린 원칙이 아니며, 모종의 구체적인 지식은 더더욱 아니다. 인간에게 내재되어 있는 무한한 잠재능력과 창조의 근원으로서의 양지는 엄청난 순발력과 자유로움을 지니고 있어서 어떠한 자극이 올지라도 거기에 맞춰서 대응할 수 있다. "양지는 정해진 모습도 없고 다하는 법도 없으며"[62] "시시때때로 변동하여 하나에 머물러 있지도 않고" "어떠한 정해진 법칙일 수도 없다."[63] 때문에 무궁한 변화에 대응하고 창조할 수 있는 것이다. 양지는 아는 것이 없다고 말할 수 있다. 바로 그렇기 때문에 모르는 것이 없다고 할 수도 있다. 양지는 또한 선이 없다고 말할 수 있다. 바로 그렇기 때문에 불선함이 없다고 말할 수 있다. 마찬가지로 우리는 감정이 없다고 말할 수 있다. 바로 그렇기 때문에 양지는 진정한 감정이라고 말할 수 있다. 아무런 얽매임 없이 자연의 유행을 따르기 때문에 그것은 일체의 감정이라고 표현될 수

가능존재이며, 이때의 가능성은 현존재의 가장 근원적이고도 최종적이며, 적극적인 존재론적 규정성이다.)

62) 『傳習錄』, 卷中, 189쪽, "此良知之妙用, 所以無方體, 無窮盡."
63) 『傳習錄』, 卷下, 340쪽, "其爲道也屢遷, 變動不居, 周流六虛, 上下無常, 剛柔相易, 不可爲典要, 惟變所適."

있으며, 이것이 바로 양지의 작용이다.

'꽃과 풀을 베는 것'은 아주 좋은 예이다. 도대체 풀을 베는 것이 선인가 아니면 꽃을 베는 것이 선인가? 여기에는 정해진 원칙이란 없다. 그것은 구체적인 상황에 따라 정해져야 한다.

> 천지의 생의라는 입장에서 본다면 꽃이든 풀이든 마찬가지이니 여기에 어디 선과 악의 구분이 있을 수 있겠는가?…… 선도 없고 악도 없는 것이 이치의 잠잠함이며, 선도 있고 악도 있는 것이 기의 움직임이니, 기에 의해 움직이지 않는 것 즉 선도 없고 악도 없는 것을 일러 지극한 선이라고 한다.…… 좋아함도 싫어함도 만들지 말고(필자주: 여기에서는 좋아함도 싫어함도 만들지 말라고 했지 좋아함도 싫어함도 없다고 말하지 않았다.)…… 다만 좋아하고 싫어함이 모두 이치를 따를 뿐이니 거기에 한 생각을 더할 것도 제거할 것도 없다.[64]

이 구절은 해석하기가 어려워 보이지만 자연목적성이라는 학설의 측면에서 이해하자면 그렇게 어려울 것도 없다. '천지의 생의'란 실제로는 아무런 의지도 없으나 마치 어떤 의지가 있는 것 같아 보이는 목적성으로서, 낳고 낳음의 인 즉 선의 근거이다. 이러한 측면에서 보자면 풀이든 꽃이든 모두 생명이어서 여기에는 선과 악의 구분이 있을 수 없다. 이치에 따른다는 것은 '천지의 생의'의 이치, 즉 인의 이치를 따르는 것이다. 사실 이치는 마음속의 본성 즉 양지이고, 또한 양지는 천지의 생의가 발현되는 곳이니, 이치를 따르는 것은 곧 양지를 키우고 유행시키는 것이

---

64) 『傳習錄』, 卷上, 101쪽, "曰: 天地生意, 花草一般, 何曾有善惡之分?……無善無惡者理之靜, 有善有惡者氣之動, 不動於氣, 卽無善無惡, 是謂至善.……曰: 不作好惡, 只是好惡一循於理, 不去, 又著一分意思."

다. 따라서 어떠한 교묘한 꾸밈이나 안배도 필요 없으니, 이것이 바로 조
그마한 생각의 걸림도 없다는 것이다. 이것이 바로 왕수인이 말하는 '없
음'인데, 이것은 싫어함도 없고 좋아함도 없는 '없음'이지 텅 비어 있는
없음이나 또는 아무런 작위도 없음 혹은 좋아하고 싫어함이 없음이 아니
다. 여기에는 이미 아무런 생각의 걸림도 없고, 또한 천지의 생의를 좇으
려 하는 것이니, 이것이 곧 유와 무를 통일시키려 하는 것이다. 그리고
그 근본정신은 여전히 이치에 따르는 것이다. 이치는 생생불식의 그칠
수 없는 과정이며 그것은 지극한 선을 실현하는 과정이다. 이는 명백히
목적이성의 학설이다. 좋아하고 싫어함은 곧 감정으로서 양지의 내용이
자 표현이기 때문에 좋아하고 싫어함을 떠나서는 더 이상 양지를 논할
수 없다.

　이러한 주장이 왕수인이 말하는 '장애가 되는 이치'(理障)와 모순되는
것은 아니다.

> 네가 네 마음속에서 하늘의 이치를 찾으려고 한다면 그것이 바로 장애
> 로서의 이치라는 것이다. 너에게 있는 조그마한 양지, 그것이 바로 네
> 자신의 준칙이니 네 생각이 이는 그곳에서 그것이 옳을 때 너는 그것이
> 옳다고 알게 되고, 그것이 그를 때 너는 그것이 그르다고 알게 되니 이
> 는 결코 가려질 수 없다.[65]

　소위 '장애가 되는 이치'란 마음에서 의도적으로 천리를 찾는 것이며,
이치를 생명 바깥에 굳어져서 변하지 않는 원칙으로 보고 그것을 찾으려

[65) 『傳習錄』, 卷下, 206쪽, "先生曰: 爾卻去心上尋箇天理, 此正所謂理障.……爾那一點良知, 是
爾自家底準則, 爾意念著處, 他是便知是, 非便知非, 更瞞地一些不得."]

하는 것이고, 양지 그 자체가 낳고 낳음의 이치임을 모르는 것이다. 이치를 찾고자 하면 도리어 인간의 자주성과 순발력 그리고 막힘없음 등을 잃어버리게 되고 동시에 인간의 진정한 목적을 잃어버리게 된다. 왜냐하면 양지만이 목적 그 자체이기 때문이다.

정호程顥 역시 자연과 순리를 논했다. 그는 다음과 같이 말했다.

> 사람에게 희노애락이 있음 역시 본성의 자연스러움이다. 지금 이 모든 것을 억지로 제거하고 우주의 진정함을 얻어야 된다고 말을 하지만 그것은 도리어 우주의 진실함을 잃어버리는 것이 된다.[66]

정호는 도가 못지않게 인간의 자연적 감정을 중시했다. 그러나 그가 도가와 구별되는 가장 중요한 지점은 자연목적 즉 선을 인정한다는 점이다.

> '낳고 낳는 것을 일러서 역(生生之謂易)이라 했으니 이는 하늘 그 자체가 도임을 설명해 주는 것이다.[67]

하늘의 생명의 이치를 계승하는 것이 선이 된다는 말은 자연목적론을 매우 분명하게 드러내 주는 표현이다. 그러나 정호는 '물망물조장勿忘勿助長' 즉 잊지도 말고 조장하지도 말라는 말도 했는데, 이는 분명 맹자에게서 온 것이며, 또한 자연목적론 사상을 논한 것이다. 왕수인은 스스로 맹자를 계승했다고 말하지만, 그렇다고 해서 맹자의 물망물조장의 관점에

---

66) 『二程遺書』 2上, 84쪽, "人之有喜怒哀樂者, 亦其性之自然. 今强曰必盡絕爲得天眞, 是所謂喪天眞也."

67) 『二程遺書』 2上, 109쪽, "生生之謂易, 是天之所以爲道也. 天只是以生爲道, 繼此生理者, 卽是善也."

완전히 동의하는 것은 아니다.

　나는 이 부분('잊지도 말고 조장하지도 말라')을 강학하기는 하지만 반드시 어
　떤 하는 일이 있어야 된다는 부분만 말하지, 잊지도 말고 조장하지도 말
　라는 부분은 말하지 않는다. 반드시 어떤 하는 일이 있어야 한다는 것은
　그저 항상 의로움을 모아야 된다는 것이다. 만약 항상 자신의 마음속에
　서 의로움을 모은다면 양지의 본체는 저절로 밝게 드러나 보일 것이
　다.(68)

　'의로움을 모은다'(集義)는 것은 주체가 자각적으로 실천하는 공부를
의미한다. 이는 양지가 비록 자연에서 나온 것이라 할지라도 인간의 자각
하려는 노력을 필요로 함을 말한 것이다. 의로움이 비록 마음 밖에 있는
것이 아니라 하지만 그래도 여전히 모아야 한다. 그렇지 않으면 쉽게 흩
어지고 잃어버리게 된다. 의로움을 모은다는 것은 깊은 사색에 잠기는
것이 아닌 일종의 수양을 의미한다. 그것은 생명의 향상이며, 그 안에는
정서의 문제가 있다. 이는 양지의 자연이란 완전히 스스로 나올 수 있는
것은 아니라는 점과 양지가 자재하는 존재일 뿐만 아니라 스스로 행위하
는 존재라는 것 즉 스스로 존재함과 스스로 행위함의 통일이라는 점을
다시 한 번 증명한 것이다. 이는 인간 행위의 자각성을 한층 더 부각하는
것이며, 그 관건은 인간이 진정으로 목적이 되어 지극한 선의 경지로 들
어가도록 하는 것이다.

---

68) 『傳習錄』, 卷中, 186쪽, "我此間講學, 卻只說箇'必有事焉', 不說'勿忘勿助'. '必有事焉'者只
　　是時時去集義. 若時時刻刻就自心上集義, 則良知之體洞然明白."

제4장 도덕감정은 이성적일 수 있는가?

제1절 이성이란 무엇인가?

감정과 이성은 통일될 수 있는가? 통일될 수 있다면 어떻게 통일될 수 있는가? 이 문제는 아주 중요한 문제이다. 서양전통철학에서는 지금까지 이 둘이 하나가 되는 것을 인정하지 않았는데, 이성주의자들뿐만 아니라 비이성주의자들도 이 둘이 하나가 될 수 있는지 없는지에 대해서는 문제를 제기한 적이 없었다. 그렇다면 중국 유가철학에서는 이 문제를 어떻게 해결했는가? 혹은 유가에는 아예 이러한 문제가 존재하지 않았던 것일까? 아니면 유가는 이러한 문제를 의식조차 하지 못했던 것일까? 만약 정말 그렇다고 한다면 여기에서 제기되는 문제는 무의미한 문제가 될 것이다.

여기에서 무엇보다도 먼저 직면하는 문제는 '무엇이 이성인가?'의 문제이다. 필자가 앞에서 이미 언급했듯이 통상적으로 서양철학에서는 이성은 인간의 지적능력을 가리키는 것으로 이는 형이상학적인 사변능력을 포괄하며, 여기에는 개념화, 형식화, 논리화라는 특징이 있다. 이성이 이런 의미라고 한다면, 유가에는 분명 이러한 이성 개념이 없었을 뿐만 아니라 또 이러한 의미에서 감정과 이성의 관계에 대한 문제가 제기된 적도 없었다. 그러나 다른 측면에서 보았을 때 이성에는 실천적인 의미가 있다. 사람들이 실천적 의미에서의 이성을 생각할 때, 보편성과 필연성 그리고 객관성을 지니는 개념범주를 생각할 수 있지만, 이는 (서양에서 말하는) 인지이성과는 다른 것이다. 그러나 그 역시 일종의 이성적인 사고나 이성능력이다. 후자의 의미에서 보면, 중국철학에서 말하는 의리나 성리는 일종의 이성으로 칸트가 말한 실천이성과 유사하지만, 그러나 둘 사이에는 분명한 구분이 있다. 서양 전통의 인지이성과 비교했을 때, 유가의 의리와 성리가 칸트의 실천이성과 동일한 범주에 속한다는 것은 그것들이 실천적이기 때문이지 인지적이어서가 아니다. 그러나 여기에서 말하는 '실천'의 경우에도, 유가의 실천이성과 칸트의 실천이성 간에는 차이가 있다. 가장 큰 차이는 두 가지이다. 첫째, 칸트가 말한 실천이성은 순수이성이며 또 순수형식이라서 어떠한 구체적인 내용도 가지고 있지 않은 반면, 유가에서 말하는 의리나 성리는 순수형식적인 것이 아니며 실질적인 내용을 가지고 있다. 그 내용은 바로 도덕감정이라 할 수 있다. 도덕감정은 형식화 또는 이성화할 수 있지만 도덕감정의 형식, 즉 이성화는 칸트의 순수한 형식이성이 아니라 실질적 내용이 있는 구체적 이성이라 할 수 있다. 둘째, 칸트가 말한 실천이성은 완전히 초월적이거나 (모종삼 선생의 표현을 따르자면) '완전히 초월·절대적인 존재'(完全超絶的)이다. 하지만 유가에서 말하는 의리나 성리의 경우 비록 초월적인 측면을 지니고는 있지만, 생명 안에 존재하는 것이면서 또한 오직 생명 안에서만 존재할 수 있는 것이라는 점에서 '이데아'와 같은 부류는 아니다. 이는 마음의 본질로서 '인간이라면 누구나 이 마음을 갖고 있으며, 마음이라면 모두 이 이치를 갖추고 있는' 도덕이성이다. 이러한 도덕이성은 인간의 생명활동이나 심리활동과 분리될 수 없는 것이다.

유가는 인간이라면 반드시 이성적으로 살아야 한다고 주장한다. 그러나 이는 스토아학파가 말한 합리적인 이성생활이나 칸트가 말한 '본체적인 인간'의 삶을 의미하는 것이 아니다. 이것은 현실적 삶에서 자신을 초월할 수 있는 일종의 덕성의 삶으로, 정신적인 경지가 있는 삶을 의미한다. 바로 여기에 '이성'의 문제가 있다. 여기에서 말하는 '자아초월'은 현상계를 초월해서 본체계에 도달하거나, 현상적인 인간으로부터 본체적인 인간으로의 변화를 의미하는 것이 아니다. 이는 현상적인 삶 가운데서 실현되는 일종의 경지로서, 이 경지가 바로 도덕적이고 이성적인 것이다. 이런 관점에서 보았을 때, 감정과 이성이 과연 통일될 수 있는지 혹은 어떻게 통일될 것인지의 문제는 유가철학에서 분명히 존재했을 뿐만 아니라 매우 중요한 문제였다. 다만 이런 문제는 과거 오랜 기간 동안 등한시되었다. 그 원인을 들추어 보면, 이는 바로 근대 이래로 수많은 연구자들이 서양의 지성주의 혹은 이성주의의 영향을 받아 언제나 서양적 '틀'로 중국철학을 조명했기 때문이다. 그래서 이러쿵저러쿵 논한들 어느 것도 중국철학처럼 보이지 않았던 것이다.

감정이 심리적인 특징을 갖추고 있다는 것은 명확하고, 이것은 유가에서도 인정하는 바이다. 유가에서 말하는 '마음'의 문제가 언제나 형이상학적인 것은 아니다. 그 가운데에는 상당 부분 심리학적인 문제가 있으며, 심지어 온전히 심리학적인 측면에서 출발한 문제도 있다. 다만 그러한 문제들 역시 단순히 심리학에만 그치는 것이 아니라 반드시 철학의 영역에 들어가게 된다. 바로 여기에서 감정과 이성의 관계 문제가 출현하게 된 것이다. 문제의 관건은 유가에서 보았을 때 감정과 이성 이 두 가지는 통일될 수 있을 뿐만 아니라 반드시 통일되어야 한다는 것이다. 그래야만 비로소 인정미도 있고 이성적 신념도 있는 도덕적 삶이 가능해진다.

이 둘을 어떻게 통일시킬 것인가에 대해서 유가 내부에서도 서로 다른 해결방식이 있었고, 이에 따라 다양한 유파가 출현해 논쟁을 전개했다. 그렇다고 그들의 기본 관점이 전혀 일치하지 않았던 것은 아니다.—이는 주류파의 입장에서 말한 것이고, 유학에는 주류파와 구분되는 또 다른 하나의 노선이 존재한다.— 왕수인과 주희의 논쟁은 유학 내부에서 실로 가장 중요한 논쟁이었다고 할 수 있다. 왕수인 이후 이런 논쟁은 멈춘 적이 없었으며 현대에 이르기까지 여전히 소위 '신육왕新陸王'과 '신정주新程朱'의 이름으로 논쟁을 이어왔다. 그러나 주희와 왕수인 두 사람의 논쟁은 사실상 방법의 문제 혹은 어떻게 공부를 시작할 것인가 그들이 공부를 통해 추구하는 근본적인 목적, 마음을 쓰는 방법 등의 문제에 있어서는 동일한 모습을 보였다. 그래서 왕수인 본인은 다음과 같이 말했다.

> 나의 설이 주자와 때때로 같지 않은 점이 있는 것은 공부를 어떻게 시작할 것인가의 문제에 있어서 아주 작은 차이가 엄청나게 큰 결과의 차이로 드러나기 때문에 분명히 밝히지 않을 수 없었던 것이다. 그러나 내가 말하는 마음과 주자가 말하는 마음은 결코 다르지 않다.[1]

감정과 이성의 관계에 있어서도 역시 그러하다. 그들은 모두 감정과 이성이 통일되어야 한다고 주장했을 뿐만 아니라 성리는 감정을 떠나서 존재할 수 없다고 보았다. 다만 그들은 이 둘을 어떻게 통일할 것인가에 대해 서로 다른 방식으로 대답했을 뿐이다.

유가는 모두 도덕이성주의자들로서 그들은 모두 아주 높은 도덕적 이

---

1) 『傳習錄』, 卷上, 98쪽, "先生曰: 吾說與晦庵時有不同者, 爲入門下手處有毫釐千里之分, 不得不辯. 然吾之心與晦庵之心, 未嘗異也."

상을 가지고 있었다. 이상이 언제나 이성적이어야 하는 것은 아니지만, 유가의 이상은 이성적이다. 어떤 사람들은 만약 유학에 이성적 정신이 있다고 한다면 이는 분명 '실용적 이성' 혹은 '정치적 이성'일 뿐이라고 주장한다.[2] 사실 이는 큰 오해이다. '실용이성'과 '실천이성' 사이에는 큰 차이가 있다. 칸트의 '실천이성'을 '실용이성'이라 말할 수는 없다. 유가의 '의리지학'이나 '성리지학'이 비록 칸트의 '실천이성'과 뚜렷한 구분이 있기는 하지만, 그 기본 정신에서는 일치한다. 즉 모두 도덕이성을 논했을 뿐만 아니라 도덕이성이 보편성과 필연성 그리고 객관성을 갖추었음을 인정했다. '실용이성'의 근본적인 특징은 '실용'이다. 그것은 개인이든 사회든, 일상생활이든, 정치든 모두 그렇다. 다만 유가가 추구한 것은 현실을 초월하는 이상적 경지이다. 유학은 결코 현실에 적응할 것을 요구하지 않는다. 여기에는 현실을 비판하고 변화시키려는 특성이 있고, 이는 보편적 도덕이상에 대한 추구를 체현하고 있다. 이는 일반적인 서양철학과 다르다는 점에서 일종의 동양적 '덕성'학설이라 할 수 있다. '덕성'은 이성적이지만 감정생활과 불가분의 관계에 있다. 이는 '순수한' 무엇이 아니라 형식과 내용, 보편과 특수, 형이상과 형이하의 통일이다. 한마디로 말해, 그것은 '구체적 이성' 또는 생명적 이성이지 추상적 이성이나 형식적 이성이 아니다. 바로 이 때문에 이성은 결코 감정과 분리될 수 없고, 감정(특히 도덕감정)은 이성의 심리적 기초이자 실질적 내용이 된다.

---

2) 막스 베버가 대표적이다. 『유교와 도교』(강소인민출판사) 참조.

제2절 이성적 인덕

인덕仁德이 곧 이성이라는 점은 이미 원시유학인 공자와 맹자의 학설에서 드러난다. 공자 학문의 핵심은 인학仁學에 있지만, 인은 궁극적으로 인간과 인간, 인간과 사회가 공감하는 원칙이면서 또한 인간의 덕성이라고 할 수 있다. 인이 일종의 덕성 더 나아가 최고의 덕성이라고 한다면 인은 어떤 기초 위에서 세워지는 것인가?

사실 공자의 학문에서 최고 덕성으로서의 인은 모종의 객관적인 '원칙'에 근거해서 수립되는 것이 아니라 인간의 감정 위에 수립되는 것이다. "인이란 사람을 사랑하는 것이다"3)라는 말은 인의 본질을 보여 주고있다. 인 자체는 '지성' 개념의 범주가 아니라 감정의 범주에 속한다. 그러나 인은 이성적 특징과 보편적·필연적인 특징을 지닌 것으로, 순수하게 개인의 감정인 사랑을 의미한다거나 또 배타적인 감정으로서의 사랑을 의미하는 것도 아니다. 이와 반대로 인격을 존중한다는 전제하에 모든 사람에게 베풀어져야 하는 것이다. 즉 마땅히 모든 사람들을 인의 감정으로 대해야 하는 것이다. 이것이 바로 "모든 사람을 동일하게 인으로 대한다"4)는 것이다. 공자가 "자신을 극복하고 예로 돌아가는 것이 인이다"5)라고 말한 것은 일정한 의미에서 개인의 사적인 감정과 욕심을 극복한것으로, 인의 객관보편성을 강조한 것이다. '예'는 객관적인 사회규범으로서 이성적 특징을 지니고 있다. 공자가 이 말을 했던 의도는 인의 이성적특징을 설명하고자 했던 것이다. 그렇다고 인이 늘 외재적 사회규범으로

---

3) 『孟子』, 「離婁下」, "仁者愛人."
4) 『昌黎先生集』, 卷11, 「原人」, "是故聖人, 一視而同仁."
5) 『論語』, 「顔淵」, "子曰: 克己復禮爲仁."

귀결되는 것은 아니다. 이들 간에는 근본적인 차이가 있다.

인과 예의 관계에 있어서 공자의 관점은 아주 명료하다. 인은 내재적이며 본질적인 데 반해 예는 외재적이며 규범적이다. "자신을 극복하고 예로 돌아가는 것이 인이다"라고 한 것은 분명 외재적 측면에서 인을 설명한 것이다. "예가 아니면 보지 말라"[6] 한 것도 마찬가지이다. 만약 이러한 것들이 없다면 인을 설명하기는 참으로 어렵다. 심지어 설명할 수도 없다. 이러한 것들이 있기에 바로 인을 설명할 수 있는 것이다. 그러나 근본적으로 말해서 이 인이 예를 결정하는 것이지 예가 인을 결정하는 것은 아니다. 바로 이 점이 공자의 학문이 '덕성윤리'이지, '규범윤리'나 혹은 기타 윤리(예를 들면, '종교윤리', '책임윤리' 등등)가 아닌 이유이다.

사람이면서 인하지 않다면 예가 무슨 소용이 있겠으며, 사람이면서 인하지 않다면 음악인들 무슨 소용이 있겠는가?[7]

사람으로서 '인'이라는 덕성이 없다면 무슨 예와 악을 논할 수 있겠는가? 이러한 사람이 예를 행하고 음악을 연주한다고 한들 그것은 그저 외재적인 형식에 불과할 뿐 아무런 의미도 없으니, 차라리 아무런 예의 형식도 갖추지 못한 '거친'(野) 것 그대로인 것만 못하다.

이는 예가 중요하지 않다는 말도 아니며, 예가 불필요하다는 말은 더욱 아니다. 예가 중요한 이유는 바로 인이 그것의 내재적 기초이기 때문이다. 인이란 다름 아닌 바로 인간의 내재적 감정에서 나오는 것이다.

---

6) 『論語』, 「顔淵」, "子曰: 非禮勿視."
7) 『論語』, 「八佾」, "子曰: 人而不仁, 如禮何? 人而不仁, 如樂何?"

내가 인을 행하고자 한다면, 인은 바로 거기에 있다.[8]

어째서 내가 인을 행하고자 한다면 바로 인을 실천할 수 있는가? 왜냐하면 나에게는 인을 실현하고자 하는 내재적 감정 즉 '다른 사람을 사랑하는 마음'(愛人之心)을 가지고 있기 때문이다. 이는 내가 지니고 있는 고유한 것이므로 따로 다른 곳에서 찾을 필요가 없기 때문이다. 인은 내재적 감정에서 나오지만 보편성과 객관성을 갖추고 있다. 이것이 바로 인의 본질이다. "내가 하고 싶지 않은 바를 남에게 하지 않는다"[9], "내가 서고자 하면 남을 세워 주고, 내가 이르고자 하면 남을 이르게 한다"[10]와 같은 보편화된 윤리'규범'(만약 이것을 규범이라 칭할 수 있다면)은 사실상 '인'이라는 덕성이 행위 중에서 반드시 드러나야 한다. 인은 인식의 대상에 있는 것이 아니라, 주체의 마음속에 있으며 그 심리적 기초는 바로 동정심과 '사랑'(愛)이라는 도덕감정이다. 인간에게는 이러한 감정이 있기 때문에 인이라는 덕성을 발전시킬 수 있으며, 또한 인의 경지를 실현할 수 있는 것이다. 무엇 때문에 내가 원하지 않는 일을 다른 사람에게 하지 않아야 하는가? 이는 다른 사람과 내가 서로 동일한 바람과 감정을 지니고 있기 때문이다. 내가 고통스럽다고 느끼는 것은 다른 사람 또한 고통이라 느끼며, 다른 사람이 내게 무례하거나 함부로 대하는 것을 원하지 않기 때문에 나 역시 다른 사람에게 그렇게 대할 수 없는 것이다. 이는 사람이라면 모두 원하지 않는 것이기 때문에 '인지상정'이라 할 수 있다. 이런 공통적인 혹은 보편적인 감정이 바로 인이다. 인이 이성정신을 갖추고 있는 이

---

8) 『論語』, 「述而」, "子曰: 我欲仁斯仁至矣."
9) 『論語』, 「衛靈公」, "子曰: 其恕乎! 己所不欲, 勿施於人."
10) 『論語』, 「雍也」, "夫仁者, 己欲立而立人; 己欲達而達人."

유는 인이 개인의 사적인 사랑 혹은 개인의 감성적 욕망에서 출발한 것이 아니라 인간이 인간일 수 있는 보편적 인성인 '덕성'에서 나왔기 때문이며, 따라서 이를 '인덕仁德'이라고 말할 수 있다.

인에 대해, 소극적으로 말하면 내가 원하지 않는 것을 남에게 가하지 않는 것이고, 적극적으로 말하면 내가 원하는 것을 남에게 해 주는 것이다. 내가 서고자 한다면 남도 서게 하고, 내가 이루고자 하는 일을 남도 이룰 수 있도록 해야 하는 이유는 모든 사람이 이렇게 하고자 하는 욕구가 있기 때문이니, 이 역시 '인지상정'이라고 할 수 있다. 어떠한 상황에서도 인간에게 공통의 감정이 있다는 것은 인정할 수밖에 없다. 이런 공통성을 바로 '도道'라고 부른다. '도'에는 본래 '통한다'(通)는 의미가 있기 때문이다.

여기에서는 소위 '인도仁道'의 문제가 발생한다. 도로서의 인은 이성적 특징을 갖추고 있다. 따라서 이성이라고 할 수 있다. 공자가 말한 "도에 뜻을 두고 덕에서 거하며 인에 의지하고 예藝에서 노닌다"[11]에서 '도'는 범범하게 지칭한 것으로, 보편적인 의미에서의 도리에 해당한다. '덕' 즉 '덕성'은 하늘이 부여해 주고 인간이 갖추고 있는 것이다.("하늘이 나에게 덕을 내려주셨다."[12]) '인'은 인간의 도덕감정으로 완전히 내재적인 것이다. 사실 도와 덕, 인 이 세 가지는 서로 연결되어 있다. 객관적으로는, '도'가 있는 다음에 '덕'이 있고 '덕'이 있는 다음에 '인'이 있다. 주관적으로는, '인'이 있는 다음에 '덕'이 있고 '덕'이 있는 다음에 '도'가 있다. 그 중 '인에 의지한다'는 말은 가장 중요하고 근본적인 것으로서, 바로 그렇기 때문에 우리는 '인'이 있어야 '도'가 있다고 말하는 것이다. 이것이 바로 "사

---

11) 『論語』, 「述而」, "志於道, 據于德, 依於仁, 遊於禮."
12) 『論語』, 「述而」, "天生德於予, 桓魋其如予何?"

람이 도를 넓힐 수 있다"13)는 말의 의미이다. 이때의 '인도(仁道)'는 바로 인간의 도덕감정이 보편화·객관화·이성화된 것이다.

또한 공자는 다음과 같이 말했다.

부유함과 귀함은 인간이 바라는 것이다. 그러나 정당한 방법으로 얻은 것이 아니라면 그것에 처하지 않는다. 가난함과 천함은 사람들이 다 싫어하는 것이다. 그러나 그것을 정당한 방법으로 벗어날—楊伯峻은 원문의 '得之'를 '去之' 즉 '벗어난다'의 의미로 고쳐야 한다고 보았다.— 수 있는 것이 아니라면, 그렇게 하지 않는다. 군자가 인을 떠나서 어디에서 이름을 이룰 수 있겠는가? 군자는 한 끼니를 마칠 시간 동안에도 인을 어기는 법이 없다. 황급한 때에도 반드시 인에 머물며, 실족할 때도 반드시 인에 머문다.14)

여기에서 말하는 '도'가 바로 '인도(仁道)'이다. 군자는 인덕을 갖추고 있을 뿐만 아니라 또한 '인도'를 행해야 한다. 즉 내재적 인덕이 실현되어 나와서 보편적으로 행할 수 있는 '규칙'이 되도록 해야 한다. 이 또한 인의 이성화라 할 수 있다. 물론 그 전제는 바로 자신이 인덕을 지니면서 어떤 상황에서라도, 심지어 그것이 매우 위급한 상황에서라도 인덕을 지켜야 한다는 것이다. 인덕을 지키는 것은 억지로 한다고 되는 것이 아니다. 이는 진정 '편안한 마음'(心安)으로 해야 하는 것이다. '편안한 마음'이 있을 때라야 비로소 '이치에 맞는'(理得) 것이다.15)

---

13) 『論語』, 「衛靈公」, "子曰: 人能弘道, 非道弘人."
14) 『論語』, 「里仁」, "子曰: 富與貴, 是人之所欲也. 不以其道得之, 不處也. 貧與賤, 是人之所惡也. 不以其道得之, 不去也. 君子去仁, 惡乎成名? 君子無終食之間違仁. 造次必於是, 顚沛必於是."
15) 역자주: '心安理得'은 중국의 속어로, '자신이 한 일이 도리에 맞아 마음이 아주 편안하다'는 뜻이다.

예컨대 부모가 돌아가셔서 삼년상을 치르는 경우, 이는 일종의 '제도'라고 말할 수 있지만, 공자는 제도 그 자체를 중시한 것이 아니라 인간 내면의 감정을 중시한 것이다. 오직 삼년상을 반드시 지키는 그런 효심이 있는 사람이라야, 비로소 삼년상의 제도가 의미를 지닐 수 있다. 공자의 제자인 재아宰我는 삼년상이 너무 길다고 생각해서 1년으로 고쳐서 실행하자고 했다. 공자는 부친이 죽고서 삼 년 기간 안에 좋은 음식을 먹고 좋은 옷을 입는 것에 대해 재아에게 "너는 이렇게 해도 마음이 편하느냐?"라고 반문하자, 재아는 "편안합니다"라고 답했다. 공자가 말하기를 "네가 편안하다면 그리 해라! 무릇 군자가 상에 거하는 동안에는 맛있는 것을 먹어도 입맛이 없으며, 음악을 들어도 즐겁지 않으며, 집에 머무는 것도 편치 않은 것이다. 그러므로 그리하지 않는 것인데 지금 네가 편안하다고 하니 너는 그리 해라!"라고 했다. 그런 다음 재아를 '불인하다'(不仁)고 비판하면서 이렇게 말한다. "자식이 태어나서 삼 년이 지난 후에야 겨우 부모의 품을 벗어나게 된다.…… 재아도 부모에게서 삼년 동안 사랑을 받았을 터인데."[16] 여기에서 공자가 재아에게 '불인하다'고 한 것은 그에게 '(상중에 좋은 음식을 먹고 좋은 옷을 입어도) 편치 않은 마음'이 없기 때문이다. '편안함'과 '편치 않음'은 개인에게 있어서 효심이 있느냐 없느냐를 가늠할 수 있는 명백한 기준이다. 더 나아가 인덕이 있느냐 없느냐를 알 수 있는 중요한 표식이기도 하다. 이는 본질적 측면에서 인이 내재적 감정이기는 하지만, 사회적 행위로 드러날 때는 모종의 제도나 규범이 된다는 점을 말해 준다. 이들의 대화는 이천수백 년 전의 일로서

---

16) 『論語』, 「陽貨」, "宰我問三年之喪, 期已久矣.……子曰: 食夫稻, 衣夫錦, 於女安乎? 曰: 安. 女安則爲之. 夫君子之居喪, 食旨不甘, 聞樂不樂, 居處不安, 故不爲也. 今女安則爲之. 宰我 出, 子曰: 予之不仁也! 子生三年然後, 免於父母之懷. 夫三年之喪, 天下之通喪也. 予也有三年 之愛於其父母乎?"

지금 시대와 같을 수는 없다. 바쁜 삶과 업무 속에서 공자의 삼년상은 지켜질 수 없겠지만, 외재적인 형식은 변할 수 있다 하더라도 효심이나 인의 마음은 여전히 변할 수 없는 것이다. 이것이 바로 감정의 보편성 혹은 주관의 객관성이다.

공자는 '꾸민 감정'(矯情)을 반대했다. '꾸민 감정'은 인위적으로 꾸며서 진실한 자연감정을 가리고 있기 때문에 이성적이라 할 수 없다. 예를 들어 어떤 사람이 식초를 빌리러 왔을 때 그 집에는 본래 식초가 없는데도 불구하고 빌리러 온 사람에게는 있다고 거짓으로 말하고 다른 이웃에게서 식초를 빌려서 그 사람에게 준다고 한다면, 이는 바로 '꾸민 감정'이다. 이는 진실하지 않기 때문에 인도仁道 역시 실현할 수 없다. 이런 입장에서 볼 때, 인도는 '자연이성'이라고 말할 수 있다. 재아가 비록 공자로부터 비판을 받았지만 그는 공자에게 꾸미지 않고 자신의 관점을 솔직하게 표현했으며, 공자 또한 '삼년상'을 억지로 실천할 것을 강요하지는 않으면서도 공자 자신의 관점은 견지했다. 이는 스승과 제자 간의 진실함을 보여주는 것으로, 후대의 '꾸며진 도덕'(假仁義)과는 확실히 다른 것이다. 예컨대 동한 말년의 소위 '효렴孝廉'[17]은 완전히 허위적인 것이었다.

유가는 비록 인을 감정으로 말했지만, 여기에는 나름의 원칙이 있다고 보았지 무원칙적인 것이라고 보지 않았다. 호오의 측면에서 말하면 "오직 인자만이 사람을 좋아하고 싫어할 수 있다"[18]고 했다. 모든 사람이 호오의 감정을 가지고 있는데, 어째서 유독 인자만이 사람을 좋아하고 싫어할 수 있다고 했을까? 그것은 인자의 호오에는 원칙이 있기 때문이다.

---

17) 역자주: 孝廉이란 서한 무제가 동중서의 건의를 받아들여 제정한 관리 선발제도다. 그러나 동한 말기에 이르러 이 제도는 권력자와 호족들의 결탁으로 인해 그들의 자제들만 천거되면서 제도 자체가 형식화되었다.

18) 『論語』, 「里仁」, "子曰: 惟仁者, 能好人, 能惡人."

그들이 어떤 것을 좋아하고 싫어하는 것은 개인의 주관적 기호나 꺼려짐 (順惡)에서 나온 것이 아니라 객관적인 기준을 지니고 있기 때문이다. 인자는 인의 이성 원칙을 체현한 사람인 것이다.

　동시에 인은 앎의 문제이기도 하다. 인과 지는 서로 보완하여 완성되는 것으로 완전히 이분되어 대립하는 것이 아니다. '사람을 좋아할 수 있음'도 인이고, '사람을 미워할 수 있음' 또한 인이니, 그 속에 선악의 기준이 있고, 이 기준은 인식될 수 있다. "인한 사람은 사람을 사랑하고 지혜로운 사람은 사람을 안다"[19]라고 한 것은 인과 지혜(知)를 나누어 이 둘에는 구분이 있음을 보이는 것이다. 인은 감정이고 지혜로움은 인식이다. 그러나 공자가 말한 지혜로움은 통상적인 지적 범주로 완전히 귀결되는 것은 아니다. 그것은 일반적 인식의 문제가 아니라, 오히려 지해知解 혹은 이해理解 즉 지적인 깨달음으로 보는 것이 낫다. 지해와 이해 안에는 내재적 감정이 있다. 따라서 지혜로움은 중립적인 과학적 인식이라기보다는 주로 '시비'와 '선악'에 대한 인식으로, 이는 가치 인식으로 볼 수 있다. 시비와 선악을 알고자 한다면 당연히 판단을 필요로 하지만, 여기에서의 판단은 대부분 사실판단이 아니라 가치판단이다. 따라서 감정은 지성의 범주적 사용이나 논리적 추리와 같은 부류의 인식 과정을 거칠 필요는 없다. 다만 교감의 과정이나 행위와 실천 가운데 판단하기만 하면 된다. 판단의 근거는 행위와 실천이지만, 이들은 감정의 지향에서 결정되는 것으로, 한 개인이 어떤 일을 도모하고자 한다면 반드시 그 일에 대해 생각을 하게 되고, 또 그의 행동 의지 역시 실제 효과를 내기 위해서는 그 일에 대한 자신의 행동 의지에 대해서도 생각을 하게 되는데, 이 또한

---

19) 『論語』, 「顏淵」, "樊遲問仁. 子曰: 愛人. 問知. 子曰: 知人."

호오의 감정에서 결정된다. 따라서 감정은 '선택'의 요소를 지녔다고 할 수 있다. 만약 선량한 의지로부터 나왔다면 그 행위는 필시 선한 것이지만, 상반되는 의지로부터 나온 것이라면 그 행위는 필시 악한 것이 된다. 선을 실천하고 악을 싫어하는 것은 인의 객관적인 원칙이며 또한 인의 이성 정신이다.

선과 악은 인식될 수 있다.─악은 선의 결핍이나 부족함을 말하는 것이 아니라 선의 반대이다. 여기에서 선악은 대립하는 것이다. 이는 왕수인이 "선도 없고 악도 없는 것이 지극한 선이다"[20]라고 한 것과는 다르다.─ 이는 지의 주요 작용이다. 반대로, 인의 마음이 없다면 인덕이 의지해서 세울 내재적 감정도 없게 되고, 시비·선악을 변별할 수도 없게 된다. 왜냐하면 선악의 기준은 실로 공통성과 객관성을 갖추고 있지만 또한 인간의 도덕감정에서 세워진 것이기 때문이다. 이렇게 본다면 지혜로움으로서의 지와 인은 서로 보완하며 실행하는 것일 뿐만 아니라 상호 전제가 된다. 참으로 지는 인에 포함되어 있지만, 인이 지에 포함되어 있는 것은 아니다. 지는 인의 자각이라고 할 수 있다. 따라서 자각이 있으면 스스로를 알 뿐만 아니라 다른 사람도 알 수 있다.

인을 진실로 이루려고 한다면, 반드시 외재적 형식인 예가 있어야 한다. 지는 바로 외재적 형식을 세우는 교량이나 통로가 된다. 공자가 말했다.

앎으로써 이치를 파악하더라도 인이 그것을 지켜 내지 못하면, 비록 얻더라도 반드시 잃게 된다. 앎으로써 이치를 파악하고 인이 그것을 지켜 내더라도, 장엄한 인격으로써 임하지 않으면 백성들은 공경하지 않는다. 앎으로써 이치를 파악하고 인이 그것을 지켜 내고 장엄한 인격으로써

---

20) 『傳習錄』, 卷上, 101쪽, "卽無善無惡, 是謂至善."

임하더라도 예로써 움직이지 않으면 완벽한 것이 아니다.[21]

여기에서 인은 실천적 의미로 언급된 것이다. 감정의 존재와 의지 활동으로서의 인은 실천과 서로 관계가 있는 '실천이성'인 것이다. 앎(知)은 여기에서 마음이 가지는 대표적인 인식 작용이다. 어떤 일을 어떻게 처리해야 할지 알더라도 인한 마음으로 그것을 지키고 실천하지 않는다면 이러한 '앎'을 얻었다 할지라도 결국은 잃게 될 것이다. 따라서 앎은 인의 실천으로 귀결되어야 하고, 인자의 앎이 되어야 한다. '장엄한 인격으로 임한다'는 것은 통치자에 대한 것으로, 반드시 엄숙하고 진실한 태도로 모든 사건과 상황에 대면해야 한다는 뜻이다. '예로써 움직인다'는 것은 원칙에 의거해서 사물을 분별해야 한다는 것인데, 이는 이성정신을 표현한 것이다. 그러나 여기에서 말하는 이성 원칙은 결국 인의 바탕 위에서 수립되는 것으로, 인이 외재화·보편화·제도화된 산물이라고 할 수 있다. 그 작용은 인이 실현되게 하는 것에 있다. 여기에서 말하는 '선'은 좋다는 의미로, 완전함을 의미한다.

어떤 의미에서 인과 지의 합일은 바로 감정과 이성의 통일이라고 할 수 있다. 인은 감정의 실질 내용이며 지는 이성화의 자각이다. 지는 인간과 사물을 안다는 뜻을 지니며, 자아를 인식한다는 의미도 지니고 있다. 자아인식이란 인간이 인간일 수 있는 까닭을 깨닫는 것이며, 이는 또한 나에게 주어진 인에 대한 자신의 깨달음이다. 따라서 지와 인, 이 두 가지는 대립적인 관계가 아닌 내재적 통일의 관계이며, 지는 자연에 대한 외재적 인식으로 이해될 수 없다.

---

21) 『論語』, 「衛靈公」, "子曰: 知及之, 仁不能守之, 雖得之, 必失之; 知及之, 仁能守之, 不莊以涖之, 則民不敬; 知及之, 仁能守之, 莊以涖之, 動之不以禮, 未善也."

사랑이나 동정심과 같은 도덕감정은 사람마다 모두 지니고 있는 것이다. 그래서 구체적 대상에 대해 운용할 때 차이가 있을 수는 있지만 그럼에도 보편적이며, 따라서 '선'의 의미를 가질 수 있다. 감정에 대한 이러한 인식은 이성적 의미를 지니고 있다. 여기에서 말하는 인식은 서양철학에서 말하는 '이데아'와 다르며, 심지어 서양철학에서의 '범주'의 의미도 아니다. 이는 이성의 인식으로 이성적 깨달음이라고 칭할 수도 있다. 이미 밝혔듯이 '도'나 '덕'과 같은 범주로 표현한다는 것은 그것이 이미 도덕이성의 단계로 올라갔음을 의미한다. 그것은 인간 자신과, 인간이 그 속에서 살아가는 사회에 대해 적극적인 의미와 가치를 지니고 있다. 이는 인간 존재와 발전의 중요한 조건이며 또 인간이 인간일 수 있는 본질이다. 인간은 감정적인 동물인 동시에 이성적인 동물이다. 이성이라 함은 '지성'의 의미에서의 이성이 아니라 도덕감정이 이성화된 '정리情理'를 의미한다.

이는 무엇이 인간의 본성인가 그리고 어떻게 인간의 본성을 인식할 것인가 하는 문제와 관련된다. 인간의 본성과 관련해서 공자는 단지 "본성은 서로 가깝고, 습관에 의해 서로 멀어진다"[22]라고 했는데, 이 말은 그가 후천적 경험을 중시했음을 보이는 것이다. 다만 여기에서 그가 인간의 본성을 선천적인 것이라고 보았음을 알 수 있다. 인간의 본성은 도대체 무엇인가? 이에 대해 공자는 설명하지 않는다. 그러나 그가 인과 지에 대해 논하면서 사실상 인간 본성에 대해 답했다고 볼 수 있다. 자공이 "선생님의 문장은 들을 수 있으나, 선생님께서 인간의 본성과 천도를 말씀하시는 것은 들을 수 없었다"[23]라고 했을 때 '문장'은 '일상적 언어'를 가리킨다. 공자가 자신의 철학사상을 일상적 언어로 표현한 것은 사람들

---

22) 『論語』, 「陽貨」, "子曰: 性相近也, 習相遠也."
23) 『論語』, 「公冶長」, "子貢曰: 夫子之文章, 可得而聞也, 夫子之言性與天道, 不可得而聞也."

이 받아들이고 이해할 수 있도록 하기 위한 것이었다. 비록 공자가 '일상적 언어'를 운용했다고는 하지만 거기에서 드러난 사상은 오히려 깊고 조리가 있었기 때문에 '문장'이라 칭한 것이다. '본성과 천도'는 형이상학적인 성질을 지니고 있어 '일상적 언어'로 표현할 수 있는 것은 아니기에 이에 대해 공자도 거의 말을 하지 않았다. 따라서 자공이 그렇게 기록한 것이다. 그러나 사실을 살펴보면, 공자가 이런 쪽에 대해 사고하지 않았던 것도 아니고, 또한 전혀 드러내지 않았던 것도 아니다. 공자의 '천'사상과 "구체적인 공부로부터 고차원적인 것에 도달한다"[24]는 언급이 이를 증명한다. '고차원적인 것에 도달함'이란 바로 '천', '천명', '천도'에 도달하는 것이다. 이는 천인 관계에 관한 문제로 여기에서는 상세하게 논하지는 않겠다.

제3절 감정: 마음이 간직한 것과 마음이 생각하는 것

감정과 이성의 관계 문제에 대해 명확하게 답을 준 것은 맹자다. 맹자의 최대 공헌은 바로 도덕감정이 이성일 수 있다고 명확하게 긍정하고 설명했다는 점이다. 그의 '사단四端'과 '네 가지 본성'(四性)의 설은 이 문제와 관련된 유명하고도 대표적인 관점이다. 이는 유가학설의 중요한 내용이 되었으며 후대의 유학자들에게 계승 발전되었다. 예컨대, 공자는 '인간 본성'(人性)을 거의 말하지 않았지만, 맹자는 인간 본성에서 도덕의 가능성과 감정과 이성을 어떻게 통일할 것인가 하는 문제를 논했다.

---

24) 『論語』, 「憲問」, "子曰: 不怨天, 不尤人, 下學而上達, 知我者其天乎!"

맹자는 다음과 같이 말했다.

사람들은 모두 차마 하지 못하는 마음을 가지고 있다.…… 사람들이 모
두 차마 하지 못하는 마음을 가지고 있다고 말하는 까닭은, 사람들은 어
린아이가 우물에 빠지려는 것을 보면 모두 깜짝 놀라 측은해하는 마음
을 가지고 있기 때문이다. 이는 어린아이의 부모와 교분을 맺으려고 해
서도 아니며, 마을의 사람들에게 인자하다는 명예를 구하고자 해서도
아니며, 어린아이의 우는 소리가 싫어서 그런 것도 아니다. 이런 것으로
볼 때 측은지심이 없다면 사람이 아니고, 수오지심이 없다면 사람이 아
니며, 사양지심이 없다면 사람이 아니고, 시비지심이 없다면 사람이 아
니다. 측은지심은 인仁의 단서이며, 수오지심은 의의 단서이고, 사양지
심은 예의 단서이며, 시비지심은 지의 단서이다. 사람에게 사단이 있음
은 마치 네 팔다리를 가지고 있는 것과 같다. 사단을 지니고 있으면서
스스로 할 수 없다고 하는 자는 자신을 해치는 자이며, 우리의 군주는
할 수 없다고 하는 자는 군주를 해치는 자이다. 무릇 사단이 내게 있는
것을 모두 확충할 줄 알면 마치 불이 처음 타오르며 샘물이 처음 나오
는 것과 같을 것이니, 만일 이것을 확충할 수 있다면 충분히 사해를 보
호할 수 있고, 만일 확충하지 못한다면 부모조차 모실 수 없을 것이다.25)

이것이 바로 유명한 사단설이다. 사단은 네 가지 도덕감정을 가리키
니 즉 측은지심—또는 차마하지 못하는 마음인 不忍之心 혹은 불쌍한 일에 대해 깜짝

---

25) 『孟子』, 「公孫丑上」, "孟子曰: 人皆有不忍人之心.……所以謂人皆有不忍人之心者, 今人乍見
孺子將入於井, 皆有怵惕惻隱之心. 非所以內交於孺子之父母也; 非所以要譽於鄕黨朋友也; 非
惡其聲而然也. 由是觀之, 無惻隱之心, 非人也; 無羞惡之心, 非人也; 無辭讓之心, 非人也; 無
是非之心, 非人也. 惻隱之心, 仁之端也; 羞惡之心, 義之端也; 辭讓之心, 禮之端也; 是非之心,
智之端也. 人之有是四端也, 猶其有四體也. 有是四端而自謂不能者, 自賊者也, 謂其君不能者,
賊其君者也. 凡有四端於我者, 知皆擴而充之矣, 若火之始然, 泉之始達. 苟能充之, 足以保四
海; 苟不充之, 不足以事父母."

놀라는 마음인 怵惕之心—, 수오지심, 사양지심, 시비지심이다. 무엇 때문에 맹자는 '정情'이라 칭하지 않고 '심心'이라 칭했을까? 맹자가 보기에 감정은 곧 심이자, 마음이 '간직한' 것이기 때문이다. 측은 등이 감정임에도 그것을 심이라 하는 것은 이러한 감정들이 바로 심의 고유한 것임을 보이기 위해서이다. 무엇 때문에 네 감정만 말하는 것인가? 세 감정, 다섯 감정 혹은 더 많은 감정이 있을 수 있지 않은가? 그 이유는 네 종류의 도덕이성에 대응해서 이 네 종류의 도덕감정을 말한 것이기 때문이다. 네 종류의 도덕이성(즉 사성)이 바로 인의예지이다.—후대에는 '오성' 혹은 '오상'이 되었는데 이는 '사성'에다가 믿음信을 하나 더한 것이다.— 맹자가 생각하기에 이 네 가지 도덕감정은 인간의 가장 기본적인 감정이며, 이 네 감정에 근거해서 '사성'이 있다고 본 것이지, '사단'을 제외한 다른 어떤 감정도 없다고 말한 것은 아니다. 또한 맹자는 인간의 본성에서 '사성'을 제외한 다른 어떤 내용도 없다고 하지 않았다. '사단'을 감정이라고 규정하고 인의예지를 본성이라 규정한 것은 주희의 설명 방식이다. 이러한 설명 방식은 맹자의 사상과 완전히 부합하며, 또한 유가철학 정신의 전개와도 부합한다. 그렇다면 사단과 사성의 관계는 어째서 감정과 이성의 관계가 되는 것일까?

  '사단지심'이 곧 '사단지정'이라는 점에는 조금도 의심의 여지가 없다. 맹자뿐 아니라 다른 많은 유자들도 마찬가지로 '심'으로 '정'을 논했다. 감정은 곧 마음의 존재이자 활동 상태이기에, 심으로 정을 설명한 것은 바로 유가가 감정을 심의 존재 자체로 보았음을 의미한다. 감정이 심의 기본적 존재인 이상, 감정은 인간의 가장 기본적인 존재 방식이기도 하다. 왜냐하면 심 즉 마음과 신 즉 몸은 하나이며 마음은 몸을 다스리는 주인이기 때문이다. 이러한 점은 제1장에서 이미 설명했다. 그렇다면 '사성'은 이성인가, 아닌가? 이성이라면 왜 이성인가? 이러한 문제는 이 장을 시작하면서 제기한 문제들로 돌아간다. 유가철학은 서양철학 방식의 '이성'(지성)이 아닌 '의리義理'와 '성리性理'를 말한다. 의리와 성리는 이성의 특징인 보편성과 객관성 그리고 필연성 등을 지니고 있기에 '사성'을 이성이라 말할 수 있는 것이다. 사단은 모든 사람에게 있는 것으로 맹자는 '어린아이가 우물에 빠지려 하는 것을 보았을 때' 깜짝 놀라 측은해하는 마음이 있다는 것을 통해 모든 사람에게 사단의 감정이 있음을 증명했다. 그런데 '이 감정은 보는 즉시 나오는 것'[26]이다. 이는 어린아이의 부모와 교분을 맺으려고 해서도 아니고, 마을 사람들에게 인자하다는 명예를 구하고자 해서도 아니며, 어린아이의 우는 소리가 싫어서 그렇게 한 것도 아니다. 이는 '사단'의 감정이 일반적 공통성을 지니고 있음을 설명한 것이다. 그러나 감정은 결국 주관적이고 내재적인 것이다. 오직 본성일 때만 객관·필연성을 갖추고 있다고 말할 수 있다. 이것이 바로 '인간이 인간일 수 있는' 본질적인 규정이다. 이 외에도 감정은 감성의 특징을 갖추고 있어서, 비록 선천적이지만 동시에 심리적이며 실재적(實然的)이다. 그러나 추상성과 초경험성의 특징을 가지고 있는 인의예지의 본성의 경우 비록 감정을 통해 나오기는 하지만 동시에 감정을 초월하는 보편적 형식이다. 때문에 '본성'을 이성적이라고 하는 것이다. 하지만 그것은 감정 위에 세워진 것이다. 즉 '사성'은 사단의 기초 위에 세워진 것이다.

'사단四端'의 '단端'은 발단, 단서를 가리킨다. '端'(단)이라는 글자는 본래 '耑'(단)으로 『설문해자』에서는 다음과 같이 설명한다.

'耑'(단)은 사물이 처음 돋아나는 머리 부분과 같다. 윗부분은 사물이 생

---

26) 『孟子集注』, 「公孫丑上」, "言乍見之時, 便有此心, 隨見而發, 非由此三者而然也."

154

겨나는 모습을 상형한 것이고, 아랫부분은 뿌리를 상형한 것이다.27)

'제題'는 이마와 같으며, 이것이 단端이다. 여기에서 주의해야 할 것은 맹자가 논한 '감정' 역시 '생生'의 의미에서 말한 것으로, 측은 등과 같은 감정은 '단'으로서 이는 마땅히 생장 및 발육해야 하는 것이며, 개개인들이 '확충'해 가야 하는 것이라는 점이다. 이 '확충'의 결과가 바로 인의예지의 본성이다. 사실 '확충'은 객관화와 보편화의 과정이며 또한 이성화의 과정으로, 이는 단순히 범위의 확장이나 수량적 증가만을 의미하지 않는다. 이러한 관점에서 본다면, 인간이 이성적 동물이 되기 위해서는 반드시 이성적 생활을 통해 자신의 도덕감정을 '확충'해야 한다. 도덕감정은 자신에게 본래 갖추어져 있는 것으로, 이는 사람에게 사지가 있는 것과 같다.

맹자는 바로 도덕감정의 측면에서 출발하여 인간의 의미와 가치를 긍정하고 있다. 그는 "사람은 누구나 요순이 될 수 있다"28)고 했다. 인간은 누구나 성인이 될 수 있다. 왜냐하면 인간은 모두 도덕감정을 지니고 있기 때문이다. 이것이 바로 성인이 될 수 있는 내재적 근거이다. 이런 감정은 천성적인 것으로, '하늘이 내게 부여한 것'이기 때문에 '천작天爵' 즉 '하늘이 내린 벼슬'이라 칭한다. 이 감정은 또 소중한 것이기에 '양귀良貴' 즉 '본래부터 귀한 것'이라고 칭한다. '천작'은 '인작人爵' 즉 '사람이 내린 벼슬'과 대응하는 것이지만 그 가치는 인작에 비할 바가 아니다.

천작이 있고 인작이 있으니 인의충신을 실천하고, 게으르지 않게 즐거

---

27) 『說文解字』, 「耑部」, "耑, 物初生之題也. 上象生形, 下象其根也."
28) 『孟子』, 「告子下」, "曹交問曰: 人皆可以爲堯舜, 有諸? 孟子曰: 然."

이 선을 실천하는 것이 천작이며, 공경과 대부는 인작이다.[29]

과연 '천작'이 이성인가 아니면 비이성인가의 질문은 대답하기 매우 어렵겠지만, 맹자가 말한 '천작'이 이성정신을 지니고 있다는 것은 분명하다. 그 연원으로 보았을 때, 천작은 '선천적 이성'이라고 부를 수 있다. 하지만 실제 존재의 측면에서 보았을 때, 이는 경험적인 것으로서 인간의 감정활동과 실천행위 속에서 드러난다. 유가철학에서 순수 선험적(어떤 경험이든 관계없이) '이념'이나 '개념'은 존재하지 않는다. 감정 위에 세워진 이러한 '천부' 도덕론은 인간으로 하여금 도덕존엄과 인격존엄을 수립하게 하지만, 인간의 실제 권력에 대해서는 어떤 도움도 주지 못한다. 맹자의 '천작을 닦아서 인작이 그 천작에 따르게 한다'는 말은 일종의 이상이다. 맹자의 시대에 이 이상은 결코 실현된 적이 없으며, 그 이후에도 거의 실현되지 않았다.

맹자는 성선론자로 그가 말한 '사성', '천작', '양귀'는 모두 선이다. 그러나 선은 하나의 목적 범주로 이는 목적이성이 최고로 구현된 것이다. 플라톤은 "선은 모든 이념 가운데 최고의 이념이다"라고 했지만, 맹자와 유가에서 말하는 선은 플라톤식의 이념 즉 접근할 수만 있고 영원히 도달할 수 없는 '이데아'가 아니다. 맹자와 유가에서 말하는 선은 비록 보편성을 갖추고 있지만, 특수 혹은 개별자 속에서만 존재하는 것이다. 선은 반드시, 그리고 오직 인간의 실천행위 속에서만 드러난다. 즉 사단을 통해서만 나올 수 있다. 비유하자면, 공자가 말한 '착한 사람'은 구체적인 개인의 행위 가운데서 드러나는 선량한 품격을 말하는 것이지, 선의 이념으로

---

29) 『孟子』, 「告子下」, "孟子曰: 有天爵者, 有人爵者. 仁義忠信, 樂善不倦, 此天爵也; 公卿大夫, 此人爵也."

서의 추상적 인격이 아니다. 공자가 말했던 "선한 것을 듣는다"[30]에서 '들음'은 사람의 선한 말과 선한 행위를 듣는 것을 말하는 것이지 선의 개념이나 이념을 듣는다는 것이 아니다. 선은 개개인의 마음속이나 개개인이 추구하는 목적 가운데 있는 것이지 인식대상에 있는 것이 아니다. 그것은 확실히 보편적 유효성과 대상성을 지니고 있으며 이는 사람마다 능히 이해하고 인정할 수 있는 것이고 또한 사람마다 공유하는 이상적 목표이다. 맹자가 말한 "바라도 좋은 것을 선이라 한다"[31]에서 '바람'의 의미는 공자가 말한 "마음이 원하는 것을 따라도 법도에 어긋남이 없다"[32]의 '바람'과 같다. 이는 인간의 욕망을 가리키지만 일반적인 물질적 욕망이나 감성적 욕망이 아니라 일종의 정신적 욕망으로, 어떤 의미에서는 '자유의지'라고 말할 수 있다. 그러나 여기에서의 '바람'은 생물학적인 욕구에 의해 결정된 것도 아니며, 또한 '순수이성'에 의해 결정된 것도 아니다. 이는 도덕감정에 의해 결정된 것이다. 인간에게는 측은지심·불인지심이 있으며, 또한 그것의 의미와 가치를 자각적으로 인식한다. 이것은 일종의 동력이 되어 내재적 수요와 욕구를 만들어 내기도 한다. 동시에 이것은 또한 목적으로서 추구되는 것이기도 하다. 이것은 '자아실현'을 위한 욕구이면서 동시에 '자아초월'을 위한 욕구이기도 하다. 측은지심·불인지심은 동력이면서 동시에 목적이기도 하다. 목적으로서는 초월성을 지니며, 최종적으로는 '위로는 하늘과 아래로는 땅과 함께 흘러가는'[33] 자유의 경지를 실현하게 된다. 그러나 이는 모두 내면의 진실한 감

---

30) 『論語』, 「公冶長」, "子路有聞, 未之能行, 唯恐有聞." 『論語集注』, 「公冶長」, "范氏曰: 子路聞善, 勇於必行."
31) 『孟子』, 「盡心下」, "可欲之謂善."
32) 『論語』, 「爲政」, "七十而從心所欲, 不踰矩."
33) 『孟子』, 「盡心上」, "上下與天地同流, 豈曰小補之哉?"

정에서 발생하는 것이지 어떤 학문적 지식에서 얻어지는 것이 아니다. 학문적 지식의 중요성은 인간의 감정으로 하여금 '의미'와 '이성화'의 형식을 얻도록 하는 데 있다. 어린아이가 우물에 빠지려는 것을 보고 생각할 겨를도 없이 바로 구하려고 달려갈 때, 기타 이해관계를 따져 보거나 그렇게 행동해야 할 '의미'를 생각할 틈도 없이 순간적으로 '출척·측은지심'이 나타나는 것이 바로 선의 뿌리이며 새싹이다. 이로부터 '확충'되고 발전된 것이 바로 인간의 선한 본성이다. 이는 모든 사람이 노력해야 할 것이지만, 누구나 할 수 있는 것이기도 하다. 이는 어떤 외부 대상에서 탐색하고 획득할 필요가 없는 것이다. 이것이 바로 자연적인 목적 이성이다.

맹자는 도덕이상주의자면서 또한 도덕이성주의자다.

군자가 본성으로 여기는 것은 마음에 뿌리를 둔 인의예지다.[34]

여기에서 '마음에 뿌리를 두었다'는 것은 '감정에 근거한다'는 것이다. 이는 '생生'의 의미에서 말하는 것이기에 심은 곧 감정이고, 감정 중에서도 제일 중요한 것은 불인지심과 측은지심이다. 맹자의 심성心性합일론은 일단 심정心情합일론이다. 이는 초기 유학의 중요한 내용이며 또한 후기 유학에서 보편적으로 인정되고 받아들여지는 것이다.

감정의 측면에서 보면 모든 사람은 측은·수오·사양·시비지심을 가지고 있고, 이성의 측면에서 보면 인·의·예·지의 본성을 가지며, 심(즉 정)과 본성은 완전히 일치한다. 왜냐하면 본성은 다름 아닌 '사단'의 정이 '확충'된 것이기 때문이다. 그렇다면 감정과 본성 간에는 과연 구별이 있

---

34) 『孟子』, 「盡心上」, "君子所性, 仁義禮智根於心."

는가? 있다면 어떠한 구별인가? 맹자는 이에 대해 깊이 논하지 않았다. 그는 때때로 사단의 정이 곧 인의예지의 성이라고 여겼다.

측은지심은 인간이라면 모두 가지고 있는 것이며 수오지심 또한 인간이라면 모두 가지고 있는 것이다. 공경지심은 인간이라면 모두 가지고 있는 것이며 시비지심 또한 인간이라면 모두 가지고 있는 것이다. 측은지심은 인이요, 수오지심은 의이다. 공경지심은 예이며 시비지심은 지이다. 인의예지는 밖에서 내게 주어지는 것이 아니라 내게 본래 있는 것이나, 다만 생각을 하지 않았을 뿐이다.[35]

이 말에서 보면 감정과 성리에는 구별이 없으며 오히려 감정이 곧 이성이다. 이는 '측은지심은 인의 단서이다'라는 말과 약간의 차이는 있지만, 실질적 차이는 없다.

감정은 곧 본성이다. 그러나 본성은 이성의 특징을 갖추고 있으니, 이는 사실 두 가지 의미를 포함하고 있는 것이다. 하나는 깨달음의 체험을 통해서 본성이 되는 것이고, 다른 하나는 자기수양, 즉 '기르기'(養)를 통해 도덕이성으로 만드는 것이다. 사실 이 두 가지 의미는 분리될 수 없다. 전자는 도덕인식의 문제이고 후자는 도덕실천의 문제이다. 도덕적 체험과 실천을 통해 인성을 완성하는 것이 유학의 근본 임무이기는 하지만 그 내재적 기초는 여전히 도덕감정이다.

체험에 대해 『맹자』「고자상」에서는 "마음이 도리와 의로움을 기뻐한다"[36]고 말하고 있다. 맹자의 관점에서 인간의 마음이 '동일하게 그렇다

---

35) 『孟子』,「告子上」, "惻隱之心, 人皆有之; 羞惡之心, 人皆有之; 恭敬之心, 人皆有之; 是非之心, 人皆有之. 惻隱之心, 仁也; 羞惡之心, 義也; 恭敬之心, 禮也; 是非之心, 智也. 仁義禮智, 非由外鑠我也, 我固有之也, 弗思耳矣."

고 여기는 것'은 바로 '도리와 의로움'이다. 따라서 마음은 그것을 '기뻐'할 수 있는 것이며 '기뻐하는 것'이 바로 체험이다. 여기에서 '도리와 의로움'은 '인의예지'와 동일한 층위의 범주로 '도리와 의로움' 즉 '리의理義'의 '리理'는 감정의 이치(情理)이며, '리의'의 '의義'는 감정의 도의(情義)로서, 이를 합치면 '의리義理'가 되는 것이다. 여기에서 특별히 강조되어야 할 점은 '의리'의 '의'는 인의예지에서의 '의'와 분명히 연관이 있기는 하지만, 그보다는 범위가 조금 더 넓은 개념으로, '지혜'(智)도 포함하고 있다는 것이다. 모종삼 선생은 맹자의 '의리'를 오직 '지혜'의 문제로만 보아서, '의리를 기뻐하다'도 '지혜의 깨달음'으로 보았다. 이는 더 생각해 볼 필요가 있는 문제이다. '의리'는 모든 사람의 마음에 있는 것으로, 보편성을 갖추고 있는 도덕이성이다. 당연히 이는 감성적인 무엇이 아니다. '기뻐함'은 감정의 활동이며 체험이다. 그것은 비록 이목구비 등의 감성에서 감각하는 '기뻐함'과는 다르지만, 정신이 기뻐하고 즐거워하는 것이므로 반드시 '지혜'의 영역으로 한정해서 말할 필요는 없다. '기뻐함'은 감정이 발전해서 나온 것으로, 내면의 특수한 심리감정이 보편적이고 객관적인 도덕이성으로 승화하면서 만들어 내는 일종의 자아체험이다. 이 자체가 바로 '도리와 의로움'이 도덕감정에 뿌리를 두고 있음을 설명한다.

'기름'(養)에 관한 문제는 '기뻐함'(悅)의 문제와 마찬가지로 도덕감정과 이성의 관계에 있어 무척 중요하다. 맹자는 사람에게 '대체大體'와 '소체小體'가 있는데, 이 두 가지는 구별되어야 하며, 또한 '대체'와 '소체'를 기르는 각각의 방법도 구분되어야 한다고 보았다. 맹자는 이렇게 말했다.

---

36) 『孟子』, 「告子上」, "聖人先得我心之所同然耳. 故理義之悅我心, 猶芻豢之悅我口."

사람은 자기 몸에 있어서 이 부분도 저 부분도 모두를 사랑한다. 모두를 사랑하니 기르는 것도 모두를 길러야 한다. 아주 조금의 살이라도 사랑하지 않음이 없다면 아주 조금의 살이라도 기르지 않음 역시 없을 것이다. 잘하고 못하고를 생각하는 것이 어찌 다른 것이 있겠는가. 자신에게서 취할 뿐이다. 몸에는 귀하고 천함도 있고 크고 작음도 있다. 작은 것으로 큰 것을 해치지 말아야 하며 천한 것으로 귀한 것을 해치지 말아야 한다. 작은 것을 기르는 자는 소인이 되고 큰 것을 기르는 자는 대인이 된다.[37]

이 역시 마음과 몸 혹은 정신과 형체의 관계 문제와 연결되어 있다. 맹자는 사람이 자신의 몸을 사랑하지 않을 수 없으며 또한 그 몸을 기르지 않을 수 없다고 생각했다. 그러나 단순히 몸만 살찌우는 데만 목적을 둔다면 그것은 다른 사람에 의해 경시되고 비천하다고 여겨진다. 왜냐하면 "작은 것을 기름으로써 큰 것을 잃기 때문이다." 그가 말한 '대체'는 몸뚱이를 가리킨 것이 아니라 마음이라는 '체'를 가리킨 것이다. 마음과 몸 사이에는 귀천의 구분이 있다. 그렇다면 '마음을 기름'은 당연히 '살을 찌움'보다 귀하다. 이는 '마음만 기르고' '살을 찌우는 것'이 필요 없다는 말은 아니다.

음식을 먹는 사람이 제대로만 먹는다면, 어찌 몸에만 이로울 뿐이겠는가?[38]

---

37) 『孟子』, 「告子上」, "孟子曰: 人之於身也, 兼所愛. 兼所愛, 則兼所養也. 無尺寸之膚不愛焉, 則無尺寸之膚不養也. 所以考其善不善者, 豈有他哉? 於己取之而已矣. 體有貴賤, 有小大. 無以小害大; 無以賤害貴. 養其小者爲小人; 養其大者爲大人."
38) 『孟子』, 「告子上」, "飮食之人無有失也, 則口腹豈適爲尺寸之膚哉?"

이 말은 누구에게라도 음식은 없어서는 안 되는 것이지만, 음식을 먹는 사람이 '제대로 먹어서' 오히려 음식을 먹는 행위 그 자체에 만족하지 않고 '대체'도 기르도록 한다면, 먹고 마시는 행위는 육체 즉 '소체'만을 위한 것이 아니게 된다는 말이다. '대체를 기른다'는 말은 아주 분명하게 자신의 도덕감정을 배양하는 것을 말한 것이며, 이는 사실 이성화의 문제를 언급한 것이다.

그렇다면 어떻게 인간의 도덕적 정서를 배양할 것인가? 여기에는 '생각'(思)의 문제가 있다. 왜냐하면 마음에는 또 하나의 중요한 기능, 즉 '생각'이 있기 때문이다.

눈과 귀 같은 감각기관은 생각하지 못하고 대상에 가려진다. 감각 대상과 감각기관이 만나서 거기에 끌려갈 뿐이다. 마음의 기관은 생각할 수 있으니 생각하면 얻고 생각하지 못하면 얻지 못한다. 이것은 하늘이 나에게 부여해 준 것이다. 먼저 그 큰 것을 세운다면 그 작은 것(감각기관)이 빼앗지 못할 것이다.[39]

눈과 귀 같은 감각기관은 사고를 할 수 없는 단순한 '기관'(物)일 뿐이다. 외부의 감각 대상과 접촉하는 것은 '대상과 기관이 만나는' 것이니, 감각기관은 외물에 이끌려서 가려지기 쉽다. 그러나 마음의 기관은 '생각'이라는 중요한 기능을 수행한다는 점에서 눈이나 귀와는 다르다. '생각하면 얻고 생각하지 않으면 얻지 못한다'는 것은 무엇을 가리키는가? 마음의 기능인 '생각'은 참으로 '하늘이 나에게 부여해 준 것'이지만, 마음이

---

39) 『孟子』, 「告子上」, "耳目之官不思, 而蔽於物, 物交物, 則引之而已矣. 心之官則思, 思則得之, 不思則不得也. 此天之所與我者. 先立乎其大者, 則其小者弗能奪也."

'생각하는 대상'은 또 무엇인가? '생각하는 대상'은 다름 아닌 바로 '내게 고유하게 있는 것' 혹은 '마음에 뿌리를 둔' 인의예지의 본성이다. 따라서 이는 '내게 있는 것을 생각하는 것'이지 '남에게 있는 것을 생각하는 것'이 아니고, '내가 생각하는 것'이지 '남이 생각하는 것'이 아니다. 인의仁義의 본성은 '인간에게 있는' 즉 '마음에 있는' 도덕감정인 측은·수오지심을 통해 드러난다. '생각'은 마음의 기능으로서 그 기능으로 말미암아 인의 의 본성이 드러나게 하니, 이것이 바로 '생각'의 기능이다. "생각하면 얻고 생각하지 못하면 얻지 못한다"[40]는 것은 "구하면 얻고 버리면 잃는다"[41]는 것과 동일한 의미이며, "잃어버린 마음을 찾는다"는 것과도 동일한 의미이다. '얻는다'(得)는 것은 스스로 얻는 것이지 다른 곳에서 얻는 것이 아니다. '얻지 못한다'(不得)는 것은 바로 '잃는' 것이며, 또 '놓아버린' 것이다. 이는 다른 곳에서 얻을 수 없다는 것이 아니다. '얻는다'는 말에는 실현의 의미, 즉 객관화, 보편화의 의미도 있다. '먼저 그 큰 것을 세운다'는 것은 생각을 해서 '마음' 즉 대체를 세운다는 것이다. '마음'을 세울 수 있다는 것은 당연히 생각할 수 있다는 것이며, 동시에 마음속에 '보존된 것'을 이성화함 즉 인의의 본성을 실현한다는 뜻이다. 이미 '내게 있는 것'을 '생각'한다고 했고, 또 '생각한 것'을 '세운다고' 했으니, '생각'과 '세움'은 나누어질 수 없다. 따라서 '생각'의 의미는 마음속의 본성이 드러나고 그것을 '자각'함에 있고, 동시에 마음속에 있는 감정을 '확충'하고 끌어올릴 수 있게 함에 있다. 이런 의미에서 '생각'은 감정을 이성화하며, 또한 감정이 '생각'의 형식을 갖추도록 하는 것이다.

　여기에서의 생각은 데카르트의 '나는 생각한다'는 명제와 구별되어야

---

40) 『孟子』, 「告子上」, "思則得之, 不思則不得也."
41) 『孟子』, 「盡心上」, "孟子曰: 求則得之, 舍則失之."

한다. 데카르트는 모든 존재는 다 회의할 수 있다고 보았지만, '내가 지금 생각한다'는 것 자체는 회의할 수 없다고 보았다. 만일 내가 생각하고 있다는 것까지 회의한다면, 모든 회의는 모순에 빠지게 된다. 따라서 그는 "나는 생각한다. 그러므로 존재한다"는 명제를 제시했다. 이는 일종의 관념적인 차원의 '생각'으로, '순수한 생각 그 자체' 혹은 '깊은 단계의 생각'이며, 그 결론은 관념이 존재를 규정한다는 것이다. 그러나 맹자가 말하는 것은 존재의 생각이다. '생각' 이전에 이미 존재가 있으니, '생각'은 존재의 기능과 작용에 불과할 뿐이며, 그 결론은 존재가 곧 본질이라는 것이다.

여기에서 '기뻐함'과 '생각함'은 하나로 통일되어 있으며, 체험과 인식도 통일되어 있다. 이 두 가지는 본래 분리된 것이 아니다. '기뻐함'은 감정의 측면에서 말한 것이고 '생각'은 앎의 측면에서 말한 것일 뿐이다. 감정의 측면에서 보면, 이는 일종의 이성화 혹은 '초월적' 감정 체험으로, 고기를 먹었을 때 오는 기쁨 같은 것과는 물론 구분된다. 앎의 측면에서 보면, 이는 일종의 이성적 깨달음으로, 단순히 감성적 지각이 아니다. '단순히 감성적 지각이 아니다'라는 말은 순수형식적 '순수사유'는 아니라 감성적 지각을—단순히 순수인식적 의미에서의 지각이 아니다.— 포함한 감성적 감정의 내용도 갖추고 있다는 말이다. 이 점은 매우 중요하다.

맹자가 비록 '생각'의 기능을 매우 중시했지만 통상적으로 말하는 인식론적 의미에서 생각을 이해한 것은 아니다. 그렇지 않다면 유학은 자신의 맛을 잃게 된다. 근본적으로 맹자의 도덕이성에 관한 관점은 '지성知性' 혹은 '지혜'(智性) 위에 세워진 것이 아니라 감정의 체험과 깨달음 위에 세워진 것이다. 특히 도덕감정이 이성의 기초라고 한다면 여기에는 자아체험이 없을 수 없다. 체험은 감정을 체험하는 것이다. '생각'이라고 하는 인식은 오직 '기뻐함'이라는 체험 속에서만 발생한다. 결론적으로 말하자면, 감정을 떠나서 이성이 있을 수 없고, 측은·수오의 감정을 떠나서 인의의 본성이 있을 수 없다. 그러나 내재적 감정이 객관화·보편화한 뒤— 또한 주관의 객관화라고 해도 된다.— 이것은 모종의 '원칙'과 '규범'으로 변화되어서 윤리적 작용을 일으키는 것처럼 보인다. 그러나 이는 사실 '규범윤리'와 동일한 것은 아니다. 이는 일종의 특수한 '덕성윤리'이다. 맹자는 바로 이러한 전제 하에서 '생각'의 작용을 중시하고 강조한 것이다. 마음은 오직 하나여서 도리와 의로움을 '기뻐하는' 마음이 곧 도리와 의로움을 생각하는 마음이다. '기뻐함'과 '생각함' 모두 '인간에게 있는' 그 마음이 하는 것이다. 즉 감정이 그 존재론적 전제가 되는 것이다. 도리와 의로움은 마음이 '간직'(有)하고 있는 것에서 온 것이며, 감정이 바로 마음이 '간직'하는 것이다. "마음을 다하여 본성을 알고 하늘을 안다"[42]는 맹자의 주장은 바로 앎과 감정의 합일을 주장한 것이며, 또한 감정과 본성의 합일을 주장한 것이다. '마음을 다함'은 바로 도덕감정, 즉 '본심'을 확충하는 것이다. '본심'은 본체지심이 아니라 본래의 마음 본연의 마음으로, 누구에게나 있는 도덕감정이다. 도덕감정을 확충하면 자신의 본성을 깨달을 수 있다. 왜냐하면 인간의 본성은 다름 아닌 바로 도덕감정을 이성화시킨 것이기 때문이다. 여기에서 말하는 '앎'은 자신을 향한 깨달음이다. 이것이 비록 '이성적 깨달음'이기는 하지만, 구체적 감정활동과 실천에서 벗어나지는 않는다. 그렇기 때문에 이것은 체험과 분리되지 않으며, 오히려 감정체험에 수반되어 드러나는 자신을 향한 깨달음 혹은 체험적 깨달음이라고 해야 할 것이다. '하늘을 안다'는 것은 '근본을 추구하고 근원으

---

42) 『孟子』, 「盡心上」, "孟子曰: 盡其心者, 知其性也. 知其性, 則知天矣."

로 거슬러 올라간다'는 식의 설명방법이다. 이는 인간의 감정과 본성이 결국은 '천도'에서 근원하며, '천도'는 생명과 가치의 근원임을 인식하는 것이다.

제5장 두 가지 이성의 교체 및 감정과의 관계

제1절 물리와 정리

유가의 또 다른 중요한 인물인 순자荀子가 감정과 이성을 통일하지 않고 분리했다는 점은 매우 주목할 만하다. 순자는 인성의 문제를 이야기할 때 호오나 희노애락과 같은 자연감정을 인간 본성의 기본 내용으로 보고서 이에 근거해서 인간 본성이 악하다고 단정했다. 순자는 맹자의 성선론을 비판했는데, 그 비판의 핵심적 방법은 도덕감정을 자연감정으로 대체하는 것이었다. 그는 인간이 태어날 때부터 도덕감정을 지닌다는 것을 부정했다. 순자는 감정이 태어날 때부터 갖추어져 있는 것이기는 하지만 그것은 도덕적인 것이 아니라 생물적인 것이라고 보았다. 예컨대 '쉽고 편한 것을 좋아하고 힘들고 어려운 것을 싫어함'이나 '이익을 좋아하고 해를 싫어함'[1]과 같은 것으로, 이러한 것이야말로 인간 본성의 기초가 된다고 생각했다. 순자와 맹자는 감정을 가지고 인간 본성을 설명했다는 점에서는 같지만, 그 착안점이 같지 않았고 따라서 그 결론도 달랐다. 하나는 '성선론'이 되었고, 다른 하나는 '성악론'이 되었다. 그렇기 때문에 순자는 '자연인성론자'로 인식되었고, 맹자는 '도덕인성론자'로 인식되었

---

1) 『荀子』, 「榮辱」, "凡人有所一同. 飢而欲食, 寒而欲煖, 勞而欲息, 好利而惡害."

다. 여기에서 말하는 '자연'은 우리가 앞에서 언급한 '자연'과는 의미가 다르다. 여기에서 말하는 '자연'은 바로 현대인들이 서양 사상을 받아들여 이해한 '자연'에 해당한다.

순자의 학설에서 인간 본성은 생물학적인 것으로, 여기에는 당연히 이성이라 할 수 있는 것이 없다. 하지만 순자는 또 이성을 제창하면서, 인성 개조를 주장했다. 인성을 변화시켜 도덕적 인간이 되게 하는 것은 다름 아닌 객관적 이성 원칙에 의한 것이다. 이 이성의 원칙은 선천적인 것이 아니라 후천적인 것이며, '누적'과 '학습'의 결과이고, 가장 중요한 점은 이것이 '성인'에 의해 제정된 것이라는 점이다. 순자는 인간의 감정을 없앨 것을 주장한 것이 아니라 '이성으로 감정을 절제함' 혹은 '이성으로 감정을 제어함'을 주장했다.[2] 이는 오히려 플라톤의 사상과 비교적 가깝다고 할 수 있다. 플라톤도 감정이 응당 이성의 지배를 받아야 한다고 생각했기 때문이다.

순자가 말한 '이치'(理)는 비록 많은 함의를 지니고 있지만, 가장 기본적인 함의는 '사회윤리'로서 '성인'이 제정한 사회규범을 말한다. 다만 이런 규범은 인식의 차원에서, 즉 인지이성을 통해서 수립된 것이다. 그렇기 때문에 순자는 '마음의 인지'(心知) 작용을 매우 중시했다. 순자에게 있어 이성은 앎과 관련되어 있고 감정은 욕망과 관련되어 있다. 그가 말하는 '지'(知)는 바로 지성으로, 이는 분명 인성의 중요한 측면이다.

무릇 아는 것은 인간의 본성이요, 알 수 있는 것은 사물의 이치이다.[3]

---

2) 『荀子』, 「解蔽」, "以理節情, 以理制情."
3) 『荀子』, 「解蔽」, "凡以知, 人之性也, 可以知, 物之理也."

'아는 것'은 인식주체를 가리키며, '알 수 있음'은 인식대상을 가리킨다. 인식주체가 인식대상에 대해 작용할 때 인식이 발생한다. 이로써 보건대 순자가 이해한 인식은 일종의 대상적 인식인데, 이런 대상적 인식을 통해 '사물의 이치' 즉 사물의 성질이나 법칙을 알 수 있다. 순자가 말하는 '지智'는 '인의예지'의 '지智'가 아니라 일종의 객관적 지식을 가리킨다. "알 수 있는 근거가 인간에게 있는 것을 일러 인식능력(知)이라 하고, 인식능력이 객관적 사실과 부합하는 것을 일러 지식(智)이라고 한다"4)고 했을 때, 여기에서 인식능력(知)은 지성이며, 지식(智)은 대상에 대한 앎이다. 이는 인식론 상에서 말하는 '정합설'이다. '이성으로 감정을 제어한다'는 것은 바로 인식론적 이성 원칙을 사용해서 사람의 감정생활을 지도하고 이성화한다는 의미이다.

순자의 이러한 생각이 사람들에게 비교적 친숙하고 쉽게 이해될 수 있는 것은 그것이 현대적 상식과 비교적 가깝기 때문이다. 그러나 중국전통철학에서만큼은, 순자의 사상이 아무리 중요하다고 하더라도 유학의 주류가 될 수는 없었다. 송명 유학에서 '도통'을 말할 때, 순자를 배제시킨 것은 이해할 만하다.

유가의 두 중심인물인 맹자와 순자는 감정과 이성의 관계 문제에서 인성과 같은 수많은 중요한 문제에 대해 확실히 두 가지 다른 전통을 만들어 내었다. 맹자는 도덕감정에 착안했고 순자는 자연감정에 착안했다. 즉 맹자는 감정과 이성의 통일을 주장했고, 순자는 감정과 이성의 대립을 주장했다. 그들은 '이성'에 대한 이해에서 명확하게 나누어졌다. 예컨대 윤리학적 각도에서 비교해 보면, 맹자는 '덕성윤리'를 대표하고, 순자는

---

4) 『荀子』, 「正名」, "所以知之在人者謂之知, 知有所合謂之智."

'사회윤리'를 대표한다. '덕성윤리'는 공자 이래 유가윤리의 주류가 된다. 여기에서 한마디를 덧붙이자면 유가윤리를 '사회윤리'나 '정치윤리'로 말한다면 이는 아주 큰 오해이다.

흥미로운 것은 순자와 맹자 이전, 자사는 『중용』에서 희노애락 등 감정의 문제를 논하면서 '미발'과 '이발'이라는 중요한 범주를 언급했었다. 이는 후대의 유가, 특히 송명 유가에 있어서 논쟁의 초점이 되었다. 송대 이후 『중용』은 사서四書의 하나가 되었고, 유가경전 가운데 가장 높은 지위를 차지하게 되었다. '미발'과 '이발'은 『중용』 철학의 핵심 내용 중 하나로서, 여기에는 감정과 이성의 관계 문제가 놓여 있다.

『중용』에서는 이렇게 말했다.

> 희노애락이 발하지 않은 것을 중中이라 하고, 발하되 모두 절도에 맞는 것을 화和라고 한다. 중이라는 것은 천하의 대본이요, 화라는 것은 천하에 두루 통하는 도리(達道)이다. 중과 화를 극대화시키면 천지가 바르게 세워지고 만물이 자라나게 된다.5)

그렇다면 희노애락은 인간의 내재적 감정으로, 미발의 때는 완전히 내면세계의 상태인데 어째서 이것을 천하의 '대본'이라 할 수 있는가? 이것은 천지만물과 어떻게 관계를 맺는가? 이발의 때는 내재적 감정이 밖으로 표현된 것 즉 현실적 감정활동을 말하는 것인데, 어째서 이것을 천하에 '두루 통하는 도리'라고 할 수 있는가? '절도에 맞다'(中節) 혹은 '절도에 맞지 않다'(不中節)라고 하는 것은 도대체 무슨 뜻인가? 여기에는 연구할

---

5) 『中庸章句』, 제1장, "喜怒哀樂之未發, 謂之中; 發而皆中節, 謂之和. 中也者, 天下之大本也; 和也者, 天下之達道也. 致中和, 天地位焉, 萬物育焉."

만한 문제가 아주 많다.

먼저 '미발', '이발'에서의 '발發'은 도대체 무슨 의미인가? 이에 대해서는 분명 두 가지 해석이 가능하다. 하나는 발동의 의미, 또 하나는 드러남(顯發) 혹은 발현發現의 의미이다. 모종삼 선생은 그의 저서인 『심체와 성체』에서 이 문제를 집중적으로 다루었다. 그는 명확하게 전자의 의미를 반대하고 후자의 의미를 취하고 있다. 이는 두 의미를 대립시켜서 본 것이다. 이렇게 대립시킨 후 모종삼 선생은 후자에 존재론적 의미를 부여했다. 이는 '미발'과 '이발'이 시간적 관계가 아니라 본체와 현상의 관계라는 것이다. 뿐만 아니라 모종삼 선생은 또 본체(즉 성체)에 실체적 의미를 부여했는데, '미발'의 체體가 바로 도덕실체 즉 우주의 실체라는 것이다. 이런 본체화, 실체화의 결과는 결국 '미발'의 체라고 하는 것이 실제로 희노애락의 감정과 어떤 관계도 없으며, 기껏해야 '본체의 감정'(本情)이라고 명사화하는 것에 불과할 뿐이다. '본체의 감정'은 더 이상 감정이 아니라 본성에 해당한다. 이는 모종삼 선생이 말한 '위로 끌어올림'(上提) 즉 감정을 본체의 존재로 격상시킨 것이다. 이런 본체존재는 '완전한 이성적 존재'이다.

우리는 '미발'과 '이발'의 '발發'이 분명 희노애락의 감정이 발함을 가리킨다는 것을 알고 있다. 희노애락은 분명 아주 구체적인 감정 상태이며 또한 마음의 존재 상태이다. 만일 '발'을 드러남이나 현현으로 이해한다면, '미발'은 일종의 잠재적 존재 상태이고, 이것이 일단 한 번 발하면 희노애락의 감정활동이 된다. 그러므로 드러남과 발동은 모순이 되지 않는다. 발동은 심리 측면에서 말한 것이고, 미발·이발은 사람의 심리상태 및 그 심리의 활동의 측면에서 말한 것이다. 심리현상을 떠나서는 희노애락의 '발'과 '미발'의 문제를 논할 수 없다. 드러남은 철학적 주제라고 할 수 있지만, 유가철학은 지금까지 심리현상을 떠나 순수한 '형이상'의 철학 문제를 논한 적이 없다. 『중용』 역시 예외가 아니다.

철학에서 말하는 희노애락의 '미발'의 때는 도대체 무엇을 말하는 것 인가? 아무리 '본성으로서의 본체'나 '본체의 감정'(즉 본성)이라고 해도, 그 것은 구체적 감정의 내용과 분리되지 않을 뿐더러 시간관념과는 더욱 분 리되지 않는다. 만일 시간관념에서 벗어나 '존재론'을 논한다면 그것은 칸트식의 '물자체'일 뿐이다. 그러나 이런 '물자체'는 『중용』에서 찾아볼 수 없으며, 전체 중국철학에서도 찾아보기 힘들다. 중국철학은 지금까지 '물자체'를 '현상'과 나눈 적이 없기 때문에, 이 둘 사이에 넘지 못할 선은 존재하지 않는다. '현상'을 떠나 '본체'를 논하는 것은 중국철학의 정신이 아니다.

우리는 희노애락의 감정이 천도天道, 천명과 관계가 있음을 알고 있다. 『중용』 서두에 "하늘이 명한 것을 본성(性)이라 하고, 그 본성을 따르는 것을 도道라 하며, 그 도를 닦는 것을 가르침(敎)이라 한다"[6]고 했는데, 여 기에서 말하는 본성은 바로 인성으로, 이는 하늘이 명한 것이다. 본성으 로부터 행하는 것이 바로 도라고 한 것이다. 이는 『논어』에서 자공이 "선 생님의 말씀 중에 본성과 천도에 대해서는 들을 수 없었다"[7]고 한 것에 대한 직접적인 대답이다. 즉 『중용』에서 말한 것이 바로 '본성과 천도'의 문제에 대한 설명인 것이다. 그러나 비록 '본성과 천도'의 문제를 언급했 다고 해서 감정적 존재로서의 인간과 분리될 수는 없다. 이것이 바로 『중 용』이 희노애락의 '미발', '이발'의 문제를 제기하면서도, 일반적 형식의 차원에서 '미발', '이발'의 문제를 다루려고 하지 않은 진정한 원인이다.

---

6) 『中庸章句』, 제1장, "天命之謂性, 率性之謂道, 修道之謂敎."
7) 『論語』, 「公冶長」, "子貢曰: 夫子之文章, 可得而聞也. 夫子之言性與天道, 不可得而聞也."

그렇다면 본성과 감정은 어떤 관계인가? 이것이 바로 우리가 관심을 가지는 문제이다. "희노애락이 발하지 않은 것을 중이라 한다"고 했을 때, 여기에서 말하는 '중'은 '희노애락'이 아직 발하지 않음을 말하는 것인가, 아니면 희노애락의 '미발'을 말하는 것인가?[8] 만일 전자라면 이는 확실히 감정 자체를 말하는 것이고, 만일 후자라면 감정을 가리키는 것일 수도, 다른 것 예컨대 '본성'을 가리키는 것일 수도 있다. 송대 유학자인 주희는 바로 이런 이해에서 '미발'은 본성을 가리키며, '이발'은 감정을 가리키는 것으로 인식했다. '중' 그 자체가 본성인지에 대해서도 서로 다른 이해가 있다. 주희는 이 문제에 대해 정이와 견해를 달리했다. 정이는 중을 '본성의 본래 모습을 형상한 것'[9]일 뿐 본성 그 자체는 아닌 것으로 보았다. 그러나 『중용』의 원래적 의미에서 보면 '중'은 "발하되 모두 절도에 맞는 것을 화라고 한다"에서처럼 모두 희노애락의 감정을 의미한다. '중'이란 바로 '과하지도 덜하지도 않음'이라는 의미이다. 희노애락의 감정은 본래 모든 사람이 가진 것이다. 미발 시에 과하거나 부족하지 않으며, 또한 저절로 자연스러워 지극히 적당하고 알맞은 것, 이것이 바로 중이다. 희노애락의 감정 외에 별도로 '중도'의 원칙이 있다는 말이 아니며, 또한 희노애락의 미발 시에 다른 존재나 상태로 있다가 감정으로 발현된 뒤에야 희노애락이 된다는 말도 아니다. '발하되 모두 절도에 맞는 것'을 '화'라고 하는 것은 바로 자연의 '중'의 원칙에 완전히 부합하며, 조화를 이루고

---

8) 역자주: 미발에는 두 가지 함의가 있다. 하나는 시간적으로 감정이 발생하기 전 마음의 상태를 가리킨다. 다른 하나는 감정현상 배후의 실체 혹은 마음의 본래 상태라는 의미이다. 어떠한 의미를 선택하는지에 따라 미발을 형용한 '中'의 구체적 의미 역시 달라질 수밖에 없다. 전자를 따를 경우 중은 특정 감정으로 마음이 쏠리기 전의 상태를 형용한 것이지만, 후자의 의미를 따를 경우 중은 마음의 본래상태에 대한 묘사가 된다.

9) 『二程文集』, 卷9, "先生曰: 中卽性也. 此語極未安中也者, 所以狀性之體段."

일치하여 충돌이 없는 것이다. 이는 바로 현실적인 감정의 드러남이자 감정의 행위라 할 수 있다. '대본大本', '두루 통하는 도리'(達道)는 감정의 의미와 작용의 측면에서 한 말이다. 인간의 감정활동은 중요한 의미와 작용을 지니고 있다. 희노애락의 감정이 미발 시에는 그 감정이 과하지도 덜하지도 않은 자연적 상태를 유지하고, 더 나아가 자신을 확립하고 일을 추진할 수 있는(立身行事) 근본을 이루어 나갈 수 있기에 '천하의 대본'이라고 한 것이다. 즉 감정이 발하되 '중'의 원칙에 부합하며, 조화를 이루고 일치하며 충돌함 없이 여러 일들을 처리할 수 있는 보편적 도리가 되기 때문에 '천하에 두루 통하는 도리'라고 한 것이다.

'중화中和'는 유가철학의 이성 원칙이라 할 수 있다. 그것은 감정적 존재로서의 인간과 그 활동이라는 측면을 가리켜 말한 것이지, 다른 어떤 것을 가리켜서 말한 것이 아니다. 감정의 원칙은 자연계의 조화 및 질서와 완전히 일치한 것이면서 자연계의 질서를 체현한 것이기도 하다. 인간이 인간일 수 있는 까닭은 자연계의 이러한 질서를 체현할 뿐만 아니라, 또한 자신의 행위를 통해 이러한 질서를 완성해 나가기 때문이다. 이것이 바로 '위대한 자연의 질서와 활동에 참여함' 즉 '참찬화육參贊化育'이다. 이것은 인간의 주체성을 한껏 드러낸 말이다. 사실 이러한 것은 모두 '생'의 철학과 분리되지 않는다. 공자가 "하늘이 무슨 말을 하던가! 사시가 운행하고 만물이 생겨남에 있어 하늘이 무슨 말을 하던가!"[10]라고 '생'의 사상을 언급한 이후, 유가는 자연계 및 인간의 생명현상과 생명문제를 아주 중시했다. 『중용』의 중화설은 바로 이러한 생명사상을 감정의 측면에서 논증해 낸 것이다. 왜냐하면 인간의 생명은 다른 무엇보다도 바로 감정활

---

10) 『論語』, 「陽貨」, "子曰: 天何言哉! 四時行焉, 百物生焉, 天何言哉!"

동에서 체현되며, 인간의 감정활동은 곧 우주자연계의 '낳고 낳음의 도'(生生之道), 즉 '천명'이 부여한 생명의 질서와 목적성을 진정으로 체현한 것이기 때문이다.

'천명'은 목적적 의미를 지닌다. 이는 목적성 범주이지만, 그렇다고 해서 천天이 목적적인 신은 아니다. 천은 다만 우주자연계를 말한다. 우주자연의 주된 역할은 바로 발육과 생장이다. 인간은 우주자연계의 성원으로서 감정과 의식, 언어와 이성을 가지고 있다. 인간의 이성은 곧 '본성'이다. 인성은 하늘이 부여한 것이다. 이것이 바로 "하늘이 명한 것을 본성이라 한다"의 본성이며, 또한 일종의 '선험'적 이성이라 할 수 있다. 또한 이것이 바로 인간 존재의 본질인 '중용'의 덕이라 할 수 있다. 본성의 기본 내용은 다름 아닌 바로 희노애락의 감정이다. 따라서 '중용'은 본성의 측면에서 말한 것으로서 인간의 덕성을 가리키고, '중화'는 감정의 측면에서 말한 것으로서 감정 존재로서의 인간과 그 활동을 가리킨다. 본성과 감정은 완전히 하나로 통일된다. 다만 이들은 서로 다른 차원에서 언급된 것일 뿐이다. 희노애락이 과불급이 없는 것은 감정에서의 '중'이며, 그 발현은 '중절'의 '화'가 된다. 즉 희노애락이 과불급이 없는 상태가 왜 본성에서의 '중'이 되는가? 이는 하늘이 명한 것이며, 여기에는 보편성의 원칙 즉 '성리' 혹은 이성을 포함하고 있기 때문이다. 이것이 발현되어 유행하면 '용庸'이 된다. '용'은 '쓰임'(用)이면서 또한 '항상됨'(常)으로, '항상된 도리'(常道)라고 부를 수 있다. 중국어에서의 '일상적'(庸常)이라는 표현이 바로 이런 뜻이다.

이렇게 보았을 때, 희노애락의 감정은 『중용』의 핵심 범주일 뿐만 아니라 가치적 의미도 지니고 있다. 한편으로는 감정에서의 도덕적 가치를 지니고 있으면서 '중화'를 중요한 특징으로 하며, 다른 한편으로는 이성에서의 도덕적 가치를 지니고 있으면서 '중용'을 중요한 특징으로 한다. 이 둘을 합해서 말한다면, 그것은 인간의 '덕성德性'과 그 유행이다.

맹자가 감정으로 본성을 말하여 본성이 감정에서 나왔다고 했다면,[11] 『중용』은 '천도와 본성'의 관계 문제를 제시하여 "하늘이 명한 것을 일러 본성이라고 한다"를 그 입론의 전제로 삼았다고 할 수 있다. 이는 우주론과 존재론의 측면에서 말한 것이며, 은연중에 감정이 본성으로부터 나왔음을 말하는 것이다. 이러한 사상은 곽점초간에서 더 발전된 형태로 나타난다.

곽점초간 중 「성자명출性自命出」은 명확하게 '감정이 본성에서 생겼다'는 명제를 제시했다. 이로 인해 곽점초간은 선진유가에서 본성과 감정의 관계 문제를 논한 중요한 문헌이 되었다. 그 내용 중 "본성은 천명에서 나왔으며, 천명은 하늘에서 내려왔다. 도는 감정에서 시작되며 감정은 본성에서 생겨난다"[12]는 구절은 이 편의 강령에 해당하는데, 『중용』의 "하늘이 명한 것을 본성이라 하고, 본성을 따르는 것을 도라 하며, 그 도를 닦는 것을 가르침이라 한다"와 아주 비슷하지만 '정情'자를 분명히 드러내서 '감정'과 '천명'·'본성'·'도'의 관계를 설명하고 있다. 『중용』에서는 아직 이러한 모습이 나타나지 않았다. 이는 「성자명출」이 『중용』에 비해 한 걸음 더 나아가 감정의 지위와 역할을 중시했음을 의미한다. 이는 『중용』에서 말한 희노애락의 '미발', '이발과 직접적인 관계가 있다. 희노애락은 인간의 가장 기본적인 감정이지만 인간감정의 전부는 아니다. 「성자명출」은 구체적 감정의 내용을 언급한 것이 아니라 감정 일반의 문제를 논한

---

11) 역자주: 일반적으로 주희의 관점에서는 본성에서 감정이 나온다고 보는데, 저자는 사단의 감정이 발현·확충되어 인의예지의 본성이 실현된다고 보는 것이다. 그래서 본성이 감정으로부터 나왔다고 하는 것이다.

12) 『郭店楚簡』, 「性自命出」, "性自命出, 命自天降. 道始于情, 情生于性."

것이다. 희노애락의 감정 역시 당연히 그 안에 속하는 것이지만, 「성자명출」은 이 네 감정뿐 아니라 인간의 모든 감정을 포함했고, 따라서 그것을 '정情'자로 대표한 것이다.

더욱 중요한 것은 「성자명출」이 비록 일반적인 감정의 문제를 제기하기는 했지만, 그렇다고 일반적인 감정의 문제에만 머물지 않고 감정과 이성의 관계에 대해서도 논했다는 점이다. 바로 여기에 철학적 의의가 있다. 앞에서 말했지만 "본성은 천명에서 나오고 천명은 하늘에서 내려왔다"는 구절은 하늘과 인간의 관계를 말한 것이다. '천명'은 목적적 범주로서 인간에 대해서 말한 것이지 객관적 필연성의 문제를 논한 것은 아니다. 또 인성의 연원에 대해서 논하게 되면서 '천명'의 문제가 발생하게 되는데, 이것이 바로 '천도와 본성'의 학이다. '본성'과 상호 연관된 '천명'은 운명이나 수명과 같은 명命이 아니다. 그것은 인간의 '덕성' 즉 도덕이성의 근원을 가리킨다. 공자 이래 유가는 인간의 '덕'이 이성적 특성을 지니고 있다고 여겼다. "하늘이 내게 덕을 내려주셨다"13)에서 '덕'은 바로 '덕성'이며 또한 도덕이성이다. 그것은 '개인의 덕'이 아니라 보편성을 지닌 도덕의식 혹은 도덕이념이다. 그러나 이는 칸트가 말한 '도덕이성'과 아주 큰 차이가 있다. 칸트가 말한 것은 도덕적 자율의 절대명령이며, '인간이 스스로를 위해 입법한' 즉 이성의 필요에 의해 요청된 것이다. 칸트가 말한 이성은 '순수이성' 즉 순수형식으로서 일종의 '요청'일 뿐, 이것이 어떻게 가능한지 증명할 방법은 없다.

「성자명출」은 자연목적론에서 출발하여 '덕성'이 자연계에서 나왔음을 설명하고 있다. 이는 상제의 명령에 의한 것도 아니며 또한 인간이

---

13) 『論語』, 「述而」, "天生德於予, 桓魋其如予何?"

스스로에게 설정한 것도 아니다. 이는 한편으로는 인간과 자연계의 통일성을 견지하고 또 다른 한편으로는 인간의 주체성을 긍정하고 있다. 비록 '명'이 하늘로부터 내려온 것이기는 하지만 그 명령은 본성이 되고 그 '본성'은 인간 안에 있다. 따라서 그 본성을 실현시킬 것인지의 여부는 바로 인간에게 달려 있다. 자연계의 목적성은 인간을 통해서 실현되는 것이기에 이것이 어떻게 실현될 것인지는 '감정'에 달려 있다. 인간에게는 하늘이 '명'한 '본성'이 있지만, '본성'은 도대체 무엇이며 또 어떻게 실현할 것인가? 이것이 바로 관건이다. 「성자명출」 저자의 관점에서 보자면, '본성'은 오직 '감정'에 의해서만 설명될 수 있고 '감정'에 의해서만 실현될 수 있다. 왜냐하면 '감정'은 내재적일 뿐만 아니라 구체적이고 현실적이며 경험될 수 있기 때문이다. "감정이 본성에서 생겨난다"는 말에는 두 가지 의미가 있다. 하나는 '감정'은 나름의 근원이 있기에 완전히 주관적이지는 않다는 것이며, 또 다른 하나는 감정은 모든 사람이 지니고 있는 것이기에, 삶의 모든 문제가 여기로부터 나온다는 것이다. "도는 감정에서 시작한다"는 것은 바로 이것을 가리켜서 한 말이다.

여기에서 말하는 '도'는 『중용』에서 말하는 "본성을 따르는 것을 도라고 한다"의 '도'와 같은 의미를 갖고 있다. 『중용』과 「성자명출」은 모두 '천명'과 '본성'을 가장 중요한 위치에 두고, 우주론의 측면에서 인성 즉 '덕성'의 근원을 설명하고 있다. '도'는 주체의 실현과 활동에 관한 것이다. 여기에서 가장 큰 차이는 『중용』은 직접 '본성'에서 '도'를 말하고 있지만 '감정'이라고 하는 연결고리가 누락되어 있다는 점이다. 이는 물론 『중용』이 '감정'의 중요성을 보지 못했다는 말이 아니다. '미발'과 '이발'이 바로 '감정'을 말하고 있는 것이다. 다만 '감정'과 '본성'의 관계에 대해 말하지 않았을 뿐이다. 「성자명출」은 '감정'의 중요성을 발견했을 뿐만 아니라 '감정'과 '본성' 및 '도'와의 관계까지도 인식했다. 그래서 그 둘 사이에서 '감정'을 연결고리로 삼아, '감정'은 '본성'에서 생겨나고 '도'는 '감정'으로부터 나온다고 설명했다. 이를 통해 '감정'의 위상은 확립되었고 본성과 천명 역시 적절한 자리를 찾게 된 것이다.

『중용』은 "도는 잠시라도 떨어질 수 없으니, 떨어진다면 도가 아니다"[14]라고 했다. 또 "도는 사람을 멀리 하지 않는다. 사람이 도를 실천한다고 하면서 사람을 떨어져 있게 한다면 도라고 할 수 없다", 또 "진실함은 스스로 진실하게 하는 것이며, 도는 그 자체로 도일 뿐이다"[15]라고 했다. 이 구절들은 모두 '도'는 인간 행위의 원칙이며 인간의 실천활동 속에서 생겨난 것으로, 이는 인간 자신이 만들어 낸 것임을 말하고 있다. 이것이 유가에서 말하는 "도는 사람을 멀리 하지 않는다" 혹은 "사람이 도를 넓힌다"는 말이다. 이는 '천도'와 서로 통하는 것이지, 이와 전적으로 대립되는 것이 아니다. 즉 인간에게 있는 '천도'인 것이다. 이는 인간의 주체성을 부정한 것이 아니라 오히려 긍정한 것이다. 이를 『중용』의 관점에서 보면 도는 '본성'에서 나온 것이고, 「성자명출」의 관점에서 보면 도는 '감정'에서 나온 것이다. 인간 행위의 법칙인 '도'(각종 사회규범)는 근본적으로 덕성에서 나왔다. 덕성은 자연의 목적성인 '명命'에서 나왔으며, '명'은 결국 '자연법칙'인 '천도'로부터 나왔다. 이는 『중용』과 「성자명출」이 공유하는 우주론적 전제이다. 다만 「성자명출」은 감정이 인간의 행위에서 차지하는 의미와 역할을 좀 더 자각적으로 인식했을 뿐이다. 그래서 "도는 감정에서 시작되고, 감정은 본성에서 생긴다"는 중요한 명제를 명확하게 주장한 것이다. 이는 분명 『중용』보다 한 걸음 더 발전한 것이다.

---

14) 『中庸章句』, 제1장, "道也者, 不可須臾離也, 可離非道也."
15) 『中庸章句』, 제25장, "誠者, 自成也; 而道, 自道也."

'도'는 이성의 범주인가, 그렇지 않은가? 도의 보편성과 객관성이라는 측면에서 말하자면, 도는 당연히 이성의 범주이다. 유가에서 말하는 '인도人道'는 대부분 사회적 이성이다. 즉 도덕이성이 도덕감정을 통해 사회생활 속에서 운용된 것이다. 유가의 인도는 '감정'과 관계를 지니지 '법'(법리)과 관계를 지니지 않기 때문에, 그 결과 유가가 추구하는 사회는 '예치'형 사회이지 '법치'형 사회가 아니다. 그러나 이는 두 가지 측면에서 고려되어야 한다. 하나는 개인의 행위 및 타인과의 관계라는 측면에서 말할 수 있는데, 각종 도덕과 예의를 포함한 사회적 '예禮'는 필수적이고도 중요한 것이 된다. 유가는 이 방면에서 풍부하고 가치 있는 사상적 자원을 제공했다. 다른 하나는 '사회구성원'의 측면이다. 즉 사회를 구축해 가는 방향에서 필요로 하는 학설이다. 이 방면에 대해 유가는 분명 풍부한 이론을 제공하지는 않았다. 이는 '감정을 위주로 하는' 유가의 특징과 무관하다 할 수 없을 것이다. 여기에서 우리는 분명한 '구분'이 필요하다.

본성과 감정 등에 대한 「성자명출」의 관점은 후대 유학 특히 송명 유학에 지대한 영향을 끼쳤다. 송명시기 유학자들이 과연 이러한 문헌을 보았는지의 여부와 무관하게, 이들 사이에는 일치된 사상적 맥락이 흐르고 있다. 『중용』이 송명 유학에 매우 중요한 영향을 끼쳤다는 점에는 의심의 여지가 있을 수 없다. 그러나 성리학 이론의 핵심 문제 중의 하나인 본성과 감정·도·인심 등등의 관계 문제에 있어서 더욱 직접적인 사상적 근원은 당연히 「성자명출」일 것이다.

제2절 '명리名理'와 '성리性理'

누구나 인정하듯이 송명 성리학은 유가 이성주의의 최고봉이다. 그들은 저마다의 '형이상학' 체계를 세웠다. 그들의 최대 관심은 도덕이성의 문제 즉 '성리性理' 혹은 '심성心性'의 공부였다. 그러나 더욱 중요한 것은 그들이 결코 감정을 떠나서 '성리'나 '심성' 공부를 논하지 않았다는 것이다. 이와 정반대로 '성리'는 근본적으로 감정에서 입론되거나 수립된 것이다. 왜냐하면 본성이 비록 형이상자이기는 하지만, 형이하자인 감정과 분리된다면 본성이라 말할 수 없기 때문이다. 이것이 바로 형이상자가 형이하자와 '떨어지지 않는다'(不離)는 것이다. 따라서 송명 성리학의 모든 학문은 감정과 이성을 하나로 통일시키는 것이었으며, 이것이야말로 성리학의 최고로 참된 경지이다.

유학발전사에서 중요한 두 인물 모두 본성과 감정의 관계 문제를 다루었다. 하나는 동중서董仲舒이고 다른 하나는 이고李翺이다. 동중서는 기본적으로 순자를 계승하고 발전시켰다. 동중서의 관점에서 보면 본성은 인간의 천성적인 자질이다.

> 본성이라 이름 붙인 것은 태어나면서부터 타고난 것을 가리키는 것이 아니겠는가? 자연으로부터 부여받은 그것을 일러 본성이라고 하는 것과 같다. 때문에 본성은 본바탕으로서의 자질이다.16)

그는 본성을 악하다고 생각지 않았지만, 그렇다고 선하다고 여기지도 않았다. 본성에는 '선한 자질'이 있지만 그것이 언제나 선이 되지는 못한

---

16) 『春秋繁露』, 「深察名號」, "性之名, 非生與? 如其生之自然之資, 謂之性. 性者, 質也."

다. 이것이 그의 기본 관점이다. 본성이 선이 되는 방법은 왕의 '가르침' (敎)에 의해서이다. 본성과 감정의 문제에 대해 그는 두 가지 방식으로 설명하는 것처럼 보인다. 어떤 경우에는 본성과 감정이 하나로 통일되는, 심지어 본래 하나인 것으로 말한다. 또 어떤 경우에는 본성과 감정의 관계가 마치 음양의 관계처럼 상보적으로 운행하는 것으로 말한다.

> 천지가 만들어 내는 것, 그것을 일러 본성과 감정이라고 한다. 본성과 감정은 서로 하나가 되니, 감정 또한 본성이다.[17]

이렇게 보면, 본성과 감정은 모두 천성적 자질로 감정 역시 본성이며, 본성과 감정은 모두 중립적이다. '선한 자질'이라는 것 또한 잠재적이다. 그러나 그는 또 이렇게도 말했다.

> 몸에 본성과 감정이 있음은 마치 하늘에 음양이 있는 것과 같다. 인간의 자질을 말하며 감정을 말하지 않는다면 이는 마치 자연의 양을 말하며 음을 말하지 않는 것과 같다.[18]

이 말은 인간에게는 본성이 없을 수 없으며, 또한 감정도 없을 수 없다는 것이다. 이 둘은 모두 자질의 측면에서 말한 것이지만 그렇다고 그것이 하나인 것은 아니다. 인간에게 본성과 감정이 있는 것은 마치 자연에 음과 양이 있는 것과 같다. 인간은 하늘이 만든 것이기 때문에 인간의 본성과 감정의 관계는 자연의 음과 양의 관계에 비견될 수 있어서 어느

---

17) 『春秋繁露』, 「深察名號」, "天地之所生, 謂之性情. 性情相與爲一瞑, 情亦性也."
18) 『春秋繁露』, 「深察名號」, "身之有性情也, 若天之有陰陽也. 言人之質而無其情, 猶言天之陽而無其陰也."

하나라도 없을 수 없다. 여기에서는 이성·비이성의 문제를 논하지 않았다. 선이 과연 이성적인지 아닌지의 여부는 동중서의 관심사가 아니었던 것으로 보인다. 선이 '좋음'이라고 한다면, 이는 객관적이고 공통적인 기준을 갖춘 것을 의미하는 것이기에, 이를 이성적이라고 말할 수도 있다. 그러나 여기에는 '심지心知'의 문제와 '명호名號'의 문제가 있다. '명호'는 명칭과 개념이다. 인간은 '인식'을 통해야 비로소 명칭과 개념을 가질 수 있다. 인간의 인식은 '하늘이 하는 바를 본받은 것'에서 생긴 것이지, 인간만이 홀로 지니고 있는 기능이 아니다.

　　명칭과 개념을 따라 이치로 들어간다면 틀리지 않을 것이다.[19]

　　여기에서 말하는 '이치'는 확실히 이성을 가리키는 것이다. 그러나 이는 '정리情理'를 가리키는 것이 아니라 객관적 인식대상을 가리키는 것으로서, 일종의 '지칭 이론'[20]이라고 할 수 있다.

　　결국 본성과 감정 자체는 이성과 비이성을 따질 수 있는 문제가 아니다. 다만 본성과 감정에 대해 개념적 분석을 할 때에 비로소 인지이성의 문제가 생기게 된다. 이는 순자의 사상과 기본적으로 일치한다. 그러나 선악의 문제에 대해, 동중서는 본성을 선하다고 여기고 감정이 악하다고 여기는 경향을 지니고 있다. 만약 양을 본성이라 보고 음을 감정이라 본다면 이러한 관점은 더욱 분명해진다.

---

19) 『春秋繁露』, 「深察名號」, "隨其名號, 以入其理, 則得之矣."
20) 역자주: 지칭이론이란 독일의 철학자 프레게(Gottlob Frege, 1848~1925)가 제시한 이론으로, 대상과 지칭을 구분해서 우리의 감각은 (지칭대상의 존재유무와 무관하게) 지칭에 의해 지배 받는다는 이론이다. 그래서 설혹 동일한 대상이 서로 다른 지칭을 가진다고 한다면, 우리의 감각은 그것을 다른 것으로 인식한다고 주장한다.

하늘에 둘이 있으니 음양의 펼침이 그것이고, 몸에도 역시 둘이 있으니 탐욕의 본성과 인의의 본성이 그것이다. 하늘에 음양의 금계가 있듯이 몸에도 정욕의 금계가 있으니, 이는 천도와 마찬가지이다.[21]

비록 탐욕과 인의의 성향을 모두 '본성'이라 할 수는 있지만 음양을 가지고 탐욕과 인을 구분한다면, 앞에서 말한 "몸에도 역시 둘이 있으니 탐욕의 본성과 인의의 본성이 그것이다"와 연결시켜 보았을 때, 본성은 인이고 감정은 탐욕이라고 말할 수 있다. "몸에도 정욕의 금계가 있다"는 말 역시 이를 증명하고 있다. 정욕은 어떻게 금할 수 있는가? 마음의 인지 작용(心知)을 통해서 금하는 것이다. 따라서 그는 다음과 같이 말한다.

많은 악을 내면에서 금지하여 밖으로 발산하지 않도록 하는 것이 마음 이다. 따라서 마음의 또 다른 이름은 금함(栒)이다.[22]

'금함'은 금지의 의미이다. 사람들이 싫어하는 것이 안에서 밖으로 나타나지 못하도록 금지하기 위해서는 마음의 인지 기능에 의지해야 한다. 이는 '이성으로 본능을 제어한다'(以理制性)는 것으로, 인지이성에 의지해서 인간의 정욕을 금지하는 것을 의미한다.

순자가 말한 "이성으로 감정을 제어한다"는 말은 소극적인 의미가 아니라 적극적인 의미이다. 그는 인간의 정욕을 금지한 것이 아니라 오히려 그 감정을 다할 수 있도록 해야 한다고 주장했다.

---

21) 『春秋繁露』, 「深察名號」, "天兩, 有陰陽之施, 身亦兩, 有貪仁之性; 天有陰陽禁, 身有情欲栒, 與天道一也."

22) 『春秋繁露』, 「深察名號」, "栒眾惡於內, 弗使得發於外者, 心也. 故心之爲名, 栒也."

성인은 욕망을 따르고 감정을 겸하지만, 그것을 제어하는 것은 이치이
다.[23]

여기에서 말하는 '제어'는 제지가 아니라 감정을 제어하여 '이성법칙'
즉 제도화 된 '예'에 부합하게 하는 것이다. 순자가 말하는 '예치'의 학문
은 '감정을 배양하는 것'이지 '감정을 금지하는 것'이 아니다.

예의와 문리文理가 감정을 기르는 방법이 된다는 것을 그 누가 알겠는
가?[24]

이는 '감정을 배양함'이 예의와 문리의 목적임을 의미한다. 여기에는
확실히 감정을 이성에 복종시킨다는 문제가 있다. 순자의 이러한 주장은
동중서가 모호하게 '정욕을 금한다'고 말한 것보다 훨씬 명확하다. 그러
나 그가 모든 감정과 욕망을 금지해야 한다고 주장한 것은 아니다. 이러
한 점은 그가 마치 하늘에 음이 없을 수 없듯이 인간에게도 감정이 없을
수 없다고 말한 것에서 확인된다.

또한 순자와 동중서는 모두 '감정'과 '욕망'을 '악'과 '탐욕'에 연결시켰
다. 이는 그들 모두 감정을 이성이 아니라고 보았음을 의미한다. 그들이
이해한 이성은 바로 이성적 지혜(理智)이며, 이는 지성知性(혹은 智性)의 문제
이다. 만일 감정과 이성을 통일시키려고 한다면, 반드시 감정을 '이성 원
칙'의 주재나 지배 하에 두거나 지혜로움의 원칙 하에서 작용하게 해야
한다.

---

23) 『荀子』, 「解蔽」, "聖人縱其欲, 兼其情, 而制焉者理矣."
24) 『荀子』, 「禮論」, "孰知夫禮義文理之所以養情也?"

성리학의 물꼬를 튼 인물인 이고는 감정과 이성의 관계에 있어 '감정을 없애고 본성을 회복'(滅情復性)할 것을 주장했다. 물론 그는 유학 내에서 아주 특수한 경우라 할 수 있다. 그의 관점에서 볼 때, 감정은 '사특한 것', '망령된 것'으로 도덕인성과 대립되는 것이다. 감정을 소멸시키기만 하면 바로 도덕적 인간 본성을 회복할 수 있다고 말한다. 이 때 그가 말하는 본성이란 추호의 의심도 없이 '선험적' 도덕이성이라 할 수 있다. 이고는 『중용』을 아주 존숭해서 『중용』의 첫 구절인 "하늘이 명한 것을 일러 본성이라 한다"를 자신의 철학적 출발점으로 삼았으며, '진실함'(誠)을 본성의 중요한 내용으로 보았다. 그러나 감정에 대해서는 「성자명출」과 상반되는 태도를 보였다. 그는 다음과 같이 말했다.

천지 사이에 만물이 생겨나니 인간은 만물 중 하나에 불과하다. 그러나 인간이 다른 짐승과 다른 이유는 결국 도덕적 본성 아니겠는가?[25]

이는 맹자와 비슷한 것 같지만 사실은 전혀 다르다. 맹자가 말한 도덕본성은 도덕감정에 기초해 있다는 점에서 맹자의 주된 논지는 도덕감정의 확충이라고 할 수 있다. 도덕감정은 선천적인 것이지만 여전히 경험 속에 존재한다. 그러나 이고가 말하는 '도덕본성'은 경험보다 선재하며, 또한 감정과 대립된다. 그가 말하는 감정은 주로 희노애구애오욕의 일곱 가지 감정 즉 '칠정七情'을 가리킨다.

'칠정'은 순자와 『예기禮記』에서 등장한다. 한유는 칠정을 인의예지의 본성과 서로 관계가 있다고 보았는데, 한유에게서 칠정과 인의예지의 본

---

25) 『李文忠集』, 「復性書下」, "天地之間, 萬物生焉, 人之於萬物, 一物也. 其所以異於禽獸蟲魚者, 豈非道德之性乎哉?"

성은 대립하는 것이 아니라 상호 대응하는 것이었다. 이고는 칠정에 대한 한유의 주장을 받아들이고는 있지만, 그것을 '본성의 사특함'이면서 또한 '원인 없이' 생겨나는 것으로 인식해서, '하늘이 명한 것'으로서의 도덕적 본성과는 완전히 구별되는 것이라고 보았다.

인간이 성인이 될 수 있는 이유는 본성 때문이다. 인간이 그 본성을 느낄 수 있는 것은 감정 때문이다. 희노애구애오욕 일곱 가지는 모두 감정이 그렇게 만든 것이다. 감정이 혼탁해지면 본성은 바로 감추어진다. 이는 본성의 과실이 아니다. 칠정이 번갈아 들이닥치기 때문에 본성이 확충될 수 없는 것이다. 물이 혼탁한 것은 바로 물의 흐름이 맑지 않기 때문이며, 불에 연기가 생기면 그 빛이 밝지 않으나, 이는 물과 불 그 자체가 청명하지 않아서 생기는 잘못이 아니다. 모래가 혼탁하지 않으면 물은 이내 맑아질 것이요, 연기가 자욱하지 않으면 빛은 이내 밝아진다. 감정이 움직이지 않으면 본성은 확충될 수 있다.[26]

이는 결국 다음과 같은 말이다.

감정은 망령됨이요, 사특함이다. 사특함과 망령됨은 원인이 없는 것이다. 요망한 감정을 없애면 본성이 청명하게 되어 천지에 두루 유행할 것이기 때문에 그 본성을 회복할 수 있다고 하는 것이다.[27]

---

26) 『李文忠集』, 「復性書上」, "人之所以爲聖人也者, 性也. 人之所以惑其性者, 情也. 喜怒哀懼愛惡欲七者, 皆情之所爲也. 情旣昏, 性斯匿矣. 非性之過也. 七者循環而交來, 故性不能充也. 水之渾也, 其流不淸, 火之煙也, 其光不明, 非水火淸明之過. 沙不渾, 流斯淸矣, 煙不鬱, 光斯明矣. 情不作, 性斯充矣."
27) 『李文忠集』, 「復性書」 中, "曰: 情者, 妄也, 邪也. 邪與妄則無所因矣. 妄情滅息, 本性淸明, 周流六虛, 所以謂之能復其性也."

감정은 본성에 대해 '사특함', '망령됨'이기 때문에 본성을 '미혹'시키기만 할 뿐 본성을 밝힐 수는 없다. 따라서 감정을 없애 버려야 본성을 회복할 수 있는 것이다. 이는 선종禪宗의 '마음을 밝혀 본성을 본다'(明心見性說)와 아주 유사한데, 이는 이고가 '불성佛性'을 '도덕적 본성'으로 대체한 것에 불과하다. 그러나 사실 후기 선종은 인간의 감정을 부정하지 않았다.

이고는 불교에서 유교로 전환해 가는 과정에서 매우 중요한 인물임에 틀림없다. 그가 받은 불교의 영향은 명확하다. 유학에 대한 불교의 비판으로 인해 유학에는 형이하의 영역만 있을 뿐 고유한 형이상학이 없어서 오직 불교라야 형이상학적 문제를 해결할 수 있다는 견해가 형성되어 있었다.—예컨대 宗密의 『原人論』이 대표적이다.— 이 점에 대해 이고는 독자적인 견해를 지니고 있었다. 그는 다음과 같이 탄식했다.

> 본성과 천명의 도에 관한 책들이 비록 전해져 오지만 배우는 자들이 이에 대해 밝지 못한 까닭에, 모두 노장과 불교에 빠져 버렸다. 모르는 자들은 공자의 제자들이 본성과 천명의 도를 궁구하기에 부족하다 여기고, 이단에 빠진 사람들은 모두 이것을 옳다고 여긴다.[28]

"본성과 천명의 도를 궁구하기에 부족하다"는 것은 원래는 유학에 대한 불교의 비판과 지적이었지만, 이런 비판은 오히려 유학 부흥운동을 일으켰다. 이고는 그 중에서도 핵심 인물이었다. 물론 이고는 유가 형이상학의 중건을 시도한 중요한 인물이었지만, 그는 불교의 영향을 받아 감정을 형이하의 삿되고 허망한 것으로 본성은 형이상의 것으로 보아서, '감

---

28) 『李文忠集』, 「復性書」上, "性命之書雖存, 學者莫能明, 是故皆入於莊列老釋. 不知者, 謂夫子之徒, 不足以窮性命之道, 信之者皆是也."

정을 멸하고 본성을 회복할 것'(滅情復性說)을 주장했다. 이 학설에 의하면 감정은 도덕이성이나 '본성과 천명의 도'와는 완전히 대립적인 것으로, 양자는 공존이 불가능하다. 이고가 말한 '본성'과 '도'는 절대보편성을 갖춘 형이상학적 '성리性理'이다.

그러나 사람들은 이고의 '감정을 멸하고 본성을 회복함'(滅情復性說)에만 주의를 기울일 뿐 그의 또 다른 관점을 주목하지 못했다. 이고의 또 다른 관점이야말로 유가의 정신을 대표하고 유학에서 중요한 의의를 지닐 뿐만 아니라 후대 성리학의 탄생에 실질적 영향을 주었다. 이 관점이란 바로 '본성과 감정은 서로 없을 수 없다'(性情不相無)는 설이다. 이고는 다음과 같이 말한다.

> 본성과 감정은 서로 없을 수 없다. 그렇지만 본성이 없으면 감정이 생겨날 근거가 없으니, 감정은 본성으로부터 생겨나는 것이다. 감정은 그 자체로 감정이 되는 것이 아니고 본성에 의해 감정이 되는 것이다. 본성은 그 자체로 본성이 되는 것이 아니니 감정을 통해 드러난다. 본성은 하늘의 명이니 성인은 그것을 얻어 미혹되지 않는 것이다. 감정은 본성의 움직임이니 백성은 감정에 빠져 그 뿌리를 알지 못하는 것이다. 성인이라고 어찌 감정이 없겠는가? 성인은 잠잠하여 움직임이 없으며 가지 않아도 이르고 말을 하지 않아도 통하고 빛내지 않아도 빛이 난다. 그가 하는 일은 천지에 참여하고 그의 변화는 음양에 회통한다. 따라서 비록 감정이 있다 해도 결코 감정이 있은 적이 없다.[29]

---

29) 『李文忠集』, 「復性書」上, "性與情, 不相無也. 雖然, 無性則情無所生矣, 是情由性而生. 情不自情, 因性而情. 性不自性, 由情以明. 性者, 天之命也, 聖人得之而不惑者也. 情者, 性之動也, 百姓溺之而不能知其本者也. 聖人者, 豈其無情邪. 聖人者, 寂然不動, 不往而到, 不言而神, 不耀而光. 制作參乎天地變化, 合乎陰陽. 雖有情也, 未嘗有情也."

이 말에 따르면 감정은 있어서는 안 될 것은 아니다. 다만 그것에 '미혹되느냐', '미혹되지 않느냐'의 문제만 있을 뿐, 감정을 지녀야 할 것인지 말아야 할 것인지의 문제는 없다. 이는 그가 "감정에는 선도 있고 불선도 있지만, 본성에는 선하지 않음이 없다"[30]고 한 말과 맥락을 같이 한다. 왜냐하면 감정은 결국 움직이는 것으로서 특히 희노애구애오욕의 일반 감정은 바름과 그름 중화와 부중화의 차이가 있을 뿐, 일체의 감정이 모두 삿되고 망령된 것이라고 할 수는 없다. 그러나 이러한 주장은 "감정은 망령되고 삿된 것으로, 삿됨과 망령은 어떤 원인이 있어서 생기는 것이 아니다"는 말과는 서로 양립될 수 없다. 왜냐하면 후자는 감정과 본성의 관계를 부정하기 때문이다.

정말로 주목할 만한 것은 여기에서 이고가 세 가지 상호 연관된 중요 명제를 제시했다는 것이다. 첫째는 '감정은 본성에서 생긴다'는 것이다. 이는 사실상 감정이 '원인이 없다'는 설을 부정하고 「성자명출」의 관점을 계승한 것이다. 둘째는 '본성은 감정에 의해 드러난다'는 것이다. 이는 사실상 '감정이 혼탁해지면 본성은 바로 감추어진다'는 설을 부정한 것이며, 감정의 작용이 곧 본성을 '드러내는 것'임을 긍정한 것이다. 셋째는 '본성은 잠잠하고 감정은 움직인다'는 관점이다. 이는 실로 '망령된 감정을 없애면 본래의 본성은 밝아진다'는 설을 부정하고, 감정은 일상 속에 존재하고 인성은 실천 속에서 실현된다는 것을 긍정한 것이다. '본성은 잠잠하고 감정은 움직인다'는 말은 일찍부터 제기된 것이지만—『예기』孔穎達의 소에서는 賀瑒의 "잠잠할 때는 본성이고, 움직일 때는 감정이다"[31]라는 말을 인용하고 있다.— 철학적 명제로서 후대에 중요한 영향을 미친 것은 역시 이고의 '감

---

30) 『李文忠集』, 「復性書」 中, "情有善有不善, 而性無不善焉."
31) 『禮記正義』, "靜時是性, 動時是情."

정은 본성의 움직임이다'는 말이다. 후대의 성리학자인 정이, 주희 등이 모두 이 관점을 수용했다.

이고의 이러한 입장에서 볼 때, 본성은 천도에서 온 것으로 선험이성에 속한다. 감정은 본성에서 온 것이기 때문에 감정의 발생은 결코 '원인이 없는 것'이 아니다. 이는 맹자의 관점과 완전히 일치하지는 않지만 「성자명출」과는 오히려 일맥상통한다. 이고의 이러한 학설은 유가의 도덕인 성학설에 우주존재론적인 기초를 제공했다는 점에서, 또한 감정을 도덕이성 속에 귀속시켰다는 점에서 중요한 의의를 지닌다. 이는 매우 중요한 공헌이었다고 할 수 있다. 본성은 '잠잠하여 움직임이 없는'(寂然不動) 형이상자이기 때문에 감정을 통해서 드러난다. 감정과 본성은 하나로 통일되어 있고, 또 어떤 의미에서는 감정이 없으면 본성을 볼 수 없다고 말할 수도 있을 것이다.

이고는 신유학 즉 송명 성리학 발달의 물꼬를 튼 이들 중의 하나로서, 사실 그가 후대에 가장 많이 영향을 끼쳤던 것은 '본성과 감정은 서로 없을 수 없다'는 관점 때문이지 '감정을 없애고 본성을 회복한다'는 관점 때문은 아니다. 전자는 송명 성리학자들에게 보편적으로 수용되고 더 발전된 반면, 후자는 성리학자들 특히 주희에 의해 비판받았다. 주희는 다음과 같이 명확하게 지적했다.

본성을 회복한다는 이고의 말은 옳지만, 감정을 없애서 본성을 회복한다는 말은 틀렸다. 감정을 어떻게 없앨 수 있단 말인가? 이는 불교의 관점으로, 이고는 불교의 설에 빠졌음에도 스스로 그것을 알지 못한 것이다.[32]

---

32) 『朱子語類』 59, 29쪽, "曰: 然. 李翶復性則是, 云: 滅情以復性, 則非. 情如可滅! 此乃釋氏

감정은 없앨 수 없을 뿐만 아니라 감정을 통해야 본성을 알 수 있고 또 본성을 볼 수 있다. 이는 결국 성리학의 기본 관점이 되었다.

제3절 '다가오는 모든 일에 감정이 순응하지만 오히려 감정은 없는' 이치

성리학자인 정호는 '천리天理' 두 글자는 자신이 생각해 낸 것이며, '요 임금 때문에 존재하지도, 걸임금 때문에 없어지지도 않는'[33] 보편적이고 절대적인 도리라고 말했다. 정이가 말한 "본성이 곧 이치이다"[34]에서 이 치는 형이상자이다. 그들은 모두 '리'의 보편성과 객관성 그리고 필연성 을 강조했다. 사실 리는 소이연과 소당연의 법칙으로서, 보편적인 도덕원 칙이라는 의미에서 언급된 것이다. 그렇지만 '리'는 도대체 어디에 있는 가? 정호와 정이는 리가 천지만물 뿐 아니라 인간의 마음속에도 있는 것 으로 보았다. '마음이 곧 이치이다'(心卽理) 혹은 '마음이 바로 도이다'(心卽 道)라는 관점은 육구연과 왕수인뿐 아니라 정호와 정이도 모두 갖고 있었 다. 정호는 다음과 같이 말했다.

> 하늘은 이치이다.[35]

마음은 하늘일 뿐이니, 그 마음을 다하면 본성을 알게 된다. 본성을 알

之說, 陷於其中, 不自知."
33) 『二程遺書』 2上, 108쪽, "這一箇道理, 不爲堯存, 不爲桀亡."
34) 『二程遺書』 22上, 71쪽, "曰: 性卽理也. 所謂理性是也."
35) 『二程遺書』 11, 169쪽, "天者理也."

면 하늘을 알게 되니 당면한 모든 곳에서 그것을 깨달으면 될 뿐 밖에서
구할 필요가 없다.[36]

하늘이 이치이고 마음이 하늘이라면 '마음이 곧 이치이다'라는 말에는
문제가 없게 된다. 그는 또 이렇게 말했다.

도는 곧 본성이다. 만약 도 밖에서 본성을 찾거나 본성 밖에서 도를 찾
는다면 이는 옳지 않다. 성현이 하늘의 덕을 말할 때는, 모두 자신에게
본래부터 갖추어져 있는 자족한 것이라고 했다. 만약 오염되거나 훼손
되지만 않는다면 곧장 그것에 입각해 실행하면 된다.[37]

여기에서 말한 리·도·본성은 모두 보편적인 것이며, 동시에 또 인간
의 마음속에 갖추어져 있는 것이니, 그것은 바로 심의 본체 존재이다. 정
이는 이렇게 말했다.

마음은 곧 본성이다. 하늘에 있으면 명이 되고, 인간에게 있으면 본성이
된다. 그 주체는 마음이 된다. 하지만 사실 하나의 도일 뿐이다. 진실로
도로써 통할 수만 있다면, 어찌 여기에 한계가 있겠는가? 그러므로 천하
에는 본성 외의 것이 없다.[38]

어찌 인간의 도를 알면서 하늘의 도를 모르는 이가 있을 수 있겠는가?
도는 하나일 뿐이니 어찌 인도는 인도일 뿐이고 천도는 천도일 뿐이겠

---

36) 『二程遺書』 2上, 19쪽, "只心便是天, 盡之便知性. 知性便知天, 當處便認取更不可外求."
37) 『二程遺書』 1, 1쪽, "道卽性也. 若道外尋性, 性外尋道, 便不是. 聖賢論天德, 蓋謂自家元是
天然完全自足之物. 若無所汚壞, 卽當直而行之."
38) 『二程遺書』 18, 89쪽, "心卽性也. 在天爲命, 在人爲性. 論其所主爲心. 其實只是一箇道. 苟
能通之以道, 又豈有限量. 天下更無性外之物."

는가?[39)]

인간에게는 천리가 있을 뿐이니, 만일 이것을 간직할 수 없다면 어찌 인
간이라고 할 수 있겠는가?[40)]

이런 대목은 아주 많아서 일일이 거론할 수도 없다. 우리는 이런 대목
들을 통해 '인간의 도'가 곧 '하늘의 도'이며 '인성'은 곧 '천명'이라는 사실
을 알 수 있다. 한마디로 말하자면, 성리는 곧 인간의 마음속에 있는 것으
로 '마음이 곧 본성'이다. 또한 '마음은 생명의 도(生道)이다'라고 했다. 이
는 '낳고 낳음의 도'(生生之道)나 '낳고 낳음의 이치'(生生之理)라는 측면에서
마음을 말한 것이다. 이는 마음에 대한 유가의 아주 기본적이면서도 중요
한 해석이며, 또한 유가의 공통된 인식이다. 따라서 유가에서 말한 '마음'
을 '영혼'이나 '마음속 지혜'(心智)와 같은 것으로 이해해서는 안 된다.

리·성·도가 마음속에 있는 것이라면, 그리고 마음이 곧 '생명의 도'
라고 한다면 과연 감정을 떠나서 '성리'를 논할 수 있을까? 당연히 불가능
할 뿐만 아니라 오직 감정을 통해서만이 '성리'의 존재를 설명할 수 있다.
이렇게 해서 다시 감정과 이성의 관계로 돌아오게 된다.

정호의 "다가오는 모든 일에 감정이 순응하지만 오히려 감정은 없다"
(情順萬事而無情)라는 말은 도대체 어떤 의미를 담고 있는 것인가? 이 말은
『정성서定性書』에서 나오는 말이다. 『정성서』는 정호의 중요한 저작이다.
이 문제를 설명하기 위해 『정성서』의 관련 문구를 살펴보자.

---

39) 『二程遺書』 18, 2쪽, "安有知人道而不知天道者乎? 道一也, 豈人道自是人道, 天道自是天道?"
40) 『二程遺書』 18, 132쪽, "人只有箇天理, 却不能存得, 更做甚人也?"

이른바 정해짐(定)이란 움직일 때도 정해져 있는 것이요 잠잠할 때도 정해져 있는 것이다. 나아감도 없고 맞아들임도 없으며 안도 없고 밖도 없다. 만약 외물을 바깥이라 여겨 자신에게 끌어들여 간직하려고 한다면, 이는 자신의 본성을 안과 밖으로 나누는 것이다. 또 본성이 외물을 따라 밖으로 나갈 수 있는 것이라 여긴다면, 본성이 밖에 있을 때는 무엇이 안에 있겠는가? 이는 밖의 유혹을 끊어 버리고자 하는 생각 때문에 본성에 안과 밖이 없다는 것을 모르는 것이다. 안과 밖을 나누어 두 개의 근본으로 삼는다면 어떻게 돌연 정해져 있다고 말할 수 있겠는가? 무릇 천지의 법도는 그 마음으로 만물을 모두 살아가게 하지만 무심하다. 성인의 법도는 감정이 다가오는 모든 일에 순응하지만 감정이 없는 것이다. 그러므로 군자의 공부는 탁 트인 공공(大公)의 마음으로, 사물이 다가오면 거기에 따르는 것보다 더 나은 것이 없다.…… 인간의 감정에는 각각 폐단이 있어 도에 이를 수 없다. 대부분의 문제는 자기 자신을 위해 마음을 쓰기 때문이다. 자기 자신을 위하면 자신의 행위가 대상에 적절히 응할 수 없으며, 마음을 쓰게 되면 명철한 깨달음으로 자연스럽게 할 수 없게 된다. 지금 외물을 싫어하는 마음으로 사물이 없는 곳을 찾는다면, 이는 마치 거울을 등지고 자신의 모습을 비추려 하는 것과 같다.…… 밖은 틀리고 안은 옳다고 하는 것은 안과 밖을 모두 잊어버리는 것만 못하다. 모두 잊어버리면 오히려 아무 일이 없는 것처럼 마음이 담담해질 뿐이다. 일이 없으면 정해지게 되고 정해지면 밝아지니, 밝기만 하다면 그 어떤 대상이라도 그것에 대응하는 것에 무슨 잘못이 있겠는가? 성인의 기쁨이란 대상에게 응당 기뻐해야 할 것이 있기 때문이며, 성인의 분노란 대상에게 응당 분노해야 할 것이 있기 때문이다. 성인의 기쁨과 분노는 자신의 마음에 달린 것이 아니라 대상에 달린 것이다. 그런즉 어찌 성인이 대상에 응하지 않는다고 할 수 있겠는가?…… 노할 때 그 분노를 돌연 잊어버리고 이치상 옳고 그름을 볼 수 있다면, 밖의 유혹이 미워할 만한 것이 못됨을 알 것이니 이렇게 된다면 도는 거의 깨달은 것이다.[41]

'정성定性'에서 말하는 '정定' 즉 정해졌다는 것은 불교에서 온 말이다. 불교의 계戒·정定·혜慧에서 정의 의미는 오로지 하나에 집중한다는 뜻이다. 또 불교에는 '정혜쌍수定慧雙修', '정定을 체體로 삼는다'는 등의 설이 있는데, 이는 수행과 실천, 즉 '정'을 본체라고 본 것이다. 정호는 이러한 불교적 개념을 사용해서 유가적 심성수양의 중요성을 말하고자 한 것이며, 동시에 그의 '하나의 근본'(一本)이라는 관점을 논하고자 한 것이다.

'하나의 근본'은 하늘과 인간, 혹은 대상과 자신, 혹은 안과 밖이 합일된 존재 상태로 타인과 자아의 어떠한 구분도 없는 상태를 말한다. 자신이 바로 하늘이고 하늘이 곧 자신이므로 여기에는 어떠한 구분도 없다. 만일 하늘과 인간이 합일이 안 된다면 '두 개의 근본'이니, 하늘은 하늘이고 자신은 자신이어서 하늘과 인간이 둘로 되는 것이다. '하나의 근본'이라는 관점에서 보면 본성에는 안과 밖이 없으며 감정에도 안과 밖이 없으니 본성과 감정은 나누어지지 않는다. 정호가 이미 '본성이 정해져 있다'라고 말하면서도 '감정'에 대해서 더 많이 논했던 이유가 바로 여기에 있다. 동정動靜으로는 본성과 감정을 논할 수 없으며, 또한 내외로도 본성과 감정을 논할 수 없다. '본성을 정함'(定性)은 감정에서 '정해진' 것이어야 하며 감정을 논하는 것은 본성의 측면에서 이루어져야 한다. 즉 여기에서 말하는 본성은 '감정이 다가오는 모든 일에 순응하지만 감정이 없도록'

---

41) 『二程文集』, 卷2, 「答橫渠先生定性書」, "所謂定者, 動亦定, 靜亦定. 無將迎, 無內外. 苟以外物爲外, 牽己而從之, 是以己性爲有內外也. 且以性爲隨物於外, 則當其在外時, 何者爲在內? 是有意於絶外誘, 而不知性之無內外也. 旣以內外爲二本, 則又烏可遽語定哉? 夫天地之常, 以其心普萬物而無心; 聖人之常, 以其情順萬事而無情. 故君子之學, 莫若廓然而大公, 物來而順應. ……人之情各有所蔽, 故不能適道. 大率患在於自私而用智. 自私則不能以有爲爲應迹, 用智則不能以明覺爲自然. 今以惡外物之心, 而求照無物之地, 是反鑑而索照也. ……與其非外而是內, 不若內外之兩忘也. 兩忘則澄然無事矣. 無事則定, 定則明, 明則尙何應物之爲累哉? 聖人之喜, 以物之當喜; 聖人之怒, 以物之當怒. 是聖人之喜怒, 不繫於心而繫於物也. 是則聖人豈不應於物哉? ……第能於怒時遽忘其怒, 而觀理之是非, 亦可見外誘之不足惡, 而於道亦思過半矣."

할 수 있는 본성이다. 당시에 어떤 이는 본성과 감정은 안에 있는 것이지 밖에 있는 것이 아니며, 외물과 대립되어 하나로 합할 수 없기 때문에 외물의 유혹을 받지 않기 위해서는 안에 있는 것은 옳고 밖에 있는 것은 틀린 것으로 여겨, 안에 있는 것은 지키고 간직해야 하며 밖에 있는 것을 거부하고 배척해야 한다고 보았다. 또 심성의 순결을 지키기 위하여 외물의 간섭을 배척해야 한다고 보았다. 그러나 정호의 관점에서 보면 이러한 것은 내외와 물아 양쪽을 분리시킴으로써 오히려 육체적 한계인 '육체에서 일어나는 생각'에 쉽게 노출되어 '사사로운'(自私) 감정에 빠지게 된다. '사사로운' 감정은 개인의 사적인 마음이나 감정으로, 완전히 주관적이며 인간과 만물이 서로 걸림돌이 되어 통하지 않는다. 따라서 유가는 이에 반대했던 것이다. 유가가 주장하는 것은 당연히 '흉금을 활짝 열어놓음'으로써 안과 밖이 서로 통하게 하여 '탁 트인 공공의 마음으로 다가오는 모든 일에 순응하는' 감정이다. 즉 안과 밖 그리고 대상과 자신의 경계를 허물어서 안과 밖이 일체가 되어 안에 있는 것이 밖에 있는 것이 되고 밖에 있는 것이 또한 안에 있는 것이 되도록 하는 것이다. 이러한 학설에서는 안에 있는 것이 옳고 밖에 있는 것이 틀린 것이 아니다. 따라서 정호는 안을 옳다고 하고 밖을 그르다고 할 바에는 차라리 안과 밖을 모두 잊어버리는 것만 못하다고 주장한 것이다. 여기에서 말하는 '잊는다'는 것은 모든 것을 다 망각하거나 어떤 의식이나 감정도 없다는 것이 아니다. 이는 안과 밖 혹은 자신과 대상의 옳고 그름의 구분을 잊는다는 것으로, 안과 밖 대상과 자신의 막힘을 없앤다는 의미이다. 이것이 바로 그가 말한 '감정이 다가오는 모든 일에 순응하지만 감정이 없는 것'이다.

이렇게 보면 정호가 말한 '감정이 없다'는 것은 정말 아무런 감정이 없다는 것이 아니라, 개인의 주관적인 '사사로운 감정'을 벗어나 마음을 완전히 열어젖히는 것이다. 그리하여 어떤 막힘이나 장애도 없이 개인의 감정을 보편화·객관화된 감정으로 승화시켜, 감정과 본성의 합일·감정과 이성의 합일을 실현시키는 것이다. 이는 주관과 객관의 통일이며, 또한 일종의 이성화된 감정으로, '감정이 있으면서 오히려 감정이 없는' 그런 감정이다. 즉 진정으로 '감정이 있다'(有情)고 할 만한 감정이다. 이성화된 감정이 있을 때 비로소 '탁 트인 대공의 마음으로 다가오는 모든 일에 순응하게' 된다. 그렇지 않으면 '사사로움'에서 벗어나기 힘들다. '대공大公'이란 사태와 대상에 대응함에 있어서 공적인 마음으로 대하는 것으로, 개인의 사사로운 마음이나 감정의 폐단이 없는 상태 혹은 드넓은 마음이다. '순응'이란 자신의 주관적이고 사사로운 감정을 고집하지 않고 만물의 자연스런 유행에 따르면서 거기에 응하는 초연한 태도이다. 정호는 모든 감정을 거부한 것이 아니라 인간의 감정을 보편적·이성적인 것으로 승화시켜서 감정과 도덕이성을 완전히 합일시킬 것을 주장한 것이 분명하다.

그렇다면 어떻게 해야 개인의 감정으로부터 벗어나 '탁 트인 공공의 마음으로 다가오는 모든 일에 순응'할 수 있게 되는가? 정호는 하나의 원칙을 제시한다. 그것은 바로 '이치상 옳음과 그름을 살펴본다'는 것이다. 여기에서 말하는 '살펴본다'는 것은 "만물을 잠잠히 살펴보면 모두 깨달을 수 있다"[42]고 할 때의 '살펴본다'는 것이며, "만물의 생의가 가장 살펴볼 만하다"[43]고 할 때의 '살펴봄'이니, 일종의 '직관'이다. '이치상 옳음과 그름'이란 이성적 판단의 측면에서 말한 것으로, '이치'에 부합하면 옳음이 되지만, '이치'에 부합하지 않으면 그름이 된다. '이치'는 보편적이고

---

42) 『二程文集』, 卷3, "萬物靜觀皆自得, 四時佳興與人同."
43) 『二程遺書』 11, 42쪽, "萬物之生意, 最可觀."

객관적인 도덕이성으로, '마땅한 이치'를 말한다. 문제는 '이치상 옳고 그름'은 마음속 즉 감정에 있지 감정 밖에 있지 않다는 점이다. 이는 개인의 주관적 사사로움의 한계를 극복하여 그것을 실현해 낼 수 있는지의 여부가 관건이라는 것이지, 감정의 밖에 별도의 '이치' 혹은 별도의 '옳고 그름'이 있는 것이 아니라는 말이다. 정호가 말한 '본성을 정함'(定性)의 핵심은 바로 감정활동 속에서의 공부이지 움직이지 않는 본성을 간직하자는 것이 아니다. 불교와 비교해 보면 이 점은 아주 명확해진다. 불교에서 말하는 '정혜쌍수'의 '혜慧'는 또한 '관觀'이며, '혜관慧觀'이라고 부르기도 한다. '혜'는 '정定'과 분리되지 않는다. 이 둘은 마치 새의 두 날개 혹은 마차의 두 바퀴처럼 서로 보완하면서 작용한다. 다만 '정'은 체이고 '혜'(즉 관)는 용이 된다. 이를 체용의 관계로 말하자면, '정'은 '혜'를 결정하는 것으로서 더 근본적인 것이다. 정호는 불교철학을 말한 것이 아니라 유가철학 즉 본성과 감정의 학문으로서의 유가철학을 말했다. 그러나 '정定'과 '관觀'의 관계에서 말하자면 불교철학과 상통하는 부분도 있다. 때문에 정호가 불교철학의 사유방법을 흡수했다고 평가하더라도 이는 지나친 말이 아닐 것이다.

정호가 말한 '정定'은 아무 움직임도 없이 가만히 있음을 가리키는 것이 아니라 움직임과 잠잠함이 합일된 상태를 가리킨다. 이는 움직임이든 잠잠함이든 모두 하나에 몰입되어 있는 상태를 의미한다. 따라서 정호는 '잠잠함'(靜)을 말하지 않고 '공경함'(敬)을 말했고, '진실함과 공경함으로 그것을 간직할 것'을 주장했다. '탁 트인 공공의 마음으로 다가오는 모든 일에 순응함'은 바로 감정의 활동을 말하는 것이다. '관觀' 또한 감정활동의 옳음과 그름을 '살펴본다'는 것이다. 예컨대 '살펴봐서 이치를 안다는 것'은 개인의 감정이 주관적 한계를 극복하고 보편적 감정으로 승화하는 것이다. 이는 감정이 이성의 원칙과 합일됨을 의미한다. 인간의 감정활동 중에서 언제나 '이치상 옳고 그름'에 따라 옳은 것을 옳다고 여기고 그른 것을 그르다고 여긴다면, 바로 성인처럼 '기쁠 때 기뻐하고, 노할 때 노할' 수 있게 된다. 성인은 감정이 없어서 기쁨이나 분노가 없는 것이 아니다. 다만 "성인의 기쁨은 대상에 대해 마땅히 기뻐해야 할 점이 있기에 기뻐하고, 성인의 분노는 대상에 마땅히 분노해야 할 점이 있기에 분노한다." 즉 '당연'의 이치를 따를 뿐이다. 여기에서 '당연'의 이치는 객관성과 보편성을 갖추고 있다. 이 이치는 모든 대상과 사태 속에도 있고 또한 감정활동 속에도 있어서 안과 밖의 구별이 없다. 육체에서 오는 폐단을 제거할 수만 있다면 바로 탁 트인 마음의 상태에 도달할 수 있다. 따라서 '감정이 다가오는 모든 일에 순응하지만 감정이 없다'는 것은 개인의 감정을 없앤다는 것이 아니라 감정이 만물의 '생명의 이치'와 하나가 되어 객관화된 감정이 되는 것을 의미한다. 따라서 '이치상 옳고 그름을 살펴본다'는 것은 동일한 사건의 두 측면일 뿐 결코 서로 다른 두 개의 사건이 아니며, 뿐만 아니라 상호 대립적인 것도 아니다.

'당연'의 이치는 가치이성에 속한다. 이는 천지의 '낳고 낳음의 덕'에서 나온 것으로 인간에게서는 '생명의 이치' 즉 인이 된다. '당연'의 문제는 또한 '자연'의 문제이기도 하는데, 그것은 인간의 감정활동을 통해 실현된다. 인간과 만물의 관계는 감정교류의 관계이며 또한 가치적 관계라 할 수 있다. '모든 것에 동등하게 인으로 대하는'[44] 태도로 만물을 대할 수 있느냐는 '합리'와 '불합리'를 가르는 관건이 된다. 정호는 인간이 천지만물의 주재자가 아니며, 인간과 천지만물은 평등하다고 보았다. 이는 그

---

44) 『昌黎先生集』, 卷11, 「原人」, "是故聖人一視而同仁, 篤近而擧遠."

의 만물일체설의 핵심적 내용이다.

> 만물이 일체라는 말은 모두 이 이치를 지니고 있기 때문이니 모든 것은 거기에서 나왔다. '낳고 낳는 것을 역이라 한다'고 했으니, 낳으면 동시에 생겨난 것이니 모두 이 이치를 완비하게 된다. 다만 인간은 그 이치를 확장할 수 있지만 사물은 기氣가 어두워 확장할 수 없을 뿐이다. 그러나 그렇다고 해서 그것들이 이 이치를 갖고 있지 않다고 말할 수는 없다. 인간은 오직 사사로움 때문에 자신의 신체적 욕구에서 의념을 일으키는 까닭에 도리를 너무 작게 만들어 버린다. 이 신체를 놓아 버릴 수만 있다면 만물을 동등하게 바라볼 수 있으니, 이 얼마나 유쾌한가!(45)

인간과 만물은 모두 '거기에서' 즉 천지의 '낳고 낳음의 이치'에서 나왔으니, '낳고 낳음의 이치'는 천지만물과 인간이 공통으로 갖추고 있는 보편법칙이다. '생'의 의미에서 출발해서 만물을 평등하게 대한다면 이것이 바로 '당연'의 이치이다. 따라서 이 '도리'를 과소평가해서는 안 된다. 인간이 만물과 다른 점은 오직 인간만이 '확장'(推)할 수 있다는 점뿐이다. 즉 인간의 내재적 감정을 만사만물에 미루어나가 '만물일체'의 인을 실현할 수 있는 것이지, 결코 인간에게 '자연에 모범이 될 만한' 고귀한 점 따위가 있는 것은 아니다. 따라서 안은 옳고 밖은 그르다는 식의 문제는 존재하지도 않는다. 그리고 이성 원칙(즉 '生理') 또한 감정 밖에 있는 것이 아니라 감정 안에 있다. 이는 감정 스스로가 따르는 '원칙'이며 그 관건은 '확장'할 수 있느냐의 문제 즉 육체적 한계를 극복하여 내외합일, 물아합

---

45) 『二程遺書』 2상, 135쪽, "所以謂萬物一體者, 皆有此理, 只爲從那裏來. 生生之謂易, 生則一時生, 皆完此理. 人則能推, 物則氣昏, 推不得. 不可道他物不與有也. 人只爲自私, 將自家軀殼上頭起意, 故看得道理小了佗底. 放這身來都在萬物中一例看, 大小大快!"

일에 도달하는지에 달려 있다. 만약 그럴 수만 있다면 개인의 감정은 '다가오는 모든 일에 감정이 순응하지만 오히려 감정이 없는' 감정, 즉 '기쁠 때 기뻐하고, 노할 때 노할' 수 있는 감정이 된다. 만약 그럴 수 없다면 그것은 '자신을 위해 사사롭게 지혜를 쓰는'(自私用智) 감정이며 그러한 '사사로운 감정'은 '이치상 옳고 그름'과 합일될 수 없다.

여기에서 말하는 '지혜'(智)는 지성의 측면에서 말하는 것이지 이성의 문제가 아니다. 유가에서 말하는 '지혜'는 줄곧 두 측면의 의미를 지니는데, 이 둘의 의미는 다르므로 반드시 구별해야 한다.

첫째는 '인의예지'의 '지(智)'로서, 이는 '실천이성' 혹은 '도덕이성'의 범주에 속한다. 정호가 '이치의 옳음과 그름을 살펴본다'고 한 것은 바로 이러한 '지혜'와 관련된 것이다. 이것은 인을 근본으로 삼기 때문에 감정과 내재적 관계가 있다. 정호는 이렇게 말했다.

> 인의예지신 다섯 가지는 본성이다. 인은 몸통이며 나머지 네 가지는 인체의 사지와 같다. 인은 몸통이고 의는 마땅함이며 예는 구별함이고 지는 앎이며 신은 진실함이다.[46]

여기에서 그가 분명하게 말했듯 '지'는 덕성의 문제이지 인지적 문제가 아니다. 이때의 지는 '인'에 속하는 것이지 인 밖에 있는 것이 아니다. 그리고 '인'은 근본적으로 감정의 문제를 말한 것이다. 이 감정은 이성형식 혹은 이성화된 감정이다. '지'에는 당연히 인식의 의미가 있다. 즉 '인을 알다'(知仁) 혹은 '인을 깨닫다'(識仁)의 '지'인 것이다. 그러나 이는 가치

---

46) 『二程遺書』 2上, 12쪽, "仁義禮智信五者性也. 仁者全體, 四者四支. 仁體也, 義宜也, 禮別也, 智知也, 信實也."

적 인식의 의미이지 과학적 인식의 의미가 아니며, 덕성 즉 '인'에 대한 깨달음 혹은 '직관'이지 세계에 대한 대상인식이 아니다.

둘째는 지성知性 혹은 '지성智性'의 지智를 가리킨다. 이는 인식의 범주에 속한다. 정호가 말한 '자신을 위해 사사롭게 지혜를 씀'(自私用智)에서의 '지혜'가 이런 '지智'에 해당된다. 이러한 '지智'는 주객이 대립되는 것을 전제로 할 뿐만 아니라 '사사로운 감정'과 관계되는 것이다. 이러한 지혜는 개인의 '사사로운 감정'을 만족시키기 위해 외물을 대상으로 인식해서 만물을 노예처럼 부리는 것을 그 특징으로 하기에, '탁 트인 공공의 마음으로 다가오는 모든 일에 순응'할 수 없다.

따라서 정호가 말한 '이치'는 인식론 상에서의 이성이 아니다. 이 인식이 자연계에 대한 인식이든 사회적·개인적 삶에 대한 인식이든, 유학 철학에서는 인지이성이 있을 수도 없었고 있지도 않아 왔음을 여기에서 한 번 더 증명하게 된다. 이것이 유가철학의 가장 큰 한계라고 말할 수 있을지는 모르겠지만, 실천적 의미에서는 유가가 제창한 이성정신은 오히려 더 큰 가치를 지니고 있다. 이 둘을 '함께 해내기'란 어려워 보인다. 우리의 임무란 이들의 '차이'를 구분하여 부족한 것은 극복하고 우수한 점은 드러내어 이 둘을 정합적으로 합치시키는 데에 있다.

실천적 의미에서 정호가 말한 '이치' 즉 '성리性理'는 칸트가 말한 '이성'과는 달리 '순수'한 형식도 아니며, 절대적 초월 역시 아니다. 그것은 천지만물의 '낳고 낳음의 이치'로서 '낳음'(生)을 자연의 내용으로 하고, '인'을 가치의 내용으로 삼기 때문에 감정과 분리될 수 없다.

정호에게 있어서 '자신을 위해 사사롭게 지혜를 씀'에서의 '지혜'는 한계를 지닌 인식이다. 그리고 '자신을 위해 사사롭게 지혜를 씀'의 감정은 하나의 '폐단'이기에 '도에 이를 수' 없다. '도에 이름'(適道)은 도에 부합하고 이치에 부합하는 것을 말한다. 이것은 인간의 감정이 '사사로움'에서 비롯된 것이며, 지혜를 쓴다는 것은 모두 '사사로운 감정'이면서 자기중심적으로 지혜를 쓰는 것이기 때문에 근본적으로 '도에 도달할 수' 없다는 것을 의미하는가? 아니면 '도에 도달함' 즉 이성의 원칙에 합치되기 위해서는 반드시 감정을 배제해야 된다는 것을 의미하는가? 당연히 그렇지 않다. 정호가 분명하게 말했듯이 다만 감정에는 '가려짐'이 있기 때문에 '도에 도달할 수' 없다는 것이다. '가려짐'은 '사사로움'으로 인해 생기고 '사사로움'은 '육체적 욕구'에서 발생한 의념, 즉 오로지 육체적 욕구만 고려하는 것에서부터 생겨난다. 만약 '가려짐'을 제거할 수만 있다면 인간의 감정은 자연히 '도에 도달할' 수 있다. '사사로움'의 감정을 없앤다는 것은 감정을 제거한다는 것이 아니라 본래의 감정으로 회복되는 것이며, 감정과 이성이 합일된 상태 즉 이성화된 감정이다.

'자신의 행위가 대상에 적절히 응할 수 있다'는 것은 정호가 주장한 외물에 대해 초연한 감정, 즉 도덕감정을 말한다. 이는 아주 고원한 경지로서 어떤 공리나 이익을 삶의 최종 목적으로 설정하는 것이 아니다. 그가 '성인'을 인생의 최고 이상으로 삼은 것은 성인의 업적을 중시했기 때문이 아니라 성인의 '경지'를 추구했기 때문이었다. 그는 성인이 도덕감정의 최고 경지라고 보았다.

요임금과 순임금의 업적은 마치 빈 하늘에 뜬구름이 지나가는 것 같구나.[47]

요순은 유가가 존숭하는 가장 이상적인 성인이다. 정호는 어째서 요

---

47) 『二程遺書』 3, 36쪽, "雖堯舜之事, 亦只是如太虛中一點浮雲過目."

순의 업적을 '뜬구름'과 같다고 했는가? 정호가 존숭한 것은 요순의 업적이 아니라 그들의 '경지'였기 때문이다. 업적은 시간이 지나면 사라지지만 경지는 영원한 것이다. '탁 트인 대공의 마음'은 성인의 경지를 실현해가는 중요한 과정이며, 성인의 경지는 '천지만물과 하나가 되는 인'이다.

'명철한 깨달음이 곧 자연이다'라는 말은 정호가 마음속 지적 능력의 향상과 운용을 중시한 것이 아니라 심성의 자연스러운 발현을 강조했음을 보여 준다. 또한 인지이성을 중시한 것이 아니라 도덕감정을 강조한 것이다. '자연'은 아주 중요한 개념 범주이다. 정호가 논하는 '자연'에는 특별한 의미가 담겨 있었다. 그는 때로 하늘의 '자연'을 논했다.

하늘의 자연이라 하는 것, 그것을 일러 천도라 한다. 하늘이 만물에 부여한 것, 그것을 일러 천명이라 한다.[48]

천도가 자연이라면, 만물에게 부여된 '천명' 또한 자연이다. 그는 또 본성의 '자연'을 논했다.

대개 "타고난 것을 본성이라 한다." 그런데 "사람이 태어나면 잠잠한데, 그 이상의 것은 무어라 설명할 수 없다. 본성이라 말하는 순간 그것은 이미 본성이 아니다." 일반적인 사람들은 본성을 말함에 다만 "그것을 계승하는 것을 일러 선이라 한다"라고 말하는데, 이는 곧 맹자가 인간의 본성이 선하다고 했던 바로 그것이다. "그것을 계승하는 것을 일러 선이라고 한다"라는 말의 의미는 마치 물이 흘러 아래로 내려가는 것과 같다.[49]

---

48) 『二程遺書』 11, 97쪽, "言天之自然者, 謂之天道; 言天之付與萬物者, 謂之天命."
49) 『二程遺書』 1, 56쪽, "蓋生之謂性. 人生而靜, 以上不容說. 才說性時, 便已不是性也. 凡人說

"그것을 계승하는 것을 일러 선이라고 한다"라고 했을 때 무엇을 이어서 선이 되는 것인가? 당연히 천도를 이어서 선이 된다. 이것은 매우 자연스러운 일이다. 왜냐하면 '하늘은 단지 낳는 것을 도로 삼고, 이 낳음의 이치를 계승한 것이 바로 선'[50]이기 때문이다. 여기에서 그가 말하는 천도의 '자연'과 본성의 '자연'은 모두 선을 말하고 있음을 알 수 있다. 그는 때로는 본성과 감정의 '자연'을 말하기도 했다.

인간에게 있는 희노애락 역시 본성의 자연이다.[51]

여기에서 말하는 '본성의 자연'은 감정의 자연이기도 하다. 본성과 감정은 완전히 합일적이다. 이 외에도 그는 명철한 깨달음(明覺)의 '자연'을 말하기도 한다. '명철한 깨달음'은 포괄적인 마음을 가리키는 것으로서, 본성과 감정의 측면에서 말할 수도 있고 지각의 측면에서 말할 수도 있으며, 또한 '생각'의 측면에서 말할 수도 있다. 그러나 아무리 인식의 측면에서 '명철한 깨달음'을 말한다 하더라도, 이는 본성과 감정을 떠나서 말할 수는 없다. 이것이 정호가 말하는 '자연'의 특수한 의미 중 하나이다.

여기에는 분명 정호의 자연목적론 사상이 담겨 있다. 왜냐하면 선 자체가 목적이기 때문이다. '계승하는 것이 선이다'라는 말은 곧 자연목적의 실현을 의미한다. 다만 이는 하나의 과정이고 인간에게 있어서는 '그것을 이루는 것이 본성이다'라는 문제 즉 '진실함과 공경함으로 그것을 간직한다'(以誠敬存之)는 차원의 문제가 있다. 정호의 '하나의 근본'(一本)이라

性, 只是說繼之者善也, 孟子言人性善是也. 夫所謂繼之者善也者, 猶水流而就下也."
50) 『二程遺書』 2上, 109쪽, "天只是以生爲道繼此生理者卽是善也."
51) 『二程遺書』 2上, 84쪽, "人之有喜怒哀樂者, 亦其性之自然."

206

는 학문은 바로 하늘과 인간, 안과 밖, 위와 아래, 대상과 주체가 합일된 공부이다. 자연계는 하나의 조화로운 세계이며 질서 있는 생명의 과정이다. 그 중에는 목적 없는 목적성도 있으며, 자연계의 성원으로서 인간은 이를 잘 계승하는 것을 목적으로 할 때 선하게 된다. 감정활동은 바로 이 목적을 구현하는 중요한 방식이다. 그가 존경하고 따르는 맹자의 "잊지도 말고 조장하지도 말라"[52]는 말은 바로 이 점을 설명해 준다. 인간은 감정의 동물로서 인간의 감정활동은 인식활동을 포괄한다. 만약 이러한 감정활동이 자연에서 나온 것이라면 이는 자연계의 목적성을 구현할 수 있는 것이다. 그 때문에 '생기발랄'(活潑潑地)하면서도 이성적 법칙에 부합할 수 있는 것이다. 이것이 바로 '자연이성'이다.

여기에서 결론지어 말할 수는 없지만, 정호는 근본적으로 모든 인식에 반대했다. 그는 '자신을 위해 사사롭게 지혜를 씀' 즉 사적인 목적을 이루기 위해 지혜를 쓰는 것에 반대했다. 중국철학에서 '지혜를 쓰기 위해 지혜를 쓰는' 전통은 없었다. '지혜를 씀'은 결국 어떤 목적을 위한 것인데, 만약에 그것이 덕성의 완성을 위한 것이라면, 유가는 덕성지지德性之知 즉 '밝은 지혜'(叡智)를 요청했던 것이지, 지식적인 '앎'(智)을 필요로 했던 것이 아니다. 맹자가 일찍이 '지혜를 씀'에 반대한 것은 '천착함'(鑿) 때문이었다. 왜냐하면 이것은 자연적 질서와 본성에 해를 입히기 때문이다. 만약 '사사로움'을 위해 지혜를 쓴다고 했다면 그것은 더욱 큰 반대를 받았을 것이다. 정호는 바로 이러한 의미에서 말한 것이다. 그가 합당한 근거 없이 덕성과 지성을 구분했던 것은 아니었지만, 만약 어떠한 통일의 가능성도 부정한 채―예컨대 목적과 수단이라는 의미에 있어서― 오로지 대립만

---

52) 『孟子』, 「公孫丑上」, "心勿忘, 勿助長也."

을 강조했다고 한다면 이는 분명 매우 큰 실수라고 할 수 있다. 문제는 정호가 감정과 이성의 통일을 인정했는지의 여부가 아니라, 그가 감정을 통해서 이성을 이해했다는 점이다. 이렇게 볼 때 그는 도덕이성 방면에서 는 매우 중요한 공헌을 했지만, 인지이성의 방면에서는 다소 불충분했다고 할 수 있다.

제6장 감정과 이성, 어떻게 통일할 것인가?

제1절 감정은 성리의 실현이다

'감정을 이성화한다'(性其情)는 정이程頤의 말은 '본성', 즉 이치를 선험적 도덕이성이면서 동시에 선으로 인식한 것이다. 감정(여기에서는 주로 칠정을 말함)은 마음 안에서 움직여 밖으로 드러난 것이기 때문에 선도 있고 불선도 있다. 만일 감정을 따르면서 절제를 모른다면 '삿된 치우침'을 만들어 낸다. 감정이 '삿된 치우침'에 이르면 "본성을 고사시켜 없어지게 된다."[1] 따라서 '감정을 이성화'해야 한다. '감정을 이성화한다'고 할 때의 '이성' 즉 '본성'은 당연히 동사로 해석해서 성리性理로써 인간의 감정을 제약한다는 뜻, 또는 감정을 덕성화·이성화한다는 뜻이다. 이는 정이가 청년시절에 주장했던 것이지만, 그 기본 관점은 평생 동안 근본적으로 변하지 않았다. 이는 감정에 대한 정이의 이성주의적 관점을 명료하게 보여준다. 그렇다고 그가 성리와 감정을 완전히 대립적인 것으로 인식해서 감정을 배척하거나 제거해야 한다고 주장했던 것은 아니다.

정이에게 있어서 본성과 감정의 관계는 형이상과 형이하의 관계이다.

---

1) 『二程文集』, 卷8, 「顔子所好何學論」, "性其情. 愚者則不知制之, 縱其情而至於邪僻, 梏其性而亡之."

본성은 형이상의 것이고 감정은 형이하의 것이다. 이 구분은 감정을 감성적 경험의 차원으로 제한하고자 한 것이다. 이러한 정이의 주장은 유학의 발전에 크게 기여했다. 형이상자는 형체 너머의 것이기 때문에 감각할 수가 없다. 감각할 수 있는 것은 형이하자이다. 그렇다면 형이상자의 본성은 실현될 수 있는 것인가? 그렇다고 한다면 어떻게 실현되는가? 오직 형이하자로서의 감정에 의지해서 실현될 수 있을 뿐이다. 그래서 정이는 감정은 본성의 '움직임'이며 또한 본성의 '발현'이라고 주장했다.

본성에서 움직임이 있는 그것을 일러 감정이라 한다.[2]

이미 발했으면 감정이라 말할 수 있다.[3]

'움직임'은 활동을 가리키는 것으로, 인간의 마음은 활동하며 감정 역시 활동한다. 본성은 '적연부동'의 본체이지만 영원히 거기에 정지해 있다는 의미가 아니다. 만약 진짜 그렇다면 인성은 영원히 실현될 수 없다. 유가에서 말하는 '잠잠한 본체'는 정말로 아무런 움직임도 없는 정지가 아니라, 움직임 속의 잠잠함으로서 변하지 않는다는 의미를 지니고 있다. 시공의 측면에서 유가는 동정動靜의 통일을 주장했던 것이다. 그중에서도 정이는 이 점을 특히 강조했다.

예부터 유자들은 잠잠함 속에서 천지의 마음을 보라고 말했지만, 오직 나는 움직임에서 천지의 마음을 보라고 말하겠다.[4]

---

2) 『二程遺書』 25, 19쪽, "自性之有動者謂之情."
3) 『二程遺書』 18, 90쪽, "若旣發, 則可謂之情."
4) 『二程遺書』 18, 83쪽, "自古儒者皆言靜見天地之心, 唯某言動而見天地之心."

인간의 마음은 움직이지 않을 수 없으니, 그 움직임이 바로 감정이다. 이는 본성은 감정을 떠나서는 존재할 수 없다는 말이며, '본성의 움직임'인 감정은 이미 형이하자이지 형이상자가 아니라는 것이다. '발현'(發)은 발동의 의미이다. 본성은 본체 존재로서, 사실 잠재적이며 아직 실현되지 않았기는 하지만 그렇다고 실현되지 못한다는 말은 아니다. 그것의 실현이 곧 감정이다. 이는 서양의 실체론과는 다른 것이다. 실체론적 입장에서 보면 본성은 정신 실체라고 할 수 있으며, 이는 어떠한 경험에도 의지하지 않고 또 다른 세계에 속하는 존재이다. 그러나 정이가 말한 '성리性理' 혹은 '성체性體'를 포함하여, 유가에서 말하는 본성은 모두 '생생지리生生之理'가 아닐 수 없다. 그것은 만물 속에서만 체현될 수 있고, 오직 마음 속에서만 존재할 수 있지만, 동시에 시시각각 실현되고 있다. 그래서 그는 다음과 같이 말했다.

> 하늘에 있으면 명命이 되고, 인간에게 있으면 본성이 되지만, 그 주체의 측면에서 말하자면 마음(心)이다. 그러나 그것은 사실 하나의 도道일 뿐이다.…… 천하에는 본성 이외에 다른 것이 없다.[5]

"천하에는 본성 이외에 다른 것이 없다"는 말을 달리 표현하자면 본성이 천하만물 속에 있다는 것이다. 그러나 본성은 결국 형이상자이기 때문에 발동한 이후에 현실 존재가 되며, 발동 이후에는 감정이지 본성이 아니게 된다. 그렇다고 하더라도 감정은 본성의 감정일 뿐 본성이 없는 감정이 아니다. 이것이 성리와 감정의 관계이다.

---

5) 『二程遺書』 18, 89쪽, "在天爲命, 在人爲性, 論其所主爲心. 其實只是一箇道.……天下更無性外之物."

그러나 다른 측면에서 보면 감정이 참으로 본성의 실현이기는 하지만, 사물에 접한 이후에는 외물의 작용을 받기 때문에 쉽게 '욕심에 치달아 더욱 방탕해져서' 그 본성을 '상하게'(鑿) 한다. 따라서 '감정을 이성화'한다고 한 것은 처음부터 감정을 잘 조절해서 이성에 부합하도록 한 것이다. 감정과 본성은 '하나의 원천'이기에 근원에서 보면 감정은 본성에서 비롯되고 본성이 없으면 감정도 없게 된다. 본성이 선한 것이라면 근원적으로는 감정 역시 선해야 할 것이다. 그러나 그러한 감정에 불선이 있는 까닭은 다른 별도의 원인이 있기 때문일 것이다. 『이정유서』에는 다음과 같은 대화가 실려 있다.

물었다. "기쁨과 분노는 본성에서 나오는 것입니까?" 말씀하셨다. "실로 그렇다. 생명의식(生識)이 있으면 본성이 있게 된다. 본성이 있으면 감정도 있다. 본성이 없다면 감정은 어떻게 되겠는가?" 또 물었다. "기쁨과 분노는 밖에서 오는 것인지요?" 말씀하셨다. "밖에서 나오는 것이 아니라 외부의 자극에 의해 안에서 나타나는 것이다." 물었다. "본성에 기쁨과 분노가 있는 것은 물에 파도가 이는 것과 같은 것인지요?" 말씀하셨다. "그렇다. 거울과 같이 담연한 것이 물의 본성이지만, 모래와 돌을 만나거나 그 지세가 평탄하지 않으면 격랑이 일게 된다. 또는 바람이 그 위를 지나면 파도가 용솟음치게 된다. 이것이 어찌 물의 본성이겠는가? 인성에 사단이 있으니 어찌 좋지 않은 일들이 있을 수 있겠는가? 그러나 물이 없으면 어찌 파도가 일겠으며, 본성이 없다면 어찌 감정이 있을 수 있겠는가?"[6]

---

6) 『二程遺書』18, 91쪽, "問: 喜怒出於性否? 曰: 固是. 纔有生識, 便有性. 有性便有情. 無性安得情? 又問: 喜怒出於外, 如何? 曰: 非出於外, 感於外而發於中也. 問: 性之有喜怒, 猶水之有波否? 曰: 然. 湛然平靜如鏡者, 水之性也, 及遇沙石, 或地勢不平, 便有湍激; 或風行其上, 便爲波濤洶湧. 此豈水之性也哉? 人性中只有四端, 又豈有許多不善底事? 然無水安得波浪, 無性安得情也."

불교철학은 체용관계를 논할 때 물과 파도의 비유를 든다. 정이도 본성과 감정관계를 논할 때 물과 파도를 비유로 들었다. 이는 정이철학이 불교와 관계가 없지 않다는 것을 의미한다. 여기에서 우리는 유가와 불교의 관계 문제를 논하려는 것이 아니라, 유학자인 정이가 감정과 이성의 관계 문제에서 어떻게 선험적 이성과 경험적 활동을 연결하여 통일시켰는지를 확인하고자 한다. 인간에게 생명이 있는 한 본성이 있게 마련이다. 원문에서의 '생식生識'은 생명의식生命意識이며 생명의식은 생명활동의 표식이다. 본성은 생명의 본질 존재이다.—이는 '본질이 존재보다 우선'한다거나 또는 '존재가 본질보다 우선'한다는 말이 아니라, '존재가 곧 본질'이고 또 '본질이 곧 존재'라는 말이다.— 감정은 본성의 존재 방식일 뿐이다. 존재는 잠재적이며 드러나지 않는다. 이때는 본성이라고만 말할 수 있을 뿐, 감정이라 말할 수는 없다. 그러나 본성만 있고 감정이 없을 수는 없다. 본성의 존재는 결국 실현되거나 드러나야 하기 때문에 반드시 일정한 존재 방식을 필요로 한다. 감정은 바로 그러한 존재 방식이다. 때문에 잠재는 실현되지 않을 수 없고, 존재는 존재 방식이 없을 수 없는 것처럼, 본성은 감정으로 드러나지 않을 수 없다.

이는 일종의 궤변같이 보인다. 감정은 본성에서 나오기 때문에 본성은 반드시, 또 오직 감정으로 실현되어야만 한다. 이러한 입장에서 보면 감정은 본성의 실현원칙이며 이 둘은 완전히 통일된다. 그러나 다른 측면에서 보면 본성은 선하지만 감정은 늘 선하지는 않다. 이는 마치 물이 흘러가는 중에 모래나 돌을 만나면 혼탁해지지 않을 수 없는 것과 같다. 이렇게 보면 이 두 가지는 통일될 수 없는 면도 지니고 있다. 실제로 정이는 두 가지 측면에서 본성과 감정의 문제를 설명하고 있다. 하나는 이론적인 측면에서의 설명으로, 그는 선험적 도덕이성의 설정을 제시했다. 이는 자연목적론적 학설에 기초해서 감정세계의 가치와 의의를 보장하려는 것이었다. 그러나 이는 인간의 감정이 순수 개인적인 감성활동 혹은 순수 생물적인 정서적 감정이 된다는 말은 아니다. 또 하나는 현실적인 측면에서의 설명으로, 정이는 감정활동이 '외부의 자극'에 의해 움직이는 것으로 인식했다. 그렇다면 외부 대상과의 관계는 곧 감정활동의 특징 중 하나가 된다. 그 내재적 가치와 의의를 어떻게 체현해 낼 것인가의 문제는 분명 실천의 문제이지 그저 이론(즉 실천이성)의 문제일 수는 없다. 이 말은 현실생활에서 개인의 감정활동이 늘 이성적일 수는 없으며, 또 감정에는 독립성과 개별성이 있기 때문에 이성의 역량으로 그것을 자각적으로 지도할 것이 요구된다는 뜻이다. 이것은 실천의 문제이며 동시에 인식의 문제이다.

정이가 '격물치지格物致知'를 제시하고 중시한 이유가 바로 여기에 있다. 격물치지는 본질적으로 도덕수양의 문제이다. 그러나 그 안에는 도덕인식의 방법론적 의의도 함축되어 있다. 즉 성리에 대해 '근원을 거슬러 올라가는' 식의 인식을 진행할 것을 주장했다. 그 방법이 바로 '격물格物'이다. 격물은 모든 사물 속에서 경험적 인식을 진행하고 그것으로부터 자신에게 갖추어져 있는 '성리性理'로 돌아가는 것을 말한다. 정이의 입장에서 보면 '성리'는 보편적 도덕이성으로서 자연스럽게 매 사태와 대상 중에서 체현되는 것이지 그것 없이 체현되는 것이 아니다. 그것은 현상 배후의 '물자체' 혹은 현상 자체가 아니다. 그것은 모든 사태와 대상의 존재적 근거가 되는 '소이연所以然'과 '소당연所當然'이다. 이런 의미에서 본다면 성리는 곧 본질이라 할 수 있다. 그것은 또 어떤 추상적 '개념'이나 '추상 일반'도 아니며, 또한 최고의 '이데아'도 아니다. 그것은 구체적 이성이고, 그렇기 때문에 존재하는 것이며, 따라서 모든 사람의 마음속에 존재한다. 그러므로 그의 격물치지설은 결국 자신의 심성문제로 돌아옴과 동시에 감정의 문제로 돌아온다.

사물의 이치를 궁구하는 것은 자신에게서 성찰하는 것보다 더 나은 것
이 없다.[7]

'자신에게서 성찰한다'는 것은 자기 자신을 관찰하고 발견하는 것으로
감정활동의 자각적 체인을 포괄한다. 그러나 방법의 측면에서 내외의 병
용을 주장했다는 점에서 여기에 인식론적 의의가 없다고는 말할 수 없다.

본성과 감정을 구하는 것은 본래 자기 자신에게서 구하는 것이 절실하
기는 하지만, 풀 한 포기 나무 한 그루에도 그 이치가 있으니 반드시
살펴야 한다.[8]

풀 한 포기, 나무 한 그루에 깃들어 있는 이치마저 본성과 감정의 이
치와 합일할 수 있기 때문에 정이가 말하는 이치(理)는 자연계의 기계적
원리나 인과성이 아니라 언제나 천지의 '생생지리' 즉 '낳고 낳음의 이치'
인 것이다. '생생지리'는 보편적 생명의 의미를 지니고 있다. 이 점에서
인간과 만물은 일치한다.

어떤 사람은 이 학문을 하나의 '비유'나 '감정이입'이라고 말할 수도
있다. 심지어 원시적 사유인 '호혜성의 원칙'과 본질적으로 구분되지 않
는다고 생각할 수도 있다. 그러나 사실 문제는 그렇게 간단하지 않다. 성
리학자가 말하는 격물공부에서는 '유추'를 매우 중시했다. 이는 일종의

---

7) 『二程遺書』 17, 7쪽, "格物之理, 不若察之於身, 其得尤切."
8) 『二程遺書』 18, 48쪽, "求之性情, 固是切於身, 然一草一木, 皆有理須察."

'유비'적 사유이다. 그러나 '유비'는 간단한 '비유'와는 같을 수 없다. '비유'는 하나의 일을 다른 일과 동일시하기 쉽다. 그러나 '유비'는 정도의 측면에서 심지어는 성질의 측면에서 구분된다. 이는 사물의 '유사성'이 아닌 '동등성'에 착안한 것이다. 예컨대 인간과 초목은 모두 '이치'를 지니고 있다. 그러나 정이가 인간과 초목의 이치가 구분되지 않는다고 본 것은 결코 아니다. 오히려 그 속에서 우주 자체의 '생명의 이치'를 인식·체득하고, 더 나아가 인간의 '성리'로까지 미루어 나가려 했던 것이다. 그는 다음과 같이 말했다.

격물궁리는 이 세계에 존재하는 모든 것을 끝까지 궁리하는 것이 아니다. 어느 하나에 대해서 극진히 궁리하다 보면 다른 것도 유추할 수 있다.…… 작은 길이든 큰 길이든 결국에는 모두 서울에 이르는 것과 같다.[9]

'작은 길이든 큰 길이든 결국에는 모두 서울에 이르는 것'은 바로 '리일분수理一分殊'를 말한 것이다. 이 사이에는 아주 많은 미세한 차이가 있어 한마디로 뭉뚱그려 말할 수는 없다. 또 이렇게도 말했다.

지혜(智)는 인간의 본성에서 나온다. 인간의 지혜는 때로 교활한 계략에 빠지기도 하지만, 그렇다고 노장처럼 하고자 하는 대로 하며 지혜(智)를 버려두어서도 안 되니, 어찌 이것이 본성의 죄이겠는가?[10]

---

9) 『二程遺書』 15, 104쪽, "格物窮理, 非是要盡窮天下之物. 但於一事上窮盡, 其他可以類推.…… 如千蹊萬徑, 皆可適國."
10) 『二程遺書』 21下, 17쪽, "智出於人之性. 人之爲智, 或入於巧僞, 而老莊之徒逢欲棄知, 是豈性之罪也哉?"

여기에서 말하는 '지혜'(智)는 '이지理智'를 가리킨다. 이지 혹은 지성을 인성으로 말하는 것은 정이의 공헌이다. 비록 그가 말하는 '지혜'가 주로 자연계의 과학적 인식이 아니라 주로 인문사회와 인성에 대한 인식을 가리키지만, 그렇다고 해서 이것이 '이성'이 아니라고 할 수는 없다. 바로 이런 측면 때문에 그는 간단하게 인간과 만물을 섞어서 하나로 말하지 않았던 것이다. 인간에게는 '지성'이 있기 때문에 '유추'할 수 있다. 이는 인간만의 특수한 사유능력에 해당한다. 예컨대 정이의 '격물치지'는 일반적인 인식방법으로 보이지만, 그렇다고 해서 이를 자연계의 '법칙'을 인식할 수 있는 것으로 여기고, 이것이 과학적 지식을 수립하는 데 도움이 됐다고 여긴다면 이는 착오이다. 반대로 그것을 단순히 '비유'에만 그친다고 여긴다면 여기에는 어떠한 인식(논리를 포함)적 의미도 없게 되므로, 이것 역시 옳지 않다.

정이는 이성적 인식을 중시했다. 그 방법은 '격물'을 통해 '성리'를 인식해서 도덕이성을 자각하게 하는 것이다. '성리'에서 가장 중요한 점은 이것이 처음부터 끝까지 감정과 떨어질 수 없는 존재라는 점이다. 이 문제를 그의 미발·이발 논의에 근거해서 본다면 더욱 분명해진다. 그는 이렇게 말했다.

> 마음은 하나이지만, 그 체體의 측면에서 말하자면 고요하게 움직임이 없음(寂然不動)이고, 용用의 측면에서 말하자면 느끼기만 하면 천하의 모든 일에 통하게 됨(感而遂通天下之故)이다. 오로지 어떻게 보았는지에 달려 있을 뿐이다.[11]

---

11) 『二程文集』, 卷9, 「與呂大臨論中書」, "心一也, 有指體而言者, 寂然不動是也; 有指用而言者, 感而遂通天下之故是也. 惟觀其所見如何耳."

이 말은 정이가 여대림呂大臨과 '중화中和' 문제 즉 미발·이발의 문제를 논하면서 제시한 것이다. 이 관점은 수많은 논쟁을 불러일으켰고, 현대의 모종삼 선생도 여기에 포함된다. 사실 이 문장의 의미는 매우 명료하다. 그 의미를 설명하자면 다음과 같다. 희노애락의 미발·이발의 마음은 하나의 마음일 뿐 두 개의 마음이 아니다. 미발만 마음이고 이발은 마음이 아닌 것도 아니고, 그렇다고 이발만 마음이고 미발은 마음이 아닌 것도 아니다. 굳이 여기에 구별을 둔다면, 그것은 그저 체와 용의 차이일 뿐이며 또한 어느 차원에서 보았는지의 차이일 뿐이다. 만일 체의 관점에서 본다면 그것은 '미발' 즉 '적연부동'의 본성이고, 용의 관점에서 보면 그것은 '이발' 즉 '감이수통'의 감정이 된다. 이는 『중용』의 '미발이발'에 대한 성리학적 해석이다. 이는 마음을 체와 용, 즉 성과 정의 두 측면으로 나누어 해석한 것으로, 『중용』의 원래 의미에는 그다지 합치되지 않는다.

정이는 "마음에 대한 언급들은 대부분 이발을 가리켜서 말한 것이다"[12]라고 했다. 그러나 그는 후에 이 말을 바꾸어 마음은 '미발'이면서 또한 '이발'이라고 했다. 이는 체용을 겸해서 말한 것으로 매우 원만한 이해이다. 체용을 구분해서 말하면 다음과 같이 된다.

> 대본大本은 그 체를 말한 것이고 달도達道는 그 용을 말한 것이다. 체용이 본래 다르니 마음 역시 어찌 둘이 되지 않겠는가?[13]

즉 체는 체이고 용은 용이어서 체는 본성이고 용은 감정이 되는 것이다. 이 둘은 각각의 가리키는 것이 있으므로 혼동되어서는 안 된다. 그러

---

12) 『二程文集』, 卷9, 「與呂大臨論中書」, "凡言心者, 皆指已發而言."
13) 『二程文集』, 卷9, 「與呂大臨論中書」, "大本言其體, 達道言其用. 體用自殊, 安得不爲二乎?"

나 체용의 관계에 대해서는 다음과 같이 말한다.

> 지극히 은미한 것은 이치이고, 지극히 드러난 것은 현상이다. 체와 용의
> 근원은 같고 드러남과 은미함에는 간격이 없다.[14]

본성이 비록 '지극히 은미한' 이치이고 감정이 비록 '지극히 드러난'
현상이지만 이 둘은 합일되어 간격이 없다. 이것이 그가 말한 '성명의 이
치에 따른다' 혹은 '만물의 사정을 온전히 이룬다'는 것이다.[15] 이치에 따
르는 것이 만물의 사정을 온전히 이루는 것이며, 만물의 사정을 온전히
이루는 것이 곧 이치에 따르는 것이다. 왜냐하면 이 두 가지는 원래부터
하나이기 때문이다. 여기에서 말하는 '사정'(情)은 비록 아주 광범위한 의
미지만 구체적인 감정 역시 포함하고 있다.

미발과 이발은 본래 희노애락의 감정을 논한 것이지만, 정이가 미발
을 본성의 체體로 해석한 이후 대체로 감정활동으로는 논하지 않게 되었
다. 그러나 사실상 '미발'의 체라고 하는 것은 희노애락이라는 감정의 이
치 즉 '소이연'이다. '소이연'은 바로 '본연本然' 즉 본래 그러하다는 것이
지, '본연' 위에 또 다른 '소이연'이 있는 것이 아니다. 그리고 '본연'은 '실
연實然' 즉 '실제 그러함'에서 분리될 수 있는 것이 아니다. '실연'은 다름
아니라 감정이다. 따라서 마음의 이발, 즉 희노애락의 감정을 떠나서 또
다시 무슨 미발의 감정이 있는 것이 아니다. 이것이 바로 그가 말한 '체용
일원'이다. 성리학자가 말하는 체용은 모두 존재와 그 기능·작용이라는
의미에서 말한 것으로, 체는 용의 체이고 용은 체의 용이라서 둘은 서로

---

14) 『二程文集』, 「伊川易傳」, "序: 先生曰: 至微者理也. 至著者象也. 體用一源, 顯微無間."
15) 『二程文集』, 卷8, 「易傳序」, "將以順性命之理, 通幽明之故, 盡事物之情, 而示開物成務之道也."

떨어질 수 없다. 본성과 감정이 체용의 관계라면, 본성으로서의 체가 있으면서 감정으로서의 용이 없을 수는 없다. 또 감정으로서의 용이 있으면서 본성으로서의 체가 없을 수도 없다. '근원이 같고'(一源), '간격이 없다'(無間)고 한다면 미발과 이발은 대립적이지 않다. 따라서 정이와 주희 등 성리학자들을 이원론자라고 볼 근거는 없다.

정이는 '형이상학'을 말했지만 그가 말하는 '형이상'은 결코 현상 배후에 있는 본체계가 아니다. 또한 '존재하기만 하고 활동하지 않는 것'[16]도 아니다. 이와는 정반대로 그가 말하는 형이상자는 활동하면서 존재하는 존재이며 본체는 작용을 통해 현현한다. '존재하기만 하고 활동하지 않는다'는 것은 정지된 '형이상'에서의 관점이다. 정이가 말한 본성이 비록 '적연부동'의 체이기는 하지만 체만 있으면서 용이 없다고 한다면 이는 마음이 될 수 없다. 마음은 체와 용의 측면을 모두 지니고 있다. 본체의 측면에서 마음을 논할 수는 있지만 마음이 곧 체인 것은 아니다. 용에서 마음을 논할 수는 있지만 마음이 곧 용인 것은 아니다. 현실적 측면에서 보면 마음은 언제나 움직인다. 그 활동이 '감이수통感而遂通'이며, 이것이 바로 '적감일체寂感一體'이다. 따라서 오로지 형이상학의 차원에서만 보아서는 안 된다. 형이상과 형이하를 함께 보아야 하는 것도 중요하지만, 이보다 더 중요한 것은 '형이하'에서 보아 내는 것이다. 그래야만 비로소 '형이상자'를 이해할 수 있기 때문이다. 정주리학은 본래부터 개념 분석적이지도 않았고 논리 추리적(연역적)이지도 않았다. 정주리학은 서양식의 '존재론'이나 '실재론'이 아니라 생활의 실천과 감정활동을 중시한 학문이다. 정주학에 비록 '형이상학'적인 설정이 있기는 하지만, 그것은 언제나 감정적

---

16) 모종삼, 『중국철학십구강』(상해고적출판사, 1997년판), 제378쪽.

삶 속으로 내려와서 구체화되고 실천된 것이다. 그 원인은 '형이상자'의 본성이 구체적이며 또한 감정의 내용을 지니고 있기 때문이다. 한마디로 말하면 이는 구체적 이성이지 추상이성 혹은 형식이성이 아니다. 정이의 말로 표현하자면 성리에는 "모든 것이 이미 빼곡히 갖추어져 있다."[17] 이 것이 바로 서양의 형이상학과 구분되는 점이다.

제2절 감정을 통해 본성을 봄

주희는 성리학을 집대성한 인물로, 이성주의적 특징이 가장 분명하게 드러난 인물이다. 특히 그의 '격물치지格物致知'나 '즉물궁리卽物窮理'의 공부 관은 인지이성 측면에서 두드러진 발전과 공헌을 했다. 그렇다고 해서 그의 철학이 감정의 문제로부터 완전히 벗어났다는 것은 아니다. 오히려 이와 반대로 그의 근본 문제는 여전히 감정과 이성, 즉 '성리'의 관계 문제 였다.

주희의 '형이상학'은 주로 '성리'에 대한 연구 및 그 신념 등에 대한 문제들이었다. 그가 말하는 '리理'는 근본적으로 '정리情理' 즉 도덕이성을 가리킨다. 그가 비록 '리'의 특징에 대해 '소이연所以然'·'소당연所當然'·'필 연必然'·'사지연使之然' 혹은 '자연自然'·'본연本然'에 이르기까지 여러 가지 로 규정을 했지만 그 핵심은 여전히 인의예지의 본성이다. 그의 임무는 인간의 도덕이성을 우주본체의 높이로 끌어올려 유가의 '형이상학'적 체 계를 완성시키는 것이었지 서양식의 순수개념이나 순수이성의 형이상학

---

17) 『二程遺書』 15, 78쪽, "冲漠無朕, 萬象森然已具."

을 수립하는 것이 아니었다. 바로 이 점이 주희가 주희일 수 있는 이유이다. 주희의 철학을 서양철학적 관점으로 해석하고자 하는 노력은 대부분 성공할 수 없었다. 필자는 결코 동서철학의 공통점을 부정하지 않는다. 다만 우리가 동서철학을 비교하고 설명하는 것은 동서철학이 지닌 공통점이 인정될 때로 제한되어야 한다. 그러나 그 공통점은 오직 각 철학의 특수성 위에서만 존재할 수 있다. 따라서 먼저 중국철학의 특성을 명료하게 인식하고 난 다음 공통점을 논해야지 그렇지 않으면 우리는 '모호한 이해'에서 벗어나기 힘들 것이다.

감정과 이성의 관계에 있어서 주희는 두 개의 유명한 명제를 제시했다. 하나는 '심통성정心統性情'이고 다른 하나는 '성체정용性體情用'이다. 그는 한편으로는 형이상과 형이하 체와 용의 구분을 강조했지만, 다른 한편으로는 심心·본성·감정 간의 특히 감정과 '성리' 간의 통일성에 대해 더욱 분명하게 논했다. 주희의 입장에서 보면 '성즉리性卽理'는 '결코 논파될 수 없는' 진리이다. '성리'는 절대적 보편성과 필연성·객관성을 지니고 있으며, 이는 절대 의심될 수 없는 진정한 '이성'의 범주라고 말할 수 있다. 그러나 형이상과 형이하, 체와 용의 관계를 논할 때와 마찬가지로, 형이상은 형이하와 '분리'되지 않으며, 체는 오직 용 속에서만 볼 수 있고, 본성과 감정의 관계 역시 이와 마찬가지라고 보았다. 주희가 이러한 기본 관점을 제시한 이유는 바로 형이상자인 본성의 '존재'의 문제를 해결하고자 한 것이지 어떤 '이데아'나 '이념'의 문제를 구성하고자 한 것이 아니었다. '이데아'나 '이념'은 개념론이나 관념론일 수는 있지만, 이는 시공을 초월한 순수정신, 혹은 순수사유이다. 존재는 그런 것이 아니다. '존재'는 시공 중에 존재하며 그것은 정신적이지만 형체를 떠나서 존재할 수 없다. 이것이 바로 주희와 유학의 '형이상학'이 서양의 형이상학과 근본적으로 구분되는 지점이다. 이런 맥락에서 주희의 '떨어지지도 않고 그렇다고 서로 섞이지도 않는다'는 소위 '불리부잡설不離不雜說'을 이해하면 큰 문제가 없을 것이다.

'성즉리'는 진정으로 형이상자이며 본체이다. 형이상자라는 측면에서 말하자면 본체는 '형체도 없고 정해진 장소도 없어서'[18] 형이하자와는 분명히 구분된다. 그러나 문제의 관건은 그것이 어떻게 존재하느냐이다. 주희는 분명히 리는 '순수하고 깨끗하며 텅 비어 있는' 세계이며, 마치 형이상적인 '리의 세계'가 존재하는 것처럼 말했다. 그러나 이는 단지 '사유'의 논리에서 혹은 '미루어 나가서' 말한 것이다. '미루어 나감'은 사유의 과정이지 '존재' 그 자체는 아니다. 다시 말해 주희는 관념을 말하기는 했으나 관념론자는 아니었다. 주희는 '성리'를 말하기는 했지만 결국은 '존재'에서 인간의 '존재'와 그 의미 문제를 해결하고자 했던 것이고, 따라서 이는 '형이하'로 내려올 수밖에 없다. '형이상자'라는 것은 어찌됐든 '형이하자'로부터 미루어 나간 것이다. 이것은 한 측면에서 본 의미이다. 또 다른 차원에서 보았을 때, 본체로서의 '형이상자'는 현상 배후의 실체는 아니지만 존재하는 것의 존재근거라는 의미를 가진다. 그 자체는 '존재'적 의미에서 말한 것으로, 아직 실현된 적이 없는 잠재적 존재이다. 이는 '감추어짐'과 '드러남'의 관계이다. 본체는 오직 현현과 작용의 과정을 통해서만 자신을 실현할 수 있고 이때에야 비로소 본체라고 부를 수 있다.

이러한 것들은 마음과 본성 및 감정의 관계에서 아주 분명하게 드러나며 또한 가장 중요한 것이다. 주희가 볼 때 '성학性學'이야말로 성리학의 핵심이기 때문에 다음과 같이 주장했다.

---

18) 『朱子語類』 94, 19쪽, "太極無方所, 無形體, 無地位可頓放. 若以未發時言之, 未發卻只是靜."

배우는 자는 반드시 먼저 온전한 인간이 되기 위한 성학을 세워야 한다. 온전한 인간이 되기 위해 배우는 자는 더욱 절실히 해야 한다.[19]

'온전한 인간이 되기 위해 배운다'는 것은 모든 유가의 근본 목적이다. '온전한 인간이 되기 위해 배우려' 한다면 반드시 '먼저 성학을 세워야' 한다. '성학'을 세우려면 마음과 본성 및 감정의 관계를 해결해야 한다. '심통성정'은 장재가 제시한 '성학'의 중요한 명제지만, 그는 이 문제에 대해 더 이상 논의를 전개하지 않았다. 따라서 그 의미가 무엇인지 충분히 명료하지는 않다. 주희는 이 명제를 매우 높게 평가했고, 따라서 적극적으로 받아들여서 이 명제의 의미를 명확하게 드러냈다. 본성과 리理는 도대체 어디에 존재하는가? 주희의 해석에 따르면 그것은 오직 마음속에 존재하지만, 그렇다고 해서 리가 지니는 객관성·보편성과 이것이 천명天命에서 근원했다는 점을 부정하지는 않는다. 왜냐하면 그것은 어쨌든 선험적 도덕이성이기 때문이다. 그러나 만약 마음을 떠나서 '성리'를 말한다면 아무런 의미가 없게 되며, 그렇게 될 경우 심지어 '천명'마저도 아무런 의미가 없게 된다. 왜냐하면 '천명'은 하늘이 인간에게 명한 것인데, 인간에게 명했다는 말의 뜻은 그것이 마음속에 있다는 것이다. 마음은 인간 주체성의 표현으로 인간의 '주재主宰'를 나타내는 것이다. 주희는 바로 이러한 의미에서 '심心과 리理는 하나'라는 명제를 제기했던 것이다.

심과 리는 하나이지 리가 먼저 있어서 별개의 사물로 존재하는 것이 아니다. 리는 오직 마음속에서만 존재하고, 마음은 그것을 간직한 채 머물러만 있는 것이 아니라 다가오는 사태를 맞아서 드러내는 것이다.[20]

---

19) 『孟子或問』, 「告子上」, "學者先須立人之性學. 所以學爲人者, 則尤親切也."

리理는 심이 아니면 머물 곳이 없다.[21]

'심과 리는 하나'라는 이 명제는 정호도 제기한 적이 있다. 정호는 다음과 같이 말했다.

심과 리는 본래 하나인 것이지 인간이 그것을 하나로 할 수 있는 것이 아니다.[22]

오늘날 몇몇 학자들은 '심과 리는 하나'라는 이 명제가 정호의 사상에 적용되는 것은 쉽게 수긍하지만, 이것이 주희의 사상에 적용되는 것은 문제가 있다고 본다. 필자는 여기에서 이 문제를 본격적으로 거론하고 싶지는 않다. 그렇지만 한 가지 지적하고 싶은 것은 주희의 철학에서 리는 '어떤 무엇'(一物)이 아니며, 마음 밖에 있는 '어떤 무엇'은 더욱 아니라는 점이다. 그것은 마음이 마음일 수 있는 이유이며 또한 본성이다. '리는 심이 아니면 머물 곳이 없다'는 표현은 이를 아주 명백하게 말해 준다. 심이 있어야 리가 안착할 수 있다. 이 심은 심리학에서 말하는 심이며 또한 경험 차원에서 말하는 심이다.

그러나 심은 '전체대용全體大用'의 총체적인 이름, 즉 체와 용을 모두 아우르는 것이다. 체도 있고 용도 있으며 본성도 있고 감정도 있다. 나누어서 말하면, 체용·성정의 구별이 있지만 합해서 말하면 모두 하나의 심일 뿐이다. 구체적인 의미로 말하자면, 심은 '지각知覺'의 작용에 불과하다. '지각'은 인식(知)과 감정을 포괄한다. 그러나 '존재'의 의미에서 보면

---

20) 『朱子語類』 5, 32쪽, "心與理一, 不是理在前面爲一物. 理便在心之中, 心包蓄不住, 隨事而發."
21) 『朱子語類』 5, 26쪽, "曰: 理無心, 則無著處."
22) 『二程遺書』 5, 1쪽, "理與心一, 而人不能會之爲一."

심은 대부분 감정을 가리키기에 다시 감정의 문제로 돌아오는 것이다. 앞에 나온 '리는 심이 아니면 머물 곳이 없다'는 말은 사실 본성은 감정이 없으면 '안착'할 곳이 없다는 말이기도 하다. 심은 무엇을 담는 물건이 아니라 항상 활동하는 것이기 때문에 주희는 심이 '활동하는 것'임을 특별히 강조한다. 심의 활동은 '지각' 활동이다. 그러나 여기에서의 '지각'은 결코 인식적 차원의 문제가 아니다. 중요한 것은 심의 '감응感應'·'발용發用'의 문제이다.

> 본성은 이치이니, 심은 그것들을 받쳐주고 드러내며 발용하는 것을 포함한다.[23]

여기에서 말한 '발용'은 감정을 가리켜 말한 것이다. 본성은 심의 체이고 감정은 심의 용이다. 여기에서 말한 심은 심의 용을 가리켜 말한 것이다. 심의 용은 곧 감정이다.

> 본성에 대해서는 말할 수 없다. 본성이 선하다고 하는 것은 측은한 마음이나 겸손한 마음이 보이는 선한 측면을 보고 그 본성이 선하다고 말할 수 있을 뿐이다.…… 사단은 감정이다. 본성은 리이다. 발하는 것은 감정이다. 그 본체는 성이니 이는 마치 그림자를 보고서 그 형체를 알 수 있는 것과 같다.[24]

리는 하늘의 명이고, 명은 리의 용이다. 본성은 인간이 하늘로부터 받은

---

23) 『朱子語類』 5, 48쪽, "性是理, 心是包含該載, 敷施發用底."
24) 『朱子語類』 5, 58쪽, "性不可言. 所以言性善者, 只看他惻隱辭遜四端之善, 則可以見其性之善.……四端, 情也. 性則理也. 發者, 情也. 其本則性也, 如見影知形之意."

것이고 감정은 본성의 용이다.25)

본성은 움직이지 않는 것이고 감정은 이미 움직인 것이니 마음은 이미
움직인 것과 움직이지 않은 것을 포괄한다. 무릇 마음의 움직이지 않음
은 본성이 되고 이미 움직인 것은 감정이 되니 말하자면 마음은 본성과
감정을 통솔하고 규제한다.26)

이상의 언급들을 보면, 우리는 주희가 마음을 논함에 있어 그때그때
마다 다른 설명 방식을 채택하고 있음을 알 수 있다. 어떤 때는 심의 체용
을 가리켜 말할 때가 있으니 '심통성정'·'심유체용'의 심이 바로 그러한
것이다. 소위 "오로지 마음만이 짝이 없다"27)는 것은 바로 이러한 측면을
두고 한 말이다. 이는 체용과 성정을 포괄하지만 때로는 심체를 가리켜서
말하기도 한다. 심체에서 보면 심은 곧 리이면서 본성이다.

심의 전체는 잠잠히 맑고 투명하고, 모든 이치를 모두 갖추어 추호의 사
심도 없이 모든 것을 포용하며 흐르니, 동정과 묘용을 관통하여 어디에
든 있지 않음이 없다.28)

이 대목이 그러한 경우에 해당한다. 여기에서 말한 '동정'은 서로 대
립시켜서 말한 것인데, 동은 정의 동이고, 정은 동의 정이다. 때로는 심의
용으로 말하고, 또 기능·작용에서 말하는데, '지각운동'·'발용'·'유행'

---

25) 『朱子語類』 5, 2쪽, "理者, 天之體; 命者, 理之用. 性是人之所受, 情是性之用."
26) 『朱子語類』 5, 71쪽, "性是未動, 情是已動, 心包得已動未動. 蓋心之未動則爲性, 已動則爲
   情, 所謂心統性情也."
27) 『朱子語類』 5, 22쪽, "惟心無對."
28) 『朱子語類』 5, 76쪽, "心之全體湛然虛明, 萬理具足, 無一毫私欲之間; 其流行該遍, 貫乎動靜,
   而妙用又無不在焉."

등은 모두 이를 두고 한 말이다. 이러한 의미에서 감정과 지知는 내면에 있는 모든 것을 포괄한다.—여기에서 말하는 지知는 인식활동을 가리키는 것이지 '덕성'의 지知를 가리키는 것이 아니다.—

주희가 심의 체용과 성정을 말할 때 사용하는 "본성은 움직이지 않은 것이고 감정은 이미 움직인 것이다"라는 표현은 혼란을 일으키기 쉽다. 그가 말한 "심에는 체와 용이 있다. 아직 발하기 전은 심의 체이고, 이미 발했을 때는 심의 용이 된다."[29] '아직 발하기 전'·'이미 발했을 때'와 같은 말은 혼란을 야기하기 아주 쉽다. 모종삼 선생은 주희의 이 말을 인용하여 주희가 말한 심은 '실제 그러한'(實然) 심, '형이하'의 심, '지성'의 심(『심체와 성체』 주희 관련 부분을 보라)으로 인식하고 있다. 그러나 주희의 의도는 마음의 움직임이나 마음의 발현은 오직 기능이나 작용 즉 감정일 수밖에 없는데, 오직 감정이라야만 이것을 볼 수 있고 말할 수 있음을 설명하고자 한 것이다. 그렇다면 본성은 어디에 있는가? 본성이 감정의 체體이고 감정의 본本이라면 감정은 있는데 본성이 없을 수는 없다. '위로 미루어 나간다'고 할 때의 본성이 '아직 발하기 전'에 있다고 하는 것은 '아주 잠잠하여 아무 움직임도 없는' 상태 혹은 '맑고 깨끗하여 텅 비어 있는' 상태를 의미한다. 그러나 사실 이러한 상태는 존재하지 않는다. 왜냐하면 심은 움직이지 않는 때가 없고 발하지 않는 때도 없기 때문이다. 따라서 솔직히 말하면 본성은 오직 감정 즉 '움직임'과 '발현'에서만 확인될 수 있다. 그래야 비로소 존재론이라 할 수 있다. 본성이 비록 감정의 존재 근거이기는 하지만, 근거라는 측면에서 본성을 말할 때 본성은 감정보다 선재하기 때문에 모종의 '시간적' 의미를 지니고 있다고 말할 수 있다.

---

29) 『朱子語類』 5, 62쪽, "曰: 心有體用. 未發之前是心之體, 已發之際乃心之用."

이는 인간의 생명이 탄생하기 전, 혹은 생명활동이 나타나기 전에 본성이 '생생지리'로서 이미 자연계에 존재했기 때문이다. 이것이 인성의 시작이다. 그러나 본성을 본성이라 부를 수 있는 근거에 대해 말하자면, 이것은 오직 인간의 생명이 출현한 뒤, 즉 인간의 생명활동 특히 감정활동을 통해서만 설명될 수 있다. 결론적으로 본성은 말할 수 없고 볼 수도 없다. 만약에 본성을 말하거나 보려한다면, 이는 오직 본성의 '발현'과 본성의 '용'에서만 확인할 수 있다. 또한 본성은 감정에서만 확인할 수 있는데, 이는 본성이 감정을 통해서 실현되고 감정으로부터 그 존재가 증명되기 때문이다. '위로 미루어 나간다'고 할 때의 '미루어 나감'은 논리적 사유의 의미이지 어떤 실체적 존재가 있음을 말하는 것이 아니다. 주희에게는 데카르트와 같이 "나는 생각한다. 그러므로 존재한다"는 식으로 논리적 사유를 존재로 보거나 혹은 논리적 사유로 그 존재를 증명하려고 하지 않았다. 이는 꼭 짚고 넘어가야 할 부분이다.

또한 이것은 도덕이성이 '존재'한다는 말이다. 다만 이것은 감정생활 속에서만 존재하며, 감정생활을 통해 그 존재가 드러난다. 예컨대 어떤 사람에게서 도덕이성의 유무를 확인하고자 한다면, 그의 현실 속 구체적 감정생활에서 보아야지, 구체적인 도덕감정을 떠나서는 소위 도덕이성이라는 것은 말할 수 없다. 그렇다고 감정 그 자체가 성리라거나 혹은 도덕감정 그 자체가 도덕이성이라는 말은 아니다. 여기에서 도덕이성, 즉 '성리'가 선천적으로 부여되어 있다는 것은 매우 중요하다. 왜냐하면 이런 자연목적적 이론(천도·천명)이 있어야 인간에게 선량한 본성이 있다는 것을 보증할 수 있으며, 또한 인간의 감정생활·감정세계가 의미와 가치를 갖출 수 있게 할 뿐만 아니라 주체적 실천과 신념을 추구하도록 하기 때문이다.

'심통성정心統性情'이 바로 그런 내용이다. 일반적으로 '통統'자에는 두 가지 뜻이 있다. 하나는 '주재한다'(主)는 것이고 또 하나는 '겸兼한다'는 것이다. '주재한다'는 말은 본성과 감정이 모두 심으로부터 통솔·주재된다는 의미로서 심의 주체성을 나타내는 말이다. 또 심이 '주인'이 된다고 말할 수도 있다. 주희가 말했다.

본성은 심의 이치이다. 감정은 본성의 움직임이며 심은 본성과 감정의 주인이다.[30]

본성은 감정에 대해서 말한 것이고, 심은 본성과 감정에 대해서 말한 것이다. 응당 그래야 하는 것이 본성이고 움직이는 것이 감정이며 주재하는 것이 심이다.[31]

분명 그는 심은 주체의 범주이면서 동시에 주재의 작용이 있다고 본 것이다. 따라서 본성과 감정은 주체성의 특징을 지니고 있으며 도덕주체와 감정주체는 통일된다. 이는 모두 스스로 주인이 된다는 의미를 지닌다. '겸한다'는 말은 양쪽 모두를 겸해서 지니고 있다는 뜻으로, 어느 하나를 결핍할 수 없다는 것이다. 따라서 본성의 측면에서만 말할 수도 없고, 감정의 측면에서만 말할 수도 없다. 반드시 본성과 감정 모두를 말해야 심의 의미를 나타낼 수 있다. 이는 다음과 같은 언명에서 드러난다.

본성은 체이고 감정은 용이다. 본성과 감정은 모두 심에서 나온다.[32]

---

30) 『朱子語類』 5, 55쪽, "嘗曰: 性者, 心之理. 情者, 性之動; 心者, 性情之主."
31) 『朱子語類』 5, 56쪽, "性對情言, 心對性情言. 合如此是性, 動處是情, 主宰是心."
32) 『朱子語類』 98, 41쪽, "性是體, 情是用. 性情皆出於心."

심은 체용을 겸해서 말한 것으로, 본성은 심의 이치이고 감정은 심의 기능이다.33)

'주재한다'건 '겸한다'건 간에, 이 말들은 '성리'와 감정은 인간의 존재이자 그 본질이고, 동시에 인간의 주체성을 나타내는 중요한 표식임을 설명하고자 하는 것이다. 이런 주체성이 중요한 이유는 이것이 '마음을 모두 발휘해서 본성을 안다'(盡心知性)는 공부를 포함하기 때문이다. '본성을 알아야 '마음을 모두 발휘할' 수 있고, 마음을 모두 발휘해야 자각을 실현하고 자각적인 이성생활을 누릴 수 있게 된다. 바로 이 때문에 '심은 공부를 하는 곳'34)인 것이다.

본성과 감정의 관계에 대한 주희의 관점을 보여 주는 중요한 대목은 '감정을 통해 본성을 본다'는 것이다.

본성이 있으면 감정이 발현된다. 이 감정으로 인해 이 본성을 볼 수 있다. 지금 이 감정이 있기 때문에 이 본성이 본래부터 있음을 알 수 있다.35)

감정이 발현하기 때문에 본성의 본래 모습을 볼 수 있다.36)

체가 있은 후에 용이 있고, 본성이 있은 후에 감정이 있다. 감정은 본성의 '움직임'(動)이고 본성의 '나타남'(發)이다. 이는 존재론적 '인과' 관

---

33) 『朱子語類』 5, 89쪽, "心兼體用而言, 性是心之理, 情是心之用."
34) 『朱子語類』 5, 75쪽, "心是做工夫處."
35) 『朱子語類』 5, 57쪽, "有這性, 便發出這情. 因這情, 便見得這性. 因今日有這情, 便見得本來有這性."
36) 『孟子集注』, 「公孫丑上」, "因其情之發, 而性之本然可得而見."

계로, 칸트의 존재론적 철학을 포함한 서양철학과 아주 유사하다. 그러나 그 이후의 기술 방식은 매우 상이하다. 칸트의 학설을 살펴보면, 현상적 존재는 '원인'을 지니고 있다. 이 원인(본체, 즉 실체)은 현상 그 자체는 아니지만 현상의 배후에서 작용을 일으킨다. 그것은 영원히 알 수 없는, 인간의 이성능력이 영원히 도달할 수 없는 것이다. 이는 '실천이성'의 영역이라 할 수 있다. 그러나 '실천이성'은 또 무엇인가? 그것은 '순수이성'이면서 일종의 '이념'이다. '이성' 혹 '이념'은 인지이성이 어찌할 수 있는 것이 아니다. 그것은 '자유의지'의 문제라 할 수 있다. '자유의지'는 '절대명령'이다. 이는 인간이 자신을 위해 세운 법이기 때문에 '자율'이면서 '도덕이성'이라고 할 수 있다. 그러나 이러한 '도덕이성'은 하나의 형식에 불과하며 어떠한 내용도 지니고 있지 않다. 이렇게 해서 인간은 서로 관여할 수 없는 '존재적 인간'과 '현상적 인간'으로 나뉘게 된다. '현상적 존재'로서의 인간은 자연계와 똑같이 인과율의 지배를 받고, '본체적 존재'로서의 인간은 자유의지를 지니는 것이다. 따라서 '자유의지'가 어떻게 가능한가 하는 문제는 사실 '요청된 것'일 뿐 증명된 것은 아니다. 그러나 칸트가 말하는 '자유의지' 즉 '실천이성' 그 자체는 이러한 역량을 지니고 있어서 인간을 '존재적 인간'·'자유로운 인간'으로 만든다. 칸트는 '인간은 목적적이다'라는 위대한 언명을 제기하기는 했지만, 그 목적을 어떻게 실현할 것인가의 문제에서는 적어도 현실적 차원에서는 전혀 해결되지 않았다. 칸트가 도덕감정을 부정한 것은 바로 이러한 학설 때문이었다.

주희 철학에서 본체로서의 본성은 감정을 결정하면서 동시에—우선 여기에서는 '현상적 의미에서— 감정 안에 있다. 따라서 감정을 통해야만 본성을 볼 수 있다. 여기에는 매우 중요한 구분이 있다. 주희는 본체와 '현상'을 하나는 현상계로 다른 하나는 현상 배후의 본체계로 구분해서 서로 소통할 수 없는 세계로 설정하지 않았다. 그는 비록 후자가 전자를 결정하는 것으로 보고 있기는 하지만, 후자는 결코 독립적인 '존재'가 아니다. 이와 반대로 본성이 감정을 결정한다는 점에서 양자 간에는 반드시 통일성이 있게 된다. 본성은 반드시 드러난다. 즉 잠재에서 현실로 드러난다. 이러한 드러남은 곧 자신의 본질을 자신으로부터 가져오는 것이다. 모든 문제는 어떻게 본질을 모두 실현시킬 것인가와 관련된다. 이는 현상계의 인과관계와 본래부터 별개의 문제이다. 이는 근본적으로 인과관계의 문제가 아니기 때문이다. 따라서 여기에서는 존재론상의 '필연성 법칙'을 이끌어 낼 수 없다. 이는 하나의 자연목적론적 문제이다. '천도유행天道流行'과 '생생불식生生不息'은 주희와 유가의 우주론과 존재론의 기본적인 신념이자 공감대이다. 주희의 입장에서 볼 때, 자연계는 본래 기계적 인과론의 세계가 아니다. 이는 생명이 있는 세계이며 부단히 생성하는 세계이다. 이는 하늘의 역할이며 작용이다. 하늘은 유행하는 과정이자 '생생불식'의 과정이다. 유행과 과정을 떠나, 즉 '생'을 떠난 채 하늘이란 무엇인가를 논하는 것은 아무런 의미도 지니지 않는다. '천도'·'천리'란 무엇인가 라는 문제 역시 아무런 의미도 지니지 못한다.

천도의 유행과 '생생'은 목적성을 지니고 있다. 그 목적은 '생' 그 자체이다. 즉 더욱 완전한 선과 완전한 아름다움을 향해 발전하는 것이다. 이 목적성은 인간의 생명 속에서 그리고 인간의 마음속에서 가장 집중적으로 표현된다. 이것이 바로 본성이고 선이며, 감정은 그것의 구체적 표현이다. 때문에 자연목적성은 오로지 천인관계, 즉 인간과 자연계의 관계 안에서만 논의되어야 하고, 인간을 배제하고서 자연계 그 자체에 목적이 있는지 없는지를 논할 수는 없다. 천인관계에서 목적성을 논하고자 한다면 인간의 감정을 떠나서는 논의를 진행할 수 없다. 따라서 본성과 감정의 관계는 근본적으로 본체(실체)와 현상의 관계가 아니다. 이는 목적성과 그 실현의 관계 또는 '잠재'와 그 작용·기능의 관계로, '잠재'는 과정 속에서 실현된다. 존재는 오직 작용을 통해서만 자신을 드러낸다. 때문에 본성의 체는 오직 감정 속에서만 존재한다고 할 수 있다. 그것을 '존유存有'(모종삼 선생의 개념)라고 말할 수도 있겠으나, 여기에서 '존유'는 사변적 추론의 측면에서 하는 말로 '마치 어떤 무엇이 있는 것 같음'이다. 그러나 사실 그것은 어떤 대상이 있는 것은 아니며, 그것은 본래 '어떤 무엇'이 아니다. 더욱이 여기에 버젓이 펼쳐져 있는 무엇은 결코 아니다. 이것은 사실 '존재'의 본질이다. '존재'의 본질이라고 한 이상, 이는 시공간 외부에 존재하는 것이 아니라 시공간 안에 존재한다. 이것이 바로 '본성은 어째서 오직 감정 안에서만 드러날 수 있는가'에 대한 답이다.

이렇게 봤을 때 근원적으로 감정은 선한 것 또는 선이 될 수 있는 것이다. 왜냐하면 그것은 선한 본성의 발현이며 또한 목적의 실현이기 때문이다.

감정은 본래 선하다. 그 발현이 아직 오염되지 않았다면 어찌 불선함이 있겠는가?[37]

감정 그 자체는 선하지 않음이 없다.[38]

감정은 본성이 움직인 것이다. 인간의 감정은 본래 선이 될 수 있을 뿐 악이 될 수는 없다. 따라서 본성이 본래 선한 것임을 알 수 있다.[39]

---

37) 『朱子語類』 59, 30쪽, "曰: 情本自善, 其發也未有染汚, 何嘗不善?"
38) 『朱子語類』 59, 28쪽, "情本不是不好底."
39) 『孟子集注』, 「告子上」, "情者, 性之動也. 人之情, 本但可以爲善而不可以爲惡. 則性之本善可

이는 존재의 본원에서 감정에 대해 평가한 것으로, 궁극적으로 감정을 긍정한 것이라 할 수 있다. 물론 주희가 말하는 감정은 주로 '사단과 같은 도덕감정을 가리킨다. 그러나 이론적으로 보았을 때 주희는 이미 상당한 정도로 특수한 의미의 감정을 벗어나서 희노애락이나 호오의 감정과 같은 일반적 의미의 감정을 논하고 있다. '성리'와 감정은 체용과 통일의 관계에 있고, '성리'가 도덕이성이라면 감정은 일반적으로 도덕적 의미를 지니고 있다.

이것이 '범도덕주의'인지의 여부는 좀 더 연구해 보아야 할 것이다. 감정은 전적으로 도덕적인가, 전적으로 비도덕적인가, 혹은 도덕적인 감정과 비도덕적인 감정을 모두 가지고 있는 것인가 등의 문제는 모두 중요한 문제이지만 여기에서 논하지는 않겠다. 그러나 주희의 전반적인 관점에 국한해서 논한다면, 인간의 감정은 물론 도덕적 내용이나 도덕적 의미를 지니고 있다. 이는 인간의 선천적인 도덕본성으로부터 결정된 것이며, 또 자연계의 목적성인 '천명지성天命之性'으로부터 결정된 것이다. 본성은 오직 '생명의 이치'(生之理)[40]이다. 그 작용은 마음에 있고, 마음의 작용은 전적으로 감정에 있으니, 본성의 발용과 유행(發用流行)으로서의 감정은 자연히 '선한 단서'(善端)를 지니게 된다. 이는 선을 향한 '멈출 수 없는' 경향으로서 리理의 '자연'과 본성의 '자연'을 체현한 것으로, 이는 곧 우리가 목적성이라고 부르는 것이기도 하다. 감정은 이렇게 중요한 것이기 때문에 감정의 가치를 긍정할 때 인간의 존재적 의의 역시 바로 드러날 수 있으며, 감정을 긍정할 때 인간의 도덕이성 역시 바로 구체화될 수 있다. 주희의 도덕이성주의 철학은 감정과 분리되지 않으며, 감정과 대립되지

知矣."
40) 『朱子語類』 5, 7쪽, "生之理謂性."

도 않는다.

감정은 변화라는 또 다른 측면을 갖고 있다. 이는 마치 '물이 흘러가는 것'과 같다. 비록 물은 일정하게 아래로 흘러가지만, 그 속에는 구불구불한 물길의 변화와 진흙과 모래, 찌꺼기들이 뒤섞여 있어서 늘 선한 방향으로 흘러간다고 보증할 수는 없다. 따라서 '감정은 본래 선하다'는 것은 '근본'적 차원의 의미에서 말한 것이다. 근원적으로 말했을 때, 실제로 그것을 어떻게 실현할지는 구체적 상황이 어떠한지 보아야 한다. 이는 각 개인의 구체적 감정은 제각기 다른 방식으로 드러난다는 의미로, 선할 수도 있고 불선할 수도 있으며, 도덕이성에 부합할 수도 있고 도덕이성에서 벗어날 수도 있다. 어째서 불선하게 되는가? 주희가 보기에, 그 원인 중 하나는 마음이 '대상에 의해 옮겨지기 때문'이다.[41] 즉 외물에 따라 마음이 완전히 흔들려 자주성을 잃게 된다는 것이다. 이는 맹자가 말한 것과 완전히 일치한다. 또 다른 원인은 '기氣의 아름답지 못함'[42] 때문이다. 즉 품부 받은 기질이 좋지 않기 때문이라는 것이다. 기질은 변화될 수 있다. 주희는 장재가 주장한 '기질변화'에 동의해서, 비록 하늘이 부여한 자질은 사람마다 차이가 있지만, 개인의 노력을 통해 '성현'에 이를 수 있다는 점에서만큼은 모두 동일하다고 보았다.

성리학자의 관심은 인간의 존재 문제였다. 그들의 관점에서 인간의 존재는 가치적 의의를 지니고 있다. 인간은 단순히 생물적 존재 혹은 이성이 없는 존재가 아니다. 인간의 이성은 주로 도덕이성으로 귀결된다. 그러나 가장 직접적이고 진실한 체현은 인간의 감정 안에서만 가능하다. 예컨대 서양철학의 이성과 비교해 보았을 때, '성리'는 선천적인 것일 뿐

---

41) 『朱子語類』 5, 68쪽, "其流爲不善者, 情之遷於物而然也."
42) 『孟子或問』, 「告子上」, "但氣之不美者, 則其情多流於不善."

경험을 초월한 것은 아니다. 그것은 경험에 우선하거나 경험에 의존하지 않고 존재하는 그런 '이성'이 아니다. 비록 이성이 경험에 우선하기는 하지만 여전히 경험 속에 존재하고, 경험에 의존해서만 실현되고 증명될 수 있다. 이는 경험 속에서 운용되거나 경험을 정리하고 조직화해서 규칙성과 선명성을 부여하고 '합리성'에 이르도록 하는 것이 아니라, 경험 속에서 체득함으로써 드러난다. '체득' 그 자체는 하나의 생명활동이며 생명존재의 양식이다. 따라서 성리는 통상적으로 말하는 이성이나 칸트식의 '순수실천이성'이 아니다. 감정활동은 가장 기본적인 경험활동이다. 감정의 존재는 인간의 경험적 '사실'이다. 여기에는 추호의 의심도 없다. 중국인은 '감응感應'과 '감통感通'을 말하지만, 이는 사실 생명감정의 상호 소통 가능성을 말한다. 인간과 인간 사이에서뿐만 아니라 인간과 만물 간에도 상호 소통 가능성이 있다. 주희는 '적연부동寂然不動'이 본성이고, '감이수통感而遂通'이 감정이라고 했으며, 성리학자들은 모두 '적寂'과 '감感'의 관계를 논했다. 그들은 모두 인간 본성이 서로 통한다는 것과 인간 본성과 만물의 본성 또한 서로 통한다는 것을 인정했던 것이다. 서로 통할 수 있다는 말의 의미는 인간이 가진 감정이 '감응'·'감통'한다는 것이다.

주희는 결코 인식을 배제하지 않았다. 오히려 인식을 아주 중시했다. 그의 '격물치지'·'즉물궁리' 공부는 인식의 방법을 논한 것이다. 그러나 다른 성리학자들과 마찬가지로 그가 말하는 '지知'는 결국 도덕이성의 자아인식으로 귀결되며, 그 방법으로 경험적 누적을 보다 강조한 것이다. 그는 누적을 통해 '관통貫通'에 이른다고 보았다. 성리는 '온전한 체'(全體)이지만 그것은 언제나 구체적인 것이지 추상적인 것이 아니다. 감정은 성리의 작용이다. '인식'(知)과 '사고'(思) 역시 그 작용이다. 인식과 사고의 작용을 통해 '그 본성을 안다'(知其性)[43]고 할 수 있고, '그 본성을 안다'는 것은 격물格物 즉 경험에 근거해서 인식한다는 것이다. 즉 형이하자에 대한 경험을 통해 형이상자의 이치를 아는 것이다. 이것이 격물공부의 근본 방법이다. 그 근거는 매우 명확하다. 형이상의 이치는 언제나 형이하자의 구체적 대상 속에 존재함을 인정하는 것이다. 주희가 불교의 '체만 있을 뿐 용이 없는'(有體無用) 학문과 '작용이 곧 본성이다'(作用是性)라는 설을 비판한 것은 모두 여기에 근거한 것들이었다. 이는 본성과 감정의 관계에 대한 그의 논술과 완전히 일치한다.

형이상은 도道이고, 형이하는 기물(器)이다. 만일 형이하의 기물 속에 형이상의 도가 있다고 하면 옳지만, 형이하의 기물을 형이상의 도라고 여긴다면 옳지 않다.…… 천지에서 위는 하늘이고 아래는 땅이다. 그 속에는 수많은 일월성신과 산천초목 사람과 동물들이 있으니 이 모두는 형이하의 기물이다. 그러나 이 형이하의 기물에는 각각의 도리가 있으니 이것이 형이상의 도이다. 격물은 형이하자의 기물에서 형이상자의 도리를 궁리하는 것이다. 어떻게 형이하로서의 기물을 형이상으로서의 도리로 인식할 수 있겠는가? '배고프면 먹고 목마르면 마신다' 혹은 '해 뜨면 일하고 해 지면 쉰다'고 했으니, 마시고 먹고 일하고 쉬는 것 이 모두에 도가 깃들어 있는 것이다. 그러나 마시고 먹고 일하고 쉬는 것을 곧장 도라고 하면 옳지 않다.…… 예컨대 '천천히 걸어서 나이 많은 사람보다 뒤처져 가는 것'과 '빨리 걸어서 나이 많은 사람보다 앞서 가는 것'은 모두 걷는 것이다. 하지만 '천천히 걸어서 나이 많은 사람보다 뒤처져 가는 것'은 도이지만, '빨리 걸어서 나이 많은 사람보다 앞서 가는 것'은 도가 아니다. 어찌 걸어갈 줄 아는 것만으로 도라고 부를 수 있겠는가? '신통묘용은 그저 물 긷고 나무하는 것이다'라고 했는데, 반드시 물을 긷고 나무를 해야 비로소 신통묘용이라고 할 수 있다. 그러나 물을 제대로

---

43) 『孟子』, 「盡心上」, "孟子曰: 盡其心者, 知其性也. 知其性, 則知天矣."

긴지 못하고 나무를 제대로 하지 못한다면 어찌 신통묘용이라 할 수 있겠는가! 불교에서 말하는 '작용이 곧 본성이다'라는 것이 바로 이런 것과 같다. 그들은 옳고 그름을 가리지 않고 입고 먹고 일하고 쉬고 보고 듣고 행동하는 것을 모두 도라고 본다. 그들은 내가 말할 수 있고 작용할 수 있는 것을 가리켜 응당 그래야 되는 것으로 여기며, 그것을 바로 신통묘용이라고 말하며, 도리가 어떠해야 하는지에 대해서는 더 이상 묻지 않는다. 유가는 거기에서 어떠한 도리가 있는지 찾아내고 그것을 도라고 한다.…… 그러나 요즘 배우는 자들은 책 속에서만 이해하고 해설해 나갈 뿐이니, 아무런 쾌활함도 즐거운 생각도 없다. 저들 불교도조차도 결코 그렇게 하지 않았다. 불교의 사람들이 비록 도리는 없지만 오히려 평생 그것을 향유하며 즐거운 것은 형이하자 속에서 형이상자를 이해했기 때문이다. 따라서 요즘 배우는 사람들은 먼저 아래 단계를 이해하고 나서 그 위의 단계를 이해해야 할 것이다. 그러나 요즘 사람들은 모두 아래 단계에 대한 이해도 충분치 못하기 때문에 위의 단계도 이해하지 못한다.…… "하늘이 명命한 것을 일러 도라고 한다." 여기에서 말하는 도리는 형체가 없으며 정해진 장소도 없다. 오직 일상의 사태와 대상 안에 도리가 있을 뿐이다. 이 두 가지는 떨어질 수 없으니 하나의 사물마다 하나의 이치가 있다. 따라서 군자는 '문물文物에서 널리 배우는 것'을 중요하게 생각한다. 널리 공부하는 것이 긴요하게 보이지 않을 수 있지만, 많은 도리가 거기에 있으며, 이러한 도리들은 모두 거기에서 나온다.…… 그래서 『대학』은 격물을 말하지 궁리를 말하지 않는다. 궁리를 말하면 허공에 붕 뜬 것처럼 구체적으로 잡을 것이 없기 때문이다. 격물을 말해야 형이하의 기물에서 형이상의 도를 구하고자 하니, 이 둘이 본래 떨어질 수 없는 것임을 알기에 '격물'만을 말하는 것이다.[44]

---

44) 『朱子語類』 62, 72쪽, "形而上爲道, 形而下爲器. 說這形而下之器之中, 便有那形而上之道, 若便將形而下之器作形而上之道, 則不可.……天地中間, 上是天, 下是地. 中間有許多日月星辰, 山川草木, 人物禽獸, 此皆形而下之器也. 然這形而下之器之中, 便各自有簡道理, 此便是形而上之道. 所謂格物, 便是要就這形而下之器, 窮得那形而上之道理而已. 如何便將形而下之器

이 문단은 무엇이 '격물'인가 그리고 무엇이 '궁리'인가를 논한 것이
아니다. 이는 '격물', '궁리'의 중요한 정신을 명료하고 생동감 있게 설명
한 것일 뿐만 아니라, '격물'공부와 '성리'공부를 하나로 긴밀히 연결하고,
특히 '일용의 사태와 대상'에서 '도리'를 찾아야 함을 강조한 것이다. '일
용의 사태와 대상'이란 일상생활이다. 일상생활의 항목은 아주 다양하다.
먹고 마시고 움직이고 걸어가는 등 모든 것이 그 안에 있다. 이 모든 것
속에는 감정이 있고 감정에는 '도리'가 있다. 이 '도리'는 '성리'이며 또
정리情理이다. 인간이 일상생활을 하는 것 그 자체 또는 일상생활에서 '도
리'를 구하는 것, 이것이 바로 '격물'이다. 이것은 일상생활의 의미를 인식
하고서, 일종의 이성화된 삶을 살아가는 것이다. 유가와 불교가 추구하는
가치가 서로 달랐으며, 그래서 우리는 이러한 측면에서 불교에 대한 주희
의 비판을 이해할 수 있다. 그는 한편으로는 선종의 '작용이 곧 본성이다'
를 비판했고 다른 한편으로는 불교의 '평생 향유하며 즐거운' 삶을 부정
하지 않았다. 왜냐하면 불교는 일상생활 속에서 형이상적인 것을 찾을
줄 알았기 때문이다. 그는 다른 곳에서도 불교가 '헛되이 텅 빈 고요를

作形而上之道理得! 飢而食, 渴而飲, 日出而作, 日入而息, 其所以飲食作息者, 皆道之所在也.
若便謂食飲作息者是道, 則不可.……如徐行後長與疾行先長, 都一般是行. 只是徐行後長方是
道, 若疾行先長便不是道. 豈可說只認行底便是道! 神通妙用, 運水搬柴, 須是運得水, 搬得柴
是, 方是神通妙用. 若運得不是, 搬得不是, 如何是神通妙用! 佛家所謂作用是性, 便是如此. 他
都不理會是和非, 只認得那衣食作息, 視聽擧履, 便是道. 說我這箇會說話底, 會作用底, 叫著便
應底, 便是神通妙用, 更不問道理如何. 儒家則須是就這上尋討箇道理方是道.……而今學者看
故紙上理會, 也解說得去, 只是都無那快活和樂底意思. 便是和這佛家底也不曾見得. 似他佛家
者雖是無道理, 然他卻一生受用, 一生快活, 便是他就這形而下者之中, 理會得似那形而上者.
而今學者看來, 須是先曉得這一層, 卻去理會那上面一層方好. 而今都是和這下面一層也不曾見
得, 所以和那下面一層也理會不得.……蓋天命之謂性. 這道理卻無形, 無安頓處. 只那日用事
物上, 道理便在上面. 這兩箇元不相離, 凡有一物, 便有一理. 所以君子貴博學於文. 看來博學
似箇没緊要物事, 然那許多道理便都在這上, 都從那源頭上來.……大學所以說格物, 卻不說窮
理. 蓋說窮理, 則似懸空無捉摸處. 只說格物, 則只就那形而下之器上, 便尋那形而上之道, 便
見得這箇元不相離, 所以只說格物."

지키거나, 근본만 있을 뿐 쓰임이 없는'45) 공부라고 비판했다. 이런 비판
의 대부분은 '일용의 사태와 대상'을 떠나서 헛되이 마음의 본성을 지키
는 것을 지적했던 것이다. 일상생활의 '도리'에서 가장 중요한 것은 당연
히 인의예지의 성리이다. 이는 유가와 불교를 구분하는 가장 근본적인
지점이다.

> 도는 만물에 있는 이치이고 본성은 자신에게 있는 이치이다. 그러나 만
> 물의 이치는 나에게 있는 이 이치 속에 있으니, 도의 핵심은 본성이다.46)

형이하의 기물에서 형이상의 도를 궁리한다는 것은 사실 일상의 감정
생활 속에서 자신의 도덕이성을 체인하는 것이다. 여기에 감정의 문제가
빠질 수 없다는 것은 말하지 않아도 알 수 있다. 주희는 불교가 '큰 근본'
(大本處)에서는 어느 정도 도리를 이해했기 때문에 형이상학적 측면에서는
'보잘것없는 유자'들이 따라잡을 수 없는 점이 있음을 인정했지만, 그 핵
심 내용에 있어서만큼은 유가와 불교 간에 큰 차이가 있다고 보았다.

> 불교는 천리의 큰 근본에서는 어느 정도 이해했지만, 자기 자신은 언제
> 나 있는 것이고 생명은 잠시 깃들어 있는 것이라고 여긴다. 그래서 부모
> 가 자신을 낳아 주기 이전의 면목을 보려고 한다. 이미 보았다고 하더라
> 도, 그것은 모든 인간에게 공통으로 있는 것으로 보지 않는다. 따라서
> 자신은 언제나 있으며 죽은 뒤에도 사라지지 않고, 부모가 낳아 준 몸은
> 잠시 머무는 곳으로 여긴다.…… 그래서 황벽47)이라는 중은 다음과 같이

---

45) 『朱子語類』 59, 160쪽, "非如釋氏徒守空寂, 有體無用."
46) 『朱子語類』 100, 36쪽, "道是在物之理, 性是在己之理. 然物之理, 都在我此理之中; 道之骨子
便是性."
47) 역자주: 黃蘗(?~855). 黃檗希運, 黃檗禪師라고 불렸으며, 당대 靖州 鷲峰 사람이다. 대

게송을 지어 자신의 모친에게 주었다. "일찍이 나는 이 할머니에게 머무른 적이 있다." 그들은 부모의 몸을 그저 잠시 빌려 머물러 있는 곳으로 여기니, 그들은 아무런 감정도 없고 천리도 끊어 버렸음을 알 수 있다.[48]

이 말은 불교가 '천리인정天理人情'을 인정하지 않는 것을 비판한 것이다. 주희는 불교가 '천리의 큰 근본'을 그저 '자기 자신에게 본래 있는 것'으로만 보았고 공공성, 즉 객관성·보편성을 확보하지 못했다고 본 것이다. 따라서 생명을 단순히 기탁해서 존재하는 것으로 여겨서 "일찍이 나는 이 할머니에게 머무른 적이 있다"는 식으로 말하는 것은 근본적으로 도덕이성을 상실한 것으로 보았다. '인정과 도의가 없다'는 것은 인정도 의리도 없다는 것이다. 인정과 도의는 하나의 관계이며 도의는 인정의 도의이다. '부모가 낳아 주기 전의 모습'은 불교의 허무맹랑한 말이다. 사실 인간은 부모의 '생명'에서 떨어져서 존재할 수 없으며, 따라서 '인정과 도의'의 문제가 대두될 수밖에 없는 것이다.

주희는 '성리'를 '도리'라고 불렀지만, '도리'는 '소이연'과 '소당연'의 이치이며, 이는 인간과 사물 모두에 대해 말한 것이다. 자연계 자체의 리에 대해서 말한다면 '생생지리'·'자연지리'가 아닌 것이 없다. 자연과 인간은 바로 '생명'으로 연결된다. 본성은 천지의 '생생지리'에서 나온 것이다. 이는 형이상학적 차원에서의 승인이며, 도덕진화론적인 기술이기도 하다. 도덕진화론은 인간의 도덕이성이 자연계의 진화론적 결과임을 말

승불교의 고승이다. 사서에 따르면 廣教寺를 건립했다. 처음에 黃檗山에 은거한 까닭에 황벽선사로 불리게 된다.

48) 『朱子語類』 126, 16쪽, "釋氏於天理大本處見得些分數, 然却認爲己有, 而以生爲寄. 故要見得父母未生時面目. 旣見, 便不認作衆人公共底. 須要見得爲己有, 死後亦不失, 而以父母所生之身爲寄寓. ……故黃檗一僧有偈與其母云: 先曾寄宿此婆家. 止以父母之身爲寄宿處, 其無情義絶滅天理可知."

하는 것이다. 그 중에는 목적성의 문제가 내포되어 있다. 무릇 생명은 모두 어떤 목적성을 가지고 있다. 그것은 자연계의 '생생불식'의 과정에서 드러나는 것이다. 자연계의 생명 과정은 본래 그러한 것이라서 '왜'라고 물을 여지가 없다. 이것이 바로 '자연自然', '본연本然'이다. 그러나 그것은 하나의 '목적' 즉 선善으로 나아가는 방향성을 지닌다. 인간에게 있는 '명命'이 바로 본성이다. 인간 본성은 인간의 생명 안에서 선천적으로 함께 온 것이면서 동시에 생명활동 속에서 나타난다. 이는 생명 존재의 본질이기 때문에 선한 것이며, 모든 개인에게 갖추어져 있다. 이런 의미에서 보면 인간 본성은 '자기 자신에게 본래 있는 것'이다. 그러나 그것은 객관적이고 보편적인 특징을 지니고 있기 때문에 '공공적'이라고 할 수 있다. 인간이 비록 만물보다 '영물'이지만, 여전히 자연계의 일부분이며 자연계의 성원이고 우주자연계의 '생생불식'의 결과일 뿐이다. '성리'는 이로부터 나온 자연이성이다.

목적적 의미에서 말한다면 자연계(천지) 또한 '마음'을 갖고 있다. 인간의 마음은 천지의 마음에서 온 것이다. 천지의 마음은 인간의 마음처럼 지각이나 감정 등을 가지지는 않는다. 천지의 마음은 '생生'에 있으며, 자연계의 목적성은 '생'에서 나타난다. 인성이 선한 이유도 '생'에서 드러난다. '생'은 질서와 향상의 과정을 지니고 있으며, 최종적으로 인간과 인간의 도덕을 만들었다.

천지는 만물을 낳는 것으로 자신의 마음을 삼는다. 그 속에서 태어난 만물은 각각 천지가 만물을 낳는 마음을 얻어 자신의 마음으로 삼으니, 이것이 모든 인간이 차마 하지 못하는 마음을 가진 이유이다.[49]

---

49) 『孟子集注』, 「公孫丑上」, "天地以生物爲心. 而所生之物因各得夫天地生物之心以爲心, 所以

인간이 '천지가 만물을 낳는 마음'을 얻어 자신의 마음으로 삼는다는 것은 자연과 인간 사이에 존재하는 목적적 관계에 대한 아주 명확한 기술이다. '마음'(心)에는 생명과 목적의 뜻이 내포되어 있다. 정이와 주희 또한 마음을 씨앗에 비유하고 있다. 씨앗은 땅에서 생장·발아하여 새로운 종자를 만들어 낸다. 본성은 그 속에 있다. '생'은 자연계의 위대한 '작업 과정'이고, 이는 자연계의 목적성이 위치한 곳이다. 인간은 천지가 만물을 낳는 마음을 얻어 자신의 마음으로 삼는다. 이것이 바로 이 목적의 실현이다. 그것은 불인지심, 즉 도덕감정으로 구체화되며 인성은 그 속에 위치한다.

성리학자들이 말하는 '천리'와 '성리'는 모두 '생리' 즉 '인의 이치'(仁理)로 귀결된다. 따라서 정호에서 주희까지 모두 인仁을 인성의 '전체'로 보는 것에는 나름의 근거가 있다. 정호는 "하늘은 낳는 것을 자신의 도로 삼는다"[50]고 했다. 그는 "오직 낳는 것이 어떤 것인지를 이해하라"[51]고 반복적으로 강조했다. 주희는 더 나아가 "천지는 만물을 낳는 것을 자신의 마음으로 삼는다"는 주장을 제시했다.—장재의 경우도 비슷한 말을 한 적이 있다.— 이는 모두 '생'의 철학이 유가철학의 핵심 내용이며, 인간의 도덕 감정 또한 여기에서 설명될 수 있고, 도덕이성 또한 여기에서 증명될 수 있음을 보여 주는 것들이다. 정이와 주희는 인仁은 본성이지 감정이 아니고,[52] '사랑의 이치'이지 '사랑'이 아니라고[53] 말했다. 그러나 본성은 감정으로 실현되어야 '볼' 수 있고, '사랑의 이치'는 사랑으로 실현되어야 안착

人皆有不忍人之心也."

50) 『二程遺書』 2上, 109쪽, "天只是以生爲道."
51) 『二程遺書』 7, 37쪽, "只理會生是如何."
52) 『二程遺書』 18, 3쪽, "蓋仁是性也. 孝弟是用也."
53) 『孟子集注』, 「梁惠王上」, "仁者, 心之德, 愛之理."

할 곳이 있게 되고 참된 의미를 지니게 된다. 인은 '정리情理'이며, 감정을 내용으로 하는 성리이다. 즉 이것은 '구체적 이성'이다. 그렇지 않다면 이는 하나의 '개념' 혹은 '이념'에 불과한 것이 되어서, 바라볼 수만 있을 뿐 닿을 수는 없는 것이 되고 만다. 성리학자들은 이렇게 주장하지도 않았고, 이러한 주장을 받아들일 수도 없었다.

이렇게 볼 때, 성리학자들의 이러한 존재론적 철학은 본체와 작용·존재와 활동의 관계를 논했던 것이지 본체(실체)와 현상의 관계를 논했던 것은 아니다. 또한 이것은 체와 용의 통일을 논한 것이지 본체 현상의 분리를 논한 것은 아니다. 감정과 '성리'의 관계가 바로 이와 같다. 감정과 '성리'를 어떻게 통일할지의 문제는 성리학자들에게 있어서 존재론의 핵심 문제였다. 이는 칸트에게서 물자체와 현상계, 도덕이성과 도덕감정이 분명히 대립하는 것과 선명한 대조를 이룬다. 이런 의미에서 보면 성리학자들은 초월의 의미를 그다지 강조하지 않았다고 할 수 있다. 그들은 순수 이성의 도덕적 권위를 세우지 않았다. 또한 '자질구레하고 번거로운'(풍우란 선생의 말) 병통이 있어서, 걸핏하면 감정으로 이성을 대체한다는 혐의를 받으며 더 나아가 감정이 현실에서 가지는 권위를 인정하곤 했다. 그러나 다른 의미에서 보면, 그들은 이성을 어떻게 현실화할 것인가에 관심이 있었다. 즉 이것을 어떻게 삶 속에서 현실적으로 추구할 것인지에 관심을 두었지, 이성이 필요한지 아닌지의 문제에 관심을 둔 것이 아니었다. 따라서 감정의 문제는 아주 중요해질 수밖에 없었다. 더 나아가 성리학자들이 논한 이성은 '구체적 이성'으로서—이는 '실용이성'을 의미하지 않는다.— 오직 감정으로만 설명될 수 있다. 그들은 감정을 떠나서 인간 존재의 문제를 해결하는 것이 어렵다는 것을, 그리고 인간 존재의 가치와 의의를 설명하기는 더욱 어렵다는 것을 자각적으로 의식하고 있었다.

성리학자들은 비록 '성리'를 최고의 범주로 하는 인간학적 형이상학 (人學形上學)을 세웠지만, 그들은 시종 인간의 가장 진정한 존재 방식인 감정을 떠나서 소위 형이상의 '성리'를 논하지도 않았고, 또 논할 수도 없었다. 왜냐하면 그들은 유가철학의 기본 정신과 전통에서 결코 떠나지 않았기 때문이다. 그들의 형이상학은 개념론·이념론 혹은 존재론(存有論)·실재론이 아니라 도덕진화론이었다. 그들이 추구하는 '자아실현'(즉 그 '본체존재'를 실현하는 것)이라는 인생 목적은 인간의 내재적 잠재능력을 그 출발점으로 하며, 그 입각점은 감정이었다. 이는 끊임없이 인간의 감정을 끌어올리고 도야하는 자아실현의 기본 과정이며, 그 최종적 목표는 천지의 '생리' 즉 인의 경지와 '천명을 즐겁고 편안하게 여기는' 소위 '낙천안명樂天安命'의 즐거움의 경지를 실현하는 것이다. 그들이 볼 때 인간의 존재 방식으로서 감정은 그 자체에 내재적 '자연'이나 '멈출 수 없는' 목적성을 지니고 있다. 이것이 생리生理 즉 인이며 성리이다. 성리는 오직 감정 속에서 존재하고 감정을 통해 체현된다. 그러나 그것은 감정보다 한층 높은, 감정이 감정일 수 있는 '소이연'의 이치이며 감정의 이치가 당연히 그래야 하는 '소당연'의 이치이다. 그것은 감정의 연원이며 또한 감정의 목적이다. 따라서 근본적으로 말해서, 그들은 감정을 정면에서 바라보았지 부수적인 것으로 간주하지 않았으며, 감정을 긍정했지 부정하지 않았고, 감정을 가치적 의미에서 보았지 중성적인 것으로 보지 않았다.

제7장 감정과 성리의 합일

제1절 간단한 역사적 고찰

성리학 즉 신유학에서 정주학파程朱學派가 도덕본체 즉 '성리'를 설정하고, 아울러 체용관계를 통해 감정과 이성의 통일을 설명했으며 또 그렇게 함으로써 감정의 의미와 가치를 긍정했다고 한다면, 성리학의 또 다른 학파인 육왕학파陸王學派는 이것에 만족하지 않고 한 발 더 나아가 감정과 이성을 진정으로 통일시켰다. 육왕학파의 심성이론의 중요한 특징은 감정 그 자체가 이성적이라고 혹은 충분히 이성이 될 수 있다고 보았다는 점이다. 어떤 의미에서 말하자면 그들은 일상생활에 밀착해서 감정의 세계를 중시하고, 직접 인간의 '존재' 문제에서 시작해서 자기 초월의 형이상학을 수립했다. 또 다른 의미에서 말하자면, 그들이 말하는 '본래적 마음'(本心, 이하 본심)과 '본래적 감정'(本情, 이하 본정)은 인간학적 형이상학의 선명한 특징들을 지니고 있다.

육구연과 왕수인은 그들의 학설이 맹자로부터 온 것이라고 밝혔으며, 이는 근거 없는 말이 아니다. 육왕 두 사람은 성리학 즉 신유학의 중요 인물로, '독자적으로 한 학파를 형성한 인물'들이라고 할 수 있다. 그들이 다루었던 문제가 성리학 일반에 대한 내용들이기는 했지만, 유학 발전의 맥락에서 말하자면 그들의 사상은 확실히 맹자사상과 많은 연관을 맺고 있었다. 특히 감정과 이성이라는 가장 중요한 문제에 있어서만큼은, 두 인물은 맹자와 일맥상통하다고 할 수 있다. 육구연의 '본심설本心說'과 왕수인의 '양지설良知說'이 모두 맹자로부터 왔다는 것은 너무나도 자명하다.

하지만 맹자의 경우 직접적으로 심리적 감정에서 출발하여 인간에게 선량한 본성과 도덕적 본성(義理之性)이 있다고 논증했을 뿐, 그에게는 후대 유학자들이 논했던 '본체론'의 문제는 전혀 없었다. 육구연과 왕수인의 경우 비록 심학자이기는 했지만, '본체론'의 문제를 벗어나지는 않았다. 따라서 이론적인 구조에서 보면 맹자와 육왕 사이에는 분명한 구분이 있다. 본체론의 등장은 유학의 역사적 변천 과정에서 나타났던 중요한 현상이다. 이 점은 결코 간과될 수 없다. 육구연이 말한 '본심'이 비록 맹자로부터 온 것이기는 하지만, 맹자가 말했던 본심은 인간이 본래부터 가지고 있는 도덕양심을 가리킨 것이었다. 이는 대부분 심리적 차원에서 말한 것이지, 형이상학적 의미에서 말한 것이 아니었다. 그러나 육구연이 말했던 본심의 경우 비록 인간의 도덕양심에 대해서 설명하고 있기는 하지만, 동시에 형이상학적인 의미도 지니고 있다. 모종삼 선생은 육구연이 말하는 '심' 개념은 형이상학적이거나 최소한 형이상학적 특징을 지니고 있다고 보았는데,[1] 이 점은 매우 정확한 것이다. 왕수인의 '양지' 또한 맹자로부터 온 것이지만, 맹자가 말했던 양지는 배우지 않아도 할 수 있고, 생각하지 않아도 알 수 있는 인식능력을 가리키는 것으로 이 또한 심리적 차원에서 말한 것이었다. 여기에 비록 도덕적 내용이 있긴 하지만 반드시 본체론적인 의미가 있었던 것은 아니었다. 그러나 왕수인이 말했던 양지

---

1) 모종삼의 『육구연에서 유즙산까지』(從陸象山到劉蕺山, 吉林出版集團有限責任公司, 2011)를 참고할 것

의 경우 비록 선천적 인식능력을 논한 것이기는 했지만, 여기에만 그치는 것이 아니라 양지 그 자체로 완전하고 자족하는 형이상학적 도덕이성인 것이었다. 요컨대, 맹자의 심성이론은—맹자가 심성론을 말했다는 점에는 조금도 의심의 여지가 없다. 맹자가 심성론을 논하지 않았다고 보는 몇몇 사람들의 주장에는 전혀 근거가 없다.— 심리적 감정에서 출발하여, '확충擴充'을 통해 도덕이성을 이룬다는 것이었다. 그러나 후대의 심학자들은 '본체론'에서 출발하여 심리적 감정을 곧바로 도덕이성 즉 본심, 본정으로 끌어올리려고 했다. 이것이 맹자와 육왕의 가장 큰 구별점이다.

맹자는 한편으로는 감정이 도덕이성의 발단發端, 단서端緒가 된다고 말했다.

> 측은지심은 인仁의 단서이고, 수오지심은 의義의 단서이며, 사양지심은 예禮의 단서이고, 시비지심은 지知의 단서이다. 인간에게 사단이 있는 것은 마치 몸에 사지가 있는 것과 같다.[2]

'단'이라는 것은 맹아의 상태일 뿐이며 완전히 내재적이고 심리적인 것이다. 그래서 오직 '확충'을 거친 다음에라야 내외합일의 보편성을 갖추게 되고 그럼으로써 보편이성이 된다. "인의예지가 마음에 근원을 두고 있다"는 말은 내재되어 있는 심리감정을 '근원'으로 본 것이며, 따라서 '확충'을 필요로 하는데, 이는 단순히 양의 증가뿐만 아니라 질적 향상의 의미도 가지고 있다. 즉 주관에서 객관으로, 내재적인 것에서 외재적인 것으로, 특수한 것에서 보편적인 것으로 변환된다는 의미를 갖고 있다. 한

---

2) 『孟子』, 「公孫丑上」, "惻隱之心, 仁之端也; 羞惡之心, 義之端也; 辭讓之心, 禮之端也; 是非之心, 智之端也. 人之有是四端也, 猶其有四體也."

마디로 말하자면 감정에서 이성으로 변환된다는 의미를 갖고 있는 것이다. 이러한 차원의 사고가 비록 후대 사람들의 해석에 의해 명료화된 것이기는 하지만, 이는 맹자의 학설에 본래부터 내포되었던 것이며 그의 명제 속에 이미 이러한 의미가 있었던 것이다.

그러나 맹자는 다른 한편으로는 측은지심 등이 곧 인의예지의 본성이라고도 했다.

> 측은지심은 인, 수오지심은 의, 공경지심은 예, 시비지심은 지이다. 인의예지는 외부에서 온 것이 아니라 내가 원래부터 가지고 있는 것이나 사람들이 이것에 대해 생각하지 않을 뿐이다.[3]

물론 이 구절도 위 문단에서 언급했던 의미를 포함하고 있다. 즉, '근원'에서 말한다면 이와 같지만, 반드시 '확충'을 거친 후에야 본성을 이룬다고 했으니, "인간이 어찌 인의仁義의 마음이 없겠는가!"[4]와 같은 화법은 모두 이와 같은 의미에서 이해될 수 있다. 그러나 이미 맹자가 측은지심 등이 바로 인의예지의 성이라고 말한 이상, 맹자는 감정과 이성의 관계 문제에 있어서 그렇게 엄격하게 구분하지는 않았으며 후대의 성리학자들처럼 그렇게 명확하게 논한 것은 더욱 아니었다. 이러한 설명 방식에 근거해서 본다면, 감정이 곧 이성 혹은 이성이 곧 감정이라 할 수 있다. 그러나 여기에는 여전히 '생각'(思)의 문제가 남아 있다. "생각하면 터득할 것이고, 생각하지 않으면 터득하지 못할 것이다"[5]에서 '생각함' 그 자체

---

3) 『孟子』, 「告子上」, "惻隱之心, 仁也; 羞惡之心, 義也; 恭敬之心, 禮也; 是非之心, 智也. 仁義禮智, 非由外鑠我也, 我固有之也, 弗思耳矣."
4) 『孟子』, 「告子上」, "雖存乎人者, 豈無仁義之心哉?"
5) 『孟子』, 「告子上」, "思則得之, 不思則不得也."

가 본래 '확충'이며, 자아를 향상시키는 것이다. 따라서 어찌 되었든 여기에서는 도덕감정이 개인의 주관적 경험적 심리적인 것이라는 결론을 얻을 수는 없다.

이는 후대에 많은 해석의 여지를 남겨 놓게 되었다. 성리학의 대표 인물인 주희는 맹자를 매우 존숭했다. 이는 모든 사람이 다 알고 있는 사실로, '성리性理'와 '심성心性'에 대한 그의 학문은 맹자의 학설로부터 수많은 핵심 사상을 받아들였다. 『맹자』가 주희의 『사서집주四書集注』를 형성하는 핵심 경전들 중 하나가 된 것은 바로 유가경전의 형성과 성립에서 『맹자』를 빼놓을 수 없었기 때문이다. 그러나 감정과 리, 감정과 본성의 관계 문제에 있어서 그는 시종일관 감정은 본성을 체體로 삼고 본성은 감정을 용用으로 삼는다는 관점을 취하고 있다. 주희는 이러한 관점에 근거하여 성정의 통일적 관계를 설명했지만 감정 자체가 곧 이성이라고 생각하지는 않았다. 주희가 '격물치지', '즉물궁리'의 공부를 중시하고 제창한 까닭 역시 인식 상에서 이성적 자각을 실현하고 그럼으로써 본성과 감정의 통일에 도달하기 위함이었다. 주희는 일관적으로 감정은 심리적 경험 차원에 속하는 것이지 '형이상학'적인 것이 아니며 마음의 작용이지 본체가 아니라고 보았다. 문제는 감정 자체가 이성인지 아닌지의 여부가 아니라, 이성(즉 성리)이 오직 감정 속에서만 '존재'할 수 있는지 아니면 감정을 통해 이성(성리)을 실현할 수 있는지에 달려 있다. 감정이 중요한 까닭은 바로 이 때문이다.

심학파는 감정과 본성(리)의 내재적 동일성 혹은 동질성을 더욱 강조했으며—그러나 왕수인과 육구연의 주장이 완전히 일치하지는 않는 것으로 보인다.— 후대의 심학자들의 경우 '감정을 가리켜 본성이라 한다'는 주장으로까지 나아갔다.

제2절 감정과 성리는 동일한 것이다

육구연은 인간을 전체적으로 이해하는 것을 선호했으며, '조목조목 상세하게 분석하는 것'을 싫어했다. 따라서 그는 주희가 본성을 형이상으로, 감정을 형이하로 보는 것에 동의하지 않았다. 그가 보았을 때, 감정은 그 자체로 이성적인 것이며 이성 역시 감정적인 것이기에 별다른 구분이 필요치 않았다. 왜냐하면 이성과 감정은 모두 본체인 동시에 마음 전체이기 때문이다. 체용 관계로 말하자면 심은 곧 본체이면서 작용이기 때문에 체용을 구분 지을 필요가 없다는 것이다. 마음·본성·감정·자질(心性情才) 등의 관계에 있어서도 그는 분명하고 확실하게 말했다.

마음·본성·감정·자질은 한 가지를 가리키는 것이다. 다만 언어상의 표현이 다를 뿐이다.[6]

여기에서 그는 용어와 그것이 지시하는 대상이 일치하지 않는다는 언어의 문제를 지적하고 있다. 중국철학에서는 여태껏 언어의 문제가 '존재'의 문제였던 적이 없었다. 육구연도 이 점에 있어서 다른 유가학자들과 마찬가지이기는 하지만 그나마 육구연처럼 이토록 명확하게 언어의 문제를 제시한 경우는 상당히 드문 일이었다. 여기에서 우리는 육구연 철학의 특색을 발견할 수 있다.

육구연이 보기에, 인간의 '존재'와 그 의의라는 문제를 해결하고자 한다면 단순히 언어상에서 분석을 진행하기만 해서는 안 되며 또한 문자에

---

6) 『陸九淵集』, 卷35, 「語錄下」, "且如情性心才都只是一般物事. 言偶不同耳."

서 답을 구해서도 안 되었다. 그의 관점에서 볼 때, 책을 읽고 학문을 하는 것은 '문자 해석'이 아니라 '혈맥을 찾는 것'에 핵심이 있으며, 실제 마주치는 사태에서 이해하고 마음 안에서 이해해야 했다. 한마디로 말해서 언어나 문자 상에서 뜻을 구할 것이 아니라 인간의 진실한 존재 차원에서 이해를 구해야 한다는 것이었다. '이해하는 것'(理會)과 '지식으로 아는 것'(知解)은 다른 것이다. 전자는 생명 체험의 문제이지만, 후자는 지식과 기교의 문제이다. 전자는 전체의 틀에서 보는 것이고, 후자는 분석하고 해석하는 것이다. 마음·본성·감정·자질이 비록 언어문자 상에서는 서로 다르게 표현되어 사용되었지만, 실제로는 모두 같은 것을 말한 것이다. 즉, 지시하는 대상이 같을 뿐만 아니라 담겨진 의미도 같다는 것이다. 육구연은 심성합일론자이며 또한 본성과 감정(性情) 혹은 감정과 자질(情才)의 합일론자이기도 했다. 이는 맹자가 "만약 감정대로만 된다면 누구나 선하게 될 수 있으므로, 인간이 선하다고 말한 것이다. 인간이 선하지 않게 되더라도 그것은 자질의 문제는 아니다"[7]라고 말한 것과 확실히 비슷하다. 다만 맹자가 비록 감정과 자질을 나란히 제시하고, 그 둘이 모두 선한 것이라고 보기는 했지만, 감정과 자질이 정말로 같은 것인지에 대해서는 전혀 언급하지 않았다. 훗날 위진시기에도 자질과 본성에 대한 논변이 발생했고, 그 당시로서는 매우 중요한 문제로 부각된 적이 있었다. 하지만 성리학이 출현한 이후에 일반적으로 본성과 자질, 그리고 감정과 자질을 구분했는데, 특히 정이와 주희는 자질(才)은 재질이나 능력일 뿐이지, 본성의 선악과는 어떠한 직접적 연관도 없다고 주장했다. 예컨대, 주희는 "감정과 자질(才)은 어떻게 구별됩니까?"라는 질문에 "감정은 단지 발출되

---

7) 『孟子』, 「告子上」, "孟子曰: 乃若其情, 則可以爲善矣."

는 통로이며, 자질은 (어떤 일에 대해) 그렇게 할 수 있도록 하는 것이다.…… 자질은 마음의 힘이니, 기력을 가지고서 그렇게 해 나가도록 하는 것이다"8)라고 대답했다.

하지만 육구연은 마음과 본성, 본성과 감정뿐만 아니라 감정과 자질역시 모두 하나라고 보았다. 즉, 표현은 다르지만 그 실질적 내용은 같으므로 구분을 할 필요가 없다고 보았던 것이다. 이 말은 감정은 곧 성리이면서 동시에 능력이며, 결론적으로 이상의 개념들은 모두 하나의 완정한존재를 가리킨다. 육구연이 말한 '혈맥血脈'이란 생명에게 있어 가장 근본적이고 중요한 것으로, 마음·본성·감정·자질은 모두 혈맥처럼 연결된것들이므로 떨어뜨려 설명할 수 없는 것이다. 이는 오직 생명 안에서 터득하고 체험할 수 있는 것이지 무엇이 마음이고 무엇이 본성이며, 또 무엇이 감정이고 또 무엇이 자질인가와 같은 지식적인 이해를 구해서는 안되는 것들이다.

이러한 육구연의 사상 내에서 감정이 도대체 형이상자인지 아니면 형이하자인지, 만약 형이상자라고 한다면 모든 감정이 형이상자인지, 또 형이하자라고 한다면 모든 감정이 형이하자인지는 말하기가 어렵다. 실제로 육구연은 결코 순수한 형이상학자가 아니었다. 그의 철학은 확실히감성적 특색을 띠고 있기에, 그는 감정활동의 감성적 요소를 완전히 부정할 수는 없었다. 그렇다면 그는 왜 위와 같이 말해야만 했는가? 그 근본원인은 그가 형이상과 형이하를 엄격히 구분함으로써 마음을 '갈라놓고'학문을 '지리멸렬'하게 만드는 것을 좋아하지도 지지하지도 않았기 때문이다. 그에게 있어 인간의 존재는 '완정完整'한 것이었으며, 인간과 관련한

---

8) 『朱子語類』 5, 92쪽, "問: 情與才何別? 曰: 情只是所發之路陌, 才是會恁地去做底.……才是心之力, 是有氣力去做底."

학문 역시 완정한 것이었다. 이 점이 바로 육구연의 철학이 지닌 가장 큰 특징이다. 그렇다고 해서 그가 '형이상'을 논하지 않았다는 말은 결코 아니다. 그는 주희와 마찬가지로 형이상의 이치와 도리를 힘주어 논했지만 그가 반복해서 논했던 것은 결국 하나의 마음이었다. 그가 말한 마음은 형이상자이면서 동시에 형이하자이기도 하고, 감정이면서 또한 본성이기도 한 것으로, 감정과 성리는 본래 마음 안에서 합일되어 있는 것이었다. 주희는 육구연이 형이상자와 형이하자를 '뭉뚱그려서 하나의 덩어리로 만들고' 형이하자를 형이상자라고 말했으며, 무릇 심에서 나오는 것은 모두 좋다고 했다고 비판했다. 왕수인은 육구연의 학문에 대해 공맹孔孟의 학맥이라고 평가하기는 했지만, 육구연의 이론에 치밀하지 못한 점이 있다고 역시 비판했다. 여기에서 치밀하지 못한 점이란 바로 주희가 비판한 대목을 지목해서 말한 것이다. 그러나 육구연은 이렇게 말해야만 가장 진실하고 병폐가 없는 말이 된다고 생각했다.

'성즉리性卽理'가 비록 정주程朱가 주장한 명제이기는 하지만 육구연 역시 여기에 동의했다. 따라서 이 명제를 가지고 주희와 육구연을 억지로 구분하려고 하는 시도는 큰 의미가 없다. '성리'를 형이상자로 보는 것 역시 별 문제는 없으며, 육구연도 결코 이에 반대하지 않았다. 그 자신도 다음과 같이 말했다.

> 형이상자에서 말하자면 도라고 하고, 형이하자에서 말하자면 기물(器)이라고 한다. 하늘과 땅 역시 기물이다. (하늘이) 낳고 덮어 주며 (땅이) 형체를 갖추어 주고 만물을 싣는 등의 일에는 반드시 이치가 있다.[9]

---

9) 『陸九淵集』, 卷35, 「語錄下」, "自形而上者言之謂之道; 自形而下者言之謂之器. 天地亦是器. 其生覆形載必有理."

육구연이 보았을 때, 만약 형이상과 형이하, 이성과 감성, 본성과 감정 간의 구분에만 천착한다면, 이 자체는 지식적인 문제이며 문자를 해석한 것일 뿐 생명에 대한 학문은 아니다. 인간에 대한 학문, 생명에 대한 학문을 깊이 탐구하고자 한다면 인간의 진실한 생명활동 속에서 이해하고 감정생활에서 이해해야지, 개념이나 문자 상에서 이해를 구해서는 안 된다는 것이었다. 그리고 인간의 생명활동에 무슨 형이상과 형이하의 구분이 있겠는가? 또 감정과 성리 간에 무슨 구분이 있겠는가? 인간은 하나의 마음을 지니고 있을 뿐이니 학문을 함에 있어 '마음을 간직하고'(存心) '마음을 다하기만'(盡心) 하면 될 뿐, 이 밖에 언급하고 처리해야 할 어떤 것도 존재하지 않는다. 육구연의 철학은 확실히 생명 전체에 대한 철학이며 실천철학이다.

하지만 육구연은 어디까지나 "먼저 큰 것(본심)을 확립해야 한다"[10]고 주장했던 인물이다. 큰 것은 곧 '본심本心'이며, '본심'은 도덕 본체이면서 동시에 가장 고차원의 이성이다. 이 '본심'은 모든 사람이 지니고 있는 것이면서 또한 보편적인 것이기도 하다.

> 인간은 모두 이 마음을 지니고 있고 이 마음은 모두 이 이치를 지니고 있으니 마음이 곧 이치이다.[11]

육구연이 말한 '리理'는 주희가 말한 '리理'와 다른 의미를 가진 개념이 아니다. 두 사람의 리 개념은 모두 보편이성이며 엄밀히 말하면 도덕이성이다.

---

10) 『陸九淵集』, 卷1, 「與邵叔誼」, "先立乎其大者, 立此者也."
11) 『陸九淵集』, 卷11, 「與李宰2」, "人皆有是心, 心皆具是理, 心卽理也."

내가 말한 이치는 천하의 올바른 이치, 진실한 이치, 불변하는 올바른 이치, 보편적 이치이다. 이른바 자신에게서 근원했으며 뭇 백성들에게서 증명했고 요, 순, 우 세 명의 성왕에 비추어 고찰해 보아도 어긋남이 없다는 것이니, 천지 어디에 세워 놓아도 어그러지지 않고 귀신에게 물어도 한 점 의혹될 것이 없으며 백세토록 성인을 기다려서 확인해 보아도 그 성인 역시 의혹을 품지 않을 것이다. 학문을 하는 사람들은 바로 이 이치를 궁구하고 이 이치를 밝혀야 한다.[12]

육구연과 주희가 다른 점은, 주희는 심에 체용이 있으며 심의 본체는 본성과 이치가 되고 심의 작용은 감정이 되어서 체용이 통일되는 경우에만 본성과 감정이 통일될 수 있다고 보았다는 점이다. 육구연은 마음이 근본과 주체일 뿐 그 외에 다른 무엇이 필요하다고 보지 않았다. 따라서 심은 곧 이치이면서 본성이고 또한 감정이므로 심을 본체와 작용으로 나눌 필요가 없다고 생각했던 것이다. 본체로 말하자면 심이 곧 본체이고, 작용으로 말하자면 본체가 곧 작용인 것이다.

육구연이 작용을 논하지 않은 것은 아니지만, 결코 주희처럼 체용 관계를 상세히 분석하지는 않았다. 예를 들어, 그는 '관용'의 덕을 논할 때 다음과 같이 말했다.

관용은 군자의 덕이다. 옛날에 성현들이 이 마음이 없었던 적이 없었고, 이 덕이 없었던 적이 없었다. 그러나 선을 좋아하고 불선을 미워하며 어짊을 좋아하고 어질지 않음을 싫어하는 것은 결국 인심의 작용이다. 악한 것을 막고 선한 것을 선양하며 '바른 이를 들어 굽은 이 위에 놓는

---

12) 『陸九淵集』, 卷15, 「與陶贊仲2」, "吾所明之理, 乃天下之正理, 實理常理公理. 所謂本諸身, 證諸庶民, 考諸三王而不謬, 建諸天地而不悖, 質諸鬼神而無疑, 百世以俟聖人而不惑者也. 學者正要窮此理, 明此理."

것[13])이 결국 관용이라는 덕을 실천한 것이다.[14]

여기에서 이른바 '마음의 작용'은 곧 도덕본심의 발현을 말한 것이다. '호오'란 본래 감정의 태도 및 행위로, 반드시 관용의 덕을 갖추고 있어야 올바른 호오의 감정 및 행위가 될 수 있다. 관용의 덕은 또한 '어짊의 덕' (仁德)이며 포괄적으로 말하자면 '덕성'이다. 덕성을 근본이라고 한 만큼 우선 '존덕성尊德性'을 하고 난 후에야 이른바 '도문학道問學'이 있을 수 있다. 따라서 가장 먼저 '존덕성'에서 힘을 써야지, 그 외에 세세하고 지엽말단적인 '도문학'에 힘을 쓸 필요가 없다. 이것이 바로 육구연과 주희의 핵심 논쟁 주제였다. 육구연에 따르면, '대본'이 확립되면, '작용'은 저절로 이루어지게 된다. 이는 자연스러운 일이며 참으로 그 자체가 그런 것이기에 굳이 더 이상 말할 필요도 없다.

> 그대의 귀가 저절로 밝고, 눈이 저절로 밝은 것처럼, 부모를 섬기매 저절로 효성스러우며, 형을 공경하매 저절로 공손할 수 있으니, 이 마음에는 본래 흠결이 없다. 따라서 도덕성의 실현은 다른 곳에서 구할 것 없이 오직 자기 마음의 대본을 세우는 것에만 달려 있는 것이다.[15]

'자기 마음의 대본을 세우는 것'은 자신의 '본심'을 확립함을 의미한다. '본심'이 일단 확립되면 만사에 두루 통하게 된다.

---

13) 『論語』, 「爲政」, "哀公問曰: 何爲則民服? 孔子對曰: 擧直錯諸枉, 則民服; 擧枉錯諸直, 則民不服."

14) 『陸九淵集』, 卷5, 「與辛幼安」, "寬也者, 君子之德也. 古之賢聖未有無是心, 無是德者也. 然好善而惡不善, 好仁而惡不仁, 乃人心之用也. 遏惡揚善, 擧直錯枉, 乃寬德之行也."

15) 『陸九淵集』, 卷34, 「語類上」, "居象山多告學者云: 女耳自聰, 目自明, 事父自能孝, 事兄自能弟, 本無欠闕. 不必他求, 在自立而已."

그래서 '근본을 확립'하는 공부는 매우 강력한 주체성을 갖게 된다. 이 공부는 자주적이고 자립적인 공부이며 자신의 마음을 다잡아서 지키는 공부이다. 또한 이것은 육구연이 말한 스스로 주재하는 공부 혹은 '깊이 헤아리고 스스로 주재하는' 공부이다.16) 여기에서 말하는 주재란 의심의 여지없이 이성주체이며 도덕주체이지만, 또한 시각 청각 언어 행동 그 자체이며 감성의 실천활동 그 자체이기도 하다. '귀가 저절로 밝고, 눈이 저절로 밝다'고 말한 것은 단순히 눈이 볼 수 있고, 귀가 들을 수 있다는 정도의 뜻이 아니라, 보고 들음 역시 도道의 유행이라는 것이다. 왜냐하면 마음이 곧 이치이고 도이며 또한 감정이기 때문이다.

> 진실로 이 마음을 간직하면 이 이치는 저절로 밝아진다. 측은한 마음이 들어야 할 상황에 처하면 저절로 측은한 마음이 들고…… 옳고 그름이 앞에 있으면 저절로 옳고 그름을 변별할 수 있다.17)

마음·본성·감정·자질이 합일된 그의 공부는 실제로 마음이 주재하는 것이며, 여기에서 마음이란 바로 자신의 마음이기 때문에 '스스로 주재한다'고 했던 것이다. 다만 여기에서 '주재'라는 것이 항상 도덕주체의 의미를 가지기는 하지만, 이러한 주재 행위는 전적으로 감정을 통해서 실현되는 것이기 때문에 그 핵심은 여전히 감정의 문제로 남아 있게 된다.

비록 감정이 곧 이성적인 것이거나 혹은 이성적인 것이 될 수 있기는 하지만, 만약 대상에 마음을 빼앗긴다든가 마음에 얽매이는 바가 있게 된

---

16) 『陸九淵集』, 卷34, 「語類上」, "未曉莫妨權放過, 切身須要急思量. 自家主宰常精健, 逐外精神徒損傷."
17) 『陸九淵集』, 卷34, 「語類上」, "苟此心之存, 則此理自明. 當惻隱處自惻隱……是非在前, 自能辨之."

다면 스스로 주재할 수 없게 되어 문제가 발생할 수 있다. 그래서 그는 "인간의 감정과 사물의 이치상에서 공부하라"[18]고 말했던 것이다. 이는 사실상 '대본을 세움'(立大本)이라는 주제에 속하는 일이다. 다만 '인간의 감정과 사물의 이치'는 모든 사물과 인간관계 및 삶 가운데에서 나타나는 것이기 때문에 그는 '사물의 이치를 궁리할 것'과 '어떤 사물도 지나치지 않고 열심히 그 이치를 고찰할 것'[19]을 주장했다. 그러나 "사물 밖에 도가 없으며, 도 밖에 사물 또한 없다"[20]고 했으니, '대상을 연구하여 이치를 궁구하는 것' 자체가 바로 도를 밝히고 이치를 밝히는 것이고 이를 통해 마음을 밝히는 것이니, 감정과 이치는 여전히 합일되어 있는 것이다. 왜 나하면 그가 말한 이치와 도리에는 사실상 감정을 벗어난 내용이 없기 때문이다. 그는 "나는 인간의 감정에 대해 궁구해 냈다"[21]고 말했다. 이는 매우 자신 있는 어투로, 이 어투는 그가 감정에 대해 보통 사람들로서는 결코 도달할 수 없는 견해를 가졌음을 드러내 준다. '인간의 감정'은 매우 복잡한 것으로서 일반적 인식활동과 결코 동일시 될 수 없으며 일반적 개념으로 포괄할 수도 없다. 그럼에도 감정과 인식활동 사이에는 어떤 공통점이 있지 않을까? 그렇다면 과연 그 공통점은 무엇일까? 확실히 이 문제는 육구연 등 신유학자뿐만 아니라 모든 유학자들이 관심을 가졌던 문제이다. 육구연은 복잡하고 변화무쌍한 '인간의 감정' 가운데에서 형이상적 이성의 요소를 발견할 수 있었으며, 아울러 이것을 본성과 함께 논했다. 그의 사상에 있어 이 견해가 그 자체로 매우 중요한 의의를 가지기는 하지만 동시에 그는 '인간의 감정이 늘 한결같지 않음'[22], 즉 인간의

---

18) 『陸九淵集』, 卷34, 「語類上」, "某答云: 在人情事勢物理上, 做些工夫."
19) 『陸九淵集』, 卷35, 「語類下」, "見在無事, 須是事事物物不放過, 磨考其理."
20) 『陸九淵集』, 卷12, 「與陳正己」, "足下嘗言: 事外無道, 道外無事."
21) 『陸九淵集』, 卷34, 「語類上」, "吾於人情研究得到."

감정 중 변화무쌍하고 이해할 수 없는 부분에 주의를 기울였기 때문에 '인간의 감정'이 조금의 예외도 없이 '성리'라고 보지는 않았다. 그래서 그는 이 둘 사이의 구별점이 어디에 있는지를 찾는 것에도 관심을 기울였다. '인간의 감정'의 여러 가지 서로 다른 부분까지도 자세히 관찰해야 비로소 '궁구해 냈다'고 말할 수 있다. 육구연이 이렇게 말할 수 있었던 것은 자신의 일련의 이론적 작업이 뒷받침되었기 때문이다. 따라서 육구연의 이러한 태도가 주희가 비판한 것처럼 "천상천하에 오로지 자신만이 홀로 존귀하구나!"와 같은 태도였던 것은 아니다. 주희와 육구연은 단지 각각의 견해를 가졌던 것뿐이다.

육구연이 논했던 '감정'을 오직 형이하적 정서 및 감정 또는 격정 등으로만 이해한다면 이는 분명히 잘못된 것이다. 그렇다고 해서 그가 말했던 감정을 오직 형이상의 '본정'으로만 보는 것 역시 정확한 것은 아니다. 감정 그 자체는 본래부터 풍부하고 다채로우며 생동적이고 활발한 것이며 동시에 변화무쌍한 것이기에 고작 몇 가지 '원칙'들로 충분히 설명될 수 있는 것이 아니다. 그가 '인간의 감정이 늘 한결같지 않음'에 주의를 기울였던 원인 역시 바로 여기에 있다. 그러나 풍부하고 다채로우며 변화무쌍한 인간의 정서활동 안에는 이성정신이 내재해 있으므로, 인간의 정서는 일반적으로 말하는 생물적인 정서가 아니다. 필자가 보기에, 바로 육구연은 이 이성정신이라는 지점에 관심을 기울였다. 인간의 정서활동에서 이성의 일면을 발견한 것은 분명 육구연의 공헌이다. 전체적인 관점에서 봤을 때 감정은 감성적이면서도 이성적이고 경험적이면서도 선험적인데, 이 두 가지 특성들은 대립적 관계가 아니라 통일적 관계를 이루고

---

22) 『陸九淵集』, 卷34, 「語類上」, "須知人情之無常, 方料理得人."

있다. 그러므로 만약 한 면에서만 보게 된다면, '번쇄하고 말단적'인 폐단에 빠지게 될 것이다. 모종삼 선생은 마음에 대해 "상하로 말할 수 있다"[23]고 했다. 이는 매우 적절한 표현이다. 다만 핵심은 형이하의 차원에서 마음을 논하지 않고 오직 형이상의 차원에서만 논해서는 안 된다는 점이다. 만약 형이상의 차원에서만 '본정'을 논한다면, 그것이 '어떻게 가능한지'의 문제는 결국 해결될 수 없을 것이다. 오직 형이상과 형이하를 함께 말할 때에야 비로소 전체를 포괄하는 논의가 될 수 있으며, 증명 가능한 논의가 될 수 있을 것이다. 육구연이 이성의 차원에서 감정을 이해했던 이유도 바로 '인간이 인간일 수 있는 이유'의 근거를 강조하기 위함이었다.

육구연이 '인간의 감정이 늘 한결같지 않음'에 주의를 기울였던 이유는 심성을 함양하여 인격을 도야하는 공부의 중요성을 강조하기 위함이었다. 그의 시각에서 보았을 때 인간은 그 자체로 완정하며 인간의 이성과 감정 역시 완정했다. 인간의 감정은 어째서 아름다운 것인가? 이 문제에 대한 답은 생명활동 속에서 체득되고 실천되어야 할 것이지, 이성과 지식적 차원의 앎에 의해 이해될 수 있는 것이 아니다. 다시 말해서 인간은 대상화될 수 없으며, 이성과 지식을 활용하는 방법으로 분석될 수도 없다는 것이다. 이것이 인간의 감정을 이상화한 설명이라는 점에는 조금의 의심의 여지도 없지만, 인간의 삶에 있어서는 오히려 의미가 있다는 점에서 반드시 견지되어야 할 부분이다.

육구연이 논했던 '양심良心'과 왕수인이 말했던 '양지良知'는 사실상 모두 도덕감정을 논한 것이지만, 거기에는 동시에 이성적 특징도 갖추어져

---

23) 모종삼, 『모종삼신유학논저집요』(牟宗三新儒學論著輯要, 중국광파전시출판사, 1992), 323쪽.

있으므로, 감정과 이성은 합일된다. 이것은 내면의 측면에서 말한 것으로서, 마음이 '간직'(有)한 것 혹은 마음의 '본연'을 말한 것이다. 만약 이것을 외부의 차원으로 표현하자면, 육구연은 '인간의 감정과 대상의 이치'라고 표현하였고, 왕수인은 '인간의 감정과 사태의 변화'라고 말했다. 사실 '대상의 이치'나 '사태의 변화' 모두 인간의 감정과 분리될 수 없는 것들로, 인간의 감정활동에 속하는 것들이다. 그러나 '인간의 감정'이 바깥으로 표출될 때의 양상은 복잡하기 그지없을 수밖에 없으므로 '궁구'와 '격물'이 필요한 것이다. '궁구'란 곧 격물로, '사물의 이치를 궁구함'이다.[24] 이것이 바로 공부의 출발점이다. 배우고 묻고, 생각하고 분별하는 등(學問思辨)의 공부도 빼놓을 수는 없겠지만, 이러한 공부들도 결국은 '마음을 간직함'의 문제로 귀결된다. 왜냐하면 모든 사물과 인간감정의 변화는 모두 '하나의 이치'이기 때문이다. 이 '하나의 이치'가 바로 '양심'과 '본심'이다. 이는 일종의 규범적 도덕주의에 입각한 설명 방식으로, 인간의 감정활동을 도덕적 근원으로 귀결시켜 인간이 최고의 덕성을 가지고 있음을 증명하려는 것이다. 동시에 이것은 이성주의적 설명 방식으로, 인간의 '본심' 즉 도덕성은 보편적 의미를 지니는 것이므로 신뢰할 만하다는 것이다. 이 도리를 이해할 수 있다면 '인간의 감정과 대상의 이치' 역시 명료하게 연구할 수 있을 것이다.

그러나 이상의 논의는 감정 문제의 절반만을 논한 것일 뿐이고, 감정 문제의 나머지 절반 즉 '인간의 감정'이 해를 입기 쉽다는 측면이 여전히 남아 있다. 인간의 감정이 해를 입게 될 경우—외부 요인에 의해서건 자기 내부의 원인에 의해서건, 두 가지 원인 모두 배제하지 않는다.— 그 해로운 부분을 제거하

---

24) 『陸九淵集』, 卷35, 「語類下」, "先生云: 硏究物理."

고 좋은 부분을 간직해야 하는데, 이것 역시 격물공부의 중요한 부분이다. 여기에서 말하는 '격물'은 곧 마음의 '짐을 없앰'(減担)이자 마음의 '때를 벗겨 냄'(剝落)이다.25) 짐을 다 제거해서 더 이상 제거할 것이 없고 때를 다 벗겨 내어 더 이상 벗겨 낼 것이 없을 때 인간의 양심이 드러나게 된다. 만약 여기에 잠잠하게 함양하는 공부를 더한다면 양심을 보존해서 잃어버리지 않을 수 있게 된다.

과거에 사람들은 '격물'에 대한 육구연의 학설에 모순되거나 혹은 일관되지 못한 부분이 있다고 생각했다. 왜냐하면 그는 한편으로는 주희가 말한 것과 조금도 다르지 않은 '궁리'를 말했지만 다른 한편으로는 주희의 학설과 상이한 '짐을 제거함'을 말하고 있기 때문이다. 그러나 사실이 두 가지 사이에는 어떠한 모순도 없다. 다만 한 가지 공부방법의 서로 다른 측면을 함께 논한 것일 뿐이다. 이 공부는 정면에서 적극적으로 말하면 '이치를 궁리함'이 되고, 배면에서 소극적으로 말하면 '먼지를 제거함'이지만, 사실은 모두 양심을 회복하기 위한 것들이다.

> 나의 양심을 보존하고자 한다면 반드시 내 마음에 해를 입히는 것을 없애야 한다. 왜 그런가? 나의 양심은 본래부터 내가 가지고 있는 것이기 때문이다. 양심이 본래부터 내게 있음에도 그것을 스스로 간직하지 못하는 것은 양심이 해를 입었기 때문이다. 양심에 해를 입고서도 그것을 제거할 줄 모른다면 양심이 어떻게 간직될 수 있겠는가? 그러므로 양심을 간직하고자 한다면 내 마음에 해를 입히는 것을 없애는 것보다 더 좋은 방법이 없다. 내 마음에 해를 입히는 것을 없애 버리면, 굳이 양심을 간직하려고 하지 않아도 저절로 간직될 것이다.26)

---

25) 『陸九淵集』, 卷35, 「語類下」, "人心有病, 須是剝落. 剝落得一番, 卽一番淸明, 後隨起來, 又剝落, 又淸明, 須是剝落得淨盡方是."

이 대목에 근거해서 볼 때, '마음에 해를 입히는 것을 제거함'과 '양심을 간직함'은 동시적으로 진행되는 것으로, 둘 중 하나가 누락될 수는 없다. 일반적인 관점에서 볼 때 '양심을 보존함'은 적극적이고 '마음에 해를 입히는 것을 제거함'은 소극적인 것 같지만, 실제로는 후자가 더 적극적 의미를 지니고 있다. 이것이 바로 육구연 학문에서 드러나는 '변증법'이다. 신유학자들은 수양과 실천을 모두 중시했으며, 실천을 인생의 가치를 실현하는 근본적인 방법으로 여겼다. 그들에게 있어 '짐을 제거함'의 공부는 가장 중요한 실천 방법이었던 것이다.

제3절 본성과 감정의 혼연일체

왕수인은 양지를 천리로 여겼기 때문에 그가 말하는 양지가 곧 이성이라는 것에는 의문의 여지가 없다. 당연하게도 여기에서 말하는 이성은 '성리' 즉 도덕이성을 가리키는 것이지, 인지적 이성 혹은 인지적 이성에 근거해서 형성된 '보편적 원리'나 '규범'을 가리키는 것이 아니다. 이 점은 매우 중요하다. 내재적 덕성으로서의 성리는 양지의 형식으로 나타나는데, '덕성의 양지'[27]라 하는 것이 본래부터 주관적 특성을 내포하고 있기는 하지만, 이로 인해 양지에 갖추어진 객관성과 보편성이 저해되는 것은 결코 아니다. 그것은 순수한 '자유의지'(칸트)가 아니며 순수한 '천부적 관

---

26) 『陸九淵集』, 卷32, 「拾遺·養心莫善於寡欲」, "將以保吾心之良, 必有以去吾心之害. 何者? 吾心之良吾所固有也. 吾所固有而不能以自保者, 以其有以害之也. 有以害之, 而不知所以去其害, 則良心何自而存哉? 故欲良心之存者, 莫若去吾心之害. 吾心之害既去, 則心有不期存而自存者矣."

27) 『傳習錄』, 卷中, 140쪽, "此言正所以明德性之良知非由於聞見耳."

념'(데카르트)도 아닌, 선천적으로 부여된 '감정적 이성'(情理)이다. 이 이치 자체는 직관적 인식능력을 가지고 있지만 '지각'(知)을 통해야 자각할 수 있기 때문에 '양지'라고 부른다. 하지만 그 실질적 내용은 도덕감정이다. 이것이 바로 양지가 '선천적으로 좋음'(良)이면서 일종의 지각(知)이 되고, 또한 그것을 합해서 말했을 때 '양지'가 되는 이유이다. 양지가 비록 이성의 형식을 갖추고 있기는 하지만 그 실질적 내용은 도덕감정이다. 따라서 양지는 결코 어떤 내용도 담지 않은 순수 형식이 아니다.

양지와 감정의 관계는 이미 제2장에서 논했으므로 여기에서 다시 설명하지는 않겠다. 다만 여기에서 한 걸음 더 나아가 지적해야 할 점이 있다. 그것은 바로 양지가 생명 존재로서의 인간의 본질적인 측면을 체현해 냈고, 따라서 생명으로서 가지는 고유한 특성이기 때문에 양지가 자주적이고 자율적인 도덕이성이 된다는 것이다. 만약 생명을 '기가 유행한 결과물'이라고 한다면, 이치로서의 양지는 곧 '기의 조리(條理)'[28]이다. 물론 양지가 기의 유행과 생명활동 안에 들어 있는 것이기는 하지만, 그렇다고 해서 바로 '기를 곧 리라고 여기는 것'[29]은 잘못된 것이다. 이런 측면에서 볼 때, 왕수인은 육구연에 비해 좀 더 성리학자의 면모를 지니고 있었다.

하지만 생명이 기가 유행한 것의 결과물이고 기의 유행에는 반드시 조리가 있다고 한 이상 만물은 모두 기가 유행한 것의 결과물일 터인데, 그렇다면 과연 만물에도 '양지'가 있을까? 왕수인의 양지설을 범신론이라고 보았던 어떤 학자의 관점도—鄧艾民 교수의 왕수인 연구가 이에 해당한다.— 바로 이 문제에서 출발했던 것이다. 인간의 양지가 곧 천지만물의 양지라고

---

28) 『傳習錄』, 卷中, 153쪽, "理者, 氣之條理; 氣者, 理之運用."
29) 『陽明全集』, 卷2, 「寄希淵癸酉」, "今世無志於學者無足言, 幸有一二篤志之士, 又爲無師友之 講明, 認氣作理, 冥悍自信, 終身勤苦而卒無所得, 斯誠可哀矣."

왕수인이 본 것은 사실이지만, 천지만물이 모두 양지를 지녔다고 하지는 않았다. 여기에서 왕수인은 양지가 인간의 성리이며 또한 천지만물 전체와 서로 통한다는 것을 긍정했고, 이를 통해 양지가 객관성과 보편성을 가지면서도 동시에 주체성을 잃지 않음을 증명했다. 왜냐하면 양지는 '허령하고 명철한 지각'(靈明)일 뿐이며, 동시에 오직 인간만이 지닌 것이기 때문이다.

> 인간의 양지는 곧 풀과 나무, 기왓장과 바위의 양지이다. 만약 풀과 나무, 기왓장과 바위에게 인간의 양지가 없다면 풀과 나무, 기왓장과 바위가 될 수 없다. 어찌 풀과 나무, 기왓장과 바위만 그렇겠는가? 천지 역시 인간의 양지가 없다면 천지가 될 수 없다. 무릇 천지만물과 인간은 본래 일체이나 생겨난 것 중 가장 탁월한 것이 바로 사람 마음의 허령하고 명철한 지각이다. 바람과 비 그리고 이슬과 번개 일월과 성신, 금수와 초목, 산천과 흙과 돌은 원래 인간과 일체였기에 오곡과 짐승으로 인간을 부양할 수 있었고 약재로 사람의 병을 치료할 수 있었다. 이는 하나의 기를 공유하기에 서로 통할 수 있는 것이다.[30]

이것은 모든 인간이 양지를 지니고 있어서 인간끼리 서로 통하게 될 뿐만 아니라 인간의 양지와 천지만물 역시 서로 통하므로, 천지만물이 인간의 양지를 자신의 양지로 삼게 됨을 말한 것이다. 그러나 이것이 천지만물이 모두 양지와 같은 이성을 지녔다는 말은 결코 아니다. 양지가 성리가 되는 까닭은 바로 이것이 마음의 허령하고 명철함이기 때문이며, 따

---

30) 『傳習錄』, 卷下, 274쪽, "先生曰: 人的良知, 就是草木瓦石的眞知. 若草木瓦石無人的良知, 不可以爲草木瓦石矣. 豈惟草木瓦石爲然. 天地無人的良知, 亦不可爲天地矣. 蓋天地萬物與人原是一體, 其發竅之最精處, 是人心一點靈明. 風雨露雷, 日月星辰, 禽獸草木, 山川土石, 與人原只一體, 故五穀禽獸之類皆可以養人, 藥石之類皆可以療疾. 只爲同此一氣, 故能相通耳."

라서 허령하고 명철함은 곧 성리를 담보하는 증거이다. 마음의 허령하고 명철함이 비록 천지의 '낳고 낳음의 이치'에서 온 것이며, 천지의 '낳고 낳음의 이치'나 '조리'라는 측면에서 말하자면 인간과 만물이 모두 동일하기는 하지만, 생겨난 것 중 가장 탁월한 것이 바로 마음의 허령하고 명철한 지각이다. 이 지각이 바로 인간의 성리가 있는 곳이자 인간의 주체성이 위치해 있는 곳이다. 허령함과 명철함을 나누어서 각각 분석하자면 인간의 마음이 허령하다는 것은 바로 도덕감정 때문이며, 인간의 마음이 명철하다는 것은 바로 직관적 지각능력 때문이다. 지각능력과 도덕감정의 결합, 이것이 바로 양지인 것이다. 양지가 곧 성리가 되는 까닭은 이 양지가 단지 각 개개인의 소유물에 그치는 것이 아니라 보편성과 필연성을 지니면서 나아가 만물에도 적용될 수 있기 때문이다. 성리의 이성화는 결국 형식화라는 특성을 내포한다. 이 점에 입각해서 보자면 양지 역시 형식(혹은 이성화된 형식)을 가지기는 하지만, 이는 내용(도덕감정)과 분리된 채 '존재'할 수 없고, 감정과 분리된 채 존재할 수도 없다. 만약 그 내용이나 감정과 분리된다면 양지는 순수 형식화된 이념이나 순수이성이 되어서, 경험이나 감정과는 무관한 것이 되어 버린다. 칸트의 '실천이성'이 감정을 배척하는 이유가 바로 여기에 있다. 하지만 양지는 인간의 덕성일 뿐 결코 이러한 종류의 이념 또는 순수이성이 아니다. 따라서 양지는 구체적 이성이지 추상적 이성이 아니며, 초월적인 실체는 더더욱 아니다. 구체적 이성으로서의 양지는 오직 경험과 감정을 통해서만 실현될 수 있다. 그러므로 경험과 감정활동은 곧 양지가 발휘되고 유행한 것이다.

왕수인은 바로 이러한 의미에서 '칠정'은 양지의 작용이면서 마음과 부합하는 것이지, 결코 양지와 대립적인 것이 아니라고 주장했다.

희노애락애오욕의 감정을 칠정이라고 한다. 이 일곱 가지는 모두 인간의 마음에 있는 것이지만 양지를 분명하게 이해해야 한다.…… 칠정이란 본연의 모습을 따라 유행하는 것으로, 이는 모두 양지의 쓰임이니 선악을 구분해서도 안 되지만 집착함이 있어서도 안 된다. 칠정의 감정에서 집착함이 있게 되면 이것을 일러 욕慾이라고 하며, 모두 양지를 가리는 것이 된다. 그러나 집착함이 막 있게 되었을 때까지도 양지는 스스로 (집착함이 있음을) 깨달을 수 있으니, 그것을 깨닫기만 하면 양지를 가리는 것을 제거하고 본체를 회복하게 된다.[31]

. 여기에서 그는 칠정만을 논했을 뿐 사단을 논하지 않았다. 즉 도덕감정을 직접적으로 논하지는 않은 것이다. '칠정'은 자연적 감정이다. 한유가 칠정을 도덕인성과 연결시킨 이래로 후대 학자들 역시 통상적으로 칠정과 도덕인성의 관계를 잘 구분하지 않았는데, 그렇다고 해서 이들의 관계에 대해서 구체적으로 설명한 것도 아니었다. 왕수인 역시 이러한 논의의 맥락 속에서 말한 것이다. 하지만 양지는 분명히 도덕적 의미를 지니는 도덕이성이기 때문에 양지의 작용으로서의 칠정은 자연스레 도덕적함의를 가지게 된다. 이른바 '본연의 모습을 따라 유행함'이라는 말은 사실 '법칙으로서의 본연'[32] 또는 '천리로서의 본연'[33]을 논한 것이며, 또한 '삶이 지닌 본연' 즉 자연 목적성의 실현 과정을 의미한다. 칠정이 중요한 이유는 칠정을 버리고서는 삶이 지닌 본연성, 즉 양지를 실현할 수 없기때문이다. '선악을 구분할 수 없다'는 말은, 양지에는 "선도 없고 악도 없

---

31) 『傳習錄』, 卷下, 290쪽, "先生曰: 喜怒哀懼愛惡欲謂之七情. 七者俱是人心合有的, 但要認得良知明白.……七情順其自然之流行, 皆是良知之目, 不可別善惡; 但不可有所著. 七情有著, 俱謂之欲, 俱爲良知之蔽. 然纔有著時, 良知亦自會覺, 覺卽蔽去, 復其體矣."

32) 『傳習錄』, 卷下, 270쪽, "吾儒養心未嘗離卻事物, 只順其天則自然就是功夫."

33) 『傳習錄』, 卷中, 189쪽, "蓋良知只是一箇天理自然明覺發見處, 只是一箇眞誠惻怛, 便是他本體."

다"34)는 그의 말과 관계가 있다. 즉 억지로 선악을 구분해서는 안 된다는 것이다. 왕수인이 명확하게 논하지 않은 까닭에, 이 말이 도덕 외적 함의를 담고 있는지의 여부를 단정하기는 어렵다. 만약 왕수인이 일반 자연감정으로서의 칠정이 도덕적 의미를 지니고 있지 않다고 여겼다면, 이는 그의 사상에서 매우 중대한 돌파구였을 것이다. 하지만 그가 강조하는 것은 여전히 집착의 유무 문제였다. 그는 칠정에 집착이 있게 되면, 즉 인위적인 집착이 있어서 '잊어버리고 더 이상 마음에 담아두지 않게'35) 하지 못한다면 이것이 곧 욕망으로, 이는 양지를 가리는 것일 뿐 결코 양지의 작용이 아니라고 보았다.

칠정의 유행 외에도 양지의 중요한 작용으로 '지각'이 있다. 만약 칠정에 집착이 있어서 양지를 가리게 되면 양지는 이 가림을 지각하고 제거할 수 있다. 여기에서 왕수인은 감정과 욕망을 대립시켜서 감정을 긍정하고 욕망에 반대했다. 감정과 욕망의 구분점은 집착의 유무이다. 만약 집착이 있게 되면 감정은 욕망으로 변하게 되며, 이 감정은 더 이상 자연스러운 감정이 아니게 된다. 반대로 만약 집착이 없다면 감정은 곧 양지의 자연스러운 유행 혹은 작용으로서 그 자체로 '이성'적 특징을 지니게 된다.

이러한 의미에서 왕수인은 '기뻐하고 분노하고 걱정하고 두려워하는' 등의 감정의 문제를 다시 제기했다.

무릇 양지가 비록 '기뻐하고 분노하고 걱정하고 두려워하는' 등의 감정에 얽매여 있는 것은 아니지만, 기뻐하고 분노하고 걱정하고 두려워하

---

34) 『傳習錄』, 卷下, 273쪽, "無善無不善, 性原是如此. 悟得及時, 只此一句便盡了, 更無有內外之間."
35) 『傳習錄』, 卷中, 158쪽, "姸者姸, 媸者媸, 一過而不留, 卽是無所住處."

는 등의 감정이 양지 밖에 있는 것 역시 아니다.[36]

'얽매임'과 '집착'은 같은 의미를 지니고 있다. 그래서 통칭해서 '얽매이고 집착함'(帶著)이라고 할 수도 있다. 양지가 기뻐하고 분노하고 걱정하고 두려워하는 감정에 얽매이지 않으면 이 감정들 역시 얽매이는 바가 없다고 말할 수 있다. 얽매이는 바가 없는 이상 이 감정들은 곧 양지의 작용이 된다. 이른바 '양지 밖에 있지 않다'는 말은 곧 이러한 감정들이 양지 안에서 길러지고 유행하는 것이므로 그 자연이성을 따르는 유행의 측면에서 말하자면, 이것은 곧 이성적이다. 좀 더 확실하게 말하자면 이러한 감정은 구체적이면서도 이성적이다. 즉 양지의 유행이라는 작용의 측면에서 말하자면 이 감정들은 구체적인 것이고, 이 감정들이 본연의 모습을 따라 유행한다는 측면에서 말하자면 이 감정들은 이성적인 것이다. 이것이 바로 자연이성이며 실재하는 구체적 이성이다.

이른바 '뜻만 큰 자의 마음'(狂者胸次)이 바로 이와 같은 것이다. 왕수인은 이렇게 말했다.

> 내가 남도(남경)에 머물기 전까지는 향원의 마음이 어느 정도 있었다. 하지만 지금은 자유자재로 나의 양지가 옳고 그름을 판단할 수 있게 되었다. 나는 이제 뜻만 큰 자의 마음을 이해할 수 있게 되었다. 세상 사람들이 모두 나를 보고 행동이 말을 다 따르지 못한다고 해도 상관없다.[37]

뜻만 큰 자와 절의가 있는 자(狂狷)는 공자가 제시한 중요한 인격유형

---

36) 『傳習錄』, 卷中, 158쪽, "蓋良知雖不滯於喜怒憂懼, 而喜怒憂懼, 亦不外於良知也."
37) 『傳習錄』, 卷下, 312쪽, "先生曰: 我在南都已前, 尚有些子鄕顧的意思在. 我今信得這良知眞是眞非, 信手行去, 更不著些覆藏. 我今纔做得箇狂者的胸次. 使天下之人都說我行不掩言也罷."

이다. 뜻만 큰 자는 중도에서 다소 지나치고 절의가 있는 자는 중도에 다소 못 미치지만 향원과는 근본적인 차이가 있다. 향원은 시비를 논하지 않고 도덕적 원칙을 갖고 있지 않는데, 이는 유학자들이 일관되게 비판한 것이다. 뜻만 큰 자와 절의가 있는 자는 옳고 그름에 대한 명확한 원칙이 있는 사람들로, 비록 정도의 측면에서 지나침과 부족함의 차이가 있지만 중대한 도덕적 원칙을 위반하는 사람들은 결코 아니다. 이들 인격에 대한 평가는 바로 '중용'의 덕성과 관련된 것이지만, 이는 감정과도 직접적인 연관이 있다. 뜻만 큰 자와 절의가 있는 자는 자신의 (올바른) 감정을 곧바로 따라 행동하는 사람들이라고 말할 수 있다.

왕수인은 왜 자신이 '뜻만 큰 자의 마음'을 가졌다고 했을까? 이는 다소 과장된 표현이 아닐까? 이 문제를 '자연스러운 유행'에 대한 설명과 연결해 보면 아주 명확해진다. 그가 보기에 인간의 감정은 자연스러운 유행이다. 이는 인성을 가장 잘 체현한 것이자 양지의 천리를 가장 잘 체현한 것이다. 오직 진실한 감정만이 진정으로 시비를 가릴 수 있으며, 어떤 얽매임과 집착도 없을 수 있고 작위하는 바가 없을 수 있다. 이것은 다른 사람의 비위를 맞추어 행동한 것이 아니라, 자신의 감정을 곧바로 따라 행동한 것이며 감춤이 없는 것이다. 다른 사람 입장에서는 뜻만 큰 사람으로 보일 수 있지만 사실 그 자신은 인간의 진정한 본성과 감정을 표현한 것이다. 진정한 본성과 감정은 곧 천리의 양지이다. 여기에서의 관건은 자연스러운 유행의 의미인데, 그가 말한 자연은 통상적으로 말하는 자연이나 물리학, 생물학의 자연이 아니다. 이때의 자연은 목적적 의미를 지니는 '법칙으로서의 자연', '천리로서의 자연'이며 또한 '목적이성 目的理性'이다. 이렇게 볼 때, '뜻만 큰 자의 마음'이란 매우 높은 이성정신과 자신감을 지니고 있는 마음이지 결코 비이성적인 마음이 아니다.

물론 이러한 학설이 현실에서 어떠한 결과를 낳을 수 있는지의 문제는 왕수인이 다루고자 했던 주요 문제는 아니었다. 왕수인 후학 중에는 정말 '미친 사람'과 같은 무리도 나타났었고, 심지어 몇몇은 '미친 선학도'(狂禪)로 불리었다. 그들 중 일부는 정욕을 공개적으로 주장했고, 어떤 이들은 '사사로운 감정'과 '사사로운 욕구'를 주장하여 유학자들 내에서 적잖은 파장을 일으켰다. 그들은 인성의 또 다른 면, 즉 비이성적인 면을 폭로하고 천리의 양지에 대해 회의하며 비판하기 시작했다. 이는 유학 내부적으로 발생한 격동이자 자아반성이라고 평가할 수도 있을 것이다. 하지만 그들은 근대 이성정신을 수립하지 않았을 뿐 아니라 할 수도 없었으며, 자기들만의 '지식학'이나 도구적 이성을 발전시키지도 않았다. 따라서 여전히 감정과 이성의 문제에 대해서만 사고했다. 즉 여전히 행위목적을 준칙으로 삼는 이성의 범위 내에서만 사고했다는 것이다.

　'지각'으로서의 심에 대해 말하자면, 리학파와 심학파를 막론하고 서구적 지성학설로 발전해 나간 경우는 없었다. 또 시각을 중심으로 한 도상언어(picture language)가 성립되지도 않았으며, 서구적 근대 실험심리학이 창설되지도 않았다. 분과가 진행되지 않은 전통학설에만 머물렀는데, 그 가운데 감정의 요소는 시종일관 중요한 위치를 차지했다. 이른바 '감응'의 학문, '양지'의 학문, '미발이발', '도심인심'의 학문 등이 모두 그러하다. 바로 이 때문에 체험과 깨달음이 핵심적인 인식 방식이 되었고 이성적 분석은 항상 결핍되었다. 어떠한 인식도 인간의 감정체험과 분리될 수 없으며, 감정의 수요 및 평가와도 분리될 수 없다. 따라서 이러한 인식은 인간의 존재가치와 관련된 인식일 뿐 객관적이고 중립적인 대상인식이 아니다. 여기에서 형성된 이성 역시 가치이성일 뿐, 순수한 인지이성이 아니다. 이러한 의미에서 보았을 때, '앎'을 '감정으로서의 앎'(情知)이라고, '지각'을 '감정으로서의 지각'(情覺)이라고 부른다고 해서, 이것이 잘못된 말은 결코 아니다. 다만 유학자들의 관점에서 보았을 때, '감정으로서의 앎'과 '감정으로서의 지각'을 경험의 차원으로만 이해해서는 안 되며, 응당 '본심', '양지'를 바탕으로 보아야 한다. 이들은 자아를 향상시키는 것이면서 또한 자연스러운 유행이다. 매우 당연하게도 여기에는 선험이성이 요청되는데, 이것은 바로 자연계의 '낳고 낳음의 이치'(生生之理)에서 온 것이며, 인간 마음의 '영명함'(靈)은 이러한 선험이성을 담지하게 된다. 따라서 영명함은 곧 생명의 이치가 드러나는 지점이 되는 것이다. 이렇게 볼 때, 이성은 감정과 분리된 채 독립적으로 존재할 수 있는 것이 아니며, 오히려 반대로 감정이 이성적이라는 것을 알 수 있다.

왕수인과 육구연이 구분되는 지점은 결국 성정의 체용 관계를 논한 부분이다. 사실 이 부분은 주희의 철학으로부터 온 것이다. 왕수인은 결코 육구연처럼 성정을 구분하지 않은 채 혼합해서 하나라고 보지 않았다. 예를 들어 그는 다음과 같이 말했다.

> 인의예지는 본성 중에서도 본성이다. 총명예지는 본성이 갖춘 자질(質)이다. 희노애락은 본성에서 드러난 감정이다. 사사로운 욕망과 객기는 본성을 가리는 폐단이다. 자질에는 청탁이 있기에 감정에는 지나치고 모자람이 있으며 폐단에는 얕고 깊음이 있다.38)

이에 따르면, 희노애락의 감정은 인의예지를 그 본성으로 두고 인의예지의 본성은 희노애락을 그 감정으로 두고 있지만, 본성과 감정 이 두

---

38) 『傳習錄』, 卷中, 165쪽, "仁義禮智, 性之性也. 聰明叡智, 性之質也; 喜怒哀樂, 性之情也. 私欲客氣, 性之弊也. 質有淸濁, 故情有過不及, 而弊有淺深也."

가지는 어디까지나 구분되는 것이다. 본체 즉 본성에서 봤을 때 희노애락은 본래 조화를 이루는 것이기에 과하지도 부족하지도 않지만, 자질에 청탁이 있기 때문에 감정에는 과함과 부족함이 있게 되어 중절함에서 벗어나 조화롭지 못하게 된다. 이에 대해 왕수인이 직접적으로 언급한 것은 없지만, 이것이 바로 그가 말한 '사사로움'과 '폐단'이다. 하지만 그는 다른 한편으로는 다음과 같이 말했다.

> 희노애락의 본체는 본래 중절하고 조화로운 것이지만, 자신의 생각이 끼게 되면 바로 과함과 부족함이 되니 이것이 곧 사사로움이다.[39)]

이것은 감정의 '지나침과 모자람'을 '사사로움'과 관련시켜서 본 것으로, 앞에서의 설명 방식과 전혀 일치하지 않는다. 여기에서 말하는 '착著'자의 뜻은 '집착'(帶著)이다. 왕수인 철학에서 '집착'과 '자질'이 어떤 관계인지는 매우 불분명하다. 만약 감정에 집착함이 있으면 욕망이 된다는 그의 설명 방식을 받아들일 경우 중요한 것은 집착의 유무가 된다. 그렇다면 집착은 왜 발생하는가? 이는 부단히 탐구해 나가야 할 문제인 듯하다. "자질에 청탁이 있기에 감정에 지나치고 모자람이 있다"는 말을 받아들인다면 자질이 다시금 중요한 지위를 갖게 된다. 자질의 차이는 기품에 의해서 결정되는데, 이것이 왕수인이 말한 객기인지 아닌지는 알 수 없다. 왕수인이 말년에 '천천교에서 도를 밝혔을 때'(天泉證道) 말한 '근기가 뛰어난 사람'과 '근기가 부족한 사람'[40)]의 구분과 어느 정도 관계가 있어

---

39) 『傳習錄』, 卷上, 58쪽, "喜怒哀樂, 本體自是中和的, 纔自家看些意思, 便過不及, 便是私."
40) 『傳習錄』, 卷下, 315쪽, "是夕侍坐天泉橋, 各擧詩正. 先生曰: 我今將行, 正要你們來講破此意.……汝中之見, 是我這裡接利根人的. 德洪之見, 是我這裡爲其次立法的. 二君相取爲用, 則中人上下皆可引入於道."

보이기는 하지만 시간이 흐름에 따라 변해 갔다. 집착이 과연 왕수인이 말한 '사욕'일까? 이 둘 사이에 어떠한 관계가 있어 보이기는 하지만 완전히 동등한 개념은 아니다. 왜냐하면 집착이 발생했을 때 감정이 사욕으로 변하기 때문이다. 이 문제는 순환 오류에 빠질 수 있기 때문에 굳이 더 따질 필요는 없다. 중요한 것은 성정의 관계 문제에서 '본성적 감정'으로서의 감정이 본래 이성적이기는 하지만, 다른 원인들로 인해 과불급의 치우침이 발생하고, 마침내 비이성적인 상태에 빠져 버린다는 점이다. '중절함과 조화로움'(中和)은 나누어질 수 없으며, '중절함'이 있으면 곧 '조화로움'이 있으므로 '중화中和'라고 한 것이다. 그리고 '중화'는 곧 자연의 이성 원칙이자 감정이 자연스러우면서도 조화를 이룬 상태를 의미한다.

하지만 체용의 통일적 관계에서 보았을 때, 왕수인은 만약 감정이 발했을 때 조화롭지 못하다면 이는 미발未發의 본체에도 문제가 있는 것이지, 감정 자체의 문제만은 아니라고 보았다. 왕수인은 이렇게 말했다.

> 무릇 본체와 작용은 하나의 근원이니 본체가 있으면 곧 작용도 있으며, 미발의 중절함이 있으면 감정이 발했을 때 모두 중절하게 되는 조화로움이 있게 된다. 요즘 사람들은 감정이 발했다고 해서 그 감정들이 모두 중절하게 되는 조화로움을 갖지 못하니 그들이 미발의 중절함에서부터 온전할 수 없었음을 반드시 알아야 한다.[41]

이는 감정으로부터 본성을 논한 것이지 본성으로부터 감정을 논한 것이 아니다. 송명 유학자들은 모두 중절함과 조화로움의 문제를 중시해서

---

41) 『傳習錄』, 卷上, 45쪽, "蓋體用一源, 有是體, 卽有是用, 有未發之中, 卽有發而皆中節之和. 今人未能有發而皆中節之和, 須知是他未發之中亦未能全得."

거듭 논하고 설명했는데 이는 그들이 감정의 문제를 매우 중시했다는 것을 보여 준다. 하지만 왕수인의 설명 방식에 근거해 보자면 그는 체용과 성정이 통일적 관계라는 입장을 견지했음을 알 수 있다. 그의 논증 방법도 이전의 방식과 완전히 일치하지는 않다. 감정의 작용이 조화롭지 못했다는 것은 즉 희노애락의 감정이 조화를 이루지 못했다는 것은, '미발의 중' 즉 본성도 완전하지 못했음을 말해 준다. 여기에서 다음과 같은 결론을 도출해 낼 수 있다. 어떠한 감정을 갖고 있다면 곧 그에 해당하는 이성이 있다는 말은 완전히 '실현'의 차원에서 한 말이며, 여기에는 어떠한 선험이성적 근거도 없다. 물론 이러한 '거슬러 추론하는'(逆推) 방식이 사람들에게 양지본체 상에서 공부를 해야 한다고 요구하기는 하지만, 이것은 동시에 양지본체가 어떤 초월적인 이성 실체이거나 '도덕 실체'가 아님을 말해 주는 것이다. 왜냐하면 실체에는 완전·불완전의 문제가 있을 수 없기 때문이다. 그가 "마음에는 고정된 체가 없다. 천지만물에 대한 감응에서의 시비판단이 체가 될 뿐이다"[42]라고 말했던 것 역시 이와 마찬가지이다. 감응에서의 시비판단은 단순히 인식론 상에서의 시비판단이 아니라 감정의 수요 및 태도에 의해 결정되는 가치로서의 시비이다.─여기에는 물론 인식 상에서의 판단도 포함된다.─ 감응활동은 곧 감정활동이며, 또한 '감정의 전이'작용이라고도 부를 수 있다. 감응에서의 시비판단이 체가 된다는 것은 곧 가치로서의 시비 역시 체가 된다는 것이니, 감응활동은 당연히 이성적이라고 할 수 있다.

왕수인은 '타인으로부터의 교화'(點化)와 '스스로의 이해를 통한 교화'(解化)의 문제를 언급한 적이 있는데,[43] 그는 타인으로부터의 교화 역시 나쁘

---

42) 『傳習錄』, 卷下, 277쪽, "心無體. 以天地萬物感之是非爲體."
43) 『傳習錄』, 卷下, 298쪽, "學問也要點化, 但不如自家解化者, 自一了百當, 不然, 亦點化許多

지는 않지만 스스로의 이해를 통한 교화만은 못하다고 보았다. 육구연이 타인으로부터의 교화를 더 중시했다고 한다면, 왕수인은 타인으로부터의 교화에서 스스로의 이해를 통한 교화까지 논했다고 할 수 있다. 타인으로부터의 교화가 전반적인 깨달음이라면 이해를 통한 교화는 이해와 분석의 면모가 있다고 할 수 있다. 감정과 이성의 관계에 있어서 양자는 하나로 통일된 것도 아니고 확연히 분리된 것도 아니다. 이성이 감정으로 녹아들기도 하고 감정이 이성으로 융화되기도 하는 것이므로, 이들에 대해 체용을 논하지 않을 수는 없지만 그렇다고 위와 아래로 나눌 수도 없다.

바로 이 점이 왕수인과 주희가 연결되기도 하고 구분되기도 하는 지점이다. 주희가 본성과 감정의 통일을 주장했다는 점에는 의심의 여지가 없지만—제6장을 참조하기 바람.—, 결국 형이상과 형이하의 구분을 두었다. 그래서 성리는 형이상이고 감정은 형이하이며, 형이상은 '볼 수' 없고 오직 형이하의 감정에서만 그것을 볼 수 있다고 주장했다. 여기에서 말하는 '본다'는 것은 실제로 본다는 뜻이 아니라 형이하의 감정에서 형이상의 본성이 존재함을 추론하여, 이를 통해 형이상의 본성이 존재함을 증명할 수 있다는 의미이다.

하지만 왕수인에 따르면, 본성(즉 양지)과 감정을 체용으로 설명할 수는 있지만 이들 간에 형이상과 형이하의 구분은 존재하지 않는다. 그래서 형이상이 형이하 가운데 있으면서 동시에 형이하가 형이상 가운데에 있게 되는 것이다.

미발시의 중절함이 바로 양지이니, 이는 앞과 뒤 안과 밖이 구분됨 없이

不得."

하나로 통일되어 있는 것이다. '일이 있음과 일이 없음'은 동動과 정靜으로 말할 수 있지만 양지는 일이 있음과 없음에 따라 나누어지지 않으며, 적연寂然과 감통感通은 동과 정으로 말할 수 있지만 양지는 적연과 감통으로 나누어지지 않는다.…… 미발이 이발 안에 있기는 하지만 이발 안에 별도로 미발이 있었던 적이 없으며, 이발이 미발 안에 있기는 하지만 미발 안에 별도로 이발이 있었던 적이 없다.[44]

이는 동정의 관계를 통해 희노애락의 감정과 양지본체의 관계를 설명한 것이다. 희노애락에는 미발과 이발, 적연과 감통의 구분 즉 동정의 구분이 있지만, 양지는 시종과 동정을 관통해서 모든 곳에 존재한다. 미발이 이발 안에 있다는 것은 미발 안에 별도로 이발이 존재한다는 뜻이 아니라 이발이 곧 미발이라는 것이며, 반대로 이발이 미발 안에 있다는 것도 이발 안에 별도로 미발이 존재한다는 뜻이 아니라 미발이 곧 이발이라는 것이다. 어째서일까? 미발과 이발 모두 희노애락의 감정을 논한 것이면서 또한 양지본체를 논한 것이기 때문이다. 이것이 바로 그가 말하는 '혼연일체'이고, 감정과 이성의 합일이다. 이러한 의미에서 논하자면, 감정은 곧 이성이다.

제4절 감정을 가리켜 본성이라 한다

위 학설에서 한 걸음 더 발전한 것이 바로 유종주의 '감정을 가리켜

---

44) 『傳習錄』, 卷中, 157쪽, "未發之中, 卽良知也, 無前後內外, 而渾然一體者也. 有事無事可以言動靜, 而良知無分於有事無事也; 寂然感通可以言動靜, 而良知無分於寂然感通也.……未發在已發之中, 而已發之中未嘗別有未發者在. 已發在未發之中, 而未發之中未嘗別有已發者存."

본성이라 한다'(指情言性說)이다. 심학파 중 가장 뒤에 위치한 인물이었던 유종주는 성리학적 형이상학을 전복 또는 일소하는 데 큰 역할을 했다. 이는 그가 유학이 추구하는 방향을 바꾸었다거나 유학의 주제를 전환시켰다는 말이 아니다. 다만 그가 수많은 문제들을 다룸에 있어 존재의 현실적 차원, 특히 인간의 심리적 차원을 더욱 중시했다는 말이다. 그는 인간의 심리현상에 대해 세밀한 분석과 해석을 진행했었는데, 이 해석들은 그의 심학 즉 인간학의 중요한 근거가 되었다. 예를 들어, 『원지原旨』「원심原心」에서 그는 심 및 심과 연관된 20개 이상의 범주와 개념 및 그들 간의 상호관계를 설명했다. 그 중 마음·본성·감정·자질(才) 그리고 욕구 등의 범주에 대하여 다음과 같이 설명했다.

천지간에 가득 차 있는 것이 모두 사물이나, 인간은 가장 영명한 것을 타고났다. 생기生氣는 텅 비어 있음에 의지하므로 영명하며, 마음이 그것을 통솔하니, 낳고 낳음의 주인이 된다.…… 생명의 근간인 본래 모습이면서 결코 멈추지 않는 것을 욕망이라 한다. 욕망하면서 방종해 버리면 그것은 지나친 것이며, 심해지면 악이 된다. 과하지도 않고 부족하지도 않음이 이치이다. 그 이치를 본성이라 부르기도 하고 명이라 부르기도 하고 천이라 부르기도 한다. 욕망에 붙어 있는 것을 일러 감정이라 하는데 이는 끝없이 변화해 나간다. 감정을 업고 나와서 끝없이 채워 나가는 것이 자질이다.[45]

'생성'(生)의 문제를 가지고 마음을 논하는 것은 유학의 근본적인 주제

---

45) 『劉子全書』, 卷7, 「原旨·原性」, "盈天地之間皆物也, 人其生而最靈者也. 生氣他於虛, 故靈, 而心其統也, 生生之主也.……生機之自然而不容已者, 欲也. 欲而縱, 過也, 甚焉, 惡也. 而其無過無不及者, 理也. 其理則謂之性, 謂之命, 謂之天也. 其著於欲者謂之情, 變而不可窮也. 其負情而出, 充周而不窮者, 才也."

이다. 유종주는 여기에서부터 시작해서 기타 여러 범주의 주제를 논하게 되었는데, 그는 이런 식으로 유학의 근본을 장악했다. 이것과 관련하여 그는 본성·감정·자질에 대해 모두 욕망으로부터 출발한다고 설명했는데, 욕망은 '생명의 본래 모습이면서 결코 멈추지 않는 것'이다. 이러한 관점은 왕기[46]로부터 시작된 심학의 전통이지 왕수인으로부터 시작된 것은 아니었다. 사실 욕망은 심리의 모든 현상 중에 가장 기본적이면서 가장 중요한 기능으로 간주된다. 리, 성, 명과 같은 범주는 욕망이 과하거나 부족하지 않은 것일 뿐, 결코 '허공으로 뛰어오르고 환상으로 빠져드는'(逃空墮幻) 형이상자가 아니다. 감정은 욕망에 붙어 있는 것이다. 이는 욕망과 감정은 분리될 수 없으며, 감정은 욕망에 의존하여 끊임없는 변화를 만들어 낸다는 특징이 있음을 설명한 것이다. 이 점은 송명의 유학자들이 거의 논의하지 않았거나 혹은 논의하기를 원치 않았던 부분이다. 자질 역시 감정을 발출시킬 수 있는 자질이므로 감정과 분리될 수 없다.

여기에는 어떠한 형이상학적 사변이나 본체론적 요청도 없다. 다만 인간 존재의 심리현상에 대해 분석을 진행했을 뿐이다. 이와 같은 분석은 심리학적이라고 말할 수 있다. 여기에서 알 수 있는 것은, 리를 소이연이라고 부를 수 있다면, 감정과 이성(성리)의 관계는 결국 자연과 그 소이연 간의 관계라는 것이다.

물론 유종주가 심리학적 의미에서만 마음과 본성을 논한 것은 아니다. 그는 철학적 의미에서도 마음과 본성을 말했으며, 그의 사상에는 확

---

46) 王畿(1498~1583). 명나라 浙江 山陰 사람. 호가 龍溪이다. 자는 汝中이다. 嘉靖 2년 (1523) 進士에 합격했고, 왕수인에게 사사하여 錢緒山과 병칭되는 왕수인 문하의 駿才가 되었다. 自證自悟를 중시했고, 반드시 사설에 충실하지 않아서 정통파인 전서산의 학통에 비해 좌파로 불렸지만, 보급과 발전에 기여한 공적은 크다. 저서에 『王龍溪全集』 20권이 있다.(출처: 중국역대인명사전)

실히 수많은 형이상학적 사변도 내포되어 있다. 하지만 우리가 반드시 주의해야할 점은 유종주의 형이상학이 심리분석과 결코 분리되어 있지 않다는 점이다. 예컨대 그는 심성의 관계를 논하면서 마음이 신체기관이라는 점을 결코 부정하지 않았다.

> 본래 마음은 형체에 의해 둘러싸여 있다. 그런데 형이상자를 일러 도라 하고 형이하자를 일러 기器라고 하니, 여기에서의 상자上者와 하자下者는 한 몸으로서 둘로 나뉜 것일 뿐이다. 그러나 만약 본성이 몸 밖에 있는 것이라고 한다면, 그 나눔이 너무 지나친 것이다.…… 이것이 바로 본성은 형이상자이고 마음은 그 형체라는 의미이겠는가? 형체의 측면에서 보자면 본성도 마음도 모두 상자이다. 하지만 마음을 떠나서 본다면 상자라고 할 것이 어디에 있겠는가? 근거 없는 허망한 생각일 뿐이다.[47]

유종주는 보편적 도덕이성으로서의 본성이 형이상자라는 것을 인정했지만, 마음을 떠나 본성을 논하는 것 혹은 형체를 떠나 형이상을 논하는 것은 아무런 의미도 없을 뿐더러 무엇을 말하는지 알 수도 없다고 보았다. '공허한 생각'이라는 것은 일종의 근거 없는 생각으로, 아무런 실제적 의미도 가지지 못한다는 말이다.

그의 '일체양분一體兩分'의 학문은 심성과 성정을 통일시킨 새로운 학설이다. 그의 학설은 주자학이 초래할 수 있는 모순뿐 아니라 양명학이 초래할 수 있는 모순까지 거울삼아 제기된 것이다. '일체'는 곧 마음이며 마음이 곧 본체이니 마음 밖에 별도로 본체가 있는 것이 아니다. 이른바

---

47) 『劉子全書』, 卷7, 「原旨·原性」, "夫心圍於形者也. 形而上者謂之道, 形而下者謂之器也, 上與下一體而兩分. 而性若踞於形骸之表, 則已分有常尊矣.……此性之所以爲上而心其形之者與! 卽形而觀, 無不上也; 離心而觀, 上在何所? 懸想而已."

본체인 동시에 형체와 분리되지 않기 때문에 이것은 단순히 형이상자라고만 할 수는 없다. 하지만 그 작용은 상하의 구분이 있기 때문에 '양분'되는 것이다. 이러한 설명 방식은 마음을 체용으로 나눈 주희의 설명 방식과 다를 뿐 아니라 마음을 본체로 여기고 본체를 양지로 여기는 왕수인의 설명 방식과도 다른 것이다. 유종주 또한 '본성으로서의 본체'(性體, 이하 성체)를 언급했지만, 이것은 별도의 본체나 사물이 있다는 것이 아니라 '성체는 곧 마음으로서의 본체'(心體, 이하 심체) 가운데에서 드러나는 것[48]이다. 왜냐하면 오직 심체만이 유일무이한 것이기 때문이다. 유종주의 '신독愼獨'공부는 바로 이러한 학설 위에서 수립된 것이다.

일체양분의 설에 입각해서 감정과 성리性理의 관계를 보았을 때 분명해지는 점은, 이 둘은 모두 마음을 기초로 하여 통일되며, 감정의 지위와 작용이 더욱 두드러지게 된다는 점이다. 유종주는 마음뿐만 아니라 감정까지 기로 보았는데, 본성과 리는 그저 기의 이치일 뿐이며 마음에 있는 본성이란 기 혹은 마음이 본래부터 가지고 있는 소이연이다.

> 독체獨體가 쉼이 없는 가운데 일원一元이 항상 움직여서 희노애락의 네 기가 두루 유행한다. 이것을 간직하면 중절함이 되며 이것을 발출하면 조화로움이라 하니, 이는 모두 음양이 드러난 것이다.[49]

이것은 기의 측면을 가리켜 말한 것으로, '독체' 즉 심체가 항상 움직이며 멈추지 않는 가운데 일원一元의 기가 있고, 이 일기一氣가 항상 움직이는 가운데 또 희노애락의 네 기가 두루 유행함이 있으며, 이 안에 본성

---

48) 『劉子全書』, 卷10, 「學言上」, "性體卽在心體中看出."
49) 『劉子全書』, 卷2, 「易衍」, "獨體不息之中而一元常運, 喜怒哀樂四氣周流. 存此之謂中, 發此之謂和, 陰陽之象也."

이 있다는 것이다. 본체는 하나일 뿐이니 마음이 바로 그것이다. 마음이 움직이고 두루 유행하는 가운데에 희노애락의 감정이 있게 된다. 마음이 멈춤 없이 운행하기 때문에 변화도 무궁하게 되는 것이다. 이는 유종주의 관점에서 감정활동에 대해 가장 직접적으로 설명한 것이다. 하지만 감정 활동의 무궁한 변화 속에는 본성이라는 이성 원칙이 있다. 이는 일체양분의 학설에 포함된 내용이다.

바로 위와 같은 설에서 출발하여, 유종주는 주희의 '심통성정心統性情', '성체정용性體情用'의 학설을 비판했다.

주자는 '심통성정'을 말했고, 장경부는 '심주성정心主性情'을 말했다. 장경부의 설이 좀 더 근접하기는 하지만, 결국 심과 성정을 두 가지로 본 것이다. 이들은 어째서 '심의 성정'이라고 말하지 않았던 것인가?[50]

유종주의 관점에서 보았을 때, 심'통'성정과 심'주'성정의 설은 모두 마음과 본성을 두 가지로 보는 동시에 본성과 감정을 두 가지로 본 것이다. 사실 주희의 심통성정설은 장경부의 심주성정설을 포함하고 있다. 왜냐하면 '통統'자는 '주主'자의 의미도 내포하고 있기 때문이다. 이 점은 주희 역시 스스로 논한 바 있다. 하지만 문제의 관건이 여기에 있는 것 같지는 않다. 문제의 관건은 주희가 마음을 본체와 작용으로 나누어서, 마음의 본체를 본성으로 마음의 작용을 감정으로 보았다는 점이다. 주희는 이렇게 함으로써 형이상의 차원에서 마음과 본성을 논할 수 있었지만, 유종주는 바로 이 점에 동의하지 못했던 것이다. 유종주는 심체를 형이상과

---

50) 『劉子全書』, 卷12, 「學言下」, "朱子曰: 心統性情. 張敬夫曰: 心主性情. 張說爲近, 終是二物. 曷不曰心之性情?"

형이하로 나눌 수 없다고 보았다. 심은 곧 '인간의 마음'이지, 결코 어떤 공허한 무엇이 아니다. 본성이 비록 형이상자이지만 '성체는 곧 심체 가운데에서 드러나는 것'이다. 이때 심체는 형이상자 즉 주희가 말한 심체가 아니라, 형체가 없을 수 없는 '혼연일체'인 것이다. 감정에 이르면 이것은 더욱 명료해져서 감정은 곧 심체의 존재 상태가 된다. 즉 감정은 심체가 '움직이고 두루 유행함'인 것이다. 이렇게 되면 마음의 본체 상에서 본성을 논하고 마음의 작용 상에서 감정을 논하는 것이 아니라, 본성과 감정 모두 심체에서 구체화시켜 논하게 된다는 점에서 그는 심체의 성을 인심의 밖 혹은 인심의 위에 있는 별개의 무엇으로 보는 관점을 탈피했다고 볼 수 있다.

유종주는 여기에서 한 걸음 더 나아가 감정 자체가 이성정신을 지니고 있다는 것, 즉 도덕이성이란 감정이 본래 갖추고 있는 것임을 논증하기 위해 '감정을 가리켜 본성이라 한다'는 설을 제기했다. 그는 주희의 '감정을 통해서 본성을 본다는 설'과 차별화를 통해 감정의 중요성을 더욱 부각시켰다. 유종주는 이렇게 말했다.

> 맹자는 "그 감정은 선한 것이다"라고 했다.…… 인의예지는 모두 태어나면서 지니고 있는 것이니 이른바 본성이고, 그래서 선하게 될 수 있는 것이다. 감정을 가리켜 본성이라 한 것이지 감정을 통해 본성을 보는 것이 아니며, 마음에 나아가 본성을 말해야지(새 판본에는 性이 아니라 '善'으로 되어 있다―원주) 마음을 떠나서 선을 말할 수 있는 것이 아니다. 후대의 해석자는 드러난 감정을 통해 간직되어 있는 본성을 볼 수 있고 감정의 선함을 통해 타고난 선함을 볼 수 있다고 했는데, 이것이야말로 조금의 차이가 결국 큰 차이를 가져온 것이 아니겠는가![51]

무릇 본성이라고 하는 것은 마음의 본성을 말한 것이니, 결코 마음과 본성을 대립시켜서는 안 된다. 감정이라는 것도 본성에서 나온 감정을 말한 것이니, 결코 본성과 감정을 대립시켜서는 안 된다.[52]

감정을 가리켜 본성이라 한다는 말의 뜻은 인간은 감정을 가진 인간 즉 감정적 존재이며, 이 감정 안에는 도덕이성이 있다는 것이다. 감정 자체에 이성으로서의 특징이 갖추어져 있으므로 이 둘을 묶어 '성정'이라고 부르는 것이다. 본성은 마음의 본성이며 감정은 본성의 감정이다. 반대로 말하자면 본성은 감정의 본성인 것이다. 본성과 감정은 원래 상대적인 것이 아니며, 더구나 감정 '위'에 도덕이성이 있다거나, 본성이 감정 안에 간직되어 있다가 감정이 발동된 후에야 그것을 알 수 있게 되는 것이 아니다. 그렇게 말한다면 감정이 발동하기 전에 본성은 어디에 있다는 말인가? 이미 감정이 발동한 국면에서 본성은 어떻게 간직되어 있는가? 이런 것들은 모두 명확하게 설명하기가 어려우며, 게다가 이러한 설명 방식들은 인간의 주체성을 상실하게 할 수 있다. 왜냐하면 인간의 현실적 감정 생활과 유리된 채 '성리'와 도덕주체성을 논하게 되면, 그 논의는 공허해져서 '허공으로 뛰어오르고 환상으로 빠져드는 논의'(逃空墜幻之論)가 되어 버릴 것이기 때문이다. '본성이란 마음의 본성'이라는 말은 도덕적 주체성을 강조하는 것으로, 마음이 있고 나서야 본성이 있을 수 있는 것이지, 마치 불교에서 말하는 '부모가 나를 낳아 주기 이전의 면목'처럼 그 반대

---

51) 『劉子全書』, 卷12, 「學言下」, "孟子曰: 乃若其情, 則可以爲善矣. ……仁義禮智皆生而有之, 所謂性也, 乃所以爲善也. 指情言性, 非因情見性也, 卽心言性, 非以心言善也. 後之解者曰: 因所發之情而見所存之性, 因以情之善而見所性之善, 豈不毫釐而千里乎!"
52) 『劉子全書』, 卷12, 「學言下」, "凡所言性, 只是心之性, 決不得心與性對. 所云情, 可云性之情, 決不得性與情對."

가 아니라고 설명한 것이다.

> 본성에는 본성이 없고, 도에는 도가 없으며, 이치에는 이치가 없다. 어째
> 서인가? 무릇 마음이 있은 후에야 본성이 있고 기가 있은 후에 도가 있
> 으며 일이 있은 후에 이치가 있다. 그러므로 본성은 마음의 본성이며
> 도는 기의 도이며 이치는 일의 이치이다.[53]

'본성에는 본성이 없다'는 말은 본성과 도 그리고 이치와 같은 이성의
범주가 실제 어떤 대상, 혹은 그러한 '실재實在' 혹은 '존재'(存有)가 있다는
말이 아니다.─사실 주희 또한 별개의 이성범주가 있다고 주장했던 것은 아니었지만 표
현에 있어서 이런 오해를 낳기 쉬웠다.─ 이들은 본래부터 심체가 갖추고 있는
것들이다. 이들이 비록 마음이 마음일 수 있도록 하는 것이기는 하지만
마음 '위'에서 마음을 규정하는 것들은 아니므로 유종주는 주희의 관점에
반대했던 것이다. 왜냐하면 주희의 설명 방식은 마치 이치가 있은 후에야
지각이 있고, 마음이 곧 지각이며 이치는 지각할 수 있는 근거라고 주장
한 것처럼 보이기 때문이다. 유종주는 여기에 결코 선후가 있을 수 없다
고 보았다.

'마음의 본성'은 감정의 본성이라고도 말할 수 있다. 왜냐하면 마음과
감정 모두 기의 측면에서, 혹은 기의 유행의 측면에서만 말할 수 있기
때문이다. 인간은 태어나면서부터 마음과 감정을 가지는데 이것은 본래
부터 그런 것이다. 본성이란 기의 조리條理이다. 따라서 본성은 마음이 본
래 지니고 있는 것이며, 감정이 본래 지니고 있는 것이다. 즉 본성은 마음

---

53) 『劉子全書』, 卷13, 「會錄」, "性無性, 道無道, 理無理. 何也? 蓋有心而後有性, 有氣而後有道,
有事而後有理. 故性者心之性, 道者氣之道也, 理者事之理也."

과 감정을 떠나 존재할 수 없는 것이다.

> 본성은 마음의 이치이다. 마음을 기라고 한다면 본성은 그 조리이다. 마음을 떠나서 본성이 있을 수 없고 기를 떠나서 이치가 있을 수 없다. 비록 "기가 곧 본성이요, 본성은 기이다"라고 하지만 이것은 여전히 기와 본성을 둘로 보는 것이다. 측은·수오·사양·시비는 모두 하나의 기가 유행하는 기틀로서, 지각하는 순간에 드러난다. 그러면 그 이치는 이와 같이 있는 것이지 지각 밖에 또다시 사단이 있게 하고자 하는 것이 아니다. 즉 이 리를 지각한다고 하면 오히려 리와 지각을 둘로 나누어 버리는 것이 된다.[54)]

여기서 유종주는 주희만이 아니라 정호와 왕수인도 함께 비판했다. 왜냐하면 정호와 왕수인이 비록 "기는 곧 본성이고, 본성은 곧 기이다"와 유사한 말을 하기는 했지만, 기를 더 근본적인 존재로 보지는 않았기 때문이다. 즉 마음이 곧 기이며, 마음이 있고 나서 본성이 있게 됨을 명확하게 말하지는 않았다는 것이다. 때문에 유종주가 보았을 때, 설사 "기가 곧 본성이고 본성은 곧 기이다"라고 말했다 하더라도 여전히 본성과 기, 혹은 본성과 마음을 둘로 만드는 혐의가 남아 있었다. 그는 본성은 마음의 본성이요, 이치는 기의 이치라고 말해야만 비로소 진정한 합일이라고 생각했다. 여기에서 감정과 마음은 동일한 차원에서 이해된 것이며, 사단의 감정은 곧 일기—氣의 유행이자 마음의 운행인 것이다.

유종주는 사단으로 감정을 말하고, 지각으로 마음을 말하면서 어째서

---

54) 『劉子全書』, 卷9, 「復沈石臣進士」, "性者心之理也. 心以氣言, 而性其條理也. 離心無性, 離氣無理. 雖謂氣卽性, 性卽氣, 猶二之也. 惻隱羞惡辭讓是非, 皆指一氣流行之機, 程於有知有覺之傾. 有理有如此, 而非欲所知覺之外, 別有四端名色也. 卽謂知此理覺此理, 猶二之也."

감정과 마음이 동일한 충위라고 했던 것일까? 왜냐하면 '사단'의 감정은 '지각' 외부에 있지 않으며, 사단은 '지각하는 순간에 드러나는 것', 즉 지각활동에서 드러나는 것이기 때문이다. 따라서 사단과 지각은 사실상 동일한 것이다. 사단은 활동 내용을 두고 말한 것이고 지각은 그 활동 형식을 두고 말한 것으로, 사단은 지각에서 드러나며 지각은 사단을 드러낸 것이다. 바로 이 때문에 '이 이치를 지각한다'고 말할 수 없는 것이다. 이렇게 말하면, 마치 지각과 사단의 이치를 분리시켜 지각은 이것이 되고 사단은 저것이 되어 이것으로써 저것을 지각하는 것이 되니, 결국 지각과 사단을 둘로 나누는 것이 되어 버린다. 유종주가 보기에 지각 외부에 사단이 있는 것이 아니며, 지각은 곧 사단의 드러남이다. 따라서 유종주의 '심학'은 진정한 감정철학이라고 할 수 있다.

여기에서 유종주는 사단의 감정을 이치라고 지칭했는데, 이치는 곧 본성이기도 했다. 이것은 그의 '감정을 가리키면서 본성을 논하는 학설'을 설명한 것으로, 사실상 감정이 곧 성리라고 본 것이면서 그의 일체양분설을 실제로 적용한 것이다. 성리학의 일반적인 설명 방식을 따르자면, 본성은 형이상이고 마음과 감정은 형이하이다. 이는 유종주도 동의했던 바이다.

> 독체獨體는 하나이지만 형이상을 본성이라 하고 형이하를 마음이라 한다.[55]

여기에서 독체는 둘이 아닌 하나이며, 그 하나는 바로 혼연일체의 마음이다. 비록 형이상과 형이하로 구분해서 말할 수는 있지만, 이것은 사

---

55) 『劉子全書』, 卷10, 「學言上」, "獨一也, 形而上謂之性, 形而下謂之心."

실 마음을 본체로 여긴 것이지, 형이상을 본체로 여긴 것은 아니다. 즉 형이상의 본체는 존재하지 않고, 오직 하나이면서 둘로 나뉜다고 말할 수 있을 뿐 둘이어서 둘로 나뉜다고 말할 수 없다는 것이다. 이것은 형이상자의 본체가 형이하자를 결정한다는 식의 문제가 아니라, 오히려 형이하자로서의 마음이 형이상자로서의 '본성'이 어떻게 가능한지의 기초가 된다는 것이다. 따라서 마음 자체가 형이상의 역할과 작용을 지니고 있는 것이다. 이러한 의미에서 보았을 때, 감정 역시 본성이라고 말할 수 있다.

> 하나의 본성이지만 이치에서 말하자면 인의예지라 할 수 있고 기에서 말하자면 희노애락이라고 할 수 있다. 하나의 이치이지만 본성에서 말하자면 인의예지라고 할 수 있고, 마음에서 말하자면 희노애락이라고 할 수 있다.[56]

이렇게 보았을 때, 인의예지는 당연히 본성이고 이치이지만, 희노애락 역시 본성이고 이치라고 할 수 있을 것이다. 희노애락의 감정이 비록 기에서 또는 마음의 차원에서 논의된다 할지라도 그것이 본성이면서 이치라는 것에는 아무런 영향을 미치지 못한다. 비록 기와 마음의 차원에서 논의된다 할지라도 이것은 여전히 본성과 이치이다. 핵심은, 본성은 마음의 본성이고 이치는 기의 이치이며 마음이야말로 진정한 본체라는 것이다. 이것 역시 '감정을 가리키면서 본성을 논한다'는 말이 지니는 여러 층위의 의미 중 하나이다.

그렇다면 마음을 떠나서 본성과 감정을 논할 수 있는가? 물론 가능하

---

56) 『劉子全書』, 卷10, 「學言上」, “一性也, 自理而言, 則曰仁義禮智; 自氣而言, 則曰喜怒哀樂. 一理也, 自理而言, 則曰仁義禮智; 自氣而言, 則曰喜怒哀樂.”

다. 왜냐하면 인간의 본성과 감정 역시 우주본체론적 근원을 지니고 있는 것이므로 결코 순수 주관적인 것이 아니며, 또한 '근본 없이 생겨난 것'도 아니기 때문이다. 그러나 설령 그렇다 할지라도 본성과 감정의 문제는 결국 마음 즉 주체성 문제로 귀결된다. 유종주는 다음과 같이 말했다.

> 본성과 감정의 덕은 마음의 측면에서 볼 수도 있고, 마음과 분리된 채 볼 수도 있다. 마음의 측면에서 말하자면 "잠잠하여 움직이지 않다가도 감촉되면 마침내 통하게 된다"는 것이니.…… 이는 앞과 뒤의 간격이 있지만 정말로 명확하게 두 때로 나눌 수 있는 것은 아니다. 마음과 분리된 채 말하자면 "아! 하늘이 환함"(즉 『중용』에서 말하는 "아! 하늘의 명이 환하여 그치지 않는다."[57])이니, 일기가 유행하는 것이다.…… 드러남과 은미함의 차이는 있지만 확연하게 나누어져서 둘이 있는 것은 아니다. 그러나 마음의 측면에서건, 마음과 분리된 차원에서건, 이 마음의 오묘함을 이해한다면 결국 본성과 마음을 나누거나 합해서 말할 수는 없을 것이다.[58]

본성과 감정의 문제는 곧 덕성의 문제이다. 그러므로 '본성과 감정의 덕'이라고 말한다. 그러나 하늘의 덕도 있고 인간의 덕도 있으니, 인간의 덕성은 천덕天德으로부터 나온 것이다. 무엇이 천덕인가? 이는 바로 '오직 하늘의 명이 환하여 그치지 않는 천명의 유행'이며, 또한 '일기의 유행'이다. '천명지성'은 은미한 것이며, '일기의 유행'은 드러난 것이다. 하지만 이들은 분명하게 둘로 나누어질 수 있는 것이 아니니, 본성은 기 안에 있으며, 은미함은 드러남 속에 있다. 이것이 바로 유종주가 설명하는 '드

---

57) 『中庸章句』, 제26장, "詩云: 維天之命, 於穆不已! 蓋曰天之所以爲天也."
58) 『劉子全書』, 卷11, 「學言中」, "性情之德, 有卽心而見者, 有離心而見者. 卽心而言, 則寂然不動, 感而遂通.……有前後際而實非判然分爲二時. 離心而言, 則維天於穆, 一氣流行.……有顯微際而亦非截然分爲兩在. 然則心離心, 總見此心之妙, 而心與性不可以分合言之."

러남과 은미함 사이에 간격이 없음'이다.

이것은 하늘과 인간의 관계 문제를 논한 것이지 순수 자연철학을 논한 것이 결코 아니다. 즉 인간을 떠나서 하늘을 말할 수 없고, 마음을 떠나 명命을 말할 수 없다는 것이다. 이른바 명이라는 것은 인간에게 명해져서 본성이 된 것이요, 이른바 기라는 것은 인간에게서 드러나 감정이 되는 것이다. 이는 곧 천덕이 인간에게서 '본성과 감정의 덕'으로 실현된 것이니, 그 관건은 여전히 마음에 있게 된다.

'본성과 감정의 덕'을 논할 뿐 '본성의 덕'(性德)을 논하지 않는 것에는 분명한 이유가 있다. 그것은 오직 본성과 감정을 함께 논해야만 '일체'의 공부가 되기 때문이다. 유종주가 『중용』에서 "아! 하늘의 명이 환하여 그치지 않는다"라고 한 말을 인용하여 천도와 천덕의 장엄함과 엄숙함을 표현했다. 이는 마치 일종의 종교정신 같기는 하지만, 사실은 인간과 자연계 사이의 목적적 관계를 말한 것에 불과하다. 이 점은 송대의 유학자들과 근본적으로 구별되는 것은 아니지만, 그 목적은 인간의 '본성과 감정의 덕'이 자연계의 천명유행으로부터 왔다는 것을 설명하려는 것에서 결코 벗어나지 않는다.

심의 측면에서 말하자면, '잠잠함과 감촉됨'을 언급한 것은 '미발이발'의 문제를 직접적으로 언급한 것이며, 이는 곧 감정과 이성 간의 관계의 문제이기도 하다. 성리학자들은 미발과 이발을 통해 잠잠함과 감촉됨을 논하고, 잠잠함과 감촉됨을 통해 본체와 작용, 본성과 감정을 분류했다. 유종주는 감정을 통해 본성을 논하고 마음을 통해 본성을 논한 만큼 당연히 여기에는 본성과 감정 및 본체와 작용 간의 문제가 없을 뿐만 아니라, 감정이 본성에서 생긴다는 등의 문제는 더욱 있을 수 없었다. 이발의 국면은 희노애락의 감정이면서 동시에 인의예지의 본성이기도 하다. 그리고 미발의 국면 역시 인의예지의 본성이면서 동시에 희노애락의 감정이기도 하다. 여기에는 전후의 차이가 있을 뿐 본성과 감정 간의 구분이 없다는 것이다.

가장 먼저 희노애락의 감정과 인의예지의 본성을 연결해서 두 개념 간의 합일을 설명한 사람은 주희이다. 그는 『주역』에서 원형이정元亨利貞의 '사덕四德'을 인의예지의 '사성四性'과 연결하고, 더 나아가 『중용』에서 말하는 희노애락의 미발과 이발을 연결하여, 한편으로는 천인 관계를 다른 한편으로는 성정 관계를 설명했다. 예컨대 하늘에는 춘하추동이 있고 원형이정이 그것에 짝을 이룬다.(이는 본래 동중서의 설명 방식이지만 주희도 이것을 수용했다.) 다만 주희가 리기理氣 관계를 적용하여 해석한 것이다. 미발과 이발의 논의는 원래 희노애락의 감정에 대한 것이었지만, 주희가 체용학설을 적용하여 해석을 가했고, 그리하여 미발과 이발은 곧 인의예지의 본성과 희노애락의 감정의 관계로 변하게 되었다. 대체로 기쁨과 인, 분노와 의, 슬픔과 지, 즐거움과 예가 연결되지만 이것이 절대적인 대응관계인 것은 아니다. 어떻게 설명하든 간에 견강부회한다는 혐의를 면할 수는 없었지만, 성리학자들은 한 번도 이에 대해 문제를 제기한 적이 없었다. 유종주 또한 기존의 방식을 수용했다. 송대 유학자들로부터 유종주에 이르기까지 누구도 희노애락이 인의예지와 구체적으로 어떻게 연결되는지에 대해 중점을 두고 연구하지 않았으며, 그들은 이 문제를 건너뛰고 감정과 이성(성리)의 문제를 실질적 내용으로 하는 심성정 간의 체용관계의 문제로 곧바로 뛰어들었다.

인의예지와 희노애락에서 어느 것이 본체가 되고 어느 것이 작용이 되는지, 그리고 어느 것이 본성이 되고 감정이 되는지의 문제에 있어 유종주는 송대 유학자들과는 확실히 다른 관점을 제시했다. 그는 본성, 본체, 감정, 작용을 구분할 필요가 없다고 보았다. 희노애락은 감정인 동시에 본성이며, 인의예지는 그것을 통해 '표출된 의미'(表義)이다. 양자는 서로 대립하는 것이 아니며, 인의예지의 본성이 희노애락의 감정을 낳는 것은 더욱 아니었다. 따라서 미발은 본성이 되고, 이발은 감정이 된다는 등의 문제는 발생할 수 없었다. 미발과 이발 모두가 감정이면서 본성인 것이다. 이것이 바로 '감정을 가리키면서 본성을 논하는' 학설의 실질적인 의미이다.

> 인의예지는 희노애락을 통해 표출된 의미인 것이지, 인의예지가 희노애락을 낳는 것이 아니다. 또 인의예지가 본성이 되고 희노애락이 감정이되는 것도 아니며, 또한 미발은 본성이 되고 이발은 감정이 되는 것도아니다.[59]

이는 확실히 희노애락과 같은 감정 존재를 가장 중요한 지위에 위치시키고, 감정이 그 자체로 존재할 뿐만 아니라 이성적이라고 설명하는 것이다. 인의예지를 감정을 통해 '표출된 의미'라고 한 것은 본래 감정이야말로 인성의 진정한 내용인 동시에 또 이성적인 것이며, 감정 위에 별도의 도덕이성과 같은 것이 있지 않음을 설명한 것이다. 이것은 인성의 문제, 특히 인성에 이성적 요소가 있느냐 없느냐의 문제를 논할 때, 구체적이면서도 실제적 의미를 지니고 있는 인간의 감정활동 밖에서 형이상의 성리를 구해서는 결코 안 된다는 의미이다. 왜냐하면 감정이 곧 성리이기 때문이다.

---

59)『劉子全書』, 卷2,「讀易圖說」, "仁義禮智卽喜怒哀樂之表義, 非仁義禮智生喜怒哀樂也. 又非仁義禮智爲性, 喜怒哀樂爲情也, 又非未發爲性, 已發爲情也."

유종주가 사단과 같은 도덕감정과 희노애락 등의 자연적 감정의 관계에 관한 문제에 대해 논한 적은 없지만, 그는 『중용』의 말에 근거해서 희노애락의 감정을 도덕감정으로, 더 나아가 도덕이성으로 간주했다. 이것은 사실상 일반 감정에 도덕적 의미를 부여하고 도덕감정을 더욱 보편적인 것으로 만든 것이다. 물론 그가 모든 감정활동에 도덕성 혹은 도덕적 의미가 있다고 본 것은 아니다. 그가 비록 이러한 문제에 대해 명확하게 대답을 제시하지는 않았지만, 일반적 의미에서의 성정 관계에 대한 그의 견해는 확인할 수 있다. 그가 말하는 성리학 범주로서의 '성性'은 의심의 여지없이 도덕이성을 가리켜서 말한 것이다. 여기에 근거해 보면 그의 '감정을 가리키면서 본성을 논함'에서 말한 감정은 도덕적 함의를 지니고 있음이 증명된다. 송명의 성리학자들과 비교했을 때 유종주는 인간의 감정을 더욱 중시했고, 더불어 감정 속에서 보편적 도덕성이라는 의미를 지목해 냈다. 이는 그가 진정한 도덕감정주의자임을 의미하는 것이지만, 그렇다고 해서 그가 비이성주의자라는 의미는 결코 아니다.

그러나 그는 또한 '사정四情'(희노애락을 가리킴)과 칠정의 문제를 내놓으면서, 사정은 곧 '사덕四德'(인의예지를 말함)이지만 칠정은 그렇지 않다고 보았다. 이렇게 본다면, 칠정이 도덕감정인지 혹은 도덕적 함의를 지니고 있는지의 문제에 대해 간단하게 '그렇다'고 판단할 수 없게 된다. 이 미세한 차이는 유종주가 감정의 복잡성과 다양성을 확실히 파악했음을 의미한다. 그러나 그는 이 문제에 대해 더 이상 본격적으로 논의를 전개하지 않고 다만 부차적으로만 설명하고 있다. 그는 다음과 같이 말했다.

『중용』에서 말하는 희노애락은 전적으로 사덕을 가리킨 것이지 칠정을 가리켜서 말한 것이 아니다. 희노애락이 마음 안에 간직된 국면에서 말할 때 중中이라고 하는 것이지, 미발 이전에 별도의 기상이 있어야 하는 것은 아니다. 즉 천도의 원형이정이 '환하게'(於穆) 운행한다는 것이 이것이다. 희노애락이 겉으로 드러나는 국면에서 말할 때 화和라고 하는 것이지 이발의 때에 별도의 기상이 있어야 하는 것은 아니다. 즉 천도의 원형이정은 '화육化育'에서 드러난다는 것이 이것이다. 간직되든 발하든 결국 하나의 기틀이며 중이든 화이든 모두 하나의 본성이다.[60]

"간직되든 발하든 결국 하나의 기틀이며, 중이든 화이든 모두 다 하나의 본성이다"라는 말은 유종주의 또 다른 중요한 명제이며, '감정을 가리키면서 본성을 논함'과 같은 의미를 지니고 있다. "간직되든 발하든 결국 하나의 기틀"이라는 것은 감정을 가리키면서 마음을 논한 것이고, "중이든 화이든 모두 다 하나의 본성이다"라는 것은 감정을 가리켜 본성을 논한 것이다. 그래서 미발과 이발의 때에 별개의 기상이 있는 것이 아니고 중과 화도 별개의 국면이 있는 것이 아니다. 희노애락이 마음 안에 간직되어 있는 국면과 희노애락이 겉으로 드러나는 국면이란 모두 감정의 상태와 활동을 말한 것으로, 비록 내외의 구별이 있지만 체용이나 성정으로 구분되지는 않는다. 희노애락이 마음 안에 간직되어 있는 국면은 감정의 존재 상태이고, 감정의 존재 상태는 곧 인간의 존재 상태이다. 그래서 인간은 감정의 존재인 것이다. 그러나 이것은 존재하기만 할 뿐 아무런 의미를 가지지 못하는 것이 아니라, 존재 그 자체로 의미를 지니는 것이다. 그 의미란 감정이 도덕적 함의를 지니고 있다는 것이다. 감정은 천도의

---

60) 『劉子全書』, 卷11, 「學言中」, "中庸言喜怒哀樂, 專指四德言, 非以七情言也. 自喜怒哀樂之存諸中而言, 謂之中, 不必其未發之前別有氣象也. 卽天道之元亨利貞運于於穆者是也. 自喜怒哀樂之發於外而言, 謂之和, 不必其已發之時又有氣象也. 卽天道之元亨利貞於化育者是也. 唯存發總是一機, 中和渾是一性."

원형이정에서 온 것이며, 자연의 목적성(천명)에 의해 결정되는 것이다. 존재의 측면에서 말하자면 그것은 감정의 '본연'이며, 존재의 의미라는 측면에서 말하자면 그것은 감정의 '소이연'과 '소당연'이다. 본연과 소이연 소당연은 합일적인 것이며, 감정과 본성 역시 합일적인 것이다. 본연 안에 소이연과 소당연이 있는 것이지, 소이연과 소당연의 본성이 본연의 감정보다 먼저 있는 것이 아니며, 소이연과 소당연이 본연의 감정을 낳는 것은 더욱 아니다.

그래서 유종주가 말하는 감정은 순전히 개인적인 정서와 감정, 예컨대 개인의 흥미나 취향 등을 가리키는 것이 아니며, 또한 순수 주관적인 것도 아니다. 그가 말하는 감정은 객관성의 의미를 지니고 있다. 감정은 우주자연계의 사물을 낳고 낳음의 뜻에서 근원한 것이며 우주의 생명목적성이 구체적으로 실현된 것이다. 이것이 비록 개인의 감정활동(미발이든 이발이든)으로 표현되는 것이기는 하지만, 이는 도리어 합목적적인 것, 즉 선한 것이다. 따라서 감정은 성리 즉 도덕이성인 것이다. 감정이 감성적이고 경험적이기는 하지만 동시에 이성적인만큼, 감성과 이성은 혼연일체로 통일되게 된다. 여기에서는 감성과 이성, 그리고 형이하와 형이상을 확연히 구분해서 대립시킬 수 없다. 이러한 이분법은 유종주 철학의 특색이 아니다. 그는 이런 종류의 이분법에 반대했다. 감정을 가리키면서 본성을 논하는 유종주 학설의 전체 의미는 바로 여기에 있다.

다만 한 가지 짚고 넘어가야 할 점이 있다. 유종주가 비록 희노애락은 전적으로 사덕을 가리켜서 말한 것이지 칠정을 가리켜서 말한 것은 아니라고 말하기는 했지만, 사덕이 네 가지 감정을 말한 것이고 칠정이 일곱 가지 감정을 말한 것이라는 점을 제외하고는 사덕에서의 희노애와 칠정에서의 희노애가 서로 같은 것인지, 혹은 그들 간에 어떤 구별이 있는지에 대해서는 논하지 않았다는 점이다. 인간에게 서로 다른 희노애락의 감정이 있을 수 있는지, 즉 어떤 것은 도덕적이고 다른 것은 도덕 외적인지를 구분하는 것은 결코 쉬운 일이 아닐 것이다. 다른 문제에서 혹은 다른 범주 안에서 이 문제에 대해 논의한다면 모르겠지만, 만약 이렇게 말해 버린다면 희노애락의 감정이 가지는 도덕보편성은 영향을 받지 않을 수 없게 된다. 즉 감정은 모든 경우에서 사덕 혹은 도덕이성과 관계를 맺는 것은 아니게 된다. 만약 그렇다면 유종주의 감정철학은 '분석적' 요소를 갖추었다고 볼 수 있을 것이다. 즉 도덕적 의미에서의 희노애락의 감정이 있다고 한다면, 도덕 외적인 의미에서의 희노애락의 감정도 있게 되는 것이다. 심미적 감정 같은 것을 예로 들 수 있을 것이다. 이것은 물론 의미 있는 것이기는 하다. 어떤 사람은 희노애락은 오직 사덕 즉 하늘의 원형이정 및 인간의 인의예지와 관계가 있지만, 칠정의 경우 사덕과의 관계가 있는 것을 제외하고는 사덕에만 그치지 않고 다른 덕성과 관계가 있다고 말한다. 그렇다면 유종주 철학에서의 감정이 모두 도덕적 의미를 가지고 있다고 말할 수 있는가? 그가 사단의 감정과 사덕의 감정 그리고 칠정을 제외한 다른 감정에 대해 논할 때 그것들도 모두 도덕이성과 관계가 있는지의 여부는 분명 문제가 되었을 것이다.

감정의 구체적인 문제들을 논할 때 유가 중 누구도 구체적인 분석을 한 적이 없었다. 왜냐하면 그들은 심리학을 연구한 것이 아니라 철학을 연구한 것이기 때문이다. 그러나 여기에는 확실히 큰 문제가 있다. 그것은 바로 유가가 보편적으로 도덕감정이나 감정의 도덕성에만 주목했을 뿐, 개별 인간의 감정 특히 사적 감정을 중시하지 않거나 혹은 고의로 홀시했다는 점이다. 이 점은 유학에 대해 자주 제기되는 문제 중 하나이다.

물론 유종주의 감정을 가리켜 본성을 논하는 학설이 결코 도덕형이상학적 언어를 떠난 적이 없다고 말해야 할 것이다. 왜냐하면 그는 '성리'가 형이상자이며, 감정을 가리켜 본성을 논하는 것이 감정을 이성의 높이로 끌어올려 성리로 바꾼 것임을 부정하지 않았기 때문이다. 그러나 그렇다고 해서 그가 '성리'를 곧장 형식적 이성이라고 본 것도 아니며, 또한 그렇게 볼 수도 없었다. 동시에 그는 독립적 인식론의 의미에서의 이성 학설을 세우지도 않았다. 따라서 그의 학설은 최종적으로 결국 실천공부로 귀결되었다.

제5절 감정이 절도를 잃지 않는 것이 곧 이치이다

유학에 있어서 마지막 사상가인 대진은 처음으로 지각, 감정, 욕망을 구분했으며, 지각과 감정을 하나로 섞어서 보는 것에 반대했다. 따라서 그는 지각과 감정의 적합한 위치를 구획했는데, 이는 유학사에서 일찍이 누구도 하지 못했던 일이다. 그의 분석적 사유가 비록 초보적 단계이기는 했지만 바로 이 점 때문에 더 중요한 의미를 지닌다.

특히 대진은 지성(心知)이 지니는 기능을 매우 중시했다. 이치와 의리는 사물과 사태의 '법칙'이며 마음은 그것을 알 수 있으니, 이러한 지성이 곧 인간 본성이라고 본 것이다. 이러한 것은 모두 그가 인식 차원에서 이성의 원칙을 설명하려고 시도한 것이다. '본래 그러함'(이하 자연)과 '반드시 그러함'(이하 필연)의 문제에 있어서도 그는 사물의 자연과 인간의 자연을 중시했으며, 필연의 이치는 곧 자연 안에 있다고 보았다. 인간의 삶은 자연스럽게 필연으로 귀결된다. '필연으로 돌아가는 것이 곧 자연을 완성시키는 것'[61]이란 인간의 자연적 수요를 만족시키는 속에서 이성적 삶을 살아가는 것이다. 그가 말하는 자연은 성리학자가 말하는 자연과 상당한 차이가 있어서, 이미 근대 과학에서 말하는 자연에 상당히 접근했으며, 여기에는 목적적 의미도 희박하다. 그래서 그는 만물이 자연에 순응하기는 하지만 인간은 그 필연을 밝힐 수 있다는 점에서 인간과 인간 이외의 만물 사이에 구별이 있다고 보았다. 그는 예의와 의리 또한 일종의 '필연'이라고 보았다. 인간이 예의와 의리를 갖추고 있을 수 있는 것은 바로 인간의 지각이 '필연'을 인식할 수 있기 때문이며, 그러므로 '필연으로 돌아가는 것'이다. 그는 인의예지에서 '지智'만 뽑아내어 이것을 인간 본성의 중요한 부분으로 간주하고 인간의 이성능력을 설명했다. 이 점은 그가 단순히 도덕적 범주의 한계 내에서만 이성을 이해하지 않았음을 보여 준다.

감정·욕망과 이성의 관계 문제에 있어서 대진은 한편으로는 지각, 감정, 욕망이라는 서로 다른 각도에서 인지이성과 감정 및 욕망의 다른 점을 설명하고, 다른 한편으로는 인간 본성의 각도에서 지각, 감정, 욕망이 서로 분리될 수 없는 관계라고 밝혔다. 그는 '나누어진 이치'(分理, 이하 분리)의 의미에서 이 문제를 중시했다. 그는 사물에 유類적 구분이 있기 때문에 사물의 이치 또한 제각기 달라서 모든 사물에는 각각의 이치가 있다고 보았다. 그는 이치를 형이상자로 보고 동일한 '무언가'가 만물 속에 골고루 들어 있다고 보는 성리학적 관념에 대해 강력히 반대했다. 그러나 그역시 이치(理)의 보편성을 인정했다. 그는 동류의 사물들 간에는 공통의 이치를 지니고 있다고 보았다. 이치는 '조리'이며 또한 '필연'이다. 인간역시 마찬가지이다. '조리'와 '필연'에 대한 인식은 곧 인간 이성의 중요한 표징이다.

---

61) 『孟子字義疏證』, 「理」, "歸於必然, 適完其自然."

혈기의 자연을 살펴서 그것이 필연임을 아는 것을 일러 의리라고 한다.
자연과 필연은 둘이 아니다.[62]

여기에서 말하는 '혈기의 자연'이란 욕망을 가리킨 것이다. 인간의 자연적 욕망에는 필연성이 있다. 그 '필연'을 인식할 수 있는 것이 바로 의리라는 점에서 의리와 욕망은 대립적인 것이 될 수 없다. 그것이 필연임을 어떻게 '알'(知) 수 있는가? 이는 '지智', 즉 인간의 지성능력으로 인해 가능하다.

감정은 또 어떠한가? 대진은 감정이 '절도를 잃지 않음'과 '과하지도 부족하지도 않음'이 곧 이치라고 명료하게 말했다. 개괄적으로 말하자면, 감정이 자연스러우면서 치우치지 않고 정상적이면서 잘못되지 않은 것을 이치라고 한 것이다. 지금까지 맹자만이 이러한 사상에 근접했을 뿐 유가 중 누구도 이렇게 말한 적이 없었다.

이치라고 하는 것은 감정이 절도를 잃지 않는 것이다. 감정이 옳지 않은데 이치가 옳았던 적은 없다.…… 천리라고 하는 것은 자연의 분리分理에 대해 말한 것이다. 자연의 분리는 나의 감정으로 타인의 감정을 헤아려서 치우침이 없음을 얻은 것이다.[63]

내게도 있고, 타인에게도 있는 것을 일러 모두 감정이라고 하며, 지나친 감정도 없고 부족한 감정도 없는 것을 일러 이치라고 한다.[64]

---

62) 『孟子字義疏證』, 「理」 "由血氣之自然, 而審察之以知其必然, 是之謂理義. 自然之與必然, 非二事也."

63) 『孟子字義疏證』, 「理」, "曰: 理也者, 情之不爽失也. 未有情不得而理得者也.……天理云者, 言乎自然之分理也. 自然之分理, 以我之情絜人之情, 而無不得其平是也."

64) 『孟子字義疏證』, 「理」, "曰: 在己與人皆謂之情, 無過情無不及情之謂理."

여기에서 알 수 있듯이 대진은 인간의 감정적 욕구를 매우 중시했다. 인간에게 있어 감정이란 욕망과 마찬가지로 없을 수 없는 매우 중요한 삶의 방식이다. 게다가 같은 종으로서, 모든 인간은 공통의 감정을 가지고 있다. 이것이 바로 '상대방의 감정을 헤아림'(絜情)이다. 뿐만 아니라 감정은 그 자체로 이성일 수 있다. 감정의 자연스러움에는 필연의 이치가 있다. 이것이 바로 '감정의 이치'(情理)이다.

대진의 관점에서 인간은 동류이기에 나의 감정과 타인의 감정이 서로 통한다. 그래서 나의 감정으로 타인의 감정을 헤아릴 수 있는 것이다. 즉 나의 감정으로 다른 사람의 감정을 '측량度量'하여 '치우치지 않음', 즉 상대방과 내가 어느 한쪽으로 기울지 않은 균형을 얻게 되는 것이다. 이는 공자가 말한 '자신을 미루어 타인을 헤아림'과 일치한다. 나의 감정으로 타인의 감정을 헤아려 치우치지 않을 수 있다면, 균형을 유지하면서도 질서를 잃거나 서로 불통하는 일이 없도록 할 수 있다. 이것이 바로 이치이다.

> 무릇 타인에게 시행하고자 하는 바가 있으면, 자신을 돌아보아 다음과 같이 깊이 생각해 보아야 한다. 타인이 이것을 나에게 시행한다면 나는 그것을 받아들일 수 있을까? 타인을 책망하고자 하는 바가 있다면, 자신을 돌아보아 다음과 같이 깊이 생각해야 한다. 타인이 이것을 가지고 나를 책망한다면, 그것을 모두 받아들일 수 있을까? 나의 마음을 미루어 타인을 헤아리면 곧 이치가 밝아진다.[65]

이상의 말들은 이성이 결코 감정밖에 있는 어떤 것이 아님을 의미한다. 그것은 사람마다 지니고 있는 감정적 욕구와 자세이며 살아가면서

---

65) 『孟子字義疏證』, 「理」, "凡有所施於人, 反躬而靜思之: 人以此施於我, 能受之乎? 凡有所責於人, 反躬而靜思之: 人以此責於我, 能盡之乎? 以我絜之人, 則理明."

반드시 지켜야 할 원칙이다. 감정은 결국 인간과 인간의 관계에서 드러나는 것이며, 교감이 진행되는 과정에서 나를 미루어 타인을 헤아리는 것이다. 이것은 곧 타인이 나와 서로 같은 감정을 가진다는 것을 인정한 것이다. 이것은 증명될 수 있다. 그렇지 않다고 하면 자신과 타인은 교감할 방법이 없게 되고, 강자는 약자를 능멸하고 다수는 소수에게 포악하게 대하는 등 편벽된 일들이 발생하게 된다. 이것이 '크게 어지러워지는 길'(大亂之道)이다.

대진의 관점에 따르면, 한 사람의 욕망은 천하 모든 사람들이 동일하게 갖고 있는 욕망이며, 한 사람의 감정은 천하 모든 사람들이 동일하게 갖고 있는 감정이다. 이것이 곧 서양의 일련의 철학자(흄이나 니체 등)들이 말한 '동정심' 혹은 '감정이입'이다. 그러나 이러한 서양철학자들의 말을 살펴보면 감정과 이성은 별개의 것이며, 본성을 기준으로 할 때 감정은 비이성적인 것이다. 이와는 완전히 반대로 대진은 감정이 이성적이라고 보았다. 감정이 곧 이치이므로 정리情理, 즉 감정의 이치라고 불렀다. 여기에서 동서양 간에 관점의 차이가 발생하는 이유는 감정 그 자체에 대한 이해 차이가 아니라, 이성에 대한 이해 차이 때문이다. 앞에서 말한 바와 같이, 서양 전통에서의 이성은 순수한 인식이성으로 이해되어왔다. 이는 '사실', '진리', '법칙'에 대한 인식이고 일반적으로 가치와는 무관한 것이다. 감정은 가치의 범주에 속한다. 감정으로부터 도덕의 가치가 세워질 수는 있었지만, 바로 이 점 때문에 이성과의 연결이 가능하지 않았던 것이다. 감정으로부터 세워진 도덕가치가 객관적인지, 주관적인지 혹은 보편적인지 특수한 것인지는 별개의 문제일 뿐더러 이성 그 자체의 문제도 결코 아니다. 그래서 서양에서 감정과 이성의 분리와 대립은 고질적인 것이다. 칸트는 이성의 '독단'을 비판하고 '실천이성'의 문제를 제기했지만, 이는 어디까지나 서양 이성주의 전통 범위 내에서의 사고일 뿐이다. 때문에 '실천이성' 역시 '순수이성'이며, 이것은 도덕감정을 포함한 어떠한 감정과도 무관한 것이며 또한 감정의 작용을 부정한 것이다.

이 문제를 다룸에 있어 대진은 중국철학 특히 유가철학의 전통으로부터 벗어나지는 않은 채, 『맹자』에 대한 해석을 통해 자신의 철학적 관점을 표출했다. 그러나 대진이 완전히 맹자로 회귀했던 것은 결코 아니다. 그는 맹자의 학설 중 필요한 사상적 재료만을 흡수해서 성리학적 형이상학을 비판했다. 이런 비판은 여전히 유학 자체의 발전 과정에서의 자아비판일 뿐 완전히 새로운 철학의 창설은 아니다. 그러나 이것은 옛 철학의 종결 그리고 새로운 철학의 시작을 보여 준다는 점에서 중요한 의의를 지니고 있다.

감정이 '절도를 잃지 않음'이 곧 이치이다. 이처럼 감정을 가지고 이치를 말하는 학설 자체가 바로 유가철학 전통의 한 부분이며, 서양철학 전통과는 완전히 구분되는 것이다. 대진이 이해한 이성이 본질적으로 도덕이성 또는 가치이성이라는 점에는 조금도 의심의 여지가 없다. 그가 이것을 이성이라고 부른 이유는 감정이란 것은 사람마다 동일할 뿐만 아니라 그 자체로 '필연성'을 지니고 있다고 보았기 때문이다. 바꾸어 말하자면, 감정은 객관성, 보편성, 법칙성 등의 형식적 의미를 지니고 있다는 것이다. 바로 이러한 의미에서 말했을 때 감정은 이성적인 것이다. 대진이 말한 이성의 이런 특성은 이성에 대한 칸트의 규정과 아무런 공통점도 없는 것은 아니지만, 다음과 같은 결정적인 차이점이 있다. 칸트에 있어서 이성은 완전히 '선험'적이며 '형식'적이고 '순수'한 것 즉 비자연적인 것이지만, 대진의 관점에서 이성은 자연과 분리될 수 없으며 그것은 곧 자연 자체가 지니고 있는 필연성이다. 여기에서 '자연'이란 바로 인간의 심리감정이며 '자연'에서의 '필연'은 곧 '이치'이다. 이것 역시 중국철학에서 말하는 "사물이 있으면 거기에는 반드시 법칙도 있다"와 동일한 것이다. 이는 전적으로 '구체적 이성'이며, 또한 '자연이성'이다.

'자신을 돌아보아 깊이 생각한다'는 말은 사유의 측면에서 한 말이다. 이성이 진정한 이성이 되기 위해서는 반드시 인식적 조건이 있어야 한다. 인간은 '심지心知' 즉 지적 능력을 가지고 있다. 이것은 이성의 주관적 조건이자 인성의 중요한 측면이다. 나의 감정으로 타인의 감정을 '가늠한다'고 했을 때, 여기에서 '가늠'이란 바로 사유의 운용이며 일종의 인식활동이다. 만약 이러한 인식이 없다면 인간은 멍하니 아무것도 알 수 없게 된다. 그렇다고 한다면 어떻게 나의 감정이 곧 타인의 감정이라는 것을 알 수 있겠는가? 지적 능력의 유무는 사람과 동물의 중요한 구별점이다.

자신을 돌아보아 타인의 감정을 생각해 보면, 타인의 감정이 어찌 나의 감정과 다를 수 있겠는가?[66]

여기에서 '자신을 돌아보아 생각함' 역시 유학의 전통이다. 모든 사람이 지니고 있는 감정이 모두 동일함을 자신의 입장에서 생각해 내는 것은 중요한 인간학적 인식론의 방법이자 유가철학이 특별히 강조하는 일이며, 또한 유가윤리의 인식론적 기초를 수립한 것이기도 하다.

모든 사람의 마음에서 동일하게 여기는 것이기 때문에 그것을 이치라고 부르는 것이다.[67]

---

66) 『孟子字義疏證』, 「理」, "反躬而思其情, 人豈異於我?"
67) 『孟子字義疏證』, 「理」, "曰: 心之所同然始謂之理."

이것은 맹자에 대한 대진의 이해이자 그 확장이며 또한 이성에 대한 대진의 이해이기도 하다. "모든 사람의 마음에서 동일하게 여기는 것"은 모든 사람들이 동의하는 공통적 대상이며 또한 모든 사람들이 수용할 수 있는 것을 가리킨다. 동일하다고 여기는 것은 곧 모두가 '옳다'고 여기는 것이므로 개인의 '의견'과는 다른 것이다. 그리고 동일하다고 여기는 '옳음'이란 '일상생활과 먹고 마시는 것에서 벗어나지 않는 것'이다. 즉 감정과 욕구를 벗어나지 않는다. 그래서 이성은 완전히 현실적인 것이지 '형이상자'가 아니다. '형이상자'로서의 이치는 오히려 '사람을 죽이는 도구'라고 불릴 수 있다.

이성에 대한 대진의 이러한 이해는 바로 '수욕달정遂欲達情' 즉 욕구의 충족과 감정의 실현을 목적으로 두고 있는 것이다. 이는 성리학자들의 형이상학적 요청과는 확실히 구분된다. 이러한 차이점은 곧 시대의 변천을 반영하는 동시에 유가학설 내에서 발생한 모종의 전환을 반영한 것이다.

> 인간은 태어나면서 욕구와 감정 그리고 앎을 가지게 된다. 이 세 가지는 본래 그러한 혈기와 지성능력이다.…… 오직 욕구와 감정이 있고 또 앎이 있은 후에야 욕구를 채우고 감정을 실현할 수 있는 것이다. 세상 모든 일은 욕구를 채우고 감정을 실현시켜 주기만 하면 그만이다.[68]

이렇게 보면, 지각의 기능은 '욕구를 충족하고 감정을 실현시켜 주는 것'에 있으니, 이는 다분히 도구적이라 할 수 있다. 과연 여기에서 근대적인 의미에서의 '도구적 이성'이 발전해 나왔는지의 여부는 한번 연구해

---

68) 『孟子字義疏證』, 「才」, "曰: 人生而後有欲, 有情, 有知. 三者, 血氣心知之自然也.…… 惟有欲有情而又有知, 然後欲得遂也, 情得達也. 天下之事, 使欲之得遂, 情之得達, 斯已矣."

봄 직한 문제이다.

그러나 대진은 완전히 자연계와 과학기술 방면에서만 지성을 운용한 것이 아니라 삶과 인간사의 방면에서도 지성을 운용했다는 점에서 여전히 유가의 인간학적 전통과 분리될 수 없다.

> 오직 인간이 가진 지성만이 작게는 아름다움과 추함의 극치를 모두 이해할 수 있고, 크게는 옳음과 그름의 극치를 모두 이해할 수 있다. 그렇게 한 후에 자신의 욕구를 추구하는 자는 이것을 확장하여 다른 사람의 욕구도 추구해 줄 수 있으며, 자신의 감정을 실현시키는 자는 그것을 확장하여 다른 사람의 감정도 실현시켜 줄 수 있다. 성대한 도덕이란 인간의 욕구를 모두 채워 주고 인간의 감정을 모두 실현시켜 주는 것 그것일 뿐이다.[69]

인간의 지성이 아름다움과 추함 그리고 옳음과 그름을 다 이해할 수 있다는 것은 인간사회의 아름다움과 추함, 옳음과 그름에 도덕적 가치가 있음을 의미한다. 비록 그가 인간의 마음을 생물학·심리학적인 측면에서 해석해서 '혈기와 지성의 자연'이라고 말하기는 했지만, 여기에서의 '자연' 안에는 '필연'이 포함되어 있으며, 지성의 운용은 인성의 문제와 관련된다. 그러나 인성에는 선악이 있다. 욕구가 맘대로 날뛰지 않고 감정이 절도를 잃지 않는 것은 곧 이치이자 선이다.

소위 선하지 않은 사람이 없다는 말은, 사람들이 그 도덕적 경계를 깨달

---

69) 『孟子字義疏證』, 「才」, "惟人之知, 小之能盡美醜之極致, 大之能盡, 是非之極致. 然後遂己之欲者, 廣之能遂人之欲; 達己之情者, 廣之能達人之情. 道德之盛, 使人之欲無不遂, 人之情無不達, 斯已矣."

아서 그것을 넘지 않음을 일러 선으로 여긴 것이며, 혈기와 지성이 절도
를 잃지 않는 단계에 머물 수 있는 것을 선으로 여긴 것이다. 소위 인의
예지라는 것은 이 상태의 혈기와 지성을 말한 것이니, 이른바 천지의 변
화에 근거하는 이가 천지의 덕을 완성할 수 있음을 의미한다.[70]

'그 경계를 깨달아서 그것을 넘어가지 않음'은 인식의 합리성을 말한
다. 일정한 한도 안에 있는 것은 합리적이고 그 한도를 넘는 것은 불합리
이다. 이런 한계가 어디에 있는가, 혹은 이러한 한계가 있느냐 없느냐의
문제는 바로 지성이 판단해야 할 일이다. 그러나 여기에는 객관적 근거가
있으니, 이것이 바로 사물의 '법칙' 혹은 자연 속의 '필연'이다. 마음은 '그
법칙에 통달'하거나 '의리를 구별'할 수 있으며, '살필' 수도 있고 '관조'할
수도 있다. 이 모든 것들은 지성의 작용을 말한 것이다. 이런 측면에서
말하자면 선은 곧 인식의 합리성이다.

'혈기와 지성이 절도를 잃지 않는 단계에 머묾'이란 인성을 논한 것이
다. 혈기와 지성은 곧 인성이다. 나누어 말하자면 인성에는 지각과 감정
그리고 욕망이 있다. 이 세 가지가 절도를 잃지 않는 것이 바로 선이다.
그러나 절도를 잃지 않음이란 전적으로 지각에 의지하며 지각에 의해 결
정된다. 때문에 그는 '먼저 행동을 중시하라'라고 주장하지 않고, '먼저
앎을 중시하라'고 주장했던 것이다. 감정과 욕구는 실로 자연스러운 인성
이기에 없을 수도 없고 제거할 수도 없다. 그러나 절도를 잃어버리지 않
고 '필연'에 도달하기 위해서는 지성에 의지해야 한다. 이것이 바로 지성
이 중요한 이유이다.

---

70) 『孟子字義疏證』, 「性」, "所謂人無有不善, 卽能知其限而不踰之爲善, 卽血氣心知能底於無失
之爲善. 所謂仁義禮智, 卽以名其血氣心知, 所謂原於天地之化者之能協於天地之德也."

성인의 말씀은 언제나 사람들로 하여금 지당함(즉 합리성)을 추구하고, 그
것을 실현하도록 한다. 지당함을 추구하기 위해서는 먼저 앎에 주력해
야 한다. 무릇 개인의 사사로움만 제거하고 가려짐을 제거하려 하지 않
거나, 행위만 중시하고 먼저 앎을 중시하지 않는 것은 성인의 학문이 아
니다.71)

사사로움은 감정과 욕망의 영역이며 '가려짐'은 지성의 영역이니, 사
사로움을 제거하기(대진도 '사욕'에 대해 반대했다.) 위해서는 반드시 먼저 '가
려짐'을 제거해야 한다. 이러한 감정의 문제는 반드시 지성을 통해 해결
해야 한다. 이것이 대진의 학설에 포함된 이성정신이다. 그렇다면 지성은
어떻게 감정이 절도를 잃지 않게 할 수 있을까? 여기에는 '훈련'이 필요하
다. 지성이 비록 본래 구유한 능력이기는 하지만 경계선을 알아서 절도를
잃지 않기 위해서는 배우고 묻고 생각하고 구별하는 등의 일에서 끊임없
는 노력이 요구된다.

대진 역시 낳고 낳아 그침이 없는 천도로부터 인성이 연원했다고 논
증하고 있다. 그러나 그는 도를 형이상자로 이해하지 않았다. 자연계의
기화氣化의 유행流行 자체가 곧 도이다. 그래서 인간에게 있어 감정과 욕망
은 모두 본성이며, 이는 하늘과 인간을 관통하는 것이다. 기화가 유행하
면 반드시 분화가 발생하게 되므로 인간과 사물의 본성에는 저마다의 특
성이 있다. 그러나 인간의 경우 누구나 동일한 감정을 가지고 있으며, 또
한 누구나 동일한 것 즉 인간의 마음속에 있는 '같은 것'을 인식할 수 있
다. 이것이 바로 인간 이성의 역할이며, 그 실제적인 운용은 바로 감정이

---

71) 『孟子字義疏證』, 「權」, "聖人之言, 無非使人求其至當以見之行. 求其至當, 即先務於知也. 凡
去私不求去蔽, 重行不先重知, 非聖學也."

절도를 잃어버리지 않도록 분별하는 것이며, 감정의 과불급이 없도록 인식하는 것이고, 자연감정 속에 '필연성'이 있다는 것을 인식해 내는 것이다. 대진의 학설은 감정과 이성의 관계 문제에서의 새로운 돌파구를 형성했으며 근대 자연주의적 경향을 표출했다.

제8장 감정분석

앞의 몇 장에서 필자는 감정 일반에 대한 유가의 학설에 대해 논했으며, 특히 감정과 이성의 관계에 중점을 두고 논했다. 그리고 이러한 부분에서 유가철학의 일반적 특징과 유학이 서양철학과 구분되는 중요한 지점을 제시했다. 이제 우리는 한 걸음 더 나아가 감정에 대한 유가의 구체적 학설, 즉 감정에 대한 대략적 분류 방식, 다양한 감정들에 대한 구체적인 해석 및 운용 양상 등의 문제에서부터 개별 감정에 대한 서로 다른 태도까지 포괄적으로 관찰해 보고자 한다. 여기에서 우리는 유가 감정철학의 구체적 특징과 경향을 확인해 낼 수 있을 것이다.

유가는 인간의 감정에 대해 관심을 가지고 중시했는데, 전체적으로 보자면 이는 감정을 중시한 것이었지 지성知性을 중시한 것이 아니었다. 그러나 인간은 어떤 감정을 지녔는지, 각종 감정 간에는 무슨 관계와 구별이 있는지, 각각의 감정에는 어떠한 작용이 있는지, 그리고 인간의 감정은 어떻게 분석되어야 하는지 등의 문제는 유가에게 있어서 중요한 관심사가 아니었다. 분석 방법을 운용하여 감정에 대해 과학적 분류를 진행하는 등의 일은 유가의 특장도 아니었고 관심 영역도 아니었다. 솔직하게 말해서 유가는 감정을 분석하지 않았다. 그러나 그렇다고 해서 유가가 감정을 논함에 있어 어떠한 분석 방법도 없었다고 말할 수는 없을 것이다. 예컨대, 유가는 구체적인 상황에서 발생하는 각각의 감정에 대해서 그에 합당한 평가와 해석을 내리고 있다.

여기에서 제시한 '감정분석'이라는 제목은 유가의 문헌에 근거한 것으로서, 주로 대략적인 감정 분류나 각종 감정들의 의미에 대한 분석 등을 통하여 유가가 진정으로 관심을 두었던 감정은 무엇이었으며 소홀히 하고 심지어 무시했던 감정은 무엇이었는지 밝히려는 것이다.

유가가 가장 관심을 두고 중시했으며 또 항상 논했던 감정의 형식 및 그 내용(모든 형식의 감정에는 내용이 있다. 그렇기 때문에 유가는 '감정형식'에 대해서만 전문적으로 분석하거나 논술한 적이 전혀 없다.)에는 어떤 것들이 있는가? 인간감정의 통상적인 분류를 보면 여러 방면의 감정을 포괄하고 있다. 그 중에는 도덕감정, 종교적 감정, 심미감정과 개인감정 및 생활감정 등이 있지만, 유가는 이러한 감정을 엄격히 구분하지 않았다. 그들은 오히려 전체의 틀에서 여러 감정 간의 상호관계, 상호교차의 문제에 관해 관찰하고 사고하는 것을 선호했다. 이는 감정의 복잡성과 상호 연관성에 대해 충분히 주의했다는 뜻이기도 하지만 곤란한 측면도 지니고 있다. 우리는 하나의 감정이라도 그것이 다양한 의미와 작용을 지닌다는 점과 이것들이 가지는 동질적·비동질적 의미와 함의에 대해 여러 층위에서 다루어야만 한다. 전체적으로 보았을 때, 감정에 대한 유가의 논술은 아래의 몇 가지 경우와 유형에 배속될 수 있다.

제1절 가족적 감정, 경외, 즐거움

가족적 감정(親情)은 인류생명 중에서 가장 원시적인 자연감정이며 또한 가장 기본적이고 중요한 생명감정으로서, 유가 감정철학의 출발점이라고 할 수 있다. 유가가 가족적 감정을 중시한 이유 중 하나는 인간과 자연계 기타 생명 간의 연속성을 인정했기 때문이다. 인간은 자연계의 일부분 또는 구성원이다. 또 다른 이유로는 가족적 감정이야말로 인간 생명가치의 '생장점'이며, 여기에 근거하여서 도덕감정에서 도덕이성에 도달하는 것이 어떻게 가능한지 증명할 수 있기 때문이다. 인간의 덕성은 바로 여기에서 태어나고 성장할 뿐만 아니라 여기에서 출발할 때에야 비로소 소위 '윤리'(가족윤리, 사회윤리, 정치윤리, 경제윤리, 생태윤리)가 성립된다고 말할 수 있다. 만일 유가의 윤리학에 대해 담론을 진행하고자 한다면, 바로 여기(가족적 감정)에서 시작해야지 결코 '사회규범'과 같은 윤리학 원칙에서 출발해서는 안 된다. 왜냐하면 가족적 감정에 근거하여 형성된 인간과 인간, 인간과 사회, 인간과 자연의 관계는 사실 덕성의 문제이지 '규범'의 문제는 아니기 때문이다. 물론 그 안에 어떤 자연적 '법칙' 또는 '원칙'이 있을 수 있지만, 이는 인간을 사회의 시민으로 보아서 그 속에서 형성된 공공의 행위 '준칙'이 아니라, 인간이 인간으로서 즉 자연계의 일원으로서 덕성에서부터 나와 형성된 것을 서로 따르고 지킨다는 의미에서의 '규범'인 것이다. 이러한 규범들은 사회 등 여러 차원에 덕성이 응용된 것이며, 또 특정인의 덕성을 가늠할 수 있는 객관적 기준이기도 하다. 그러나 덕성 그 자체는 진실한 감정을 내재적 근거로 삼는 것이지, 단순히 '습관'이나 '교화'와 같은 것에 의해서만 결정되는 것은 아니다. 사회 각양 각층의 구성원으로서 인간은 당연히 사회화된 행위규범을 준수해야 한다. 그러나 유가는 인간의 내재적 감정을 더욱 중시했다. 인간의 내재적 감정은 가족적 감정에서 출발한다. 가족적 감정에서 출발하여 인간과 사물, 전체 자연계에 이르기까지 모두 '윤리'라고 말할 수 있는 것이 있다. 인간의 감정은 '확충'도 필요하고 '높은 단계로 끌어올리는 것'도 필요하다. 자아를 끌어올리려는 부단한 노력을 통해 마침내 자아를 초월할 때, 바로 인仁의 덕성이 있게 된다. 따라서 덕성과 '규범' 두 가지는 실제로 안과 밖을 이루고 있으며 상보적으로 작용하는 것이다. 그러나 유학의 본래 입장에서 보면, 전자야말로 유학의 근본 목적이며 끊임없이 덕성을 키우고 경지를 끌어올렸을 때에만 비로소 사회적 조화를 실현시킬 수 있다. 이것은 인간이라면 누구나 다 할 수 있고 또 마땅히 추구해야 하는 것이다. 가족적 감정은 매우 일상적 원시적 자연적인 감정이면서 또한 매우 진실한 감정이다. 그러나 가족적 감정의 '극치'는 높고 어려우며 아주 위대해서, '온 나라 사람을 한 사람으로 여기고 천하를 한 집안으로 보는' 경지와 더 나아가 '만물을 일체로 여기는' 경지를 실현할 수 있다. 바로 여기에서 인간의 생명에 대한 관심을 진정으로 체현해 낼 수 있다. 따라서 가족적 감정은 인간의 가장 근원적이면서 가장 원시적인 존재 방식이면서, 동시에 자아를 초월하여 천인합일의 경지로 들어갈 수 있도록 해 주는 심리적 기초를 제공해 준다.

우리는 이미 제1장에서 '가족적 감정'이 어떻게 인간의 기본적 존재 방식인가와 같은 문제를 다루었기 때문에 여기에서 다시 논하지 않겠다. 또한 덕성과 인의 문제에 관해서는 이후에 다시 논하도록 하겠다.

'경敬'의 감정 혹은 '경외敬畏'의 감정은 하나의 종교적 감정이다. 유학의 종교정신은 대부분 여기에서 드러난다. 물론 유학의 종교정신이 다른 방면에서도 나타나기는 하지만, 실천정신과 신성한 장엄성의 측면에서 말하자면 경을 넘어서는 것이 없다. 경은 인간감정의 가장 심층적인 욕구와 기대를 보여 주는 것이며, 또한 실천수양의 엄숙성과 경건함을 보여 주는 것이다.

유가가 '경'을 주장한 이유는 단지 부모나 형제, 웃어른과 이웃을 존경해야 한다거나 심지어 부부간에도 '손님을 대접하듯 공경해야 한다'는 것을 요구하기 위해서만은 아니다. 가장 중요한 것은 하늘과 천명에 대해 경외의 마음을 지녀야 한다는 것이다. 이는 물론 내심에서 우러나오는 것이지 어떤 권위적 명령에 의해 그렇게 하는 것이 아니며, 스스로 자신에게 내리는 명령에 의한 것이지 다른 사람이 내리는 명령에 의한 것이 아니다. 하늘과 천명이 도대체 무엇인가에 대한 문제에 있어, 유학은 종교이면서 철학이고 유신론이면서 무신론이다. '경외'라는 것은 신을 경외하는 것인가, 아니면 다른 무엇을 경외하는 것인가? '경'의 실제적인 내용과 의미는 무엇인가? 이러한 것들은 모두 매우 중요한 문제이지만, 필자는 이 문제를 적당한 기회에 다시 논하고자 한다. 여기에서는 다만 '경'과 '경외'의 감정이 유가철학에서 아주 중요한 문제라는 점과 유학의 종교정신이 집중적으로 표현된 지점이라는 것만 밝히기로 하겠다. 자세한 논의는 제14장에서 진행하겠다.

'즐거움'(樂)의 체험 역시 유학에서 아주 중요한 문제로서, 유학의 기본적인 면모와 특징을 설명하기에 충분하다. 감정 체험으로서의 '즐거움'은 유학 전반에 깔려 있는 것이면서도 갈망의 대상이 되는 것이다. 그렇다면 '즐거움'은 도대체 어떤 성격의 체험인가? 이는 미학적인 것인가, 아니면 도덕적인 것인가? 그것도 아니면 미학과 도덕이 합해서 하나로 나타난 것인가, 혹은 종교 등 다른 종류의 체험인가? 이는 아주 복잡한 문제이지만 유가는 이를 명료하게 규정하지는 않았다. 그러나 이들의 전체론적 특징은 명확하다.(필자의 『성리학의 개념들』[1]과 『심령의 초월과 경지』[2] 두 책에서 이

---

1) 몽배원 저, 홍원식 · 황지원 · 이기훈 · 이상훈 공역, 『성리학의 개념들』(理學範疇系統, 예문서원, 2008).
2) 『心靈超越與境界』(북경: 인민출판사, 1998).

문제를 논하기는 했지만, 총괄적으로 밝혔을 뿐 심층적이지는 않다.) 다만 이러한 문제는 한 방향에서만 연구할 분야는 아닌 것 같다.

'즐거움'에는 여러 차원의 의미가 담겨져 있다. 예컨대, 일상생활에서의 즐거움, 물질을 향유할 때의 즐거움, 재물과 권력을 움켜쥠에서 오는 즐거움이 있으며, 또한 독서의 즐거움과 산수와 예술작품을 감상하는 즐거움, 예술로 표현하는 즐거움도 있을 뿐만 아니라 어떤 사안이나 사업에서의 성공으로 인한 즐거움도 있다. 그러나 인생에서 추구하는 최고 경험으로서의 즐거움은 일종의 순수한 정신적 즐거움이다. 이것이 바로 유가가 말하는 즐거움이다. 이는 인간의 정서나 정취와 관련이 있다. 더 정확히 말하자면 '안신입명安身立命'의 학문으로서 인간의 궁극적 관심과 서로 관련이 있다. '즐거움'과 행복은 서로 비교될 수는 있지만 결국은 다른 것이다. 따라서 유가가 주장하는 '즐거움'의 경지는 서양종교문화의 '덕성과 행복의 일치'와 완전히 동일하다고는 말할 수 없으며, 사실 정반대일 수도 있다. 유가의 즐거움은 유가문화가 추구하는 한적하고 여유로우며 편안하고 평정을 유지하고 조화롭고 초월적인 면모를 반영하고 있다. 이는 일종의 시학적 철학문화이며 또한 예술적 인생목표이기도 하다. 어떤 사람은 유가문화를 '즐거움이라는 감정의 문화'로 귀결시킨다. 비극적 의식이 결여되었다는 인식은 대개 이러한 의미에서 나온 것이다. 이러한 인식이 비록 틀렸다고 할 수는 없지만 즐거움의 의미를 지나치게 단순화한 것이다.

왜냐하면 유가에는 우환의식과 '세상을 구함', '세상을 변화시킴' 등의 사상이 있었기 때문이다. 다만 구체적인 사회이론을 제시하지 않았을 뿐이다. 문제의 관건은 바로 여기에 있다. 유가는 인간과 인생 및 감정 자체의 최대 요구와 만족에 주목했으며, 아울러 이로부터 삶의 정신적 경지를 끌어올려 최대의 정신적 즐거움을 추구했다. '즐거움'이 생명체험일 뿐 아니라 정신경지이기도 한 이유가 바로 여기에 있다. 이 문제에 대해서 필자는 제13장에서 본격적으로 논하도록 하겠다.

제2절 사단의 감정

'사단'의 감정은 유가의 도덕감정에 관한 핵심 내용이며, 또한 유학의 중요한 주제이다. 앞에서 논한 감정과 이성의 관계 역시 대부분 지금 말하고자 하는 것과 관련이 있다. 지금 '사단'의 감정을 분석한다고 했을 때, 분석이 불가능한 이유는 형식의 측면도 있겠지만 대부분의 경우는 그 내용 때문이다.

맹자가 사단을 제시한 이래 유가에서 이를 보편적으로 받아들이면서 사단은 유가 인성학설의 가장 중요한 내용이 되었다. 이는 '사단'의 설이 도덕감정에 대한 유가의 주요 학설임을 의미한다. 사람들은 인의예지와 같은 도덕이성을 거론할 때 아마도 도덕 설교 같거나 교조적인 느낌을 받을 수도 있을 것이다. 하지만 측은지심, 불인지심, 수오지심, 사양지심 등을 언급할 때는 그러한 느낌이 없을 것이다. 게다가 이런 감정들은 친숙하고 생활과도 밀접해 있으며 자신과 다른 사람의 삶에서 항시 발생하고 또 체험할 수 있다. 이러한 점들은 사단의 감정이 인간에게 본래 갖추어져 있다는 점을 말해 준다. 인류문명의 발전은 이 점을 충분히 증명해 줄 수 있다.

인간에게 동정심과 사랑의 마음이 있는지의 여부는 많은 철학자들이 관심을 가졌던 주제이다. 측은지심, 불인지심과 동정심은 동일한 차원에 속할 뿐만 아니라 생명에 대한 관심이라는 점에서 보편적 의미를 지니고 있다. 이러한 감정은 인간뿐 아니라 다른 생물들에게도 적용된다. 인간은 나체의 상태에 있다가 몸을 가리기 시작했고 더 나아가 복식을 갖추게 되었다. 이것은 수오지심이 구체적으로 표현된 것이다. 인류학에서는 예의와 예절 역시 사양지심의 구체적인 표현이라고 말한다. 인간은 분명 사회적인 동물이지만, 이러한 사회성은 인류가 공동체를 결성하는 과정에 발맞추어 동시적으로 진화해 온 결과이다. 여기에는 도덕적 진화도 포함되어 있다. 자연인에서 사회인으로의 진화는 단지 '자연선택'의 설명이나 '노동'의 관점에서 해석될 수 없다. '노동'은 어디에서 나온 것인가? 이런 문제를 해결하기 위해서는 인간의 내재적인 진화의 과정이나 동인을 깊이 탐색할 필요가 있다. 이는 곧 자연계의 목적성 문제와 관련 있는 것이다. 이는 철학이나 인류학의 문제일 뿐 아니라 현대 자연과학도 관심을 두고 있는 문제이다.

맹자는 무엇 때문에 도덕감정의 주요 내용이자 상징으로 '사단'의 감정을 제기하고 아울러 여기에 근거하여 인간의 선한 본성을 주장했는가? '사단'의 감정은 도덕감정의 상징이 될 수 있는가? 이는 이론의 문제이면서 '역사'의 문제로, 중국철학 발전의 역사적 배경과 관계가 있다.

유가는 공자에서부터 '예'의 문화를 중시했다. '예'의 내재적 기초는 '인'이다. '예'는 '인'의 외재적 형식일 뿐이다. 공자는 '지知'도 아주 중시했다. 공자가 '지'와 '인'을 함께 중시했다는 의견도 있지만, 공자가 주장한 '지'는 대부분 인에 대한 자각을 고양시키기 위한 것이었다. 공자가 비록 인과 '의義'를 나란히 제시하지는 않았지만 여러 차례 의의 중요성을 논했다. 특히 옳음과 이익을 구분하는 의리지변은 공자에서부터 시작된 것이었다. 의는 '적절함' 즉 판단과 재단의 의미를 지니고 있다. 그래서 인과

의가 짝을 이루었을 때 비로소 '도'를 행할 수 있게 된다. "너그러움과 엄격함이 서로 조화를 이룬다"[3]는 말은 정치에 대한 언명이기는 하지만, 사실 이것은 인과 의의 관계를 말한 것이다. 이는 몇몇 사람들이 말하는 '예치'와 '법치'의 관계가 아니다. 이렇게 볼 때, 인의예지 네 가지 도덕범주는 공자가 일찍이 주장했던 것이기는 하지만, 인과 지를 제외하고는 이들 도덕범주가 어떻게 가능한지에 대해 심리적 감정의 차원에서 논하지는 않았다. 사실 공자 자신은 인 외에 다른 도덕 범주들을 심리적 감정으로 설명하지 않았다. '지'는 공자에게서 어느 정도 인식론과 지식론적 의미를 지니고 있다. 감정의 작용과 인성의 문제는 공자 이후 자사나 「성자명출性自命出」 등이 등장한 이후에서야 부각되기 시작했다. 그리고 이러한 사조를 완성시킨 인물이 바로 맹자이다.

맹자의 가장 핵심적인 공헌은 공자가 주장한 인의예지의 도덕범주 전체를 감정의 문제로 귀결시킴으로써 감정을 내재적 심리 기초로 설정한 것이다. 그러므로 '사단'의 감정을 주장한 것은 맹자라고 할 수 있지만, 여기에는 또 다른 유래가 있다. 맹자는 스스로 공자를 '사숙私淑'[4]했다고 말했으며, 공자를 성인으로 존경했다. 이는 결코 말로만 그런 것이 아니다. 맹자의 학설이면서 이후 유가학설의 핵심 내용이 되는 사단의 논의는 실제로 공자의 학설을 기초로 해서 주장된 것이고, 인의예지에 관한 공자의 학설은 '예'문화의 배경이 되었다. 예컨대 공자가 '예'문화를 인학仁學 즉 인간학적 기초 위에서 건립했다면, 맹자는 한 걸음 더 나아가 인간의 내재적 감정의 기초 위에서 '예'문화를 건립했다. 이렇게 유가문화는 예

---

3) 『孔子家語』, 卷11, 「正論解」, "寬猛相濟, 政是以和."
4) 역자주: 스승으로 모셔 직접 학문을 배우지는 않았지만 존경하고 따름. 『孟子』, 「離婁下」, "予未得爲孔子徒也, 予私淑諸人也."

의 문화이면서 또한 감정의 문화이며, 감정과 예의 결합으로 구성된 이러한 문화형식이 철학으로 확정된 것이다. 후세 사람들이 맹자를 '아성'으로 존숭한 것은 결코 근거가 없는 것이 아니다. 맹자의 학설은 유학 발전 과정 중 내재화의 과정이자 철학화의 과정이라고 할 수 있다.

감정의 문제는 본래 인간 존재의 중요한 문제이다. 그러나 맹자는 자각적으로 네 가지 도덕감정의 문제를 제시하고 완전한 학설을 세워서 중국문화 발생의 중대한 영향을 미쳤는데, 이는 세계 철학사에서 매우 발견하기 어려운 현상이다.

인간의 도덕감정은 '사단'의 감정에 국한되는 것일까? 당연히 그렇게 말할 수 없다. 맹자 본인조차도 그렇게 말하지 않았다. 그는 '진실하고 참됨'(誠信) 혹은 '즐거움'의 문제를 제기했고 당연히 '가족적 감정'의 문제도 강조했다. 그러나 '사단'의 감정은 인간감정의 중요한 내용으로서, 맹자가 보건대 이는 보편적 의미를 지니고 있는 것이었다.

앞에서 언급했듯이 측은지심, 불인지심은 특수한 동정심이나 '감정이입'의 작용이며 인간이 공동으로 지니고 있는 것이라고 할 수 있지만, 이런 감정을 어떻게 인식하고 판단하느냐에 대한 입장은 매우 상이하다. 서양의 전통적인 이성주의 철학에서 보았을 때, 이는 평범한 심리현상일 뿐 대단한 이론적 의미나 가치가 없으며, 더욱이 철학 분야에서 관심을 보이고 논할 만한 문제도 아니었다. 철학은 '지혜를 사랑하는 것'이고 지혜의 학문이기 때문에 만일 동정심 같은 것들이 섞여든다면 철학의 고귀함과 존엄이 파괴될 수 있다고 생각했다. 이 때문에 서양에서는 경험주의 철학자들 역시 대부분 감정 문제에 관심을 두지 않았다. 경험주의철학자들이 관심을 기울인 것은 인식에서 경험이 지니는 작용과 그것의 증명가능성, 경험의 몰가치성 혹은 '중립성' 등이었다. 주관성·객관성·실용성·진리성 등은 결국 논리분석과 언어분석의 문제라고 보았다. 동정심의 경우는 관심 외의 것이 되었다. 서양의 비이성주의철학자 가운데 동정심의 중요성에 관심을 두고서 윤리학을 수립하고, 인류 공동의 가치로 인정할 것을 주장하는 경우도 있었다. 하지만 서양 전통의 '이성'적 관점에서 볼 때, 이러한 주장은 어디까지나 비주류일 뿐이다. 왜냐하면 서양에서 '이성'은 시종 강력한 힘을 지니고 있기 때문이다.

중국의 유가철학은 이와 다른 길을 걸었다. 유가는 인간이면 누구나 측은지심과 불인지심을 갖추고 있을 뿐만 아니라 이성정신 또한 지니고 있다고 보았으며, 바로 이 점이 인간이 인간일 수 있는 근본적인 기준이라고 인식했다. 그래서 감정은 철학 외적인 것으로 배제될 수 없을 뿐만 아니라 오히려 철학의 매우 중요한 과제였다. 왜냐하면 철학이야말로 인간의 학문이자 생명의 학문이며, 측은지심과 불인지심은 인간 생명의 가장 기본적인 존재 방식이기 때문이다. 맹자가 '어린아이가 우물에 빠지려 할 때'의 예시에서 인간이라면 누구나 측은지심을 가지고 있다는 사실을 발견했을 때, 그는 인간의 생명본능과 원시성을 발견했을 뿐만 아니라 생명 존재의 내재적 가치와 생명의 내재적 '목적'도 함께 발견한 것이다. 이는 바로 인간의 위대한 감정이 최초로 '싹튼'(萌動) 것이다. 인간으로서 이러한 감정의 존재 여부를 인정할 것인지가 문제가 아니라, 어떻게 이 감정을 보호하고 '확충'할 것인지가 문제인 것이다. 인간의 의미와 가치는 바로 여기에 있다. 당연하게도 이것은 아주 심오한 영혼의 철학이다.

수오지심, 사양지심의 경우도 마찬가지이다. 이것들은 모두 인간의 가장 본질적인 감정이며 인간 덕성의 내재적 기초들이다. 사람이 도의를 따지고 예의를 논하려면 먼저 자신을 존중하고 그다음 다른 사람을 존중해야 한다. 인간의 존엄은 바로 여기에서 드러난다. 이것이 바로 유가가 이해한 인간의 존엄성이다. 비록 이것 자체가 인간 존엄성의 전체는 아니겠지만, 이것이 매우 중요한 구성 요소인 것은 분명하다. 만약 이 부분이 결핍되어 있다면 건전하고 온전한 인간이 될 수 없다. 그러나 도의와 예의라는 것들이 과연 몇몇 특정한 사람들이 제정하고, 다른 사람들로 하여금 준수하게끔 시키는 객관적 준칙들인가? 순자 등 몇몇 인물들을 제외하고 유가의 대다수 철학자들은 그렇게 보지 않았다. 그들은 도의와 예의 등이 모두 내재적인 심리적 기초를 갖추고 있으며, 따라서 이들은 타고난 수오지심과 사양지심 등 도덕감정에 의해 결정되는 것이라고 보았다. 이른바 '타고남'이라는 것은 실제로는 장기간에 걸친 인류의 진화를 통해 형성된 것이다. 따라서 그것이 설사 너무나 미약한 싹(端倪)에 불과할지라도 이는 인간 생명의 고유한 것이다.

우리는 사회에 대한 분석을 진행할 수 있고 또 마땅히 그렇게 해야 한다. 바로 앞에서 말한 중국의 '예'문화 및 이러한 문화에 적응해 가는 사회구조가 바로 맹자가 제기한 '사단'의 사회적 배경이다. 따라서 사단은 일종의 '사회심리'라고 말할 수도 있다. 그러나 사회는 인간에 의해 구성된 것이다. '사회심리'는 개별 구성원으로서의 개인의 심리를 떠나 설명될 수 없다. 인간과 동물은 모두 생명을 가진 존재이고, 그 생명은 모두 하늘이 부여한 것인데, 어째서 동물에게는 사회도덕이 없는 것일까? 또한 비록 몇몇 종의 동물들이 '사회'를 이루기는 하지만, 어째서 인간이 가진 것과 같은 사회적 감정은 가지지 못하는 것일까? 우리는 이런 문제에 답하기 위해 인간 심리에 대한 분석과 연구를 하지 않을 수 없다. 맹자는 '인간과 짐승의 구별'과 '도덕적 규범은 내면에서 나온다는 설'(義內說)을 제기했는데 이는 사실 인간의 심리감정을 분석한 결과이다. 물론 이러한 분석이 논리분석이나 개념분석, 언어분석과 같은 것은 아니지만, 이것 역시 중국철학자에 의한 '정신분석'이라 할 수 있다. 이 분석이 '잠재의식'이나 '무의식'을 제시했던 것은 아니지만, 인간의 '근원적 본능'을 상당한 정도로 발견한 것이다. 그러나 그가 발견한 것은 인간의 또 다른 일면일 뿐이었다.

오늘날 과학자들은 이미 몇몇 동물들이 '이타'적 행동을 한다는 점을 발견했다. 이것은 '생존경쟁'과 아무런 연관이 없어 보인다. 이 말은 인류의 이타적 행위가 완전히 사회적 요인에 의해서만 결정되는 것은 아니며, 이타적 행위가 반드시 인간사회만의 표출인 것도 아님을 의미한다. 또한 이것은 옛사람들이 생각한 것처럼 인간과 동물 사이에 본질적인 구분이 있는 것은 아님을 의미한다. 그러나 내재적 근거에 입각해 말하자면, 인간이 가진 모종의 도덕감정은 확실히 '근원성'을 지니고 있다. 맹자가 말한 '단서端緒'는 실제로 두 가지 층위의 의미를 담고 있다. 하나는 근원성이고 다른 하나는 도덕성이다. 전자는 '존재' 혹은 '본능'으로서, 사유의 훈련과 '생각의 여과'를 거치지 않은 채 '생각할 틈도 없이' 이미 존재하는 것이다. 이는 바로 어린아이가 자신의 부모를 사랑할 줄 아는 것이나 '어린아이가 우물에 빠지려 할 때'에 자발적으로 표출되는 '깜짝 놀라고 측은하게 여기는 마음'(惻隱怵惕之心)과 같은 것이다. 만약 이것이 사회문화적으로 오랫동안 침전되고 누적되어 형성된 '잠재의식'이라고 해서 안 될 것은 없겠지만, 맹자 시대는 분명 인류문화의 초기 즉 '문명전환의 시대'였다. 사회심리현상을 포함한 이후의 수많은 문화현상이 바로 이 시기로부터 형성된 것이다. 다시 말해 맹자가 도덕감정에 대해 진행했던 논증은 사회심리적 관점에 근거한 것도 아니며, 또한 그가 이러한 관념을 가졌다고 장담할 수도 없다. 사실 맹자는 전적으로 개별 주체인 인간의 행위에 대한 관찰을 통해 이러한 결론을 도출했다. 맹자의 시대에는 현대와 같은 과학이 없었기에, 동물세계에서 존재하는 여러 현상, 예컨대 이타적 행위 같은 것들을 발견할 수 없었다. 설령 현대 이전의 근대과학이라 할지라도 이러한 현상들은 발견하지 못했을 것이다. 왜냐하면 근대시기는 바로 '인간중심주의'가 지배하던 시기였기 때문이다.

맹자가 인간과 동물에 대해 진행했던 관찰은 완전히 경험적인 것이며, 또한 '인본주의'의 입장에서 진행된 것이다. 그렇기 때문에 그의 '인간과 짐승의 구별'이 인간과 동물이 연결되는 측면을 부정한 것은 결코 아니다. 또 사단의 감정 역시 그저 '단서' 즉 싹일 뿐이라는 점에서 인간과 동물의 차이는 그리 크지 않다. 관건은 어떻게 그것을 '확충'해 나가느냐에 달려 있을 뿐이다. 만일 확충이 안 된다면 인간은 동물과 별반 차이가 없게 된다.

후자는 확실히 순수 생물학적인 것이 아니라 '도덕'적인 것이다. 이는 프로이트의 정신분석과는 아주 다른 느낌을 준다. 물론 프로이트는 마치 수면 아래로 감추어져 있던 빙산을 보여 주는 것처럼 인간의 정신에서 가장 깊은 차원을 분석해 냈다. 그러나 유가의 '사단'은 이와는 다른 면을 보여 주는데, 이것 역시 인성의 가장 깊은 차원을 보여 주는 것이었다. '모든 도덕은 사회화된 도덕이다'라는 말은 요즘 많은 사람들이 하는 말이다. 이렇게 본다면 역사상 제시되었던 모든 도덕학설은 비판을 받을 수 있으며, 맹자의 학설 역시 비판의 대상에 포함된다. 주지하다시피 맹자의 '사단설'은 사회반영론에서 출발한 것은 결코 아니다. 사단설은 비록 완전히 선험(칸트적 의미에서)적인 것은 아니지만, 선천적이라고 할 수는 있다. 사실 대부분의 심리현상은 모두 선천적인 근거와 근원을 가지고 있다. 이는 인간이 지닌 지식능력과 마찬가지로 장기간 진화해 온 결과이자 생명발전의 최고의 성과 중 하나이다. '사단'의 감정이 사회적 의의를 지니고 있기는 하지만, 맹자는 사회적 근원에서부터 감정을 논한 것이 아니라 인간의 선천적 심리 작용에서부터 감정을 논했던 것이다. 우리는 그것이 잠재적이며 후천적 사회생활과 사회화의 과정 속에서 실현되는 것이라 말하지만, 그 심리적 근거를 완전히 부정할 수는 없다. '사단'의 감정이 도덕적일 수 있는 이유는, 인간의 '덕성'이 형성될 수 있도록 하는 내재적 심리작용으로서의 사단이 도덕적 의의를 지니고 있기 때문이다. '도덕'이라는 말은 가치 평가적 언어이며 오로지 인간에 대해서만 사용되는 것이지만, 인간은 자연 진화를 거쳐 온 존재이다. 자연의 진화에는 생명이라는 목적성이 있다. 이를 인간에게 적용한다면 "그 감정(情)은 선하다고 할 수 있다"[5]는 것과 같다. 여기에서 '선이 될 수 있는 감정'이 바로 '사단'의 감정이다. 이는 도덕 가치와 의미를 인간의 자연감정에 부가한 것이 아니라, 감정 자체에 '선의 목적성'이 있다는 의미이다. 따라서 '사단'과 같은 단어로 표현된 것이다.

목적 범주로서의 '선'은 인간에게만 있는 것으로, 오직 인간의 가치기준과 판단에 비추어 볼 때만 비로소 선과 악의 구분이 있게 된다. 이것이 사람들의 일반적인 시각이다. 맹자는 "바라도 좋은 것을 두고 선이라 한다"[6]고 했는데, 이는 인간의 목적성을 두고 한 말이다. 인간에게는 어째서 '바라도 좋은' 선이 있는가? 맹자에 의하면 이는 '하늘'(즉 자연계)에서 근원한다. 그것이 처음으로 드러난 것이 바로 '사단'의 감정이다. '사단'과 '생각함'(思)은 하나같이 모두 '하늘이 나에게 부여한 것'이며, '하늘'은 다름 아니라 '그렇게 하지 않았는데도 그렇게 되는 것', 즉 자연스러움 그자체이다. 여기에서 볼 수 있듯이 사단이 도덕감정일 수 있는 이유는 자

---

5) 『孟子』, 「告子上」, "孟子曰: 乃若其情, 則可以爲善矣."
6) 『孟子』, 「盡心下」, "曰: 可欲之謂善."

연에 근원을 두고 있기 때문이다. 인간과 자연을 대립시키고 생명적 연결을 끊어버린다면 인간의 생명현상을 설명할 수 없을 뿐만 아니라 인간 생명의 가치와 의미도 설명할 수 없게 된다. 맹자가 제시한 '사단'의 감정은 인간의 도덕 가치와 자연을 연결시켜 주는 끈이다.

설명해 내기가 비교적 곤란한 것이 바로 '시비지심是非之心'이다. 어째서 '시비지심'이 감정이며, 게다가 또 어째서 도덕감정인가? 이것이 이해된다면 유가철학이 왜 감정의 철학인지 이해할 수 있을 것이다. 통상적인 관점에서 보면 시비는 인식의 문제이다. 옳은 것을 옳다고 보고 틀린 것을 틀리다고 보는 것은 인식에서의 분별능력이며, 이러한 능력은 지성에 속한다. 이는 맹자도 인정한 것이다. 문제는 어떤 시비인가, 시비의 기준은 무엇인가, 그 기준은 어디에서 결정된 것인가 등이다. 바로 이러한 점에서 유가의 '시비지심'은 일반적으로 언급되는 인식주체로서의 마음과 구분된다.

맹자가 말한 '시비'는 서양 근대철학에서 말하는 '진리론'에서의 시비와는 다르며 비가치적이거나 가치중립적인 의미에서의 시비도 아니다. 맹자의 시비는 오히려 가치론적인 시비이며, 더 구체적으로 말하자면 아름다움과 추함(美醜) 혹은 선악과 같은 종류의 시비를 가리킨다. 아름답고 선한 것은 옳고, 추하고 악한 것은 그르다고 보았다. 미추와 선악의 구분에는 공통점이 있다. 맹자는 미추와 선악이 모두 주관적이고 상대적이어서 "저마다의 눈에서 서시가 나온다"[7]고 했던 장자의 수준에까지 도달하지는 못했다. 맹자는 모든 사람이 자도(전설의 미남)의 아름다움을 인정할 것이라고 생각했다.[8] '시비지심'은 미추선악의 마음이며 미추선악의 시비

---

7) 『集杭州俗語詩』, "色不迷人人自迷, 情人眼里出西施."
8) 『孟子』, 「告子上」, "至於子都, 天下莫不知其姣也. 不知子都之姣者, 無目者也."

는 모든 사람들이 공통으로 가지는 감정에 의해서 결정되는 것이다. 더 나아가 인간의 호오好惡의 감정 그 자체는 스스로 분별능력을 지니고 있다. 이는 '아름다운 외모를 좋아하고 나쁜 냄새를 싫어하는' 것과 같은 것이다. 이 점에 있어 사람이면 누구나 다 동일하다. 아름다운 외모와 나쁜 냄새는 보편적 감정의 형식이다. '아름다운 외모를 좋아하고, 나쁜 냄새를 싫어하는' 것에는 미추의 구별 즉 시비의 구별이 있다. 모든 외모를 좋아할 수는 없고 모든 냄새를 싫어할 수는 없는 것이다. 아름다운 외모를 좋아하고 나쁜 냄새를 싫어하는 것은 분별의 문제로, 좋고 싫음에 대한 분별능력은 인간이라면 누구나 갖고 있는 것이다. 이 역시 천부적인 능력이며, 이는 감정의 태도 및 평가와 직접적인 관계가 있다. 따라서 이것은 순수한 지성이나 일반적인 지각이 아니다. 요컨대 이는 사실에 대한 진위나 논리적인 '참과 거짓', 인식론에서 말하는 진리와 오류 식의 분별이 아니라 감정이 받아들이는 '시비' 분별인 것이다. 지각과 지성을 감정의 평가와 분리시켜서 순수한 인식능력으로 만든 것은 순자의 공헌이고, 또한 후대 대진의 공헌이지만, 그들 역시도 자연계와 관련해서 이러한 능력을 운용하지는 않았다. 따라서 중국 유가철학은 처음부터 끝까지 독립적인 인지학설을 수립한 적이 없는 셈이다. 유가철학의 특징은 바로 여기에 있고, 결점도 여기에 있다. 이는 인간정신의 발전 과정에서 나타난 '단편성'이다. 동서철학은 각각의 장단점을 지니고 있다. 여기에서 우리는 유가철학의 장점으로 그 단점을 부정할 수도 없으며, 또 그 단점으로 장점을 부정해서도 안 된다.

유가가 아주 중시한 인간의 '총명예지'란, 귀로 잘 듣고 눈으로 잘 보는 것을 더 넘어서는 더 높은 단계의 지혜를 의미한다. 유가의 이상적 인격 즉 성인은 '인륜의 지극함'을 갖추고 '지혜'까지 지닌 사람이다. 총명이란 '아주 가는 털'이라도 살필 수 있는 것이고 예지는 '아주 정미한 것'이라도 분별할 수 있는 것이니, 이는 유가가 '지혜'의 학문임을 말해 준다. 다만 유가적 '지혜'의 학문은 시종 인간의 가치와 의미를 추구하는 것에서 벗어나지 않으며, 도덕감정과 도덕이성을 스스로 관조하고 깨닫는 것으로부터도 벗어나지 않는다. 따라서 예지는 궁극적으로 감정체험과 자신의 깨달음으로 귀결된다. 이 점에 있어서만큼은 공자와 맹자로부터 시작해서 '격물치지', '즉물궁리'를 주장한 주희에 이르기까지 어떠한 근본적인 변화도 없다. 명말청초의 왕부지와 같은 학자는 그의 학설에서 객관이성정신 즉 '지知'의 인식작용에 대해 비교적 많이 논했지만, 그 역시 한결같이 인식과 감정을 분리하지 않았다. 그들의 학설은 근본적으로 본성과 감정에 관한 학문, 감정과 이성에 관한 학문이다. 맹자는 한편으로는 '사단'에서 '시비지심' 즉 인의예지 가운데 하나인 '지'를 주장했지만, 다른 한편으로는 '지혜를 씀'(用知)에 대해 반대했다. 후자의 '지'는 지성의 의미에서의 지이다.(제10장을 참고할 것) 맹자가 객관인식을 완전히 부정한 것은 아니지만, '진심지성盡心知性'과 '존심양성存心養性'의 학문에 대한 언급과 비교했을 때 분명 매우 소략하다. 그리고 '진심'과 '존심'의 학은 시종 '사단'의 감정으로부터 벗어나지 않는다.

따라서 도덕감정의 측면에서 '시비지심'과 '지'는 필수불가결한 것이다. 맹자는 순수인식의 각도에서 말하는 '시비지심'이나 '지'에 대해서는 관심을 기울이지 않았다. 심지어 지가 '사사로운 욕망'이나 '사사로운 감정'과 연결될 수 있다는 점에서 이를 반대했는데(이는 정호와 같다.), 이러한 맹자의 태도는 이상한 것이 아니다.

제3절 희노애락의 감정

희노애락의 감정은 『중용』 첫머리에서 논했던 네 가지 감정이다. 중용은 '미발이발', '중화'의 문제를 동시에 제시했다. 이 문제들은 훗날 송명 유가의 핵심 주제가 되면서 복잡하게 변했다.

희노애락은 본래 자연감정이지만 처음부터 중요한 의미가 부여됨에 따라 인간감정을 대표하는 표현이 되었다. 또한 '중용'이라는 덕성과도 긴밀한 관계를 가지게 되었다.

희노애락의 감정과 '사단'의 감정은 다르다. '사단'의 감정이 도덕감정인 것에 반해 희노애락의 감정이 과연 도덕감정인지 아닌지는 명확하게 표현되지 않았다. 그 밖에도, 그것이 표현되는 방식에 있어서도 희노애락의 감정은 대부분 형식 측면에서 말한 것이고 '사단'의 감정은 주로 본성의 내용 측면에서 말한 것이라는 점에서 차이가 있다. 그러나 이것은 그다지 중요하지 않다. 중요한 것은 '사단'의 감정이 비록 주로 도덕감정의 내용으로 인식되지만, 그 대상으로 보면 반드시 일정한 범위를 지니고 있다는 점이다. 예컨대 측은지심(불인지심을 포괄한다.)의 경우 아주 광범위하지만, 대부분의 경우 이는 생명에 대해 말한 것이다. 사양지심의 경우는 주로 연장자에 대해 말한 것이다. 희노애락의 감정은 무척 광범위하여 어떤 상황에서든 때와 장소 구분 없이 드러나는 감정이다. 이것이 바로 '인지상정'이다.

문제는 희노애락 네 가지 감정이 도덕적 의미를 지니고 있는지의 여부이다. 이는 반드시 논증되어야만 하는 문제이다. 현대적 시각에서 보자면, 자신이 좋아하고 아름답다고 여기는 것을 보았을 때 기쁘고 자신이 싫어하고 추하다고 여기는 것을 보았을 때 기분이 나쁘며 심지어 화가 나는 것에 무슨 도덕적 의의가 있냐고 질문할 것이다. 이런 예는 유가 서적에서 모두 기술된 것이지만, 이는 그들이 진정으로 관심을 가졌던 문제는 아니다. 그들이 진정으로 관심을 두었던 것은 희노애락 네 가지 감정이 결국 인간의 덕성과 관련이 있고, 인간의 덕성은 모두 도덕적 의미를 지니고 있다는 점이다. 혹은 우리는 희노애락이 오히려 심미적 덕성을 지니고 있으며, 따라서 이것은 미학의 문제로 귀결된다고 말할 수도 있을 것이다. 그러나 유가의 심미관은 모두 도덕적 함의를 지니고 있다. 즉 심미와 도덕을 구분하기가 아주 어렵다는 말이다. 물론 『중용』도 예외가 아니다.

또 한 가지 지적하고 싶은 것은 '희노애락'에는 '즐거움'도 있지만, '희노애락'에서의 '즐거움'은 앞에서 논한 '즐거움'의 체험과 교차되는 면도 있고 그렇지 않은 면도 있다는 점이다. '희노애락'에서의 '락' 즉 '즐거움'은 주로 심리감정과 감수성을 가리키며, '희노애'등의 감정과 함께 논해진다는 측면에서 보았을 때 이는 구체적 감정으로서의 즐거움을 의미한다. 앞서 논한 '즐거움'의 체험은 전면적이고 초월적인 성격을 지니며, 이는 희노애락의 감정뿐 아니라 모든 감정을 포함한다. 따라서 이것은 심미와 도덕이 합일된 완전한 경지이다. 왕수인은 애통하고 슬픈 상황에서도 '즐거움'의 체험이 있으며, 이 즐거움은 모든 애통하고 슬픈 감정을 초월한 본체체험이라고 했다.[9]

희노애락의 감정은 '중화'를 설명하는 것이다. '중'은 인간의 성정에서 중요한 본연적 존재로 인식되며, 인간과 인간 그리고 천지만물에 이르기

---

9) 『傳習錄』, 卷中, 166쪽, "樂是心之本體, 雖不同於七情之樂, 而亦不外於七情之樂. 雖則聖賢別有眞樂, 而亦常人之所同有, 但常人有之而不自知, 反自求許多憂苦, 自加迷棄. 雖在憂苦迷棄之中, 而此樂又未嘗不存, 但一念開明, 反身而誠, 則卽此而在矣."

까지 서로 관계 맺고 존재하려고 할 때 요구되는 근본 원칙이다. '중'은 과하지도 부족하지도 않다는 뜻으로, 과도하게 기뻐하지도 않고 그렇다고 부족하게 기뻐하는 것도 아닌 적절하게 조화를 이룬 상태의 기쁨이다. 분노나 슬픔 그리고 즐거움도 이와 같다. 이는 하늘 즉 자연이 부여한 것으로서 그 자체로 이치에 부합하는 것이다. 후대 유가, 즉 송명 유가의 말로 설명하자면 '마땅히 기뻐해야 할 때 기뻐하고, 마땅히 화내야 할 때 화낸다'는 것과 같다. 슬픔과 즐거움 역시 이와 같다. 왜냐하면 '자연'은 '당연'이기 때문이다.('자연은 심층적 의미 즉 목적적 의미에서 하는 말이지, 현대인들이 말하는 자연이 아니다.) 그래서 이성적이며(즉 자연이성이다.) 또 선하다. '화'는 '중'의 실현으로 외면화 즉 '발하여 모두 절도에 맞다'는 말이다. '중절'은 '부절符節이 들어맞듯이' 조금도 치우침과 어긋남이 없다는 것이다. 왜 '중화'를 천하의 '대본달도'라고 하는가? 이는 인간의 주체성과 관련이 있다. 만약 인간이 자연의 '중'에서 출발해 만물을 대할 수 있다면, 이는 자연이성의 원칙을 실현한 것이자 천하를 위해 '대본大本'을 세울 수 있는 것이며, 이것을 실천하는 행위는 어디를 가도 통하지 않음이 없는 '달도達道'인 것이다. 여기에서도 알 수 있듯이, 인간은 '천인합일天人合一'의 의미에서 감정의 주체인 동시에 도덕주체이지, '하늘과 인간이 서로 구분된다'는 의미에서의 인식주체가 아니다.

'중화'는 본래 '천도'의 운행 원칙을 가리킨 것으로, 천지만물 속에서 체현되어 그 자체로 조화롭고 질서 있는 과정이 된다. 그러나 이것은 인간의 감정을 통해서 실현된다는 점에서 인간 주체성의 원칙이 된다. '대본'이라는 것은 인간이라면 반드시 세워야 하는 것이며, '달도'라 하는 것은 인간이라면 반드시 행해야만 하는 것이다. 만약 모든 사람이 이렇게 대본을 세우고 달도를 실천한다면 천하는 조화를 이루고 천지만물 역시 조화를 이루게 될 것이다. 이것이 바로 『중용』에서 말하는 '참찬화육參贊化育'[10], 즉 '천지의 화육에 동참하여 돕는다'의 구체적 실현이다.

그렇다면 어째서 다른 방식이 아닌 희노애락과 같은 감정활동을 가지고 '중화' 즉 보편적인 조화의 원칙을 설명하는가? 여기에 바로 『중용』과 유가철학의 특징이 있다. '중화'는 고대인들의 이상적인 삶의 방식이자 아주 훌륭한 '원칙' 혹은 인생의 태도로서, 인간과 사회, 더 나아가 자연계와 조화를 이루고 합일되는 이상적 경지를 체현해 내는 것을 의미한다. 또한 유가적 입장에서 보았을 때 이러한 경지를 이룰 수 있는 가장 좋은 방식으로 감정만한 것이 없다. 오직 감정에 의해서만 인간과 세계의 가치 관계가 결정되며, 여기에서 '중화'는 가치 원칙이 된다. 중화는 본래부터 감정에 의해서 결정되는 것이지, 인간의 다른 활동 예컨대 지적 행위에 의해서 결정되는 것이 아니다.

인간의 감정은 아주 다양해서 여러 방면에서 드러난다. 그런데 어째서 희노애락 네 가지 감정으로만 '중화'를 설명하는 것일까? 희노애락과 '중화'는 '필연'적 관계인가? 이 문제에 대해 답하는 것은 아주 곤란하며 다른 책에서도 직접적인 해답은 없다. 그러나 우리는 유가의 담론에 의거해서 어느 정도 분석을 진행할 수는 있을 것이다.

희노애락은 인간의 가장 기본적이고 일반적인 감정이다. 또한 이들 감정을 표현한 용어들은 일상 언어생활 속에서도 항상 사용되고 있다. 공자와 맹자는 늘 이 감정에 대해 토론했고 후대의 유가는 더욱 많이 논했다. 예컨대 기쁨(喜悅)을 근심이나 분노와 같은 상반된 감정과 함께 논하기도 하였고, 때로는 일반인의 입장에서 논하기도 하였으며, 또 때로는

---

10) 『中庸章句』, 제22장, "能盡物之性, 則可以贊天地之化育."

'성인'(혹은 통치자)의 입장에서 논하기도 하였다. 유가는 특히 후자의 입장에서 말하는 것을 매우 중시했다. 그 이유는 통치자들이 너무나 쉽게 기쁨과 분노의 감정에 근거하여 상벌과 심지어는 생사를 결정하는 권한을 행사했기 때문이다. 만일 이들이 '자연법칙' 즉 '중화'의 원칙에 의거하지 않고 그러한 권한을 행사한다면 상벌이 부당할 뿐만 아니라 무고한 이들을 함부로 죽이게 될 것이다. 맹자는 "(순임금의 못된 이복동생인) 상이 슬프면 나도 슬프고, 상이 기쁘면 나 역시 기쁘다"[11]는 말로 순임금의 기쁨과 슬픔을 형용했지만, 주희는 『순전상형설舜典象刑說』을 지어 여기에 정면으로 문제를 제기했다.

성인의 마음이 사물에 접하기 전, 그 마음의 체는 넓고 크며 텅 비고 밝아서 조금도 치우치거나 기울어짐이 없으니, 이것이 천하의 대본이라 하는 것이다. 성인의 마음이 사물에 접하면 희노애락의 작용이 각각 감해 오는 바에 따라 응해서 하나라도 절도에 맞지 않은 것이 없으니, 이것이 천하의 달도라 하는 것이다. 대개 본체의 차원에서 말하자면, 마치 거울에 비추어지는 것이 아무것도 없어서 텅 비어 있는 것과 같고 저울대에 아무런 물건을 달지 않아서 평형을 유지하는 것과 같다. 그 작용의 차원에서 말하자면, 지극히 비어 있기 때문에 아름다움과 추함에 의해 그 본래의 모습을 잃지 않으며 지극히 평평하기 때문에 가벼움과 무거움에 의해 그 법칙을 위배할 수 없다. 이것이 중과 화를 최대로 실현시켜서 하늘과 땅이 제자리를 잡고 만물이 길러지는 것이니, 비록 천하만큼 큰 것이라 할지라도 내 마음이 만들어 내는 것에서 벗어날 수 없다. 이렇게 볼 때, 성인께서 천하에 대해 축하하고 상을 내리고 위엄 있게 형벌을 내리는 행위들에 모두 각각의 이유가 있음을 알 수 있다.[12]

11) 『孟子』, 「告子上」, "曰: 奚而不知也? 象憂亦憂, 象喜亦喜."
12) 『朱子大全』, 卷67, 「舜典象刑說」, "聖人之心未感於物, 其體廣大而虛明, 絶無毫髮偏倚, 所謂

우리가 체용과 같은 철학용어를 포기하고 단지 희노애락이라는 감정으로 말한다면 주희의 이 언급은 확실히 유가가 이상으로 여기는 성인의 통치를 말하고 있는 것이다.

성인이 상벌을 내릴 때에는 분명 희노의 감정이 있겠지만 그 희노의 감정은 결코 한 개인의 사사로운 마음에서 나오는 것이 아니다. 희노의 감정은 반드시 '하늘의 기준, 천칙天則' 즉 '중화'의 원칙을 따라야 한다. '중화'의 원칙이 상과 벌에 적용되면 마음이 비워져서 치우침 없이 공평하게 된다. 마음이 비워지면 아름다움과 추함을 분별할 수 있고, 공평하면 상벌에 치우침이 없게 되니 자연히 '아름다움과 추함'이 각각 그 마땅한 자리를 얻게 된다. 결국 아름다운 것을 좋아하고 추한 것에 분노할 수 있게 되니, 이것이 바로 '중화' 원칙의 운용이다.

슬픔과 즐거움의 감정 역시 유가가 매우 관심을 가지는 문제이다. 슬픔으로 생긴 감정은 가까운 가족이나 친구가 불행하거나 혹은 세상을 떠날 때 명확하게 나타나기 때문에 많은 경우 상례나 제사 때 표현된다. 반대로 즐거움은 대부분 경사나 기분 좋은 일에서 나타난다. 이는 공자가 "친구가 멀리서 찾아오니 이 또한 즐겁지 아니한가?"[13]라고 말한 것과 같다. 맹자 또한 '세 가지 즐거움'[14]과 '백성과 즐거움을 함께함'[15]을 언급했는데, 특히 후자는 '세상의 일상적인 즐거움'을 가리켜서 말한 것이다.

天下之大本者也. 及其感於物也, 則喜怒哀樂之用各隨所感而應之, 無一不中節者, 所謂天下之達道也. 蓋自本體而言, 如鏡之未有所照, 則虛而已矣. 如衡之未有所加, 則平而已矣. 至語其用, 則以其至虛而好醜無折遁其形, 以其至平而輕重不能違其則. 此所以致其中和而天地位·萬物育, 雖以天下之大, 而擧不出乎吾心造化之中也. 以此而論, 則知聖人之於天下, 其所以爲慶賞威刑之具者, 莫不各有所由."

13) 『論語』, 「學而」, "有朋自遠方來, 不亦樂乎?"
14) 『孟子』, 「盡心上」, "孟子曰: 君子有三樂, 而王天下不與存焉."
15) 『孟子』, 「梁惠王下」, "此無他, 與民同樂也. 今王與百姓同樂, 則王矣."

유가의 관점에서 봤을 때, 슬픔과 즐거움의 감정은 군자뿐만 아니라 왕도 지니고 있고 일반 백성들 모두 지니고 있는 것이다. 슬픔과 즐거움은 기쁨과 분노와 마찬가지로 인간의 가장 기본적인 감정이다. 문제는 이들 감정이 어떻게 드러나고 어떤 의미를 지니느냐에 있다.

의심의 여지없이 유가는 이런 감정들이 모두 인간의 덕성과 인격이 표현된 것이자, 과하지도 덜하지도 않을 때 가장 정상적이고 '천칙'에 부합하는 것이라고 생각했다. 옛사람이 말한 "슬퍼도 근심하지 않고, 즐거워도 탐닉하지 않는다"[16]는 말이나, 공자의 "즐거워도 넘치지 않고 슬퍼도 상하지 않는다"[17] 등의 말은 사실상 모두 과하지도 덜하지도 않는 '중화'의 원칙을 밝힌 것이다. 유가 경전 중 『예기』에서는 이러한 이야기가 더욱 자주 등장한다. 이는 유가가 슬픔과 즐거움의 감정을 인간 감정생활의 기본 내용으로 보았으며, 이것을 사회풍속, 예악제도, 윤리도덕과 연결시켰음을 말해 준다. 따라서 『중용』에서 기쁨이나 즐거움과의 연결 속에서 '중화'의 설을 제기한 것은 당연한 것이다.

이렇게 보면, 희노애락으로 '중화'를 설명하는 것은 실천적 근거를 지닌다. 이는 희노애락이어야만 '중화'이거나, 그것이어야만 '중화'를 설명할 수 있다는 말이 아니다.(사실 어떤 감정으로도 설명이 가능하다.) 다만 이 네 가지 감정은 그 표현의 광범위성과 실천적 의미 때문에 '중화'의 원칙을 가장 잘 설명할 수 있다. 그래서 천하의 '대본'이자 '달도'라고 일컬어진 것이다. 사실 희노애락과 '중화'는 논리적 필연관계가 없으며, '분석'적 명제로 성립되지도 않는다. 마찬가지로 '중화를 수행함' 즉 '치중화致中和' 또한 전적으로 네 가지 감정만을 가리키는 것은 아니다. 그러나 유가의 시

---

16) 『春秋左傳』, 「襄公二十九年」, "哀而不愁, 樂而不荒."
17) 『論語』, 「八佾」, "子曰: 關雎樂而不淫, 哀而不傷."

각에서 보았을 때 이 네 가지 감정이 분명 중화를 대표하는 것만큼은 분명하다.

'중화'의 원칙은 유가가 추구하는 조화 통일의 '온정'을 표현한 것으로, 서양 사람들이 말하는 격정과 충돌로서의 감정은 여기에서 배제된다. 우리는 이 지점에서 서양철학 서양문화와 구분되는 유가적 특징을 설명할 수 있다.

이제 다시 '미발이발'의 문제를 논하고자 한다. 이 문제는 앞에서도 이미 논한 바 있지만, 여기에서는 각도를 달리해서 '네 가지 감정'이 심리적 과정에서 어떻게 실현되는가를 분석하고자 한다. 우리는 형이상학적인 문제에 대해서 논의를 진행하려는 것이 아니며, 또한 이들 감정으로부터 어떤 형이상학적인 결론을 이끌어 낼 수 없음을 말하고자 하는 것은 더더욱 아니다. 우리는 원시문헌에서 출발하여 그 속에서 가장 실제적인 가치와 의미를 발굴해 내고자 할 뿐이다. 『중용』에서 "희노애락의 감정이 발하기 전을 중이라 하고, 그 감정이 발하여 모두 절도에 맞는 것을 화라고 한다"[18]고 했는데, 여기에서 '미발', '이발'은 설명할 필요도 없이 모두 심리적 감정에 관해 언급한 것이다. 일반 감정활동은 모두 '대상에 접해 마음에서 움직이는 것'이다. 움직이기 전의 마음은 도대체 어떤 상태의 마음인가? 이에 답하기 위해서는 심리의 내부 구조로 깊이 들어가야 하지만 이는 매우 어려운 일이다. 일반적으로 '마음에서 움직여' '밖으로 나타나는 것'이 감정활동에 대한 설명이다. 그러나 어떻게 감정의 드러남이 '중절'한지 혹은 '부중절'한지 알 수 있는가? 『중용』에서는 미발의 '중'을 제시하고, 이를 표준으로 삼는다. 인간의 마음이 '미발'일 때 감정의식을

---

18) 『中庸章句』, 제1장, "喜怒哀樂之未發, 謂之中; 發而皆中節, 謂之和."

포함하여 의식이 있는가 아니면 없는가? 우리는 인간이 수면의 상태에 있을 때는 의식이 없다고 알고 있다. 그러나 인간은 꿈을 꾸며, 따라서 프로이트는 꿈에 대한 분석과 해석을 통해 드러나지 않았던 가장 심층의 억압된 '잠재의식'과 '무의식'을 보여 주었다. 억압 작용을 일으키는 것은 사회적 의식이다. 이는 사회에서 공인된 '이성'의식이고, 이러한 의식에 의해 억압된 것은 순수 개인적 의식이다. 희노애락의 감정에도 이러한 문제가 있는가? 유가는 지금까지 이런 식으로 분석을 진행했던 적은 없으며, 이와는 반대로 사회적 의식이 어떻게 내재적 근거를 지니는지 논증해 왔다.

정말 그러한 것인지에 대해서 우리가 프로이트의 방법으로 '분석'할 필요는 없겠지만, 중요한 점은 '미발'의 감정은 확실히 '잠재적'인 것이지 실현되어 나타난 것은 아니라는 점이다. 그러나 이는 또 억압된 '잠재의식'이나 '무의식'도 아니며 단지 일상의식의 '잠재' 상태일 뿐이다. '잠재' 상태가 의식 상태인지 아닌지는 우리도 알 수 없다. 그러나 그것은 분명 '이발'의 감정과 어떤 내재적 관계를 맺고 있다. 만일 이것이 '이발'의 감정에 내재된 기제나 작용이라고 한다면 이는 생리적 심리적인 기제에 관해서 말한 것이지 철학에 관해서 말한 것이 아니다. 만일 철학적 측면에서 이야기하자면 '이발'의 감정에는 최소한 그것을 가능하게 하는 일종의 선천적인 내재적 근거가 있다고 인정해야 하며, 그것은 오직 '미발'에서만 논해질 수 있고, '미발'은 오직 '천도유행'에서만 논해져야 한다. 이것이 감정의 우주론적 근원이다. 유가철학은 언제나 천인관계로부터 벗어나지 못했고, 인간감정의 문제 역시 천인관계에서 그 궁극적 해답을 찾아내고자 했다.

천도유행은 자연의 과정이지 최고의 주재자가 아니다. '천도유행'은 생명 현상으로서 감정의식의 최고의 근원을 포괄한다. 그 자체가 그저 자연스럽게 끊임없이 유행하는 생생불식生生不息의 과정이지만, 이 과정은 신성한 목적성을 지니고 있다. 이른바 "하늘의 일은 소리도 없고 냄새도 없다"19), "오직 천명만이 아름다워 그치지 않구나"(『시경』에 나오는 구절을 『중용』에서 인용한 것)20) 등의 구절이 이 점을 표현하고 있다. '소리도 없고 냄새도 없다'는 것은 우주공간의 '푸른 하늘'만을 말하는 것이 아니라, 형이상의 의미도 들어 있다. '아름다워 그치지 않구나'는 "낳고 낳아 그치지 않는다"는 유행의 과정을 설명하는 것으로, 이는 신성神性의 엄숙한 아름다움에 가깝다. 그러나 이런 말들이 천명이 곧 신의 명령임을 의미하지는 않는다. 이는 인성이 '천명'에서 왔기 때문에 엄숙하게 '천명'을 대면해야 한다는 뜻일 뿐이다. '천명'은 '천도'이며 '천도'는 결국 '만물을 낳고 화육함'을 통해 나타난다.

> 천지의 도는 한마디 말로 다 담아낼 수 있다. 거기에는 둘이 아니니 만물을 낳고 낳음을 헤아릴 수 없다.21)

'둘이 아니다'라는 것은 마음이나 뜻이 본래부터 두 가지가 아니라 오로지 하나의 뜻과 생각이었음을 가리킨다. 그러나 하늘은 마음이 없기 때문에 하늘의 뜻이나 의지 등을 말할 수는 없다. 그렇기는 하지만 하늘의 뜻과 의지는 오히려 목적적 의미를 지니고 있다. 이것이 바로 필자가 말한 '자연목적성'이며, 또한 이것은 '하나의 올곧은 목적성'(一義性)이라고

---

19) 『詩經』,「大雅·文王」, "上天之載, 無聲無臭."
20) 『詩經』,「頌·周頌淸廟」, "維天之命, 於穆不已!"
21) 『中庸章句』, 제26장, "天地之道, 可一言而盡也. 其爲物不貳, 則其生物不測."

부를 수 있다. 이는 전적으로 천도가 '만물을 만들어 낸다'는 의미에서 말한 것이지, 다른 의미가 있는 것은 아니다. '헤아릴 수 없다'는 말은 천지가 '만물을 만들어 냄'에 있어서의 다양성과 복잡성이 인간이 헤아릴 수 있는 한계를 넘어섰다는 것이다. 주희의 표현을 빌리자면 "그 까닭을 알지 못하지만 그렇게 된다"[22)는 것이다. 그러나 다양성과 복잡성에는 자연의 질서 즉 순차성이 있다. 따라서 여기에서 비로소 자연스러운 조화(天然的和諧) 즉 천지의 '중화'가 있게 된다. 인간의 희노애락의 감정은 다른 곳이 아닌 바로 이 조화로부터 나오기 때문에 본래부터 합리적이고 조화로운 것이다. 이것이 바로 '천명의 아름다움'의 참된 모습이 있는 곳이자 '천인관계'의 비밀이 있는 곳이다. 희노애락 그 자체는 천도天道가 조화롭게 표현된 것이다. '미발'의 때를 '중'이라 하고, '이발'의 때를 '화'라고 한다. '중화'는 조화로운 상태에 대한 기술이자, 인간의 생명현상인 희노애락의 감정에 대한 묘사이며, '이발'의 중절' 여부는 희노애락에 대해서 말한 것이다.

그렇기 때문에 '미발이발'의 문제는 한편으로는 심리분석이면서, 다른 한편으로는 전적으로 심리분석이기만 한 것은 아니다. 미발이발의 문제는 심리분석으로 시작해서 마지막에는 '천도'의 문제로 귀결되는데 이를 통해 '중화'가 어째서 천하의 '대본'과 '달도'인지를 설명한다. 『중용』은 분명 인간의 주체성을 말했지만, 이는 단순히 인간에게서 출발하는 것이 아니라 인간과 자연의 통일에서 출발한 것이다. 또한 이것은 '인간중심주의'의 이론이 아니라 '천인합일'의 담론이며, 지식론적 화법이 아니라 감정론적 화법이다.

---

22) 『中庸章句』, 제26장, "誠故不息, 而生物之多, 有莫知其所以然而然者."

제4절 진실함과 신뢰의 감정

'성신誠信', 즉 진실함과 신뢰의 감정은 인간의 아주 중요하면서도 오래된 도덕적 품성이다. 이는 인간과 인간의 관계에서 대체 불가능한 작용을 한다. 유가의 공자는 '신信'을 언급했고, 또 『중용』과 『맹자』는 성신誠信을 언급했으며, 후대의 유가는 더 나아가 성誠을 본체의 위치까지 끌어올려 인간의 본체 존재를 논했다. 하지만 사실 이 모두는 감정에서 출발해서 성신을 말한 것이다. 성신은 진실한 감정과 신뢰의 감정으로, 신뢰감은 이로부터 발생한다. 진실한 감정이 없이 사람과 일을 대하고 일을 처리하면 어떻게 다른 사람으로부터 신임을 얻을 수 있겠는가? 유가의 '자신을 미루어 다른 사람을 헤아린다'는 말은 인仁을 말한 것이면서 또한 진실함(誠)을 말한 것이다. 진실함으로 타인을 대하면 그 사람 또한 진실함으로 보답할 것이니, 이렇게 할 때 사람들은 서로 신뢰감을 갖게 된다. 공자는 "백성들이 (통치자를) 신뢰하지 않으면 바로 설 수가 없다"고 했고, 맹자는 "자신에게 있는 것을 일러 신이라 한다"[23]고 했다. 공자는 백성과 통치자의 관계에서 말한 것이다. 자공이 공자에게 정치를 할 때 어떻게 해야 하는지에 대한 가르침을 청하자, 공자는 세 가지를 답해 주었다. "풍족히 먹이고 군사력을 강하게 하고 백성으로 하여금 신뢰가 있게 하는 것이다." 자공이 또 물었다. "부득이하게 하나를 버린다면 이 세 가지 중에서 어떤 것을 먼저 버리는 것이 좋겠습니까?" 공자가 말했다. "군대를 버려라." 자공이 또 물었다. "부득이하게 다시 하나를 더 버리라고 하면 이 두 가지 중에서 어느 것을 버리는 것이 좋을까요?" 이에 공자는

---

23) 『孟子』, 「盡心下」, "有諸己之謂信."

"먹을 것을 버려라"라고 했다. 그러나 신뢰는 결코 버릴 수 있는 것이 아니다. 어째서 그러한가? "예로부터 죽음은 늘 있어왔지만, 백성들이 (통치자를) 신뢰하지 않으면 바로 설 수가 없기" 때문이다.[24] 사람이 한 번 죽는 것은 면할 수 없지만 정치를 하는 사람에 대해 백성이 신뢰를 저버리게 되면 스스로 설 수 없다는 점에서 신뢰가 백성들에게 있어 얼마나 중요한지 알 수 있다. 반대로 정치를 하는 사람이 백성의 신뢰를 저버리게 되면 어떻게 될 것인지 역시 충분히 상상할 수 있을 것이다. 정치를 하는 사람이 백성에게 신뢰를 얻는 것은 가장 기본적인 필수 사항이지만 백성에게 통치자를 신뢰하는지의 여부는 기본적으로 '자신을 바로 세우고 일을 처리하는' 도리에 달려 있다. 그래서 주희는 이를 다음과 같이 주석하고 있다.

> 내가 살펴보건대, 인간의 감정으로 말하자면, 군사와 먹을 것을 충분히 한 연후에야 백성이 자신을 믿게 할 수 있다. 그러나 백성의 덕으로 말하자면, 믿음은 본래 자신에게 있는 것이지 군사와 먹을 것 때문에 먼저 믿는 것이 아니다.[25]

이 설명은 아주 명확하고 적절하다. 주희는 명확하게 '인간의 감정'과 '백성의 덕'의 문제를 제기했다. 이는 하나의 가설로, 정치를 하는 사람이 '풍족히 먹이고 군사력을 강하게 하는 것'을 모두 없애야 비로소 백성의 신뢰를 얻게 된다는 말이 아니다. 정반대로 '풍족히 먹이고 군사력을 강

---

24) 『論語』, 「顏淵」, "子貢問政. 子曰: 足食, 足兵, 民信之矣. 子貢曰: 必不得已而去, 於斯三者何先? 曰: 去兵. 子貢曰: 必不得已而去, 於斯二者何先? 曰: 去食. 自古皆有死, 民無信不立."
25) 『論語集注』, 「顏淵」, "愚謂以人情而言, 則兵食足, 而後吾之信, 可以孚於民. 以民德而言, 則信本人之所固有, 非兵食所得而先也."

하게 해야 백성의 신뢰를 얻을 수 있다. 그러나 백성의 입장에서 말했을 때 '신뢰의 덕'은 아주 중요한 것이기에 이러한 가설이 있게 된 것이다. 이는 근대 서양의 유명한 격언과 유사하다. "생명은 진실로 귀하고 사랑의 가치는 더 높은 것이지만, 자유를 위해서라면 이 두 가지 모두 버릴 수 있다." 이는 생명과 사랑이 귀하지 않다는 말이 아니다. 다만 인생의 최고 가치인 자유를 위해서라면 생명과 사랑조차 버릴 수 있다는 뜻이다. 자유가 서양 근대 이후 최고 인생가치라면 신뢰는 고대 중국인의 삶에서 가장 가치 있는 것 중 하나였다.

"자신에게 있는 것을 신信이라 한다"는 맹자의 말은 공자가 한 말에서 한 걸음 더 나아가 신을 내재화, 인성화한 설명 방식이다. 여기에서 말한 '신뢰'는 신실함의 뜻으로, 가장 본래적인 자기 자신의 진실 존재이다. 이러한 덕성은 성誠과 직접적인 관계가 있어서 신뢰는 곧 성이라 할 수 있다. 그러나 이는 어떤 진실 존재인가? 당연히 이는 감정의 진실 존재이며 '사단'의 감정 역시 이 속에 있다. 다만 여기에서 나타난 '신실'의 형식적 의미는 성과 성의 경지에 내재된 기초를 실현하는 것이라 할 수 있다.

유가는 인간이라면 진실하고 참되어서 믿을 수 있는 사람이 되어야 하고, 상호 간에 신뢰할 수 있는 관계를 형성해야 한다고 주장한다. 이는 인간의 가장 중요한 덕성이며, 또한 상호 교류에 있어서도 필수적인 것이다. 이는 이미 전통적인 미덕이 되었다. 명·청 이후 상품경제의 발전에 따라 출현한 유상儒商(선비 출신의 상인)들에 있어서, 진실과 신뢰는 그들이 경영에 종사할 때 요구되는 기본적 신념 중 하나였다. 사실 공자의 제자였던 자공 역시 당대의 매우 큰 상인이었다. 그가 상인으로 성공한 중요한 조건 중 하나가 바로 백성들로부터 신뢰를 받았다는 것이다. 위에서 신뢰에 대해 공자와 자공이 나눈 대화를 인용했는데, 이는 실제로 공자가 자공을 가르쳤고 자공 또한 공자의 가르침에 찬탄하면서 그것을 받아들였다는 것을 보여 준다. 사람마다 직업은 다르고 사회 또한 각양각색이지만, 어떤 직업에 종사하든지 간에 그리고 어떤 일을 맡았던 간에 인간으로서의 기본 덕성을 갖추어야 한다. 진실함과 신뢰는 그 중 하나이다. 영리를 목적으로 하는 상업과 시장 활동에서 진실함과 신뢰는 더욱 중요한 덕목이다. 영리는 사업과 경영의 목적이지만 인생의 근본 목적은 아니다. 인생의 근본 목적은 인생의 가치를 실현하고 덕성에 근거한 삶을 사는 것이다. 신뢰의 덕과 진실함의 덕이 바로 이러한 덕성에 속한다.

신뢰는 믿음과 명예로 표현된다. 말을 했으면 지켜져야 하고 행동으로 옮겨져야지, 말만 뱉고 신뢰가 없어서는 안 된다. 이것 역시 인간의 감정에 해당하는 것으로, 비록 최고의 덕성은 아니지만 중요한 덕성 중 하나이다. 공자는 "말에는 반드시 믿음이 있어야 하고, 행동에는 반드시 결과가 있어야 한다"[26]라고 했는데, 이는 선비가 갖추어야 할 조건 중의 하나이다. 맹자는 "대인의 말은 기필할 필요가 없고 행동이 반드시 결과로 드러날 필요는 없으나, 오직 의에 따라야 한다"[27]고 했다. 이 말은 최고의 덕성을 갖춘 사람이 되기 위해서는 신뢰와 명예를 너무 중시할 것 없고 그저 의로움에 맞춰 행동하면 충분하다는 것이다. 굳이 비교하자면 인과 의는 최고의 덕성이지만, 신뢰와 명예는 그렇게까지 중요한 덕성은 아니다. 그렇다고 해서 신뢰와 명예가 인간의 덕성이 아니라는 뜻은 아니다. 여기에는 한 가지 의미가 담겨 있다. 즉 옳은 것, 의에 부합하는 것이라면 항상 반드시 실천해야 할 것이지만, 그른 것, 의에 부합하지 않는 것이라면 "말에는 반드시 믿음이 있어야 하고 행동은 반드시 결과가 있

---

26) 『論語』, 「子路」, "曰: 言必信, 行必果."
27) 『孟子』, 「離婁下」, "孟子曰: 大人者, 言不必信, 行不必果, 惟義所在."

어야 한다"는 신조를 필사적으로 지킬 필요가 없다는 것이다. 신뢰와 명
예를 굳이 언급하지 않더라도 이 문제는 말과 행동의 관계를 가리키는
것이다. 언행일치는 유가에서 일관되게 요구되는 것이다. 이것은 감정의
차원에서도 그렇지만 인간과 인간의 관계 차원에서 더욱 강하게 요구된
다. 다른 사람이 신뢰와 명예를 지키게 하려면 자신이 먼저 신뢰와 명예
를 지켜야 한다. 이는 덕성의 문제이다. 그래서 공자는 "일을 공경스럽게
하여 믿음이 가게 한다"28), "말을 삼가서 믿음이 가게 한다"29)고 했고,
자하는 "벗과 교유함에 있어 말을 하되 믿음이 있게 한다"30)고 했다. 이
는 모두 진실함과 신뢰의 감정을 강조한 것이다.

신유학은 한유에서 시작했다. 그는 인의예지 '사성四性'의 이론을 인의
예지신 '오성설五性說'로 바꾸어 신信을 인성의 내용 중 하나로 말했다.31)
그 결과 신의 지위는 더욱 높아져 인의예지와 함께 도덕인성을 구성하게
되었다. 송명 유학에서는 '사성'을 말할 때도 있고 '오성'을 말할 때도 있
는데, 이는 사실상 한유의 '오성설'을 받아들인 것이다. '사성'이 감정을
기초로 한 것처럼, '오성'에서의 신 역시 마찬가지로 감정과 구분되지 않
는다. 신은 많은 경우 진정성과 호혜적 평등 즉 상호 신뢰와 같은 감정으
로 표현된다. 그러나 '오성'의 설이 제기된 후 이들은 '오륜'과의 상호관계
속에서 다섯 가지의 윤리원칙으로 바뀐다. 즉 오륜의 윤리에는 저마다의
대상이 있는데, 이는 원래 '사성'에서 말하는 것과 완전히 일치하지는 않
았다. 덕성학설의 윤리화가 유학 발전에서 하나의 역사적 현상이기는 하
지만, 이것이 유학 덕성학설의 전체 정신을 대표하는 것은 아니다.

---

28) 『論語』, 「學而」, "子曰: 道千乘之國, 敬事而信; 節用而愛人; 使民以時."
29) 『論語』, 「學而」, "子曰: 弟子入則孝; 出則弟; 謹而信; 汎愛衆; 而親仁."
30) 『論語』, 「學而」, "與朋友交, 言而有信."
31) 『韩昌黎集』, 卷11, 「原性」, "其所以爲性者五: 曰仁, 曰禮, 曰信, 曰義, 曰智."

한 가지 짚고 넘어가야 할 것은 '오륜'의 설은 인간의 덕성을 고착화 대상화하여 교조화한 면이 있으며, 이것이 인간의 감정에 한계선을 그었다는 점이다. 왕수인 후학 가운데 몇몇 학자들이 이에 대해 의혹과 비판을 제기했는데 하심은(何心隱32)이 대표적 인물이다. 하심은은 '오륜'에 대해 직접적으로 비판을 제기하지는 않았지만 특별한 형식인 붕우론朋友論을 통해 다른 윤리들을 논했다. 그는 「벗과의 교유에 대해 논함」(論友)이라는 글에서 붕우지교를 찬양했다. 왜냐하면 그는 붕우지교가 바로 천지지교와 부합하는 것이라 생각했기 때문이다.

> 하늘과 땅이 사귀는 것을 '태泰'(크게 통합)라고 하니 그 사귐은 벗과의 관계에서 온전히 실현된다. 벗과의 교유는 아름다운 사귐이다. 진리와 학문은 벗과의 교유에서 완전히 실현된다.33)

이 말은 오직 벗과의 교유라야 천지자연의 '자연법칙'과 부합된다는 말이다. 자연계의 근본 법칙은 바로 사귐이다. 하늘과 땅이 사귀면 만물이 생겨나고, 사귀지 않으면 생겨나지 않는다. 서로 사귀는 도는 '태'에 있으니, 태는 곧 통通함이다. 통하면 화창하고 왕성하게 드러나지만, 통하지 않으면 굳어지고 막힌다. 천지자연의 사귐을 가장 잘 드러낸 원칙(기준)이 바로 벗과의 교유이다. 왜냐하면 벗과의 교유는 평등하기 때문이다. 기타 각각의 윤리강목도 마찬가지이다. 그 밖의 여러 관계가 사귐이 아닌

---

32) 역자주: 何心隱(1517~1579). 명나라 말기 江西 吉安府 사람. 羅近溪와 함께 顔山農의 문인으로 講學으로 이름을 떨쳤다. 李卓吾와 함께 陽明學 좌파 중에서도 가장 혁신적인 자유사상가로, 전통사상을 비판하고 대담하게 時政을 논했다. 이 때문에 권력자들의 탄압을 받아, 평생 도피생활을 하며 지냈다. 저서가 많지는 않은데, 『梁夫山遺集』이 전한다. 그 밖의 저서에 『何心隱集』 등이 있다.(출처: 중국역대인명사전)
33) 『何心隱集』, 卷2, "天地交曰泰, 交盡於友也. 友秉交也, 道而學, 盡於友之校也."

것은 아니지만 벗과의 교유만큼 온전하지는 않다. 즉 형제간에 서로 견주고 본받고 따르는(比) 사귐, 부부간에 서로 짝(匹)하는 사귐, 그리고 부모와 자식 간에 서로 친한(昵) 모습, 군신 간에 서로 큰 언덕(陵)이 되어 주고 잡아 주는(援) 모습은 천지가 사귈 때의 법칙과 완전히 부합할 수 없다. 즉 벗과의 교유만이 천지의 사귐의 법칙에 가장 부합한다는 것이다. 이것은 말에만 그치는 것이 아니라 모든 인간관계가 벗과의 교유처럼 바뀌어야 한다고 주장한 것이다. 이는 일반적 관점과는 다른 것으로, 인류평등의 이상을 꿈꾸고 그것을 갈망했던 하심은의 관점이 반영된 것이다. 황종희는 『명유학안』에서 하심은과 같은 사람은 이미 명교名教에 속박될 수 있는 자가 아니라고 했으니[34] 바로 이를 두고 한 말이다.

제5절 칠정

　'칠정七情'은 유가 감정철학의 중요한 내용이면서 또한 인간의 정서와 감정이 가진 대부분의 특징을 설명할 수 있으며 상당 부분 자연감정의 욕구를 반영하고 있다. 다만 유가 내부적으로 '칠정'의 문제에 대한 다양한 해석들이 있었으며, 이는 후에 '사단'과 '칠정'에 대한 논변을 일으키기도 했다. 이 논쟁은 비록 중국이 아니라 조선에서 발생한 것이지만 실제적 의미는 유학의 범주를 벗어나지 않는다.

　가장 처음 '칠정'이 제기된 것은 『예기』의 「예운禮運」편이다. 유가는 '예'가 '감정'에 기반해서 수립되었다고 보았다. 그래서 「예운」편은 '예'와

---

34) 『明儒學案』, 卷32, 「泰州學案」, "泰州學派傳到顔山農何心隱一派, 遂復非名教之所能羈絡."

'감정'의 관계를 다루었다. 「예운」편은 이렇게 말한다.

무엇을 인간의 감정이라 하는가? 희노애구애오욕 일곱 가지는 배우지
않아도 할 수 있는 것이다.…… 음식남녀 즉 식욕과 성욕은 인간이 가장
원하는 것이다. 죽음과 가난과 고통은 인간이 몹시 꺼리는 것이다. 그러
므로 원하는 것과 싫어하는 것은 마음의 아주 큰 갈림길이다. 그러나
마음은 인간 안에 감추어져 있는 것이니 헤아릴 수 없다. 아름다움과
추함이 모두 그 마음에 있으면서 그것을 얼굴에 드러내지 않으니, 하나
의 기준으로 그것을 다하고자 한다면, 예가 아니고서는 무엇을 기준으
로 삼겠는가?[35]

「예운」편의 관점대로라면, '칠정'은 인간이 선천적으로 갖춘 자연감정
이므로 후천적인 학습과 훈련을 필요로 하지 않는다. 다만 그들이 보기에
'칠정'은 인간의 마음속에 감추어져 있어 헤아릴 수 없고 볼 수도 없으니,
그 마음속이 아름답고 추함을 하나로 말할 수는 없다. 즉 전부 좋다거나
혹은 전부 나쁘다고 할 수 없기에, 좀 더 상위의 원칙으로 통일해야 할
필요성이 있었다. 이 원칙이 바로 '예'이다. 왜냐하면 '예'는 감정을 길러
주기도 하고 다스려 주기도 하기 때문이다. 이는 순자의 학설에 비교적
가깝다고 할 수 있다.

순자는 '여섯 가지 감정'을 제시했다.

본성에서 조화로움이 생겨나는 것은 감응함에 정밀히 부합하고 일이 없

---

35) 『禮記』, 「禮運」, "何謂人情? 喜怒哀懼愛惡欲, 七者弗學而能.……飮食男女, 人之大欲存焉,
死亡貧苦, 人之大惡存焉, 故欲惡者, 心之大端也. 人藏其心, 不可測度也. 美惡皆在其心, 不見
其色也. 欲一以窮之, 舍禮何以哉!"

어도 저절로 그러하니, 이를 일러 본성이라 한다. 타고난 좋아함, 싫어함, 기뻐함, 성냄, 슬퍼함, 즐거워함을 일러 감정이라 한다. 마음으로 사려해서 그렇게 되도록 하는 것을 인위라고 한다. 사려가 쌓여 습관이 된 후에 이루어지니 그것을 인위라고 한다.36)

순자가 제시한 '여섯 감정'의 설은 희노애락 '네 가지 감정'에 호오의 감정을 더한 것이다. 호오는 '칠정'에서의 오욕과 유사한 점이 있다. '호'는 '욕'으로 해석될 수 있기 때문이다.(순자는 희노애락애오욕 '칠정'설을 제기하기도 했는데, 「예운」의 '칠정설'과 한 글자가 다르다. 즉 '樂'으로 '懼'를 대체했다. 왜 그렇게 바뀌었는지는 알 수 없다.) 그러나 이것은 공자가 말한 호오와 완전히 같은 것은 아니다. 공자는 오히려 호오에 내포된 도덕적 함의를 강조했기에 "인자만이 사람을 좋아할 수도 미워할 수도 있다"37)고 했다. 그러나 순자가 말한 호오의 대부분은 개인적 호오로, 여기에는 욕망도 포함되어 있다. 예컨대 그는 다음과 같이 말했다.

무릇 인간의 감정에서 눈은 아름다운 외모를 원하고 귀는 아름다운 소리를 원하며 입은 아름다운 맛을 원하고 코는 아름다운 냄새를 원한다. 그리고 마음은 편한 것을 원한다. 인간의 감정은 대체로 이 다섯 가지 원함으로부터 벗어나지 않는다.38)

귀와 눈 등이 원하는 것은 인간의 생리적인 욕망을 가리키는 것이지

---

36) 『荀子』, 「正名」, "性之和所生, 精合感應, 不事而自然謂之性. 心慮而能爲之動謂之僞. 慮積焉, 能習焉而後成謂之僞."
37) 『論語』, 「里仁」, "子曰: 惟仁者, 能好人, 能惡人."
38) 『荀子』, 「王覇」, "夫人之情, 目欲綦色, 耳欲綦聲, 口欲綦味, 鼻欲綦臭, 心欲綦佚. 此五綦者, 人情之所必不免也."

만, 순자는 '인간감정'(人情)이 여기로부터 벗어나지 못한다고 보았다. 우리는 그가 감정과 욕구를 하나로 연결해서 말한 것임을 알 수 있다. 그는 또 이렇게 말했다.

재성과 지성은 군자나 소인 모두 동일하다. 부귀영화를 좋아하고 욕된 것을 싫어하며, 이익을 좋아하고 해를 싫어하는 것은 군자나 소인이 모두 공통된 것이다.[39]

여기에서 알 수 있듯이 순자가 말한 호오는 욕망과 연결된다. 그러나 그가 욕망을 하나의 감정으로서 독립적으로 제시한 것은 아니다. 동시에 그는 인간의 감정을 '기르는' 것이 필요하다고 생각했다.

그러므로 예는 기르는 것이다.…… 그 누가 예의와 문리가 감정을 기르는 것임을 알겠는가?[40]

그러나 감정을 기르는 것에는 '갖추어야 할 조건'(具)이 있으니 이러한 조건이 갖추어져 있지 않다면 정욕은 "그대로 방치되어 무한 추구되어서는 안 된다."[41] '갖추어야 할 것'이란 조건, 도구 및 조치 등의 것들이다. 이는 다듬고 제련할 수 있는 것으로 '광대하고 풍부한' 자연자원과 같다. 여기에 다시 '강고한 법도를 시행'하면 '편안하고 유쾌하며 걱정과 어려움이 없을'[42] 수 있다. '강고한 도리를 시행'한다는 것은 여러 정책과 법령

---

39) 『荀子』, 「榮辱」, "材性知能, 君子小人一也. 好榮惡辱, 好利惡害, 是君子小人之所同也."
40) 『荀子』, 「禮論」, "故禮者, 養也.……孰知夫出死要節之所以養生也!"
41) 『荀子』, 「王霸」, "不可得而致也."
42) 『荀子』, 「王霸」, "萬乘之國可謂廣大富厚矣, 加有治辨彊固之道焉, 若是則恬愉無患難矣."

그리고 조치 등을 의미하는데, 이들은 예의 중요한 내용이다. 물론 예의 중요한 내용으로는 인간사회에서 지위와 등급의 관계를 결정하는 일도 있다.

「예운」의 저자와 순자는 원함과 싫어함(欲惡) 혹은 좋아함과 싫어함(好惡)을 감정의 중요한 내용으로 보고, 식욕과 성욕이 인간의 '중대한 욕구'라고 말했다. 이는 인간의 감정이 여기에서 벗어날 수 없다고 본 것이다. '심리분석'의 각도에서 보았을 때 이것이 정확한지의 여부를 더 이상 따질 필요는 없다. 다만 그들이 제기한 '정욕'의 문제는 후대의 유학에 많은 영향을 주었고, 이는 유학에서 중요한 문제로 여겨졌다. 송명 이후 '정욕'의 문제는 성리학자들에게 중요한 쟁점 중 하나가 되었다.

중요한 점은, 「예운」에서 제기한 '구懼' 즉 공포와 두려움의 감정이 매우 중요한 것임에도 불구하고 맹자와 순자 모두 이 감정에 대해 거의 언급한 적이 없다는 점이다. 오직 공자의 학설에만 두려움의 감정과 관련된 내용이 포함되어 있다. 현대 산업사회와 시장경쟁의 환경 하에서는 사망과 공포, 두려움은 이미 삶의 중대한 문제가 되었다. 이는 서양의 여러 철학자에 의해 철학의 핵심 문제로 다루어졌고 여러 저서에서도 지속적으로 언급되었다. 그러나 과거 농업사회에 살았던 중국의 철학자들 역시 이 문제를 중요하게 보았다. 「예운」에서는 두려움을 '칠정'에 넣어 '인정人情'의 기본 내용의 하나로 보았다. 이는 두려움 역시 인간이 가진 보편적 감정 중 하나임을 말한 것이다.

인류 초기 자연계의 이해할 수 없는 수많은 이상 현상들과, 인류가 경험했던 '운명의 신'들이 만들어 낸 길흉화복은 공포감을 자아냈다. 이 점은 『역경易經』과 다른 원시문헌에 모두 기록되어 있다. 예컨대 『역경』 진괘震卦의 괘사卦辭와 효사爻辭 그리고 상사象辭는 모두 이 방면에 대한 기술이며, 특히 상사는 "군자는 두려움으로 자신을 살피고 수양한다"라고 경계하고 있다. 인간과 자연이 서로 의존하고 조화를 이루어야 했던 농업 사회에서는 여러 '천재지변과 인간사회의 재앙'이 발생했고, 따라서 특히 일상적 신앙에서 두려움의 감정을 가졌다. 예컨대 공자가 "빠른 번개와 맹렬한 바람이 불면 몸가짐을 바꾼다"[43]고 말했을 때 드러난 감정은 경외감과 공포, 두려움이었다.

여기에는 종교적 감정이 있다. 이는 자연계의 이상 현상을 이해하지 못하는 것에서 나오는 단순한 두려움만이 아니다. 더 중요한 것은 '천인 관계'의 신비성에 대한 놀라움과 두려움이다. 그러나 이는 완전히 신비주의로 귀결될 수는 없다. 왜냐하면 유가는 '천'에 대해 기본적으로 자연목적론적 관점을 유지할 뿐 초자연적인 신령으로 보지 않는다. 순자는 천에 대해 '유물론'적인 관점을 지니고 있었다.

하늘에서 별이 떨어지고 나무가 흔들려 울면, 나라의 사람들이 모두 두려움에 떨면서 여기에는 어떤 이유가 있는가 하고 말하는데, 여기에는 아무런 이유가 없다. 이는 천지와 음양의 변화에서 매우 드물게 보이는 현상일 뿐이다. 따라서 그것을 보고 괴이하다고 하는 것은 옳지만, 두려움을 느끼는 것은 옳지 않다. 무릇 일월에는 일식과 월식이 있고 바람과 비는 아무 때나 내리며, 괴이한 별은 자주 나타나는 현상이니 이는 세상에 없었던 적이 없었다. 군주가 명철하여 정치를 고르게 해서 잘 다스려지면 비록 이러한 이상 현상이 일어난다고 하더라도 아무런 해될 것이 없다. 그러나 군주가 어리석어 정치를 잘못해서 위태우로면 이런 일이 한 번도 일어나지 않는다 해서 좋은 것이라 할 수도 없다.…… 이러한 이상 현상이 이미 이르렀다 하더라도 더욱 두려워해야 할 것은 인간이

---

43) 『論語』, 「鄕黨」, "迅雷風烈, 必變."

만든 재앙이다.44)

순자는 '천인상분天人相分' 즉 하늘과 인간을 나누는 것에서 출발하여, 사람들이 자연계에서 발생하는 여러 괴이한 현상에 대해 두려움을 가지는 것이 근거 없는 것이고, 이런 괴이한 현상들의 출현은 순전히 자연계의 변화에 속하는 것이지 인간의 일과는 관련이 없다고 생각했다. 그래서 그는 '괴이하다고 하는 것은 옳지만, 그것에 두려움을 느끼는 것은 옳지 않다'고 하면서, 이에 대해 이상하다고 느낄 수는 있지만 두려워서 떨 필요는 없다고 한 것이다. 진실로 두려워해야 할 것은 '인간이 만든 재앙'이지 '하늘의 자연적 변화'가 아니다. 정치의 맑고 탁함이야말로 참으로 걱정해야 할 일이다. 이는 아주 정밀하고 투철한 해석이다. 그래서 그가 말한 '군자는 자신에게 있는 것을 공경한다'는 것은 바로 "마음과 뜻이 닦이고 덕과 행동이 도타워지고 지각과 사려가 밝아진다"45)는 의미이다. 여기에서 비록 '공경'이라는 개념이 제시되기는 했지만, 여기에는 종교적 신성함이라는 의미는 전혀 담겨 있지 않다.

'천인합일론'의 다른 전통(유학의 주류)에서 볼 때, '천인관계'의 신비성에 대해 가지는 두려움뿐 아니라 개인의 수행 과정에서 느끼는 두려움도 있다. 여기에는 종교적 성격이 포함된다. 예컨대 『역경』의 진괘震卦 「상전象傳」에서 말한 것과 증자가 『시경』에서 인용해서 말한 "조심하고 두려워하여 마치 깊은 연못가에 서 있는 듯하고 얇게 언 얼음을 밟는 듯하라"46)

---

44) 『荀子』, 「天論」, "星隊, 木鳴, 國人皆恐, 曰: 是何也? 曰: 無何也. 是天地之變, 陰陽之化, 物之罕至者也. 怪之, 可也, 而畏之, 非也. 夫日月之有蝕, 風雨之不時, 怪星之黨見, 是無世而不常有之. 上明而政平, 則是雖並世起, 無傷也. 上闇而政險, 則是雖無一至者, 無益也.……物之已至者, 人祅則可畏也."

45) 『荀子』, 「天論」, "若夫心意脩, 德行厚, 知慮明."

46) 『詩經』, 「小雅」; 『論語』, 「泰伯」, "曾子有疾, 召門弟子, 曰: 啓予足, 啓予手. 詩云: 戰戰兢兢,

고 말한 것, 그리고 일찍이 유가에서 말한 '계신공구戒愼恐懼'[47] 등이 이에 해당한다. 이는 수행하고 실천할 때 마치 신명을 대면한 것과 같이 '조심하고 두려워'하는 심적 상태로, 털끝만큼도 해이하거나 태만하지 않은 상태를 말한다. 이는 두려움의 감정에 대한 유가의 심층적 차원에서의 설명으로, 이때의 두려움은 경외의 감정과 관계가 있다.(제14장을 참고할 것)

칠정에서의 두려움은 종교적 차원에서의 함의를 가지는가? 순자의 관점에서 본다면 종교적 함의란 있을 수 없다. 그러나 공자에서 『중용』과 『역전』으로 이어지는 발전 과정을 보자면 종교적 의미가 포함되어 있는 것 같기는 하다. 그러나 어찌됐든 두려움의 감정을 제시한 것은 유가 감정철학의 중대한 공헌이다.

칠정 안에는 앞서 말한 몇 가지 감정 외에 사랑이라는 감정도 있다. 이는 확실히 인간의 감정 중에서 가장 중요하고 위대한 감정이지만 사단의 네 가지 감정에서는 제시되지 않은 것이다. 측은지심과 불인지심이 사랑이라는 감정의 씨앗을 내포하고 있기는 하지만 이는 직접 사랑을 말한 것은 아니다. 공자가 말한 "인한 사람은 사람을 사랑한다"(仁者愛人)에서 '타인을 사랑함'은 사랑의 기본 의미로, 이는 덕성에 관해 말한 것이다. 인간의 기본 감정 가운데 하나로서의 사랑은 단순히 도덕적 의미에서 '사람을 사랑하는 것'이 아니다. 그것은 다른 측면의 의미를 지니고 있다. 예컨대, 개인적인 사랑 어떤 대상을 사랑하거나 특정 대상에 빠지는 것, 그리고 특히 남녀 간의 사랑 등등이다. '칠정'에서 사랑은 인간의 일반적인 감정을 말한 것으로, 이치상 응당 이러한 내용을 포함하고 있다.

그러나 사실 유가는 사랑에 대해서 자주 말하지는 않았지만 여전히

如臨深淵, 如履薄氷."
47) 『中庸章句』, 제1장, "是故君子戒愼乎其所不睹, 恐懼乎其所不聞."

남녀 간의 사랑이나 부부의 사랑에 대해 말하고 있다. 유가경전의 하나인 『시경』에서는 남녀 간의 애정을 노래한 시편이 아주 많다. 이는 남녀 간의 순수한 사랑의 감정이라 할 수 있다. 공자는 '시를 산삭▦削'하면서 "시 삼백 편을 한마디로 말한다면, '생각함에 사특한 마음이 없음'이다"[48]라고 했다. 물론 공자가 남녀 간 사랑의 감정에 반대했다고는 말할 수 없다. 그러나 공자가 가장 관심을 둔 것은 그 속에 담겨 있는 도덕적 의미이다. 남녀 간의 사랑의 감정에도 최소한 사특함과 바름의 구분은 있을 수 있기 때문에 『시경』을 읽을 때는 반드시 '생각함에 사특한 마음이 없는' 의미를 읽어 내야 한다고 생각했다. 후대 유학자 가운데 주희는 오히려 『시경』이 남녀의 애정을 묘사했음을 인정했다. 그는 『시경』의 '국풍'에 대해 설명할 때 다음과 같이 말했다.

> 무릇 『시경』에서 '풍'이라고 하는 것은 마을 거리의 노래에서 나온 것이 많은데 이른바 남녀가 함께 노래하여 각자의 감정을 말하는 것이다.[49]

이는 『시경』에서의 '풍'은 모두 남녀 간의 애정을 표현하고 노래한 것이라는 말이다. 이러한 주희의 관점은 같은 유가 내에서 몇몇 사람들이 이런 종류의 시는 '남녀 간의 음탕한 노래'이고, 『시경』은 후대의 사람들을 경계하기 위해 지은 것이라고 보았던 이해 방식과는 완전히 다른 것이다. 당연히 주희 또한 사특함과 올바름을 변별하려고 했다. 예컨대 맹자가 말했던 담장을 넘어 다른 사람의 아내나 딸을 '꾀어내는' 따위의 행위

---

48) 『論語』, 「爲政」, "子曰: 詩三百, 一言以蔽之, 曰: 思無邪."
49) 『詩經集傳』, 「詩經傳序」, "曰: 吾聞之, 凡詩之所謂風者, 多出於里巷歌謠之作, 所謂男女相與 詠歌, 各言其情者也."

의 경우 애정을 드러내거나 혹은 획득했을지는 모르겠지만, 당연히 도덕적으로 허락될 수 없는 것이며 또한 법률적으로도 허락될 수 없는 것이다. 자유롭고 정당한 남녀 사이의 사랑과 감정의 경우, 공자시대에는 혹자주 보이기는 하지만, 후대 봉건전제사회에서는 '금기를 범한 것'으로 인식되었다.

『시경』에 악보를 붙이면 음악이 된다. '국풍'에 악보를 붙이면 사랑을 표현한 민간음악이 된다. '정나라의 음악'은 아마 그 중 하나였을 것이다. 그러나 공자와 후대의 유가는 '정나라의 음악'을 비판했다.[50] 그들은 '정나라의 음악은 사특'하기 때문에 '추방'(放) 즉 쫓아내야 하는 것으로 생각했다. '추방'은 쫓아낸다는 뜻이다. 우리는 이 지점에서 유가가 남녀 간의 애정에 대해 어느 정도 경계 심리를 가지고 있으며, 이러한 애정에 사특한 부분도 있을 수 있다고 인식했음을 알 수 있다. 『예기』「악기」편과 순자는 음악의 교화 작용을 중시했다. 그래서 '시교'(시를 통해서 가르침)와 '악교'(음악을 통해서 가르침)를 강화해서 인간의 성정을 도덕적으로 교화할 것을 주장했다. 그러나 일반적으로 보았을 때, 「예운」은 사랑을 '칠정'의 하나, 즉 인간의 가장 기본적인 감정의 하나로 보았다. 비록 「예운」도 사랑의 감정에 가해지는 '예'의 통제작용을 중시하기는 했지만, 이는 매우 큰 진보라 할 수 있다.

후대 유가에서 말하는 '칠정'의 사랑과 성리학에서 말하는 인애(仁愛)의 사랑(愛)이 무슨 관계인지에 대해서는 명확한 설명이 존재하지 않는다. 인에서 사랑을 말하는 것은 이른바 도덕적 관심을 말하는 것인데, 이는 사랑(愛)은 감정이고, '사랑의 이치'는 인仁 즉 본성이라고 보았다는 것이다.

---

50) 『論語』, 「衛靈公」, "放鄭聲, 遠佞人. 鄭聲淫, 佞人殆."

사랑은 보편적 도덕감정이지만(이는 특수성을 부정하는 것은 아니다.), 반드시 성리에서 나와야만 하는 것이다. '칠정'에서 언급된 사랑에는 광범위한 의미가 더해져 있으므로 응당 삶 속에서 감성화 된 각종 애호와 애정을 포함해야 할 것이다. 하지만 실제 상황은 어떠했을까?

당나라 유학자인 한유는 『원성原性』에서 '오성'을 제기함과 동시에 '칠정'을 제시해서, 이를 '오성'과 대립시켜 '삼품三品'으로 나누었다.51) 그의 이 학설은 유학에 어느 정도 영향을 끼쳤는데, 그 핵심적 내용은 '삼품'의 구분이 아니라 '칠정'을 도덕적 인성과 관계시켰다는 것이다. 그가 비록 이 관계를 명료하게 설명하지 않아 혼란을 초래한 면이 있기는 하지만, 그는 대략적으로 본성에 '삼품'이 있듯이 감정 또한 본성과 대응해서 '삼품'이 있다고 주장했다. 그러나 그는 '칠정'과 '오성'이 도대체 어떤 관계를 맺고 있는 것인지 명료하게 설명하지는 않았다. 사실 그는 '중화'의 원칙을 가지고 '칠정'을 설명했다. 즉 '모든 행동거지가 중中에 부합하는 이'는 상품이고, '심한 점과 망실된 점이 있기는 하지만 중에 부합되기를 바라는 이'가 중품이며, '망실되고 심해서 감정을 곧바로 드러내어 실행하는 이'가 하품이 된다. 이처럼 그는 중용에서 말했던 희노애락의 네 감정을 희노애구애오욕의 '칠정'으로 바꾸어 '중화'의 원칙을 설명하기는 했지만, 다시 '미발이발'을 가지고 논하지는 않았다. 감정은 감정이고 본성은 본성이다. '감정은 대상에 접해서 생겨나는 것'52)이므로 감정의 움직임이 항상 중에 부합하는 것은 아니다. 어떤 사람은 그 감정이 '부족'해서 '망실됨'에 이르게 되고, 또 어떤 사람은 그 감정이 '지나쳐서' '심하게' 된다.

---

51) 『韓昌黎集』, 卷11, 「原性」, "情之品有上中下三. 其所以爲情者七, 曰喜, 曰怒, 曰哀, 曰懼, 曰愛, 曰惡, 曰欲. 上焉者之于七也, 動而處其中; 中焉者之于七也, 有所甚, 有所亡, 然而求合其中者也; 下焉者之于七也, 亡與甚, 直情而行者也."

52) 『韓昌黎集』, 卷11, 「原性」, "情也者, 接于物而生也."

또 어떤 사람은 중에 부합하기를 구하지 않고 감정을 곧바로 드러내어 실행하는데, 이는 바로 '하품'인 것이다.

한유는 비록 '칠정'을 도덕이성과의 관련 속에서 말하고자 했지만, 직접적으로 '오성'을 가지고 '칠정'을 설명하거나, '칠정'으로 '오성'을 설명하지는 않았다. 이는 '칠정'이 인간에게서 가장 일상적으로 발견되는 자연감정임을 의미한다. 이 점은 대부분의 유학자들에 의해 보편적으로 받아들여지는 것이었으며 더 이상 논의를 진행하지는 않았다. 그들은 그저 '사특함'과 '바름', '중'과 '부중'의 구별에서 이들의 가치와 의미를 논했을 뿐이다.

제6절 사단과 칠정의 구분

주희에 이르러 '칠정'과 '사단'의 관계에 대한 문제가 거론되기 시작했지만, 그렇게 자주 언급되거나 아주 명확하게 논의된 것은 아니었다. 주희는 어떤 때는 '칠정'을 '사단'에 배속시켜 "기뻐하고 화냄 그리고 좋아하고 싫어함(喜怒愛惡)은 인의仁義에 해당하며, 슬픔(哀)과 두려움(懼)은 예를 주로 하며, 욕망(欲)은 물(水)에 속하므로 지智에 해당한다"[53]고 말했다. 이는 '사성'에서 '사단'을 논하고, '사단'에서 '칠정'을 논한 것이다. 그리고 어떤 때는 직접 '사단'의 감정에서 출발해서 '칠정'과 비교하여, 싫어함(惡)은 수오지심에서 생겨나고, 기뻐하고 화냄 그리고 좋아하고 싫어함(喜怒愛惡)과 슬픔(哀)과 두려움(懼)은 모두 측은지심에서 나오는 것으로 보았다. 또 어

---

53) 『朱子語類』 87, 84쪽, "曰: 喜怒愛惡是仁義, 哀懼主禮, 欲屬水, 則是智."

떤 때는 음양에서 '칠정'을 말하여, 기뻐하고 슬퍼함 그리고 욕망(喜哀欲)은 양陽에서 발하고 화내고 슬퍼함 두려움과 싫어함(努哀懼惡)은 음陰에서 발하며, 또 '화냄과 싫어함은 모두 수오지심에서 발하기 때문에 음에 속하는'54) 부류라고 보았다. 또 오행에서 '칠정'을 말하여, 욕망과 슬픔 그리고 두려움(欲哀懼)은 수水에 속하고, 기뻐함은 화火에, 좋아함은 목木에, 싫어함과 화냄은 금金에 속하는 것으로 보는 등55) 오행과 '사단'이 서로 관계가 있는 것으로 보았다. 음양과 오행은 모두 기氣에 속하는 형이하자이므로, 이상의 언급은 기에서 '칠정'을 말한 것이라는 점에서 감정에 대한 주희의 기본 입장과 부합한다.

그러나 다른 한편으로, 주희는 '칠정'과 '사단'이 서로 대응한다는 것에 반대했다. 그는 이렇게 말했다.

칠정이 사단에 배속되지는 않지만, 칠정은 본래 사단을 관통한다.56)

여기에서 '관통'은 '칠정'과 '사단'이 서로 횡적으로 연관되어 있음을 말하는 것이지, 일일이 서로 대응함을 의미하지는 않는다. 만일 이것이 서로 대응한다고 하더라도 "거칠게 그렇게 말할 수 있을 뿐이고, 실제로 그렇게 나누기는 어렵다"57)고 말했다. 이 말은 주희가 이 문제에서 확고부동한 입장을 형성하지 못했다는 뜻이며, 또한 '칠정'과 '사단'을 단순하게 대응시키려고 하지도 않았다는 말이다. 그리고 이는 칠정이 완전히 도덕화될 수 없다는 말이기도 하다.

---

54) 『朱子語類』 87, 86쪽, "怒與惡, 皆羞惡之發, 所以屬陰."
55) 『朱子語類』 87, 86쪽, "問: 欲屬水, 喜屬火, 愛屬木, 惡與怒屬金, 哀與懼亦屬水否? 曰: 然."
56) 『朱子語類』 87, 85쪽, "但七情不可分配四端, 七情自於四端橫貫過了."
57) 『朱子語類』 87, 87쪽, "且粗恁地說, 但也難分."

'사단'과 '칠정'의 관계는 줄곧 유가를 곤혹스럽게 만들었던 것으로 보인다. 이 문제의 본질은 도덕감정과 자연감정, 또는 개인감정 간의 관계 문제이다. 유가가 비록 인간의 감정생활, 특히 도덕감정을 아주 중시해서 항상 인간의 도덕이성과 삶을 연결시켜 생각하기는 했지만 '칠정'과 같은 감정이 대체 도덕과 무슨 관계가 있는지의 문제에 대해서는 확실하게 결론을 내리지 못했다. 혹은 뭉뚱그려서 '칠정'에 도덕적 의의를 부여하거나, 혹은 이 문제에 대해 토론하지 않고 회피했다. 주희처럼 '조목조목 나누어 분명하게 설명할 것을 주장하는 사람'조차도 명확한 설명이나 해석을 해낼 수 없었다. 이는 감정의 문제가 참으로 복잡하다는 것을 말해 주는 것이며, 동시에 유가가 인간의 감정생활이 언제나 도덕적이지만은 않다는 것을 인정했음을 말해 주는 것이다. 바꾸어 말하자면 인간의 감정에는 도덕이 관여할 수 없는 부분이 있다는 것이다.

조선 주자학의 대표 인물인 퇴계 이황은 가장 먼저 이 문제에 주의를 기울여서, '사단과 칠정을 리理와 기氣로 나눌 수 있다'는 주장을 제기했고, 기대승 등의 학자들과 반복해서 논변했다. 이러한 논변은 당시에 아주 많은 영향을 끼쳤고 조선유학사에서 하나의 큰 주제가 되었다. 이 논변의 주제 역시 다름 아닌 감정의 문제였다.

이황이 말한 바와 같이 주희는 확실히 "사단은 리가 발한 것이고, 칠정은 기가 발한 것이다"[58]라고 했으며, 이 말은 '사단'은 리를 주로하고 '칠정'은 기를 주로 한다는 퇴계학설의 근거가 되었다. 감정은 본성이 발한 것이라는 주희의 관점에서 보면, '사단'과 '칠정'은 모두 본성에서 발한 것이지만, 본성에는 의리지성義理之性 혹은 천지지성天地之性과 기질지성氣質

---

58) 『朱子語類』 53, 83쪽, "四端是理之發, 七情是氣之發."

之性 간의 구분이 있다. 즉 '사단은 리가 발한 것이다'라는 말은 바로 의리지성이 발했다는 것이고, '칠정은 기가 발한 것이다'라는 말은 기질지성이 발했다는 것이다. 이는 주희의 학설 내에서 자연스럽게 성립되는 명제이기에 이황이 '사단은 리를 주主로 하고' '칠정은 기를 주主로 한다'59)고 했던 것은 나름의 근거를 갖추고 있다.

그러나 주희가 감정을 논할 때, 사단뿐 아니라 칠정도 모두 형이하의 기에서 논했고, 본성을 논할 때는 형이상의 리에서 논했다. 따라서 '기질지성'은 전적으로 기만 말한 것이 아니라 기질 안에 있는 리를 가리키는 것이기도 했다. 주희는 오직 심心만이 '형이상의 리와 형이하의 기를 모두 겸하는 것'이라고 보았기에 '심은 본성과 감정을 통어한다'(心統性情)고 한 것이다. 이황이 제기한 "리와 기가 합해서 심이 된다"60)는 명제는 주희의 학설을 아주 정확하게 이해한 것이자, 또한 주희의 '심통성정'설을 한층 더 명확하게 설명한 것이다. 이는 분명 주자학 발전에 공헌한 것이다. 그러나 바로 이러한 이유에서, 기대승과 같은 학자들은 '리기합일'의 관점에서 '사단'과 '칠정'을 이해했을 뿐, 이 두 가지 감정을 확연히 구분하려고 하지 않았다. 전자는 '리를 주로 하는 것이고' 후자는 '기를 주로 하는 것'이다. 이황은 마음이 비록 리와 기의 합이고, 리와 기는 '하나의 뿌리를 두고 있어 서로 떨어질 수 없는 관계'라고는 하지만 이들이 뒤섞여서 구분될 수 없는 것은 아니며 분별해서 볼 수 있다고 보았다. '사단'과 '칠정'이 어디에서 발한 것인가의 문제에서 리와 기는 각각 주된 것과 부차적인 것이 있으며 각각의 경중이 있다. 이것은 리와 기 두 가지가 확연히 나뉘어 서로 관계가 없다는 말이 결코 아니다. 그래서 이를 온전한 명제로

---

59) 『退溪集』, 卷11, 「答李仲久」, "七情主於氣, 而理乘之."
60) 『退溪集』, 卷18, 「答奇明彦」, "理氣合而爲心."

바꾸어서 "사단은 리를 주로 하고 기가 그것에 따르는 것이고, 칠정은 기를 주로 하여 리가 그것에 올라탄 것이다"[61]라고 말했다. 이처럼 리와 기는 떨어져서 제각각 존재하는 것이 아니다.

아래는 이황이 서술한 문장이다.

대개 리와 기는 하나의 뿌리를 두고 있어 함께 체가 되고, 또 서로 상대하여 용이 되니, 실로 리 없는 기가 없고 기 없는 리가 없네. 그러나 말하고자하는 취지에 따라 구별이 있을 수 있네.…… 그러므로 나는 이전에 잘못 생각해서 감정에 사단과 칠정이 있는 것을 마치 본성에 본연지성과 기질지성의 차이라고 생각했네. 그렇다면 본성에 있어서 리와 기로 나누어 말할 수 있는데, 유독 감정에서만 리와 기로 나누어 말할 수 없겠는가? 측은·수오·사양·시비가 어디에서 발하는가? 인·의·예·지의 성에서 발하는 것이네. 희·노·애·구·애·오·욕이 어디에서 발하는 것인가? 외물이 인간의 형기에 감촉하고서 마음이 움직여 상황에 따라 나오는 것이네. 사단이 발하는 것을 맹자가 심이라 했으니, 심은 실로 리와 기가 합쳐진 것이지만, 지목하여 말한 것은 리를 위주로 했네. 왜 그랬겠는가? 인·의·예·지의 성이 순연하게 마음속에 있고, 이 네 가지는 그 단서이기 때문이네. 칠정이 발하는 것을 정자는 "마음 가운데서 동한 것이다"라고 했고, 주자는 "각각 마땅한 바가 있다"고 했으니, 그렇다면 이 역시 리·기를 겸한 것이네. 그렇지만 의미상 주안점은 기氣에 있네. 어째서인가? 외물이 옴에 쉽게 감응하여 먼저 움직이는 것이 형기만 한 것이 없는데, 이 일곱 가지가 그 실마리(苗脉)이기 때문이네.…… 이로 말미암아 본다면 두 가지가 모두 리·기에서 벗어난 것은 아니지만 그것이 어디에서 나왔는지(所從來)에 따라 각각 주로 하는 바와 중요하게 여기는 바를 가리켜 말한다면 어떤 것은 리라 하고 어떤 것은

---

61) 『退溪集』, 卷11, 「答李仲久」, "四端主於理, 而氣隨之; 七情主於氣, 而理乘之."

기라고 한들 무엇이 불가하겠는가?[62]

그는 리와 기의 관계에서 '사단'과 '칠정'의 관계를 논증하여, '사단은
리를 주로 하고' '칠정은 기를 주로 한다'는 것을 주장했다. 이는 이황의
성리학을 이루는 주요한 특징이기 때문에 그는 '주리파主理派'로 불린다.
'주리'라는 것은 도덕이성을 학설의 주요 종지로 삼는다는 것이다. 이황
은 '사단'의 감정이 본연지성에서 발현하기 때문에 선이며, '칠정'은 기에
서 발현하기 때문에 선과 악이 있고 또한 악으로 흐르기 쉽다고 보았다.
"따라서 사단은 쉽게 정미해지고 칠정은 쉽게 거칠어지니 이는 형세가
그러한 것이다"[63]라고 했다. '정미함'은 리가 정미함을 가리키고, '거칠어
짐'은 기가 거칠고 난폭함을 가리키므로, 그 선악의 구분이 명확하게 잘
보인다.

그러나 다른 관점에서 보면, 이황의 '사단칠정의 구분'은 도덕감정을
자연감정 혹은 개인적 감정으로부터 명확하게 구분해 내려 한 것이다.
도덕감정과 자연감정(개인감정)이 섞여 구분이 되지 않고, 심지어 하나로
묶여서 논의되는 폐단을 피하고자 했다는 점에서, 이는 아주 의미가 있는
시도라고 할 수 있다. 앞에서 논한 바와 같이 사단·칠정의 관계 문제는

---

62) 『退溪集』, 卷16, 「答奇明彦」, "蓋理之與氣, 本相須以爲體, 相待以爲用, 固未有無理之氣, 亦
未有無氣之理. 然而所就而言之不同, 則亦不容無別.……故愚嘗妄以爲情之有四端七情之分,
猶性之有本性氣稟之異也. 然則其於性也. 旣可以理氣分言之, 至於情, 獨不可以理氣分言之
乎? 惻隱羞惡辭讓是非, 何從而發乎? 發於仁義禮智之性焉爾. 喜怒哀懼愛惡欲, 何從而發乎?
外物觸其形而動於中, 緣境而出焉爾. 四端之發, 孟子旣謂之心, 則心固理氣之合也, 然而所指
而言者, 則主理. 何也? 仁義禮智之性粹然在中, 而四者其端緖也. 七情之發, 朱子謂本有當
然之則, 則非無理也. 然而所指而言者, 則在乎氣. 何也? 外物之來, 易感而先動者莫如形氣, 而
七者其苗脈也.……由是觀之, 二者雖曰皆不外乎理氣, 而因其所從來, 各指其所主與所重而言
之, 則謂之某爲理, 某爲氣, 何不可之有乎?"
63) 『退溪集』, 卷11, 「答李仲久」, "故端易微而情易暴, 其勢然也."

시종 주희를 비롯한 유학자들을 곤혹스럽게 만들었다. 주희는 유가철학에서 '분석'을 중시한 가장 대표적인 인물로, '조목조목 나누어 분명하게 분석'할 것을 주장했다. 그러나 이 문제에 대해서만큼은 '사단은 리가 발한 것이고, 칠정은 기가 발한 것'이라고만 말했을 뿐 이에 대해 더 이상 논증하지 않았고, 심지어 '사단'을 '칠정'에 배속시키거나 또는 '칠정'을 '사단'에 배속하는 것을 완전히 부정하지도 않았다. 이처럼 사단과 칠정의 구분 문제는 후대 유학자들에게 많은 논란의 여지를 남겼다. 이황의 '사칠지변四七之辨'은 이러한 문제를 해결하려 한 것이었고, 또한 주희의 학설을 발전시킨 것이었다. 이것의 실제적 의미는 인간의 모든 감정을 도덕감정으로 귀결시킬 수는 없으며, 인간의 감정에는 '사단'과 같은 도덕감정이 있고 또 '칠정'과 같은 도덕 외적인 감정이 있다는 것이다. 이 두 가지 감정이 비록 확연하게 대립되는 것은 아니라 서로 연관되어 있어서 리를 주로 한 것도 기가 없을 수 없고, 기를 주로 한 것도 리가 없을 수 없기는 하지만, 이들 간에 주로 하는 것과 부차적인 것, 혹은 경중의 차이가 있다는 점만큼은 분명하다.

여기에는 도덕감정과 심미감정을 구분해 내려는 의도도 포함되어 있다. 이는 매우 중요한 것이다. 예컨대 이황은 산림에서의 즐거움을 언급했는데, 그는 자연미의 감상과 체험을 말할 때에는 도덕심성학을 가지고 자연을 해석하는 것에 반대했다.[64] 이 역시 중시할 만한 부분이다. 비록 이런 사상이 이황에게 있어서 다소 초보적이고 거칠게 표현되기는 했지만 그는 진실로 '분석'적 정신을 체현해 냈다고 볼 수 있다.

---

64) 『退溪集』, 卷3, 「陶山雜詠」, "觀古之有樂於山林者, 亦有二焉. 有慕玄虛, 事高尙而樂者; 有悅道義, 頤心性而樂者. 由前之說, 則恐或流於潔身亂倫, 而其甚則與鳥獸同群, 不以爲非矣. 由後之說, 則所嗜者糟粕耳, 至其不可傳之妙, 則愈求而愈不得, 於樂何有?"

중국에서는 비록 이러한 논변이 존재하지는 않았지만, 명·청 이후 많은 유학자들이 인간의 '칠정'을 중시했다. 특히 인간의 정욕에 대해 변호하면서 그 정당성을 긍정하려 했다. 도덕이성을 강조한 유종주조차도 희노애락의 '네 가지 감정'을 희노애락애오욕의 '칠정'과 구분하고자 했다는 것은 결코 우연한 현상이 아니었을 것이다.

제9장 감정과 욕망

유가철학에서 감정과 욕망은 매우 자주, 그리고 아주 복잡하게 연결된다. 어떤 이는 감정을 중요하게 여기면서 욕망을 중요하게 여기지 않고, 어떤 이는 감정과 욕망을 함께 중요하게 여겼으며, 또 어떤 이는 욕망을 더욱 중요하게 여기기도 했다. 그러나 어떠한 상황에서라도 욕망을 언급하고자 한다면 이는 감정과 어느 정도는 관련을 지니게 마련이다. 이 점이 바로 감정과 욕망 모두를 복잡하게 만드는 원인이었다. 감정과 욕망, 이 두 가지가 무슨 관계인지에 대해서는 사상가들마다 모두 대답이 다르다. 감정 자체가 복잡성을 지니기 때문에 감정과 욕망의 관계 문제를 해결하고자 할 때 역시 이런 복잡한 상황이 발생하는 것이다. 일반적으로 말해서 대부분의 사상가들은 감정을 긍정하는 동시에 욕망도 긍정한다. 그러나 욕망의 문제에 대해 이해하고자 할 때는 아주 세심히 주의해야 한다. 송대 유학자들이 제기한 '천리를 보존하고 인욕을 없앤다'는 주장이 종교적 금욕주의를 주장하는 것으로 비추어질 수 있기 때문이다. 본 장에서는 욕망의 문제를 어떻게 설명해야 할지에 대해서 논의를 진행할 것이다.

제1절 두 층위의 욕망

초기 유가, 특히 공자와 맹자는 비록 감정과 욕망의 관계 문제에 대해 직접적으로 언급하지는 않았지만, 사실 감정을 떠나서 욕망(欲)을 논하지는 않았다. 감정에 대한 그들의 학설은 이미 앞에서도 언급한 바 있지만, 그들은 감정과 욕망의 관계 문제에 대해 각기 다른 층위에서 논한 것으로 보인다.

첫 번째 차원은 목적적 의미에서 '욕欲'자를 이해하고 사용한 것이다. 이때의 '욕'은 인간의 도덕적 목적이 구체적으로 드러난 것이다. 이러한 의미에서 '욕'은 긍정적인 것일 뿐만 아니라 아주 중요하고, 또한 도덕감정과 내재적 관계를 지닌다. 이는 초기 유자들이 감성적 욕망을 아주 중요한 문제로 인식하지 않았고, 따라서 '욕'자를 전적으로 감성적 욕망의 의미에서 이해하고 사용하지 않았음을 의미한다.

공자가 '욕'자를 사용한 경우가 적지는 않지만, 이를 사용할 때도 대부분 감성적 욕망의 차원에서 사용했던 것이 아니라 인간의 내재적 욕망이나 내재적 목적을 가리키는 것으로 사용했다. 예컨대 "내가 인하기를 원하면 이에 바로 인이 실현된다"[1]의 경우, 인은 자신에게 구비되어 있는 것이다. '인하기를 원한다'에서 '원함'(欲)은 자신의 밖에 있는 어떤 대상이나 사물에 대한 욕망이 아니라 인을 실현하려는 내재적 욕망을 말한다. 여기에서 인과 욕망은 실로 분리될 수 없다. '내가 인하기를 원한다'고 하면 마치 자신이 인을 얻기를 바란 것으로 해석될 수 있지만, 인덕은 내재적이기에 이미 자신에게 갖추어진 것이다. 그렇다면 어떻게 인을 얻

---

1) 『論語』, 「述而」, "子曰: 仁遠乎哉! 我欲仁, 斯仁至矣."

을 수 있는가? 자신의 몸에서 얻을 수 있고 자신의 마음속에서 얻을 수 있다. 여기에서 '얻다'는 말은 사실 실현해 낸다는 것을 의미한다. 인과 '원함'이 서로 다른 두 가지 사물이라고 본다면 '원함'은 욕망이고 인은 욕망의 대상이다. 그러나 사실 이것은 동일한 사건의 양면이다. '욕'은 인을 실현하는 것이고 인은 '욕'의 소재이다. 그러므로 내가 '인하기를 원한다'고 했을 때 인은 그 순간 바로 실현되는 것이다. 또 예컨대 "내가 원하지 않는 것을 남에게 하지 않는다"[2], "내가 서고자 하면 남을 세워 주고, 내가 이루고자 하면 남을 이루게 한다"[3]는 언명들 역시 똑같은 의미이다. 그러나 '내가 원하지 않는 것'의 '욕'은 부정적 측면에서 말한 것이고, '내가 서고자 하면'과 '내가 이루고자 하면'의 '욕'은 긍정적 측면에서 한 말이다. 그러나 욕망이라는 형식 자체가 다를 수는 없다. 여기에서의 욕망은 인을 실현하는 근본적 방법으로서, 인간과 인간, 즉 자신과 다른 사람의 관계에서 나타난다. 본질적으로 보았을 때, 이는 '감정이입'의 작용이지 감정 외적인 어떤 것이 아니다. 내가 원하지 않는 것을 남에게도 하지 않고, 내가 원하는 것을 남에게 베푼다는 말의 '원함', 즉 '욕'은 좋은 것이요, '원하지 않음', 즉 '불욕不欲'은 좋은 것이 아님을 말해 주는 것이다. 그 전제는 모든 사람에게 공통의 '원함'이 있고, 공통의 '원하지 않음'이 있다는 것이다. 여기에서는 여러 종류의 욕망을 배제하는 것은 아니지만, 하나의 공통점은 이들이 '진정한 감정'에서 시작된다는 것이다. 진정한 감정에서 나올 때 나의 '원함'과 '원하지 않음'이 다른 사람과 곧바로 통할 수 있다. 진정한 감정 가운데에서도 인은 가장 근본적인 것이다. 공자는 구체적인 개인적 기호 같은 것에 대해서는 결코 말하지 않았다. 예컨대

---

2) 『論語』, 「衛靈公」, "子曰: 其恕乎! 己所不欲, 勿施於人."
3) 『論語』, 「雍也」, "夫仁者, 己欲立而立人; 己欲達而達人."

내가 어떤 것을 좋아하고 원한다고 해서 다른 사람이 반드시 그것을 좋아하고 원하는 것은 아니다. 또한 내가 어떤 것을 싫어하고 원하지 않는다고 해서 다른 사람이 반드시 그것을 싫어하고 원하지 않는 것은 아니다. 원함과 원하지 않음은 대부분 나와 다른 사람과의 관계에서 말한 것이며, 나와 타인의 관계에서는 무엇보다도 감정의 교류가 중요하다. 따라서 원함과 원하지 않음은 바로 감정에 관해서 말한 것이다.

공자는 욕망을 자유의지와 같은 것으로 보았는데 이는 물질과 상당히 다른 것이며, 감성적 욕망으로는 더더욱 설명할 수 없는 것이다. 그는 자신의 수양 과정을 언급하면서 "칠십이 되어 마음이 원하는 바를 따라도 법도에 어긋남이 없다"[4]고 했다. 보통 사람들의 이해에 의거해서 보면, '마음이 원하는 바를 따른다'는 것은 결코 어떠한 규범을 따르지도 않고 제한도 받지 않은 채 개인의 욕망대로 행동한다는 것이다. 그러나 공자가 말하는 '마음이 원하는 것을 따른다'는 것은 일생동안의 수양 과정을 거친 후 도달한 자유의 경지이다. 그것은 자유로운 것이면서도 규범을 벗어나지 않는, 즉 '법칙'에 합치하는 것이다. 이것은 어떠한 '법칙'인가? 공자가 이에 대해 직접적으로 논하지는 않았지만 그가 말한 "도에 뜻을 두고 덕에 거하며, 인에 의지하고 예에서 노닌다"[5]는 일종의 강령식의 언명에 근거하여 보았을 때, '법도'(矩)는 분명히 도를 가리켜서 말한 것이다. 도가 지칭하는 대상은 아주 광범위하다. 도를 얻거나 혹은 도에 도달할 수 있는 내재적 근거는 덕에 있다. 그리고 덕의 핵심은 바로 인이다. 이처럼 자유의지로서의 욕망은 도와 덕, 그리고 인과 떨어질 수 없는 것이다. 이는 '인간이 자신의 입법이 되는 것'이 아니라 인간과 천도가 하나가 되는

---

4) 『論語』, 「爲政」, "七十而從心所欲, 不踰矩."
5) 『論語』, 「述而」, "子曰: 志於道, 據於德, 依於仁, 游於藝."

것이다. 심리적 기능의 차원에서 보았을 때, 여기에서 말하는 욕망은 특수한 의미와 용법을 가진다. 이 욕망은 인생의 궁극적인 목적과 관련이 있으며, 그 내재적 근거는 바로 인덕이다. 그리하여 욕망은 다시 한 번 감정과 관련된다.

맹자는 심성학설에서 출발하여 욕망의 문제를 논했다. 이 때문에 욕망과 감정의 관계는 더욱 분명해졌다. 맹자는 "바랄 만한 것을 일러 선이라 한다"6)고 했는데, 여기에서 말하는 '바람'(欲)은 공자가 말한 "내가 인하기를 원하면 바로 인이 실현된다"고 했을 때의 '원함'과 동일한 의미이다. 이들은 모두 어떠한 대상을 가지며, 그 대상은 바랄 만한 것 혹은 욕망이 추구하는 대상인 것처럼 보이지만, 이러한 욕망들은 실제로는 대상을 가지지 않는다. 왜냐하면 바라는 것은 마음이 바라는 것이고, 바랄 만한 것은 마음에 존재하는 '사단'의 감정 또는 '네 가지 본성'이기 때문에 이 바람, 즉 욕망은 마음이 본래 지니고 있는 욕망이며 또한 자기 자신에 대한 욕망이다. 바꾸어 말하면 마음의 존재 즉 도덕감정의 자아실현 작용인 것이다. 이는 맹자가 말한 '도리와 의로움에 기뻐한다'7)라고 할 때의 '기뻐함'과 동일한 언어적 구조를 지니고 있다. 즉 두 가지 모두 자신이 욕망하고 자신이 기뻐하는 것이다. 자신이 기뻐하는 것은 자아체험이며, 자신이 욕망하는 것은 인간의 목적적 심리가 드러난 것이다. 따라서 이러한 것들은 선한 것이 된다.

욕망과 감정의 이러한 관계는 맹자의 다른 언설에서도 증명될 수 있다. 바로 "그 감정은 선이 될 수 있다"8)는 것이다. 우리가 제3장에서 이야

---

6) 『孟子』, 「盡心下」, "可欲之謂善."
7) 『孟子』, 「告子上」, "聖人先得我心之所同然耳. 故理義之悅我心, 猶芻豢之悅我口."
8) 『孟子』, 「告子上」, "孟子曰: 乃若其情, 則可以爲善矣."

기한 바와 같이 여기에서 맹자가 말한 '정'은 감정이지 '실정'(情實)이 아니다. 사단과 같은 도덕적 감정은 선이라 할 수 있다. 이는 말하지 않아도 알 수 있는 것이다. 사단을 "바랄 만한 것을 선이라 한다"와 연결시켜 본다면 그것은 아주 명료하다. "바랄 만한 것"은 다른 것이 아니라 도덕감정이다. 그러나 감정은 인간의 마음이 본래 지니고 있는 것이다. 그러므로 이것은 마음에 '있는' 것이지 무슨 '바랄 만한 것'이나 '바랄 만하지 않은 것'의 문제가 아니다. 왜냐하면 맹자가 말한 '바람', 즉 욕망은 마음 밖에 있는 어떤 대상에 대한 것이 아니라 자기감정의 목적적 자아실현이라는 심리작용이기 때문에 욕망이라고 간주할 수 있는 것이다. 이처럼 "그 감정은 선이 될 수 있다"는 것과 "바랄 만한 것을 선이라 한다"의 말은 사실 같은 말이지 다른 말이 아니다. 존재에 관해서 말했을 때, 감정은 마음에 갖추어져 있는 것이다. 욕망은 '그렇게 하지 않을 수 없는' 감정의 실현이라는 측면을 말한 것이다. 따라서 욕망이나 욕구로 표현된 것이다. 감정이 선할 수 있는 까닭은 그것이 바람을 통해 실현되기 때문이다.

욕망의 두 번째 차원은 생리와 심리 차원에서 말한 것으로, '욕'은 인간의 생리적 욕망과 현실생활에서의 각종 물질에 대한 욕망을 뜻한다. 여기에서 말하는 '욕'은 '칠정'에서의 '욕'과 동일한 점이 있다. 그러나 독립적으로 욕망을 말할 때 유가는 항상 의미를 부여했다. 즉 유가에서 말하는 욕망은 생존 욕구와 물질 향유에 대한 탐욕을 초월한 욕망을 말한 것이지 '자연적' 욕망을 말한 것이 아니다. 여기에는 미세한 차이가 있다. 이것은 그다지 뚜렷하지는 않지만 경우에 따라서는 특별히 강조되기도 한다. 여기에서의 욕망과 감정의 관계는 첫 번째 차원과는 다르다. 두 번째 차원의 욕망은 대부분 생물적 자연감정과 관계가 있을 뿐 도덕감정인

'사단'의 감정과는 관련이 없다. 공자와 맹자는 이미 이러한 차원에서의 욕망에 대해 주의를 기울이기는 했지만, 욕망과 감정의 관계에 대해서 특별히 논하지는 않았다. 오히려 후대의 유가에서 이 둘의 관계에 대해 더 많은 논변을 진행했다.

공자는 이렇게 말했다.

> 부귀함은 사람들이 원하는 것이다. 그러나 도로써 그것을 얻은 것이 아니라면 그 부귀함에 머물지 않는다. 빈천함은 사람들이 싫어하는 것이다. 도로써 그것을 피할 수 있는 것이 아니라면 그 빈천함을 피하지 않는다. 군자가 인을 버리고서 어찌 군자라는 이름의 직분을 이룰 수 있겠는가? 군자는 밥을 먹는 동안에도 인을 어기는 법이 없다. 아주 짧은 시간에도 반드시 이것에 말미암고, 넘어질 때도 반드시 이것에 말미암는다.[9]

부귀를 원하고 빈천을 싫어하는 것은 모든 사람이 가진 욕망이다. 공자도 예외는 아니다. 만일 부귀가 얻을 수 있는 것이라면 '말채찍을 잡고 귀인의 길잡이를 하는 사람'[10]이라도 될 것이지만, 도로써 부귀를 얻고 도로써 빈천을 피할 뿐이다. 도의 핵심은 인이다. '인에 거하고 의에서 말미암는다'는 것은 도로써 이를 얻는다는 것이다. 여기에서 공자는 인간의 욕망에 대해 도덕적 제약과 전제조건을 말하고 있다. 이는 욕망과 도덕이 반드시 대립적이라는 의미는 아니지만, 욕망 자체가 곧 도덕일 수는 없다는 의미이다. 현실의 삶에서는 욕망의 충족을 위해 도덕을 거부하는

---

9) 『論語』, 「里仁」, "子曰: 富與貴, 是人之所欲也. 不以其道得之, 不處也; 貧與賤, 是人之所惡也. 不以其道得之, 不去也. 君子去仁, 惡乎成名? 君子無終食之間違仁. 造次必於是, 顚沛必於是."

10) 『論語』, 「述而」, "子曰: 富而可求也, 雖執鞭之士, 吾亦爲之. 如不可求, 從吾所好."

사람들이 있다. 공자는 이러한 것에 반대했다. 위에서 제시된 공자의 말이 그의 이러한 태도를 보여 준다. 인과 도덕감정 사이에는 필연적인 관계가 있지만 욕망과 도덕감정 사이에는 아무런 관계가 없다. 그래서 욕망의 문제와 직면할 때 무엇보다도 도덕감정의 문제를 고려해야 하며 또 인을 가장 우선시해야 하는 것이다.

원헌과의 대화에서 공자는 일반적 욕망에 대해 논했다.

> "남을 이기는 것과 자랑하는 것과 원망하고 욕심을 내는 것을 하지 않길 원한다면 인이라고 할 수 있습니까?" 공자가 말했다. "그렇게 하는 것도 어려운 것이지만, 그렇다고 그것이 인인지는 나도 모르겠다."11)

'극克'은 남을 이기려 한다는 뜻이고 '벌伐'은 자신을 자랑하는 뜻이며 '원怨'은 원한이고 '욕欲'은 탐욕이다. 이 네 가지 현상은 모두 인격을 구성하는 심리에 관해서 말한 것으로, 감정이 있다면 욕망 또한 있게 된다. '원'은 뚜렷한 감정적 태도이다. '극'과 '벌'은 감정이면서 욕망이 결합된 것이고 '욕'은 욕망을 가리키지만 여기에서는 탐욕의 의미가 더욱 강하다. 이 탐욕은 보통의 정상적인 욕망과 정도의 차이가 있을 뿐만 아니라 성질의 차이도 있다. 이 네 가지 심리행위는 함께 인격을 구성하는 것일 뿐 아니라 인격의 부정적인 면이기도 하다. 이 때문에 공자의 제자 원헌은 이 네 가지 태도를 없애 버리면 다른 사람을 인하게 대할 수 있는 것인지 물었던 것이다. 공자가 이에 대해 인하다고 인정해 주지 않은 것은, 인이란 네 가지 태도를 버린다고 해서 이루어지는 것이 아니기 때문이다. 그러나 어떻게 보면 이상의 네 가지 행위를 버릴 수 있는 것만 해도 매우

---

11) 『論語』, 「憲問」, "克伐怨欲, 不行焉, 可以爲仁矣? 子曰: 可以爲難矣, 仁則吾不知也."

장한 일일 수 있으며, 이러한 의미에서 네 가지를 행하지 않는 것이 인을 실현하는 하나의 방법일 수는 있을 것이다. 이러한 대화에 비추어 보면 욕망과 인은 완전히 대립적인 것이다. 이는 공자의 "자신의 사욕(己)을 이기고 예로 돌아가는 것이 인이다"12)라는 말과 일치한다. 여기에서 말하는 '기己'는 사사로움이나 사적인 욕망이며, 무릇 이러한 사욕에는 탐욕적인 성질이 있다. 공자의 이러한 입장은 유가의 일반적인 시각이다.

맹자가 "마음을 기르는 것에 있어 욕망을 줄이는 것보다 더 좋은 것이 없다"13)고 말한 것에서의 욕망은 확실히 인간의 감성적 욕망을 가리키는 것으로, 도덕감정과는 아무런 관계가 없다. 뿐만 아니라 욕망이 강하다면 도덕적 감정이 발전하는 데 방해가 될 수 있다. 욕망도 인간의 감정(人心)이며 감정도 인간의 감정이다. 그러나 서로 다른 점이 있다면, 욕망은 외물의 '유혹'을 받아서 생긴 것이라서 갈등을 일으킬 수 있다는 점이다.

> 사람됨이 욕망이 적으면 비록 마음을 간직하지 않아도 잃는 것이 적을 것이요, 사람됨이 욕망이 많으면 마음을 간직한다고 하더라도 간직되는 것이 적다.14)

여기에서 말하는 '간직함'과 '간직하지 않음'은 도덕적 감각이나 양심을 가리켜서 말한 것이다. 욕망이 적은 사람은 설사 도덕적 감수성을 지니지 못했다 하더라도 그 도덕적 감수성을 해치는 일이 적겠지만, 욕망이 많은 사람은 설사 도덕적 감수성을 지녔다고 하더라도 그 도덕적 감수성

---

12) 『論語』, 「顏淵」, "子曰: 克己復禮爲仁."
13) 『孟子』, 「盡心下」, "孟子曰: 養心莫善於寡欲."
14) 『孟子』, 「盡心下」, "其爲人也寡欲, 雖有不存焉者, 寡矣; 其爲人也多欲, 雖有存焉者, 寡矣."

은 아주 적을 것이다. 이는 욕망과 도덕감정이 서로 충돌하는 면이 있음을 말해 준다. '욕망이 적음'은 욕망을 없애자는 것이 아니다. '욕망이 적음'과 '욕망이 없음'은 다르다. 맹자는 욕망을 완전히 부정하지는 않았지만, 그렇다고 어느 정도로 적게 할 것인지에 대해서는 정확하게 설명하지도 않았다. 다만 마음이 간직하고 있는 것, 즉 도덕감정을 욕망이 제약해서는 안 된다고 보았다. 여기에서 다시 한 번 말하지만 유가는 인간의 욕망에 대해서 아주 조심스런 태도를 취했을 뿐 모든 욕망에 반대하지는 않았다.

원시유가는 욕망에 대해 아주 기본적인, 하지만 아주 넓은 이해를 가졌다. 욕망은 인간의 심리적 욕망을 가리키는 것이지만 그것이 운용되는 방식은 상이하다. 왜냐하면 욕망은 여러 차원의 의미를 지니고 있기 때문이다. 생존에 필수적인 물질적 측면의 욕망에 관해 말하자면, 유가는 결코 이것을 반대하지는 않지만 고도로 경계하는 자세를 유지했다. 만약 욕망이 많거나 탐욕스러움에 이르게 되면 덕성에 방해가 되기 때문이다. 이러한 문제는 파악하기 매우 어렵지만, 감정과 욕망을 비교해 보면 무엇이 소중하고 무엇이 그렇지 않은지를 금방 알 수 있다.

> 귀하게 되길 바라는 것은 사람마다 똑같은 마음이다. 그러나 사람들은 자신에게 귀함이 있다는 것을 생각지 못할 뿐이다.[15]

부귀를 욕망하는 것은 모든 사람이 똑같이 가진 마음이지만, 자신에게 더 소중한 것이 있다는 것을 생각하지 못할 뿐이다. '자신에게 있는

---

15) 『孟子』, 「告子上」, "孟子曰: 欲貴者, 人之同心也. 人人有貴於己者, 弗思耳. 人之所貴者, 非良貴也."

귀함' 즉 '본래부터 가지고 있는 귀함'(良貴)이란 바로 자신의 도덕감정과 선한 본성이다. 이는 다른 사람이 나에게 줄 수 있는 것도 아니고 다른 사람이 가져갈 수 있는 것도 아니기 때문에 인간의 존엄과 가치라고 표현되기에 부족함이 없다. 만약 이 욕망과 도덕적 인격 간에 갈등이 발생할 경우 고민의 여지없이 도덕적 인격을 선택해야 할 뿐이다.

> 삶도 내가 원하는 것이며, 의義 또한 내가 원하는 것이다. 이 두 가지를
> 겸할 수 없다면 나는 삶을 포기하고 의를 취할 것이다.[16]

생존, 이것은 인간의 가장 기본적인 욕망 그 자체이며 또 온전히 정당한 욕망이다. 어느 누가 살기를 바라지 않겠는가? '의'는 도덕적 의리이며 인간이 추구하는 것이자 모든 인간이 가지고 있는 도덕적 가치와 인격적 존엄이다. 이는 인간이라면 누구나 본래부터 가지고 있는 '양귀良貴'이다. 그러나 이 두 가지 사이에 갈등이 발생할 때, 결코 구차하게 살아갈 수는 없기에 '삶을 포기하고 의를 취하는 것'이다. 이 둘은 서로 다른 욕망이며, 가치의 문제에서 볼 때 본질적으로 구별되는 것들이다. 그러므로 선택을 내려야 하는 것이다. 이는 온전히 자신의 선택이며, 그렇게 선택하게 된 것에는 내재적 근거가 있다. 즉 감정이 욕망보다 중요한 것이다. 감정이 있어야 의도 있을 수 있기에 '감정의 의로움'(情義)이라고 하는 것이다. 이는 인간이 존엄할 수 있는 내재적 근거이며 생명적 가치가 존재하는 곳이다. 그저 먹고 살기 위해서 가치를 희생한다면 '의가 없는' 인간이 된다. 인간으로서 의가 없다는 것은 인간으로서 받을 수 있는 최대의 모욕이다.

---

16) 『孟子』, 「告子上」, "生, 亦我所欲也; 義, 亦我所欲也. 二者不可得兼, 舍生而取義者也."

제2절 감정과 욕망의 제기

공자와 맹자가 도덕감정에서 출발해서 욕망을 두 가지 차원으로 나누었다면, 순자는 도덕감정을 부정함과 동시에 공자와 맹자가 제기한 첫 번째 차원에서의 욕망을 부정하고 욕망을 자연감정과 직접 연관시켜서 생리적 욕구라는 측면에서의 욕망으로만 이해했다. 이는 아주 커다란 변화이다. 이 변화는 후대 유가에 아주 중요한 영향을 끼친 나머지 후대 유가 중 도덕감정에서 출발해서 욕망의 문제를 논한 경우가 거의 없을 정도였다. 순자는 유가 가운데 생물학적 시각을 통해 인간을 가장 잘 관찰한 사상가라는 점에서 중요한 가치를 지닌다. 또한 순자가 유가에서 이성능력(理智能力)[17]을 가장 중시한 사상가였다는 점에서 볼 때, 욕망 및 감정에 관한 그의 학설이 이성과 모종의 관계가 있다는 것을 짐작할 수 있다. 그는 '이성으로 욕망을 다스릴 것'을 주장하는 동시에 인간의 욕망을 어떻게 충족시킬 것인가의 문제에도 관심을 가졌다. 이러한 것들은 모두 맹자 이래의 전통과는 확연히 다른 부분이지만, 이상적 인격의 완성을 근본 목적으로 둔다는 점에서는 맹자와 일치를 보였다.

순자는 욕망이 감정·본성과 본질적으로 관계가 있다고 보았는데, 그 근본적인 출발점은 인간을 동물적인 존재이면서 동시에 이성적인 존재로 인식한 것이다. 즉 그는 사회구성원으로서의 인간은 사회화의 과정인 '의식적 노력을 통한 본성의 변화'(起僞化性) 이후에 완성된다고 보았다. 그는 본성·감정·욕망의 관계에 대해 명확하게 말했다.

---

17) 역자주: 여기에서는 理智能力을 이성능력이라고 번역한다.

본성은 태어나면서 얻은 것이다. 감정은 본성의 재질이다. 욕망은 감정
이 대상에 응한 것이다. 욕망하는 바를 얻고자 하는 것은 감정이 없으면
안 된다.[18]

이처럼 본성은 인간의 천생적인 성질과 능력 즉 생물적 본능이며 '배
워서 할 수도 없고 일삼아서 할 수도 없는 것'[19]이다. 즉 후천적인 학습이
나 실천을 통해서 습득한 것이 아니라 선천적으로 주어진 것이다. 감정은
인성의 바탕과 자질이라는 점에서 본성과 감정은 사실 하나이다. 이 때문
에 그는 항상 '성정性情'을 함께 사용했다. 감정은 본성보다 더 근본적이
다. 왜냐하면 본성은 감정을 통해 설명되기 때문이다.

인간의 본성은 배고프면 배불리 먹고 싶고 추우면 따뜻하게 입고 싶고
힘들면 쉬고 싶어한다. 이것이 인간의 성정이다.[20]

(감정은) 대상에 감촉되어 자연스레 생기는 것이지 일을 기다린 후에 생
기는 것이 아니다.[21]

여기에서 '자연'은 생물학에서 말하는 자연이다. 따라서 욕망은 다른
것이 아니라 감정이 응한 것이다. 대상에 감촉되어 감정이 있게 되면 반
드시 욕망이 생긴다. 호오의 감정은 대상에 반응해서 나타나는 것이며,
그에 반응한 것이 바로 욕망이다. 이렇게 볼 때, 본성과 감정 및 욕망은

---

18) 『荀子』, 「正名」, "性者, 天之就也; 情者, 性之質也; 欲者, 情之應也. 以所欲爲可得而求之,
情之所必不免也."
19) 『荀子』, 「性惡」, "凡性者, 天之就也, 不可學, 不可事."
20) 『荀子』, 「性惡」, "今人之性, 飢而欲飽, 寒而欲煖, 勞而欲休. 此人之情性也."
21) 『荀子』, 「性惡」, "感而自然, 不待事而後生之者也."

일직선상에 있는 것으로 본성은 있는데 감정이 없거나 감정은 있는데 욕망은 없는 식으로 어느 하나라도 빠질 수는 없다. 그러므로 본성을 말하면 자동적으로 감정이 있게 되며, 감정을 말하면 자동적으로 욕망이 있게 되고, 욕망을 말하면 자동적으로 본성이 있게 되는 것이다. 만약 감정이 없다면 본성도 성립될 수 없고, 욕망이 없다면 감정도 성립될 수 없다. 욕망은 바로 감정이 실현된 것이다.

감정이 근본적이라고 말할 수 있는 이유는 순자가 본성을 논할 때 감정에서 출발했기 때문이다. 순자는 호오好惡의 감정을 가지고 본성의 악함을 논했는데, 이는 사실상 감정의 차원에서 본성을 논한 것이다. 이렇게 그는 감정을 '본성의 재질', 즉 인성의 가장 본질적인 것으로 설명했다. 여기에서 말한 '본질'은 형식적인 것이 아니라 실제 내용을 가리키는 것이다. 순자는 욕망을 논할 때 역시 감정에서 출발했다. 즉 감정이 있으면 후에 욕망도 있게 된다는 것이다. 욕망은 '감정의 반응' 즉 감정의 운용작용 혹은 실현이다. 문제는 그가 말한 호오가 유가 주류에서 말하는 '선을 좋아하고 악을 싫어하는' 식의 윤리적 감정이 아니라, 순수 생물학적 감성과 감정 그리고 욕망이라는 점이다. 그리고 이러한 욕망은 실재적이며 어느 누구도 예외일 수 없다. 즉 성인이나 보통 사람 모두 '본성의 측면에서 보면 마찬가지'이며, 그들의 구별은 '의식적 노력'(僞)에 달려 있지 본성이나 감정 욕망에 달려 있지 않다는 것이다.

'본성이 악하다'(性惡)라는 말은 인간의 본성이 그대로 발출될 경우 투쟁과 폭력이 난무하고 이를 막을 방도가 없어 극도의 혼란이 초래될 수 있음을 지적한 것이지, '예의 문화'와 같은 사회문명을 지목해서 악하다고 한 것이 아니다. 인간의 본성이 선하기를 기대할 수 없다면 유일한 방법은 이지적 능력에 의지해서 인성을 변화시키는 것이다. 이지적 능력은 누구나 갖고 있다. 순자는 "보통 사람도 우임금이 될 수 있다"[22]고 했는데, 사람이 누구나 성인이 될 수 있다고 한 것은 바로 이런 측면에서의 의미이지 성정의 측면에서 말한 것이 아니다. 이는 지성의 문제이지 '성정'의 문제가 아니다. 이성을 운용한다는 것은 '인의법정仁義法正'의 이치를 인식하여 '의지적 노력을 기울여 본성을 변화시킴'(化性起偽, 이하 화성기위)을 완성하는 것이다. 여기에서 지성과 이지가 중요한 위치를 차지하는 것으로 언급되는 이유는, 이것들이 인간의 사회적 본질을 실현시킬 수 있는 선결조건이기 때문이다. 왜냐하면 인간은 지성과 이성에 의지해야 비로소 도덕적인 인간이 될 수 있기 때문이다. 여기까지 도달하기 위해서는 끊임없는 후천적인 노력이 축적되어야 한다. 그러므로 "성인은 노력이 쌓여서 만들어진다"[23]고 말하는 것이다.

그러나 여기에는 하나의 문제가 있다. 순자는 본성을 응당 그리고 반드시 개조되어야 하는 것으로 인식했지만, 감정과 욕망에 대해서는 그것들을 개조하겠다는 말을 하지 않았다. 사실 감정과 욕망을 개조하는 것은 매우 어렵다. 이 때문에 그는 '욕망을 제어함', '욕망을 절제함'을 주장했지 '욕망을 없앰'을 말하지는 않았다. 어떻게 욕망을 제어하고 절제할 수 있는가? 이는 사려의 기능을 가진 심의 지각에서 해결할 수 있을 뿐 본성에서 해결할 수 없다. 욕망을 제어하는 것은 감정을 제어하는 것이고 욕망을 절제하는 것 역시 곧 감정을 절제하는 것이지만, 본성을 제어하고 본성을 절제한다고는 말할 수 없다. 다만 '화성기위'를 말할 수 있을 뿐이다. 이는 본성과 감정 그리고 욕망의 관계와는 별개의 맥락에서 나오는 주장이라는 점에서 본성과 감정과 욕망의 통일관계에 대한 순자의 설명

---

22) 『荀子』, 「性惡」, "塗之人可以爲禹."
23) 『荀子』, 「儒效」, "爲之而後成, 積之而後高, 盡之而後聖, 故聖人也者, 人之所積也."

과 부합되지 않는다.

문제의 관건은 어떻게 선과 악을 평가하느냐에 있다. 순자가 말한 선악은 전적으로 사회성에 대한 평가이다.

무릇 옛날이나 지금이나 천하에 선이라고 하는 것은 바르고 이치에 맞으며 태평하고 잘 다스려짐(正理平治)이다. 악이라고 하는 것은 편벽되고 험악하고 거스르고 어지러움(偏險悖亂)이다. 이것이 선과 악의 구분이다.[24)]

"바르고 이치에 맞으며 태평하고 잘 다스려짐"과 "편벽되고 험악하고 거스르고 어지러움"은 인간의 사회성과 사회적 효과의 의미에서 말한 것이지 인간의 내재적 덕성에 관해서 말한 것이 아니다. 타고난 본성에 대해 사회적 선악으로 평가한 것은 순자 인성학설의 특징이다. 그의 학설을 살펴보면, 본성이 악하다는 것은 곧 감정도 악하고 그리고 욕망 또한 악하다는 것이다. 그러나 그는 감정과 욕망은 인간이면 누구도 벗어날 수 없는 것이기에 본성은 변화시킬 수 있어도 감정과 욕망은 변화시킬 수 없다고 보았다. 이는 이론적으로 모순이다. 왜냐하면 순자의 관점에서 본성은 사회 '치란'의 문제와 관계가 있기는 하지만 감정과 욕망은 개인의 문제이기 때문이다.

욕망이 많고 적음은 종류가 다른 것이니, 감정의 정도에 달린 것이지 치란과 관련 있는 것이 아니다. 욕망이란 가만히 있어도 생기는 것이지만 그것을 충족시킬 수 있는지의 여부는 허락되는 바를 따라야 한다. 욕망

---

24) 『荀子』, 「性惡」, "凡古今天下之所謂善者, 正理平治也. 所謂惡者, 偏險悖亂也. 是善惡之分也已."

이 가만히 있어도 생기는 것은 천성적인 것이기 때문이며, 그것을 충족시킬 때 허락되는 바를 따르는 것은 마음에 의해 결정되기 때문이다. …… 마음에서 원하는 바가 이치에 부합하면 욕망이 비록 많다고 할지라도 어찌 다스림을 해치겠는가? 욕망이 채워지지 않아서 과하게 추구하려고 하는 것은 마음이 그렇게 시킨 것이다. 마음이 허락하는 바가 이치에 부합하지 않는다면 욕망이 비록 적다고 할지라도 어떻게 혼란을 멈출 수 있겠는가? 그러므로 치란은 마음이 허락하는 바에 달려 있지, 감정이 욕망하는 것에 달려 있지 않다.[25]

욕망이 많고 적음은 감정의 정도에 의해 결정되는 필연적인 것이므로 '치란'과 직접적 관계는 없어서 치란에 영향을 주지 않는다. 따라서 가만히 있어도 생기는 것이다. 왜냐하면 욕망은 천성적인 것 즉 순수 개인적인 것이기 때문이다. 그러나 그 욕망을 채우는 방법은 마음이 허락하는 것, 즉 마음과 이성이 허락하는 범위에 따라야 한다. 마음이 허락하는 것이 이치에 맞기만 하면 설사 욕망이 많다고 할지라도 다스림에 해가 될 것이 없다. 그러나 만약 마음이 허락하는 바가 이치에 부합하지 않는다면 욕망이 아무리 적다 해도 혼란함을 멈출 수 없다. 그래서 치란은 마음이 '허락하는 것'에 달려 있지 감정이 욕망하는 대상이나 욕망의 많고 적음에 달려 있지 않다.

마음이 허락하는 것은 '지知'와 인식의 문제이지 감정의 문제가 아니다. 마음이 허락하는 것이 이치에 들어맞기 위해서는 '도' 즉 사회가 다스려지고 어지러워지는 법도인 인도人道를 이해해야만 한다. 인도에는 객관

---

25) 『荀子』, 「正名」, "欲之多寡, 異類也, 情之數也, 非治亂也. 欲不待可得, 而求者從所可. 欲不待可得, 所受乎天也, 求者從所可, 所受乎心也. ……心之所可中理, 則欲雖多, 奚傷於治! 欲不及而動過之, 心使之也. 心之所可失理, 則欲雖寡, 奚止於亂! 故治亂在於心之所可, 亡於情之所欲."

적인 사회표준과 법칙인 '예의문리禮義文理'나 '예의법도禮義法度'가 포함되어 있다. 이를 인식하는 것이 '지'이다. "그러므로 앎이란 오직 도를 논하는 것일 뿐이다"[26]라고 말한 것이다. 도는 지의 객관적인 표준이다. 이렇게 감정과 욕망은 있고 없음이나 많고 적음의 문제가 아니라, 어떻게 도로써 이끌 것인가 즉 어떻게 합리적인 인식을 가지고 이끌 것인가의 문제일 뿐이다. 그러나 여기에서 말하는 '합리적 인식'이란 전적으로 정치사회 윤리에 대한 인식이지, '도덕인성'이나 '자연법칙'에 대한 인식이 아니다.

여기에서 언급되는 욕망과 감정의 관계는 명료하다. 욕망은 감정이 '반응'한 것이고, '감정'의 정도에 따라서 나타나며 '정욕'이라고 칭할 수 있지만 바꿀 수도 제거할 수도 없다. 단지 '계도'하고 '절제'하며 '제어'할 수 있을 뿐이고, '도'의 궤도에서 운행할 수 있도록 해야 하는 것이지, 욕망의 많고 적음에 달려 있는 것이 아니다. 그러나 본성의 문제는 복잡하다. '화성기위'를 위해서는, 그리고 본성을 개조하기 위해서는 악한 것을 선한 것으로 변화시켜야 한다. 그러나 본성과 정욕은 근본적으로 연결되어 있기 때문에 인간의 본성을 완전히 개조하기 위해서는 정욕의 문제를 해결하지 않을 수 없다. 이 점에 대해 순자는 어떤 이론도 내놓지 못했고, 따라서 후대 유자들의 비판을 받게 되었다.

여기에서 볼 수 있듯 「예운」편에서 욕망을 '칠정'의 하나로 보고 "식욕과 성욕이 인간의 가장 큰 욕망이다"[27]라는 관점은 순자의 사상과 일치하는 면이 있다. 순자와 「예운」편은 모두 욕망을 감정과 관계시키거나 감정의 욕망으로 보았으며, 또는 욕망 자체를 곧장 감정으로 보았다. 그리고 예를 통해 이것을 계도하고 통제할 것을 주장했다. 그러면서도 욕망

---

26) 『荀子』, 「正名」, "故知者, 論道而已矣."
27) 『禮記』, 「禮運」, "飮食男女, 人之大欲存焉."

의 근본적 정당성을 결코 부정하지 않는 점까지 순자와 「예운」편은 공통점을 보인다. 그러나 「예운」편은 본성의 선악의 문제에 대해서 논하지 않은 반면, 순자는 성악설을 제기하여 문제를 좀 더 복잡하게 전개했다. 다만 순자는 성악을 주장하면서도 오히려 정욕을 부정하지 않고 본성을 개조할 것을 주장했으며, 어떠한 종교적 금욕주의적 주장도 하지 않았다. 이는 맹자의 '성선론'과 구분되며 또 서양의 초기 기독교의 성악설과도 구분된다. 순자의 이론은 확실히 독특한 면모가 있다. 본성과 감정과 욕망의 관계에서 가치판단의 갈등이 발생하는 것은 인간의 사회성과 동물성 사이의 갈등을 반영한 것이라 할 수 있다.

감정과 욕구의 문제에서 도출된 이치와 욕구의 문제는 비록 선진시대 문헌에서부터 나타났지만, 이것이 중요한 화제로 떠오른 것은 송명 성리학 시대의 일이다. 송명 유가는 감정과 이치 감정과 본성의 문제에 있어서 대체적으로 통일론자들이었지만, 욕망과 리(이성)의 관계에 있어서는 서로 다른 관점을 보이면서 명말청초에 이르는 수백 년의 긴 시간 동안 격렬한 논쟁을 벌였다. 이는 그들이 이치와 욕망의 문제가 가진 매우 중대한 이론적·실천적 의미를 인식했고, 따라서 이것을 진지하게 대면해야 할 문제로 받아들였음을 의미한다. 기나긴 논쟁의 과정에서 감정이 시종 중요한 위치를 점했다는 것에는 의심의 여지가 없다.

가장 먼저 이치와 욕망의 관계 문제를 제기한 것은 『예기』의 「악기」편이다. 여기에서는 다음과 같이 말했다.

> 인간이 태어나면서부터 잠잠한 것은 타고난 본성이요, 대상에 감촉하여 움직이는 것은 본성이 원하는 것이다. 대상에 이르면 지각이 그것을 알게 된 후에 호오가 나타난다. 호오가 안에서 절도가 없고 지각이 밖에서

유혹되면 자신을 돌아볼 수 없게 되어 천리는 곧 없어진다. 무릇 대상은 끊임없이 주체에게 다가오는데 주체의 호오에 절도가 없으면 대상이 이르렀을 때 주체는 대상에 의해 변화되게 된다. 주체가 대상에 의해 변화되면 천리를 멸하고 인욕을 추구하게 된다.[28]

「악기」편이 「예운」과 다른 점은 인성에서 '천리'를 논증하여 인성이 곧 '천리'이며, 따라서 사회적 '예'가 아닌 인성의 '천리'가 인욕을 주재하는 것으로 인식했다는 점이다. 「악기」편이 '천리'가 무엇인지에 대해 설명하고 있지는 않지만, 그것에 도덕적 의미가 있다는 것은 분명하다. 이는 하늘이 부여한 본성이 도덕상에서 가장 선한 이치임을 밝힌 것이다. 「악기」편에서는 비록 예와 악을 함께 논하기는 했지만 대부분 음악이론을 논했다. 「악기」는 음악의 생성에 대해, 이것이 인간의 마음에서 나와서 대상에 감촉하며 마음속에서 움직이고 소리로 형성되어 이로 말미암아 음악이 생겨난다고 보았다. '인간의 마음이 움직임'이란 주로 감정에 관해 말한 것이다. 「악기」는 슬픔·즐거움·기쁨·분노·외경·사랑의 여섯 가지 감정을 끌어내어, 감정에 따라 각기 다른 표현과 소리가 나와서 저마다의 음악이 만들어진다고 말했다.

여섯 가지 감정이 비록 본성이 아니고 '대상에 감촉한 후에 움직이는 것'이기는 하지만 이들은 '인간이 태어나면서부터 잠잠한' 본성과 아무 관련이 없는 것은 아니다. 오히려 반대로 감정은 '본성이 원하는 것'이다. 여기에서 감정과 욕망은 하나로 결합된다. 만일 호오와 같은 감정이 없다면, 대상에 감촉하여 움직이는 욕망도 발생할 수 없다. 대상에 감촉하여 마음

---

28) 『禮記』, 「樂記」, "人生而靜, 天之性也, 感於物而動, 性之欲也. 物至知知, 然後好惡形焉. 好惡無節於內, 知誘於外, 不能反躬, 天理滅矣. 夫物之感人無窮, 而人之好惡無節, 則是物至而人化物也. 人化物也者, 滅天理而窮人欲者也."

속에서 움직이는 것을 감정이라 하고, 대상에 감촉하여 밖으로 반응하는 것을 욕망이라 한다면 욕망은 감정의 표현일 뿐 감정과 어떠한 구별도 없다. 문제는 본성과 정욕이 동정의 관계라는 것이다. '인간이 태어나면서부터 잠잠한' 즉 대상에 감촉되어 움직이기 전에는 본성이었다가, 대상에 감촉되어 움직이면 그것이 감정이며 욕망이다. 이는 『중용』에서 말한 '미발이발'과 서로 비슷한 점이 있다. 다만 『중용』은 전적으로 주체의 측면에서 이 문제를 논하여 '발현함'이라는 글자에 강조점을 두었지만, 「악기」는 주체와 객체 혹은 내외의 관계 측면에서 논하여 '감'이라는 글자에 강조점을 두고 있다. 『중용』은 '이발'이 어떻게 '중절'과 '부중절'이 되는지에 대해서는 논하지 않고 '미발'과 '이발'의 관계를 논하는 것에 치중했고, 「악기」는 본성과 감정 그리고 욕망의 관계에 대해서 논하지 않고, '대상에 감촉하여 움직임' 이후에 대상의 유혹에 쉽게 이끌려서 '인욕을 추구하고' '천리를 멸하게' 되는 문제를 논했다. 『중용』과 「악기」의 논의는 각각의 강조점이 다르고 결론도 다르지만, 모두 감정을 중심 내용으로 한 것이다.

「악기」는 음악의 문제를 집중적으로 논한 것으로, 유가 음악이론을 다룬 주요 문헌 가운데 하나이다. 음악은 감정의 문제이다. 따라서 미학의 문제이기도 하다. 그렇다면 여기에서 천리와 인욕을 구별하고 이 둘을 대립시키려고 한 이유는 무엇일까?

천리를 '인간이 태어나면서부터 잠잠한' 선한 본성으로 본 것은 인간 본성에 선천적 도덕성의 의미를 부여한 것이다. 이는 『중용』의 학설로 회귀한 것이면서 맹자와 동일한 전통에 속하는 것으로, 순자와는 구별되는 것이다. 「악기」는 인간의 감정이 대상에 감촉되어 마음속에서 움직인 후 외물의 유혹에 이끌려서 천리를 멸할 수 있다고 보았다. 그래서 「악기」는 예와 악의 교화 작용을 매우 중시했다. 이는 순자에 의해 발전된 부분일 수도 있다. 그러나 「악기」에서 말한 '하늘이 부여한 본성'은 이미 형이상학화한 천리이며, '인욕'은 완전히 물질화되어 물욕으로 변화된 것이다. 만약 마음에 절제가 없다면 천리와 인성의 실현은 순탄할 수 없게 된다. 따라서 이런 상황에서 도덕인성을 유지하기 위해서는 '인욕'을 부정해야 하며, 천리와 인욕의 대립은 피할 수 없는 것이 된다.

'천리'와 '인욕'의 대립에서 감정은 매우 미묘하게 작용한다. 어찌 보면 감정은 인간 본성이 '움직인' 것인데, 음악에서의 희노애락 등은 인심의 고유한 감정이다.

무릇 소리가 일어나는 것은 인간의 마음으로부터 나오는 것이다.[29]

음악은 '인간의 마음' 즉 감정에서 발생하는 것이지 다른 곳에서 발생하는 것이 아니다. 따라서 음악은 감정을 표현하는 것이자 감정의 존재를 증명하는 것이다. 감정은 당연히 타고난 본성과 분리될 수 없다. 그러나 본성은 '잠잠한 것'이고 감정은 '움직이는 것'으로, 성정의 관계는 동정의 관계일 뿐 다른 구별이 있지 않다. 인간 본성이 비록 잠잠한 것이기는 하지만 움직이지 않을 수 없다. 움직이지 않으면 영원히 실현될 수 없다. 인간 본성이 움직인 것이 감정이다. 이 둘은 당연히 통일되어 있다. 그러나 달리 보면 인간 본성은 반드시 '대상에 감촉된' 이후에 움직인다. 만일 외부 대상과 만나서 감촉이 발생하지 않는다면 움직임이라 말할 것도 없게 된다. 여기에서 관건은 '대상에 감촉됨' 즉 외물과의 관계에서 발생하

---

29) 『禮記』, 「樂記」, "凡音之起, 由人心生也."

는 접촉이다. 그러나 문제는 바로 여기에 있다.

여기에는 '지知'의 문제도 있다. 그러나 「악기」에서 말하는 '지'는 순자가 말하는 지와 완전히 같은 것은 아니다. 「악기」에서 말하는 '지'는 대체로 '감지感知'나 '지각知覺'을 가리킨다. '대상이 이르면 지각이 그것을 안다'(物至知知)에서 '지각'은 감지와 지각의 능력을 가리키고, 뒤의 '안다'는 대상에 접촉되어 느껴지는 감각이나 지각 즉 지각의 내용을 가리킨다. 이는 인식의 문제를 논한 것 같아 보이지만, 여기에서 주로 말하고자 하는 바는 인간의 인식이 아니라, '대상에 감촉되어 움직이는 감각 즉 감정활동이다. 감정활동이 대상과 관계를 맺을 때 욕망이 발생한다. "대상이 이르면 지각이 그것을 알게 된 후에 호오가 나타난다"에서 호오의 감정은 외부 대상에 감촉되어 생겨난 것으로, 지각능력이 있고 난 후에 나타나는 것이다. 그러나 이것은 반드시 외부 대상에 감촉한 '지각의 내용'이 있고 난 후에야 실현될 수 있다. 이것이 소위 '나타난다'(形)는 것이고, 이는 이미 욕망의 문제인 것이다. 만약 '절제함이 있으면' 이것은 천성과 부합하겠지만, '절제함이 없으면' 바로 '주체가 대상에 의해 변하게' 된다. 이는 외부 대상에 의해 변한 것으로, 외물에 의해 변화되고 대상을 좇아서 움직이는 지경에 이른 것이니, 바로 '천리를 멸하고 인욕을 추구하는 것'이다. 욕망은 비록 감정에서 나왔지만, 물질적 대상을 그 존재의 조건으로 두는 것이기 때문에 외부 대상에 의해 쉽게 변하게 된다. 이때 감정의 '절제함'과 '절제하지 못함'은 핵심적 문제가 된다.

따라서 천리와 인욕의 문제에서 가장 중요한 것은 여전히 감정이다. 「악기」는 비록 '인간이 태어나면서부터 잠잠한' 본성을 논했지만, 본성은 움직이지 않을 수 없으며 움직이면 감정이 된다. 그러나 감정은 반드시 '대상에 감촉된' 이후에 움직인다. 대상에 감촉되어 움직이면 이것이 바로 욕망이다. 이는 피할 수 없는 일이다. 본성은 감정을 통해 실현되고 욕망은 감정으로부터 나온다. 주체와 대상이 관계를 형성하게 되면 주체가 대상에 의해 변화되거나 대상이 주체에 의해 변화되는 문제가 발생한다. 이 문제를 해결하기 위한 관건은 감정을 절제할 수 있는지 아닌지의 문제이지, 본성의 유무나 본성이 대상에 감촉되는지의 여부가 아니다. 「악기」에서도 주체성에 대해 논했는데, 절제함과 절제하지 못함의 문제는 곧 주체 실천의 문제이며, 이는 인간이 스스로 결정하는 것이다. '인간이 태어나면서부터 잠잠한' 본성이 도덕주체이기는 하지만 그것이 감정의 움직임에 절도가 있는지의 여부는 보장될 수 없으며, 욕망에 대해서는 더욱 자주성을 가지지 못한다. 이렇게 볼 때 인간 주체성의 많은 부분은 감정을 통해 설명될 수밖에 없다. 현실적으로 인간은 감정적 주체이기 때문이다. 지각 혹은 지성의 능력의 측면에서 말하자면, '지'는 진정한 주체성을 의미한다. 그러나 '지각'의 활동 여부는 전적으로 대상에 의해 결정된다. 이는 '대상에 의해 이끌린 것'이지 '마음속에서 주재한 것'이 아니다. 따라서 지각은 오히려 욕망과 많은 관계를 맺고 있다. 이것이 바로 「악기」에서 이치와 욕망을 구별하는 요체이다.

송명 성리학의 시대에 이르러 『중용』의 '미발이발', 「악기」의 '동정', 『주역』「계사」의 '적감'(잠잠히 움직임이 없다가 감촉되면 천하의 이치에 모두 통함), 그리고 『상서』에서의 '인심도심'(道心人心) 등은 유가가 감정과 인성의 문제를 논함에 있어 핵심적인 범주와 개념이 되었다. 감정과 욕망의 관계에 대한 문제 역시 이러한 범주와 개념의 틀 안에서 제기되었다.

제3절 '생生'의 문제에서 말하는 본성과 감정 그리고 욕망

'인간이 태어나면서부터 잠잠함'(人生而靜, 이하 인생이정)의 문제부터 논의를 시작해 보자. 초창기 성리학에서 중요한 위치에 있으면서 존경을 받았던 정호는 「악기」에서 나온 이 말에 대해 크게 흥미를 느꼈을 뿐만 아니라, 이에 대한 자신의 견해를 피력하기도 했다. 그는 본성이 바로 생이며, 생이 바로 본성이어서, 생명(生)을 부여받았다는 측면에서 본성을 논하자면 리理만 말하고 기氣를 말하지 않을 수 없다고 보았다. 만약 오직 형이상학적 리로만 본성을 논한다면 이는 진정한 본성이 아니므로 본성과 기를 함께 논해야 한다고 생각했다.

타고남(生) 그것을 성이라 한다. 성은 곧 기요 기는 곧 성이니 이것을 타고난 것이라 말한다. 인간이 태어남에 기를 부여받고 그에 해당하는 리에는 선과 악이 있다. 그러나 성 안에서 원래부터 선과 악 두 가지가 있어 대립하고 있는 것이 아니다. 어려서부터 착한 사람이 있고, 어려서부터 악한 사람이 있는 것은 부여받은 기가 그렇기 때문이다. 선善은 실로 성이라 할 수 있지만 악 또한 성이라 말하지 않을 수 없다. 대개는 타고난(生) 것을 성이라 하는데 '인생이정' 그 너머는 말할 수 없지만, 일단 성이라 부를 때는 이미 성이 아니다. 사람들이 성이라고 말하는 것은 '끊임없이 이어 가는 것이 선'이다. 맹자가 성선을 말한 것도 바로 이것이다. 무릇 '끊임없이 이어 나가는 것이 선'이라고 하는 것은, 마치 물이 흘러 아래로 내려가는 것과 같다.······ 맑고 흐림이 비록 같지 않아도 흐린 물을 물이 아니라고 말할 수는 없다. 이와 마찬가지로, 사람도 마음을 맑게 다스려 나가는 힘을 기르지 않을 수 없다. 그러므로 힘씀이 빠르고 용감하면 빠르게 맑아지고, 힘씀이 느리고 게으르면 느리게 맑아진다. 그러나 물이 맑아짐에 이르러서는 둘 다 원래 처음의 물이 될 뿐이다. 맑음을 바꾸어 흐리게 해서는 안 되며, 또한 흐린 것을 취해서 한 쪽에 내버려 두어서도 안 된다. 물이 맑다는 것은 성이 선하다는 것을 말한다. 그러므로 선과 악은 성에서 대립해 있다가 각각 나오는 것이 아니다. 이러한 이치가 천명이니, 따르고 거스르지 않는 것이 도요, 이를 좇아 닦아서 각각 자신의 자리를 찾아가는 것이 교敎이다.[30]

이 대목에서는 여러 문제가 제기되었다. 정호는 본성만을 언급하고 있지만, 그 안에는 감정과 욕망의 문제가 모두 포괄되어 있다. 왜냐하면 정호가 말한 본성은 바로 타고난 것(生)이며, 타고난 것은 단순히 이치(형이상자)의 문제뿐 아니라 기(형이하자)의 문제도 지니고 있다. 타고난 것은 이치이면서 또한 기이기도 하다. 기가 없으면 타고난 것이라고 할 것도 없고 또한 본성이라 할 것도 없게 된다. 그래서 "본성은 기이고 기는 본성이니 이를 타고남이라 한다"고 했던 것이다. 감정이 본성의 '움직임'이라는 견해에서 본다면, '본성은 기이고 기는 본성이다'라는 말은 사실상 '본성은 감정이고 감정은 본성이다'로 번역할 수 있다. 이는 완벽하게 성립하는 말이다. 타고난 것과 감정의 관계는 아주 밀접하다. 성리학자들은 보편적으로 천지는 '낳음'(생)을 마음으로 삼는다고 보았는데, 장재나 정이, 주희도 모두 이러한 견해를 지녔다. 그러나 천지의 마음은 오직 인심으로 실현되니, 인심의 차원에서 천지지심天地之心을 말했을 때에야 비로소 의미가 있다. 그렇지 않으면 천지지심이나 하늘의 마음이 무엇인지

---

30) 『二程遺書』1, 56쪽, "生之謂性. 性卽氣, 氣卽性, 生之謂也. 人生氣稟, 理有善惡. 然不是性中元有此兩物相對而生也. 有自幼而善, 有自幼而惡, 是氣稟有然也. 善固性也, 然惡亦不可不謂之性也. 蓋生之謂性, 人生而靜以上, 不容說才說性, 時便已不是性也. 凡人說性只是說繼之者善也. 孟子言人性善是也.……淸濁雖不同, 然不可以濁者不爲水也. 如此則人不可以不加澄治之功. 故用力敏勇則疾淸用力緩怠, 則遲淸及其淸也. 則却只是元初水也. 亦不是將淸來換却濁, 亦不是取出濁來置在一隅也. 水之淸則性善之謂也. 故不是善與惡, 在性中爲兩物相對各自出來. 此理天命也, 順而循之, 則道也, 循此而修之各得其分, 則敎也."

논할 방법이 없게 된다. 이는 정호가 "하늘은 위에 있고 땅은 아래에 있으며 인간은 가운데 있다. 인간이 없으면 천지를 볼 방법이 없다"[31]고 한 것과 같다. 인간이 천지의 마음을 얻어 자신의 마음으로 삼을 때, 이 인심은 다름 아닌 측은지심과 같은 감정이다. 왜냐하면 마음은 형이상자이기만 한 것이 아니라 동시에 형이하자이며 활동하고 지각하는 것이기 때문이다. 이는 감정의 활동에서 그 존재를 표현한 것이기 때문에 타고난 것에서 본성을 말함과 동시에 타고난 것에서 마음을 말하고 감정을 말한 것이다. 이 점은 정호의 학설에서 아주 명확하게 드러난다. 그는 이렇게 말했다.

> 천지운행의 법도는 그 마음으로 만물을 두루 살피면서도 무심하고, 성인의 법도는 그 감정으로 모든 일을 순리에 맞게 처리하면서도 무정하다.[32]

이는 타고난 것에서 마음을 말하고 타고난 것에서 감정을 말한 것이다. 주지하다시피 타고난 것과 감정은 분리될 수 없으니, 이는 마치 하늘과 인간을 분리시킬 수 없는 것과 같다.

바로 이 때문에 '인생이정' 너머는 말해서도 안 되며 또한 말할 수도 없는 것이다. 여기에서 '그 너머'는 인생 '이전'을 말하는 것이 아니라 인생의 '위' 즉 형이상의 차원을 말하는 것이다. 만일 형이상의 차원에서 본성을 말한다면, 이것은 '이미 본성이 아니게 된다.' 왜냐하면 본성은 본래 인간이 태어난 이후 부여받은 기와 분리될 수 없기 때문이다. 그렇다

---

31) 『二程遺書』 11, 8쪽, "天位乎上, 地位乎下, 人位乎中. 無人則無以見天地."
32) 『二程文集』, 卷2, 「答橫渠先生定性書」, "夫天地之常以其心普萬物而無心, 聖人之常以其情順萬事而無情."

면 선악의 문제 또한 인성 가운데 있을 것이고 욕망의 문제 또한 인성 안에 있을 것이다. 욕망도 선한 것이 있고 악한 것이 있다. 정호는 이에 대해 명확한 태도를 표명하지 않았다.

정호가 비록 '인생이정' 그 너머는 말해서도 안 되며 또한 말할 수도 없다고 보았지만, 그렇다고 그가 '인생이정' 이상은 아무런 의미가 없어서, 그러한 영역이 철회되어야 한다고 본 것은 결코 아니다. 그는 형이상학의 문제에 대해서 '침묵'을 지킨 것이 아니라 형이상과 형이하(성과 기)가 분리될 수 없다는 입장을 취한 것이다. 정호는 정이와 주희 등과 마찬가지로 형이상에 대해서 논하는 것을 좋아했다. 이 점에 있어 성리학자들 중에는 예외가 없다. 다만 논하는 방법이 같지 않았을 뿐이다. 정호가 '인생이정' 이상의 본성을 말할 수 없다고 보았던 까닭은, '인생이정' 이상의 본성이 독립적으로 존재할 수 없으며 따라서 독립적인 의미가 없기 때문이었다. 본성은 구체적이고 또한 살아 움직이는 것이다. 말할 수 있는 본성이란 바로 그런 구체적이고 살아 움직이는 본성이다. 이것이 바로 '끊임없이 이어 나가는 것이 선'[33]이다. 이 말은 『주역』「계사」의 말이며, 비록 본성을 말하는 것이기는 하지만 여기에는 우주론적 의미가 담겨져 있다. '잇는다'는 것은 무엇을 잇는다는 것인가? 『주역』「계사」를 쓴 사람의 입장에서 보면, 이는 천도天道와 천덕天德을 계승하는 것이다. 구체적으로 말하면 천지의 '생생生生'의 덕을 계승하는 것이다. 이것은 곧 인간의 선한 본성이다. 정호는 『주역』「계사」의 말을 인용하여 맹자의 성선설을 해석했던 것이다. 이는 분명 맹자학설에 우주론적 근거를 제공한 것이다. 또한 동시에 '인생이정' 이상을 비록 말할 수는 없지만, 이는 거기에 어떠

---

33) 『周易』, 「繫辭上」, "繼之者善也; 成之者性也."

한 의미도 없다는 말이 아니라 그곳이 바로 인간 본성의 근원이 위치한 곳이라고 말해 준 것이다. 이것이 바로 정호가 내놓은 '생명'(生)에 대한 우주론 학설이다.

사실 천도나 천덕은 근본적으로 '생명'의 문제와 관련되어 있는 것으로, 생도生道와 생리生理이다. 그렇기 때문에 천도와 천덕은 생의 과정에서 실현되어 나오는 것이기는 하지만, '생'은 단순히 형이상학의 문제가 아니다. '생'은 구체적이고 완전하며 또한 살아 움직이는 것이다. 따라서 정호는 '생'을 특별히 중시하고 이를 거듭 강조하고 논했다. 그리하여 본성과 감정, 그리고 욕망이 나누어질 수 없다는 특색 있는 주장을 제시했다.

낳고 낳는 것을 일러 역이라 한다. 이것은 하늘이 도가 되는 이유이다. 하늘은 다만 낳음을 도로 삼는다. 그리고 이를 잇는 것이 생명의 이치인 선이다.[34]

'낳음을 도로 삼는다'는 식의 설명은 매우 특별하며, 또한 아주 의미 있는 것이다. 낳음은 곧 생명이 부단히 생성되고 창조되는 것으로 이는 끊임없이 낳고 낳으며 쉼이 없는 연속의 과정이다. 낳음을 도로 삼는다는 말은 도(즉 이치)가 영원히 그치지 않는 과정이며, 생도와 생리를 계승하여 선을 이룰 수 있다는 의미일 뿐만 아니라, 더 나아가 생도와 생리가 선을 향한 목적 생성적인 것이라는 의미이다. 즉 목적성을 지니고 있다는 말이다. 정호는 어째서 사람들에게 "오직 낳는 것이 어떠한가를 이해해라"[35]라고 말했는가? 그 이유는 바로 인간의 생명과 의미, 그리고 가치가 모두

---

34) 『二程遺書』 2상, 109쪽, "生生之謂易. 是天之所以爲道也. 天只是以生爲道. 繼此生理者, 卽是善也."
35) 『二程遺書』 7, 37쪽, "只理會生是如何?"

'생'이라는 한 글자 안에 담겨 있기 때문이다.

'이 생리를 계승하는 것이 선'이라고 한다면, 이 말은 본원 혹은 목적적 의미에서 인간의 본성이 선하다고 말한 것이다. 인성이 선하다면, 악은 또 어디에서 오는 것인가? 밖에서 온 것인가? 정호는 다른 성리학자들과는 완전히 같은 해석을 제시하지는 않았다. 그는 "인간은 기를 받아 태어나매, 그에 해당하는 이치에는 선과 악이 있다"[36]고 말했다. 선은 당연히 본성이지만 악 또한 본성이라 말하지 않을 수 없다. 특히 주의할 것은 그가 말한 악은 기의 측면에서만 말한 것이 아니라 리의 측면에서도 말한 것이라는 점이다.

일에는 선도 있고 악도 있지만, 이는 모두 천리이다.[37]

이렇게 본다면 천리에는 선만 있는 것이 아니라 악도 있다. 선과 악은 모두 천리 속에 들어 있는 것이다. 이는 악의 자연적 합리성을 긍정한 것은 아니다. 만일 그렇다고 한다면 사람이 '악을 버리고 선을 도모'할 필요가 있겠는가 하는 문제가 생기게 된다. 이러한 주장은 천리의 절대적 선한 본성을 근본에서부터 흔들며, 천리를 정말 자연주의적 대상으로 보아 악이 없을 수 없다고 여기는 것처럼 보인다.

만물이 저마다 다른 것은 만물의 실정(情)이 다르기 때문이다.[38]

---

36) 『二程遺書』 1, 56쪽, "人生氣稟, 理有善惡."
37) 『二程遺書』 2상, 29쪽, "事有善有惡, 皆天理也."
38) 『二程遺書』 2상, 29쪽, "物之不齊, 物之情也."

이는 인간을 포함한 만물에 내재된 개체적 다양성에 대한 직접적인 언급이다. 확실히 독창적인 면도 있고 개체성에 대한 인식도 담겨 있다. 그러나 한번 고려해 보아야 할 것은 여기에서 말한 '정情'은 실정이나 정황으로 이해될 수도 있지만, 감정으로 이해될 수도 있다는 점이다. 그러나 '생'의 철학에 입각해서 보면 이를 감정의 의미가 더욱 두드러진다.

그러나 이것은 문제의 한 측면일 뿐이다. 다른 측면에서 볼 때 선악은 두 사물처럼 서로 대립하고 있는 것이 아니다. 즉 선과 악이 대립하여 동시에 존재하는 것은 아니다. 인간의 성정은 구체적이고 다양하며 개성이 있다. 그 중에는 선도 있고 악도 있다. 이들 모두는 당연히 천리 안에 있어야 할 것이다. 다중인격 장애를 가진 환자를 제외한 정상인의 경우 상호 대립적인 두 가지 성정이 동시에 존재한다고 말할 수 없다. 그러나 인간 본성의 근본적 근원 즉 '자연'의 본성 차원에서 말하자면, 정호는 인간 본성이 선한 것이라고 혹은 선을 지향하는 것이라고 인정했다.

천하의 선과 악은 모두 천리이다. 악이라고 하는 것이 본래부터 악이었던 것은 아니다. 그것은 단지 과하거나 부족한 것일 뿐이다.[39]

'과하거나 부족함'은 '중'에 대해서 말한 것이며, 또 '치우침'에 대해서 말한 것이다. 자연의 중절함으로부터 치우쳐 있으면 그것이 곧 악이다. 그리하여 선은 본래 있는 것이고, 악은 본래 있는 것이 아니라는 점을 말한 것이다. 그러나 어떻게 말하든 간에, 악은 천리 바깥에 있는 것이 아니다. 반대로 말하자면 천리가 언제나 선인 것은 아니다. 바로 이 지점에서 정호의 넓고 크며 섬세하고 깊은 사상적 윤곽이 드러난다. 그의 이

---

39) 『二程遺書』 2상, 11쪽, "天下善惡皆天理. 謂之惡者, 非本惡. 但或過或不及便如此."

러한 사상은 여느 유가들처럼 편협하고 교조적인 것이 아니었다.

정호는 물이 흘러가는 것으로 성정을 비유하고, 이것으로 선과 악의 관계를 설명했다. 여기에서도 그의 기본적인 성향을 엿볼 수 있다. 본성과 감정의 관계는 곧 본성과 기, 혹은 본성과 생의 관계와 같다. 정호는 이를 명확하게 구분하지는 않았다. 그렇다면 정호에게 있어 감정과 욕망은 어떤 관계를 가지는가? 정호는 이 부분에 대해 거의 언급은 안 했지만, 위에서 언급한 것에 비추어 볼 때 욕망은 본성과 감정이 본래부터 가지고 있는 것이라는 점에서 본성의 선악과 같다. 욕망의 선악 역시 당연히 천리 가운데 있는 것이므로 욕망은 모두 악하기만 한 것은 아니다. 오히려 '자연'의 본성이라는 측면에서 욕망을 말하자면, 그것은 분명 선한 것이라고 해야 할 것이다.

제4절 본성-감정-욕망의 종적 구조

정호는 감정과 욕망(欲)의 문제에 대해 직접적으로 말하지 않았지만 주희는 이 관계를 더욱 명확하게 밝혔다. 주희도 본성과 감정 그리고 욕망의 관계를 물이 흘러가는 것에 즐겨 비유했다. 이는 분명 정호와 관련이 있다. 다만 정호는 이를 범주화하고 개념화하여 분석하는 것을 싫어한 반면 주희는 마땅히 이를 분석해야만 한다고 보았다. 주희는 다음과 같이 말했다.

> 본성은 움직이지 않는 것이고, 감정은 이미 움직인 것이다. 마음은 움직이지 않는 것과 이미 움직인 것을 포괄한다. 무릇 마음이 움직이지 않으

면 본성이 되고 움직이면 감정이 된다. 이것이 바로 마음이 본성과 감정을 통어한다는 말이다. 욕망은 감정이 발동해서 나온 것이다. 마음이 물이라면 본성은 물이 잠잠한 것과 같다. 감정은 물이 흐르는 것이고 욕망은 물이 일으키는 물결과 같다. 물결에는 좋은 것도 있고 좋지 않은 것도 있다.[40]

이는 주희의 기본 관점을 드러낸 것으로, 본성과 감정 그리고 욕망의 관계에 대한 그의 기본적인 이해이자 정의이다. 이러한 이해와 정의는 송명 이후 감정과 욕망의 관계에 대해 유가가 채택한 기본 전제가 되었다.

본성의 문제를 제외하고(이 문제에서 주희와 정호는 서로 같은 점이 있지만 다른 점도 있다. 여기에서는 이 문제를 자세하게 다루지 않는다.) 감정과 욕망의 관계에 있어서 주희의 설명은 분명 정호의 뜻에 부합한다. 특히 '욕망은 감정이 발동해서 나온 것이다'라는 말은 둘 간의 관계를 아주 명확하게 설명해준다. 그 이전에도 학자들이 이 문제에 대해서 논할 때, 이런 부류의 언급이 있기는 했었지만 이렇게 명확하게 설명된 적은 없었다. 이 설명에 근거해 다시 말하자면, 감정은 인간 본성을 실현할 뿐만 아니라 욕망을 규정한다는 점에서도 매우 중요하다. 이것은 성리학의 형이상학적 논의들을 차치하고서더라도, '인간'의 문제에서 본성·감정·욕망의 구성이 인간 생명에 있어서 가장 중요한 기본적 관계이며, 감정이 이 관계에서 중심적인 위치에 있음을 말한 것이다.

본성이 비록 본원적인 것이고 감정을 규정하는 것이기는 하지만, 본성은 결국 '형이상'이며 잠재적이며 아직 실현되지 않은 것이다. 진정 본

---

40) 『朱子語類』 5, 71쪽, "性是未動. 情是已動. 心包得已動未動. 蓋心之未動則爲性, 已動則爲情. 所謂'心統性情'也. 欲是情發出來底. 心如水, 性猶水之靜. 情則水之流, 欲則水之波瀾. 但波瀾有好底, 有不好底."

성을 설명하고자 한다면 오직 감정을 통해서 할 수밖에 없다. 왜냐하면 감정만이 형이하적·현실적·구체적인 것이기 때문이다. 욕망은 분명 더욱 물화物化되고 구체화가 된 것일 뿐만 아니라 대상을 가진 것이다. 그러나 그것은 감정에서 나온 것이라는 점에서 감정에 의해 규정된 것이라고 할 수 있다. 이로 보건대 감정의 지위와 작용이 매우 중요하다는 것에는 의심의 여지가 없다.

감정은 본성이 드러난 것이고 욕망은 감정이 드러난 것이라면, 감정과 마찬가지로 욕망 또한 인간에게 없어서는 안 되는 것이다. 또한 감정이 나쁜 것이 아닌 것처럼 욕망 또한 나쁜 것이 아니다. 이 또한 주희의 기본 관점이다.

> 천리와 인욕에는 많고 적음의 차이가 있다. 천리는 본래 많으며, 인욕 또한 천리 안에서 나오는 것이다. 비록 인욕이라 하더라도 인욕에는 본래 하늘의 이치가 있다.[41]

본성과 감정 그리고 욕망의 통일을 주장하는 학설에 근거해서 보면, 인욕이 천리에서 나오거나 혹은 인욕 가운데 본래 천리가 갖추어져 있다는 주장은 논리적으로 완전히 타당하다. '인심도심'논쟁에서도 이 점을 살펴볼 수 있을 것이다.

『상서』에서는 이렇게 말했다.

> 도심은 아주 은미隱微하고 인심은 아주 위태로우니 오직 정밀히 하고 오

---

41) 『朱子語類』 13, 16쪽, "天理人欲分數有多少. 天理本多, 人欲便也是天理裏面做出來. 雖是人欲, 人欲中自有天理."

직 한결같이 함으로써 진실로 그 중절함을 지켜야 한다.[42]

이 네 마디는 후대 유가철학의 중요한 문제가 되었으며, '인심도심'논쟁을 낳았다. 이정 형제는 모두 '인심'이 인욕을 가리키고, '도심'이 천리를 가리키는 것으로 보았다. 그러나 정호는 인욕이 좋은지 나쁜지 그리고 필요한 것인지 불필요한 것인지에 대해 언급하지 않았다. 다만 다음과 같이 말했다.

> '인심은 위태로우나' 인욕이다. '도심은 아주 은미하나' 천리이다. '오직 정밀히 하고 오직 한결같이 함'은 도심에 이르는 것이고, '진실로 그 중을 지킴'은 도심을 실천하는 것이다.[43]

그러나 '아주 위태롭다'는 말에는 위험의 의미가 포함되어 있고, '아주 은미하다'는 말에는 정미함이나 미묘함의 뜻이 포함되어 있다. '아주 위태로움'의 '인심'이 인욕이라면, 인욕은 의문의 여지없이 위험성이 있는 것이다. 그러나 위험성이 곧 악인 것은 아니다. 다만 그 정도가 넘어서면 악이 될 가능성이 충분히 있다는 것이다. 그래서 정호는 인욕이 악이라고 말하지는 않았다. '오직 정밀히 하고 오직 한결같이 함'은 지知의 영역이다. 말하자면 "지가 지극해지면 거기에 이른다"[44]는 것이다. '진실로 그 중을 지킴'은 실천의 영역으로 중도를 지켜 실천함을 가리킨다. '중의 이치가 지극하다'[45]는 말은 정호가 '중'의 도리를 아주 중시했음을 알려 준다.

---

42) 『尙書』, 「大禹謨」, "人心惟危, 道心惟微, 惟精惟一, 允執厥中."
43) 『二程遺書』 11, 103쪽, "人心惟危, 人欲也; 道心惟微, 天理也. 惟精惟一, 所以至之; 允執厥中, 所以行之."
44) 『周易』, 乾卦, 「文言」, "知至至之, 可與幾也; 知終終之, 可與存義也."
45) 『二程遺書』 11, 63쪽, "中之理至矣."

정이는 욕망을 없애고 이치를 보존할 것을 분명하게 주장했다.

'인심'은 사욕이기에 위태롭다. '도심'은 천리이기에 정미하다. 사욕을 멸하면 천리가 밝아진다.[46]

정이는 확실히 '이치를 보존하고 욕망을 멸함'의 논의를 정식으로 제기한 인물이다.

많은 사람들은 주희가 정이를 계승했으며, 전적으로 정이의 학설을 발전시킨 인물로 인식했다. 그래서 정주학程朱學이라는 호칭을 사용한다. 물론 많은 부분에서 그렇다고 인정되는 바이지만, 주희가 전적으로 정이를 계승 및 발전시켰다고 볼 수 없는 몇몇 부분이 있다. 바로 '인심도심'의 문제에서 주희는 정이의 입장에 동의하지 않았으며 오히려 정이를 비판했다. 이는 작은 문제가 아니다. 왜냐하면 '인심도심'의 구분은 성리학에서 매우 중요한 문제이기 때문이다.

주희는 '인심도심'이 지닌 의미와 그들 간의 관계에 대해 전면적으로 기술했다. 그는 '인심'을 뭉뚱그려서 인욕으로 규정하는 것에 반대했다. 그는 특히 '인심'을 인욕으로 보고서 그것을 없애라고 한 것에도 동의하지 않았다. 설령 인욕이라 하더라도 나쁠 것이 없다는 것이다. 이는 그가 감정에 대해 말한 논리와 일치한다. 그가 명확하게 감정을 '멸'할 수 없는 것이라고 본 이상 감정이 발출되어 나온 욕망 역시 당연히 없앨 수 없는 것이다. 이렇게 본성과 감정 그리고 욕망이 하나로 통일이 되어야 비로소 인간 본성을 확실히 확보할 수 있다. 그렇지 않으면 인간 본성은 온전하지 않게 되어, 위만 있고 아래는 없게 될 것이다. 주희 철학은 상하를 모

---

46) 『二程遺書』 24, 9쪽, "人心私欲, 故危殆; 道心天理, 故精微. 滅私欲, 則天理明矣."

두 고려한 것이다.

도심은 도리를 지각하는 것이며, 인심은 소리·색·냄새·맛을 지각하는
것이다. 인심이 모두 좋지 않은 것은 아니니, 만약 인심이 모두 좋지 않
다면 (성인이) 단지 위태롭다고 말하는 것에 그치지 않았을 것이다. 무
릇 인심은 쉽게 악한 곳으로 달려가기 때문에 '위태하다'는 표현을 쓴
것이다. 만약 전부 좋지 않다면 모두 잘못될 것이니 어찌 위태함에만
그치겠는가? '위危'는 위태로움이다. '도심은 오직 은미하다'는 것은 미묘
함이고 또 은미해서 보이지 않는 것이다. 만약 도심이 천리이고 인심이
인욕이라고 말한다면 도리어 두 개의 마음이 있는 것이다. 인간에게는
다만 하나의 마음이 있으나, 도리를 지각하는 것이 도심이고 소리·색·
냄새·맛을 지각하는 것이 인심이니 그처럼 많은 것이 아니다. '인심이
인욕이다'라는 말은 병폐가 있다. 비록 상지上智라도 이것이 없을 수 없
으니 어찌 인심이 모두 옳지 않다고 말할 수 있겠는가? 육자정이 사람들
에게 해 준 말도 마치 두 마음이 있는 것처럼 들린다. 도심과 인심은
본래 하나이지만 지각하는 바가 같지 않을 뿐이다.[47]

이는 마음의 지각 측면에서 말한 것이다. 마음의 발출이라는 측면에
서는 다음과 같이 말했다.

도심은 의리에서 나오는 것이며, 인심은 인간의 육체에서 나타나는 것
이다. 비록 성인이라도 인심이 없을 수 없으니, 굶주리면 먹고 목마르면

---

47) 『朱子語類』 78, 93쪽, "道心是知覺得道理底, 人心是知覺得聲色臭味底. 人心不全是不好, 若
人心是全好底, 不應只下箇危字. 蓋爲人心易得走從惡處去, 所以下箇危字. 若全不好, 則是
都倒了, 何止於危? 危, 是危殆. 道心惟微, 是微妙, 亦是微味. 若說道心天理, 人心人欲, 卻是
有兩箇心! 人只有一箇心, 但知覺得道理底是道心, 知覺得聲色臭味底是人心, 不爭得多. '人心,
人欲也', 此語有病. 雖上智不能無此, 豈可謂全不是? 陸子靜亦以此語人. 非有兩箇心. 道心人
心, 本只是一箇物事, 但所知覺不同."

마시는 것 같은 일이다. 비록 소인이라도 도심이 없을 수 없으니 남을 불쌍히 여기는 마음이 그러하다. 그러나 성인은 인심과 도심에 있어서 정밀하게 선택하고 철두철미하게 지킬 수 있는 것뿐이다.[48]

'마음의 지각'과 '마음이 발동해 나오는 것'이란 다른 각도에서 설명한 것일 뿐이다. 지각은 마음의 기능과 작용 즉 마음의 활동이라는 측면에서 말한 것이다. 마음이 발동해 나온 것이란 마음의 존재 측면에서 말한 것이다. 의리는 마음의 존재(본체적 존재)이며, 인간의 육체는 인간의 형체적 존재이다. 마음은 형체를 떠나서 존재하지 않는다.(이는 체용의 문제와 관련된다. 주희는 이에 대해 여러 차례 설명했지만, 형이상자를 體로 보기만 한 것은 아니다. 여기에서는 이 문제를 논하지 않겠다.) '미발이발'의 측면에서 말하면, '도심'과 '인심'은 모두 '이발'이지 '미발'이 아니다.(이 점은 조선의 퇴계 이황이 명확하게 논했으며, 더 이상 군더더기가 없다.) 마음은 하나이지 두 개가 아니다. 이는 주희가 명백하게 말한 것이지만, 어떤 사람들은 주희가 말한 인심과 도심이 인간에게 두 마음이 있다고 한 것이라고 생각한다. 이것은 오해이다. 보다 중요한 문제는 마음이 하나이냐 둘이냐가 아니라, 주희가 일관되게 논했던 바와 같이 마음의 본체는 본성이자 리이고, 그 작용이 바로 감정이며, 욕망은 감정에 포괄되어 있다는 것이다. 이 말을 잘 살펴보면, '도심'은 의리에서 나오고 이 역시 감정을 가리킨다는 것에는 어떠한 문제도 없다. 그러나 그는 '인심'이 인간의 육체로부터 나온다고 했다. 이것은 어떻게 이해해야 할까?

　여기에서 직접적으로 연결되는 것은 마음과 육체와의 관계에 대한 문

---

48) 『朱子語類』 78, 195쪽, "道心是義理上發出來底, 人心是人身上發出來底. 雖聖人不能無人心, 如饑食渴飲之類; 雖小人不能無道心, 如惻隱之心是. 但聖人於此, 擇之也精, 守得徹頭徹尾."

제이다. 주희와 성리학자들의 통상적인 주장을 보면, 마음이 발출해 나온 것이란 감정을 가리켜서 한 말이다. 왜냐하면 감정은 본성의 움직임이자 본성의 드러남이기 때문이다. 마음은 본성과 감정을 '통어'(統)한다. 그러므로 마음이 드러났다는 것은 곧 본성이 드러났다는 것이다. 그렇다면 '성리'를 제외하고 인간에게 별도의 본성이 있을 수 있을까? 이는 초기 맹자의 성론과 밀접한 관계가 있다. 주지하듯이, 맹자는 '사단'이 '확충'된 것을 본성으로 보았지만 어떤 경우는 '사단'을 본성으로 보았다. 맹자는 이렇게 말했다.

> 형색(형체와 얼굴 모습)은 천성이지만 오직 성인이라야 능히 형체대로 실천할 수 있다.[49]

'형색'은 형체와 신체를 가리키는 말이다. 이는 인간의 천성이다. 주지하듯이 유가는 인간의 육체적 측면이 인간 본성의 중요한 내용 혹은 구성부분임을 부정하지 않는다. 이는 서양의 영혼-육체 이원론과 완전히 구분되는 지점이다. 주희는 이러한 부분에 대해서도 수용한다. 그는 맹자의 이 구절을 설명하면서 이렇게 말했다.

> 인간은 형체와 얼굴을 지녔고 각각 자연의 이치를 지니지 않음이 없으니 따라서 천성이라고 한다.[50]

이는 형체적 존재로서의 인간이 '자연'의 '생리'를 지니고 있으니, 이

---

49) 『孟子』, 「盡心上」, "孟子曰: 形色, 天性也; 惟聖人, 然後可以踐形."
50) 『孟子集注』, 「盡心上」, "人之有形有色, 無不各有自然之理, 所謂天性也."

것 또한 인간의 '본성'이라는 말이다.

유가가 의리지성을 더 중시하고 형색지성을 그다지 강조하지 않았다고 말한다면 이는 정확한 말이지만, 그렇다고 유가가 형색지성을 인정하지 않았다고 한다면 이는 잘못된 말이다. 형색지성이라는 것은 각종 동물적이고 감성적인 욕망을 포괄한다. 이에 대해 맹자는 다음과 같이 말했다.

입이 좋은 맛을, 눈은 아름다운 용모를, 귀는 아름다운 소리를, 코는 좋은 냄새를, 사지가 편안함을 좋아하는 것이 본성이기는 하지만, 여기에는 명命이 있으니 군자는 이를 본성이라 하지 않는다. 부자 관계에서의 인과 군신 관계에서의 의와, 주빈 관계에서의 예와 현자에게 있어서의 지와 천도에 있어서의 성인은 모두 명이고 거기에는 본성이 있지만, 군자는 이를 명이라 하지 않는다.[51]

여기에서 말한 본성은 인간 본성 또는 '천성'을 가리킨다. 여기에는 문제가 없다. 그러나 여기에서 말한 명命은 비교적 복잡하기에 어느 정도 설명이 필요하다.

유가철학에서 '명'자는 두 가지 차원의 의미를 가진다. 하나는 운명을 가리키는 것으로, 공자가 말한 "죽고 사는 것에는 명이 있고, 부와 귀는 하늘에 있다"[52]에서의 명을 가리킨다. 또 하나는 성명性命의 명을 가리킨다. 『중용』에서 말한 "하늘이 명한 것을 본성이라 한다"[53], 『역전』에서 말한 "이치를 탐구하고 본성을 다함으로써 명에 이른다"[54]와 공자가 말

---

51) 『孟子』, 「盡心下」, "孟子曰: 口之於味也, 目之於色也, 耳之於聲也, 鼻之於臭也, 四肢之於安佚也, 性也, 有命焉, 君子不謂性也. 仁之於父子也, 義之於君臣也, 禮之於賓主也, 智之於賢者也, 聖人之於天道也, 命也, 有性焉, 君子不謂命也."
52) 『論語』, 「顏淵」, "子夏曰: 商聞之矣, 死生有命, 富貴在天."
53) 『中庸章句』, 제1장, "天命之謂性, 率性之謂道, 脩道之謂敎."

한 "오십에 천명을 안다"[55] 등의 경우는 모두 성명의 명을 가리킨다. '죽고 사는 것에는 명이 있다'와 '천명을 안다'에서의 명은 다른 것이다. 전자는 알 수 없는 것으로, 성인이라 하더라도 또한 자신이 언제 죽을지 알수 없다. 그러나 성명의 명은 알 수 있는 것으로, 이것은 자신의 수양과 관련된 문제다. 유가가 중시한 것은 후자이지 전자가 아니다. 여기에는 의문의 여지가 없다. 위에서 인용한 맹자의 '명이 있다'에서의 명은 운명의 명을 가리켜서 말한 것이다.(명의 학설에 대해서 주희가 일찍이 명확하게 분류해서 밝혀 놓은 것이 있으나 여기에서 다시 기술하지는 않겠다.) '입은 좋은 맛을 좋아한다' 등은 인간의 형색지성에 해당하는 것이다. 그러나 그것을 얻고 못 얻고는 명에 달린 것이지 인간의 의지로 결정할 수 있는 것이 아니다. 또한 어떻게 얻을 것인지 그리고 얼마나 얻을 수 있는지 하는 것 등은 모두 필연적으로 확정된 것이 아니다. 따라서 군자는 이것을 본성이라 말하지 않는다. 여기에서 중요한 것은 이러한 것들이 비록 인간에게서 없을 수도 없고 없애서도 안 되는 것들이지만, 이들은 인간의 도덕성명에 관한 것도 아니며 또한 인간으로서 마땅히 추구해야 할 근본 목적도 아니라는 점이다. 그래서 군자는 이것을 본성이라 부르지 않는다. 물론 그렇다고 해서 이러한 것들이 본성이 아니라는 것은 결코 아니다.

인간은 형색 즉 육체적 존재를 가진다. 또한 당연히 이목구비의 욕망을 지니며 소리와 색, 냄새와 맛에 대한 지각을 가지고 있다. 이는 육체로부터 나오는 것이라 할 수 있다. 이는 모든 인간이 당연하게 가지고 있는 것이니, 이것이 바로 '인심'이다. 유가의 이상적 인격인 성인이라도 '인심'이 없을 수 없다.

---

54) 『周易』, 「說卦」, "窮理盡性至於命."
55) 『論語』, 「爲政」, "五十而知天命."

주희는 "'인심은 인욕이다'라고 한 이 말은 병폐가 있다"고 했다. 이는 분명 정이를 겨냥해서 한 말이다. 주희는 정이를 거의 비판하지 않았다. 왜냐하면 주희 사상의 많은 부분은 분명 정이에서 온 것이기 때문이다. 하지만 이 문제에서만큼은 확실한 입장 차이를 보였다. 그는 자신의 원칙을 견지하기 위해서 정이의 설을 비판하지 않을 수 없었다. 그러나 '인심은 인욕이다'라는 이 말에 어째서 병폐가 있다는 것인가? 주희 본인의 해석에 근거해 보면, '인심'은 '소리·색·냄새·맛을 지각하는 것'이 아닌가? 그리고 소리·색·냄새·맛은 욕망과 관계가 있는 것이 아닌가? 주희가 볼 때, '도심은 천리이고 인심은 인욕이다'라는 설을 따를 경우 마치 도심과 인심이라는 두 마음이 대립하고 있는 것처럼 보이지만, 실제로 인간은 하나의 마음만 지닐 뿐더러 천리와 인욕도 완전히 대립된 것이 아니다. 바로 위에서 인용한 "인욕 또한 천리 안에서 나오는 것이다. 비록 인욕이라 하더라도 인욕에는 본래 하늘의 이치가 있다." 왜냐하면 소리·색·냄새·맛과 같은 것은 인간의 형색지성이며, '저마다 본래 그러한 이치를 가지지 않음이 없는' 천리이기 때문이다. 이는 주희의 일관된 주장이다. 주희는 자기 학설의 일관성을 견지함으로써 철학자로서의 풍모를 지켜 낸 것이다.

그러나 인심을 뭉뚱그려서 '인욕'으로 말하지 않았다는 것에는 아직 한 가지 더 중요한 이론적 근거가 있다. 이것은 본성과 감정 및 욕망의 관계에 관한 문제이다. 무릇 마음이 발동한다고 하는 것은 모두 감정을 가리켜서 한 말이다. 이 점은 주희와 정이 모두 일치한다. 정이는 "이미 발했으면 감정이라 할 수 있지 마음이라 할 수 없다"[56]고 말했다. 이 말

---

56) 『二程遺書』 18, 90쪽, "若旣發, 則可謂之情, 不可謂之心."

은 주희가 모두 받아들일 수는 없었을 것이다.(정이 역시 후에 이 말을 수정했다.) 왜냐하면 이미 발한 것과 아직 발하지 않은 것은 모두 마음을 가리켜서 한 말이기 때문에 "이미 발한 것은 마음이라 할 수 없다"라고는 말할 수 없지만 "그것을 감정이라 할 수 있다"고 한 부분에 대해서는 주희도 동의했다. 발하고 발하지 않음은 모두 감정의 차원이라고 말했으니, '인심'을 뭉뚱그려서 인욕이라고 할 수는 없다. 이것이 바로 주희의 이론적 근거이다. 주희는 여러 차례 이 문제를 논했다.

제자가 '인심과 도심'에 대해 물었다. 주희가 말했다. "기뻐하고 화내는 것은 인심이지만, 이유 없이 기뻐하고 기뻐함이 지나쳐서 조절할 수 없으며 이유 없이 분노하고 분노함이 심해져서 막을 수 없는 것은 모두 인심이 그렇게 만든 것이다. 모름지기 마땅히 기뻐해야 할 바에 기뻐하고 마땅히 분노해야 할 바에 분노하는 것이 바로 도심이다." 제자가 물었다. "굶주리면 먹고 목마르면 마시는 것이 인심이 아닙니까?" 주희가 말했다. "그렇다. 그러나 모름지기 마땅히 먹어야 할 것을 먹고 마땅히 마셔야 할 것을 마시는 것을 도심이라고 해야 아무런 문제가 없다. 만약 도천盜泉의 물을 마시고 차래의 음식을 먹는다면 인심이 이겨서 도심이 없어진 것이다."[57] 제자가 물었다. "인심이 없을 수 있습니까?" 주희가 말했다. "어떻게 없을 수 있겠느냐? 다만 도심으로 주재해서 인심이 매 순간 명령을 듣게 할 뿐이다."[58]

---

57) 역자주: 盜泉은 오늘날 산동성 사수현에 있는 물줄기의 이름이다. 의롭지 못한 재산을 비유한 것이다. 嗟來之食은 원래 걸인을 구휼해서 주는 음식을 의미하지만, 후에는 모욕적인 처사를 비유한 표현이 되었다.

58) 『朱子語類』78, 196쪽, "問人心道心. 曰: 如喜怒, 人心也. 然無故而喜, 喜至於過而不能禁; 無故而怒, 怒至於甚而不能遏, 是皆爲人心所使也. 須是喜其所當喜, 怒其所當怒, 乃是道心. 問: 饑食渴飲, 此人心否? 曰: 然. 須是食其所當食, 飮其所當飮, 乃不失所謂道心. 若飲盜泉之水, 食嗟來之食, 則人心勝而道心亡矣! 問: 人心可以無否? 曰: 如何無得! 但以道心爲主, 而人心每聽命焉耳."

기뻐하고 분노하는 것을 '인심'이라고 한 것은 당연히 감정의 차원을 말한 것이다. '인심'과 '도심'의 본래의 의미는 감정을 가리켜서 한 말이다. 왜냐하면 두 가지는 모두 마음이 발한 것이기 때문이다. 다만 전자는 인간의 육체에서 발한 것이고, 후자는 의리에서 발한 것이다. 그러나 인간의 육체 또한 인간 본성(형색지성)이다. 그래서 두 가지는 모두 본성이 발했다고 할 수 있다. 다만 기뻐하고 분노하는 감정이 '중'에 부합하는가? 또는 마땅한 기쁨인가 그렇지 않은가? 마땅한 분노인가 그렇지 않은가의 문제는 '도심'의 문제와 관련된다. '도심'은 오직 의리지성에서 발하는 것이며, 따라서 마땅히 주도적으로 작용해야 한다.

주희가 기뻐하고 분노하는 감정으로 '인심'을 설명하자, 제자는 "굶주리면 먹고 목마르면 마시는 것이 인심이 아닙니까?"라고 질문했다. 이에 대한 주희의 대답은 당연히 긍정이었다. 그러나 '굶주리면 먹고 목마르면 마시는 것'은 사실 욕망을 말한 것이며, 이는 인간의 육체적 측면에서 나타나는 것이다. 이는 생명을 가진 인간으로서는 불가피한 것들이다. 그러나 주희나 유가에서 일반적으로 하는 말을 보면, 욕망은 감정에서 발한 것이며 '굶주리면 먹고 목마르면 마시는' 욕망 또한 감정에서 발한 것이다. '칠정'에도 욕이 있는데, 어째서 욕을 다시 감정이라고 하는가? 여기에서 감정과 욕망을 구분하기는 아주 어렵다. 일반적으로 말해서, '칠정'에서의 욕은 감정적 수요를 가리켜서 한 말이라 할 수 있다. 무엇보다도 감정적 수요와 태도가 있어야 '도달'하고자 하는 욕망이 생긴다. 이는 인간의 욕망을 일반적인 동물적 욕망과 구분한 것이다. 그러나 굶주리면 먹고 목마르면 마시는 것은 무엇보다도 생리적 수요에 의해 규정되는 것이며, 이는 순수 생물적 욕망이라 할 수 있다. 감정이 이러한 생물적 욕망에 대해 어떠한 작용을 가지는지는 분명하지 않으며, 그다지 중요한 작용을 하는 것 같지 않아 보인다. 이에 대해 주희와 유가는 명확한 설명을 내놓지 않았다. 주희가 '굶주리면 먹고 목마르면 마시는 것'으로서의 욕망이 반드시 감정에서 발한다고 보지 않았을 수도, 혹은 이것 자체가 감정에 속한다고 보았을 수도 있다. 그러나 어떠한 경우든 간에 인심은 도심의 지도를 받아야만 한다고 보았다. '도천의 물'을 마시지 않고 '차래의 음식'을 먹지 않는 것은, 생명을 버리더라도 의를 취해야지 생명을 구하기 위해 의를 저버려서는 안 된다는 의미이다. 이는 공자에서 맹자 그리고 주희에 이르기까지 일관되게 견지되는 삶의 태도이다. 그들은 이렇게 해야 비로소 인격의 존엄성을 지킬 수 있다고 생각했다. 바로 이것이 주희의 '인심도심설'의 근본 목적이다.

'도심'이 비록 의리이기는 하지만, 성정의 관계에서 보면 사실 감정을 말한 것이지 본성을 말한 것이 아니다. 이 점은 매우 중요하다. 본성은 감정의 단계에 와서야 실현될 수 있고, '도심'이 의리지성에서 '발동해 나온 것'인 이상 이는 당연히 본성이 아니라 감정이다. 즉 도심은 측은과 수오와 같은 도덕감정을 가리킨 것에 불과할 뿐이다.

> 인간이 굶주리고 목마르고 춥고 따뜻함을 아는 것은 인심이며, 남을 불쌍히 여기고 부끄러워하고 미워하는 것은 도심이다. 이는 하나의 마음이지만 두 가지 모습을 지닐 뿐이다.[59]

이렇게 본다면, '인심도심'은 두 가지 감정, 즉 도덕감정과 자연감정을 말한다. 한편으로 주희는 인심도심설을 통해 인간의 감정을 도덕감정과

---

59) 『朱子語類』78, 198쪽, "曰: 且如人知饑渴寒煖, 此人心也; 惻隱羞惡, 道心也. 只是一箇心, 卻有兩樣."

도덕 외적 감정으로 나누고, 이를 자신의 주요 입장으로 취한다. 이것은 그가 결코 범도덕주의를 벗어나지 않았음을 보여 준다. 그러나 다른 한편으로 그는 "도심이 주가 되어 인심이 그 명령을 듣게 하라"고 주장함으로써 자연감정에 대한 도덕감정의 지도와 지배 작용을 강조했다. 이것은 유가로서의 그의 입장이 선명하게 표현된 것이며, 주희의 감정철학이 결국 도덕철학으로 귀결됨을 말해 주는 것이다.

'인심'이 비록 욕망과 직접 관계를 가지지만, 인심을 뭉뚱그려서 전부 '인욕'이라고 할 수는 없다. 여기에는 중요한 이론적 의미가 있다. 이는 주희가 인간의 자연감정과 욕망의 존재에 대해 전적으로 긍정하는 태도를 유지하고 있으며, 또한 그의 학설이 상당히 관대한 포용성을 지녔음을 말해 준다. 바로 이런 이유로 인심을 곧바로 악으로 귀결시키거나, 인심이 악하다는 의미에서 '인심이 곧 인욕이다'라고 말하는 것에 반대한다.

> 인심은 입이 맛에 대해서 눈이 빛에 대해서 귀가 소리에 대해서 지각하는 것이니, 나쁜 것은 아니지만 다만 위태로울 뿐이다. 만약 이것을 인욕이라고 말한다면 악에 속하는 것이니 어찌 위태롭다고 말하는 것에 그치겠는가?[60]

'위태로움'(危)과 '악함'(惡) 사이에는 아주 큰 간격이 있다. 전자는 다만 위태로울 뿐이지 반드시 좋지 않은 것, 즉 악함은 아니다. 만일 인심이 위태롭다는 의미에서 인심이 곧 인욕이라고 한다면 이는 완전히 필요한 것이지만, 인심이 악하다는 의미에서 인심이 곧 인욕이라고 한다면 이는

---

60) 『朱子語類』78, 211쪽, "人心是知覺, 口之於味, 目之於色, 耳之於聲底, 未是不好, 只是危. 若便說做人欲, 則屬惡了, 何用說危?"

완전히 잘못된 것이다. 이것이 바로 인심에 대한 주희의 기본 관점이자 태도이다. 여기에서 우리는 주희가 이 문제에 대해 왜 불확실하게 논했는지 이해할 수 있다. 예컨대 어떤 경우에는 인심과 인욕의 구별을 견지하고자 하며(앞에서 인용한 것과 같이), 어떤 경우에는 인심과 인욕을 혼재해서 구분하지 않고 있다. 그러나 설령 인심을 곧 인욕이라고 부르는 경우라도 그것이 곧 악하다고는 할 수 없다.

> 물었다. "'인심은 오직 위태롭다'는 구절에 대해 정자께서는 '인심은 인욕이다'라고 말씀하셨는데, 아마 인욕이 아닌 것 같습니다." 말씀하셨다. "인욕도 나쁜 것만은 아니다."[61]

인심이 원래부터 인욕인 것은 아니다. 왜냐하면 인심은 감정에 속하고 인욕은 욕망에 속하기 때문이다. 그러나 둘은 밀접한 관계를 맺고 있어서 욕망은 감정에서 나오고 감정이 욕망으로 드러나기 때문에 인심을 인욕이라고 해도 안 될 것은 없다. 그렇게 인욕이라고 한다 해서 문제될 것은 없다. 왜냐하면 인심과 도심은 본래 하나로, 둘 모두 본성이 드러난 것이기 때문이다. 다만 지각하는 대상이 다를 뿐이다. 그러므로 그 근본에 대해 말하자면 인심과 도심은 모두 좋은 것이다.

그러나 주희는 결국 인심이 위태롭다는 것을 인정하고 이 위태로움을 중시했다. 위태롭다고 했으니, 이것은 쉽게 악으로 흐를 수 있음을 의미한다. 따라서 도심에 의해 조절되고 지도받을 필요가 있다. 이렇게 도덕감정은 도덕이성의 책임을 다해야 하는 것이 된다. 직접적으로 '이성의

---

61) 『朱子語類』78, 192쪽, "問: 人心惟危, 程子曰: 人心, 人欲也. 恐未便是人欲. 曰: 人欲也未便是不好."

법칙'에서 출발한 것은 아니지만, 의리 즉 도덕감정에서 출발해서 인심과 인욕을 지도해 나가야 하는 것이다. 이것이 주희 인심도심설의 주된 특징이다.

인심은 결코 완전히 나쁜 것이 아니기 때문에 그것이 길하다 혹은 흉하다고 말하지 않고 다만 위태롭다고 했다. 대개 육체에서 생겨나서 범범하게 정해진 방향이 없어서 그것이 옳은지 혹은 그른지 알 수 없기 때문에 위태롭다고 말한다. 때문에 성인은 인심을 주로 하지 않고 도심을 주로 한다. 무릇 인심은 의지할 수 없다. 인심은 배와 같고 도심은 키와 같다. 배에 맡기면 정해진 방향이 없게 되지만 만약 키를 잡아서 고정한다면 가고 머무는 것이 나에게 달려 있게 된다.[62]

키는 사람이 잡는 것이다. 배와 키는 사실 도덕이성과 감정 및 욕망의 관계를 비유한 것이지만, 도덕이성이 직접 권능을 행사하는 것이 아니라 도덕감정 즉 '도심'을 통해서 권능을 행사하는 것이다. 이렇게 욕망은 감정의 이중 관할에 놓여 있다. 하나는 욕망 자체는 감정이 발동한 것이므로 '칠정'과 같은 자연감정에 속하는 것에 불과하다. 다른 하나는 욕망은 자연감정과 마찬가지로 도덕감정의 명령을 따라야 하는 것이다. 도덕감정은 의리지성에서 발동한 것이다. 이러한 관계가 있기 때문에 욕망과 감정 그리고 이성이 진정으로 통일되는 것이지 상호 대립하고 충돌하는 것이 아니다.

이는 이성과 감정 그리고 욕망의 관계에 대한 플라톤의 학설과 아주

---

62) 『朱子語類』 78, 190쪽, "曰: 人心亦不是全不好底, 故不言凶咎, 只言危. 蓋從形體上去, 泛泛無定向, 或是或非不可知, 故言其危. 故聖人不以人心爲主, 而以道心爲主. 蓋人心倚靠不得. 人心如船, 道心如柁. 任船之所在, 無所向, 若執定柁, 則去住在我."

유사하게 보인다. 플라톤도 마차의 비유를 들고 있다. 욕망은 말과 같으며 감정은 마차와 같고 이성은 마차를 끄는 사람과 같다. 만일 욕망이 제멋대로 발출되도록 방임한다면, 이는 마치 흥분하여 날뛰는 말을 내버려두어 올바른 방향을 잃는 것과 같다. 감정은 단지 공구일 뿐이며 이성의 통제 하에 있어야 욕망은 비로소 올바른 방향으로 나아갈 수 있다는 것이다. 이는 마치 사람이 말과 마차를 통솔하고 제어하는 것과 같다. 플라톤의 비유에서 이성은 최고의 지위를 부여받으며 주도적인 작용을 한다. 감정은 단지 수동적 도구인 반면 욕망은 원시적 충동이라는 중요한 작용을 지니고 있다. 그리고 이성은 욕망과 감정에 대해 직접적으로 작용하는 존재이다. 그러나 주희의 경우, 비록 그의 비유에 이성과 감정 그리고 욕망의 세 요소가 포함되어 있기는 하지만, 현실의 차원에서 이들의 작용은 오직 감정의 문제 즉 욕망을 포함한 자연감정에 대한 도덕감정(이성 대신에)의 작용으로 드러난다. 이는 아주 독특한 형태의 이론이며, 이성과 욕망이 아직 드러나지 않았을 때는 오직 감정의 활동만 있을 뿐이다. 여기에서 감정의 지위와 작용을 확인할 수 있다, 그것은 결코 수동적인 도구가 아니라 이성과 욕망 사이에 존재하는 중심 연결고리이며 상당한 독립성을 갖추고 있는 것이다.

제5절 천리와 인욕의 대립

주희는 천리天理와 인욕人欲의 관계에 대해 말하면서 '천리를 보존하고 인욕을 없앨 것'을 주장했다. 이는 이론적으로 모순된 것이 아닌가? 이 문제는 상당히 복잡한 것으로, 주희 학설의 '뒤섞여서 명료하지 않은' 부분을 반영한다. 그러나 인심도심설에 나타난 그의 설명 방식에 근거해 보면, 앞뒤가 일치된 결론을 도출할 수 있다. 앞에서 말한 것처럼, 그는 '인심'에 정해진 방향이 없기 때문에 위험성이 있다고 보았다. 만일 주재를 잃고 제멋대로 발출되어 버린다면 '악으로 흐를' 가능성이 있기 때문이다. 일단 악으로 흐른다면 그것은 정말 인욕이다. 이 인욕은 범범하게 인심의 인욕을 가리키는 것이 아니라 악의 의미에서 말한 것이며 '사욕私欲'이라고 칭할 때도 있다. '사욕'은 단순히 개인의 욕망을 가리키는 것이 결코 아니다. 이것은 '천리'와 상대되는 탐욕이며 이것이 바로 악이다. 앞에서도 말했지만 천리는 욕망을 포함하고 있다. 식욕과 색욕 또한 '천리'에서 나온 것이다. 그러나 '자연의 이치'와 떨어져 있거나 이에 위배가 된다면, 그것은 바로 '인욕' 즉 '사욕'이다. 이 둘 사이에는 아주 미묘하지만 '나중에는 크게 벌어질 수 있는' 차이가 있다. '오직 정밀히 하고 오직 한결같이 함'(惟精惟一)의 공부는 이런 문제를 해결하기 위한 것이지만, 그것들 간에 구체적으로 어떤 차이가 있는지 밝히는 것은 아주 어려운 일이다. 그러나 주희가 '사私'라고 하는 글자에는 개인의 '계교計較'의 의미가 담겨 있으며, 조금이라도 '계교'가 있으면 곧 '자연의 이치'가 아니라고 보았다. 예컨대, 식욕과 색욕은 본래 천리에서 나온 것이지만, 어떻게 하면 좋은 것을 먹을까 어떻게 하면 아름다운 상대를 만날까만 계교한다면 이것은 곧 '사욕'이다. 그러나 좋은 것을 먹고 아름다움을 추구하는 것은 인지상정이라 할 수 있다. 또한 계교라고 하는 것이 도대체 어떤 의미에서 좋지 않은 것인지, 그 범위는 정해진 것인가 등에 대해 주희는 언급하지 않았다. 아마도 이러한 문제는 구체적으로 정의 내리기 매우 어려웠을 것이다. 바로 이런 지점에서 주희와 유가가 인간의 욕망에 대해 신중하게 방비하고 경계하고 있음이 드러난다. 이는 당연히 개인의 재화창출 및 행복추구의 내재적 동력에 대한 억제로 이어졌다. 정신적·도덕적 만족감이 물질적 욕구를 대체하고, 인애가 개인적 사랑이나 정분을 대체하는 등의 방식으로 말이다.

천리와 인욕의 문제에서, 육구연과 왕수인 모두 주희의 학설과 구분되는 어떤 것을 주장하지는 못했다. 다만 육구연은 천리가 하늘에 속하고 인욕이 인간에게 속하며 당연히 하늘과 인간은 나누어지지 않는 것으로 생각했다. 육구연이 보았을 때, 인심이 바로 천리이며 인심과 도심은 구분될 필요가 없었다. 다만 인욕만은 마땅히 반대해야 하는 것이었다. 인욕이 어디에서 왔는지에 대한 문제에 있어서, 그는 인욕이 인심 바깥의 외부 대상에 속한 것이라 본 것 같다. 주희는 일찍이 육구연의 학설을 비판한 바 있다. 육구연의 학설을 보면, 무릇 마음에서 나온 것은 모두 좋은 것이라고 하지만 사실 모두 그런 것은 아니다. 우리는 인심도심에 대한 육구연의 학설에서 주희가 지적하고 비판했던 부분을 확인할 수 있다. 즉 육구연은 심에 대해서 나누어 보지 않고, 모두 좋은 것으로 말함으로써 악마저도 외적인 것으로 귀속시켰다. 주희의 관점에서 보았을 때 육구연의 이러한 주장은 사실상 자아수양의 필요성을 부정한 것이었다.

왕수인 또한 천리와 인욕의 대립이라는 관점을 견지했지만, 육구연의 설을 전적으로 취한 것은 아니었다. 그러나 그는 도심은 곧 양지이며 인심은 인위人僞에서 나왔음을 강조했다. 이는 주희가 인욕이 계교에서 나온다고 말했던 것과 아주 비슷하다. 그러나 왕수인은 정이의 '인심이 곧 인욕'이라는 설을 견지함으로써 인심이 인욕과 구별된다고는 보지 않았다.

마음은 하나이니, 인위人僞가 섞이지 않은 것을 도심이라 하고, 인위가
뒤섞여 있는 것을 인심이라고 한다. 인심이 그 바름을 얻은 것이 도심이

고, 도심이 그 바름을 잃은 것이 인심이니, 애초에 두 마음이 아니다. 정자는 '인심은 인욕이고 도심은 천리'라고 했다. 그 표현은 둘로 나누었다는 혐의가 있지만, 그 뜻은 실로 타당하다.[63]

사실 왕수인의 말을 살펴보면, 도심이 곧 양지이며 이는 감정과 지혜를 가리킨다. 도심은 지혜와 감정이 하나가 된 것이고 인심은 양지가 그 바름을 잃은 것이다. 인심이 바름을 잃게 된 까닭은 인위의 개입 때문이니 이는 얽매인 바가 있는 것이다. 따라서 이것은 인욕이 된다. 반대로 말하면, 인심이 그 바름을 얻으면 도심 즉 양지가 된다. 그렇다면 여기에서 말하는 인욕은 도대체 무엇인가? 인심이 곧 인욕이라면 양지가 그 바름을 잃어버리면 인욕이 되고, 인욕이 그 바름을 얻으면 곧 양지가 될 수 있다는 것인가? 이 가설이 성립된다면, 그것은 정말로 분석적이지 못한 주장이다. 왜냐하면 결국 왕수인이 어떻게 주장했든 간에 그는 도심을 양지로 말했을 뿐이며, 인심과 도심 간에는 바르고 바르지 않음의 차이만이 있을 뿐이기 때문이다. 만약 정말 그렇다고 한다면 그가 주장한 뜻은 주희와는 확실히 다르고 심지어 정이와도 다른 것이 되며, 그가 비록 정이의 설에 동의를 표했다고 하더라도 그 실제 함의에서는 미묘한 변화가 발생한 것이다.

정이와 주희의 설을 살펴보면, 인심에 대한 그들의 해석과 평가에는 차이가 있지만 하나의 공통점이 있다. 즉 인심과 도심은 그 가리키는 바가 달라서, 대체로 '도심'은 의리지심을 가리키고 '인심'은 물욕지심을 가리킨다고 보았다는 점에서는 양자의 견해가 일치한다. 그러나 왕수인의

---

63) 『傳習錄』, 卷上, 10쪽, "心一也, 未雜於人謂之道心, 雜以人僞謂之人心. 人心之得其正者卽道心, 道心之矢其正者卽人心, 初非有二心也. 程子謂人心卽人欲, 道心卽天理. 語若分析, 而意實得之."

설을 살펴보면, 인심과 도심이 비록 대립되는 것이기는 하지만 그 가리키는 바는 서로 같은 것 즉 양지일 뿐이라고 한다. 다만 바르고 바르지 않음의 차이로 인해 천리와 인욕의 구별이 있을 뿐이다. 왕수인은 인심을 나눌 수 없음을 강조했는데, 이는 대체로 '바르고 바르지 않음'을 가리켜서 말한 것이다. 주희도 마음은 하나일 뿐이라고 보았지만, 드러나는 모습이 다르기 때문에 인심과 도심의 구분이 있다고 말했다. 왕수인도 마음은 하나이고 이것이 바로 양지이며 여기에는 바름과 바르지 않음의 구분이 있을 뿐 나오는 곳이 다른 것은 결코 아니라고 말했다. 왕수인의 말을 살펴보면, 그는 주희가 마음을 두 가지로 나누어 본 것에 대해 비판한 것이다. 하지만 주희의 설을 살펴보면 마음은 하나이며 그 작용이 같지 않을 뿐이라고 했다. 이렇게 볼 때 주희의 설에는 모종의 '심리분석'적 요소가 포함되어 있다고 할 수 있다.

제6절 정욕의 합리성

유학의 발전 과정에서 인욕의 문제는 점점 더 부각된다. 심지어 후대에는 성리학에 대한 반성과 비판 사조가 나타나는데 이는 주목할 만한 현상이다. 이들이 어떠한 의의를 지녔든지 간에 그들에 대해서는 진일보된 연구가 필요하다. 비록 이런 현상이 과대평가되어 중국 자체의 계몽사조를 이루었다고 주장해서는 안 되겠지만, 그들의 사상에는 확실히 모종의 새로운 요소가 있다.

왕수인 후학 가운데 정욕情欲을 전적으로 긍정했던 인물로 왕기王畿를 시작으로 한 일련의 학자들이 있다. 그중에서도 대표적인 인물로는 이지

李贄와 진확陳確 등이 있다. 이런 점은 문학에서도 나타났다.(명·청 이후 감성이나 감정을 다룬 문학과 이와 연계된 희곡과 시가작품들이 많이 나타났다.) 그러나 사상의 발전이라는 측면에서 보자면, 여전히 도덕이성에 대한 언설들이 중요한 위치를 차지하고 있었다. 감정과 욕망의 문제는 기본적으로 도덕이성의 궤적 안에서 발전했을 뿐이지만, 그래도 새로운 돌파구를 마련하기는 했었다. 우리는 유학 내에서 가장 주목할 만한 이론적인 성취를 이루고 창조적인 견해를 지녔던 두 사상가인 유종주와 왕부지의 학설에서 이러한 돌파구를 확인할 수 있다.

유종주는 마음을 논할 때, 마음이 '낳고 낳음의 주인' 즉 생명의 주체임을 분명하게 말하고 있다. 그는 '생'의 철학에서 출발해서 감정과 욕망을 논했다. 이것은 곧 유가철학의 근본적 출발점이기도 하다.

> 생명의 근간이 지니는 본래 모습이면서 결코 멈추지 않는 것을 욕망이라 한다. 욕망하면서 방종해 버리면 그것은 지나친 것이며 심해지면 악이 된다. 과하지도 않고 부족하지도 않음이 이치이다. 그 이치를 본성이라 부르기도 하고 명이라 부르기도 하고 천이라 부르기도 한다. 욕망을 통해 드러나는 것을 일러 감정이라 하는데 이는 끝없이 변화해 나간다.[64]

유종주는 욕망을 '생명력의 자연스러움'으로 설명했는데, 이는 자연의 생명력을 매우 적극적으로 긍정한 것이다. 이 관점은 이미 왕기가 제시한 것으로, 유종주는 이 관점을 철저하게 계승한 것이다. '멈출 수 없다'는 것은 정지되거나 가로막히지 않는 생명의 힘으로, 생명의 필연적인 충동

---

64) 『劉子全書』, 卷7, 「原旨·原性」, "生機之自然而不容已者, 欲也. 欲而縱, 過也, 甚焉, 惡也. 而其無過不及者, 理也. 其理則謂之性, 謂之命, 謂之天也. 其著於欲者謂之情, 變而不可窮也."

이라고 할 수 있다. 그러나 여기에서 말하는 필연성은 순수 기계론적인 것이 아니다. 즉 유종주가 말하는 필연성은 18세기 서양철학에서 인간을 아주 정교한 기관으로 간주하여 인간 생명 안에 있는 필연성이 단지 기계적 필연성이라고 보았던 것과는 구분된다. 유종주 역시 순수 생물학적인 관점은 아니어서, 생명력의 '자연스러움'이기는 하지만 여타 동물들과는 구별된다. 유종주가 볼 때, 인심은 금수의 마음과는 다르다. 가장 중요한 차이점은 '지나치지도 않고 모자라지도 않는' 성리에 있다. 이는 인간이 자신의 욕망을 제멋대로 내버려 두도록 하지 않는 '어떤' 이성능력을 지녔음을 인정하는 것이다.

문제는 바로 여기에 있다. 인간이 인간일 수 있게 하는 본성으로서의 성리 즉 도덕이성은 욕망의 차원에서 보았을 때 욕망에 과불급이 없도록 하는 것일 뿐이지 욕망의 바깥이나 그 위에 있는 무엇이 아니다. 그는 욕망으로부터 성리를 말했을 뿐, 성리로부터 욕망을 말하지 않았다. 본성에 대한 이러한 도치된 설명 방식은 유학발전사에서 처음으로 나타난 관점의 전환이다. 인간의 도덕이성은 더 이상 형이상학적 본체가 아니라 현실 생명에서의 자연적 합리성이며, 욕망은 인간 생명의 가장 기본적인 요소가 되었다.

감정 또한 욕망을 낳거나 발생시키는 것이 아니라, '욕망을 통해 드러나는 것'이다. 여기에서 말하는 '드러난다'는 것은 왕수인이 말하는 '가로막힘'의 의미가 아니라, 의부依附 즉 붙어 있음의 의미이다. 이는 감정이 욕망에 붙어서, 즉 욕망 안에서 존재하고 표현된다는 의미이다. 유종주가 이미 말했듯이, 감정은 변화무궁하여 어떤 감정에는 욕망이 있고 어떤 것에는 욕망이 없거나 심지어 욕망과 반대되며, 어떤 것은 지금은 욕망이지만 나중에는 반대가 될 수 있다. 그러나 어찌 되었든 간에 유종주는 모든 감정은 욕망을 통해서 표현된다고 보았다. 즉 욕망이 아니거나 혹은 욕망과 반대되는 감정이라도 욕망과의 관계성 속에서 부정적 방식으로 표현된다는 것이다. 이렇게 보자면, 인간의 성정은 욕망이라는 표현방식을 통해 설명될 수 있다.

인심도심설 역시 마찬가지이다. 그는 인심과 도심에 구분이 있다는 관점에 반대할 뿐만 아니라 인심을 도심과 대립시키는 것마저도 반대한다. 그는 오히려 인심에서 출발해서 도심을 설명할 수 있으며, 인심이 가장 기본적이고 도심은 인심 안에 있다고 주장한다. 그는 주희를 비판했을 뿐만 아니라 왕수인 또한 비판했다. 그는 왕수인의 설이 '송나라 유자의 의발'을 전수받은 것에 불과하여, 여전히 송나라 유자들이 가졌던 기존의 인식틀을 벗어나지 못했다고 보았다. '송나라 유자의 의발'에서 가장 중요한 부분은 바로 도심을 선한 것으로, 인심을 악한 것으로 간주하여 도심이 아니면 곧 인심이라는 식의 학설이다. 그러나 유종주가 볼 때, 인심을 떠나서 따로 도심이 있는 것은 아니기에 이것이 아니면 저것이라는 식으로 이 문제를 말할 수 없었다.

> 옛사람들이 인심도심설을 해석할 때, '도심을 주인으로 하고 인심은 항상 도심의 명령을 들어야 한다'고 했으니, 이는 마치 한 몸에 두 마음이 있는 것과 같다. 인심을 떠나서는 따로 도심이 없다. 마치 추위를 알면 옷 입을 것을 생각하고 배가 고픈 것을 알면 밥 먹을 것을 생각하는 것, 이것이 마음의 동체動體이다. 옷을 입어야 할 때 옷을 입고 밥을 먹어야 할 때 밥을 먹는 것, 이것이 마음의 정체靜體이다. 그러나 옷을 입고 밥을 먹을 때의 적당함을 생각하는 것은 옷을 입고 밥을 먹는 것과 동시에 발생하는 것이지, 옷을 입고 밥을 먹을 것을 생각한 다음에 또다시 옷을 입고 밥을 먹을 때의 적당함을 생각하는 것은 아니다.[65]

‘한 몸에 두 마음이 있다’는 것은 주희에 대한 비판이다. 하지만 이 비판이 적절한지의 여부는 응당 별도로 논해야 할 것이다. 그러나 분명한 것은 유종주의 사상이 마음을 나누어 보지 않았다는 점이다. ‘정체’와 ‘동체’는 그의 ‘일체양분一體兩分’설을 구체적으로 적용한 것이다. 동체는 ‘시간적 위치’의 측면에서 말한 것이 아니라 성격과 작용의 측면에서 말한 것으로, 움직이는 중에 잠잠함이 있고, 잠잠한 중에 움직임이 있다고 하는 것이 그것이다. 오직 하나의 마음만이 있을 뿐이어서, 옷을 생각하고 밥을 생각하는 것은 움직임이고 무엇을 입고 무엇을 먹어야 하는지 생각하는 것은 잠잠함이다. ‘동시에 발생한다’고 하는 것은 시간적 선후도, 위치상 차이도 없다는 것이다. 즉 옷을 생각하고 밥을 생각하는 중에 무엇을 입고 무엇을 먹어야 하는지의 도리가 있다는 것이다.

> 도는 마음에서 생기니 이를 도심이라 한다. 이것이 바로 도체에 있어 가장 진실한 것이다.[66]

> 무릇 도는 항상된 것이다. 천지가 항상되듯이 인심 역시 항상된 것이다.…… 항상된 마음이란 무엇인가? 이는 일상의 삶일 뿐이다. 일상의 생활에서 밥 먹고 기거하는 것일 뿐이다.[67]

‘도심’이라는 것은 사실 일상적 삶의 마음이며 밥 먹고 기거하는 일상

---

65) 『劉子全書』, 卷13, 「會錄」, “釋人心道心說, 道心爲主而人心每聽命焉, 如此說是一身有二心矣. 離却人心, 別無道心. 如知寒思衣, 知饑思食, 此心之動體也. 當衣而衣, 當食而食, 此心之靜體也. 然當衣當食審於義理, 卽與思衣思食一時拜到, 不是說思衣思食了, 又要起箇當衣而衣, 當食而食之念頭.”

66) 『劉子全書』, 卷13, 「會錄」, “道其生於心乎! 是謂道心. 此道體之最眞也.”

67) 『劉子全書』, 卷13, 「會錄」, “天道, 常而已矣. 天地大常而已矣, 人心之大常而已矣.……常心者何? 日用而已矣. 居室之近, 食息起居而已矣.”

적 삶의 마음이다. 바꾸어 말하면, 도심은 곧 인심 즉 평상심이다.

'도심'의 세속화와 일상생활화는 유종주가 송명의 형이상학을 '해소'하기 위해 진행했던 작업 중 하나이다. 왕수인에 대한 비판도 이러한 관점에서 진행되었다.

> 선생이 "인심과 도심은 하나의 마음이다"라고 한 것은 지극히 맞는 말이다. 그러나 자세히 살펴보면, 여전히 정주의 시각에 의존하여 부연적으로 설명한 것에 불과한 것이 아닌가 싶다. 맹자는 "인仁은 인간의 마음이다"라고 했다. 인심이란 맹자가 "인간의 마음이다"라고 했을 때의 인심이다. 도심은 '인仁'이라는 글자를 가지고 그것을 생각한 것이니 이 마음은 하나인가 둘인가? 인심은 본래 인간의 마음일 뿐인데 어떻게 그것이 위심(거짓된 마음)이며 욕심이라고 하는 것인가? 감히 그것에 대해 선생께 묻고 싶다.…… "인욕을 없애고 천리를 보존한다"는 말은 그 하나로 족하지 않기에 "지극한 선은 마음의 본체이다"라고 했다. 그러나 이는 사물과 분리된 적이 없기에, 또 "천리의 지극한 곳까지 다한다"고 했다. 마음에 대한 선생의 설명방법은 확실히 송유의 전통을 잇는 것이지만, 선생은 명확하게 마음에 대한 단서를 제공했다.[68]

인심은 보통 사람의 마음이며 보통 사람의 마음은 바로 인이고 양지이며 또한 도심이다. 따라서 인심과 도심은 별개의 것이 아니다. 왕수인은 본래 인심과 도심이 한 마음임을 주장했지만, 도심은 천리가 되고, 인심은 거짓된 마음이나 욕심이 되어 악이 되는 것으로 말했다. 이는 결국

---

68) 『劉子全書』, 卷13, 「會錄」, "先生說人道只是一心, 極是. 然細看起來, 依舊只是程朱之見, 恐尚有剩義在. 孟子曰: '仁, 人心也.' 人心便只'人心也'之人心. 道心卽是仁者, 以此思之, 是一是二? 人心本只是人之心, 如何說他是僞心欲心? 敢以質之先生.……其言: '去人欲, 存天理'者不一而足, 又曰: '至善是心之本體.' 然未嘗離事物, 又曰: '卽盡乎天理之極處.' 則先生心宗敎法, 居然只是宋儒衣鉢, 但先生提得頭腦淸楚耳."

'정주의 시각'이며 또 송유의 전통을 잇고 있는 것이다. 이는 모두 평상심과 분리시켜 양지와 도심을 말했기 때문에 문제가 발생했던 것이다. 의도적이었든 의도적이지 않았든 간에 '밥 먹고 쉬고 기거하는 마음'을 거짓된 마음이나 욕심이라고 말하게 되었고, 이에 따라 '가장 선한 본체'라고 하는 것은 결국 추상적인 허공에 떨어지게 되었다.

인심과 인욕에 대한 유종주의 시각은 확실히 왕수인 후학 발전의 결과이며, 그는 인간을 일상생활에서의 인간으로 환원해서 파악하고 있을 뿐만 아니라, 일상생활에서의 인간이 정욕의 인간이며 정욕이 인간 본성의 본질적 내용임을 밝히고 있다. 그렇다고 그가 도덕인성을 방기한 것은 아니다. 그는 바로 일상생활에서 그리고 인간의 감정인 욕망 차원에서 진정한 도덕주체를 수립하고자 했다. 그는 도심을 인심 위에 놓으려 하거나 두 가지를 대립시켜서 '이것이 아니면 저것' 혹은 주종 관계로 보지 않았다. 그는 인심과 도심을 일체로 만들어서 종으로 취급되던 것을 주인의 위치로 끌어올려서 인간 본성의 완전성과 도덕적 자주성을 실현하고자 했다. 바꾸어 말하면, 도덕이상은 일상생활 밖에 있거나 인정과 인욕 밖에 있는 것이 아니다. 유종주가 처했던 역사적 현실은 그로 하여금 높은 허공에 매달려 있는 천리나 양지는 작용할 수 없으며, 이것들을 반드시 현실 가운데로 끌어들여 '밥 먹고 쉬고 기거하는' 일상 가운데 존재하는 것으로 바꾸어야 마음속에 '나침반'을 위치시킬 수 있음을 몸소 깨닫게 해 주었다. 이러한 전환 속에서 정욕은 비록 나침반까지는 아니더라도 적극적 역할을 부여받아 도덕 문제의 중요한 임무를 담당하게 되었다.

이 시기에는 비판적 의식을 가졌던 사상가들이 다수 등장하여 저마다의 관점에서 유종주와 동일하거나 유사한 학설들을 내놓았다. 이런 현상은 유학 발전의 새로운 단계가 되었다. 황종희는 그의 스승 유종주의 학설을 여러 방면에서 계승 및 발전시켰다. 이러한 논의는 『명유학안』과 『맹자사설孟子師說』에서 많이 등장한다. 이지를 비판했던 고염무까지도 여기에 대해서는 이지와 일치된 관점을 보였다. 이는 개인의 감정과 욕망에 대해 긍정한 것으로, 그는 이 점에 있어서만큼은 다른 사상가들과 비교해 볼 때 오히려 더 멀리 나갔다.

> 인간에게는 개인의 감정이 있으니, 감정은 실로 없을 수 있는 것이 아니다.[69]

인간에게는 개인의 감정이 있기 때문에 개인의 욕망이 있는 것이다. 이는 말하지 않아도 알 수 있는 것이다. 그래서 그는 "온 천하의 개인의 감정이 합해져서 천하의 공이 이루어진다"[70]는 주장을 하면서, 송명 유학자들이 주장한 '공정하기만 할 뿐 개인의 사적인 마음이 없음'이라는 말은 실현할 수 없는 '아름다운 말'이라서 말로만 할 수 있을 뿐이지 실천할 수 없는 것이라고 간주했다.

성리학의 발전 과정 속에서 강한 비판정신을 갖추었던 왕부지는 본성이 감정을 낳고 감정이 욕망을 낳는다는 주희의 학설을 계승하면서 동시에 정욕에 특별히 중요한 의미를 부여했고, 그리하여 성리학 비판 사조 중 또 한 명의 대표적 인물이 되었다.

> 감정은 본성으로부터 받고 본성은 그 근원이 된다. 본성이 감정이 되고 나면 감정 역시 그 근원이 된다. 근원이라는 측면에서는 감정은 필경

---

69) 『言私其獗』, 卷3, 「日知錄」, "人之有私, 固情之所不能免也."
70) 『言私其獗』, 卷3, 「日知錄」, "合天下之私, 以成天下之公."

본성이 만든 것이지만 감정 역시 욕망을 만들어 낸다. 때문에 감정은 본성으로부터 받아서 욕망으로 전달해 준다.[71]

이러한 본성−감정−욕망의 생명구조는 바로 인성학설에 관한 성리학의 기본 노선이며, 성리학 정신의 특징적 성격이 드러나는 지점이다. 이 문제에 있어서만큼은 왕부지는 주자학의 전통을 계승했다.

서양철학과 비교해 보면 유학의 이러한 특징은 더욱 명확해진다. 서양철학은 전체적으로 본성−지성−욕망의 구조로 표현될 수 있을 것이다. 서양철학은 인성을 지성이나 이성 중심으로 설명했다. 지성의 전개는 인식의 활동이며, 인식활동을 통해 지식을 획득한다. 인간에게 있어 욕망의 만족은 바로 지식에 의해 제공된 것에 의지하기 때문에 지식은 기능적 작용을 하며 지식이 많을수록 더욱 욕망을 충족시킬 수 있다. 중국 유가 철학의 경우 감정으로 욕망을 조절하며 감정은 도덕이성의 지배를 받는다. 둘 간의 이러한 차이는 서로 다른 전통을 형성했고, 중국철학과 서양철학 저마다의 특징을 이루게 되었다. 이는 당연히 절대적인 것도 아니며, 중국철학에 본성−지성−욕망에 대한 내용이 없다는 말도 아니다. 그러나 본성−감정−욕망을 위주로 하기 때문에 전자는 후자에 예속된다. (예컨대 '격물치지설'과 같다.) 마찬가지로 서양철학 또한 본성−감정−욕망의 내용이 없다는 말이 아니다. 그러나 본성−지성−욕망을 위주로 하기 때문에 마찬가지로 전자는 후자에 예속된다. 중국철학과 서양철학의 가장 큰 구별은 감정과 지성의 문제에 있어서 서양은 지성에, 중국은 감정에 중점을 둔다는 점이다.

---

71) 『詩廣傳』, 卷1, 「邶風十」, "性受於情, 性其藏也. 乃迨其爲情, 而情亦自爲藏矣. 藏者必性生, 而情乃生欲. 故情上受性, 下授欲."

정호의 '정성定性'설은 사실 감정을 논한 것이다. 왕부지도 '정성'을 말했는데 어떻게 '정定' 즉 자리를 잡을 수 있는가? 감정을 따라서 자리를 잡아야 한다.

감정을 따르면 본성이 자리를 잡을 수 있다.[72]

인성이 바르게 자리 잡게 하려면 감정에서 시작하여 감정의 발전을 따라 자리를 잡게 할 수 있을 뿐이다. 이는 왕부지의 중요한 관점이다. 그러나 감정은 필연적으로 발출되어 욕망이 되니, 때문에 욕망 역시 인성에서 없을 수 없는 것이다. 이 또한 왕부지가 강조한 것이다.

마음이…… 스스로 멈출 수 없음에서 발한 것이 감정이다. 움직이되 스스로 기다릴 수 없는 것이 욕망이다.[73]

'스스로 멈출 수 없음'과 '스스로 기다릴 수 없음'이란 스스로 멈추게 하거나 기다리게 할 수 없다는 뜻이다. 이는 바로 인간 본성이 자아를 실현해 가는 필연적 과정이다. 그래서 그는 인욕이 곧 천리이며, 천리와 인욕은 '함께 행하되 양태가 다른 것'[74]이라는 명제를 내놓아, 인욕이 결코 천리와 대립되는 것이 아님을 말하고 있다.

성인도 욕망을 지니고 있으니, 그 욕망은 하늘의 이치이다. 하늘은 욕망이 없으니 그 이치는 인간의 욕망이다. 배우는 이에게는 이치도 있고

---

72) 『詩廣傳』, 卷2, 「齊風十」, "循情而可以定性也."
73) 『詩廣傳』, 卷1, 「邶風九」, "心……發乎其不自己者, 情也. 動焉而不自待者, 欲也."
74) 『四書訓義』, 卷24, 「孟子二」, "同行異情."

욕망도 있다. 이치를 다하게 되면 인간의 욕망과 합치되고 욕망을 미루
어 나가면 하늘의 이치와 합치된다. 여기에서 볼 수 있듯이 모두가 인욕
을 이루게 되면 하늘의 이치는 크게 하나가 된다. 하늘의 이치가 크게
하나가 됨은 인욕과 조금도 별개의 것이 아니다.[75]

하늘의 이치는 충만히 두루 하므로 인욕과 원래 서로 대립하지 않는다.
이치가 지극해진 곳에서는 인욕이 모두 이치가 아님이 없다.[76]

욕망이 곧 이치이고 소체小體가 곧 대체大體이며 인심이 곧 도심이다![77]

이는 정주학과 다를 뿐만 아니라 맹자와도 다르다. 그는 공개적으로
인욕이 곧 천리임을 주장했다. 유종주와 마찬가지로 왕부지는 성리를 반
대한 것이 아니라 도덕이성을 반대한 것이다. 그리고 인정과 인욕, 색욕
과 식욕, 부와 명예욕에서 도덕이성을 수립 및 완성하고 실현할 것을 주
장했다. 비록 두 사람의 철학적 출발점은 달랐지만 그 결론은 이처럼 일
치했다.

그러나 왕부지가 보기에, 정욕에는 공과 사의 구분이 있으며 이 분별
은 아주 중요한 것이었다. 공적인 욕망은 천리(천리는 성리이다.)에 부합하는
것이며, 사적인 욕망은 천리에 위배되는 것이다. 그는 이러한 의미에서
'인욕을 멸하고 천리(즉 공적인 욕망)를 보존할 것'을 주장했던 것이다. '크게
공정하며 개인 중심적 마음이 없음'(大公無私, 이하 대공무사)은 바로 왕부지가

---

75) 『讀四書大全說』, 卷4, 「論語 · 里仁」, "聖人有欲, 其欲卽天之理. 天無欲, 其理卽人之欲. 學
   者有理有欲. 理盡則合人之欲, 欲推卽合天之理. 於此可見, 人欲之各得, 卽天理之大同; 天理
   之大同, 無人欲之或異."
76) 『讀四書大全說』, 卷6, 「論語 · 憲問」, "天理充周, 原不與人欲相爲對壘. 理至處, 則欲無非理."
77) 『詩廣傳』, 卷5, 「周頌一九」, "欲其理乎! 小體其大體乎! 人心其道心乎!"

제시한 것이다.

> 대공무사한 천리를 받들어 스스로 다스린다면, 사적인 마음은 조금도
> 남김없이 사라짐을 확인할 수 있을 것이다.[78]

도대체 무엇이 공적인 욕망이고, 무엇이 사적인 욕망인가? 이에 대한 그의 설명은 일관되지 못하다. 어떤 때는 '크게 공통됨'(大共)을 공公이라 하여, "식욕과 색욕은 인간에게 있어 크게 공통된 것이다"[79]라고 했다. 이는 인간이라면 누구나 공통적으로 지니는 공통된 욕망을 공이라 한 것이다. 그러나 또 어떤 때는 '사물에 있는 것'과 '자신에게 있는 것'을 공과 사로 나누어 "사물에 있는 것은 천리이며, 자신에게 있는 것은 사욕이다"[80]라고 했다. 타인과 자신, 안과 밖을 공과 사로 구분한 것이다. 또 어떤 때는 '홀로 깨달음'(獨得)을 공이라고 하여, "천하의 공적인 욕망은 이치이다. 사람마다 이 이치를 홀로 깨달았다면, 이것이 곧 공이다"[81]라고 했다. 여기에서 말한 '홀로 깨달음'이란 개인의 개별성이나 독창성을 가리키는 것이 아니라, 각각의 개인이 공적인 욕망을 스스로 깨닫는 것을 가리킨다.(필자는 앞에서 '홀로 깨달음'을 개인만이 독특하게 지니고 있는 것으로 해석했었는데, 이는 사실 정확하지 않다. 왜냐하면 이러한 의미에서는 '공적인 욕망'이라고 말할 것도 없기 때문이다.) 어떤 때는 공적인 욕망도 없다고 보아서 다음과 같이 말하기도 했다.

---

78) 『讀四書大全說』, 卷5, 「論語・雍也」, "卽奉此大公無私之天理以自治, 則私其之心, 淨盡無余, 亦可見矣."
79) 『詩廣傳』, 卷2, 「陳風四」, "飮食男女之欲, 人之大共也."
80) 『讀四書大全說』, 卷5, 「論語・雍也」, "在物者天理也, 在我者私欲也."
81) 『張子正蒙注』, 卷4, "天下之公欲, 卽理也; 人人之獨得, 卽公也."

공적인 이치 즉 공리公理가 있을 뿐 공적인 욕망 즉 공욕公欲이란 있을
수 없다. 사사로운 욕망이 모두 사라지고 천리가 유행하는 것이 곧 공적
인 것이다. 천하의 이치를 얻으면 곧 천하의 욕망을 실현시켜 줄 수 있
다. 그 욕망에 근거해서 남들에게 공적으로 대한다는 것은 있을 수 없는
일이다. 설령 그것이 가능하다 하더라도 그것은 고작해야 도를 어기면
서 백성들에게 영예를 구하는 것에 불과하다. 어떻게 한들 바라는 대로
될 수 없을 것이다.[82]

이렇게 볼 때, '공적인 욕망'은 공허한 명사이며 그 실제의 의미는 '공
리', 즉 도덕이성일 뿐이다.

그렇다면 욕망은 전적으로 '사적인 것'인가? 가령 욕망이 '사욕'이라고
한다면, 욕망에 대해 긍정적으로 말한 왕부지의 모든 언급들은 완전히 의
미를 상실하게 된다. 이는 분명 합당하지 않다. 한 가지 가능한 해석은,
욕망 자체에 대해 공사公私라고 할 것 없이 모든 사람이 욕망을 지니고
있다는 점에서 '공동(共)의 것'이라고는 할 수 있지만, 그것을 '공公적인 것'
이라고는 말할 수는 없다는 것이다. 모든 사람이 공동으로 가지고 있다는
측면에서 인욕이라고 말할 수는 있지만, 사욕이라고 말할 필요는 없다는
것이다. 이러한 욕망이 바로 천리이며, 누군가 말한 것처럼 '천리와 인욕
은 함께 행하되 양태가 다른 것'이다.

이치는 본래 본성으로 나오며, 욕망은 육체 때문에 생기는 것이다.……
천리와 인욕은 함께 행하되 양태가 다른 것이다. 양태가 다르다는 것은
변화하는 모습에 따라 달라지는 것을 의미하고, 함께 행한다는 것은 주

---

82) 『思問錄』, 內篇, "有公理無公欲. 私欲淨盡, 天理流行, 則公矣. 天下之理得, 則可以給天下之欲
矣. 以其欲而公諸人, 未有能公者也. 卽或能之, 所謂違道而干百姓之譽也. 無所往而不稱愿也."

어진 형색에 함께 있다는 것이다.[83]

본성과 육체는 분리될 수 없으며, 마찬가지로 이치와 욕망 또한 분리될 수 없다. 인간의 정욕은 변화하는 가운데 위치하며, 본성 또한 '매일 생겨나고 매일 이루어지는 것'이다. 그러나 모두 '형색' 즉 인간의 육체와 분리될 수 없다. 천리와 인욕을 육체 차원에서 통일하고자 했다면, 이는 소박한 인본주의 학설일 것이다.

그렇다면 공과 사에는 구별이 있는가? 있다면 어떻게 구별되는가? 왕부지의 말을 살펴보면, 욕망 자체에는 비록 공과 사의 구분이 없지만 그 실현에는 '공사公私'가 있다. '공'이란 이치의 공이며 '사'란 이치 없이 사사로움을 이루는 것으로, 그 관건은 이치에 부합하는지의 여부에 달려 있다. 만약 이치에 부합한다면 욕망은 여전히 욕망의 상태이지만 사욕은 아니게 된다. 만약 이치에 부합하지 않거나 이치를 위배한다면 욕망은 여전히 욕망의 상태이지만 사욕으로 변질된다. 욕망 자체는 각양각색이지만 여기에서 공과 사를 나눌 수는 없다. 오직 욕망과 성리의 관계에서만 공과 사를 나눌 수 있을 뿐이다. 여기에서 도덕이성은 결정적 작용을 하지만, 욕망 역시 독립성을 지니고 있다. 감정과 이성의 관계와 마찬가지로 "이치가 없는 감정은 있을 수 있지만, 감정이 없는 이치는 없다."[84] 욕망과 성리의 관계도 이와 마찬가지이다. 또 일반적으로 말해서 욕망과 이치 사이에는 감정이라는 중요한 연결고리가 있다. 감정이 없는 이치와 욕망이 없는 이치는 존재하지 않지만 이치가 없는 감정과 이치가 없는

---

83) 『周易內傳』, 卷1, "天自性生, 欲以形開.……天理人欲, 同行異情. 異情者異以變化之機, 同行者同於形色之實."
84) 『詩廣傳』, 卷1, 「邶風七」, "有無理之情, 無無情之理也."

욕망은 존재한다. 이치가 없는 감정은 곧 사사로운 감정이며, 이치가 없는 욕망은 곧 사욕이다. 사사로운 감정과 사욕은 거부해야 하는 것이다.

유가철학에서 본성과 감정 그리고 욕망 사이에는 특수한 관계가 있기에, 본성은 주로 도덕이성으로 귀결된다. 그래서 인간의 감정과 욕망은 모두 도덕이성의 제약과 지배를 받아야만 한다. 이 점에 있어서는 유종주나 왕부지처럼 비판적 의식을 가졌던 사상가들도 예외가 아니었다. 이는 부정할 수 없는 사실이다. 그들은 감정과 욕망을 도덕이성에서 '해방'시키려 한 것이 아니라, 완전히 독립적 혹은 중립적으로 바꾸려고 한 것이다. 그들은 인욕과 인심의 입장에서 말했던 것이지, 새로운 가치이념을 제시하거나 새로운 이성 원칙을 수립하려고 한 것은 아니었다. 그러나 다른 의미에서 보면, 그들이 계승하고 발전시켰던 덕성 학설은 인간의 감정과 욕망이 '자연법칙'(서양의 '자연법칙'과는 다르다.) 즉 도덕이성과 도덕목적을 준수하면서 발전하도록 만들고자 한 것이다. 이 점은 중요한 의의와 가치가 있다. 이것이 바로 유가철학의 '전통'이며 유학이 유학일 수 있는 이유이기 때문이다.

본성-감정-욕망의 형식에 처음으로 변화를 준 인물은 청대의 대진이다. 그의 지각(知)-감정-욕망의 삼분설은 감정과 욕망의 종적관계를 평행의 횡적관계로 바꿈과 동시에 지각과 감정, 욕망을 구분하고자 한 것이다. 이는 대진이 처음 주장한 것이다. 그는 '혈기심지血氣心知'에서 출발하여 인성을 논하여, 욕망은 혈기에서 나오며 지각은 심지라고 보았다. 그렇다면 감정은 또 무엇인가? 그의 분류법에 따르면, 감정과 욕망은 밀접하며 모두 혈기에 속한다. 결국 지각과 감정 그리고 욕망 모두 인간의 본성이지만 각각 속하는 바가 다르게 된다. 지각의 과오는 '가림'(蔽)에 있고 욕망의 과오는 '사사로움'(私)에 있으니 뒤섞일 수 없다. 그의 삼분설은 사실 지각과 정욕의 이분법설이다. 따라서 그는 어떤 때는 감정과 욕망을 합쳐서 정욕으로 취급하기도 한다. 예컨대 다음과 같다.

정욕이 움직이지 않을 때는 담연하여 과오가 없으니 이를 천성이라 부른다. 천성은 본래부터 천성이고 정욕은 본래부터 정욕이며 천리는 본래부터 천리인 것이 아니다.[85]

정욕은 인간 본성이자 천리이다. 다만 각각 구체적이고 세밀하게 분별을 해야 한다. 이치는 본래 분별을 가리켜서 말한 것이다.

이치란 정욕의 미세한 부분까지 구별해 내서 그것이 이치를 따라 달성되어 각각이 지닌 그 작은 차이에 부합하도록 하는 것을 의미한다.[86]

이는 바로 '자연'과 '필연'의 관계이다. 자연의 정욕과 필연의 이치는 본래 별개의 것이 아니다. 만일 필연에 도덕적 의미가 있다고 한다면, 그것은 자연으로부터 발전해 나오는 것이지 그 반대가 아니다. 그가 말하는 자연은 혈기의 자연으로 실제적이고 감성적이다. 그 속에는 물론 생의 의미도 있다. 그의 '욕망을 좇아 감정에 이른다'(遂欲達情, 이하 수욕달정)는 설은 감정과 욕망의 만족을 인생의 근본 문제로 본 것이다. 이는 명·청 이래 성리학설에 대한 비판적 사상이 고조되었음을 의미한다.

그러나 생의 철학은 여전히 대진 철학의 기본 출발점이다. 그는 생의 철학에 근거하여 도덕적 '선'을 인정했으며, 이는 대진 철학의 중요한 특

---

85) 『答彭進士允初書』, "情欲未動, 湛然無失, 是謂天性. 非天性自天性, 情欲自情欲, 天理自天理也."
86) 『答彭進士允初書』, "理者, 盡夫情欲之微而區以別焉, 使順而達, 各如其分寸毫釐之謂也."

징을 이룬다. 또한 그가 인의예지의 본성을 인정했다는 점 역시 그의 철학에서 빼놓을 수 없는 부분이다. '수욕달정'설의 경우, 생에 대한 유가의 전통적 학설과 구분되는 것은 아니지만, 기존 유가의 형이상학적 본체론의 색채는 확실히 제거되었다고 볼 수 있다.

제10장 감정과 의지

만일 유학 이론에서 감정으로부터 욕망에 이르는 과정이 생명의 가장 기저인 생물성의 차원을 향한다면, 감정에서 의지에 이르는 유학 이론의 또 다른 통로는 생명의 가장 높은 차원, 즉 선과 자유에 도달한다고 할 수 있다. 감정과 의지·지향을 연결시키면 하나의 특수한 의지학설 즉 감정의지학설을 형성할 수 있다. 이는 유학이 가진 또 하나의 특징이다.

중국철학에서는 서양식의 의지론적 철학이 등장하지 않았다. 그렇다고 이것이 중국철학에 의지론이 없었다는 것을 의미하지는 않는다. 중국철학의 의지론은 서양과는 다른 표현 방식을 택함으로써 독특한 특징을 가지게 되었다. 유가는 의意와 지志를 아주 중시했지만, 독립된 의지철학을 형성하지는 못했다. 또한 비록 서양 고대(중세)의 신의 의지나 서양 근대의 자유의지(칸트)나 권력의지(니체)와 같은 것은 없었지만, 감정의 작용, 즉 감정을 기초로 도덕의지를 형성했다. 따라서 의지적 자유의 문제는 곧 인간의 성정性情과 직접 관계되며, 자연목적성과도 관계된다. 이는 천인합일의 모델에서 수립되고 발전되어 온 것이다.

제1절 욕망의 의지(欲望之志)와 도덕의지道德意志

유가는 상제(신)의 존재를 인정하지 않았다. 따라서 상제의 의지 또한 인정하지 않았다. 초기 유가와 묵가의 논쟁에서 묵자는 공개적으로 '하늘의 뜻'을 주장하면서 유가의 공자가 '하늘의 뜻'(天志)을 인정하지 않은 것을 비판했는데 이는 유가 학설의 중대한 약점이었다. 묵자는 유가가 '하늘의 뜻'을 인정하지는 않았지만 '하늘의 명'(天命)은 주장했다고 보았다. 묵자 자신은 천명을 반대하고 '사람의 능력'(人力)을 주장했다.[1] 이는 도대체 어떻게 된 것인가?

사실 묵자가 말한 '하늘'은 최고의 인격신이며, 그리고 묵자가 말한 '뜻'은 상제의 의지이다. 하늘의 뜻이라는 말은 종교적·신학적 문법이다. 묵자의 '겸애설'은 바로 하늘의 뜻에 의거한 것이다. 유가가 말한 하늘의 명, 천명이 하늘의 뜻과 대립되는 것이라면, 천명은 상제의 의지가 아닌 다른 무엇을 가리키는 말일 것이다. 우리가 이미 앞에서도 논했지만, 천명에 관해서 현재 수긍할 만한 설명들은 모두 인격신의 존재를 배제하고 있다. 천명을 운명론적 의미에서 이해했든 아니면 성명론적 의미에서 이해했든 마찬가지이다. 만약 이것을 운명론적 의미로 이해한다면, 명은 바꿀 수도 피할 수도 없는 필연성이 된다. 이 필연성은 신이 준 것이 아니다. 그러나 성명론적 의미로 이해한다면, 명은 인간 본성의 근원이며 많은 유학자들이 말한 "하늘에 있어서는 도가 되고 인간에게 있어서는 본성이 된다"와 같은 것이다. 명은 하늘의 도가 인간에게 부여된 것으로서

---

1) 『墨子』, 卷38, 「非儒上」, "有强執有命以說議曰: 壽夭貧富安危治亂, 固有天命, 不可損益窮達賞罰幸否. 有極人之知力, 不能爲焉. 群吏信之, 則怠于分職, 庶人信之, 則怠于從事, 吏不治則亂, 農事緩則貧, 貧且亂政之本而儒者以爲道敎. 是賊天下之人者也."

여전히 신의 존재와 무관한 것이다. 요컨대, 천명이 하늘의 뜻과 같은 신의 의지와는 무관한 것이라고 한다면, 오직 자연계와 인간의 관계에서만 천명의 의미에 대한 이해를 구할 수 있을 것이다.

운명론의 측면에서 본다면, 명은 자연계의 필연성으로 해석될 수 있을 것 같지만, 이는 순수한 자연인과율을 가리키는 것이 아니라 인간의 생명 존재·생명활동과 직접적인 관계가 있다. 성명론의 측면에서 명은 자연계의 목적성으로 해석될 수 있겠지만, 이는 범신론이나 자연신론의 의미에서의 목적성이 아니라 하늘의 도가 유행하고 끊임없이 낳고 낳는다는 의미의, 그리고 '하늘에 있어서는 명이 되고 인간은 그것을 받아 본성으로 삼는다'는 의미의 목적성이다. 즉 이것은 일종의 자연진화적 목적성을 의미한다. 묵자의 비판은 그 반대 측면에서 이 점을 증명해 준다. 목적적 의미에서 이해하면 왜 인간의 덕성이 좋고 선한 것인지 비교적 쉽게 설명할 수 있다. 왜냐하면 그것은 자연계의 '낳음'이라는 목적성으로부터 규정되었기 때문이다. '낳음' 그 자체는 생명의 목적성을 지니고 있을 뿐만 아니라, 인간이 타고난 덕성 안에서 실현되는 것이다. 이것이 바로 '천명지성天命之性'이다.

따라서 하늘의 의지로부터 인간 도덕의 연원이나 본질을 설명할 수 없다. 의지는 인간의 의지일 뿐이며 아주 강한 주체적 특징을 갖추고 있다. 이러한 의미에서 말하면, 의지는 인간의 덕성을 실현하는 중요한 수단이다.

공자가 말한 '배움에 뜻을 둔다'[2], '도에 뜻을 둔다'는 것은 바로 인간의 의지를 말한 것이지만, 이는 단순히 일반적인 의지만이 아닌, 도덕의

---

2) 『論語』, 「爲政」, "子曰: 吾十有五而志于學."

지와 관계가 있는 것이다. '배움'은 실로 경험지식과 같은 학습을 포괄하는 것이지만 근본 목적은 도를 배우는 것에 있다.

아침에 도를 들으면 저녁에 죽어도 좋다.[3]

선비가 도에 뜻을 두고도 남루한 옷과 나쁜 음식을 수치로 여긴다면, 그런 자와는 함께 의논하기에 부족하다.[4]

군자는 도를 찾지 밥을 찾지 않는다.[5]

이러한 공자의 말을 통해 우리는 '배움에 뜻을 둠'은 '도에 뜻을 둠'의 기초이며, '도에 뜻을 둠'은 '배움에 뜻을 둠'의 목적이라는 것을 알 수 있다. 도의 내용은 아주 광범위하지만, 그 핵심은 삶의 진리에 있다. 공자가 특별히 강조한 것은 인과 지혜와 용기라는 세 가지 덕이다.

군자에게는 세 가지 도가 있지만, 나는 아직 그 어느 하나도 능하지 못하다. 인자는 걱정이 없으며, 지자는 의혹됨이 없으며, 용자는 두려움이 없다.[6]

여기에서 말한 '도'라는 글자는 문법적 구조에서 봤을 때는 동사이지만 동시에 명사의 의미도 지니고 있다. 실제로는 동명사의 구조이다. 동사의 측면에서 말하면 도는 '간다', 즉 '걸어간다'는 의미이다. 하지만 일

3) 『論語』, 「里仁」, "子曰: 朝聞道, 夕死可矣."
4) 『論語』, 「里仁」, "子曰: 士志於道, 而恥惡衣惡食者, 未足與議也."
5) 『論語』, 「衛靈公」, "子曰: 君子謀道, 不謀食."
6) 『論語』, 「憲問」, "子曰: 君子道者三, 我無能焉. 仁者不憂, 知者不惑, 勇者不懼."

반적으로 '길을 가다' 혹은 '길을 걷다'의 의미보다는 실행과 실천의 의미를 지닌다. 명사의 측면에서 보았을 때 '도'는 길, 즉 도로의 의미지만 1차적 의미에서의 도로가 아니라 '도에 뜻을 둔다'는 길, 즉 군자가 응당 추구해야 할 도덕이상이다. 그러나 이 도덕이상은 밖에 있는 어떤 권위로 인해 규정되는 것이 아니라 개인의 내재적 덕성에 의해 규정되는 것이다. 인과 지혜와 용기는 바로 그러한 덕성이다. 인과 지혜와 용기를 가지고 그것을 행하는 것이 곧 군자가 '도'로 삼는 바이다.

'도에 뜻을 둔다'는 것은 곧 도를 실천한다는 것이다. 의지와 실천은 하나이지 결코 나누어질 수 있는 것이 아니다. 이는 외재적 규범을 따라 실천하는 것이 아니라, 내재적 덕성에서 나온 것을 따라 행하는 것이다. 따라서 인간의 의지적 행위는 전적으로 자주적 행위인 것이다. 인간의 덕성에는 본래 인·지혜·용기 '세 가지 위대한 덕성'이 있지만 그 핵심은 인이다. 공자 스스로 그의 학문이 '하나로 관통되어 있다'[7]고 했는데, 이는 인으로 관통되어 있다는 것이다. 바로 그렇기 때문에 인은 마음의 온전한 덕으로 인식된다. 그러나 인은 근본적으로 감정이다. '인자는 걱정이 없다'고 할 때의 '걱정'과 '용자는 두려움이 없다'고 할 때의 '두려움'은 모두 감정의 층위에서 말한 것이지만 서로 반대되는 의미에서 한 말일 뿐이다. 따라서 인과 용기도 모두 감정의 범주에 속하게 된다. 공자가 '인에 있어서 양보하지 않는다'[8]고 한 것은 인자의 용기를 드러낸 것이다. 감정이 덕성의 기본 내용이 되기 위해서는 '자아실현'이 필요하며, 이것은 반드시 의지적 행위로 전환되어야 한다. 바로 의지에서 덕성이 실현되기 때문이다. 이것이 바로 감정과 의지의 기본적 관계이며, 이러한 의지가

---

7) 『論語』, 「里仁」, "子曰: 參乎! 吾道一以貫之."
8) 『論語』, 「衛靈公」, "子曰: 當仁, 不讓於師."

바로 감정의지이다. "내가 인을 원한다면, 바로 인이 이를 것이다"[9]에서의 '원함'(欲)은 바로 의지(의욕)이다. 인은 곧 감정이다. 인과 감정은 상호 전제가 되는 것이다. 하지만 감정은 반드시 밖으로 드러나고서야 인이 되는 것이기 때문에 객관성을 갖추고 있다.

감정은 도덕감정이며 의지는 도덕의지이다. 도덕의지는 인간의 도덕적 인격과 존엄을 나타내는 것일 뿐만 아니라 자주성도 갖추고 있어 손상과 침범을 받을 수 없다. 인간의 '권리'는 침범될 수 있을지 몰라도 인간의 도덕적 '의지'는 결코 침범될 수 없다. 이는 유가의 인문적 가치관이기도 하다. 공자는 말했다.

삼군의 장수를 꺾을 수는 있어도, 한 남자의 의지는 빼앗을 수 없다.[10]

전장에서는 삼군의 장수도 붙잡을 수 있지만, 한 남자 즉 일반 백성의 의지는 결코 빼앗을 수 없다는 것이다. 왜냐하면 의지는 한 인간의 자아확립과 행위에 있어 가장 근본적인 것이며, 또한 자신만의 고유한 것이기에, 다른 사람은 그것을 빼앗을 방법이 없기 때문이다. 이러한 대목들에 근거해 볼 때, 공자가 인간의 의지를 매우 중시했다는 것을 알 수 있다.

의지의 내재적 근거는 도덕감정이지만, 여기에는 개인적 성향이 담겨 있기 때문에 개인의지라고 할 수 있다. 이는 마치 도덕이 개개인의 도덕인 것과 같다. 의지는 천하를 대상으로 이것을 실행하거나 천하와 함께 선을 이루도록 할 수도 있지만, 그것을 실행할 수 없을 때에는 개인 인격의 문제로 남게 된다. 공자의 "나를 써 주면 도를 행하고, 버리고 써 주지

---

9) 『論語』, 「述而」, "子曰: 仁遠乎哉? 我欲仁斯仁至矣."
10) 『論語』, 「子罕」, "子曰: 三軍可奪帥也, 匹夫不可奪志也."

않으면 도를 나 홀로 간직한다"[11]라는 말은 바로 위의 의미를 담고 있다. 맹자가 "뜻을 이루면 백성과 함께하고, 뜻을 이루지 못하면 홀로 그 도를 실천한다"[12], "곤궁해지면 홀로 자기 한 몸을 선하게 하고, 잘 되면 남과 함께 겸하여 천하를 선하게 한다"[13]라고 한 것도 동일한 의미이다. 유가는 분명 자신이 '세상에 쓰이도록' 하기 위해 노력하지만 또 한편으로는 '세상을 바꾸고자' 노력했다. 즉 도덕이상으로 사회를 변화시키며 사람들로 하여금 선을 행하게 하려는 것이다. 유가에는 제도를 통해 사회를 개조하고자 한 이론이 없었다. 맹자는 '탕왕과 무왕의 혁명'에 대해 논하기는 했지만, 사람들의 권리를 어떻게 보호할 것인가와 같은 사회학설을 세우지는 않았다. 유가가 제시하는 '덕치德治'와 '인정仁政'의 학설은 이상적·도덕적 사회정치학설일 뿐 실현 가능성은 결여되어 있다. 그러나 그들은 개인의 '의지의 자유'를 매우 중시했다. '홀로 그 도를 실천'하고 '홀로 자기 한 몸을 선하게 한다'는 것은 흡사 널리 세상을 구하겠다는 정신이 결핍된 것 같아 보이지만, 사실 이것은 인격적 역량과 비판적 정신을 표현한 것이다. 사회철학이 아니라 인간학의 입장에서 본다면 이 의미는 굳이 설명하지 않아도 이해될 수 있을 것이다.

이러한 의미에서 볼 때, 공자의 '마음이 원하는 것을 따른다'[14]나 맹자의 "바랄 만한 것을 일러 선이라 한다"[15]는 말은 사실 도덕의지를 말한 것이며, 자유를 실현하려는 의지적 행위이다. 왜냐하면 그들이 사용한 '욕'이라는 범주는 앞의 「감정과 욕망」 장에서도 설명했던 것과 마찬가지

---

11) 『論語』, 「述而」, "子謂顔淵曰: 用之則行, 舍之則藏, 惟我與爾有是夫!"
12) 『孟子』, 「滕文公下」, "得志與民由之, 不得志獨行其道."
13) 『孟子』, 「盡心上」, "窮則獨善其身, 達則兼善天下."
14) 『論語』, 「爲政」, "七十而從心所欲, 不踰矩."
15) 『孟子』, 「盡心下」, "曰: 可欲之謂善."

로 감성적·물질적 욕망과는 다른 또 다른 종류의 욕망 즉 자유의지이기 때문이다.

공자가 논한 의지론의 대부분은 '의意'가 아닌 '지志'와 관련된 것이다. 그는 오늘날 우리가 말하는 '의지'와 같은 개념을 제시하지 않았다. 이는 마치 맹자가 '감정'과 같은 개념을 제시하지 않은 것과 같다. 그러나 '지志'는 의지를 대표하고, 사단四端은 감정을 대표한다. 여기에는 의문의 여지가 없다. 맹자도 의지를 매우 중시하여 '상지尙志', 즉 '뜻을 숭상한다'는 설을 주장했다.

> 왕자 숙이 물었다. "선비는 무슨 일을 합니까?" 맹자가 말했다. "뜻을 숭상합니다." 왕자 숙이 물었다. "뜻을 숭상한다는 것은 무엇을 말하는 것입니까?" "인의일 뿐입니다. 한 명이라도 죄 없는 사람을 죽이는 것은 인이 아닙니다. 자신의 것이 아닌 것을 취하고자 하는 것은 의가 아닙니다. 어디에 근거해야 합니까? 바로 인입니다. 무엇을 따라 행할 것입니까? 바로 의입니다. 인에 근거하고 의를 따른다면 대인의 일이 갖추어진 것입니다.16)

'뜻'(志)은 바로 의지이다. '뜻을 숭상함'은 바로 의지를 숭상함이다. 이것은 선비라면 응당 해야 할 일이다. 이는 제나라 왕자의 질문에 대한 답변에서 드러난 관점이면서, 동시에 선비의 독립적 의지를 보여 준 것이다. "뜻을 숭상한다는 것은 무엇을 말하는 것입니까?"라는 질문에 맹자는 명확하게 '인의'라고 답했다. 이는 공자가 말한 '도에 뜻을 둠'에 대한 해

---

16) 『孟子』,「盡心上」, "王子塾問曰: 士何事? 孟子曰: 尙志. 曰: 何謂尙志? 曰: 仁義而已矣. 殺一無罪, 非仁也; 非其有而取之, 非義也. 居惡在? 仁是也; 路惡在? 義是也. 居仁由義, 大人之事備矣."

석이기도 하다. '도'는 다름 아닌 '인의'이기 때문이다. 인은 인간이 근거해야 할 것이며 의는 인간이 따라 걸어야 할 길이다. 인간(선비)은 자아확립과 행위에 있어 인의를 제외하고는 달리 할 일이 없다. 인에 근거하고 의에 따라 행하면 대인의 일은 모두 갖추어진다. 여기에서 '뜻을 숭상함'과 '인에 근거하고 의에 따라 행하는' 실천 행위는 완전히 통일된 것이며, 또한 실천을 통해 실현되는 것이다.

맹자의 학설을 살펴보면, 인의는 측은지심과 수오지심으로부터 나오는 것이자 이 두 도덕감정이 확충된 것인데, 여기에서는 다시 인의를 '뜻' 즉 의지로 본 것이다. 그렇다면 우리는 감정과 의지의 관계를 어떻게 이해해야 하는 것일까?

인의는 분명 덕성의 측면에서 말한 것이다. 인의는 바로 인간의 덕성이며, 선천적으로 주어진 것이다. 이는 인간이 태어날 때부터 존귀하다는 것을 의미한다. 측은과 수오의 감정은 심리의 측면에서 설명한 것으로 이는 덕성의 심리적 기초가 된다. 이런 심리적 기초가 없다면 인의의 덕성은 드러날 방법이 없다. 감정은 덕성의 진정한 내용이며, 덕성이 덕성일 수 있는 이유는 감정을 통해서만 설명될 수 있는 것이지 그 반대가 아니다. 이는 유가의 덕성 학설이 순수 형식적 '이념' 혹은 '순수이성'의 학설이나 순수의지철학이 아니라 생명감정에 대한 이론이며, 따라서 그것이 필연적으로 의지적 활동이나 행위를 통해 드러나야 함을 말해 준다. 따라서 그 본질적 측면에서 보면 의지는 감정적 욕구와 완성으로 드러나며 도덕감정을 실천하는 행위로 실현된다. 의지 역시 심리적 기초를 지니며, 의지의 심리적 기초는 바로 도덕감정과 '욕망'이다. 의지의 특징은 인간의 목적성을 드러내며, 최종적으로 어떤 '자유'를 실현하려고 한다는 것이다. 이는 당연히 현대인이 말하는 개인적 자유나 사회적 자유가 아니라, 도덕적 영역에서의 자유의지이다. 이는 공자가 말한 "마음이 바라는 것을 따르더라도 법도에 어긋남이 없다"와 맹자가 말한 "위와 아래가 천지와 함께 유행한다"[17]에 나타난 태도와 같은 것이다. 그러나 의지는 인간의 감성적·육체적 측면 및 그 활동과 상호 관련되어 작용하는 것이지, 육체의 감성적 활동이 의지의 지배를 받는다거나 의지와 육체가 아무런 관계가 없다는 것이 아니다. 또한 육체는 단지 수동적인 작용을 하고, 의지만 능동적인 작용을 한다는 것도 아니다. 이는 "뜻은 기를 통솔하고 기는 뜻을 움직인다"[18]는 맹자의 말에서도 명료하게 확인할 수 있다.

의지가 이렇게 중요한 것이라면, 인간은 의지에만 근거해서 살아갈 수 있을까? 물론 그럴 수 없다. 이는 또 다른 문제, 즉 덕을 세우는 것과 공을 세우는 것의 관계와 관련된다. 고대 중국인들은 '세 가지 사라지지 않을 것'(三不朽)을 말했는데, 가장 첫 번째가 덕을 세우는 것이고, 그다음이 공을 세우는 것, 마지막이 학설(言)을 세우는 것이다. 의지는 덕을 세우는 것과 관련되며 또 가장 고상한 일이지만, 먹고 사는 것은 이것과 별개의 문제이다. 인간은 먹지 않고는 살 수 없다. 먹고 살기 위해서는 일과 능력이 필요하지 의지에만 기댈 수는 없다. 그래서 맹자는 "사람은 이루어 놓은 공으로 먹고사는 것이지 하고자 했던 의지로 먹고사는 것이 아니다"라는 입장에서 의지와 성취를 통일하여 성취 안에서 의지를 실현할 것을 말했지, 고루하게 그저 의지에 기대어 먹고살아야 한다고 주장하지는 않았다.

팽경이 말했다. "목수와 수레 만드는 사람은 일을 하는 뜻이 밥을 구하

---

17) 『孟子』, 「盡心上」, "上下與天地同流, 豈曰小補之哉?"
18) 『孟子』, 「公孫丑上」, "曰: 志壹則動氣, 氣壹則動志也."

려는 것이지만, 군자가 도를 행하는 것도 그 뜻이 먹을 것을 구하려는 것입니까?" 맹자가 말했다. "그대는 어찌 그 뜻을 가지고 따지려고 하는가? 누군가 그대에게 해 준 것이 있어, 먹여 줄 만해야 먹을 것을 주는 것이네. 그러면 그대는 뜻 때문에 먹을 것을 주는 것인가, 공 때문에 먹을 것을 주는 것인가?" 팽경이 대답했다. "뜻 때문에 먹을 것을 줍니다." 맹자가 말했다. "여기에 어떤 사람이 있는데, 기왓장을 깨뜨리고 담에 함부로 낙서를 해 놓고도 그 뜻이 장차 먹을 것을 구하는 것이라고 한다면, 자네는 그에게 먹을 것을 주겠는가?" 팽경이 대답했다. "그것은 아닙니다." 맹자가 말했다. "그러면 자네는 뜻을 따져서 먹을 것을 주는 것이 아니라, 공을 따져서 먹을 것을 주는 것이네."[19)]

의지는 인간에게 있어서 집이나 길과 같이 없을 수 없는 것이다. 그렇다고 군자가 오직 의지에만 기대어 먹고산다고 단정 지을 수도 없다. 군자도 보통 사람처럼 공에 의지해서 먹고살아야 하고 또 일을 해서 먹고산다. 하물며 '덕을 세우는' 학문 역시 구체적인 성취를 통해 드러나야 한다. 선진시대에도 도덕의지와 같은 큰 도리만 논하고, 먹고사는 문제를 해결하지 못하는 유가에 대해 고루하다고 비판하는 사람이 있었다. 맹자는 이런 '실용주의'에 반박하기 위해 위와 같이 말을 한 것이다. 사실 유가적 시각에서 보면, '뜻을 숭상하는 것'과 '공을 통해 먹고사는 것'은 모순되지 않는다. 물론 군자의 공부는 '뜻을 숭상하는 것'을 종지로 삼는다. 그러나 이것으로 먹고사는 문제를 대체할 수는 없다. 이는 마치 철학으로 먹고사는 것을 대체할 수 없는 것과 같다.

공자 시대에도 '지志'와 '의意' 사이에는 구별이 있었다. 공자도 '의意'를

---

19) 『孟子』, 「滕文公下」, "曰: 梓匠輪輿, 其志將以求食也, 君子之爲道也, 其志亦將以求食與? 曰: 子何以其志爲哉? 其有功於子, 可食而食之矣. 且子食志乎, 食功乎? 曰: 食志. 曰: 有人於此, 毀瓦畫墁, 其志將以求食也, 則子食之乎? 曰: 否. 曰: 然則子非食志也, 食功也."

논하기는 했지만, 대부분 주관적 의견이나 추측을 의미했지 의지를 의미한 것이 아니었다. 공자는 '네 가지가 없음'(四毋)을 말했는데, 그 가운데에는 '의도함'(意)이 있다.

> 공자에게는 네 가지가 없었으니, 의도하지 않고, 기필하지 않으며, 고집하지 않고, 자신만을 주장하지 않았다.[20]

공자는 의도함·기필함·고집·자신을 주장함(意必固我) 즉 주관적인 억측과 절대 긍정, 그리고 자기 고집과 이기주의 등 네 가지 사유방식과 태도에 반대했다. 그는 자신의 제자 자공을 평가할 때, "생각하면 대부분 맞췄다"[21]고 말했는데 여기에서 말한 '생각함'(意)의 의미는 바로 추측이나 예측의 의미이다.

그러나 유학의 발전사에서 '의意'의 함의가 점차 변화함에 따라, 도덕의지와 점점 더 밀접한 의미를 갖게 되었다. 『대학』에서 '정심성의正心誠意'가 제기된 이후 '성의誠意'의 공부는 유가 심성수양론의 근본적인 주제가 되었다. 특히 당송 이후 신유가는 반드시 '정심성의'를 언급했다. 이때 '성의'의 '의'는 단순히 의견이나 예측의 의미가 아니라 도덕의지와 직접 관련이 있는 것이다.

『대학』은 "명덕을 밝히고, 백성을 친하게 여기며, 지극한 선에 이른다"[22]는 세 조목의 덕성수양의 강령(삼강령이라고 함)을 제시했다. 그 가운데, 명덕은 밝은 덕성을 가리키며, 이는 곧 심성을 가리킨다. '명덕을 밝

---

20) 『論語』, 「子罕」, "子絶四, 毋意, 毋必, 毋固, 毋我."
21) 『論語』, 「先進」, "賜不受命, 而貨殖焉, 億則屢中."
22) 『大學』, 제1장, "大學之道, 在明明德, 在親民, 在止於至善."

함'은 덕성에 대한 자각적 인식 즉 덕성을 밝혀 드러냄을 말한다. '백성을 친하게 여김'은 인덕을 실제로 베풀어서 사람마다 모두 인덕을 느낄 수 있도록 하는 것이다. '지극한 선에 머묾'은 덕을 닦는 최종 목적, 즉 '지극한 선'의 경지에 이르는 것을 가리킨다. '대학'은 '소학'에 대비해서 말한 것으로, 성인成人의 공부를 말한다. 학문을 할 때, 어려서 소학공부를 마친 후에 대학 교육 즉 성인 교육에 진입하게 되는데, 이때는 마땅히 '삼강령'을 수양의 목적으로 삼아야 했다. 이것이 바로 '덕을 이루는'(成德) 공부이다. 이 목적을 이루기 위해서 『대학』은 '팔조목' 즉 '격물 · 치지 · 정심 · 성의 · 수신 · 제가 · 치국 · 평천하'를 제시했다.23) 이는 비록 귀족 자제의 교육에 관한 것이었지만 보편적인 교육의 의미도 갖추고 있다. 그래서 팔조목은 유가 덕성수양의 중요한 방법이 되었다.

『대학』은 유가의 '내성외왕內聖外王'공부의 이상과 그 이상을 실현할 수 있는 구체적인 방법을 제시했다. 그 중에서 '격물치지'공부는 수많은 논쟁을 야기했다. 현대 신유가에 이르기까지 이 문제를 둘러싼 논쟁은 지속되었다. 특히 모종삼 선생은 『대학』이 외부 지식을 추구하는 공부체계이며 공맹의 도통으로부터 유리된 것이기에 유가의 정통이 아니라고 분명하게 주장했다. 그는 후대의 정이와 주희가 직접 『대학』의 계통을 계승하여 '횡섭橫攝' 계통의 지성학설을 수립하여 유학에서 '별종'(別子爲宗)을 이룸으로써, '종관縱貫'의 심학 계통과 대립한다고 보았다.24)

---

23) 『大學』, 제1장, "古之欲明明德於天下者, 先治其國; 欲治其國者, 先齊其家; 欲齊其家者, 先脩其身; 欲脩其身者, 先正其心; 欲正其心者, 先誠其意; 欲誠其意者, 先致其知; 致知在格物."

24) 역자주: 모종삼은 황종희의 『송원학안』이 주희와 육구연이 각각 정이와 정호를 계승했다고 보았던 관점을 확장해서 맹자에서 정호(명도), 육구연, 왕수인(양명)으로 이어지는 심학의 계보가 중국철학의 정통 계보라고 주장했고, 이를 '縱貫'이라고 명명했다. 반면 정이와 주희의 학문은 지식의 축적을 추구했다 해서 중국철학의 정통에서 벗어난 '별종'(別子爲宗)이라고 규정했다.

모종삼 선생의 이런 구분법을 따를 경우, 『대학』 정신은 전적으로 격물치지에 담겨 있으며, 격물치지는 바로 횡적인 지성학설이 되고, '정심성의'는 전적으로 심리학적 문제, 즉 어떻게 격물치지의 완성을 보증할 것인가의 문제로 변하게 된다. 이러한 논리는 많은 문제를 내포한다. 첫째, 『대학』이 제시한 '명명덕明明德'에서 '밝음을 밝힌다'는 것은 곧 '명덕을 밝힌다'는 말이다. 이 '명덕'은 다름 아닌 바로 마음이며 본성이다. 모종삼 선생이 '횡섭' 계통의 거두라고 규정한 주희까지도 '명덕'을 마음이라고 인정했으며, 여기에서 그가 말하는 마음은 곧 본성이다.25) 이렇게 볼 때 '명덕'은 마음이 간직한 것이지 외부로부터 습득해서 생기는 본성의 덕성이 아니다.

둘째, 『대학』이 비록 수양공부의 '팔조목'을 제시하면서 격물치지부터 시작하기는 하지만, 그 핵심은 '수신'에 있다. 『대학』에서 말한 바와 같이 모든 과정 '일체는 모두 수신을 근본으로 하며', 수신의 공부는 곧 '수심修心'의 공부이다. 왜냐하면 유가는 언제나 마음과 몸을 하나로 합해서 말했지 몸과 마음을 나누어서 말하지 않았기 때문이다. 여기가 바로 동양철학과 서양철학이 갈라지는 지점이다. 이 점은 공자와 맹자로부터 정이와 주희, 육구연과 왕수인에 이르는 모든 유가와 『대학』의 저자(어떤 사람은 증자라고 말함)까지를 포함해서 누구도 예외가 없다. 만약 유가 중에서 누군가 육체와 마음이 두 개의 실체라고 주장했다면 그것은 분명 이유가 있어서 한 말이겠지만, 유가철학과 완전히 다른 계통이 된다. 이 계통은 분명 서양철학의 전통과 연계될 것이다. 그러나 실제로는 주희를 포함하여 누구도 여기까지 나아가지 않았다. 유가의 수신공부는 '정심성의'에서 유리되

---

25) 『大學章句』, 제1장, "明德者, 人之所得乎天, 而虛靈不昧, 以具衆理而應萬事者也."

지 않는다. 이 점이 바로 『대학』이 정심성의를 주장하고 중시한 이유이다.

셋째, 격물치지를 어떻게 해석하든지('격물'의 '격'자에는 칠십여 개의 다른 해석이 있다.) 모두 수신의 방법이나 수단 혹은 출발점을 가리키는 것이지 목적을 가리키는 것이 아니다. 만약 여기에 인식론적 의미가 있다고 한다면 이는 덕성지지 즉 명덕에 대한 자신의 깨달음이지, 횡적으로 지식을 습득하고 얻는 등의 일이 아니다. 이렇게 이해해야 정심성의와 격물치지 사이의 논리적 관계를 설명할 수 있으며 최종적으로 명덕의 의미를 밝힐 수 있다. 그렇지 않으면 정심성의와 격물치지의 관계는 설명 불가능한 것이 되며, 명덕을 밝히는 공부는 설 곳이 없어지게 된다.

우리가 이 문제를 제기한 것은 격물치지 공부를 변론하려는 것이 아니라 정심성의공부가 유가 의지철학의 가장 중요한 내용임을 보이기 위함이다. 『대학』에서 격물치지를 성의정심의 선결 조건으로 보아 앎의 중요성을 말하고 있는 것이 확실하기는 하지만, 그 관건은 명덕에 있지 앎에 있는 것이 아니다. 앎에 관한 문제는 잠시 놓아두고 '의意'에 대해 이야기해 보자. 정심성의에서의 의意는 일반 의식을 가리키는 것인가? 아니면 의지를 가리키는 것인가? 물론 의지 역시 의식에 속한다. '분석'적으로 보면 이는 의식의 한 종류이다. 『대학』에서 중시한 것은 바로 의지라는 의미에서의 '의'이다. 바로 의지 때문에 '성의'의 문제가 대두된 것이다.

그렇다면 무엇이 '의意'인가? 주희는 "의는 마음이 발한 것이다"[26]라고 설명하고 있다. 이 해석은 『대학』의 원의와 부합한다. 그는 "마음은 몸의 주인이다"[27]라고도 말했다. 몸과 마음이 비록 하나로 합하여 있는 것이기는 하지만, 여기에는 주된 것과 부차적인 것의 구별이 있다. 그래

<hr>

26) 『大學章句』, 제1장, "意者, 心之所發也."
27) 『大學章句』, 제1장, "心者, 身之所主也."

서 마음을 몸의 주인이라고는 할 수 있지만, 몸을 마음의 주인이라고 할 수는 없다. 바로 여기에서 인간의 주체성이 부각된다. 여기에서 말하는 '마음'은 하나의 신체기관(물론 신체기관과 분리될 수는 없지만)이 아니라, 인간의 정신 혹은 의식의 어떤 존재 상태나 그 작용을 가리키며, 또 본연의 명덕이나 '밝힘'의 기능을 가리킨다. 이 존재 상태는 '잠재의식'이라고 말할 수 있다. 그러나 이것은 외부로부터 억압 또는 저지를 받아서 의식으로의 진입이 불가능한 종류의 '잠재의식'이 아니다. 이는 들어가고자 해도 결코 들어갈 수 없는 의식 상태로서의 '잠재의식'이다. 이는 나무의 싹이나 벼의 이삭과 같은 것으로, 태어나고 성장할 가능성으로서의 잠복 상태이다. 유가는 '심'의 철학 안에서 '생生'의 철학을 매우 집중적으로 논했고, 『대학』 또한 예외가 아니다. '마음이 발함'은 바로 잠재의식에서 나타나 의식이 된 것을 의미하며, 그 진정한 함의는 바로 의지이다. 여기에서 의지의 특징은 방향성과 목적성을 가진다는 점이다.

'의' 즉 의지가 이미 마음의 명덕이 발한 것이라고 했는데, 무엇 때문에 다시 '의를 참되게(誠)' 해야 하는가? 여기에서 말하는 '성誠'은 동사로서, 진실하게 한다는 의미이다. 성의는 그 의지를 진실하게 함이니, 자신의 의지를 진실하게 하여 속임이 없고 헛된 위선이 없도록 하는 것이다. 또 의지로 하여금 그 본연의 상태에 따라 드러나고 발전하게 함으로써, 지극한 선의 경지에 이르도록 하는 것이다. 이는 진정 합목적적인 발전이며 또한 진정한 도덕의지이다. 주희는 이에 대해 다음과 같이 설명했다.

성은 진실함이다. 의는 마음이 발한 것이다. 그 마음이 발한 바를 진실하게 하고 그 마음이 항상 선에 머물러 스스로 기만함이 없도록 해야 한다.[28]

450

이는 '의'와 '성의'에 대한 모범적인 해석이다. 왕수인을 포함하여 후대 유가는 모두 이 해석에 동의하고 수용한다.(그러나 유종주는 예외이다. 유종주의 성의공부에 대해서는 뒤에서 논하겠다.)

의지의 특징은 방향성이나 정향성이 있다는 것이다. 그래서 지향(意向)이라고 부를 수 있다. 그러나 정확히 말하자면 미발의 상태는 의향意向이라고 할 수 있고, 이발의 상태는 의지意志라고 할 수 있다. 의향은 잠재의식의 차원을 말한 것이고, 의지는 표층의식의 문제이며 의지행위로 드러난다. 이발 뒤의 의지는 주동적이고 자동적인 성격을 가지고 있어서, 일정한 방향으로 나아가 목적지에 도달하게 된다. 그래서 '의'는 일반적인 의미에서의 의식이 아니라 의지 측면에서의 의식이다. 그러나 세분하면 '의意'와 '지志'에는 미세한 차이가 있다. 주희는 이미 이 점에 대해 논한 바 있다.

> 지志는 마음이 가는 곳으로 곧장 가는 것이다. 의意는 지志가 도모하고
> 왕래하도록 하는 것으로, 지志의 다리이다. 무릇 영위하고 도모하고 왕
> 래하는 것은 모두 의이다.[29]

> 의지에 대해서 묻자 이렇게 말씀하셨다. "횡거는 '의意와 지志에 대해 말
> 하자면 지는 공적인 것이고 의는 사적인 것이다. 지는 강하고 의는 부드
> 러우며, 지는 양이고 의는 음이다'라고 했다."[30]

---

28) 『大學章句』, 제1장, "誠, 實也. 意者, 心之所發也. 實其心之所發, 欲其一於善而無自欺也."

29) 『朱子語類』 5, 89쪽, "志是心之所之, 一直去底. 意又是志之經營往來底, 是那志底脚. 凡營爲謀度往來, 皆意也."

30) 『朱子語類』 5, 90쪽, "問意志. 曰: 橫渠云: 以意志兩字言, 則志公而意私, 志剛而意柔, 志陽而意陰."

지는 하고자 하는 일을 공적으로 주장하고, 의는 사적으로 조용히 행하는 과정에서 드러난다.[31]

하나로 보면, '의'는 의지이며 '의'와 '지' 전부를 대표한다. 나누어서 보면, '지'는 의지의 방향성과 일정한 방향을 대표하고, '의'는 도모하고자 하는 생각 즉 어떻게 실현할 것인가 혹은 그 방향에 어떻게 도달할 것인가와 같은 전략을 포함하고 있다. 그래서 '의'는 '지'의 다리가 되는 것이다.

제2절 감정은 의지의 핵심이다

의지는 마음이 발한 것이며, 감정 또한 마음이 발한 것이다. 그렇다면 의지와 감정은 어떤 관계인가? 이는 유가가 반드시 답을 해야만 하는 문제이다. 『대학』에서는 '성의'에 대해서 다음과 같이 말했다.

성의는 스스로를 속이지 않는 것이다. 이는 마치 악취를 싫어하고 미인을 좋아하는 것과 같은 것으로, 이를 자겸自謙(스스로 만족함)이라고 한다. 그러므로 군자는 반드시 홀로 있을 때 삼가야 한다.[32]

'성의誠意'는 '부자기不自欺' 즉 자신을 속이지 않는 것이다. 현대철학에서도 '자기기만'의 문제를 제기한 것을 보면 이는 동양철학과 서양철학의 공통 관심사라고 할 수 있다. 그러나 그 이해의 내용과 발전 방향까지

---

31) 『朱子語類』 5, 91쪽, "志是公然主張要做底事, 意是私地潛行間發處."
32) 『大學章句』, 제6장, "所謂誠其意者: 毋自欺也, 如惡惡臭, 如好好色, 此之謂自謙, 故君子必愼其獨也."

완전히 일치했던 것은 아니다. 유가가 중시한 것은 도덕에서의 자율 혹은 '신독'과 같은 수양방식과 관련된 것들이었다. 어떻게 해야 스스로를 속이지 않을 수 있을까? 이는 미인을 좋아하고 악취를 싫어하는 것과 같다. 미인(수려한 용모)을 좋아하고 악취를 싫어하는 것은 어쩌면 일상적 삶에서 가장 실재적인 본능이다. 다른 사람이 있을 때나 없을 때나 모두 이와 같을 수 있다면, 이것이 바로 '스스로를 속이지 않는 것'이다. 위에서 제기했던 문제는 이미 여기에서 답변되었다. '좋아함과 싫어함'은 분명 감정의 문제이다. '미인을 좋아하고 악취를 싫어함'이 성의라면, 이는 확실히 의지를 가리켜서 한 말이기에, '성誠'공부를 통해 '좋아함과 싫어함'의 감정(情)을 '미인을 좋아하고 악취를 싫어함'의 '뜻'(意)으로 바꾼 것이다. 여기에서 알 수 있듯이 의지는 감정과 분리될 수 없다. 의지는 감정의 의지이며 감정에 의해 규정되는 것이다.

여기에서 의지와 욕망을 구분하기는 매우 어렵다. 이 둘의 관계는 매우 가깝다고 할 수 있지만, 이는 하나의 예에 불과하다. 『대학』에서 이러한 예시를 들었던 것은 의지와 감정의 관계를 설명하기 위한 것이었다. 그 시작점에서 의지와 욕망을 확실하게 구분하기는 어렵지만, '방향은 다르다고 말할 수 있을 것이다. 욕망은 아래로 향해서 인간의 생리적 욕구와 관련되고, 의지는 위로 향해서 인간의 도덕목적과 관련된다. 그렇기 때문에 성의의 문제는 매우 중요하다.

의지와 감정의 관계에 대해 주희는 다음과 같이 명확하게 답했다.

물었다. "의지는 마음이 운용한 것입니까? 발한 것입니까?" 말했다. "운용이 곧 발한 것이다." 물었다. "감정 또한 발한 것인데 어떻게 구별되는지요?" 말했다. "감정은 본성이 발한 것인데, 감정은 그렇게 발한 것이고, 의지는 그렇게 발하도록 주장한 것이다. 예컨대 대상을 사랑하는 것은 감정이고, 그 대상을 사랑하도록 하는 것은 의지이다."[33]

물었다. "감정과 의지를 어떻게 체인하는지요?" 말했다. "본성과 감정은 하나이다. 본성은 움직이지 않으나 감정은 움직이며, 의지는 주도적으로 향하게 하는 것이다. 예컨대 좋아하고 싫어하는 것은 감정이지만, '미인을 좋아하고 악취를 싫어하는 것'은 의지이다."[34]

물었다. "감정을 의지와 비교해 보면 어떻습니까?" 말했다. "감정은 의지의 핵심이다. 지志와 의意는 모두 감정에 속하기 때문에 '감정'의 의미가 비교적 크다고 할 수 있다. 본성과 감정은 모두 마음에서 나왔기 때문에 '마음이 본성과 감정을 통어한다'고 한 것이다. 마음은 체와 용을 겸해서 말한 것이다. 본성은 마음의 이치이며, 감정은 마음의 용이다."[35]

이몽선이 감정과 의지의 차이를 물었다. 말했다. "감정은 할 수 있는 것이고 의지는 그것을 어떻게 하면 할 수 있는지 여러 가지로 생각해 나가는 것이다. 그래서 의지는 감정이 있고 난 뒤에야 있는 것이다."[36]

이와 같은 언급들은 결과적으로 두 가지 의미를 지닌다. 첫째, 의지는 감정에 종속된다. 이는 아주 중요한 문제로, 유가철학의 가장 기본적인 관점을 대표한다. 유가의 인성학설은 감정을 주로 말했지, 결코 주지적이

---

33) 『朱子語類』 5, 82쪽, "問: 意是心之運用處, 是發處? 曰: 運用是發了. 問: 情亦是發處, 何以別? 曰: 情是性之發, 情是發出恁地, 意是主張要恁地. 如愛那物是情, 所以去愛那物是意."
34) 『朱子語類』 5, 86쪽, "問: 情意, 如何體認? 曰: 性·情則一. 性是不動, 情是動處, 意則有主向. 如好惡是情, 好好色, 惡惡臭, 便是意."
35) 『朱子語類』 5, 89쪽, "問: 情比意如何? 曰: 情又是意底骨子. 志與意都屬情, 情字較大, 性情字皆從心, 所以說心統性情. 心兼體用而言. 性是心之理, 情是心之用."
36) 『朱子語類』 5, 85쪽, "李夢先問情意之別. 曰: 情是會做底, 意是去百般計較做底, 意因有是情而後用."

거나 주의主意적이지 않다. 그렇다고 지성과 의지를 부정한 것은 결코 아니다. 의지는 독립적이지 않으며 또 의지가 감정을 결정하는 것도 아니다. 오히려 그 반대로 감정이 의지를 결정한다. 이 관점은 충분히 심리학적 근거를 두고 있다. 현대 심리학적 이분법에서는 인식과 지각을 한 부분으로, 정서(감정)와 의지를 또 다른 한 부분으로 나누었다. 후자에서는 정서와 감정이 의지보다 더 근본적인 것이다. 물론 유가철학과 심리학이 밀접한 관계를 맺고 있지만, 유가철학은 궁극적으로 심리학적 문제를 논의하고자 한 학문이 아니라, 거기에 '사변'을 더해서 생명과 인성에 대한 학설을 논하고자 한 학문이다. 그러나 유가철학은 심리학 즉 '마음'에서 출발했기에, 심·성·정·의·지 등의 문제를 제기하고 토론했다. 유가에서 말하는 마음이 비록 순수하게 심리학에서 말하는 마음은 아니지만 심리학을 기초로 한 것이다. 유가가 가장 중요하게 본 것은 감정이다. 감정은 마음이 '발생하고 자라나는 지점'(生長點)이며, 의지는 바로 여기에서 발생해 나온 것이다. '지志와 의意는 모두 감정에 속하기 때문에 감정의 의미는 비교적 크다.' 무엇 때문에 '감정'(情)의 의미가 비교적 크다고 한 것인가? 유가적 시각에서 보면, 인간의 심리구조에는 비록 다양한 층위가 있지만 감정이 가장 기본이며, 또 감정이 인성과 심성을 대표하기에 '본성과 감정은 하나이다'라고 한 것이다. 어떤 의미에서 보면, 감정은 인성을 가장 잘 체현해 낸 것이다. 다른 심리적 요소는 모두 감정을 기초로 설명해야 이치에 부합할 수 있다. 의지 또한 마찬가지이다.

한층 더 깊이 논해서, 감정과 의지는 모두 마음이 발한 것이어서 모두 의식의 층위에 있지 '잠재의식'에 있는 것은 아니지만 감정은 의지의 기초가 된다. 인간은 감정을 가진 다음에 의지를 가진다는 점에서, 양자의 관계는 의지가 선행하는 것이 아니며 또한 병렬적이거나 평행한 관계도 아니다. 감정은 외부와 접촉했을 때 내면에서 발동해 나오는 최초의 의식 활동이다. '감응의 기틀'은 다름 아닌 감정의 측면에서 말한 것이다. 감정을 가진 뒤에야 태도와 필요 및 동기 등을 가지게 된다. 그리고 태도와 필요 및 동기를 가진 뒤에야 의지를 가지게 된다. 그러므로 감정이 의지를 규정한다고 말하는 것이다. 즉 "의지는 감정이 있고 난 뒤에야 있게 된다"는 것이다. 우리는 이렇게 질문할 수 있다. "만약 감정의 욕구와 동기가 없다면 의지는 어디에서 오는 것일까?" 이러한 선후관계는 시간적 선후관계를 말한 것이 아니라 심리구조의 차원에서 말한 것이다. 감정은 의지보다 더 기초적인 차원에 위치하기 때문에 의지의 활동을 규정하게 된다.

의지 그 자체는 미발 상태의 의향성에서 연원한다. 그러나 그 의향성은 다시 감정의 미발 상태에(주희는 그것을 본성[性]이라고 한다.) 의해 규정된 것이기에 감정지향이라고 부를 수 있다. 이는 후설이 말한 '지향성'과는 구별된다.[37] 후설의 '지향'은 관념론적이다. 더 확실히 말하자면 '본질론'이라고 할 수 있다. 그가 말한 '환원'[38]의 본질은 주체 인식의 관념적 지

---

37) 역자주: 志向性(Intentionalität, intentionnalité): 1) 대상에로 향하는 지향과 지평지향성. 지향의 특성으로서 후설이 최초로 지적한 것도 〈대상에로의 방향〉이다. 표상, 판단, 감정, 의지, 욕구, 그 밖의 어떠한 성질의 지향작용이든 모두 각각의 방식으로 무언가의 대상으로 향해 있으며, 통상적으로 그 대상은 그때마다의 지향적 체험(=작용) 속에서 〈목표로서 겨누어져〉 사념되고 있다. 2) 대상에 의미를 부여하는 구성적 수행으로서의 지향성. 3) 수동적 지향성. 지향성의 본질이 구성적 수행에 있다 하더라도, 실재 사물의 존재의미를 구성하기 위해서는 그 소재가 되어야만 하는 감각소여가 필요하다. 능동적인 구성의 수행도 그것 자신은 비지향적인 감각소여를 대상으로부터 받아들여 그것에 생기를 불어넣는 것에서 시작된다. 4) 지향적 종합과 내적 시간의식. 우리는 동시에 또는 연속적 내지는 단속적으로 나타나는 현상들을 하나의 대상으로 종합한다든지 대상들 사이의 관계를 파악한다든지 하여 그 각각을 의미통일체로서 인식한다.(출처: 『현상학사전』, 도서출판 b)

38) 역자주: 現象學的還元(phänomenologische Reduktion). 현상학적 환원이란 우선, '자연적 태도의 일반정립의 철저한 변경'(Ideen Ⅰ § 30~32)을 말한다. 우리는 보통

향성이다. 그러나 유가가 강조한 것은 주체감정의 생명적 지향성인 미발 상태의 감정이다. 감정은 그 자체로 지향성을 지니고 있어서, 마음이 발해 감정이 되며 여기에는 그에 상응하는 의지활동이 있게 된다. 이러한 지향성은 유가적 감정과 의지의 관계 문제에 있어서 가장 기초적인 심리적 근원이다. 그리고 이것은 우주론이나 본체론적 근원에 있어서도 여전히 '생'철학적 의미를 지니고 있다.

둘째, 감정이 비록 의지를 결정하지만, 의지는 '지향성'을 지니고 있다. 이는 의지의 근본적인 특징이며, 의지가 의지일 수 있게 하는 본질적인 규정이다. 지향에는 주장과 방향 그리고 계획의 의미가 내포되어 있지만, 그 기본 작용은 감정적 욕구를 실현시키는 것이다. 예컨대 어떤 사물에 대해 좋아하는 마음이 생긴다면 이는 감정이다. 의지는 좋아하는 감정을 실현하게 해 준다. 그래서 주장하는 것도 있고 목표도 있게 된다. 호오는 본래 감정에 속하는 것이다. 인간은 일상생활에서 늘 호오의 감정을 가진다. 아무리 초월적인 인간이라 할지라도 호오의 감정이 없을 수는 없다. 최소 호오의 감정에서 '초탈'하는 것은 좋은 것이고, '초탈하지 못한 것'은 나쁜 것이다. 그렇지 않다면 사람들은 왜 '초탈'을 선택하겠는가? 좋아함과 싫어함의 감정은 반드시 대상을 가진다. 어떤 것에 대해서는 좋아하고, 또 어떤 것에 대해서 싫어하는 것은 바로 의지의 문제이다. 그

자연적 태도에서 살아가고 있을 때는 사물들과 세계가 우리가 향하는 측에 현실적으로 존재한다고 소박하게 믿고 있다. 이러한 '정립'의 활동을 '작용의 밖에 두어' '차단'(Ausschaltung)하고, 따라서 또한 그 정립에 의해 성립하는 대상들과 세계를 '괄호에 넣으며'(Einklammern; 그러므로 또한 당연히 그러한 자연적 태도 위에 성립하는 '사실학'과 '본질학'도 '차단'하며), 그리하여 소박하고 무조작적인 정립에 '에포케'(판단중지)를 덧붙여 그것을 '정지'시키는 것이 '현상학적 환원'이다.(Ideen Ⅰ § 31~32, 56, 59~60) 그 결과 '현상학적 잔여'로서 '순수 의식' 내지 '초월론적 의식'의 영역이 '남는다'고 주장되었다.(Ideen Ⅰ § 33).(『현상학사전』, 도서출판 b)

래서 의지는 한편으로는 감정과 떨어질 수 없고, 다른 한편으로는 감정으로는 대체할 수 없는 작용을 지닌다.

이뿐만 아니라, 의지는 특수한 자율성과 주체성이라는 특징도 지니고 있다. 감정의식은 의지를 통해서만 진정으로 주체의식이 될 수 있다.

> 감정은 배나 수레와 같고, 의지는 사람이 그 배와 수레를 다스리는 것과 같다.[39]

이 비유가 비록 크게 흡족한 것은 아니지만, 이는 주희가 도심과 인심의 관계를 논할 때 사용한 비유와 비슷하기 때문에 감정을 도구로 본 것처럼 보인다. 그러나 비유는 결국 비유일 뿐, 우리는 그 비유가 지닌 의미를 취하면 될 뿐이다. 감정과 의지의 관계에 대한 주희의 말에 근거했을 때, 이 비유는 주로 의지의 주체성을 설명한 것이지 이성의 특징을 설명한 것이 아니다. 다만 부인할 수 없는 사실은 주희가 어느 정도 의지의 이성적인 면을 드러내고 있다는 점이다. 이는 자유의지와 관계된다. 유가철학에는 자유의 개념이 없지만 그와 관련된 학설이나 사상, 즉 의지학설이 있다. 유가는 자유와 인식의 관계를 생각하지는 못했지만, 오히려 지향과 의지의 관계를 생각해 냈다. 그러나 구체적으로 말했을 때, 이것은 서양철학에서 말하는 자유와는 다른 층위의 의미를 지니는 자유이다.

의지에 대한 일반론의 입장에서 말하자면, 자유는 선택의 자유를 가리킨다. 비유하자면 '미인을 좋아하고, 악취를 싫어함'의 문제, '물고기와 곰발바닥' 중 어느 것을 선택할 것인가의 문제와 같은 것이다. 유가가 비록 '미인을 좋아하고, 악취를 싫어함'에는 객관성이 있고 좋아함과 싫어함

---

39) 『朱子語類』 5, 82쪽, "情如舟車, 意如人去使那舟車一般."

에도 보편적 공통점이 있다고 생각했지만, 이런 의지에는 필연성이 없기 때문에 사람들이 저마다 지니고 있는 다양한 호오好惡를 배제하지는 않는다. 꽃에 있어서도 마찬가지이다. 어떤 사람은 붉은 꽃을 좋아하고 또 어떤 사람은 흰 꽃을 좋아한다. 그러므로 붉은 꽃에 비해 흰 꽃이 더 좋다거나, 흰 꽃에 비해 붉은 꽃이 더 좋다고 말할 수는 없다. 또한 누군가 그 색깔을 선택했다고 해서 그 사람을 비난할 수도 없다. 맹자는 인간에게 '동일한 기호'(실제로는 욕망을 말함)가 있기 때문에 인간의 마음은 동일하다고 논증했다. 사실 이것은 어느 정도 견강부회의 측면이 있다. 다른 관점에서 보면, 유가는 '인간의 마음에 서로 다른 면이 있음'을 인정하고 있다. 이는 사람들이 저마다의 심리활동을 가진다는 말이다. 이것이 도덕의 문제와 관계가 없는 것이라면, 이는 당연히 자유가 있다는 의미가 된다. 이 자유는 의지와 선택의 자유이다. 그러나 유가적 시각에서 볼 때, 이는 인생의 근본 문제가 아니며, 또한 의지의 근본적인 의미와 관련된 것도 아니다.

도덕의지의 측면에서 말하자면, 감정의 형태는 제각각이다. 도덕의지는 유가가 가장 중시하고 강조한 것으로, '성의'의 공부는 바로 이러한 의지를 두고 한 말이다. 근본적으로 말하면, 유가는 생명적 가치와 의미가 있는 '덕성'의 차원에서 마음을 이해하기 때문에 '마음이 드러난 것'으로서의 의지는 곧 생명의 목적을 지향하는 것이다. 즉 선의 방향으로 유행하는 의식활동이다. 이것이 바로 진정한 의미에서의 의지이다. '성의誠意'는 바로 이 의지를 진실하게 만들기 위한 것이다. 즉 '의지'로 하여금 진실로 거짓이 없도록 해서 선의 경지에 이르게 하는 것이다. 어떤 의미에서 보면, 의지 자체는 선한 목적을 향하고 있다. 만약 이것을 선택이라고 한다면 이는 의지적 자유의 선택이면서 필연적 선택이다. '성誠'은 '자신을 돌아보아 진실함'이지 다른 어떤 것이 아니다. 바로 이러한 마음에서 출발하여 '진실함'으로 나가는 것이다. 그리고 마침내 진실함에 이르게 되면, '자겸自謙' 즉 스스로 만족함이라고 부를 수 있다. '겸謙'은 쾌락과 유쾌함의 의미이다. 이는 감정의 만족이며 의지의 자유이다. 여기에서 의지는 이성적 특징을 지니고 있다. 왜냐하면 의지는 보편적이면서 필연적이며, 본연적이면서 또한 필연적이고, 자연적이면서 또 당연한 것으로, '천지의 덕'과 합일하여 '위아래로 천지와 함께 유행'하는 것이기 때문이다. 이것이 바로 유가가 추구하는 자유이다.

제3절 '성의'와 호오의 감정

유가의 의지철학은 왕수인에 이르러 한층 더 발전했다. 이는 단지 그가 양지良知는 의지를 통해서 나타나며 실현된다고 하여 의지에 중요한 의미를 부여했기 때문만이 아니라, 성의공부를 더욱 강조하여 '성誠'이 양지를 실현하는 근본 경로라고 인식했기 때문이다. 그러나 만약 누군가가 왕수인 철학이 곧 의지철학이라고 하거나, 심지어 오로지 의지론이라고만 한다면 이는 사실과 부합하지 않는다. 사실 왕수인의 양지설은 일체주의적 경향이 있다. 그는 양지는 분석할 수 없으며 마음 또한 분석할 수 없지만 양지의 핵심은 감정이자 그 직접적인 깨달음인 반면 의지의 핵심은 발용에 있다는 입장을 견지했다.

왕수인은 네 구절로 이루어진 유명한 명제를 두 차례로 제시하여 그의 철학적 주요 관점을 드러냈다. 하나는 비교적 초기에 제시한 것이다.

몸을 주재하는 것은 바로 마음이다. 마음이 발한 것이 의意이다. 의意의 본체는 바로 지知이다. 의가 있는 곳이 바로 물이다.[40]

다른 하나는 만년에 제출한 소위 사구교법四句教法이다.

선도 없고 악도 없는 것이 마음의 본체이다. 선도 있고 악도 있는 것이 의意의 움직임이다. 선도 알고 악도 아는 것이 양지이다. 선을 행하고 악을 제거하는 것이 격물이다.[41]

이 두 건의 네 가지 명제에는 모두 '의意'가 포함되어 있으며, 이는 사실 의지를 말한 것이다.

앞의 네 가지 명제를 보면, 첫 두 구절은 주희가 말한 것과 근본적으로 구별이 없다. 왜냐하면 주희도 '마음은 몸을 주재한다', '의意는 마음이 드러난 것이다'라고 말했기 때문이다. 그러나 뒤의 두 구절에서는 양명학설의 특징이 드러난다. "의의 본체는 바로 지知이다"라고 했을 때의 지는 확실히 양지를 가리킨다. 그러나 "의가 있는 곳이 바로 물이다"라고 한 것이 문제의 관건이다. 한편으로 '의'에는 정향 즉 일정한 방향이나 목표가 있다. 이는 그가 말한 것처럼 '지志에 정향이 있으면 지리멸렬하게 갈라지거나 복잡하게 분분해지는 근심이 없다.'[42] 여기에서 '의'와 '지'는 서로 통한다. 정향성은 의지의 특징이다. 그래서 '의가 있는 곳'이라고 말한 것이다. 의지는 모두 하나의 방향이나 목표를 지향하기는 하지만, 어째서

---

40) 『傳習錄』, 卷上, 6쪽, "身之主宰, 便是心; 心之所發, 便是意; 意之本體, 便是知; 意之所在, 便是物."
41) 『傳習錄』, 卷下, 315쪽, "無善無惡是心之體, 有善有惡是意之動, 知善知惡是良知, 爲善去惡是格物."
42) 『大學問』, "志有定向, 而無支離決裂, 錯雜紛紜之患矣."

의가 있는 곳이 물이라고 말했는가? 왕수인이 '물物'자에 대해 말한 것을 살펴보면, 이는 어떤 고정된 존재를 가리키는 것이 아니라 일과 사물을 합한 것을 의미한다. '물은 일이다'라고 했으니, 무릇 인간이 종사하는 일은 모두 '물'인 것이다. 바꾸어 말하면 '물'은 곧 인간의 삶 속에 존재하는 모든 종류의 실천이다. 일은 인간이 하는 것이며, 실천은 인간의 실천이다. 무릇 어떤 일을 하든 어떤 실천을 하든 이들은 모두 의지에서 결정된 것이다. 이것이 바로 '의가 있는 곳이 바로 물이다'의 의미이다. 예컨대 의가 '부모를 섬김'에 있을 때는 '부모를 섬김'이 하나의 물이 되며, 의가 '형을 존경함'에 있을 때는 '형을 존경함'이 하나의 물이 되고, 지志가 '친구와 벗함'에 있을 때, '친구와 벗함'이 하나의 물이 된다. 왕수인이 말한 '물', 즉 '사事'는 광범위하게 이해될 수 있지만, 이는 주로 인간의 도덕행위 및 도덕실천을 의미한다. 그가 말한 '의意'는 대부분 도덕의지를 가리킨다. 예컨대 '부모를 섬긴다'에 해당하는 '물'은 일상생활에서의 일반적인 부양이 아니라 '아침에 문안드리고 저녁에 인사드리는 것'과 같은 효성을 의미한다. 다른 '물'도 이와 같다. 이렇게 하는 것은 전적으로 자신의 도덕의지에서 나오는 것이지 어떤 외재적 힘이나 다른 고려에서 나오는 것이 아니다.

여기에는 두 가지 매우 중요한 점이 있다. 첫째, 의지가 인간의 삶에서 매우 중요한 작용을 한다는 점이다. 인간의 실천행위 일체는 모두 의지에서 결정된다. 의意가 있는 곳이 '물'이라고 한 것은 의지의 작용 하에서만 진정한 의미에서의 일로 실현되기 때문이다. 반대로 의지가 없는 곳은 '물'이 아니다. 설사 그것을 한다고 해도 인간의 의지에서 나온 행위가 아니라면 아무런 의미도 지니지 못할 뿐더러 맹목적 행위가 될 뿐이다. 바꾸어 말하면, 인간이 인간의 일을 행하는 것은 모두 의지의 지배

하에서 진행되어야 한다. 둘째, 의지는 실천행위와 직접적 관계가 있다. 의지가 의지이기 위해서는 '정해진 방향' 외에 실천성도 가져야 한다. 의지 자체는 곧 실천적인 것이므로 오직 실천에서만 의지의 의미를 설명할 수 있다. 이는 중국의 의지론이 서양의 의지론, 예컨대 칸트의 의지철학과 구분되는 중요한 특징이다. 중국철학의 실천적 특징은 바로 여기에서 매우 분명하게 드러난다. '의가 있는 곳이 물이다'는 말에서 '있음'(在)에는 '존재'의 의미가 담겨 있다. 즉 '존재자'가 반드시 그 '있음'을 실현함과 동시적으로 실천적 의미가 있게 된다는 것이다. '있음' 자체가 곧 실천활동이며, 이는 '지향의 대상'과 유사한 점이 있다. 그러나 이는 후설이 말하는 '지향 대상'과는 구분된다. 지향의 대상은 주체의 구체적 행위와 감성 활동의 완성이자 구성 부분이다. 이러한 행위와 활동은 대상 즉 지향 대상을 지닌다. 이 대상은 분명히 실재하는 실천객체이다.

의지의 실천적 특징은 지행 관계에 대한 논의에서 한층 더 발전되었다. 아래는 이에 대한 중요한 대화이다.

나(서애)는 선생의 '지행합일'의 가르침을 아직 이해하지 못했기 때문에 종현, 유현과 함께 여러 차례 논의했으나 해결할 수 없어서 선생께 여쭈어 보았다. 선생께서 말씀하셨다. "예를 들어 보아라." 내가 말했다. "예컨대 지금 부모에게는 마땅히 효도해야 하고 형에게는 마땅히 공경해야 한다는 것을 모두 알고 있는 사람이 도리어 효도하지 못하고 공경하지 못한다면 이것은 바로 앎과 실천이 분명히 둘이 된 것입니다." 선생이 말씀하셨다. "그것은 이미 사욕에 의해 (앎과 실천이) 막힌 것이지, 앎과 실천의 본체가 아니다. 아직까지 알면서도 행하지 않는 사람은 없었다. 알면서도 행하지 않았다고 하는 것은 다만 아직 알지 못한 것일 뿐이다. 성현이 사람들에게 앎과 실천을 가르친 것은 바로 그 본체를 회복하기를 바랐기 때문이지, 그대들이 단지 이렇게 해도 좋고 저렇게 해도 좋다는 것이 아니었다. 그러므로 『대학』에서는 참된 앎과 실천을 지적하여 사람들에게 보여 주면서, '마치 아름다운 미인을 좋아하고 악취를 싫어하듯이 하라'고 말한 것이다. 아름다운 미인을 보는 것은 앎에 속하고, 아름다운 미인을 좋아하는 것은 실천에 속한다. 아름다운 미인을 보았을 때 이미 저절로 좋아하게 되는 것이지, (아름다운 미인을) 쳐다본 뒤에 또 하나의 마음을 세워서 좋아하는 것은 아니다. 악취를 맡는 것은 앎에 속하고, 악취를 싫어하는 것은 실천에 속한다. 악취를 맡았을 때 이미 저절로 싫어하게 되는 것이지, (악취를) 맡은 뒤에 따로 하나의 마음을 세워서 싫어하는 것은 아니다. 예컨대 코가 막힌 사람은 비록 악취를 마주하더라도 코로 냄새를 맡지 못하기 때문에 그것을 아주 싫어하지 않는데, 이것은 아직 냄새를 알지 못한 것이다. 가령 어떤 사람이 효도를 알고 공경함을 안다고 하는 경우에도 반드시 그 사람이 이미 효도를 행하고 공경함을 행해야만 비로소 그가 효도를 알고 공경함을 안다고 할 수 있는 것이지, 단지 이 효도와 공경함에 대해 말할 줄 안다고 해서 효도와 공경함을 안다고 할 수는 없는 것이다. 또 아픔을 안다고 하는 경우도 반드시 자기가 이미 아픔을 겪어야만 비로소 아픔을 안다고 할 수 있으며, 추위를 안다는 것은 반드시 자기가 이미 추위를 겪은 것이고, 배고픔을 안다는 것은 반드시 자기가 이미 배고픔을 겪은 것이니, 앎과 실천을 어떻게 분리시킬 수 있겠는가? 이것이 바로 앎과 실천의 본체로서, 일찍이 사사로운 뜻에 가로막힌 적이 없는 것이다. 성인이 사람들을 가르친 것 역시 반드시 그런 다음에야 정확히 안다고 말할 수 있다. 그렇지 않으면 아직 알지 못한 것이다. 이것(지행합일)이 얼마나 긴요하고 절실하며 실제적인 공부인가!……" 내가 말했다. "옛사람이 앎과 실천을 두 가지로 말한 것 또한 사람들이 양자의 구별을 분명히 깨달아 한편으로는 지식을 쌓는 공부를 하고, 다른 한편으로는 실천하는 공부를 하기를 바란 것입니다. 그래야만 공부가 비로소 착수될 수 있는 것입니다." 선생이 말했다. "그것은 도리어 옛사람의 근본 취지를 놓쳐 버린 것이다. 나는 일찍이 앎은 실천의 의도를 주관하고, 실천은 앎의 공부이며, 앎은 실천의 시작이고, 실천은 앎의 완성이라고 말했다. (이 도리를) 터득했을 때는 다만 앎만 말하더라도 실천이 이미 저절로 그 속에 있으며, 실천만 말하더라도 앎이 이미 저절로 그 속에 있다. 옛사람이 앎을 말하고 다시 행함을 말한 것은 세상에 어떤 부류의 사람들은 어리석고 사리에 어두워 임의대로 행하고 사색과 성찰을 전혀 하지 않으며 다만 어둠 속에서 망령되이 행동하기 때문이다. 따라서 반드시 앎을 말해야만 비로소 실천이 올바름을 얻을 수 있다. 또 어떤 종류의 사람들은 공허하고 허공에 매달린 사색에 빠져 전혀 착실하게 몸소 행하려고 하지 않으며 다만 그림자를 더듬어 갈 뿐이다. 따라서 반드시 실천을 말해야만 비로소 앎이 진실함을 얻을 수 있다. 옛사람은 치우친 부분을 보충하고 폐단을 구제하기 위하여 어쩔 수 없이 앎을 먼저 말하고 다시 행함을 말했던 것이다. 만약 그 뜻을 이해한다면 한마디 말로써 충분하다. 그러나 오늘날 사람들은 도리어 앎과 실천을 두 가지로 나누고는 반드시 먼저 안 뒤에 실천할 수 있다고 생각한다. 그래서 우리는 지금처럼 먼저 강습과 토론을 통해 앎의 공부를 하고, 앎이 참되기를 기다리고 나서야 비로소 실천히는 공부를 하려고 한다. 그러므로 결국 평생 실천하지도 못하고 또 알지도 못한다. 이것은 작은 병폐가 아니며, 그 유래함도 하루 이틀이 아니다."[43]

---

43) 『傳習錄』, 卷上, 5쪽, "愛因未會先生知行合一之訓, 與宗賢惟賢往復辯論, 未能決, 以問於先生. 先生曰: 試擧看. 愛曰: 如今人儘有知得父當孝, 兄當弟者, 卻不能孝, 不能弟, 便是知與行分明是兩件. 先生曰: 此已被私欲隔斷, 不是知行的本體了. 未有而不行者, 知而不行, 只是未和. 聖賢教人知行, 正是要復那本體, 不是著你只恁的便罷, 故大學指箇眞知行與人看, 說如好好色, 如惡惡臭. 見好色屬知, 好好色屬行, 只見那好色時, 已自好了. 不是見了後, 又立箇心去好. 聞惡臭屬知, 惡惡臭屬行, 只聞那惡臭時, 已自惡了, 不是聞了後, 別立箇心去惡, 如鼻塞人雖見惡臭在前, 鼻中不曾聞得, 便亦不甚惡, 亦只是不曾知臭. 就如稱某人知孝, 某人知弟, 必是其人已曾行孝行弟, 方可稱他知孝知弟. 不成只是曉得說些孝弟的話, 便可稱爲知孝弟, 又如知痛, 必已自痛了, 方知痛. 知寒, 必已自寒了. 知饑, 必已自饑了. 知行如何分得開? 此便是知行的本體, 不曾有私意隔斷的. 聖人教人, 必要是如此, 方可謂之知, 不然, 只是不曾知, 此卻是何等緊切著實的工夫……. 愛曰: 古人說知行做兩箇, 亦是要人見箇分曉, 一行做知的功夫, 一行做行的功夫, 卽功夫始有下落. 先生曰: 此卻失了古人宗旨也. 某嘗說, 知是行的主意, 行是知

이는 지행관계를 체계적으로 논한 왕수인의 중요 대화이자, 의지와 실천의 관계에 대해 논한 중요 언급이다. 여기에서 말한 '앎'(知)은 양지의 본체를 말한 것이 아니라 발해서 의지가 되는 그러한 '앎'이다. 이 '지'는 의지행위를 포함하고 있는 것이지 일반적 이론지식이 아니다. 그래서 '앎은 실천의 주된 의도이며, 실천은 앎의 공부이다'라는 말이 있게 된 것이다. 앎이 실천의 '주된 의도'라 하는 것은 의지를 가리키는 것이며 실행하고자 한다는 뜻을 표현한 것이다. 주지하다시피, 지행의 관계는 의지와 행위의 관계로 전환된다. 이는 특수한 '지행관'으로, 특히 도덕실천에서 이 점은 매우 중요하다. 왕수인이 말한 바와 같이, 효도와 공경을 안다는 것은 '단지 이 효도와 공경함에 대해 말할 줄 안다'는 것이 아니라, '효를 실천하고 공경함을 실천해야' 비로소 '효를 알고 공경을 안다'고 말할 수 있는 것이다. 단지 효도와 공경함에 대해 말할 줄 안다는 것은 일반적인 지식의 각도에서 말하는 것이지 진정한 앎이 아니다. 비유하자면 무엇을 '효'라고 하고 무엇을 '공경'이라고 하는지, 그리고 어떻게 '효'를 실천해야 하고 어떻게 '공경함'을 실천해야 하는지 등은 지식으로써 아는 것이다. 그러나 이것이 실천과 관계가 없거나 행위의지로 옮겨지지 않았다면, 이 앎은 진정한 앎이 아니므로 여전히 '알지 못한다'고 말할 수 있다. 오직 행위의지로 전화하여 자신의 의지를 결정해서 실천하고, 의지가 실천으로 드러날 때에만 비로소 '안다'고 말할 수 있다. 이러한 '앎'은 일반 지식

的功夫, 知是行之始, 行是知之成. 若會得時, 只說一箇知, 已自有行在, 只說一箇行, 已自有知在. 古人所以旣說一箇知, 又說一箇行者, 只爲世間有一種人, 懵懵懂懂的任意去做, 全不解思惟省察. 也只是箇冥行妄作, 所以必說箇知, 方纔行得是. 又有一種人, 茫茫蕩蕩, 懸空去思一索, 全不肯著實躬行, 也只是箇揣摸影響, 所以必說一箇行, 方纔知得眞. 此是古人不得已, 補偏救弊的說話, 若見得這箇意時, 卽一言而足. 今人卻就將知行分作兩件去做. 以爲必先知了, 然後能行. 我如今且去講習討論做知的工夫, 待知得眞了, 方去做行的工夫. 故遂終身不行, 亦遂終身不知. 此不是小病痛, 其來已非一日矣."

론에서의 '앎'이 아니라 의지의 '앎'이며 실천의 동력과 목적이 된다. 뿐만 아니라 이는 오직 실천 안에서 존재하며 실천을 통해서만 검증될 수 있는 앎이다.

의지는 본래 '행' 즉 실천과 관련되어 있다. 동시에 앎 즉 인식과도 연결되어 있다. 이러한 의지는 전적으로 도덕의지이지 대상인식일 수는 없다. 이 도덕의지는 자신의 깨달음, 즉 본래의 나 혹은 '참다운 자아'인 양지본체의 자아발견이다. 이러한 앎은 곧 도덕의지로, 정해진 방향이 있어서 그것을 실행하고자 한다. 이는 '공허하고 허공에 매달려 있는 사색'이 아니며, 여기에는 '지리멸렬하게 갈라지거나 복잡하게 분분해지는 근심' 역시 없다. 이는 마땅히 행위로 연결될 수 있는 '결심' 즉 도덕의지가 되어야지, 도덕인식이 단순히 지식이나 담론 혹은 공허한 사색이 되어서는 안 된다는 말이다. 만일 단순히 지식이나 담론 혹은 공허한 사색이 되어 버린다면 '지리멸렬支離滅裂하게 갈라지거나 복잡하게 분분해지는 근심'이 있게 된다. '지리支離'는 도덕의지에서 벗어나 옆 가지가 밖으로 뻗어나가 외부에서 이해를 구하려고 한다는 의미이다. '멸렬決裂'은 도덕행위로부터 멀어져 실천과 분리됨으로써 삶과 아무런 관계도 없게 된다는 의미이다.

의지가 비록 본질적인 면에서 실천적인 것이기는 하지만, 그렇다고 실천과 완전히 동일할 수는 없다. 실천하고자 하는 '결단'과 '실천'은 어쨌든 별개의 것이다. 이는 의지와 앎 사이의 상호관계가 가지는 또 다른 차원의 의미로, '우매한 행동과 망령된 일'을 면하게 하는 것이다. 의지가 의지일 수 있는 까닭은 행위를 '정해진 방향'으로 인도할 뿐만 아니라 일정한 준칙을 따르도록 하며, 그렇게 행위 해야 하는 이유를 알게 하고 게다가 충분히 자각적이기 때문이다. 여기에는 사유와 성찰이 필요하다.

한편으로는 공허한 사색에 반대하면서 다른 한편으로는 사유와 성찰이 요구되는데, 그 관건은 '사유'(思)가 '실천'에서 드러나는지, '실천' 속에서의 '사유'인지, '실천하고자 함'에서의 '사유'인지에 달려 있다. 만일 '실천하고자 함'에서의 '사유'라고 한다면 그것은 바로 '의意'이다. 그렇지 않다면 실천은 마치 '그림자를 더듬어 가는 것'과 같을 것이다.

> 무릇 인간은 반드시 먹고자 하는 마음이 있는 연후에야 먹을 줄 안다. 먹고자 하는 마음은 곧 지향으로 행함의 시작이다. 음식 맛이 좋고 나쁨은 반드시 입에 들어간 후에야 알 수 있으니 어찌 입에 들어가지 않은 상태에서 먼저 음식 맛이 좋고 나쁨을 알 수 있단 말인가? 반드시 걷고자 하는 마음이 있는 연후에야 걸을 줄 안다. 걷고자 하는 마음이 곧 지향이니 바로 실천의 시작이다. 길의 험준함과 평탄함은 몸소 걸은 뒤에야 알 수 있으니, 어찌 몸소 걸어가 보지도 않고서 이미 길의 험준함과 평탄함을 먼저 알 수 있다는 말인가.[44]

'실천하고자 하는 마음'은 행하고자 하는 사유(思)를 내포한다. 사유는 마음의 기능이다. 분명 왕수인도 '앎'(知)을 말하고 '사유'를 말했다. 이는 의지행위의 의미에서 말한 것이지 결코 통상적인 인식론이나 지식론의 의미에서 말한 것이 아니다. 이러한 지행합일의 관계는 사실상 의지와 행위가 합일된 관계이다.

'아름다운 미인을 좋아하고 악취를 싫어한다'는 이 구절은 유가에서 빈번하게 인용되는 구절로, 이는 신유학자들이 감정의지를 설명하고 논

---

44) 『傳習錄』, 卷中, 132쪽, "夫人必有欲食之心, 然後知食. 欲食之心卽是意, 卽是行之始矣. 食味之美惡待入口而後知, 豈有不待入口而已, 先知食味之美惡者邪? 必有欲行之心, 然後知路, 卽是意卽是行之始矣. 路岐之險夷, 必待身親履歷而後知, 豈有不待身親履歷而已, 先知路岐之險夷者邪?"

중하려고 할 때 사용하는 전형적인 인용문구가 되었다. 주희는 호오를 통해 감정을 설명하고, '아름다운 미인을 좋아하고 악취를 싫어함'으로 의지를 설명함으로써 의지와 감정의 관계를 논증했다. 왕수인은 '아름다운 미인을 봄'과 '나쁜 냄새를 맡음'으로 앎을 설명하고, '아름다운 미인을 좋아하고 악취를 싫어함'으로 실천(行)을 설명했다. 이렇게 해서 지행합일, 즉 의지와 실천의 합일을 논증했다. 사실 왕수인이 말한 앎과 실천은 본질적으로 감정의 의지와 감정의 실천이다. 그가 거론한 효와 공경은 매우 좋은 사례이다. 그는 비록 주희처럼 직접적이고 또 명확하게 감정의 '정情'자를 제시하지는 않았지만, 지행에 대한 그의 설명은 모두 '인간의 감정과 일의 변화'와 '가무와 여색, 재물과 이익'에 대한 것이었지 다른 무엇에 대한 것이 아니었다.

인간의 감정과 일에서의 변화를 제외하면 아무것도 없다.[45)]

양지는 가무와 여색, 재물과 이익에 대해서 쓰임이 있을 뿐이다.[46)]

양지는 지행의 본체이다. 이러한 측면에서 보면 '인간의 감정'이든 '가무와 여색'이든 모두 감정의 범주 내에서의 일이다. 이는 의지를 설명한 것이지 '순수이성'을 설명한 것이 아니다. 따라서 '감정의 이치'(情理)에 속하는 것이다.

양지와 의지의 관계는 본체와 발용의 관계이다. 양지를 떠나서 의지를 설명할 수 없지만, 의지를 떠나서 양지를 설명할 방법도 없다.

---

45) 『傳習錄』, 卷上, 37쪽, "先生曰: 除了人情事變, 則無事矣."
46) 『傳習錄』, 卷下, 326쪽, "良知只在聲色貨利上用功."

마음의 허령명각虛靈明覺은 본연의 양지이다. 허령명각의 양지는 감촉함에 응하여 움직이니, 의意라고 한다. 지知가 있어야 의가 있으며 지가 없으면 의도 없으니, 양지는 의의 본체가 아니겠는가? 의가 작용하는 곳에는 반드시 그 대상이 있으니, 대상은 곧 사태이다. 만약 의가 부모를 섬기는 데 작용하면 부모를 섬기는 것이 하나의 일이 되고, 의가 백성을 다스리는 데 작용하면 백성을 다스리는 것이 하나의 일이 되며, 의가 글을 읽는 데 작용하면 글을 읽는 것이 하나의 일이 되고, 의가 재판하는 데 작용하면 재판이 하나의 일이 된다. 무릇 의가 작용하는 곳에는 언제나 대상이 있다. 이 의가 있으면 곧 이 일이 있고, 이 의가 없으면 곧 이 일이 없으니, 일은 의의 작용이 아니겠는가?[47]

의가 작용하는 범위는 아주 넓어 보인다. 부모를 섬기고, 백성을 다스리고 책을 읽고 재판하는 것 등등 의가 있지 않은 곳이 없다. '무릇 의가 작용하는 곳에는 언제나 대상이 있다'는 것은 의지가 있는 곳이라면 반드시 대상으로서의 사태가 있다는 말이다. 그러나 의지는 반드시 양지를 본체로 삼는다. 의지는 양지가 감응해서 움직인 것이라면 양지는 무엇인가? 앞에서 이미 말했듯이, 이는 시비지심과 호오지심, 그리고 '진정으로 측은하게 여기는' 마음이다. 한마디로 말하자면, 양지는 허령명각의 마음, 즉 감정과 직관적 인식(直覺)의 통일이다. 그래서 본체에서든 발용에서든 의지는 결코 감정을 떠날 수도 없고 그런 적도 없다.

그러나 왕수인의 만년에 나온 '사구교'에서는 선악의 구별을 더욱 강조하고 "의지는 선이 될 수도 있고 악이 될 수도 있다"고 인정한 것을

---

47) 『傳習錄』, 卷中, 137쪽, "心之虛靈明覺, 卽所謂本然之良知也. 其虛靈明覺之良知應感而動者, 謂之意. 有知而後有意, 無知則無意矣, 知非意之體乎? 意之所用, 必有其物, 物卽事也. 如意用於事親, 旣事親爲一物. 意用於治民, 卽治民爲一物. 意用於讀書, 卽讀書爲一物. 意用於聽訟, 則聽訟爲一物. 凡意之所用, 無有無物者. 有是意卽有是物, 無是意卽無是物矣, 物非意之用乎?"

보면, 의意를 전적으로 도덕적 의미의 선량한 의지로만 본 것은 아닌 것 같다. 이는 왕수인이 만년에 양지의 자연스런 유행을 중시하고 양지가 '선악에 국한되지 않는다'고 보았던 경향을 반영한 것이다. '사구교' 중에서 첫 구절인 "선도 없고 악도 없는 것이 마음의 본체이다"라는 대목은 이 점을 가장 잘 말해 준다. 그는 이렇게 말했다.

성의 본체는 원래 선도 없고 악도 없지만 발용에서는 선도 될 수 있고 악도 될 수 있고, 그 종국에는 분명한 선이 되거나 분명한 악이 된다.[48]

여기에 근거해 볼 때, 왕수인이 심체의 '무선무악'을 주장하는 동시에, 의에는 선한 것도 있고 악한 것도 있어서 선이 될 수도 있고 악도 될 수 있는 가능성이 동시에 존재한다고 보았음을 알 수 있다. 이는 사실상 '선량한 의지'의 설을 부정한 것이다. 무선무악설을 둘러싸고 왕기와 전덕홍이 논쟁을 시작한 이래 현재에 이르기까지 수많은 학자들이 다양한 관점을 제시했지만, 이 문제는 우리가 논할 범위가 아니기에 여기에서는 다루지 않겠다. 다만 여기에서 지적하고 싶은 점은 왕수인이 만년에는 초월적 경지를 추구했을 뿐만 아니라 인간과 자연의 화해와 통일을 추구하는 경향으로 흘러갔다는 점이다. 그래서 그는 '자신의 마음에서 깨우쳐 항상 확연대공해야 함'[49], 즉 '본원'에 힘쓸 것을 더욱 강조했다.

그러나 또 다른 한편, 왕수인은 성의誠意공부를 중시했다. 그러나 그가 이해한 성의는 '그 의意를 진실하게 함'만을 의미하는 것이 아니었다. 성

---

48) 『傳習錄』, 卷下, 308쪽, "性之本體, 原是無善無惡的, 發用上也原是可以爲善, 可以爲不善的, 其流弊也原是一定善一定惡的."

49) 『傳習錄』, 卷下, 317쪽, "口與四肢雖言, 動而所以言, 動者心也, 故欲修身在於體當自家心慍, 常令廓然大公, 無有些子不正處."

의의 더욱 중요한 의미는 '바르지 않음을 바로잡음으로써 바름에 돌아가게 하는'50) 격물공부였다. 바로 이 때문에 "선도 있고 악도 있는 것이 의의 움직임이다", "발용에서는 선도 될 수 있고 악도 될 수 있다" 등의 말을 하게 된 것이다. 이러한 의미에서 볼 때, 그가 일반적 의미에서 순자의 '성악'설에 동의한 것은 아니다.

> 맹자가 말한 성은 바로 본원에서 말한 것이며…… 순자의 성악설은 현실적 폐단에서 말한 것인데, 순자가 틀렸다고만 말할 수는 없다.51)

'현실적 폐단'(流弊) 역시 발용이고 '의意'이다. 그래서 성의공부가 특히 중요한 것이다. 여기에서 왕수인은 사실상 의지에 좀 더 큰 독립성과 자율성을 부여했다. 마음이 발동한 것으로서의 '의'가 양지의 본체에 '필연적'으로 부합하거나 항상 선량한 도덕의지이기만 한 것은 아니다. 그러나 선악을 구분하는 것은 매우 중요하므로 성의공부를 빠뜨릴 수 없는 것이다.

그렇다면 '성의'는 어떻게 하는 것인가? 그는 『대학』의 조목에 맞추어 성의공부를 설명했다. 그는 마음에서는 직접적으로 공부하기가 어렵고 오직 발동하는 곳 즉 의意에서만 힘을 기울일 수 있고, 이 성의공부는 '치지격물'에 달려 있다고 보았다.

> 그러나 지극히 선한 것만이 마음의 본체이다. 마음의 본체에 어찌 선하지 않은 것이 있겠는가? 이제 마음을 바르게 하고자 한다면, 본체의 어느 곳에서 힘을 기울일 수 있겠는가? 반드시 마음이 발동한 곳이라야

---

50) 『傳習錄』, 卷上, 86쪽, "問格物. 先生曰: 格者, 正也. 正其不正, 以歸於正也."
51) 『傳習錄』, 卷下, 308쪽, "孟子說性, 直從源頭上說來.……荀子性惡之說, 是從流弊上來, 也未可盡說他不是."

비로소 힘을 기울일 수 있다. 마음의 발동에는 선하지 않음이 없을 수
없다. 그러므로 반드시 거기서 힘을 기울여야 하는데, 그것이 바로 성의
에 달려 있는 것이다. 만약 한 생각이 선을 좋아함에서 발했다면 진실로
선을 좋아하고, 한 생각이 악을 싫어함에서 발했다면 진실로 악을 싫어
해야 한다. 의가 발한 것에 진실하지 않은 것이 없는 이상, 그 본체에
어떻게 바르지 않은 것이 있겠는가? 그러므로 마음을 바르게 하고자 하
는 것은 성의에 달려 있으니, 공부가 성의에 이르러야 비로소 확실한 착
수처가 있게 된다. 그러나 성의의 근본은 다시 치지에 있다. 이른바 다
른 사람은 비록 알지 못하더라도 자기 홀로 아는 것, 이것이 바로 내
마음의 양지이다. 그러나 선을 알았더라도 오히려 이 양지에 의거하여
곧바로 행하지 않고, 불선을 알았더라도 이 양지에 의거하여 곧바로 그
것을 하지 않는 것이 아니라면, 이 양지는 바로 막히고 가려진다. 이는
양지를 실현하지 못한 것이다. 내 마음의 양지를 끝까지 확충하지 못한
다면 비록 선을 좋아할 줄 알더라도 진실로 좋아할 수 없으며, 비록 악
을 싫어할 줄 알더라도 진실로 싫어할 수 없다. 이와 같다면 어떻게 의
를 진실되게 할 수 있겠는가? 그러므로 양지를 실현하는 것이 바로 성의
의 근본이다. 그러나 치지는 또한 허공에 떠 있는 치지가 아니다. 이는
실제의 일에서 바로잡는 것에 달려 있다. 만약 의가 선을 실천하는 데
달려 있다면 바로 그 일에서 선을 실천하며, 의가 악을 제거하는 데 달
려 있다면 바로 그 일에서 악을 행하지 않는다. 악을 제거하는 것은 물
론 바르지 않은 것을 바로잡아 바른 데로 돌아오는 것이지만, 선을 행하
게 되면 불선이 바르게 되므로, 선을 행하는 것 역시 바르지 않은 것을
바로잡아 바른 데로 돌아오는 것이다. 이와 같다면 내 마음의 양지는
사욕에 가려지지 않아서 그 극치까지 실현할 수 있으며, 의의 발동도 선
을 좋아하고 악을 제거하여 진실하지 않음이 없을 것이다. 성의공부가
실제로 착수하는 곳은 격물에 있다.[52]

---

52) 『傳習錄』, 卷下, 317쪽, "然至善者, 心之本體也, 心之本體那有不善? 如今要正心, 本體上何

이 대목은 왕수인의 성의공부의 결정판이자 가장 체계적인 논술이다.

'지극히 선한 것만이 마음의 본체이다'라는 말은 한 번으로 그치지 않았다. 이 언급 역시 분명 왕수인 만년의 것이다. 만약 왕수인 만년에 '도를 밝히는' 올바른 해석이라고 일컬어지는 "선도 없고 악도 없는 것이 마음의 본체이다"라는 구절만 아니었다면, 분명 이 대목이 본체에 대한 하나의 해석이었을 것이다. 그렇지 않다면 이 두 명제는 서로 모순될 수밖에 없을 것이다. 어찌 되었든, '마음의 본체'와 '마음의 체'는 그 지칭하는 대상이 동일하다. 이것이 성의의 전제이다. 만일 이런 전제가 없다면, "반드시 마음이 발하여 움직이는 곳이어야 힘을 기울일 수 있다"는 말을 할 수가 없다. "마음이 발하여 움직이는 것에 선하지 않음이 없을 수 없다"는 것은 바로 이 전제에서 출발한 것이기는 하지만 결코 필연적인 것은 아니다. '성의'가 중요하고 요청되는 이유는 바로 여기에 있다. '선하지 않음이 없을 수 없다'는 말은 필연적인 논리적 결론이나 필연성을 두고 한 말이 아니다. 또 당연히 그렇게 되어야 한다는 말도 아니다. 이는 단지 현실적으로 그렇다는 말이다. 마음의 본체 측면에서 '의'를 보면 그 발동은 당연히 선이어야지 선이 아닐 수 없다. 그러나 실제로는 어떻게 하느냐에 따라 선도 될 수 있고 불선도 될 수 있다. 어떤 것이 선이 되고 또

處用得功? 必就心之援動處纔可著力也. 心之發動不能無不善, 故須就此處著力, 便是在誠意. 如一念發在好善上, 便實實落落去好善, 一念發在惡惡上, 便實實落落去惡惡, 意之所發, 旣無不誠, 則其本體如何有不正的? 故欲正其心在誠意. 工夫到誠意, 始有著落處. 然誠意之本, 又在於致知也. 所謂人雖不知而已所獨知者, 此正是吾心良知處. 然知得善, 卻不依這箇良知便做去, 知得不善, 卻不依這箇眞知便不去做, 則這箇眞知便遮蔽了, 是不能致知也. 吾心良知旣不得擴充到底, 則善雖知好, 不能著實好了, 惡雖知惡, 不能著實惡了, 如何得意誠? 故致知者, 意誠之本也. 然亦不是懸空的致知, 致知在實事上格. 如意在於爲善, 便就這件事上去爲, 意在於去惡, 便就這件事上去不爲; 去惡固是格不正以歸於正, 爲善則不善正了, 亦是格不正以歸於正也. 如此, 則吾心良知無私欲蔽了, 得以致其極, 而意之所發, 好善去惡, 無有不誠矣. 誠意工夫, 實下手處在挌物也."

474

어떤 것이 불선이 되는가? 그 관건은 성의공부에 달려 있다. '마음을 바르게 함'은 마음의 본체 차원에서 말한 것처럼 보인다. 그러나 마음의 본체는 본래 지극히 선한데 어떻게 '바르게' 할 수 있는가? 주지하다시피 '마음을 바르게 함'은 마음의 발동에서 말한 것이지만, 마음이 발동한 것은 이미 '의'이다. 따라서 '마음을 바르게 함'은 '성의'에 달려 있게 된다. 만일 마음의 발동인 '의'가 반드시 선하다고 한다면 성의공부는 필요 없다. 그러나 마음이 발동한 것인 의에는 간혹 불선함이 있기 때문에, 즉 불선할 수 있는 가능성이 있기 때문에 '성의'가 필요한 것이다.

왕수인은 만년에 한편으로는 '자연유행自然流行'을 강조했고, 다른 한편으로는 성의공부를 중시했다. 이는 모순이 아닌가? 전자의 측면에서 보면, 어떠한 힘도 들일 필요가 없다. 심체의 유행이 그 자체로 선하기 때문이다. 후자의 측면에서 보면, 반드시 마음이 발동하는 곳에서 '힘을 기울여야' 양지가 가려지지 않을 수 있다. 두 가지는 도대체 어떤 관계인가? '사구교'는 사실 이 문제를 해결하고자 한 것이다. '좋은 근기를 가진 사람'(上根人)과 '나쁜 근기를 가진 사람'(下根人)은 바로 자연유행과 성의공부의 충돌 문제에 근거해서 말한 것이다. 그러나 왕수인은 전반적으로 이 두 가지를 통일할 것을 주장했다. 이 '변증'적 관계가 바로 왕수인의 성의공부의 특징이다.

성의공부에서 진정으로 힘을 쏟아야 할 내용은 치지와 격물이다. 이점에 있어 왕수인은 주희와 어떠한 차이도 없다. 왜냐하면 모두 『대학』의 순서를 참조해서 말했기 때문이다. 치지의 문제에서도 두 사람 간의 차이는 그렇게 크지 않다. 왜냐하면 주희도 양지를 인정하고 본체의 지를 인정했기 때문이다.(이 점은 유종주가 밝혔다.) 두 사람의 분기점은 주로 격물에 있다. 주희는 격물의 '격'을 '다다름'(至)으로 해석한다. 사물에 즉하여 이치를 궁구함으로써 '그 지극한 경지까지 이르기를 구하는 것'[53])이니, 이는 밖을 향해서 앎을 구하는 공부이다. 왕수인은 격물의 '격'을 '바르게 함'(正)으로 해석한다. 즉, '바르지 않은 것을 바르게 함으로써 바름에 돌아감'이니 이는 확실히 의지의 역량을 체현해 내는 것이다. 무엇이 '바름'인가? '바름'과 '바르지 않음'의 기준은 무엇인가? 그가 생각한 것은 '선한 것을 좋아하고 악한 것을 미워함', '선을 행하고 악을 제거함'이다. 이는 '호오'의 감정과 관계된다. 그가 말한 양지를 다시 살펴보면, 양지는 '호오의 마음'이고, '호오하기만 하면 시비를 모두 발휘해 낼 수 있다'고 했으니 호오는 얼마나 중요한 것인가! '호오'는 결코 순수한 감정 형식이기만 한 것은 아니다. 그것은 내용이 있는 것이며, 선한 것을 좋아하고 악한 것을 미워하는 의지적 지향성을 지니고 있다. 고도의 철학적 입장에서 보았을 때, 선은 자연의 목적성인 '생生'이다. '자연유행'은 이를 두고 말한 것이다. 이것이 인간의 의식에 표상되면, 그것이 바로 감정지향이다. 바로 여기에서 의지가 가진 '정향성'의 문제가 발생한다. '정향'은 감정의 자연유행을 규정하는 것이다. 의지 자체는 감정에 속한다. 왕수인은 주희만큼은 아니지만, 의지와 감정의 관계 문제를 상세하게 논했다. 그러나 그의 성의공부에서 볼 수 있듯이, 그가 말한 의지는 결코 감정으로부터 분리되지 않는다.

'격', 즉 '바르게 함'의 보편적 효과를 증명하기 위해 왕수인은 '악을 제거함'이 바르지 않은 것을 바르게 함으로써 바름으로 돌아가는 것임을 보여 주었다. '선을 행함' 또한 바르지 않음을 바르게 함으로써 바름으로 돌아가는 것이다. 왜냐하면 '선을 행하면 불선은 바로 바로잡히기' 때문

---

53) 『大學章句』,「補格物致知傳」, "是以大學始敎, 必使學者卽凡天下之物, 莫不因其已知之理而益窮之, 以求至乎其極."

이다. 여기에서 선과 악(불선)은 대립된다. 만약 마음의 본체에서 선과 악을 말할 수 없다고 한다면, 발동한 곳이나 유행한 곳에서는 반드시 선과 악을 말해야 한다. 성의의 작용은 바로 '선을 행함'과 '악을 제거함'에 있다. 여기에는 악의 연원이라는 하나의 문제가 숨겨져 있다. 악은 도대체 어디에서 오는 것인가? 왕수인의 관점을 살펴보면, 이것은 결코 본연의 심체에서 온 것이 아니라 '마음이 발한 것'인 '의'에서 온 것일 뿐이다. 어째서 그러한가? 인간의 행위에서 나타나는 '가림'과 '사적인 생각'이 끼어 들어와 마침내 '사사로운 의도'와 '사사로운 욕구'가 되어 양지를 가리기 때문이다. "본체에서 조금이라도 벗어나면 곧 악이다"[54]라는 말은 본체 자체에 무슨 벗어남과 벗어나지 않음이 있다는 것이 아니라, 사적인 의도의 방해로 인해 벗어나게 된다는 것이다. 이때의 공부는 전적으로 성의의 단계에서 이루어지며, 그 실천은 전적으로 격물의 단계에서 이루어진다.

이렇게 보면, '자연유행'과 '성의공부'는 모순되는 것이 아니라, 변증적 관계이다. '자연유행'은 '성의'의 전제이자 '성의'의 목적이고, '성의'는 '자연유행'의 조건이자 결과이다. '자연유행'은 반드시 성의공부를 통해야 의지적 행위 가운데 실현된다. 이것이 바로 의지의 작용이다. 또한 의지는 결코 도덕감정과 분리되지 않는다. 의지가 도덕감정과 떨어진다면 이는 '사적인 의도'로 변질된다.

---

54) 『傳習錄』, 卷下, 228쪽, "本體上才過當些子, 便是惡了."

제4절 '마음이 간직한 것'으로서의 의지와 '의지적 감정'

의지를 본체로 끌어올려 '선근善根'이라고 말하면서 '성의'나 '신독'을 근본적인 학문으로 삼은 이는 유종주이다. 우리 입장에서 볼 때, 유종주의 최대 공헌은 심체心體와 성체性體의 문제에 관해 송대 유자를 비판한 것이 아니라, 주희나 왕수인과 다른 도덕의지철학을 주장한 것에 있다. 만약 주희철학이 성리의 학문이고 왕수인 철학이 양지의 학문이라면, 유종주의 철학은 의지철학이라고 할 수 있다. 유종주는 의지를 유가의 '생' 철학과 직접적으로 연관시켜 '생의生意'의 '의意'를 생명 의지로 보고서, 그 것을 '마음이 발한 것'이 아닌 마음의 존재로 본 최초의 인물이다. 이처럼 그는 의지를 본체론적 의미로 읽어 내서, 이를 유일무이한 본체 존재로 만들었다.

유종주는 주희와 왕수인 이래의 유가 심성철학의 기초 위에서 자신의 의지철학을 제시했다. 그는 유가철학의 기본 입장에서 벗어나지 않으면서 도덕적 의미와 가치를 더욱 강조했다. 그렇다면 도덕의 기초는 어떻게 확립되는가? 그는 주희와 왕수인이 비록 이 방면에 나름의 공헌을 했지만, 모두 만족할 만한 해결을 하지 못했다고 보았다. 우리는 이 삼자를 비교해 볼 때, 왕수인이 분명히 좀 더 나아가기는 했지만 왕수인의 양지설이 여전히 많은 문제를 남겼으며, 어느 정도 모순도 있음을 알 수 있다. 문제의 관건은 '의意'자를 잘못 본 데에 있다.

> 양명선생이 양지에 관해 하신 말씀은 후학에게 매우 큰 공이 있다. 그러
> 나 선생은 맹자의 관점을 계승했을 뿐 『대학』의 학설과는 합치되는 점
> 도 달라지는 점도 모두 있었다.…… 결국에는 그 맥락을 흐트러뜨렸

다.…… 이는 모두 양명선생이 '의'자를 잘못 이해했기 때문이다. 그래서 선생은 '지知'에서 '좋음'(良)을 구할 수밖에 없었다. 그러나 선생은 '지知'자 또한 잘못 이해했다. 그래서 어쩔 수 없이 물러나서 마음에서 정밀함을 구할 수밖에 없었다. 이상의 이런저런 모순은 이미 용계(왕기)의 비판을 기다릴 것도 없이 그것이 『대학』의 본지가 아님을 알 수 있다.[55]

그는 '지'에서 '좋음'(良)을 구하는 것 자체가 잘못되었다고 생각했다. 왜냐하면 '지知'는 선량한 의지가 될 수 없기 때문이다. '지'의 문제와 관련하여 유종주는 도리어 주희의 격물치지설에 동의했다. 그러나 '지'의 문제는 인식의 문제이지 존재의 문제가 아니다. 인식의 문제에 있어서, 주희의 관점에는 어느 정도 타당성이 있다. 인간에게는 지성이 없을 수 없고 인식도 없을 수 없다. 이는 인식으로부터 완전히 분리되어서는 삶의 문제를 해결할 수 없다는 의미이다. 그러나 '지'를 존재의 문제나 본체론의 문제로 본다면 이는 잘못된 것이다. 따라서 그는 왕수인이 '지'자를 잘못 이해했다고 비판한 것이다.

그렇다면, '물러나 마음에서 정밀함을 구했다'는 것은 정확한 평가인가? 전적으로 정확하다고 볼 수는 없다. 유종주의 관점에서 보았을 때, 왕수인 만년에 제시한 "선도 없고 악도 없는 것이 심의 체이다"라는 말에도 역시 문제가 있다.

왕양명 문하가 주장한 선도 없고 악도 없다는 설은 결국 '지극한 선'이라는 말 때문에 장애가 있게 된다. 이를 해석하는 사람들은 선도 없고 악

---

55) 『劉子全書』, 卷8, 「良知說」, "陽明子言良知, 最有功於後學, 然只是傳孟子敎法, 於大學之說終有分合.……宛轉說來, 頗傷氣脈……只因陰陽將意字認壞, 故不得不進而求良於知, 仍將知字認粗, 又不得不退而精於心. 種種矛盾, 固已不待龍溪駁正, 而知其非大學之本旨矣."

도 없음이 지극한 선이 된다고 말한다. 하지만 이는 빙빙 둘러가는 것이 아니겠는가? 선은 하나일 뿐이다. 그런데 선이 있는 선도 있고 선이 없는 선도 있다고 하니, 이는 옛사람들이 말한 바가 아니다.[56]

만약 '무선무악'이 '지극한 선'이라고 한다면 그것은 빙빙 돌려서 말한 것이다. 왜 직접 '지극한 선'이라고 하지 않는가? '지극한 선'이 아니라고 한다면, 그것은 또 무엇인가? 또한 '심' 자의 의미는 비교적 광범위하여 '지'나 의념 측면과 같은 여타의 내용들을 포괄하고 있다. 따라서 만일 선과 악을 가지고 심을 논한다면 문제가 발생하게 된다.

유종주의 관점에서 왕수인은 '의'자를 어떻게 잘못 이해했는가? 문제는 '마음이 간직한 것'(心之所存)이 아닌, '마음이 발동한 것'으로 이해한 것에서 비롯된다. 이 잘못은 주희를 계승한 것에서부터 비롯된 것이다. 그래서 유종주는 방향을 틀어 직접 주희를 비판했다.

> 의意는 마음이 간직한 것이지 발한 것이 아니다. 주희는 '발한 것'으로 의意를 새겼지만, 옳지 않다.[57]

'의는 마음이 간직한 것'이라는 말은, 유종주 의지철학의 출발점이며 주희나 왕수인과 가장 구별되는 지점이다. '간직한 것'은 존재의 의미에서 말한 것이다. '간직함'은 곧 존재이며 마음이 마음일 수 있는 가장 근본적인 시작으로서의 존재이다. '발한 것'은 기능과 작용에서 말한 것으로 반드시 '간직한 것'이 있어야 '발한 것'이 있을 수 있다. 주희와 왕수인

---

56) 『劉子全書』, 卷12, 「學言下」, "王門倡無善無惡之說, 終於至善二字有碍. 解者曰: 無善無惡斯謂之善, 無乃多此一重之繞乎. 善一也, 而有有善之善, 有無善之善, 古人未之及也."

57) 『劉子全書』, 卷10, 「學言上」, "意者, 心之所存, 非所發也. 朱子以所發訓意, 非是."

이 '의'를 마음이 '발한 것'이라고 보았다면, 마음이 '간직한 것'은 무엇이라고 보았는가? 주희의 말을 살펴보면, '간직한 것'은 심체 즉 성性이다. 왕수인의 말을 살펴보면, '간직한 것'은 '타고날 때부터 부여받은 신령함의 근원'로서의 양지이다. 이처럼 주희와 왕수인에게서 성리와 양지는 마음의 본체, 즉 본연적 혹은 근본적인 시작으로서의 본체 존재로 설명되었다. 그러나 유종주의 관점에서 보면, 이런 말들은 '의'를 잘못 이해한 결과이다. 성체에 관해 말하자면, '성체는 심체에 나아가 볼 수 있는 것'58)이다. 그렇다면 무엇을 '심체'라고 하는가? '심체'는 오직 '의'에서만 볼 수 있을 뿐이다. 그래서 "마음에는 체가 없으니, 의를 체로 삼는다"59)고 한 것이다. 궁극적으로는 오직 의지만이 마음의 존재 본체라는 것이다. 다시 양지를 가지고 말하자면 다음과 같다.

> 양지는 원래 의거함이 있다. 양지가 의거하는 곳이 곧 의意이다. 그래서 성의를 제기한 것이다. 그러나 역시 치지공부로 해야 앎이 붕 떠서 귀착점이 없게 되지는 않을 것이다. 자그마한 차이가 엄청난 결과로 나타난다는 것이 바로 이런 것이다.60)

즉 의지가 양지에 의거하는 것이 아니라 양지가 의지에 의거한다는 것이다. 유종주의 이러한 주장은 양지와 의지의 관계에 대한 왕수인의 관점을 완전히 뒤집어 놓는 것이 된다. 왕수인은 치지를 성의의 근본이라고 보았고 격물을 그 실제 공부로 보았다. 그러나 유종주를 거치면서 성

---

58)『劉子全書』, 卷10,「學言上」, "性體卽在心體中看出."
59)『劉子全書』, 卷12,「學言下」, "心無體, 以意爲體."
60)『劉子全書』, 卷9,「商疑十則答史子復」, "良知本有依据, 依据處卽是意. 故提起誠意, 用致知工夫, 庶幾所知不至蕩而無歸. 毫釐千里, 或在此."

의는 가장 근본적인 공부가 되었다. 그는 오직 성의 다음에 치지를 해야만 '붕 떠서 귀착점이 없는' 지경에 이르지 않게 된다고 본 것이다.

유종주의 철학을 심성철학(심학이라고도 할 수 있음)이라고 보는 것에는 문제가 없다. 그러나 이는 유학이나 신유학(성리학)의 일반적 전통에 속한다는 측면에서 말한 것일 뿐이다. 유종주 철학이 가진 특수성의 측면에서 보자면, 유종주는 유가의 심성철학을 아주 크게 발전시켜 나갔는데 그 주요 지표는 바로 의지를 '마음이 간직한 것' 즉 마음의 본연적 존재로 확립했다는 점이다. 그는 더 나아가 의지를 유일무이한 본체의 존재 즉 '독체獨體'라고 불렀다. 이는 도덕의지야말로 인간의 가장 근본적인 존재라는 말이지, 일반적인 심성의 문제를 언급한 것이 아니었다. 이러한 의미에서 볼 때, 우리가 유종주의 철학을 의지철학이라고 부르는 것에는 충분한 정당성이 있다. 만약 중국철학에 의지철학이 있다고 한다면 유종주의 철학이야말로 진정한 의지철학이라고 할 수 있다.

주희와 왕수인은 모두 '마음은 주재이다'와 같은 말을 통해 인간의 주체성을 표현했다. 더 나아가 주희는 이치(심체)를 통해 '주재'를 말했고, 왕수인은 양지를 통해 '주재'를 말했다. 이는 모두 인간이 도덕주체임을 말하고자 한 것이다. 유종주는 인간의 주체성이 주로 의지에서 구현된다고 보았다. 즉 의意야말로 마음의 주재인 것이다. 유종주는 의지에 '주된 방향'(主向)과 '일정한 방향'(定向)만 있는 것이 아니라, 의지 자체가 곧 '나침반'이라고 생각했다. '주된 방향'과 '일정한 방향'은 목적의 측면과 발동의 측면에서 말한 것이며, 나침반은 존재의 측면에서 말한 것이지만, 존재와 발동은 결국 하나이다. 존재하면 곧 발동이 있는 것이지, 미발과 이발이 따로 구분되는 것이 아니다.

의意는 심이 심일 수 있는 본질이다. 심만을 말하자면 심은 그저 비어 있는 작은 기관일 뿐이다. '의'가 있어야 나침반을 두어 남북을 가리킬 수 있다. 그러나 나침반과 나침반의 바늘은 결국 다른 것이니, 심에 있어서 의는 텅 빈 기관 속의 한 점 정신이라고 할 수 있다. 그러나 여전히 하나의 심일 뿐으로, 본래부터 있음에 얽매인 적이 없으나 또 어찌 없다고 할 수 있겠는가?[61]

의는 심의 체이고 거기서 작용이 유행하지만, 의를 체로 보고 심을 용으로 볼 수는 없다.[62]

심의 본체에서 존재와 발동은 하나이다. 심에 존재와 발동이 없으면 의에도 존재와 발동이 없다. 이 심 속의 한 점 허령불매한 주재는 언제나 존재하면서 또 언제나 발동하니, 이것이 바로 소위 잠잠하되 없음으로 사라져 버리지 않고, 움직이되 있음에 얽매이지 않는다는 말이다.[63]

심체는 그저 한줄기 빛을 간직한 곳으로, 명덕이라고 부를 수 있다. 그 빛을 간직한 곳에서 남북을 가리킬 수 있으니, 이 한줄기 빛은 원래부터 붕 떠서 귀착점이 없는 것이 아니었다. 나는 오직 '의'자가 이에 적합하다고 본다.[64]

선생은 심과 의를 논하시면서 다음과 같이 말씀하셨다. "허령으로써 말

---

61) 『劉子全書』, 卷9, 「答董生心疑十問」, "意者, 心之所以爲心也. 止言心則心只是徑寸虛體耳, 著箇意字方見下了定盤針, 有子午可指. 然定盤針與盤子終是兩物, 意之於心只是虛體中一點精神, 仍只是一箇心, 本無體於有也, 安得而云無?"

62) 『劉子全書』, 卷9, 「答董生心疑十問」, "意是心之體而流行其用也, 但不可以意爲體而心爲用耳."

63) 『劉子全書』, 卷9, 「答董生心疑十問」, "人心之體存發一機也. 心無存發, 意無存發也. 蓋此心中一點虛靈不昧之主宰, 常常存亦常常發, 所謂靜而未始淪於無, 動而未始滯於有也."

64) 『劉子全書』, 卷9, 「商疑十則答史子復」, "心體只是一箇光明藏, 謂之明德, 就光明藏中討出箇子午, 見此一點光明, 原不是蕩而無歸者, 又獨以意字當之."

하면 그것을 심이라 하고, 허령의 주재로써 말하면 그것을 의라고 한다." 또 말씀하셨다. "심이 배라면, 의는 방향키와 같다." 또 말씀하셨다. "심에서 의는 나침반과 같다."[65]

심의 주재로서의 의지는 존재이면서 동시에 활동하는 것이지 아무런 움직임도 없이 정지해 있는 본체가 아니다. 미발이며 동시에 이발이기에, 이발 이전에 마음속에 미발의 본체가 있는 것이 아니다. 잠잠함과 감촉됨, 있음과 없음, 감춤과 드러남이 모두 이와 같다. 더군다나 의지는 마음 밖에 있는 것이 아니다.

의를 말하면 여전히 심을 말해야 한다. 의는 심 밖에 있지 않다. 심은 그저 혼연한 본체이고, 그 속에서 나오는 단서를 일러 의라고 하니 이것이 바로 '매우 은미한'(惟微) 본체이다.[66]

'단서'는 인심의 고유한 것으로, 심이 심일 수 있는 이유이다. '매우 은미한' 본체는 '매우 위태로운' 인심과 분리되어 존재하는 것이 아니다. (여기에서 말하는 '매우 위태로움'이란 주로 작용의 의미를 가리킨다.) 결국 심에 대한 유가의 학설에서, 심의 동정·유무·잠잠함과 감촉됨·드러남과 감추어짐·은미함과 위태로움·미발이발 등은 모두 의지에서 통일된다. 유가의 심성공부는 오직 의지에서라야 최종적으로 설명될 수 있으며, 또 의지에서라야 인간의 도덕주체성을 수립할 수 있다. 의지는 '주재'이기 때문에

---

65) 『劉子全書』, 卷13, 「會錄」, "先生論心意曰: 以虛靈而言謂之心, 以虛靈之主宰而言謂之意. 又曰: 心如舟, 意如舵. 又曰: 心意如指南車."

66) 『劉子全書』, 卷9, 「商疑十則答史子復」, "說意仍是說心. 意不在心外也. 心只是箇渾然之體, 就中之出端倪來曰意, 卽惟微之體也."

모든 것을 결정한다. 이는 앎(知)을 결정할 뿐만 아니라 행위도 결정한다. 양지설은 의지철학에 포함되었을 때야 비로소 그 방향이 명확히 나타나며, '붕 떠서 귀착점이 없는 지경'을 벗어나 선악의 문제 또한 해결할 수 있게 된다.

중국철학에서 주희를 제외하면, 개념과 범주를 가장 중시하고 자세히 설명해 나간 철학자는 유종주이다. 의지에 대해서 그는 의意와 지志 그리고 의념(念)의 함의에 대해 분석하고 그것들 간의 차이와 상호관계를 밝혀냈다.

우선 '의'와 '지志'는 서로 연관되지만 또한 구별되기도 한다. 우리가 앞에서 공자와 맹자를 언급할 때 그들이 말한 '지'를 의지로 이해했고, 또 그들이 말한 '의'를 의견 혹은 의념으로 이해했다. 왜냐하면 그들은 아직 '의'에 의지의 함의를 부여하지 않았기 때문이다. 그러나 『대학』에서 성의공부를 제시한 이후부터는 '의'자에는 의지의 의미가 부여되었다. 특히 송명 성리학에 이르러 '의'자에 포함된 의지의 의미는 매우 명확해졌다. 그러나 유종주에 이르러 이에 대한 해석에 큰 변화가 생겼다. 그는 '의'를 의지로 해석하고 '지'를 도덕의지로서의 '의'와는 다른 '입지立志'나 '지지持志'의 '지' 즉 통상적 의미에서의 지향으로 해석했다. 비록 '의'와 '지' 둘 모두 심의 주재이기는 하지만, 그 의미에는 차이가 있다.

심이 향하는 바를 의라고 한다. 이는 마치 나침반의 바늘이 반드시 남쪽을 향하는 것과 같다. 남쪽을 향하고 있는 것은 몸을 일으켜서 남쪽으로 가는 것이 아니다.…… 무릇 향한다고 하는 것은 모두 정해진 방향을 가리켜서 한 말이다. 여기에서 '정해짐'(定)이 없으면 '방향'(向)도 없으니 의가 심의 주재임을 알 수 있다. 『설문해자』에서는 "'의'는 지志이다"[67]라고 했다. 마음이 가는 것을 '지'라고 하니, 예컨대 도에 뜻을 두거나 혹은 학문에 뜻을 둔다고 했을 때의 뜻(志)과 같다. 이러한 것들은 분명 성현의 마음을 가지고 말한 것이니, 여전히 '주재'로써 말한 것이다. 그러므로 "지志는 기氣의 장수이다"[68]라고 한 것이다. 마음이 향하는(之) 것과 마음이 실제로 움직이는 것은 다르다. 만약 '떠나서 길을 걸어갈 때'(往而行路時)에서의 뜻으로 '지之'를 새긴다면 이는 실제 발꿈치를 들어 한 걸음 내딛는다는 뜻이 되어 버린다. 그러나 『설문해자』의 관점은 다시 한 번 검토되어야 한다.…… 그러므로 '의'자와 '지'자는 모두 '심'자에서 벗어나지 않는다. 의는 마음속의 기이고, 지는 마음의 근기이다. 그러므로 집에 주인이 있는 것과 같은 것을 의라 하고, 깊이 잠잠하면서 근원이 있음을 지라고 한다. 지금 '의는 지이다' 혹은 '지는 의이다'라고 하는데 성의가 어찌 '뜻을 세운다' 혹은 '뜻을 간직하다'라는 의미겠는가?[69]

일찍이 주희는 의는 '마음이 향하는 바'이고, 지는 '마음이 가는 바이다'라고 말했지만, 이를 상세하게 구분하지는 않았다. 유종주가 의를 '마음이 향하는 바'로 말할 때는 반드시 '정향' 즉 정해진 방향의 의미로 말했다. '정해짐'(定)이 없으면 '방향'(向)도 없으니 방향은 곧 정향이다. 이는 마치 나침반과 같아서 나침반의 바늘이 있어야 남북을 향해 가리킬 수 있는 것과 같다. 나침반은 바늘이 없으면 가리킬 수가 없다. '정해짐'은 제대로 서 있는 것이고 여기에서의 서 있는 발이 바로 도덕의지이다. 이는 하늘

---

67) 『說文解字』, 「心部」, "意, 志也."

68) 『孟子』, 「公孫丑上」, "夫志, 氣之帥也."

69) 『劉子全書』, 卷9, 「商疑十則答史子復」, "心之所向曰意. 正如盤針之必向南也. 只向南, 非起身至南也.……凡言向者, 皆指定向而言. 離定字, 便無向者可下, 可知意爲心之主宰矣. 意, 志也. 心之所之曰志, 如云志道志學. 皆言必爲聖賢之心, 仍以主宰言也. 故曰: 志氣之帥也. 心所之與心所往異. 若以往而行路時, 訓之字, 則拋却脚根立定一步矣. 然說文之說亦尙有可商者.……故意志者, 皆不離心言. 意者, 心之中氣, 志者, 心之根氣. 故他中而有主曰意, 靜心而有本曰志. 今曰: 意, 志也. 意, 志也, 豈誠意之說, 豈是立志與持志之說乎?"

의 '생의'가 그렇게 하도록 한 것이자 마음의 '생의'가 그렇게 하도록 한 것이다. 지는 뜻을 세워 실천하고 일을 하는 것이니, 뜻을 세우는 것이 중요하기는 하지만 그것이 곧 도덕의지는 아니다. 지를 의지와 다른 것으로 설명한 것은 유종주가 처음이다. 유종주는 『설문해자』에서 의와 지를 상호적으로 해석한 것에 대해 타당하지 않다고 보았다. 그의 주장에 해석상의 근거가 있느냐의 여부는 또 다른 문제이다. 중요한 것은 이러한 해석이 유종주의 철학적 특징과 그 자신의 풍모를 보여 준다는 것이다. 그가 의에 '정향'이 있고 지는 그저 뜻을 세워 실행하는 것이라고 강조한 것은, 만약 의 즉 의지의 '정향'을 떠난다면 지가 설사 실행될 수 있다 하더라도, 그것이 제대로 설 수 없음을 설명하려고 한 것이다.

의와 지의 구분에는 또 다른 의미도 있다. 그것은 도덕의지를 실천행위와 동일하게 볼 수 없다는 것이다. 의 즉 '마음이 간직한 것'과 '마음이 향하는 것'으로서의 의지는 제자리에 서서 정향성을 갖고 있지만 그것은 행위를 위해 방향을 정한 것일 뿐, 그것을 실행에 옮긴 것을 의미하지는 않는다. 방향을 정하는 것이 가장 중요하기는 하지만 제대로 서서 명확한 방향을 가져야, 비로소 실천할 수 있게 되고 안정적으로 서서 정확하게 갈 수 있게 된다. 이는 왕수인의 '지행합일'설과 완전히 일치하는 것은 아니다. 지행의 문제에 있어서 그는 오히려 주희의 격물치지설을 찬동했다. 그는 주희의 설에 일리가 있다고 보았다. 물론 지知가 의意와 다르기는 하지만 지知라는 것은 '지知적 근본'이며 지적 근본은 곧 의意이다.

> 격물치지는 성의공부이니, 공부는 의를 주로 함에 요체를 두어야 절실한 공부가 된다. 의에서 한 발자국이라도 떨어지면 격물치지라고 말할 것이 없다.[70]

이처럼 유종주는 성의를 가장 중요한 위치로 끌어올려 성의를 근본 공부로 삼아야 하지, 소위 '치양지致良知'에서 공부를 해야 한다고 보지 않았다.

유종주는 의意와 의념(念)의 구별 역시 강조했다. 이는 의 즉 의지의 존재성과 정향성 그리고 주재성에 대한 고려에서 비롯되었을 뿐만 아니라 불교 비판의 의미도 담고 있다. 그가 보기에 의지가 의지이기 위해서는 항상 불변하면서 항구성을 갖추어야 하며, 동정이나 유무에 속하지 않으면서도 그들과 유리되어서는 안 된다. 그러나 의념은 있을 때도 있고 없을 때도 있고 움직일 때도 있고 잠잠할 때도 있으며 끊임없이 변화하여 생겼다 없어졌다 한다.

> 하나의 의념도 일어나지 않았을 때에도 의는 여전히 거기에 있다. 의념은 생겼다가 사라지지만 의에는 생기고 사라짐이 없다. '생의'라고 말할 수는 있지만 '생념生念'이라고 말할 수는 없지 않겠는가? 의념(念)은 죽은 도이다.[71]

> 의는 깊은 속내에 간직되어 있으니 움직여도 움직인 적이 없다. 따라서 잠잠하면서도 잠잠한 적이 없다. 본래 온 곳도 없고 돌아갈 곳도 없다.[72]

> 진실하게 해야 할 것이 의라는 점을 생각한다면, 의가 심의 주재이지 움직이는 의념에 속하지 않는다는 것을 분명히 알 수 있다.[73]

---

70) 『劉子全書』, 卷10, 「學言上」, "格致者, 誠意之工, 工夫結在主意中, 方爲眞切工夫, 如離却意根一步, 亦更無格致可言."

71) 『劉子全書』, 卷9, 「答董生心疑十問」, "一念不起時, 意恰在正常處也. 念有起滅, 意無起滅也. 如云, 生意, 可云, 生念否? 念, 死道也."

72) 『劉子全書』, 卷9, 「答董生心疑十問」, "意淵然在中, 動而未嘗動, 所以靜而未嘗靜也. 本無來處, 亦無歸處."

‘살아 있는 도’와 ‘죽은 도’의 문제에는 매우 중요한 철학적 함의가 담겨 있다. 이에 대해서 우리는 곧 확인하게 될 것이다. 여기에서 분명하게 짚고 넘어가야 할 것은 유종주가 진정한 의지철학을 세우기 위해서는 실제로는 의지와 아무런 본질적인 관계가 없으면서 사람들을 헷갈리게 하는 개념들을 정리해야 된다고 보았다는 점이다. 의념 역시 그 중에 하나였다.

이를 위해, 유종주는 정자(정이)와 주희 그리고 왕수인이 의지에 대해 혼란스럽게 논의를 진행했다고 비판했다. 유종주는 그들이 항상 의념의 개념을 가지고 의지를 대신했기 때문에 의지철학이 크게 밝혀지지 못하고 도리어 불교의 포로가 되었다고 지적했다.

> 정자(정이)는 “무릇 심이란 모두 이발을 가리켜서 말한 것이다”라고 했는데, 이는 의념을 심으로 본 것이다. 주희는 “의는 마음이 발한 것이다”라고 했는데, 이는 의념을 의로 본 것이다. 또 ‘혼자만 앎’(獨知)을 굳이 움직임(動)에 귀속시켰는데 이는 의념을 지로 여긴 것이다. 양명은 ‘마음을 바로잡아 물욕을 없애는 것’이 격물이라고 보았는데, 이는 의념을 물로 본 것이다. 후세의 심학은 이처럼 불명확했다. 그러므로 모든 것을 제거하고 오로지 의념을 없애는 불교식의 방법을 공부라고 생각했다. 여기서 어느 정도 효과를 얻으면 다시 의념을 일으키고 의념을 없애는 것을 묘용이라고 여기게 되었다. 이렇게 해서 결국 위대한 도가 밝혀지지 않아 도적을 자식으로 여기고, 자식을 도적으로 여기게 되었다.[74]

---

73) 『劉子全書』, 卷9, 「答董生心疑十問」, “觀誠之爲意, 則益知意爲心之主宰, 不屬動念矣.”

74) 『劉子全書』, 卷11, 「學言中」, “程子云: 凡言心者, 皆指已發而言. 是以念爲心也, 朱子云: 意者, 心之所發. 是以念爲意也. 又以獨知偏屬之動, 是以念爲志也. 陽明子格去物欲爲格物, 是以念爲物也. 後世心學不明如此, 故佛氏一切掃除, 專以死念爲工夫, 及其有得, 又以念起念滅爲妙用. 總之, 未明大道, 非認賊作子, 則認子作賊.”

유종주의 관점에서 심, 의, 물은 모두 하나이지만 모두 의意를 주재로 삼는다. 심이 의를 주재로 삼는다는 것은 이미 앞에서 다루었다. 의는 사물(사태)에 대해서도 주재가 된다. 이는 '사물에는 본말이 있다'는 의미에서의 물이며, 사물의 근본은 곧 의이다. 만약 의지의 주재성을 견지하지 못할 경우 앞에서 말한 혼란이 발생해서 불교가 빈틈을 타고 들어오게 된다. 그래서 자신들은 스스로 유가의 '심학'이라고 생각했겠지만, 실제로는 불교적 의념과 염려念慮의 학문을 말하게 되었다는 것이다.

유종주가 이처럼 중시하고 강조한 '의'는 사실 선량한 의지이다. 이는 인간 생명의 근본으로 여겨졌다. '의'와 비교해서 더 중요한 것도 없으며 '의'보다 위에 있는 것도 없다. '의'는 곧 태극(성리학 최고의 범주)이다. '독체'이며 '지선至善'이다. 때문에 '신독愼獨'을 근본 공부로 삼아야 하고 '지어지선止於至善'을 근본 목적으로 삼아야 한다. '신독' 외에 다른 학문은 없으며, '지선' 외에 다른 삶도 없다. 이는 모두 인간의 의지에 의해 결정되는 것들이다.

그렇다면 의지는 도대체 어디에서 오는 것인가? 또한 감정과는 어떠한 관계가 있는가? 결국 우리는 앞에 제시한 제목으로 돌아가지 않을 수 없다.

유종주는 감정을 떠나서 의지철학을 세울 수도 없었고, 그렇게 하지도 않았다. 이것이 바로 그의 철학이 칸트철학과 같은 서양의 의지철학과 구분되는 지점이다. 문제는 그가 의지와 감정의 관계를 어떻게 해결했는가이다.

의지와 감정은 분리될 수 없다. 감정이 곧 의지이기 때문이다. 이 점에 있어서 유종주도 다른 유가와 마찬가지로 조금의 의문도 가지지 않았다. 바로 그렇기 때문에 유종주는 의지를 '의지적 감정'(意情)으로 명명해서 의지가 감정에 대해 예속적 관계임을 밝혔다. 그러나 유종주가 보기에 둘을 비교했을 때 감정의 범위는 너무 광범위해서 포함되지 않는 것이 거의 없기에, 인간은 존재하는 한 반드시 감정이 있기 마련이다. 인간은 감정적 존재이지만 감정은 매우 다양하며 또 변화무쌍하다. 그러나 의지는 감정이 지니고 있는 정향을 드러내며 감정으로 하여금 도덕목적성을 갖추게 한다. 이것이 바로 선 혹은 '지선'이다. 선은 하나의 목적범주일 뿐만 아니라 본질범주이다. '지선'은 최종 목적이면서 존재의 본질이다. 유종주는 이런 이해에서 출발하여 감정을 '허위虛位'로 보고 의지를 '정명定名'으로 보고자 했다. 그러나 '허위' 역시 매우 중요하다. '위치'가 없으면 '자리 잡을'(定) 곳도 없어지기 때문이다. 이것은 형식의 의미만 지닐 뿐 실질적인 내용을 가지지 못하지만, '정명'이 다름 아닌 '허위'에 자리 잡음으로써 실질적인 내용을 갖추게 된다.

허위와 정명의 설은 한유로부터 유래한 것이다. 한유는 유가의 '도통'을 수립할 때, 일찍이 도덕이 '허위'이며 인의가 '정명'이라는 주장을 제시하여 인의를 유가의 도덕으로 규정하고 이를 불교나 도교에서 말하는 도덕과 구별했다. 유종주 역시 그렇다. 그는 도덕의지를 감정으로 설명했지만 이는 통상적으로 언급되는 감정과는 구별되는 것이다.

의지는 심을 떠나 말할 수 없지만, 의지는 심의 주재이다. 이것이 심과 의의 관계이다.

> 마음과 의지의 구분이 명확하면 본성과 감정의 구분 또한 명확해진다. 마음과 의지는 정명이 되고 본성과 감정은 허위가 된다. 희노애락과 같은 것은 마음의 감정이고, 태어나면서부터 이러한 희노애락이 있게 되는 것을 일러 마음의 본성이라고 한다. 호오는 의지의 감정이고 태어나

면서부터 이러한 호오가 있게 되는 것을 일러 의지의 본성이라고 한다. 본성이나 감정과 같은 명칭은 어디에나 있게 마련이다. 즉, 의지의 본성 혹은 의지의 감정이라고 해도 마찬가지이다. 의지는 마음의 의지이고 감정은 본성의 감정이다.[75]

이 말은 그다지 명료하지 않지만 의미는 분명하다. 즉 본성과 감정의 설은 아주 보편적인 말이지만, 반드시 마음이나 의지의 측면에서 말해야 그 진실성을 지닐 수 있다고 생각한 것이다. 유종주는 희노애락과 호오의 감정을 매우 중시했다. 그러나 기쁨은 무엇에 기뻐하고 분노는 무엇에 분노하는 것인가, 그리고 좋아함은 무엇을 좋아하고 싫어함은 무엇을 싫어하는 것인가? 현학자들이라면 기쁜 것에 기뻐하고 노여운 것에 노여워하면 된다고 할 것이다. 성리학자들이라면 당연히 기뻐해야 할 것을 기뻐하고 당연히 노여워해야 할 것에 노여워하면 된다고 할 것이다. 그러나 유종주는 이러한 말들은 어디까지나 형식적일 뿐이어서 결국 실질적인 의미로 귀착되지 못한다고 보았다. 이 문제를 해결하기 위해서는 반드시 의지에 의거해야만, 즉 반드시 의지의 '지선'에 의거해서 규정되어야 감정의 참된 의미를 설명할 수 있다고 보았다. 여기에서 의지는 감정의 '핵심'으로, 주희가 말하는 것처럼 감정이 의지의 '핵심'인 것이 아니다.

유종주는 한편으로 의지를 '독체'로 보아, 그것의 유일무이한 지위와 그에 담긴 의미를 설명하기도 했다. 하지만 또 다른 한편으로는 독체를 논할 때, 감정을 그 근본 내용으로 보기도 했다. 이는 감정을 의지의 '핵심'으로 본 것이다.

---

75) 『劉子全書』, 卷9, 「商疑十則答史子復」, "心意之辨明, 則性情之辨亦明. 心與意爲定名, 心與情爲虛位. 喜怒哀樂心之情, 生而有此喜怒哀樂之謂心之性; 好惡意之情, 生而有此好惡之謂意之性. 蓋性情之名, 無往而不在也. 卽云意性意情亦得. 意者心之意也, 情者性之情也."

희노애락이 발하지 않은 것을 중中이라 한다. 이것이 독체이니 드러나지
않고 은미하다. 그것이 발하여 모두 절도에 맞으면 중은 곧 화가 되니,
소위 드러나지 않은 것보다 더 잘 보이는 것이 없고 미미한 것보다 더
잘 드러나 보이는 것이 없다는 말이다. 발하지 않으면서 늘 발하니, 이
것이 독체가 현묘한 이유이다.[76]

독체 안에는 희노애락이 있으니 이것은 인의예지의 또 다른 이름이다.[77]

그가 의지를 '정명'으로, 감정을 '허위'로 규정한 것은 다른 유자와 구
분되는 독특한 지점이다. 그러나 감정으로 의지를 설명했다는 점에서만
큼은 기타 유가와 차이가 없다.

사실 유종주가 기타 유자와 본질적으로 구분된다고 보기는 매우 어렵
다. 왜냐하면 그들은 동일한 철학적 전제에서 출발하기 때문이다. 그들은
모두 '생生' 철학에서 출발했다. 천지의 낳고 낳음의 이치와 낳고 낳음의
의지는 유가 감정철학과 의지철학의 기본 전제이다. 유종주 철학도 예외
는 아니다.

심이 씨앗이라면, 인은 그 생의이다. 생의의 '의意'가 곧 심의 의지이니
의지는 본래 낳고 낳는 것이지 나의 의지로부터 나오거나 외부로부터
오는 것이 아니다.[78]

---

76) 『劉子全書』, 卷8, 「中庸首章說」, "喜怒哀樂之未發, 謂之中, 此獨體也, 亦隱且微也; 及夫發皆
中節, 而中卽是和, 所謂莫見乎隱, 莫顯乎微也. 未發而常發, 此獨之所以妙也."
77) 『劉子全書』, 卷5, 「聖學宗要·陽明王子」, "獨中具有喜怒哀樂四者, 卽仁義禮智之別名."
78) 『劉子全書』, 卷12, 「學言下」, "心與谷種, 仁仍其生意. 生意之意, 卽是心之意, 意本是生生,
非由外鑠我也."

정호가 최초로 '생의'를 제기한 이래 정이와 주희, 왕수인은 모두 이 말을 인용하여 유가적 인간학(人學) 즉 인학(仁學)의 근본 출발점으로 삼았다. 따라서 유종주가 이 말을 계승한 것 역시 전혀 이상할 것 없는 매우 자연스러운 일이다. 왜냐하면 유가의 생명철학은 이 근본적인 출발점으로부터 건립되었기 때문이다. 심의 근본적인 의미는 바로 생이다. 생으로부터 감정이 있게 되고 의지가 있게 되는 것이다. '그 마음을 냄'(生其心)은 (이는 불교 용어를 빌린 것이다.) 감정을 낳고 또 의지를 낳는다는 것이다. 감정과 의지는 본래 생으로부터 나온 것으로, 학자들마다 강조한 지점이 다를 뿐이다. 주희가 강조한 것은 본성과 감정의 체용적 관계와 그 발함이었고, 왕수인이 강조한 것은 '진실로 측은해하는 마음' 즉 양지와 그 발함이었으며, 유종주가 강조한 것은 '마음에 간직된 것' 즉 '감정적 의지'(情意)와 '의지적 감정'(意情)이었다. 이들 중 누구도 감정을 떠나서 의지를 말하지 않았다는 것이 나의 결론이다.

제11장 감정과 지식

제1절 지식과 감정의 분리

지식학은 중국철학에 있어서 비교적 중대한 문제이며, 유가학설에 있어서는 더욱 그러하다. 현대의 관점에서 보자면, 앎(知)의 문제는 인식론·지식론의 문제이며 이는 감정의 가치문제와 구별된다. 인식론은 진리의 문제와 관련이 있고 감정은 가치의 문제와 관련이 있기 때문이다. 인식론은 '세계는 무엇인가'라는 문제와 관련이 있고, 감정은 나에게 필요한 것이 무엇인지 혹은 그것을 어떻게 해야 하는 것인지에 관한 것이다. 인식론은 주체와 객체, 즉 인식주체와 인식대상의 경계를 구분할 것을 요구한다. 나는 인식주체이고 나를 둘러싼 외부세계는 인식대상이다. 감정은 매우 복잡하지만 감정에도 대상이 있다. 그 대상이 인간일 수도 있고 사물일 수도 있다. 이들은 모두 감정의 대상이 될 수 있지만, 이들의 관계는 인식-피인식의 관계가 아니라, 주체와 대상이 어떻게 만나고 대면하며 교류하는지의 문제 즉 감응의 관계이다. 감정교류는 인간의 삶 가운데 가장 중요한 문제이다. 그것은 지식을 획득하거나 규칙성과 법칙을 발견하는 것과 같은 인식상의 만족을 추구하는 것이 아니라, 감정상의 만족 즉 심리적인 기쁨을 얻으려고 하는 것이다.

인성의 측면에서 보면 지성과 감정은 모두 인성의 중요한 요소이다. 사물을 인식하고 진리를 추구하는 것은 인성에서 필수적인 부분이다. 감정은 더 말할 것도 없다. 인간의 감정적 욕구는 다방면적이기 때문이다. 중국유학은 도덕감정과 심미적 감정에서의 만족을 강조하며 도덕적이고 예술적인 삶을 추구했다.

서양철학에서는 인식과 감정이 구분되어 있다. 철학은 '지혜'의 학, 혹은 '지혜를 사랑하는' 학으로 일컬어진다. 고대 그리스에서의 '지혜'는 순수한 지성은 아니었다. 그 안에는 삶의 미덕·덕성·선 등 다양한 방면의 중요한 내용이 포괄되어 있었다. 그러나 이미 여기에서도 인식적 작용이 강조되어 있었다. 소크라테스가 '선은 바로 지식이다'라고 말한 것이 바로 이 점을 설명할 수 있다. 플라톤의 이데아는 유클리드 기하학의 방법으로 논증된 것이고, 아리스토텔레스의 분류학은 지식론 위에서 성립된 것이다. 그는 인식방법 즉 논리학을 중시했으며 이는 후에 서양철학 발전에 중요한 영향을 끼쳤다. 사실 서양 고대 그리스의 존재론적 철학은 인식론적으로 증명할 필요 없이 자명한 결론을 그 전제로 하고 있다. 후대의 '인식론적 전환'은 바로 이러한 발전의 자연스런 결과로, 존재론의 인식론적 기초가 어떻게 가능한지의 문제가 제기되었다. 이때부터 인식론의 문제는 더욱 부각되어 서양철학의 중심 문제가 되었다. 경험주의자, 이성주의자, 혹은 회의주의자(그 가운데에는 흄의 경험주의적 회의주의와 데카르트의 이성주의적 회의주의도 있다.) 모두 인식론적 문제를 둘러싸고 논쟁을 벌여왔다. 후대의 논리실증주의 역시 이러한 발전의 또 다른 결과이고, 그들에 의해 '언어적 전환'이 발생했다.

그 이후에는 방법적 문제가 부각되었는데, '분석적 방법'은 20세기 서양철학의 가장 대표적인 특징을 이루었다. 그러나 논리분석이든 언어분석이든 그 시작은 모두 인식의 문제에서 벗어나지 않는다. '언어존재론' 과 '실존철학'은 그다음의 문제였다.

서양의 인식철학 내에서는 여러 유파들이 저마다 다른 주장과 논법을 내놓았지만, 그들의 공통점은 하나같이 감정과 인식을 완전히 분리시켰 다는 점이다. 인식론은 독립적인 것이었으며 인식에서의 '진리'는 감정과 전혀 관계가 없는 것이었다. 오히려 오직 감정으로부터 벗어날 때에만 인식적 진리를 얻을 수 있다고 보았다. 이 자체가 바로 분석적 사유이며 분석적 방법이다. 감정은 주관적이고 변화무상한 것인 반면에 진리는 객 관적이며 보편적이고 영원한 것으로 간주되었기 때문이다. 인식이 주체 의 선험이성(데카르트)이나 선험형식(칸트)에 의해 규정된다고 주장하는 철 학자들은 모두 인식의 객관성과 보편성을 인정한다. 오직 실용주의철학 자들만 예외라고 할 수 있다.

이런 점에서 중국의 유가철학은 서양철학의 전통과 아주 큰 차이가 있다고 할 수 있다. 유가철학은 서양철학 식의 인식론적 철학을 근거로 건립되지도 않았으며, 따라서 존재론 역시 비非실체론적이라는 점에서 서 양과 근본적으로 구분된다. 그렇다면 중국철학은 인지認知의 문제를 논하 지 않았단 말인가? 논했다고 한다면 어떻게 논했다는 것인가?

중국철학에서는 묵가만이 '앎'(知)을 중시했다. 묵자로 대표되는 묵가 는 일찍이 자신들만의 인식론과 논리학을 세웠다. 그들의 특징은 경험의 객관성과 가치의 '중립성'을 인정하여 사물의 물리학적 성질을 중시하고 인식추리의 객관성을 강조했다는 점이다. 묵가의 도덕은 인의와 같은 도 덕원칙을 보편적 이익과 결합시킬 것을 주장했을 뿐만 아니라 이익을 중 요한 가치기준으로 삼았다. 명가에서의 '명변名辯'의 학은 개념적 분석과 개념 간 상호관계를 중시했다. 여기에는 인식론적 의미가 있지만, 모두 감정과는 아무런 관계도 없었다.

　유가철학에서 순자는 인식의 문제를 중시한 가장 대표적인 인물이다. 그는 우선 지성이 인성의 중요한 측면이라는 점을 분명하게 말했고, 또 인식주체와 인식대상과의 관계에 대해 논했다. 그는 이렇게 말했다.

　무릇 안다는 것은 인간의 본질이고, 알 수 있는 것은 사물의 이치이다.[1]

　'아는 것'은 인간의 인식능력을 가리키는 것이고, '알 수 있는 것'은 인식되는 대상을 가리킨다. '인식능력이라는 인간의 본성으로, 인식 가능한 사물의 이치를 인식하는 것'이라는 순자의 말은 주체와 객체의 인지관계를 구성한다. 이처럼 명확하게 인식론적 문제를 제기한 것은 중국철학사에서 아주 희소한 일이다. 또한 순자는 어떻게 인식이 이루어지는지에 대해서 논하면서 일련의 인식방법을 제시했다. 그는 특히 인식주체가 어떻게 '물리'를 인식하는지 그 과정과 방법에 대해 고찰했다. 인식적 차원에서 순자는 마음을 '천군天君'으로 비유했다. 그래서 한편으로는 '천관天官' 즉 여러 인식(감각)기관에 의해 경험지식이 제공된다는 점에서 "반드시 천관이 각종 감각기관으로부터 얻어진 감각을 정리한 뒤에야 인식이 가능하다"[2]고 했다. 또한 다른 한편으로는 '명령을 내릴 수 있지만 받지는 않는'[3] 마음의 성격과 작용을 말해서 인간이 주체적 종합 이성능력을 갖고 있음을 밝혔다. 순자의 인식 학설은 일종의 '진리정합론'적 학설이다. 진리는 객관적이며, 인간의 인식이 가진 역할은 자신의 인식능력을 통해

---

1) 『荀子』, 「解蔽」, "凡以知, 人之性也; 可以知, 物之理也."
2) 『荀子』, 「正名」, "然而徵知必將待天官之當簿其類, 然後可也."
3) 『荀子』, 「海弊」, "心者, 形之君也而神明之主也, 出令而無所受令."

주관이 객관의 '이치' 혹은 '도'에 부합하도록 운용하는 것이라고 여겼다. 객관적 이치 혹은 도리는 바로 지혜이다.

> 인간이 가진 '알 수 있는' 능력을 일러서 앎(知)이라고 하고, 그 앎에 부합하는 것을 일러서 지혜(智)라고 한다.[4]

여기에서 '부합'이란 '마음이 객관적인 도에 부합하는 것'을 말한다. 순자가 비록 인성의 선악의 문제를 논했고 또한 '성악설'을 대표하는 인물이 되기는 했지만, 그가 말한 본성은 바로 감정을 가리켜서 말한 것이다. 그의 '화성기위化性起僞'설 즉 '의지적 노력을 기울여 본성을 변화시킴'은 지성을 사용하여 이치(理) 혹은 도에 대한 인식을 획득하고, 이에 근거하여 본성을 개조하고 감정을 통제하려는 것이었다. 따라서 순자에게 있어서 지성은 감정에 대해 주도적인 지위에 있으며 주도적으로 작용한다. 이러한 의미에서 보면 순자는 '주지론자'였지 '주정론자'는 아니었다. 그에게는 이성과 감정에 대한 플라톤의 학설과 유사한 점이 있지만 결코 일치하지는 않는다. 플라톤은 이성을 중시했고 이성이 감정에 대해 통제권을 가진다고 주장했지만, 그는 사람들이 선의 이데아를 완전히 인식할 수 없고, 다만 부단히 그것에 접근할 뿐 영원히 그것에 도달할 수 없다고 보았다. 그의 '상기설'은 영혼의 존재를 증명한다. 반면 순자는 인간의 인식능력이 이치와 도를 인식할 수 있다고 믿었다. 물론 그가 말한 인식이 '의심이 멈추지 않는'[5] 무궁무진한 과정이기는 하지만 말이다.

순자는 지성 또한 인성이라고 했지만, 체계적인 인식론 학설을 세우

---

4) 『荀子』, 「正名」, "所以知之在人者謂之知. 知有所合謂之智."
5) 『荀子』, 「海弊」, "以可以知人之性, 求可以知物之理, 而無所疑止之, 則沒世窮年不能徧也."

거나 인식을 자연계로 확장하지는 않았다. 그는 사회적 '예의'를 인식하는 것이 인식의 주된 임무라고 보았다. 그는 이렇게 말했다.

> 도란 하늘의 도도 아니고 땅의 도도 아니며 인간이 도로 삼는 것일 뿐이다.[6]

'인간이 도로 삼는 것'이 바로 인도人道이다. 인도는 주로 사회윤리의 도를 가리킨다. 그는 후천적 학습과 누적을 매우 중시했지만, 자연계 사물의 성질과 법칙을 인식할 것을 주장하지는 않았다. 오히려 그는 공부를 통해 성인이 되어야 한다고 주장했다. "성인은 공부가 쌓인 사람이다"[7]라는 말은 성인은 지식의 누적에 근거해서 도달할 수 있다는 의미이다. 그러나 이때의 지식은 윤리적 측면의 지식을 말한 것이지 자연과학적 지식을 말한 것이 아니다. 성인이 '인륜'에 지극한 사람이 되었던 것은 "오직 성인은 (자연적 대상으로서의) 하늘을 알려고 하지 않았기 때문이다."[8] 순자가 비록 '하늘과 인간의 경계를 명확하게' 구분하려고 했지만, 이는 하늘 즉 대상으로서의 자연계에 나아가 인식할 것을 주장한 것이 아니라, 일상적 삶에 최선을 다하는 방식으로 천지에 대한 '참여'를 실현하고자 했던 것이다. 순자의 인식론은 주로 사회인식론, 즉 인간사회와 관련된 것들에 대한 인식이었다. 순자와 유가의 입장에서 보면 사회는 '예禮'가 작동하는 공간이며 예의 작동은 '예치'를 통해 이루어지는 것이다. "예는 도의 지극함이다"[9]라는 말은 도에 대한 인식이 결국 예에 대한 인식이라

---

6) 『荀子』, 「儒效」, "道者, 非天之道, 非地之道, 人之所以道也, 君子之道也."
7) 『荀子』, 「性惡」, "聖人者, 人之所積而致也."
8) 『荀子』, 「天論」, "唯聖人, 爲不求知天."
9) 『荀子』, 「禮論」, "禮者, 人道之極也."

는 것을 말해 준다. 예는 이치이며 윤리면서 물리이다. 예는 무엇을 위한 것인가? 이는 '감정을 길러 주는 것'이며 '욕망을 길러 주는 것'이다. 인간은 감정과 욕망이 없을 수 없으며, 이들은 만족을 필요로 한다. 그러나 이는 자연의 상태에서가 아니라 예치 아래에서라야 적절한 만족을 얻을 수 있다. 이렇게 볼 때, 순자의 사회이성정신은 감정과 완전히 무관한 것이 아니다. 인식의 산물로서의 예는 '감정을 절제하는 것'이자 '감정을 제어하는 것'이며 동시에 '감정을 길러 주는 것'이다. 하지만 이는 별개의 문제일 뿐 지성知性과 '감정으로서의 본성'(情性)의 구분에 방해가 되지는 않았다.

순자가 시작한 학설의 전통은 '외왕外王'공부의 전통으로 여겨졌으며, '내성內性'공부의 전통과는 별개의 것으로 여겨졌다. 그러나 감정과 인식의 관계라는 측면에서 보면, 이는 단순히 '외왕'의 문제이기만 한 것은 아니다. 순자의 학설은 최소한 과학이성과 가치이성 방면의 일련의 문제들과 관련되어 있다. 순수인식은 어찌됐든 과학과 관련이 있지만, 감정적 욕구는 가치와 관계가 있다. 순자의 학설은 동중서에게 영향을 미쳤으며, 그 외에 왕충의 학설 역시 순자를 계승 발전시킨 것이었다. 동중서가 주로 지성知性과 감정으로서의 본성(情性)을 서로 분리했던 순자의 사상을 계승하여 음양을 가지고 성정을 논하고 '심'으로 '앎'을 논했다고 한다면, 왕충은 주로 순자와 묵가의 인식론을 발전시켰다. 그는 '허망함을 질타하는' 과학정신으로 당시에 상당히 유행했던 참위와 미신사상을 비판했을 뿐만 아니라, 「실지편實知篇」과 「지실편知實篇」에서 인식과 지식의 문제를 집중적으로 논했다. 그는 '귀와 눈으로 얻은 진실한 지식' 즉 감각경험이 인식에서 차지하는 기능을 중시했다. 여기에는 아무런 감정의 내용이나 요소가 없다. 그는 중국 고대 경험주의 인식론의 중요한 대표자라고 할 수 있다. 그는 동시에 이성적 사유의 작용에 대해 주의를 기울여 '반드시 마음과 뜻을 열 것'을 주장했다. '귀와 눈으로 얻은 진실한 지식'은 대부분 경험적 내용을 가리킨다. 그것은 모든 인식의 객관적인 기초이다. 그는 경험이 인간에게 알려 주는 것이 가장 진실하다고 보았다. 즉 갑이 보았을 때 검은 것은 을이 보았을 때도 역시 검은 것이니, 여기에는 차이가 있을 수 없다는 것이다. 왜냐하면 검은 색 그 자체는 객관적인 것이기 때문이다. 왕충은 감각기관과 관련하여 제1성질과 제2성질과 같은 문제들을 언급하지는 않았으며, 감각경험은 모두 객관적인 것이라고 믿었다. '반드시 마음과 뜻을 여는 것'은 감성직관이 아니라 지성의 문제이다. 여기에서 말하는 '의意'는 의지를 가리키는 것이 아니라 인식적 의미에서 말하는 의식과 의견이다. 또한 왕충은 중국철학사상사에서 인과관계를 가장 중요하게 여긴 철학자였다. 그는 명시적으로 '인과'라는 범주를 언급하지는 않았지만, 그의 수많은 논의들은 모두 사물의 인과적 연결로 관통되어 있으며, 어떠한 목적적 요소도 부정했다. 그는 물리학적 관점에서 자연계의 현상을 관찰하고, 또한 물리학·생물학의 관점에서 인간의 생명현상을 관찰하고 해석한 철학자이다. 예컨대 그는 천도는 '자연무위'이며, 하늘이 목적이나 의식이 있어서 인간을 낳은 것이 아니라 인간은 자연 그대로 태어나는 것이라고 보았다. 그러나 이것은 아무런 원인이 없다는 말이 아니다. 그 원인은 바로 자연계의 물리현상인 음양의 결합이다. 이는 본질적으로 자연인과적 설명이라 할 수 있다.

왕충 또한 성정·운명과 같은 문제를 언급했지만, 이 문제에 대한 답변은 기본적으로 인과론적이다. 자연계의 기氣적 속성인 맑음과 탁함을 가지고 인성이 현명한지의 여부를 말한 것과, 기의 두터움과 얇음을 가지고 운명이 좋은지 나쁜지의 여부를 말한 것이 그러한 예이다. 이는 유가적 생명학과는 완전히 별개의 것이다.

　요컨대 왕충의 철학에서 감정의 문제는 이차적인 것으로 취급되는 반면 인식의 문제는 가장 중요한 것으로 다루어졌다. 왕충의 철학은 중국의 고대 과학정신을 체현해 냈으며, 또한 서양철학과 모종의 자연스러운 일치점이 있는 것으로 보인다. 후한 말기 왕충의 저작이 발견되었을 때, 사람들은 매우 기이하게 생각했고 또한 아주 신선한 느낌을 받았다. 어떤 사람은 왕충의 저작을 "숨겨 두고서 드러내지 말아야 할 것"(秘而不宣)으로 보았지만 중요한 '논의의 근거'로 간주하기도 했다. 이는 왕충의 철학이 당시에 유행했던 전통 관념과는 확실히 구분됐음을 의미한다. 그러나 순자에서 왕충으로 이어졌던 철학 전통은 결국 중국철학의 주류가 되지 못했다.

제2절 두 가지 앎(知): 덕성지지와 견문지지

　중국철학에서 중요한 위치에 서 있는 장재(그는 송명 성리학을 개창한 철학자 중 한 명이기도 하다.) 또한 '앎'의 문제를 매우 중시했다. 그는 '앎'을 두 가지로 나누었는데 하나는 '덕성지지德性之知'이고 다른 하나는 '견문지지見聞之知'이다. 그가 제시한 "덕성지지는 견문을 통해 형성되지 않는다"[10]는 명제는 유학 내지 전체 중국철학의 앎에 대한 학설을 총결한다. 장재는 '덕성지지'를 가장 높은 위치에 올려놓고 '견문지지'를 그다음에 두었다. 장재는 '견문지지'가 감각경험을 통해 얻은 지식이고, '덕성지지'는 덕성

---

10) 『正蒙』, 「大心」, "德性所知, 不萌於見聞."

그 자체로부터 나온 지식이라는 점에서 이 두 가지 사이에는 분명한 구별이 있다고 보았다. '덕성지지'는 '천덕양지天德良知'라고도 불리는데, 이는 사실 선천적인 도덕적 직관 인식(直覺) 즉 '덕성'의 자각이다. 따라서 이것은 '견문지지'로부터 나올 수 없는 것이다. '견문지지'는 객관 지식이며, 이는 외부 사물에 대한 인식으로서 과학지식을 포괄한다.

> 사람들이 자신이 '알고 있다'라고 말하는 것은 그들의 눈과 귀를 통해 무언가 들어왔음을 의미한다. 사람들이 무언가 받아들였다는 것은 안과 밖이 결합됨으로써 이루어진다. 눈과 귀 이외에 안과 밖을 결합시킬 수 있다면 그의 앎은 다른 사람보다 매우 뛰어날 것이다.[11]

보통 자신이 지식을 지니고 있다고 여길 때, 그 지식은 사실 '눈과 귀가 무언가를 받아들인' 견문지지이다. 일체의 지식은 모두 안과 밖이 합해져서 이루어지는 것이지만, 그 성질은 서로 다르다. '눈과 귀가 무언가를 받아들여' 형성된 '앎'은 형체를 지닌 외부의 사물이 부여해 준 경험적 지식이다. 즉 이러한 지식은 '사려思慮'와 '심의心意'의 작용을 통해 형성된 체계적 지식이면서 경험을 기초로 한 것이다. 장재는 이러한 지식을 부정하지는 않았다. 그는 이러한 공부가 안과 밖의 덕을 합할 수 있도록 해주는 중요한 방법이라고 보았다. 그러나 장재는 '견문지지'가 가지는 인식론적 의의에 대해서 순자나 왕충처럼 중시하지는 않았다. 왜냐하면 유학에는 더욱 중요하고 주도적인 지위를 점하는 또 다른 전통이 있었기 때문이다. 그것은 바로 덕성지학의 전통이다. 장재는 자각적으로 자신을

---

11) 『正蒙』, 「大心」, "人謂己有知, 由耳目有受也; 人之有受, 由內外之合也. 知合內外於耳目之外, 則共知也過人遠矣."

덕성지학의 전통에 위치 지우면서 '앎'에 관한 두 가지 문제를 제시했다. 그는 한편으로는 순자와 왕충으로 대표되는 지식론적 전통을 어느 정도 긍정하면서도, 다른 한편으로는 그것의 위상을 새롭게 판정하여 '덕성지지' 밑에 위치시켰다. 이는 불교의 '판교判敎'(듣는 이의 수준과 맥락에 맞춘 가르침)의 방법과 유사하며, 유학의 덕성 전통을 재건함에 있어서 아주 중요한 것이었다.

관건은 '마음'에 달려 있다. 마음의 관건은 본성과 성誠 그리고 이치(理)이다. 이들은 모두 마음의 덕이면서 또한 하늘의 덕으로, 하늘이 인간에게 부여한 것이다. 덕성과 지성은 다르다. 이 때문에 덕성에 대해 충분히 인식해야 하며 덕성을 가장 높은 위치에 두고 지성과 지식은 적당한 위치에 놓아 이들이 뒤섞이거나 전도되지 않도록 해야 한다. 공맹 이후 모든 유학자들이 덕성의 학문을 논했지만, 그중에서도 장재는 이처럼 '덕성지지'와 '견문지지'를 명확하게 구분해서 각자의 위치를 확정했다. 이는 중국철학에서 처음 있었던 일이다. 장재 이후 '앎'에 대해 논하려는 사람은 장재의 영향을 받지 않을 수 없게 되었다.

특히 장재는 사람들이 스스로 '앎'에 대해 잘 알고 있다고 여기는 것에 대해 전혀 그렇지 않다고 보았다. 그래서 그는 이런 사람들이 하늘의 공을 탐해 자신의 능력으로 여기는 사람들이라고 비판했다.

본성을 통해 자신이 이루어지는 줄 모르고, 자신에게서 지혜가 나온다고 스스로 말하는 것은 하늘의 공을 탐해 자신의 능력으로 여기는 것이니, 이러한 사람이 과연 제대로 지식을 갖고 있는 것인지 모르겠다. 사람들이 어찌 알겠는가? 같고 다름으로 인해 만물은 서로 다르게 드러나고 수많은 변화를 서로 감응하여 귀와 눈, 안과 밖이 합쳐지거늘 사람들

은 하늘의 공을 탐해 스스로 자기가 아는 것이라고 말한다.[12]

　'본성을 통해 자신이 이루어진다'는 말은 덕성의 영역에 속하고, '자신에게서 지혜가 나온다'는 것은 지식의 영역에 속한다. 전자는 덕성주체이고, 후자는 인식주체가 된다. 두 가지는 본래 섞일 수 없는 것인데도 지식을 얻는 방법을 통해서 덕성의 문제를 해결하려고 하는 사람들이 있다. 이러한 사람들이야말로 '하늘의 공을 자신의 능력으로 여기는 사람들'이 아니겠는가? '하늘의 공'은 비록 하늘의 덕에서 나오기는 했지만 인간이 완성해야 하는 것이다. '하늘의 공을 인간이 대신한다'는 말이 바로 그런 뜻이다. 장재가 "자신의 마음을 크게 해서 천하의 사물을 체득한다"고 한 것은 덕성주체에 대해 말한 것이다. '그 마음을 크게 한다'는 것은 마음을 일신에 국한시키지 말라는 것이며, 마음과 대상사물 혹은 안과 밖의 경계를 허물라는 것이니, 이는 마음이 곧 주체이며 본체임을 말한 것이다. '사물을 체득한다'는 것은 "백성은 나의 동포이며 만물은 나와 같은 부류이다"[13]와 같은 본체 체험이지 만물을 대상으로 인식한다는 의미가 아니다. 여기에는 분명 감정의 문제가 있다. '사물을 체득한다'는 것 자체도 감정의 체험이거니와 설사 인식의 측면이 있다고 하더라도 그것은 단지 체험적 인식 혹은 체험에서의 인식일 뿐, 감정적 의미가 추호도 없는 순수인식을 말하는 것은 아니다. 또한 이것은 눈과 귀를 통해서 보고 들을 필요가 없는 이성적 인식이 아니라 안과 밖이 합하고 하늘과 인간의 덕성이 하나로 합쳐진 지식이다. 이러한 체험이나 체험적 지식은 반드시 마음을

---

12) 『正蒙』, 「大心」, "不知以性成, 身而自謂因身發智, 貪天功爲己力, 吾不知其知也. 民何知哉? 因物同異相形, 萬變相感, 耳目內外之合, 貪天功而自謂己知爾."
13) 『西銘』, "民吾同胞, 物吾與也."

다하고 본성을 다하는 앎 즉 덕성의 자아실현이다. 이것이 바로 하늘의 마음과 인간의 마음이 하나가 된다는 것이다.

> 그 마음을 크게 하면 천하의 만물을 체득할 수 있다. 천하만물 중 체득하지 못한 것이 있으면 마음에 바깥을 두는 것이다. 세상 사람들의 마음은 협소한 견문에 국한된다. 하지만 성인은 성품을 다하니 보고 듣는 것으로 그 마음을 속박하지 않으며, 천하의 사물 중에 내가 아닌 것은 하나도 없다고 여긴다. 『맹자』에 이르기를 "마음을 다하면 곧 본성을 알고 하늘을 안다"고 한 것은 이를 두고 한 말이다. 하늘은 지극히 커서 밖이 없기에 밖을 두고 있는 마음은 하늘의 마음과 합치되기에 부족하다.[14]

'사물을 체득하는' 마음이 바로 '밖을 두지 않는' 마음이다. '밖을 두지 않는' 마음은 천지만물을 마음 밖의 사물로 보지 않고 모두 자기 자신으로 보는 것이다. 즉 어느 하나도 자신이 아닌 것이 없다는 마음이다. 이러한 마음은 분명 일반적인 의미에서 말하는 인지의 마음이 아니라 감정의 태도 즉 심경이며, 인간과 만물의 관계는 인식－피인식의 관계가 아니라 생명적 의미에서의 유기적 관계이다. '밖을 두지 않는' 마음이라야 하늘의 마음과 합할 수 있다. 하늘의 마음은 정말로 어떤 마음이 있다는 것이 아니라 만물을 낳는 것을 그 마음으로 삼는다는 말이다. 하늘에는 기뻐하고 근심하는 따위의 감정이 없다. 오직 인간만이 이러한 감정을 가지지만, 인간의 이러한 감정은 바로 하늘의 마음에서 온 것이다. 사물을 체득

---

14) 『正蒙』, 「大心」, "大其心則能體天下之物. 物有未體, 則心爲有外. 世人之心, 止於聞見之狹. 聖人盡性, 不以見聞梏其心, 其視天下無一物非我. 孟子謂盡心則知性知天以此. 天大無外, 故有外之心不足以合天心."

하는 마음은 바로 이러한 마음이지 외물을 대상으로 하는 인지의 마음이 아니다.

'그 마음을 크게 한다'고 할 때의 마음은 바로 '사물을 체득한다'고 할 때의 마음이며, 이 마음 안에는 본성도 있고 지각도 있다. "본성과 지각을 합해 마음이라는 명칭이 있게 되었다"[15]고 한 것은 바로 이것을 두고 한 말이다. 본성의 차원에서 말한다면 마음은 본성이고 인이며 천덕이다. 지각의 차원에서 말한다면 마음은 체험이고 깨달음이다. 이를 합해서 말한 것이 '사물을 체득하는 마음'이다. 본성이란 존재의 차원에서 말한 것이며, 성誠과 인은 모두 감정과 분리될 수 없는 것으로 이들은 본질적인 즉 본체화된 감정적 존재이다. '지각'은 마음의 기능과 작용이라는 차원에서 말한 것으로, 성誠과 인의 자아 '지각' 즉 깨달음을 말한다. 본성이란 객관적 차원에서 말한 것이고, '하늘의 덕'으로부터 온 것이기 때문에 "내가 사사롭게 가질 수 있는 것이 아니다."[16] 따라서 본성은 객관보편성을 갖추고 있다. 하지만 주관적 측면에서 지각을 말하자면, 이것은 여전히 내가 갖고 있는 것이다. 그래서 덕성지지는 눈과 귀로 보고 들을 필요가 없는 내외가 합일된 앎, 즉 '눈과 귀 밖에서 내외가 합일된' 특수한 앎이다. 그 성격에 대해 말하자면, 이는 가치인식이지 사실인식이 아니며, 인간의 존재와 의미에 대한 인식이지 객관사물과 그 성질이나 규칙성에 대한 인식이 아니다.

장재가 '덕성지지'와 '견문지지'라는 두 앎을 구분한 것은 중요한 의의를 지닌다. 그것은 선진 이래 '앎'에 대한 학설의 총결일 뿐만 아니라, 송명 성리학의 '앎'에 대한 학설에 기초를 제공했다. 성리학자들이 '앎'의 문

---

15) 『正蒙』, 「太和」, "合性與知覺, 有心之名."
16) 『正蒙』, 「誠明」, "性者萬物之一源, 非有我之得私也."

제에 대해서 논한 것은 대부분 덕성과 관련된 것이었지 순수인식론적 문제가 아니었다. 그리고 덕성의 문제는 감정과 상호 관련이 있는 것이지 '순수이성'의 문제가 아니었다.

제3절 앎(知)과 감정(情)의 합일

'덕성지지'는 비록 장재가 논한 것이지만, 이 전통은 공맹에서 시작된 것이다. 공자는 인과 지를 논하면서 양자의 결합을 주장했다. 그렇다면 공자가 말한 '지'에는 과연 어떠한 의미가 담겨 있을까?

공자가 보기에 지知와 인仁 그리고 용勇의 '삼달덕三達德'은 모두 인성의 구성 부분이며, 온전한 인간이 되기 위해서는 이 세 가지가 통일되어야 한다. 심리구조나 기능의 측면에서 보면 인은 감정에 속하고, 지는 지성에, 용은 의지에 통한다. 이것은 비록 우리가 편의적으로 '분석'한 것이지만, 공자의 사상과도 대체로 합치된다. 공자가 가장 중시한 것이 인이라는 점에 대해서는 추호의 의심도 없다. 그러나 공자는 지 역시 매우 중시했다. 그는 지가 인덕을 실현하는 중요한 조건이며, 동시에 인덕은 지의 전제라고 보았다. 공자는 경우에 따라 '인자'와 '지자'라는 두 유형의 인격을 언급하기도 했다. 예컨대 "어진 사람은 인을 편안히 여기고, 지혜로운 사람은 인을 이롭게 여긴다"[17]고 하거나 "지혜로운 사람은 물을 좋아하고 어진 사람은 산을 좋아한다"[18]고 한 것은 '인자'와 '지자'를 나누어서 말한 것이다. 여기에서 '인자'는 인덕을 가지고 있어서 실천이 뛰어난 사

---

17) 『論語』,「里仁」, "仁者安仁, 知者利仁."
18) 『論語』,「雍也」, "子曰: 知者樂水, 仁者樂山."

람을 가리키고, '지자'는 지덕을 가지고 있어서 지혜가 뛰어난 사람이다. 그러나 이 두 종류의 인간은 모두 인에서 분리되지 않고 다만 각자의 장점을 가질 뿐이다. 인식의 차원에서 지를 말한다면 지의 범주는 너무 광범위하다. '많이 보고 많이 들어서 얻은 앎'이라는 의미에서의 지도 있고 '사람을 앎'에서의 지와 '명을 앎'이나 '인仁을 앎'에서의 지도 있다. 이 중에는 '견문지지'와 '덕성지지'도 있다.

견문지지의 측면에서 보면, 공자는 객관적인 인식의 태도를 가졌다. "많이 듣되 의심스러운 것을 비워 놓고, 많이 보되 불확실한 것을 비워 놓는다"[19]는 것이 바로 그것이다. 그렇다고 해서 공자가 중시한 견문이 묵자가 중시한 견문과 완전히 일치하는 것은 결코 아니다. 묵자가 중시한 견문은 (과학지식을 포함한) 객관적 지식을 획득하는 것이다. 이는 객관 사물의 물리적 성질에 대해 인식하는 것이지, 선악이나 호오의 감정 혹은 가치에 대해 고려하는 것이 아니다. 그러나 공자가 중시한 견문은 객관적 인식을 획득한다는 의미도 있지만 강렬한 인문 가치적 요소를 갖추고 있기 때문에 인식은 선악·호오와 분리될 수 없으며, 감정 태도와도 분리될 수 없었다. 예컨대 "많이 듣고 그중 좋은 것을 택하여 그것에 따른다. 많이 보아 그것을 외우는 것은 앎의 부차적인 것이다"[20]라고 한 대목에서는 견문지지도 말하고 있지만, 핵심은 '선한 것을 택해서 따르는 것'에 있지, 겨우 어떤 지식만을 얻으려는 것에 있지 않다. 선을 택해서 따르기 위해서는 우선 선과 악을 구분해 내야 한다. 선을 좋아하고 악을 미워하는 것이 바로 '견문지지'의 주요 임무이다. '외운다'는 것은 특정 대상에 대한 지식을 얻는 것으로, 이는 부차적인 것이다. 이것이 바로 '아는 것의

---

19) 『論語』, 「爲政」, "子曰: 多聞闕疑, 愼言其餘則寡尤; 多見闕殆, 愼行其餘則寡悔."
20) 『論語』, 「述而」, "多聞擇其善者而從之, 多見而識之, 知之次也."

부차적인 것이다'라는 말의 진정한 의미이다. 여기에서 '많이 듣는 것'(多聞)과 '많이 보는 것'(多見)이 서로 대구가 되는 것이 아니라 '좋은 것을 택하는 것'(擇善)이 '외움'과 서로 대구가 되는 것이다.(많은 주석가들이 '다문'과 '다견'을 대립적인 것으로 해석하고 있지만 이는 잘못된 것이다.) '많이 듣는 것'은 '선을 택하여 그것에 따르기' 위한 것이며, '많이 보는 것' 역시 그렇다. 많이 들었다고 하면 여기에는 많이 보았다는 의미도 포함된다. '많이 보아 외우는 것'은 앎의 부차적인 것이며, '많이 들어 외우는 것'도 앎의 부차적인 것이다. 여기에서도 마찬가지로 많이 보았다고 하면, 여기에는 많이 들었다는 의미도 포함된다. '많이 듣는 것'과 '많이 보는 것'은 모두 경험지식으로, 두 가지 사이에는 근본적인 구분이 없다. 공자가 이 대목에서 구분하고자 했던 것은 선을 택하느냐 아니면 그저 지식을 획득하느냐 즉 외우느냐의 문제였다.

공자가 비록 "금수와 초목의 이름을 많이 알게 된다"[21]의 경우와 같은 지식도 언급했지만, 이는 생물학적 각도에서 과학적 인식을 하는 것을 말한 것이 아니라, 인문적 소질을 제고하고 예술 감상의 능력과 삶 속에서의 심미적 감수성을 배양하기 위한 것이었으니, 시학詩學의 한 부분이었다고 할 수 있다. 『시경』에는 이런 종류의 명칭들이 아주 많으며, 이들은 모두 감정을 표현한 것이다. 금수와 초목에 대해 더 많이 알고 있다는 것은 더 많은 지식을 갖고 있다는 것이지만, 여기에서의 '지식'은 미학적 의미에서의 지식이며, 미학은 감정적 욕구를 만족시켜 주는 것이다. 이러한 감정과 앎의 통일이 바로 공자가 중시한 경험지식의 특징이다.

'지명知命' 즉 명을 안다는 것과 '지인知仁' 즉 인을 안다는 것의 '앎'은

---

21) 『論語』, 「陽貨」, "多識於鳥獸草木之名."

일반 인식론의 문제가 아니라 덕성수양의 문제이며, 덕을 완성하는 공부이지 지식의 공부가 아니다.

명을 알지 못하면 군자라고 할 수 없다.[22]

오십에 천명을 알았다.[23]

여기에서 '명을 알다'(知命)의 '명'은 어떤 의미인가? 또한 '명을 알다'의 '앎'은 어떤 의미인가? 이는 아주 곤란한 문제이지만, 그렇다고 대답할 수 없는 문제는 아니다. 앞에서도 말했듯이 유가가 말하는 명命에는 크게 두 가지 측면에서의 의미가 있다. 하나는 '천도가 부여해 준 본성과 명령'(性命)으로서의 명이고, 다른 하나는 '삶과 죽음에는 명이 있다'의 명이다. 이 둘은 다른 차원의 문제이다. 후자의 경우 이미 『논어』에 나오는데, 여기에서의 명은 바꿀 수 없는 운명을 가리키는 것으로, 인간이 알 수 있는 것이 아니다. 인간은 자신의 운명을 장악할 수 없다. 운명에 대해서는 단지 태도의 문제만이 있을 뿐, 그것을 알 수는 없다. 인간은 자신이 언제 죽을지, 수명은 얼마나 될지, 혹은 언제 빈천하고 부귀해지는지 알 수 없다. 운명의 명은 바뀌지 않으며 또한 알 수도 없다. 운명 앞에서는 그 필연성의 작용을 받아들일 수만 있을 뿐, 그것에 대해 무어라 말할 수 없다. 바로 그렇기 때문에 이 운명에 어떻게 대면할 것인가의 문제만 있을 뿐인 것이다. 인간이 할 수 있는 것은 이것뿐이다.

'도덕성명道德性命'이라는 의미에서의 명命을 공자가 제시했는지의 여

---

22) 『論語』, 「堯曰」, "子曰: 不知命, 無以爲君子也."
23) 『論語』, 「爲政」, "五十而知天命."

부는 여전히 논쟁의 대상이다. 자공이 말했다.

선생님의 문장은 들을 수 있으나 본성과 천도에 관한 말씀은 들을 수가
없다.[24]

비록 '명'자를 언급한 것은 아니지만, '본성과 천도'의 공부 안에는 명
의 개념이 들어 있다. '본성'과 '천도' 사이에 사실상 '명'의 문제가 있기
때문이다. 다만 직접적으로 '명'자를 쓰지 않았을 뿐이다. '들을 수 없었
다'는 말만 가지고 공자에게 이러한 사상이 없었다고 결론을 내리기는 어
려울 것이다. 공자는 본성에 대해 언급하면서 "본성은 서로 가깝지만, 습
관에 의해 서로 멀어진다"[25]고 말했다. 이것은 매우 평이하고 상식에 가
까운 말이지만, 여기에는 본성의 연원 문제가 포함되어 있다. 이는 "하늘
이 나에게 덕을 부여하셨다"[26]와 동일한 의미를 갖는다. 이를 합해서 말
하면 덕성이라고 할 수 있다. 비록 전자는 일반적인 인성에 대해 말한
것이고, 후자는 공자 자신에 대해 말한 것이기는 하지만 공자는 결코 자
기 스스로를 '나면서부터 아는'(生知) 성인이라고 주장하거나, 또는 다른
사람과 비교해서 특출한 점이 있다고 주장한 적이 없다. 공자가 천시天時
에 대해서 언급할 때도 "나는 이제 말을 하지 않으려 한다"는 화법을 구
사했다. 그때 한 제자가 좀 더 말해 주기를 부탁하자 그때서야 비로소
그는 "하늘이 무슨 말을 했는가! 사시가 운행하고 만물이 생겨남에 있어
하늘이 무슨 말을 했는가!"[27]라고 했다. 이 대화는 매우 중요한 의미를

---

24) 『論語』, 「公冶長」, "子貢曰: 夫子之文章, 可得而聞也. 夫子之言性與天道, 不可得而聞也."
25) 『論語』, 「陽貨」, "子曰: 性相近也, 習相遠也."
26) 『論語』, 「述而」, "天生德於予, 桓魋其如予何?"
27) 『論語』, 「陽貨」, "子曰: 天何言哉? 四時行焉, 百物生焉, 天何言哉?"

지닌다. 하늘이 만물을 만들어 낸다는 사상에는 하늘이 인간을 낳으며, 인간은 하늘에 의해 만들어진다는 사상도 포함되어 있다. 또한 인간의 본성 역시 하늘로부터 연원한다는 사상을 포함하고 있다는 점에서 가치적 의미를 지니고 있다. 하늘과 명은 하나로 이어져 있기에 공자는 인간을 떠나서 하늘을 논하지 않았으며, 또 인간과 관계가 없는 '천도'의 문제를 논하지도 않았다. 공자는 '하늘과 인간'에 대한 공부에 관심을 둔 것이었지, 순수한 천도의 자연철학에 관심을 둔 것이 아니었다. 소위 '하늘과 인간의 관계를 연구하는' 학문은 공자에서부터 시작되어 나온 것이며, 그 구체적인 표현이 바로 '천명天命' 혹은 '명命'의 공부 또는 '지천명知天命' 혹은 '지명知命'의 공부이다.

'천명'은 곧 '천도天道', '천덕天德'이며, 이는 '하늘과 인간의 관계'에 대해서 말한 것에 불과하다. 또한 이것은 인간의 입장에서 나온 말이기 때문에 인간의 덕성과 분리될 수 없다. '천명'은 알 수 있고 또한 반드시 알아야 한다. '지천명'이란 바로 '하늘이 만물을 만들어 내는 낳고 낳음의 도'(生生之道)를 이해하는 것이다. 좀 더 직접적으로 말하자면 지천명은 인간의 덕성을 이해한 것이며, 여기에서의 앎은 바로 덕성지지이다. "명을 알지 못하면 군자라고 할 수 없다"라는 말은 군자는 덕성이 있는 사람이며 또 그 덕성을 자각할 수 있는 사람이기 때문에, 덕성을 지니고 이를 자각하는 사람이 되기 위해서는 반드시 '지천명'해야 한다는 의미이다. 그렇지 않으면 군자가 될 수 없다. 인간 덕성의 핵심은 다름 아닌 바로 인이며, '지천명'하는 것은 인덕을 실현하기 위한 핵심 조건이다. 따라서 '명을 아는 것'과 '인을 아는 것'은 사실상 서로 통한다고 할 수 있다. 그러므로 명을 알지 못하면서 어떻게 인을 알 수 있겠는가? 인은 바로 하늘의 생생지도가 인간에게 명령된 것이며, 따라서 이것이 바로 하늘의 생생지덕이다.

공자는 배움을 통해 아는 것을 매우 중시했고, 이것을 인생의 커다란 즐거움으로 여겼다. 이 점은 신유학자들과 조금 다른 부분이다. 그는 경험 지식과 견문지식을 매우 중시했다. 그래서 송대의 장재와 달리 견문지지와 덕성지지를 구분하지는 않았다. 왜냐하면 후대에 지식과 감정이 '분화' 되었던 것과는 달리 공자 학설에서는 이들 둘이 온전하게 통일을 이루고 있기 때문이다. 그러나 앞에서 말한 것처럼, 공자가 말한 견문지지는 분명히 인문도덕적 가치를 지니고 있으며, 그 목적은 덕성지지, 즉 '아래에서의 구체적인 공부를 통해 높은 단계에 도달하는 것'[28]에 있다. '아래에서의 구체적인 공부'는 견문과 같은 경험지식을 가리키는데, '높은 단계에 도달한다'는 것은 어디에 도달한다는 말인가? 그것은 결국 천도와 천덕에 도달하는 것이다. 그러므로 이때의 앎은 곧 덕성지지라고 할 수 있다.

덕성지지는 경험지식의 나열이나 조합이 아니다. 그 가운데에는 '사유'(思)의 문제가 있다. 그러나 이것은 추상적인 개념적 인식이 아니라 인생의 지혜이자 생명의 결정체이다. 사유는 본래 인간의 자아인식이지 대상인식이 아니며 그 핵심은 인을 아는 것이다. 인은 근본적으로 감정이다. 즉 감정의 이성화이다. "인한 사람은 사람을 사랑한다"[29]는 말은 인의 가장 본질적인 규정이다. 앎은 개념적 분석이 아니라 인덕에 대한 자각으로서, '마음으로 통하고 조용히 깨닫는 것'과 같은 자신의 깨달음이 요구되는 것이다. 공자의 제자들과 그 시대의 사람들은 모두 공자가 박학다식하다고 생각했다. 공자는 이것이 엄청난 오해라고 생각했다. 그래서 공자는 특별히 따로 언급했다.

---

28) 『論語』, 「憲問」, "子曰: 不怨天, 不尤人, 下學而上達, 知我者其天乎!"
29) 『孟子』, 「離婁下」, "仁者愛人."

공자가 말했다. "자공아, 너는 내가 많이 배워서 아는 사람이라고 생각하느냐?" 이에 자공이 답했다. "네. 그렇지 않습니까?" "그렇지 않다. 나는 한 가지로 그것을 관통하고 있을 뿐이다."[30]

자공은 공자의 제자 중 교류가 가장 광범위한 사람이었으며 또 공자에게 가장 직언을 잘하는 사람이었다. 이 대목에서 그가 오해를 해소해 가는 과정을 통해 공자에 대해 사람들이 흔히 가지는 오해도 해소할 수 있었다. 공자는 또 다른 제자인 증자에게도 "나의 도는 한 가지로 그것을 관통하고 있을 뿐이다"[31]라고 했는데, 그 의미는 자공에게 말한 것과 기본적으로 일치한다. 그러나 이 말에 대해 증자는 설명을 했지만 자공은 설명을 하지 않았다. 증자의 설명에 따르면 '일이관지'의 도란 바로 "충忠과 서恕일 뿐이다."[32] '충서'란 인을 드러내기 위한 것, 즉 인덕을 실현하는 주요 방법이다. 공자의 학설은 하나의 노선으로 관통될 수 있다. 이 노선을 방법의 측면에서 말하자면 '충서'이고, 내용의 측면에서 말하자면 인이다. 그런데 인은 이미 하늘과 인간을 관통해 있으며, 또한 감정의 측면에서 말한 것이다. 소위 안다는 것은 근본적으로 인을 안다는 것이다. 따라서 앎의 문제는 감정으로서의 인과 본질적으로 연결되어 있다. 이는 일반적인 지식학과는 구분되는 앎이다. 인을 안다는 것은 인간의 자각을 실현함을 의미한다. '천명을 아는 것'도 인을 알기 위한 것이다. 하늘의 생생지도로부터 인간의 인덕을 이해할 수 있는 까닭은 본래 하늘과 인간이 '하나로 관통되어 있기' 때문이다. 인을 알아야만 비로소 인간의 자각을 실현할 수 있으며, 인간의 자각을 실현해야만 비로소 '마음이 원하는

---

30) 『論語』, 「衛靈公」, "子曰: 賜也, 女以予爲多學而識之者與? 對曰: 然. 非與? 非也. 予一以貫之."
31) 『論語』, 「里仁」, "子曰: 參乎! 吾道一以貫之."
32) 『論語』, 「里仁」, "曾子曰: 夫子之道, 忠恕而已矣."

것을 따라도 법도에 어긋남이 없는' 진정한 자유를 실현할 수 있다. 만일 '지천명'에 대해, 이것은 객관적인 필연성을 아는 것이고, 이를 통해 자유를 얻는다고 이해했다면 이러한 자유는 진정한 자유가 아니다. 왜냐하면 그렇게 한다고 해서 필연적 제약으로부터 벗어날 수 있는 것은 아니기 때문이다. 필연성을 안다는 것이 곧장 자유를 의미하지는 않는다. 왜냐하면 필연성과 그것을 안다는 것은 별개의 문제이기 때문이다.

공자의 인학은 사실상 감정의 철학이다. 공자의 지식학은 실제로 지식과 감정이 합일된 공부이며 지는 인을 아는 것이고, 인은 지를 실천하는 것이다. 이성화된 도덕감정 즉 인이 자각적 의지행위인 '인의 실천'(踐仁)으로 전환됨으로써 인과 지는 통일된다.

> 앎이 그것에 미쳤더라도 인이 그것을 지킬 수 없으면 비록 그것을 얻었더라도 반드시 잃을 것이다.[33]

모든 지식, 혹은 인식이 인에 의해 간직되어야 하는 것은 아니다. 오직 인덕과 관계된 인식만큼은 인에 의해 지켜지고 보호될 필요가 있다. 매우 분명한 것은 공자가 언급한 지가 통상적인 인식이나 지식을 가리킨 것이 아니라 덕성지지를 가리켰다는 점이다. 공자의 이러한 면은 장재가 지식을 두 종류로 구분하고 그중 덕성지지의 중요성을 더욱 강조했던 이유를 설명하기에 충분하다. 이것은 결코 우연의 일치가 아니다.

공자 이후 순자가 눈과 귀의 감각에 의한 견문지지를 중시하여 감정의 객관화·외재화된 예치학설로 발전시켰다고 한다면, 맹자는 사단의 감정을 중시하여 주관화·내재화된 심성공부를 발전시켰다. 이러한 분화는

---

33) 『論語』, 「衛靈公」, "子曰: 知及之, 仁不能守之, 雖得之, 必失之."

명확하므로 더 이상 논할 필요가 없다. 필자가 언급하고 싶은 것은 맹자가 앎과 감정의 관계를 어떻게 해결하고자 했는가이다. 이 점은 이후 유학 발전에 있어 매우 중요한 문제이다.

앞에서 언급했듯이, 공자는 감정과 앎을 인성의 중요한 구성 성분으로 보고 원초적인 통일성을 중시했다. 그러나 맹자와 순자는 각각 강조한 부분이 다르다. 순자는 '주지'적이고 맹자는 '주정'적이다. '주지'는 앎을 통해 감정과 본성을 개조하려 하는 것이고, '주정'은 감정으로 앎을 통제하려 한 것이다. 전자는 독특한 사회이성학설을 형성했고, 후자는 독특한 가치이성 혹은 도덕이성학설을 형성했다. 문제는 맹자가 앎을 언급했는지의 여부가 아니라, 어떻게 언급했는가에 있다.

맹자는 최초로 '지혜'라는 용어를 사용한 사람이며, 또 처음으로 두 가지 지, 즉 두 종류의 인식을 구분해 낸 철학자이다. 맹자가 비록 장재처럼 두 종류의 지의 의미를 명료하게 구분해 내지는 못했지만 기본 관점은 명확하다.

두 사람 모두 지를 말했지만 그 용법이나 함의는 서로 달랐다. 순자가 사용한 지성의 지는 통상적인 의미에서의 인식능력으로, 이러한 능력을 사용하면 지식을 획득할 수 있다. 즉 자연계를 포함한 각종 대상에 대한 인식을 진행하여 많은 종류의 유용한 지식을 얻을 수 있다. 비록 맹자는 이러한 지성과 지혜에 대해 반대하지는 않았지만 특별히 강조하지도 않았으며 심지어 어떤 면에서는 경시한 측면도 있다. 맹자의 입장에서 보았을 때 인간에게 있어 이러한 지성능력은 그다지 중요한 것이 아니었다. 뿐만 아니라 이러한 인식능력을 사용하여 대상사물을 인식할 경우 도리어 대상사물에 의해 쉽사리 동요되어 인간의 도덕주체성을 상실하게 된다고 보았다. 동시에 이러한 지성은 한번 사용되면 쉽게 천착하고 건강부회하게 되어, 자신의 주관적 의견을 덧붙여서 도리어 사물의 본래 모습과 성질에 대해 정확하게 인식하지 못하게 된다. 맹자 역시 지성이 인성의 구성 부분이며 지성의 기능이 사물의 소이연, 즉 그 '원인'(故)을 탐구하는 것임을 인정했다. 사물의 소이연을 탐구하는 것은 이익을 도모함에 있어 도움이 되는 것이고, 맹자는 이에 대해 반대하지 않았다. 그러나 맹자가 반대했던 것은 지혜를 사용하여 억지로 끌어 붙이는 것이었다. 이는 지혜를 사용하는 사람에게서 가장 흔히 발견되는 문제이다.

> 천하에서 말하는 성이란 곧 (현상의 배후로서의) 연고緣故일 따름이니, 연고는 언제나 이익을 기준으로 한다. 지자智者를 미워하는 이유는 그들의 천착함 때문이다. 만약 지자가 우임금이 강물을 바다로 배수한 것처럼만 한다면, 지혜를 미워할 이유가 없을 것이다. 우임금이 강물을 바다로 배수한 것에는 어떠한 사사로운 의도도 없었다. 이처럼 지자가 어떠한 사사로움도 없다면 그러한 지혜는 위대해질 수 있다. 하늘이 높다하고 별들이 멀리 있다 하더라도 진실로 그 연고를 탐구하기만 한다면 천년 후의 동지라 할지라도 앉아서 계산할 수 있을 것이다.[34]

이는 인간의 지성에 대한 맹자의 가장 완정한 논술로서, 지성의 대한 그의 기본적 태도를 드러낸 것이다.

맹자가 주장한 지혜는 '일삼지 않음을 행하는 것'이다. 이는 바로 우임금이 강물을 바다로 배수시킨 것처럼 물의 힘을 그대로 이용하여 그 자연스러움에 맡긴 것이지, 억지로 강행하거나 자연스러움을 개조하고자

---

34) 『孟子』, 「離婁」, "孟子曰: 天下之言性也, 則故而已矣. 故者以利爲本. 所惡於智者, 爲其鑿也. 如智者若禹之行水也, 則無惡於智矣. 禹之行水也, 行其所無事也. 如智者亦行其所無事, 則智亦大矣. 天之高也, 星辰之遠也, 苟求其故, 千歲之日至, 可坐而致也."

한 것이 아니다. 만일 '일삼지 않음을 행할' 수만 있다면 인간의 지혜는 아주 위대해질 것이다. 아무리 높은 하늘이나 멀리 있는 별들일지라도 거기에는 반드시 '연고' 즉 소이연이 있으니, 만일 그 '연고'를 안다면 천 년 후의 동지가 어느 날인지를 앉아서도 쉽게 계산해 낼 수 있다. 이 대목 은 맹자가 자연에 대한 인식을 반대한 것이 아니라 인간의 힘을 이용하여 억지로 자연을 바꾸려 한 것에 반대한 것임을 보여 준다. 이 관점은 인간 과 자연 사이의 관계 문제를 처리함에 있어 매우 심원한 의미를 지닌다.

그러나 맹자가 봤을 때, 이렇게 자연을 대상으로 하여 그 '연고'를 아 는 지성은 결국 부차적인 것이다. 주지하다시피 맹자의 진정한 관심은 인의예지에서의 지혜와 양지양능의 지에 있었다. 이것은 곧 덕성지지이 다. 덕성지지는 자연계를 대상으로 한 인식이 아니며, 인간과 만물은 인 식주체와 인식대상이 아니라 "만물이 모두 내 안에 구비되어 있다"[35]는 가치적 관계이다. 여기에서 말하는 '만물'은 인식대상으로서 존재하는 자 연물이 아니며, 심지어 인식대상으로서 존재하는 인간사도 아니다. 나와 만물의 관계는 나의 양지와 그에 대응하는 대상의 관계이다. 양지로부터 비롯된 것은 '생각하지 않아도 아는 것'이기 때문에 만물의 존재의미는 나의 양지 속에 있다. '생각하지 않아도 아는' 양지는 사실 측은의 감정이 나 수오의 감정에 대한 자신의 깨달음으로, 이는 모든 인간이 선천적으로 갖추고 있는 것이다.

걸음마를 뗄 정도의 아이들은 누구라도 다 부모를 사랑할 것이며, 그들 이 자라게 되면 누구라도 다 그의 형들을 공경하게 될 것이다. 부모를 사랑하는 것이 인이요, 윗사람을 공경하는 것이 의이다. 이것은 다른 것

---

35) 『孟子』, 「盡心下」, "孟子曰: 萬物皆備於我矣."

이 아니라 온 세상 누구에게나 공통된 것이다.36)

양지라고 하는 것은 부모를 사랑할 줄 알고 형을 공경할 줄 아는 앎으로, 전적으로 선천적인 도덕감정으로부터 결정된 것이다. 이 앎이 일종의 자각으로 변한 것이 바로 인의에 대한 앎 즉 덕성지지이다. 이는 객관보편성을 갖추었기에 '온 세상 누구에게나 공통된 것'일 수 있다.

양지의 앎과 인의예지의 지혜 간에는 구별이 없는가? 양자는 무슨 관계인가? 이 문제는 사실상 앎과 감정의 관계에 대한 문제이다. 일반적으로 양지는 앎의 측면에서 말한 것이지만 앎에도 감정이 있다. 사랑과 공경의 감정을 떠나서는 앎이라고 말할 만한 것이 없다. 양지良知가 양良이 되는 것은 바로 감정의 측면에서 말했기 때문이다. 다만 이것은 앎의 형식으로 드러날 뿐이다. 인의예지에서의 지혜는 감정의 차원에서 말한 것이다. '사단'을 사정四情, 인의예지를 사성四性이라 하지만, 사성은 근본적으로 사정 즉 네 가지 감정에 의해 규정된 것이다. 이 점은 적어도 맹자에서만큼은 아주 명료하다. 지혜는 시비지심으로, 옳은 것을 옳다 하고 그른 것을 그르다고 하여 판단할 수 있는 능력을 말한다. 그러나 이 판단은 지성적 판단이나 사실판단이 아니라 도덕적 판단, 가치판단이다. 가치와 사실은 하나로 통일될 수 있지만 그 성질까지 같은 것은 아니다. 인의예지의 지혜는 가치론적인 것이지 인식론적인 것이 아니다. 바로 이 때문에 시비라고 하는 것은 사실 선악과 호오를 가리키는 것이어서, 선한 것은 옳음이 되고 악한 것은 그름이 된다. 선악은 호오에 의해 규정된다. 좋아하는 것은 선이 되고 싫어하는 것은 악이 된다. 이렇게 보면 시비는 확실

---

36) 『孟子』, 「盡心上」, "孟子曰: 人之所不學而能者, 其良能也; 所不慮而知者, 其良知也. 孩提之童, 無不知愛其親者; 及其長也, 無不知敬其兄也. 親親, 仁也; 敬長, 義也. 無他, 達之天下也."

히 주관적 성격을 띠고 있다. 그러나 맹자는 모든 인간이 공통된 호오와 선악의 판단 기준을 가진다고 보았다. 왜냐하면 그것은 하늘이 인간에게 부여한 것이자 또한 모든 인간이 동일하게 하늘로부터 얻은 것이기 때문이다. 그러므로 선천성과 보편성을 지니게 되며, 그 실제 작용은 다름 아닌 '사회성'(人間性)[37]으로 나타난다.

이렇게 볼 때, 양지의 앎과 인의예지의 지혜 간에는 구별이 없다. 다만 그 설명 방식이 다를 뿐이다. 두 가지 모두 인간의 덕성, 특히 인의의 본성과 분리되지 않는다. 인의의 본성은 무엇보다 부모에 대한 사랑과 형에 대한 공경으로 드러난다. 인의예지의 지혜 역시 그 처음 단계는 부모를 사랑하고 형을 공경할 줄 아는 것이라는 점에서 지혜와 인의는 애초부터 분리되지 않는다.

> 인의 실질은 부모를 섬기는 것이요, 의의 실질은 형을 따르는 것이다.
> 지의 실질은 이 두 가지를 알고 여기에서 떠나지 않는 것이요, 예의 실
> 질은 이 두 가지가 문식에 들어맞게 하는 것이다.[38]

부모를 섬기고 형을 따르는 것이 인의의 전부는 아니지만, 이러한 일들은 인의가 시작되는 기초이며 인간의 덕성이 최초로 싹을 틔우고 생장하는 지점이다. 그래서 맹자가 이토록 중시했던 것이다. 지혜 역시 마찬가지이다. 부모를 사랑하고 형을 공경하는(부모를 섬기고 형을 따르는 것) 지 역시 지혜의 전부는 아니지만 여기에서부터 시작되는 것이다. 결국 지혜

---

37) 역자주: 人間性은 우리말의 인간성 혹은 humanity의 의미가 아니다. 이것은 사회 속에서의 사람들 간의 관계, 즉 사회성을 의미한다.

38) 『孟子』, 「離婁上」, "孟子曰: 仁之實, 事親是也; 義之實, 從兄是也. 智之實, 知斯二者弗去是也; 禮之實, 節文斯二者是也."

는 인의와 병렬되는 별도의 항목으로 존재하는 것이 결코 아니다. 지혜는 인의에 대한 자아인식이다.

어떤 사람들은 인을 감정에 귀속시키고 의를 앎(즉 지혜)으로 귀결시켜, 의를 인지이성이나 이성적 깨달음으로 간주하지만 이는 사실 적절치 못한 것이다. 인과 의 모두 덕성의 중요 내용이다. 지혜는 바로 인과 의의 이성적 깨달음이다. 의에는 판단의 의미가 있어 이성적 판단을 할 수 있지만, 그것은 전적으로 도덕적 판단이며 가치적 판단이다. 판단을 내릴 때 당연히 지혜가 작용하기는 하지만, 그렇다고 의를 곧바로 앎이나 지혜에 귀속시키는 것은 타당하지 않다. 만약 의를 앎이나 지혜에 귀속시킨다면 의의 의미는 명확하지 않게 된다. 사실 인에도 이런 문제가 있다. 인의 근본 의미는 사랑이지만, 인을 실현하는 과정 중에는 지혜의 깨닫는 작용역시 있게 된다. 이것이 이른바 '인을 안다'는 것이다.

심성의 심리적 작용 차원에서 말하자면, 인의는 인간 덕성의 근본 표식으로서 심리감정으로부터 규정된 것이다. 인성의 중요한 구성 요소로서의 지혜는 비록 심리의 지성에서 비롯되는 것이기는 하지만, 그것은 필시 감정의 욕구에 부응하고 감정의 내용에 의해 결정된다. 지혜 자체로는 독립성이 없기 때문에 지혜는 오직 도덕감정으로부터 나온 도덕인성에 대한 깨달음일 뿐이다. 이는 이성적인 것이기는 하지만, 독립된 인식이성이 아닌 도덕이성 혹은 가치이성이다. 그것의 작용은 '자신을 돌아보아 진실하게 함', '자신에게서 돌아보아 구함'이지 객관대상으로부터 앎을 구하는 것이 아니다. 그것은 감정에서의 만족을 구하는 것이지 이성에서의 만족을 구하는 것이 아니다. 바로 이런 이유로 맹자와 맹자 이후 유가철학자들에게는 과학적 인식의 전통이 없었고, 또 있을 수도 없었다. 물론 진정한 의미에서의 인식주체를 세울 수도 없었다.

공자는 일찍이 '사유'(思)의 문제를 제기했으며, 배움과 사유의 관계를 논하면서 '사유'의 중요성을 부각시켰다. 맹자는 '사유'의 작용을 더욱 중시했다. 그는 마음의 기능은 '사유'에 있다고 생각해서, 이를 눈과 귀 등 감각기능과 구분했다. 사유는 사고·사변 등의 활동이지만, 맹자가 강조한 것은 '나는 무엇인가'에서 '나는 어떻게 해야 하는가'와 같은 사유, 그리고 자신의 인성에 대한 자각의식이었다. 이러한 사유는 인간이 덕성의 주체를 건립할 수 있는 핵심 조건이기도 하며, 도덕이성이 실현되는 주요 경로라는 점에서 지극히 중요하다. 맹자의 학설에서 사유와 사단·사성은 모두 선천적으로 주어진 것이며 서로 분리될 수 없다. 여기에서 사유란 자신에게 있는 것, 즉 마음에 있는 본성에 대해 사유하는 것이다. 이것이 바로 '마음을 다하고 본성을 알아 하늘을 아는'[39] 공부이다. '사단'이 확충되어 본성을 이루게 되는데, 확충은 바로 '마음을 다하는 것'이고(여기에서 말하는 마음은 감정을 의미한다. 마음이 바로 감정이다.) '마음을 다함'의 과정은 바로 사유의 과정이다. 존재의 측면에서 말하자면 마음은 감정이 되고, 기능의 측면에서 말하자면 마음은 사유가 된다. 감정을 통해 본성이 있게 되고, 사유를 통해 본성을 알게 되는 것이다. 그러므로 '사단'의 감정은 곧 자각적 도덕이성이 된다. 이는 '광범위한 것으로부터 핵심으로 돌아오는' 과정이다. 광범위함과 핵심의 관계는 단지 외재적 지식의 학습에 관한 문제이기만 한 것은 아니다. 보다 중요한 것은 풍부한 감정적 다양성에서 집약된 이성적 차원으로 돌아오는 것이다. 이렇게 했을 때 비로소 보편성을 획득할 수 있으며, 이를 실현하기 위해서는 오직 사유에 기댈 수밖에 없다.

---

39) 『孟子』, 「盡心上」, "孟子曰: 盡其心者, 知其性也. 知其性, 則知天矣."

맹자는 마음의 사유와 눈·귀 등 감각 기능을 대비시켜 사유의 중요성과 우월성을 확립하기는 했지만, 결코 서구적 '선험자아'를 제시하거나 마음과 대상, 정신과 육체의 이원론을 주장하지는 않았다. 이 점은 그가 서양철학과 구별되는 중요한 지점이다. 맹자의 '사유'는 '실천'(踐形)공부와 분리되지 않는다. 마음의 기능과 감각기능은 근본적으로 대립되는 두 개의 세계가 아니다. 양자는 모두 '체'로서(본체나 실체의 체가 아니라 존재의 체이다.) 다만 대소와 귀천의 구분이 있을 뿐이다.

> 눈과 귀의 감각기능에는 사유함이 없어서 외물에 잘 가려지게 되니, 감각기관이 대상과 접촉하게 되면 거기에 끌려가게 된다. 마음의 기능에는 사유하는 능력이 있는 까닭에, 사유하면 그것을 얻지만 사유하지 않으면 그것을 얻지 못한다. 이 두 기능은 하늘이 내게 준 것이니, 먼저 큰 것을 세우면 작은 것도 빼앗기지 않을 것이다. 이것이 대인이 되는 방법이다.[40]

눈과 귀의 감각기능은 직접 외부 대상과 접촉하기에 '감각기관이 대상과 접촉된다'고 했다. 그러나 맹자는 어째서 이러한 감각이 '대상에 가려질 수 있다'고 했을까? 이는 맹자가 인식론적 의미에서 인간의 감각기관과 외부 대상과의 관계를 언급한 것이 아니라 다른 방면에서 논한 것임을 말해 준다. 인식론 상에서 보면 눈과 귀의 기능은 인식주체의 한 부분으로서 감각경험 즉 지각을 획득할 수 있게 해 준다. 그러나 경험지식에 의지할 수 없거나 쉽게 속을 수 있다고 해서 (서양의 어떤 이성주의철학자가 말한 것처럼) '대상에 가려진다'고 말할 수는 없다. 다만 눈과 귀의

---

40) 『孟子』, 「告子上」, "曰: 耳目之官不思, 而蔽於物, 物交物, 則引之而已矣. 心之官則思, 思則得之, 不思則不得也. 此天之所與我者, 先立乎其大者, 則其小者弗能奪也. 此爲大人而已矣."

감각기관에 의지할 수 없으므로, 그것으로부터 얻은 인식(경험인식)에도 의지할 수 없다고 말할 수 있을 뿐이다. 그러나 맹자가 감각기관과 외물이 서로 접촉되어 '대상에 가려진다'고 말한 것은 그가 인간과 대상의 관계를 인지의 문제로 본 것이 아니라 욕망의 문제로 보았기 때문이다.

맹자는 인간의 감각기관을 완전히 배제하지는 않았다. 다만 이를 '소체'라고 했을 뿐이다. 마음 즉 '사단'의 감정과 사성이 있어야 비로소 대체가 된다. 사유는 그 대체에 대해 사유하는 것이다. 대체 자체는 사유의 기능을 갖추고 있다. 그래서 이것을 '하늘이 나에게 준 것'이라고 본 것이다. 사유는 하늘이 나에게 준 사유능력일 뿐만 아니라 존재의 의미도 가지고 있다. 그것은 존재의 사유이다. '얻음'과 '얻지 못함'은 다른 무엇으로부터 얻는 것이 아니라 인식의 대상으로부터 얻는 것이다. 이는 '놓쳐버린 마음을 거두는 것'처럼, 자신의 도덕인성으로 하여금 자각하고 유지하도록 하는 것이다. 그렇지 않으면 비록 보존한다고 하더라도 가려지게 되고 가려지면 얻을 수 없게 된다. '마음을 다하고 본성을 알아 하늘을 아는 것'은 앎의 측면에서 말한 것이고 '마음을 보존하고 본성을 길러 하늘을 섬기는 것'[41]은 실천공부의 측면에서 말한 것이다. 사실 이 두 가지는 통일된 것이며 동시에 진행되는 것이다. 사유를 진행함과 동시에 실천의 문제를 마주하게 되는데, 그 목적은 어떤 지식을 얻으려는 것이 아니라 '먼저 큰 것을 세워' 대인이 되려는 것이다. 맹자의 대인이 되는 공부는 유가의 성인공부이며, 천인합일의 경지를 실현하는 것이다. 마음(즉 감정)과 본성은 하늘이 나에게 준 것이기 때문에 사유 역시 하늘이 나에게 부여한 것이다. '그 마음을 다하고 그 본성을 안다'는 것은 사유를 진행하

---

41) 『孟子』, 「盡心上」, "孟子曰: 盡其心者, 知其性也. 知其性, 則知天矣. 存其心, 養其性, 所以事天也. 殀壽不貳, 修身以俟之, 所以立命也."

는 과정이다. 사유하여 그 마음을 다하고, 사유하여 그 본성을 안다면 하늘을 알 수 있다. '그 마음을 보존하고 그 본성을 기른다'는 말은 실천의 과정이다. 실제로 그 마음을 보존하고 그 본성을 기르면 하늘을 섬길 수 있다. '하늘이 나에게 부여한 것'은 본래부터 있는 존재 즉 본연적 존재이다. 다만 인간으로서 해야 할 도리를 다하여, 즉 사유를 하여 '자신에게 모두 갖추어진 것'을 온전히 알 때 비로소 주체적 존재와 당위적 존재가 될 수 있다.

마음의 기능과 감각기능의 문제에 있어서 맹자와 순자는 확실히 구분되는 이론을 남겼으며 상이한 방향으로 발전해 나갔다. 순자가 걸었던 길은 밖에서 앎을 구하는 길이었고, 맹자가 걸었던 길은 자신을 돌아보아 안에서 구하는 길이었다. 순자는 눈과 귀의 감각기능을 천관으로 보았고, 마음을 천군으로 보았다. 천군은 모든 감각기능을 주재하는 작용을 갖추었지만, 마음의 근본적인 기능은 '도를 아는 것' 즉 객관적인 도를 인식하는 것이며, 객관적인 도를 인식하기 위해서는 반드시 천관이 제공하는 경험지식에 의지해야 한다. 객관적인 도에 대한 인식은 '반드시 천관이 각종 감각기관으로부터 얻어진 감각을 정리한 뒤에야'[42] 가능하다는 것이다. 이러한 의미에서 볼 때, 순자가 말하는 마음은 인식주체이다. 비록 그가 말한 인식주체로서의 마음이 분명한 한계를 지니고 있어 자연에 대한 과학적 인식을 진행하거나 개념화와 논리화 그리고 형식화 등의 분석적 사유로 발전하지는 못했지만, 앎과 감정을 구분해서 앎을 통해 감정을 지배하려고 한 것만은 확실하다. 그러나 맹자는 달랐다. 그가 말하는 마음은 기본적으로 덕성의 주체이다. 덕성주체로서의 마음은 무엇보다도

---

42) 『荀子』, 「正名」, "必將待天官之當簿其類."

존재적 의미에서의 감정과 본성이다. 마음의 기능으로서의 사유는 작용 측면에서 말한 것이고, 그 기능은 성정으로 하여금 자각하도록 하는 것이다. 이 때문에 반드시 '돌아보아 자신에게서 구하는' 자세가 필요한 것이다. 맹자에게 있어서 사유 및 앎과 본성 및 감정은 분리될 수 없는 것이었다. 왜냐하면 사유는 자신에게 있는 것(즉 본성과 감정)을 사유하는 것일 뿐만 아니라 사유 자체가 성정에 부속되어 나온 것이기 때문이다. 따라서 맹자에게서 사유작용 자체는 독립적인 인식주체가 될 수 없다.

제4절 '격물치지'와 감정의 본질적 연결

그러나 『대학』에서 '격물치지'의 방법이 제기된 후 앎의 문제는 갑자기 부각되었을 뿐만 아니라 아주 복잡해졌다. 특히 주희가 『격물치지보전』(補格物致知傳)을 저술한 이후 모든 성리학자들은 격물치지를 논하게 되었고, 근대 이후로는 마침내 격물치지를 인식론의 학설로, 심지어 과학적 인식론 차원에서 연구하고 발전시킬 수 있다는 사람까지 나타났다. 현대 신유가인 모종삼 선생은 『심체와 성체』에서 정이(이천)와 주희를 '별종'으로 규정했다. 모종삼 선생은 이천과 주희의 사상을 유가의 도통과는 구분되는 별개의 지성학설로 보고 있는데, 그 주요 근거가 바로 『대학』과 이에 대한 주희의 주석 그리고 『보전』이다.

그렇다면 격물치지를 어떻게 보아야 하는가? 이것은 유가의 덕성 전통을 벗어나서 횡으로 발달한 지성학설인가? 격물치지는 성정의 문제와 어떠한 내재적 관계도 없는 것인가?

『대학』에서 '명명덕'을 가장 중요한 강령으로 삼았다는 것에는 의심의 여지가 없다. 즉 『대학』은 '명덕을 밝힘'을 종지로 삼은 책이다. '명덕'은 덕성이다. 이 덕성은 마음에 갖추어진 것으로 마음의 덕이다. 『대학』이 제시한 모든 수양공부는 '명덕'을 밝히기 위한 것이다. 그래서 이들 공부는 모두 방법적 의미를 지니고 있으며, 그 중에서도 '수신'이 근본이다. 몸을 닦아야만 명덕을 밝힐 수 있기 때문이다. 격물치지도 수신이며, 그러므로 역시 '명명덕'의 방법이다.

『대학』에서 제시한 '치지'의 문제는 『대학』이 앎을 얼마나 중시했는지를 말해 준다. 『대학』은 또 "머물러야 할 곳을 안 뒤에야 정定함이 있게 된다"43)고 주장했는데, 여기에서 말하는 '앎'은 바로 '밝힘'(明)에 대한 해석이다. 알고 난 뒤에야 밝힐 수 있고, '명덕'을 실현시킬 수 있다. '머물러야 할 곳을 아는 것'은 '지극한 선'의 경지에서 머무는 것이다. '지극한 선에 머무는 것'은 바로 『대학』의 근본 목적이며 '치국평천하' 역시 그 결과일 뿐이다.

'치지致知'의 '지'는 어디에서 온 것인가? 이는 선천적으로 갖추어진 것인가 아니면 후천적으로 획득되는 것인가? 이는 덕성지지인가 아니면 지식으로서의 앎인가? 이것이 문제의 관건이다. 『대학』 전체를 보자면 여기에서 말하는 앎은 전자이지 후자가 아니다. '치'는 동사로 '미루어 이른다'는 뜻으로, '정심' '성의'와 마찬가지로 모두 덕성의 주체로서의 자기수양 방법이자 공부이다. 만약 마음에 '앎'이 없다면 어떻게 '미루어 나갈' 수 있겠는가? '치지'를 지식의 획득으로 설명하는 사람들은 대부분 마음은 백지처럼 앎이 없고, '치'의 공부 과정을 통해서 앎에 도달하는 것으로 본다. 이처럼 '치'를 '미루어 이르는' 것이 아니라 '획득해서 이르는' 것으

---

43) 『大學』, 제1장, "知止而後有定."

로 본다면, 앎은 지식으로서의 앎이 될 뿐, 덕성지지가 아니게 된다. 그러
나 이는 『대학』의 기본 정신에 부합하지 않는다.

가장 관건이 되는 문제는 역시 격물이다. 『대학』에서 말한 "치지는
격물에 달려 있다"[44]는 명제는 마치 격물을 치지의 전제 조건으로 파악
한 것처럼 보이기 때문에 사람들은 별생각 없이 이를 사물에 대한 인식으
로 생각한다. 사실 이는 모두 주희의 해석에서 근거한 것이며, 동시에 주
희의 해석에 대한 오해이기도 하다. 주희의 해석과 비교했을 때 정현의
해석은 오히려 『대학』의 원의에 더 가깝다. 정현은 다음과 같이 말했다.

> 격이라는 것은 온다는 뜻이다. 물은 일(事)과 같다. 선한 일에 대한 앎이
> 깊어지면 선한 일(善物)이 오고, 악한 일에 대한 앎이 깊어지면 악한 일(惡
> 物)이 온다는 것이다. 이것은 사람이 좋아하는 바를 따라서 일이 온다는
> 것을 말한 것이다.[45]

"물은 일(事)과 같다"는 이 말은 주희와 정현이 일치하는 부분이다. 서
로 다른 점은 '격'자에 대한 해석이다. 정현은 '격'을 '온다'로 풀이했고 주
희는 '격'을 '이르다'로 풀이했다. 정현의 해석에 따르면 '온다'는 것은 실천
주체 즉 덕성주체에 대해 말한 것이다. 실천주체는 선한 것을 좋아하고
악한 것을 미워하는 감정에 근거해서 결정을 내린다. 이 때문에 치지의
'지'는 선악호오에 대한 지이지 일반적인 지식이 아니다. 선을 알면 선이
오고, 악을 알면 악이 온다. 사물과 인간의 관계는 전적으로 호오의 감정
에 의해 결정되는 것이다. 여기에서 비록 선과 악을 대립시키기는 했지만

---

44) 『大學』, 제1장, "致知在格物."
45) 『三禮注』, 「禮記大學」, "格, 來也. 物猶事也. 其知於善深, 則來善物; 其知於惡深, 則來惡物,
言事緣人所好來也."

지와 덕성은 직접적인 관계가 있는 반면 악은 선의 반대쪽에 불과하다.

주희의 해석에 따르면, 앎은 내게 갖추어진 지식이며 치지는 "나의 지식을 극한까지 밀고 나가 그 아는 바에 다하지 못함이 없게 하려는 것이다."[46] 여기에서 말하는 지식은 우리들이 통상적으로 말하는 지식이 아니라 선천적으로 갖추어진 덕성지지이다. 통상적으로 말하는 지식은 명덕 및 지선과 아무런 관계도 없다. 그러나 주희의 관점에서 보았을 때, 치지와 정심 그리고 성의는 일맥상통하는 것이다. 주희는 '성의'에 대해 "마음이 발하는 바를 진실하게 하고, 선과 하나가 되어 스스로 속임이 없도록 한다"[47]고 설명했다. 즉 마음을 선한 것으로, 마음이 발한 것을 의意라고 본 것이다. 그렇다면 치지에서의 앎은 선과 전혀 관계가 없다고 할 수 없게 된다. 이것은 말하지 않아도 알 수 있는 것이다. 문제는 여전히 격물에 있다. 주희는 격물에 대해 "사물의 이치를 궁구해 들어가 그 지극한 곳까지 이르지 않음이 없도록 하려는 것이다"[48]라고 말했다. 그는 또한 『격물치지보전』에서 이렇게 말했다.

소위 '치지는 격물에 달려 있다'는 말은 내가 앎을 이루고자 한다면 사물에 임하여 그 이치를 궁구해야 한다는 말이다. 대체로 인간의 영명한 마음은 그 어느 것이라도 알지 못할 것이 없고 천하만물은 모두 이치를 갖추고 있다. 오직 이치가 궁구되지 않은 부분이 있기 때문에 인간의 앎 또한 온전하지 못한 부분이 있는 것이다. 그러므로 대학이 가르침을 시작할 때에 반드시 배우는 사람으로 하여금 세상의 사물에 대해, 그가 이미 알고 있는 이치에 의거하여 더욱 사물을 궁구함으로써 궁극에까지

---

46) 『大學章句』, 제1장, "推極吾之知識, 欲其所知無不盡也."
47) 『大學章句』, 제1장, "實其心之所發, 欲其一於善而無自欺也."
48) 『大學章句』, 제1장, "窮至事物之理, 欲其極處無不到也."

이르기를 구해야 한다. 오래도록 힘을 쓰다 보면 어느 날 갑자기 환히 관통하게 될 것이니, 그러면 만물의 안과 밖, 정밀하고 거친 부분들이 모두 밝혀지지 않음이 없게 되고, 내 마음의 전체대용도 밝혀지지 않음이 없게 될 것이다.[49)]

주희의 격물치지공부의 핵심 내용이 여기에 모두 담겨 있다.

주희는 여기에서 어떤 결론을 이끌어 냈는가? 여기에서 주희는 심의 체용설體用說을 세웠다. 이는 주희 철학에서 가장 중요한 이론적 구조이다. 주희 철학에서는 많은 문제들이 심의 체용관계를 통해서 설명된다. 격물치지공부 역시 예외는 아니다. 체용관계는 존재와 활동의 관계이다. 이른바 심체는 심의 본체 존재를 가리킨다. 이 본체는 본원성을 갖추고 있지만 실체는 아니다. 심체는 명덕이다. 명덕은 하늘이 나에게 부여한 것이며 이는 심의 본연적 존재이자 덕성이다. 구체적으로 말하자면 '자연自然'의 이치와 '소이연所以然'의 이치이다. 한마디로 말해 인간이 본래 지니고 있는 도덕이성인 것이다. 이 점은 『대학』과 본질적으로 구별이 없다. 다만 그는 '명덕'을 이치로 설명하여 이른바 본체론(서양의 존재론과 다르다.)적 설명 방식을 채용했다. 즉 심의 용은 본체의 발용과 작용 그리고 활동이며, 그 속에는 감정과 앎 두 가지 측면을 포함하고 있다. 주희의 '심통성정'설이 심체와 감정의 관계를 논한 것이라면, 그의 격물치지설은 심체와 인지의 관계를 논한 것이다. 감정활동과 인식활동은 모두 심체의 발용이면서 심체에 근원하고 있는 것이며, 또 심체로 되돌아간다. 그래서 체

---

49) 『大學章句』, 「補格物致知傳」, "所謂致知在格物者, 言欲致吾之知, 在卽物而窮其理也. 蓋人心之靈莫不有知, 而天下之物莫不有理. 惟於理有未窮, 故其知有不盡也. 是以大學始敎, 必使學者卽凡天下之物, 莫不因其已知之理而益窮之, 以求至乎其極. 至於用力之久, 而一旦豁然貫通焉, 則衆物之表裏精粗無不到, 而吾心之全體大用無不明矣."

는 하나지만 그 용은 다르다고 할 수 있다. 감정과 앎은 비록 나누어져 있지만 결국은 모두 하나로 합해지기 마련이다.

따라서 주희가 말하는 앎은 근본에서 보면 '본체의 앎', '존재의 앎' 그리고 '덕성지지'이다. 격물의 근본 목적은 덕성지지를 밝혀서 드러내는 데 있지 객관지식을 획득하는 데 있지 않다. 그는 격물을 '대상에 나아가 이치를 궁구하는 것'으로 설명하고 있다. 이는 확실히 밖에서 이치를 구하는 인식론적 의미를 갖고 있다. 왜냐하면 그는 모든 사물에 각각의 이치가 있음을 인정했기 때문이다. 즉 이른바 "이치는 사물에 있고 마음은 그 이치를 알 수 있다"는 말이다. 그러나 이는 마음의 발용 측면에서 말한 것일 뿐이다. 마음의 지각활동 측면에서 말하자면, 주희는 의심할 것 없이 주객과 내외를 구분하여 인식주체의 작용을 긍정했다. 그러나 주희의 '사물에 나아가 이치를 궁구하는' 학문은 비록 구체적인 대상의 구체적 이치에서 시작하기는 하지만, 그 진정한 의도는 '궁극에까지 이르는 것을 추구함'에 있다. 이 '궁극'은 바로 내외가 합일된 이치이다. 만약 궁극에 이를 수 있으면 마음속의 앎은 '다하게' 되고, 심의 체용은 진정으로 합일된다. 이때는 이미 주객과 내외의 구분은 사라진 때이다.

방법의 측면에서 논하자면, '사물에 나아가 이치를 궁구함'을 통해 덕성지지를 완전히 실현할 수 있는지의 여부는 분명 많은 문제를 안고 있다. 왕수인이 주희가 마음 밖을 향해서 이치를 구한다고 비판한 까닭은 구하면 구할수록 그 이치로부터는 점점 더 멀어지기 때문이다. 왕수인에게 있어서 덕성지지, 즉 양지는 근본적으로 마음 밖에 있지 않고 만물에도 있지 않다. 만약 만물에서 이치를 궁구하여 덕성지지를 밝히고자 한다면, 이는 '남쪽으로 가고자 하면서, 북쪽을 향하는 것'[50]과 마찬가지이다. 사실 주희 본인이 이미 명료하게 "오직 이치가 궁구되지 않은 부분이 있기 때문에 인간의 앎 또한 온전하지 못한 부분이 있는 것이다"라고 말했듯이 이치를 궁구하는 것은 마음속의 앎을 온전히 실현하는 것이지, 이치를 궁구함으로써 지식을 획득하려는 것이 아니다. 마음속에는 본래 앎이 있지만 지식은 부족하기 때문에 반드시 궁리해야 한다. 반대로 말하면, 궁리는 마음속의 미진한 앎을 온전하도록 해 주는 것이다. 왜 미진한 것인가? '물리'가 궁구되지 않았기 때문이다. 여기에는 어떤 인과관계가 있는 듯하다. 그 실질적인 의미는 인간이 비록 선천적으로 덕성지지를 지니고 있지만 그것의 완전한 실현은 보장된 것이 아니다. 오직 마음의 작용과 기능을 충분히 전개하고 이것이 잘 발휘되도록 할 때 덕성지지와 본체의 앎이 실현될 수 있다. 마음의 작용과 기능은 '지각'에 있으니, 이는 밖을 향해 궁리하는 것이며 이 궁리는 격물에 달려 있다. 이렇게 되었을 때 비로소 마음과 사물의 인지관계가 형성되어 인지활동으로 표현된다. 이것이 바로 마음의 작용이 마음의 작용일 수 있는 이유이다. 그러나 마음의 작용이란 결국 '심체'를 실현하는 것이다. 격물궁리의 과정은 사실 '본심을 밝혀 드러내는'(發明本心) 과정이며, 덕성지지가 실현되는 과정이다. 격물에서 그 궁극의 지점에 이르렀을 때 덕성지지 역시 완전히 실현되는 것이다. 이것이 바로 '본체를 밝히고 작용을 온전히 하는'(明體達用) 공부이다.

그렇다면 앎이 미진하다는 것 혹은 미진한 앎이란 어떤 의미인가? 이는 덕성에 결함이 있다는 것인가? 물론 그렇지 않다. 덕성지지는 덕성 본체의 자아가 깨닫고 직관적으로 인식하는 것을 가리킨다. 그러나 이러한 깨달음과 직관적 인식은 한 번에 완성되는 것도 또 완전히 실현되는 것도

---

50) 역자주: 수레채는 북쪽으로, 바퀴 자국은 남쪽으로 간다는 것. 목표와 방법이 엇갈리는 것을 말한 것이다.

아니다. 왜냐하면 앎과 사유는 모두 마음이 발현하는 것이지 미발(주희는 미발을 체로 본다.)이 아니기 때문이다. 이는 바로 감정과 본성의 관계와 같다. 감정은 실로 본성이 발한 것이지만, 감정이 반드시 본성에 온전히 부합되는 것은 아니다. 따라서 성정을 도야해야 하는 문제가 있는 것이다. 앎 또한 마찬가지이다. 궁리는 본체의 앎을 실현하는 방법으로서 외부 사물을 향해 앎을 구하는 것이기는 하지만, 그것이 본래 목적은 아니다. 궁리의 목적은 마음속의 앎을 '확충하여' 마음속의 앎이 온전히 실현되게 하는 것이다. 주희가 궁리를 주장할 때의 전제는 마음속의 본성(이치)에는 안과 밖의 구분이 없으며 마음속의 앎 또한 안과 밖의 구분이 없는 것이다. 성리가 심의 본체라는 점에 대해서만큼은 주희는 조금의 흔들림도 없었다. 하지만 그는 모든 사물에는 각각의 이치가 있고 이 '이치는 하나이지만 만 가지 다름으로 나누어지는 것'(理一分殊)이기에 각각 나누어진 다름에서 궁리하여 하나씩 각각의 이치를 밝혀 나가야 한다고 보았다. 주희가 보기에 이는 가능할 뿐만 아니라 반드시 필요한 것이었다.

문제는 주희가 말하는 궁리가 사회나 인간사 안에서 앎을 구한 것에만 머무르지 않고 자연계에서도 앎을 구하려고 했다는 것이다. 이 점은 왕수인으로 하여금 주희의 학설을 받아들이기 더욱 어렵게 했다. 왕수인의 '대나무의 이치를 궁구하는'(格竹子之理) 고사는 이러한 점을 생동감 있게 설명한다. 이와 관련된 핵심적인 문제는 바로 가치인식과 진리인식(혹 사실인식)의 관계이다. 장재가 두 가지 종류의 앎을 구분할 것을 주장한 이후부터 이 문제는 언젠가는 해결되어야 할 것이었다. 장재 이후의 성리학자들이 앎의 문제를 논한 것은 일반적으로 모두 가치인식에 관한 것이었다. 주희 역시 성리학의 '집대성자'로서 이 점을 모를 리가 없었다. 『대학』 자체에서는 지식론에 대해서는 말하지 않았지만, 주희의 '격물궁리'의 학설에는 확실히 자연계의 각종 사물과 현상에 대한 인식의 문제가 포괄되어 있다. 정말 자연계의 사물에서 덕성지지를 궁구할 수 있다는 것인가? 이에 대해서는 두 가지 설명이 가능하다.

첫 번째 설명은 다음과 같다. 주희는 자연계의 사물에는 가치가 있으며 이 가치는 우주의 생생지리生生之理에서 비롯되었다고 생각했다. 자연의 사물에게는 비록 인간이 지니고 있는 앎은 없지만, 동일하게 본성을 간직하고 있다. 주희가 말한 '마른 고목에도 성이 있다'[51]는 것은 바로 이런 의미이다. 사물의 본성과 인간의 본성은 서로 통한다. 모든 사물에는 기가 있고 이치가 있다. 어떤 사물이 있으면 거기에는 그에 해당하는 이치가 있다. 이 이치는 천지가 사물을 낳는 이치이다. 다만 '기의 혼탁함' 때문에 알지 못할 뿐이다. 이 때문에 자연의 사물이 지닌 가치는 인간에게 유용한 실용가치에만 그치는 것이 아니라, 사물 그 자체에 갖추어져 있는 내재적 가치이기도 하다. 바로 이 때문에 물리에 대한 궁구는 내 마음의 앎을 지극하게 하는 것이다. 물론 이러한 앎은 덕성지지이다. 주희가 보기에 자연계는 기계론적 물리세계가 아니라 유기론적 생명세계였으며, 자연계의 물리는 낳고 낳아 끊임이 없는 생리生理였다. 본원 혹은 근원적으로 말해서 인간과 만물은 동일한 이치에서 나왔다. 따라서 '물리를 궁구하는' 것은 '나의 앎을 온전히 함'이 되는 것이다.

또 다른 설명은 다음과 같다. 주희는 만물이 가치적 의미에서만 존재하는 것이 아니라 인식적 의미에서의 대상물이기도 하다고 보았다. 그리고 물리는 덕성과 다르며, 물리에 대한 인식 즉 '격물궁리'의 앎 또한 인간

---

51) 『朱子語類』 4, 27쪽, "問: 枯槁之物亦有性, 是如何? 曰: 是他合下有此理, 故云天下無性外之物. 因行街, 云: 階磚便有磚之理. 因坐, 云: 竹椅便有竹椅之理. 枯槁之物, 謂之無生意, 則可; 謂之無生理, 則不可. 如朽木無所用, 止可付之爨竈, 是無生意矣. 然燒甚麼木, 則是甚麼氣, 亦各不同, 這是理元如此."

의 덕성지지와는 다른 것으로 이해했다. 그러나 인간에게는 선험적 지식이 있다. 인간의 선험적 지식은 덕성지지를 포함하며, 세계에 대한 인식도 포함하고 있다. 다만 미진한 곳이 있기에 격물궁리를 통해 내 마음의 앎을 완전히 하고자 한 것이다. 이렇게 말한다면, 내 마음의 앎은 가치인식과 진리인식이 통일된 것으로 소위 '전체로서의 앎'이다. 주희는 이치에 대해서 언급할 때 '소이연'과 '소당연'을 연결시켜서 이치는 바로 '소이연'과 '소당연'이며 이 둘은 하나로 통일되어 있다고 주장했다. 소이연은 본연지리本然之理로 필연성의 범주에 속한다. '소당연'은 '응당 그러한 이치'(應然之理)로 목적적 범주에 속한다. 본연과 당연의 통일, 필연과 목적의 통일은 이치의 근본적 특징이다. 이치에 대한 인식 또한 이와 마찬가지이다. 즉 가치적 의미에서의 진리와 사실적 의미에서의 진리는 본래부터 통일된 것이다.

사실 이 두 가지 설명은 모두 성립될 수 있으며, 또한 주희가 실제로 주장했던 것이기도 하다. 문제의 복잡성과 심각성은 바로 여기에 있다. 만일 두 번째 해석의 관점에서 보면, 주희는 모종삼의 표현대로 '횡적橫的'인 지성학설을 열었다고 할 수 있다. 여기에는 어느 정도 근거가 있다. 주희는 결국 지성주체로서의 존재를 인정했다는 점에서 중국철학사상사에서 진정한 인식론 학설을 세웠다고 평가될 수 있다. 그렇다고 하더라도, 주희가 유가의 정통과 완전히 다른 별개의 체계를 세웠다고 말할 수는 없다. 주희가 자각적으로 가치와 인식 그리고 덕성주체와 인식주체의 관계 문제가 하나의 중요한 이론적 문제임을 의식했고 더 나아가 그것을 해결하고자 시도했다면, 그것은 누가 뭐라 해도 매우 깊이 있는 견해이다. 만약 장재가 제기한 문제를 해결하기 위해 그가 두 가지 앎의 통일을 실현시키려고 했다면 이 노력은 확실히 큰 의의를 지니고 있다. 주희는 단순히 하나의 '체계'를 완성하려고 한 것이 아니라 철학 이론이 지닌 의미를 해결하려고 했으며, 이러한 작업은 물론 중국철학적 방식을 통해 이루어졌다. 가치와 사실의 관계는 서양철학에서 흄 이래 현재에 이르기까지 줄곧 논쟁의 대상이 되어온 중요한 문제이다. 근대 과학지식이 결핍된 상황에서 자신의 방식으로 문제를 제기하고 해결하려고 했다는 점에서 주희의 학설은 큰 공헌이 아닐 수 없다. 그가 제기했던 문제와 이를 해결하고자 했던 시도는 지금까지도 돌아볼만한 가치를 가지고 있다.

첫 번째의 설명에 근거해 볼 때, 주희가 '횡적' 지성학설을 개창했다고 하는 주장은 성립될 수 없다. 주희가 비록 인식의 문제를 언급하기는 했지만, 이는 인식론적 문제가 아닌 가치론적 문제였고 인지이성의 문제가 아니라 실천이성의 문제였다. 이는 덕성주체로서의 인간과 만물의 관계는 인식주체와 인식대상의 관계가 아니라 생명 전체의 유기적 관계이며, 인간 자신도 자연계의 생명으로서 전체 가운데 일부분이며 자연계의 주체이기도 하다는 뜻이다. 여기에서 말하는 주체의 의미는 자연계를 대상으로 인식하거나 개조하고 주재한다는 것이 아니다. 이것은 자연계와 자신은 하나로, 우리의 덕성이 곧 만물의 본체이며 덕성지지가 곧 만물의 이치라고 본 것이다. 따라서 격물은 단순히 방법과 수단이기만 할 뿐 목적이 될 수는 없다. 격물공부의 목적은 덕성지지로 하여금 완전한 자각을 이루어 천인합일天人合一과 심리합일心理合一의 경지, 즉 '작용을 통해서 본체를 완성하는' 공부를 실현하는 것이다. 바로 이러한 목적을 추구한다는 전제 하에서 비로소 두 번째 차원의 인식이 성립될 수 있다. 이 말은 주희가 덕성지지 즉 가치인식을 최고의 차원에 올려놓았다는 의미이지, 지식으로서의 앎과 덕성지지를 대등하게 병립시켰다는 의미가 아니다. 이 점은 칸트가 실천이성을 가장 중시했던 것과 유사하다. 그러나 주희는 본체계와 현상계 두 세계를 별개의 세계로 나누지 않고 '체'와 '용'을 통일시켜 모든 체가 곧 용이고 모든 용이 곧 체라고 생각했다는 점에서 칸트와는 분명히 구분된다.

이러한 의미에서 보면, 앎과 감정은 분리될 수 없다. 앞에서 언급했듯이 앎과 감정은 모두 이발이지 미발이 아니며, 모두 작용이지 본체가 아니다. 미발은 본성이지만 본성 가운데 감정도 있고 앎도 있다. 그것이 발하면 본성의 감정이 되고 본성의 앎이 된다. 앎과 감정이 비록 나누어져 있기는 하지만 '온전한 체'(全體)의 관점에서 보면 통일되어 있고, 그 작용도 비록 다르기는 하지만 밀접한 상관관계를 맺고 있다. 감정은 감정의지로 표현되고 앎은 이성적 자각으로 표현된다. 두 가지가 결합되었을 때 비로소 '온전한 용'(大用)이라 불릴 수 있으며, '온전한 용'은 곧 '온전한 체'(全體)의 드러남이다.

좀 더 나아가, 앎과 감정은 모두 작용이지만 감정은 존재의 측면에서 말한 것이자 '마음이 간직한 것'이며, 본체 존재(즉 성리)가 구체화되어 드러난 것이다. 앎은 본성의 기능이며 감정의 자각상태이다. 앎이 없는 감정은 맹목적일 수 있으며 앎이 있는 감정이라야 자각적일 수 있다. 결론적으로 말해서 앎은 감정의 자각일 뿐이므로, 도덕감정과 분리된다면 소위 덕성지지라는 것은 아무것도 아닌 것이 되어 버린다. 주희는 이성주의자이다. 앎은 이성인식으로서 형식적 특징을 지니고 있다. 그렇지 않으면 '이성'이 될 수 없다. 그러나 덕성지지는 결코 형식이기만 한 것이 아니며 반드시 구체적인 내용과 결합해야 한다. 그 구체적 내용이 바로 도덕감정이다. 따라서 덕성지지는 이성적이면서 또한 구체적이다. 이는 구체적 이성이지 형식적 이성이 아니다. 이것이 바로 유가의 '성리'가 칸트의 '순수이성'과 다른 점이다. 그렇다고 해서 형식이 중요하지 않다는 말은 아니다. 형식은 매우 중요하며, '형식화'는 중국철학이 직면한 과제이다. 진정한 형식화가 있을 때에야 비로소 완전한 이성화가 있을 수 있다. 그러나 형식화에는 부정적인 면이 있다. 바로 구체성을 상실하기 쉽다는 것이다. 인간의 경우에는 더욱 그렇다. 따라서 이는 우리가 끊임없이 돌아보아야 할 문제이다.

몇몇 학자들은 '감정형식'의 문제를 제기하여 감정의 형식화와 기호화를 시도했다. 아무리 그렇게 표현될 수 있고 또 보편적으로 받아들여질 수 있어서, 심미적 감정뿐만 아니라 도덕적 감정까지 이렇게 시도하는 것이 의미 있어 보일지 모르지만, 사실 인간은 육체를 지니고 살아가는 온전한 존재이기에 만일 인식뿐만 아니라 감정까지 모두 형식화한다면 인간의 풍부한 다양성은 탈각되고 마는 것이 아닐까? 어떤 사람들은 성리학자들이 인성을 도덕화하고 추상화하면서 인간의 감정을 억압해서 충분히 발현되지 못하도록 했다고 비판한다. 이는 사실상 성리학자가 인간의 감정을 이성화하고 형식화했다는 말이다. 만일 성리학자가 지나치게 도덕감정을 중시하고 다른 감정을 경시했다고 한다면 이는 정확한 말이다. 그러나 성리학자가 도덕감정을 완전히 형식화하고 추상화했다고 한다면 이는 적절한 비판이 아니다. 도덕감정에 대한 성리학자들의 인식은 구체적이고 역사적이지만 또한 이성적이기도 하다.

주희의 격물치지공부가 감정과 분리되지도 않으며 또한 분리될 수도 없다는 점에는 조금도 의심의 여지가 없다. 바로 이런 이유로 주희의 격물치지공부는 진정한 의미에서의 과학적 인식으로 발전하지 못했지만, 또한 같은 이유로 중국철학의 특징을 유지할 수 있었다. 즉 주희는 인간이 가진 덕성지지를 처음부터 끝까지 중시했으며, 자연계가 가진 생명적 의미와 내재적 가치를 소홀히 할 수 없다고 보았던 것이다.

제5절 '궁리窮理'를 통한 '달정達情'

주희 이후 격물치지를 진정으로 발전시키는 데 공헌한 인물은 왕부지이다. 왕부지의 최대 특징은 두 가지의 이치를 구분했고, 따라서 어느 정도 두 가지 앎도 구분했다는 점이다. 이른바 두 가지 이치란 물리와 생리이다. 전자는 자연계의 사물이 지니고 있는 성질과 규칙성을 가리키고, 후자는 자연계가 인간에게 부여한 선천적인 도덕이성을 가리킨다. 왕부지는 이렇게 말했다.

무릇 이치라고 말할 수 있는 것에는 두 가지가 있으니, 그 하나는 천지만물 속에 이미 그렇게 된 조리條理요, 또 하나는 건순오상의 하늘이 인간에게 명령하고 인간이 그것을 받아서 자신의 본성으로 삼은 지극한 이치이다. 이 두 가지는 모두 하늘로부터 완전히 갖추어진 일이다.[52]

'조리'와 '지리至理'는 다르다. 비록 이 두 가지 모두 '하늘로부터 완전히 갖추어진' 일로 하늘 즉 자연계의 모든 의미를 체현하고 있기는 하지만, '조리'는 객관사물을 가리켜서 한 말로 곧 '물리'인 것에 반해, '지리'는 인간의 차원에서 한 말로 '성리'이다. 전자는 사실의 문제이고 후자는 가치의 문제이다. 왕부지가 이치에 대해 항상 이러한 관점을 유지한 것은 아니지만, 어쨌거나 그는 자각적으로 이러한 구분을 언급했다. 이는 아주 중요한 관점이다. 주희는 이치에 대해 '자연지리自然之理'와 '소이연지리所以然之理', '소당연지리所當然之理', '필연지리必然之理'와 '사지연자使之然者' 등으

---

52) 『讀四書大全說』, 卷5, 「論語·泰伯」, "凡言理者有二, 一則天地萬物已然之條理, 一則健順五常天以命人而人受爲性之至理, 二者皆全乎天之事."

로 다양하게 설명했지만, 이러한 규정은 물리와 생리를 명확하게 구분하지 않고 제시한 것이다. 다만 우리가 그의 논술 속에서 물리와 생리를 구분해 낼 수 있을 뿐이다.

왕부지의 '천지만물 속에 보이는 조리'는 물리를 가리켜서 말한 것이다. 이른바 '이미 그렇게 되었다'(已然)는 말은 이미 존재하거나 실제로 존재하는 것들로서, 천지만물 자체가 지니고 있는 것이다. '조리'란 매우 직관적인 설명 방식으로 필연성과 법칙성의 의미를 지닌다. 예컨대 수목의 성장에도 본래부터 그러하도록 조리가 갖추어져 있으며, 하나의 바위에도 본래부터 그러하도록 조리가 갖추어져 있다. 왕부지가 이처럼 형상적이고 직관적인 설명 방식을 사용한 까닭은 자연계의 사물이 모두 그 자체로 발전의 규칙성이나 필연성을 지니고 있음을 말하고자 했기 때문이다. 훗날 대진 역시 항상 '조리' 개념을 사용하여 구체적인 규칙이나 '필연'을 설명했다. 앞서 왕수인이나 황종희 등의 학자들도 '조리' 개념을 사용하기는 했지만, 왕부지처럼 명확하게 조리를 자연계 사물 자체에 갖추어져 있는 법칙이라고 설명하지는 못했다. 오히려 대부분 성리의 의미 즉 '기의 조리'라는 의미로 사용했다.

왕부지가 언급한 '하늘이 인간에게 명령하고 인간이 그것을 받아서 자신의 본성으로 삼은 지극한 이치'는 바로 유가에서 말하는 '천도성명天道性命'의 이치이며, 또한 성리학자가 말하는 성리이다. 이는 도덕적 의미와 가치적 의미를 모두 지니고 있으며, 유가에서 천인관계를 논할 때 사용되는 핵심 범주이기도 하다. 왕부지는 분명 유가의 성리학에서 완전히 벗어나지는 못한 상태에서 이치의 문제를 언급했다. 그가 비록 '본성은 매일 생겨나며 매일 이루어진다'는 유명한 학설을 주장함으로써 인성이 후천적 실천 속에서 발전한다고 보기는 했지만, 그렇다고 선천적인 성리를 부정한 것은 아니다. 그는 다만 선천적 성리는 후천적 실천을 통해서만 진정으로 형성되고 변화될 수 있다고 보았다. 이른바 '건순오상'이란 천도를 말하는 것이다. 건순은 『주역』의 건乾과 곤坤 두 괘의 본성과 기능을 의미한다. 『주역』은 우주와 인간의 관계를 논한 학문이다. 「설괘전」에서는 이렇게 말했다.

> 하늘의 도를 세웠으니 음과 양이요, 땅의 도를 세웠으니 유와 강이요, 인간의 도를 세웠으니 인과 의이다. 이는 삼재(천지인)를 겸하여 두 번 셈했다.[53]

왕부지는 이 구절을 인용하여 인성이 천도의 음양강유와 건순에서 온 것이라고 설명하고 있다. '오상'은 오행으로 인간에게 있어 인의예지신仁義禮智信의 오성이 되는데, 이는 주돈이의 설명에서 비롯되었다. 결국 왕부지는 자연계의 천도 즉 생리가 생명적·가치적 의미를 갖추었기에 이것이 바로 인간 본성의 근원이라고 보고, 이를 지극한 이치 즉 '지리'라고 불렀던 것이다.

왕부지가 두 가지 이치를 구분한 것은 그가 가치와 인식을 구분했다는 것을 의미한다. 이는 장재의 노선을 발전시킨 것으로, 주희 이후 다시 한 번 장재의 사상에 대해 응답한 것이라고 볼 수 있다. 그러나 장재와 다른 점이 있다면 왕부지는 존재와 대상의 차원에서 구분했으나, 장재는 직접 지식 자체(덕성지지와 견문지지)에서 구분했다는 점이다. 왕부지는 주희를 제외하고는 격물치지를 가장 많이 언급한 철학자이다. 이것에 관한 구체적인 내용은 더 이상 논하지 않겠다. 다만 왕부지가 당시에 제한적으

---

53) 『周易』, 「說卦傳」, "立天之道曰陰與陽, 立地之道曰柔與剛, 立人之道曰仁與義, 兼三才而兩之"

로나마 유입되어 온 서양의 '과학적' 사유에 매우 흥미를 느꼈고 또한 중국전통철학의 입장에서 그것을 설명해 내려고 시도했으며, 더 나아가 전통철학에 새로운 의미를 부여하려고 했다는 점만큼은 분명히 밝혀 두고 싶다. 물리를 제시해서 성리와 구별한 것은 바로 이런 노력의 일부분이다. 바로 여기에서 새로운 이성정신이 출현하고 있었던 것이다. 그것은 곧 자연현상을 인식하는 이성정신으로서, 인식주체의 수립을 예고한 것이다. 그러나 왕부지는 결국 유가만의 지성적 학설을 세우지는 못했다. 그가 가장 관심을 기울인 것은 여전히 도덕이성이었다.

설령 그렇다고 하더라도 마음의 인지작용이 다시 한 번 부각된 것은 사실이다. 예컨대 그는 주희의 심통성정을 새롭게 해석하여 심체가 바로 본성이라는 관점을 견지하지 않고, 마음은 본성을 그 본체로 삼는다고 보았다. 그러나 여기에서 그가 말하는 마음은 여전히 인지의 마음이다. 모종삼 선생이 주희에 대해 내렸던 평가는 사실 왕부지에게 더 적합할 것이다. 왕부지의 최대 관심은 성리공부였기 때문에 다수의 저술에서 이 방면의 내용에 대해 여러 차례 언급했다. 그래서 마음의 인지작용을 설명한 부분이 다소 가려지는 면도 했지만, 그가 언급한 마음과 이치의 관계가 대체적으로 인지 관계였다는 점만큼은 의심의 여지가 없다. 또 예를 들면, 그가 '능能과 소所54)'를 구분하고 그 둘의 관계에 대해 "인식대상이 있기에 인식능력이 생겨나고, 인식능력은 인식대상을 향한다"라고 논술한 것은 주객 관계와 인식-피인식의 관계에서 입론한 것이며, 또한 정합론적 진리관을 반영한 것이다. 왕부지는 격물과 치지의 관계에 대해서 학문과 사변의 관계로 설명했다.

---

54) 역자주: '能'은 인식능력, '所'는 인식대상에 해당한다.

대저 격물의 과정에는 마음 그리고 눈이나 귀와 같은 감각기관이 모두 사용되지만, 생각하고 변별하는 것에 의해 보조된다. 생각하고 변별하는 대상은 모두 배우고 묻는 일이다. 치지의 과정은 오직 마음에 의해 수행되니 사유하고 변별하는 것이 주가 되고, 배우고 묻는 것에 의해 보조된다. 배우고 묻는 것에 근거하여 사유하고 변별하는 과정에서 나온 의심을 해결한다. '치지는 격물에 달려 있다'는 말은 눈이나 귀와 같은 감각기관으로 마음의 기능을 도와 자연스럽게 따라가도록 하는 것을 의미하지, 눈과 귀의 감각기관이 전적으로 마음의 기능을 조작하여 결국에는 마음의 기능을 폐기하는 것을 의미하지 않는다.[55]

이처럼 왕부지에게 있어 치지의 공부는 사변적 이성을 운용하여 물리에 대한 인식을 획득하는 것이 되어 버렸다. 따라서 주희가 '내 마음의 앎을 온전히 한다'고 한 논술과는 전혀 다른 내용이 되어 버렸다.

그렇다면 물리와 성리는 또 어떤 관계인가? 바로 이 문제에서 왕부지는 결국 성리학의 기본 입장으로 돌아간다. 그는 물리를 성리로 귀결시켜서 물리는 내 마음에 갖추어진 이치이고, 내 마음에 갖추어진 이치가 바로 성리라고 보았다. 그는 『사서훈의四書訓義』와 『독사서대전설讀四書大全說』 등의 저술에서 이 점을 아주 폭넓게 논증했다. 이는 왕부지가 비록 물리와 성리를 구분하기는 했지만, 최종적으로는 덕성 즉 도덕이성을 최고 이성으로 삼는 '종합'의 체계를 세우려 했지 '나누는'(分析) 방법을 끝까지 견지하지는 않았다는 것을 의미한다. 왕부지에게 있어서 이것은 결코 깨뜨릴 수 없는 전통적 모식이었다.

---

55) 『讀四書大全說』, 卷1, 「大學·聖經」, "大抵格物之功, 心官耳目均用, 而思辨輔之, 所思所辨者皆其所學所問之事. 致知之功, 則惟在心官, 思辨爲主, 而學問輔之, 所學問者乃以決其思辨之疑. 致知在格物, 以耳目者心之用而使有所循也, 非耳目全操心之權而心可廢也."

무릇 나의 본성이란 본래 하늘의 이치이다. 천하 사물의 이치 또한 이 이치와 같다. 천하의 이치가 궁리되지 않음이 없을 때, 내 마음의 이치 또한 드러나지 않음이 없게 될 것이다.[56]

이는 주희가 설명한 격물궁리와 어떠한 본질적인 차이도 있지 않다. 이는 다시 한 번 원래의 문제로 돌아가는 것이다. 즉 나의 본성과 사물의 이치는 본질적으로 동일한 이치이자 동일한 본성으로 모두 천지의 이치로부터 온 것이다. 그리고 인간은 앎의 능력을 가지고 있으므로 격물궁리와 '치기지致其知'를 통해 마음의 본성을 다 발휘함으로써 성리를 온전히 실현할 수 있다. 그러나 문제는 주희가 말한 물리는 기본적으로 천지의 생생지리 즉 사물에 있는 '생명의 이치'로, 마치 '고목에도 성이 있다'는 것과 마찬가지로 분명한 가치적 의미를 지니고 있다. 이에 반해 왕부지가 말하는 물리는 '만물이 이미 갖추고 있는 조리'로서 자연과학에서 말하는 물리에 조금 더 근접해 있다. 이렇듯 왕부지가 마주한 곤란은 확실히 주희가 마주한 곤란보다 더욱 심각하며, 성리와 물리 사이의 긴장관계 또한 보다 분명하게 부각된다.

성리는 인의예지와 같은 도덕이성과 관계가 있을 뿐만 아니라 불인지심과 같은 도덕감정과도 관계가 있다. 성정의 관계에서 보면, 본성을 떠나서 감정을 말할 수 없고 또한 감정을 떠나서 본성을 말할 수도 없다. 격물치지공부 역시 이와 마찬가지로 감정의 차원에서 이루어져야 한다. 이는 본성과 감정이 체용관계이면서 통일되어 있어 분리되지 않기 때문만이 아니라, 왕부지의 관점에서는 감정이 더 기본적인 것이 되기 때문이

---

56) 『讀四書大全說』, 卷10, 「孟子·盡心上」, "蓋吾之性, 本天之理也, 而天下之物理, 亦同此理也. 天下之理無不窮, 則吾心之理無不現矣."

다. 이치는 기와 분리되지 않는다. 그러므로 이치가 기의 이치인 것과 마찬가지로, 본성은 감정의 본성이라서 감정과 분리되지 않는다. 여기에서 왕부지는 어느 정도 상호 모순적인 말을 하는데, 기본 관점만은 명확하다.

> 발한 것이 감정이고, 그 발함이 적절한(止) 것이 이치이다. 적절함이란 감정의 발출이 손상되지 않은 것이다. 이치가 없는 감정은 있지만, 감정이 없는 이치는 없다.[57]

이치는 감정의 이치이고 본성은 감정의 본성이다. 감정이 기본이고 이치는 단지 감정이 적절한 상태를 유지한 것이다. 그래서 "발한 것이 감정이고, 그 발함이 적절한(止) 것이 이치이다"라고 한 것이다. 감정이 없으면 이치라고 할 것도 없지만, 이치가 없다고 해서 반드시 감정이 없는 것은 아니다. 이는 그의 "도가 없는 기器는 있어도 기器 없는 도는 없다"[58]는 말과 일치한다. 성리에서 비롯된 앎은 한편으로는 감정을 바로 잡는 작용을 하지만, 그러나 다른 한편으로 그 내용에 있어서는 여전히 감정이지 순수한 인지나 형식이 아니다. 이는 성리학자들의 구체적 이성에 대한 공통된 인식이자 신념이다. 만약 감정과 분리되어 있다면, 치지 공부는 순수한 사변으로 바뀌게 된다. 이는 왕부지의 본의가 아니다. 바로 이런 이유로 성리는 감정과 분리되지 않는다. 그래서 왕부지는 "사실은 천리와 인정人情이 원래부터 두 가지가 아니었다"[59]라고 한 것이다. 인정에서라야 천리를 볼 수 있고, 인정은 곧 천리이다. 이는 필연적인 결론이다.

---

57) 『詩廣傳』, 卷1, 「邶風十」, "發乎情, 止乎理. 止者, 不失其發也. 有無理之情, 無無情之理也."
58) 『周易外傳』, 卷5, 「系辭上傳第十二章」, "天下惟器而已矣. 道者器之道, 器者不可謂之道之器也."
59) 『讀四書大全說』, 卷10, 「孟子·梁惠王上」, "實則天理人情, 原無二致."

본성은 마음이 '갖추고 있는 것', 즉 마음속에 갖추어져 있는 이치로 이해된다. 마음과 이치가 비록 같은 것은 아니지만, 이치는 마음에 '원래부터 있는' 것이다. 이러한 의미에서 보았을 때 인간은 무엇보다도 덕성주체로 존재한다. 이처럼 치지공부는 더 이상 밖을 향해 이치를 궁구하는 것이 아니라, 마음속의 앎을 완수하는 방법으로 변모했다. 그렇기 때문에 반드시 공부하지 않아도 자신의 마음만을 구하기만 해도 자신의 감정을 온전히 드러낼 수 있게 되는 것이다.

> 이치는 마음에 있지 대상에 있지 않다. 때문에 배움에 의지하지 않고 마음속에서 구할 수 있으니, 어린아이를 불쌍히 여기는 것과 많은 사람들을 부리는 것이 같은 일은 아니지만 그들을 자애롭게 대함(慈)은 이치가 되니, 이들은 모두 본래 갖추고 있는 마음에 근거하고 있다는 점에서는 동일하다.…… 부모에게 효도하고 형을 공경하고 자식을 자애롭게 대하는 덕이 비록 세 가지가 있지만, 그 효孝·제弟·자慈를 이루는 것은 오직 이 불인지심이고 인仁일 뿐이며 다투려 하지 않는 마음이고 사양함(讓)일 뿐이다.60)

'치지'는 마음속의 효와 제 그리고 자의 이치를 구하는 것이지만 이 이치는 다른 것이 아니라 바로 불인지심이고 다투려 하지 않는 마음이다. 불인지심과 다투려 하지 않는 마음이 바로 인이다. 감정과 이치가 둘이 아닌 하나라는 것은 매우 명백하다. 마음이 그것을 지극하게 하니, 이것이 바로 덕성지지이다. 그래서 왕부지는 양지양능을 부정하지 않았다.61)

---

60) 『四書訓義』, 卷1, 「大學一」, "理在心而不在事, 無待於學而但求其心, 則恤幼與使衆不同而慈之爲理, 因乎固有之心者則同也.……孝弟慈之德, 雖有三者, 而致其孝弟慈者, 惟此不忍之心, 仁而已矣, 惟此不爭之心, 讓而已矣."

61) 『張子正蒙注』, 卷3, "仁義, 天德也, 性中固有之而自知之, 無不善之謂良."

만일 격물치지가 넓은 의미에서의 인지방법이라면 격물궁리공부는 철저하게 마음속의 성리를 밝히는 것이다. 성리의 핵심은 바로 인의이다. 마음은 '허령명각虛靈明覺'의 마음이다. 이러한 마음이 스스로 인의의 이치를 인식하는 것이지, 마음으로 하여금 억지로 인의를 생각하게 하는 것이 아니다. 이 점은 주희와 분명히 구분된다. 주희는 마음의 체를 인의지성으로 보고, 마음의 용을 측은지심이나 불인지심 등과 같은 감정으로 생각했지만, 왕부지는 기본적으로 마음은 단지 인지의 마음이라는 태도를 견지하고 있다.

인의의 마음을 바로 양심이라고 말해야 한다. 마음의 덕성은 그저 허虛(그 자체는 기댄 적이 없지만 그것에 기댈 수는 있다.—왕부지의 자주)이고, 령靈(선이든 악이든 모두 깨달을 수 있다.—왕부지의 자주)이고, 불매不昧(정확하고 절실하게 기억할 수 있다. 정확하고 절실하게 기억할 수 있는 모든 것들은 결코 어둡지 않다.—왕부지 자주)이다. 따라서 모든 이치를 갖출 수 있고(아직 그 이치가 있는 것은 아니지만 그것을 갖출 수 있다.—필자주), 모든 대상에 대응할 수 있다(그 대응이 어떤지 역시 아직 정해져 있지는 않다.—왕부지 자주). (마음은) 대체로 악 없이 선과 상응할 수 있지만 반드시 선할 수 있다는 것은 아니다. 반드시 본성을 길러서 마음속에 갖추어져 있는 것으로 만들어 인의의 이치를 잃지 않도록 해야 한다.[62]

마음은 그저 마음일 뿐이지만 인은 마음의 덕이다. 인을 마음으로 삼은 이후에야, 이 지각 운동의 영명함을 간직해서 본성으로 삼을 수 있다. 이것이 바로 정이와 주희가 결국 맹자의 원의와 분리되는 까닭이다.[63]

---

62) 『讀四書大全說』, 卷10, 「孟子·告子上」, "必須說箇仁義之心, 方是良心, 心之爲德, 只是虛靈不昧, 所以具衆理應萬事者, 大端只是無惡而能與善相應, 然未能必其善也, 須養其性而爲心之所存, 方使仁義之理不失."

왕부지의 관점에서는 허령명각의 마음이 곧 인지의 마음이고 거기에는 선이니 악이니 할 것이 없다. 마음은 악도 아니고 선도 아니다. 다만 선과 '상응'할 수 있다. 상응이라는 것은 '모든 이치를 갖추어' 선을 간직할 수 있다는 것이지 마음 그 자체가 곧 선이라는 말은 아니다. 오직 마음이 갖추고 있는 본성, 즉 마음이 보존하고 있는 것만이 선이다. 여기에서 '보존하고 있는 것'이라는 것은 유종주가 말하는 '보존하고 있는 것'과도 구별된다. 후자는 존재를 가리킨다면 전자는 '갖추어져 있음'(具有, 具存)을 가리킨다. '마음의 덕'은 마음이 갖추고 있는(具) 인의 본성이지 마음이 아니다. 그는 정이와 주희가 주장한 내용이 맹자가 말한 것과 다르다고 했지만 사실 이것은 그가 설정한 구분일 뿐이다. 물론 정이와 주희에게는 맹자와 다른 점이 정말 있기는 하지만, 이들은 맹자가 마음을 인으로 설명한 것에 대해서는 이의를 제기하지는 않았다. 다만 주희가 체용을 구분하여 심체를 인仁으로, 심용을 측은側隱으로 나누었을 뿐이지, 결코 '마음이 본래 선하다'는 설을 부정하지는 않았다.

이 문제에 대해서 우리는 더 이상 논하지 않겠다. 다만 왕부지는 정이나 주희처럼 감정과 본성 및 이치를 통일된 것으로 보았다. 그러나 궁리 공부가 치국평천하로 확장되어야 한다는 그의 '감정의 수행'(達情)이라는 설은 그의 독특한 관점이다.

무릇 마음이 모두 같은 이유는 이치가 같기 때문이니, 그 감정 역시 모두 같다. 한 나라의 이치는 한 마음으로 통할 수 있으니, 천하의 감정 역시 한 마음으로 통하지 못하랴? 어리석은 백성들의 사사로운 소원이

---

63) 『讀四書大全說』, 卷10, 「孟子·告子上」, "心則只是心, 仁者, 心之德也. 徑以仁爲心, 則未免守此知覺運動之靈明以爲性, 此程朱所以必於孟子之言爲分別也."

야 모두 이루어 줄 수는 없겠지만, 모든 백성들이 함께 지니고 있는 감정은 언제라도 수행되지 않을 수 없다. 그러므로 천하를 다스리는 자는 사람들로 하여금 당연히 얻어야 할 이치를 얻도록 하여 고르지 않음이 없도록 해야 한다.…… 군자는 자신의 마음을 헤아려서 백성들이 모두 좋아하는 것과…… 모두 싫어하는 것을 알아야 한다.…… 득실의 기준은 백성들의 실정에 달려 있다.[64]

그는 비록 육왕의 심학에 반대했지만, "인간은 모두 이 마음을 갖고 있고, 마음은 모두 동일한 이치를 지니고 있다"는 말을 내놓기도 했다. 동시에 인간에게는 공통적인 감정 즉 '모두 좋아함'과 '모두 싫어함'이 있다는 것도 긍정했다. 감정과 이치를 하나로 합한다는 것은 지식과 감정을 하나로 합한다는 것이며, 또한 지식과 가치를 하나로 합한다는 것이다. 본질적 측면에서 말하면, 왕부지가 말하는 궁리공부는 보편적 도덕이성이나 가치이성을 탐색하고 실현하는 것이다. 이러한 이성을 측량하는 척도는 다름 아니라 바로 백성들이 모두 좋아하고 모두 싫어하는 감정일 뿐이다. 따라서 그것은 결국 '감정이성'(情理)과 '감정지식'(情知)의 문제이다. 이는 훗날 대진이 주장한 '수욕달정逐欲達情' 즉 욕망과 감정을 수행시킨다는 설과 어느 정도 관계가 있다.

---

64) 『四書訓義』, 卷1, 「大學一」, "夫心之所同然者, 其理同也, 則其情亦同也, 一國之理, 通以一心, 天下之情, 不可以一心通之邪? 夫愚氓之私愿固不可以曲殉, 而萬民之同情則不容以不達. 故平天下者, 使人各得其應得之理, 而無有不均者也.……君子挈之以心而知其爲民之公好.……民之公惡.……得失之樞因乎民情."

제12장 인과 그 네 층위

유가의 감정철학을 만약 한 단어로 개괄한다면 그것은 바로 '인仁'일 것이다. 유학은 곧 인학仁學이다. 유가는 감정의 문제를 전반적으로 중시했지만, 여전히 가장 관심을 기울인 것은 도덕감정이며, 도덕감정의 핵심은 곧 인이다. 인은 최고의 덕성으로서 '마음의 온전한 덕성'(心之全德, 풍우란의 표현)이라고 부를 수 있다. 최고 덕성으로서의 인은 본질적으로 감정이성 즉 정리情理이지 인지이성이나 순수의지가 아니다. 앞에서 논한 것처럼 인식과 의지는 모두 감정과 관련되어 있다. 그래서 덕성지지나 도덕의지는 철저히 감정에 의해 규정된다. 이러한 의미에서 우리는 유가철학을 감정철학이라고 부를 수 있다. 유가는 마음의 전체 구조와 기능을 중시하며 마음의 온전한 경지를 추구한다. 그러나 그 출발점은 여전히 감정이며, 감정이라야 비로소 마음의 존재라고 할 수 있다. 감정은 우주론, 존재론의 근거이면서 동시에 가치적 의미를 지닌다. 인이 인간의 가장 기본적이면서도 가장 높은 차원의 덕성이 될 수 있다는 것은 바로 이러한 의미에서이다.

우리가 「제8장 감정분석」에서 언급했던 것처럼 유가는 다양한 감정에 대해 논했다. 그러나 그들은 결코 전적으로 심리적·실천적 혹은 분석적으로 논의를 진행했다기보다는, 다양한 감정활동을 종합한 다음에 그 속에서 인간의 존재 의의와 가치를 가장 잘 설명할 수 있는 감정을 찾아내었다. 그것이 바로 인이다. 유가의 관점에서는 인이야말로 인간이 인간일 수 있는 존재적 본질이다. 본질이 존재에 앞서는 것도 아니고 존재가 본질에 앞서는 것도 아니다. 존재가 곧 본질이며 본질이 곧 존재이다. 오직 인만이 인간의 의의와 가치의 근거이며, 이것이 바로 존재와 가치의 통일이다. 송명 유학이 사용한 많은 범주가 선진유학이 사용한 것과 완전히 일치하는 것은 아닌 것처럼, 유학의 발전 과정에서 여러 차례 형태가 변했고 새로운 개념과 범주가 무수히 출현했다. 그러나 유학의 기본 성질은 결코 근본적으로 변하지 않았다. 왜냐하면 그들은 모두 '인간의 학문 즉 인의 학문'이라는 근본적 주제로부터 벗어나지 않았기 때문이다.

이 기초를 세운 사람이 바로 유학의 창시자인 공자이다. 덕성으로서의 인은 이성화의 범주이다. 그러나 심리적 기능의 측면에서 말했을 때, 인은 인간이라면 모두 지니고 있는 보편적인 동정심이며 생명에 대한 관심이다. 그것은 또한 인간과 인간 혹은 인간과 자연이 서로 만나는 데 있어 발생하는 기본적인 감정적 욕구이며 태도이다. 때문에 그것은 하나의 기본적인 '원칙'이 될 수 있는 것이다. 인은 존재의 범주이면서 동시에 관계의 범주이다. 인은 관계 속에서 존재한다. 인간은 결코 고립적 개체나 혹은 원자와 같은 실체가 아니다. 개체로서의 인간은 자연계의 생명의 사슬 속에서 존재하고 인간사회의 관계 속에서 존재한다. 그렇다고 해서 인간에게 자주성이 없음을 의미하는 것은 아니다. 인간의 자주성이란 인간이 인간으로서 자신을 실현시킴에 있다. 즉 자신의 인한 본성(仁性)을 실현시키는 것이다.

내가 인하길 원한다면 바로 인이 이를 것이다.[1]

왜냐하면 인은 다른 곳에 있는 어떤 것이 아니라 바로 내 감정 존재 그 자체이기 때문이다. 그것을 실현시킬 수 있느냐 없느냐는 온전히 나 자신에게 달려 있다. 공자는 인간에게 있어서 인은 마치 물이나 불, 곡식이나 의복처럼 떨어질 수 없다고 생각했다. 물이나 불, 곡식이나 의복 같은 것은 인간의 생명을 유지하는 데 필요한 물질적 조건이고, 인은 인간 생명이 정신적으로 필요로 하는 것이다. 만약 인간이 물이나 불, 곡식이나 의복 같은 것들을 잃는다면 물질적 생명을 지속할 수 없을 것이다. 마찬가지로 인간이 인덕과 유리된다면 그 정신적 요구는 만족될 수 없을 것이다. 따라서 삶의 의미와 가치 역시 상실하게 된다. 정신적 측면에서의 감정적 욕구는 자아실현의 측면에서 뿐만 아니라 인간과 인간 혹은 인간과 자연의 관계에서도 매우 중요한 것이다. 인간은 오직 자신의 인덕을 실현했을 때만이 그 삶이 의미와 정신적 만족을 얻을 수 있고 삶의 즐거움을 체험할 수 있다.

인의 본래적 의미는 사랑이다. 인은 인간의 가장 참되고 귀하며 위대한 감정이다. 그러나 그 대상이나 범주에 따라 서로 다른 층위로 나누어 볼 수 있다. 가장 먼저 인간에 대한 사랑이라는 의미가 있다. 인간에 대한 사랑은 가족적 감정으로부터 시작한다. 이것이 바로 제1장에서 말했던 가족적 감정이다. 그다음은 타자에 대한 사랑이다. 생명을 가진 대상을 사랑하고 더 나아가 자연세계 전체를 사랑한다. 이 역시 인의 중요한 측면이다. 인을 결코 '인간성'의 측면에만 한정해서는 안 된다.

인이 사랑을 그 주요 내용으로 한다면 인애仁愛와 애정은 어떻게 다른가? 이것은 유가에서 말하는 사랑이 현대인들이 이해한 사랑과 어떠한

---

1) 『論語』, 「述而」, "子曰: 仁遠乎哉? 我欲仁斯仁至矣."

차이점이 있는지의 문제와 관련된다. 일반적으로 말해서, 둘은 다른 층위에 속한다. 유가에서 말한 것은 일종의 보편적 도덕감정이지만, 현대인이 이해한 사랑은 개인감정이다. 즉 인애는 공공적인 것이지만, 애정은 개인적인 것이다. 전자는 명백한 도덕적 의미를 담고 있지만, 후자는 딱히 도덕적 의미를 담고 있지는 않다. 그리고 애정은 생리적 욕구를 기초로 하는 사랑이지만(그렇다고 생리적 욕구와 동등하지는 않다.), 인애는 정신적 욕구를 기초로 하는 사랑이므로 인애의 구현은 인간의 정신적 가치 즉 인간의 생명적 가치의 초월적 층위에서의 구현이다. 애정은 인간에게 있어 결핍될 수 없는 것이며 또한 인성의 중요한 부분이기는 하지만, 이 때문에 보다 높은 삶의 가치와 목표 즉 인애를 부정할 수는 없다.

인애가 공공의 것이라고 말한다면, 가족적 감정(親情)은 어떻게 이해할 수 있을까? 유가의 '사랑은 가까운 곳에서부터 시작된다'는 것 역시 혈연으로 규정되는 사사로운 인간관계에서의 사랑이 아닌가? 나는 인학(仁學)에는 최소한 네 가지 층위의 의미가 있다고 본다. 그리고 이러한 의미들은 상호관계 속에 있으며, 가까운 곳에서 먼 곳으로 개체적인 것에서 전체적인 것으로 점차적으로 전개되는 과정에 놓여 있다.

제1절 '가족적 감정'의 층위에서 본 인

공자의 인학은 가족적 감정(親情)에서 시작되는 것으로, 특히 효는 인이 발생하는 바로 그 지점으로 여겨진다.

효제란 바로 인을 행하는 근본이구나!²⁾

'효제孝弟'란 공자의 인학을 연구함에 있어 가장 비근하고 절실한 시작점이지만, 실상 이 구절은 매우 심하게 오해되고 있다. 수많은 연구자들은 이 구절이 공자의 인학이 본질적으로 혈연관계를 연결고리로 하는 일종의 가족윤리를 반영한 것이며, 바로 이러한 가족윤리가 이른바 정치윤리로까지 발전하여 유학으로 하여금 정치화의 길을 걷게 했고, 그 주요 기능이 바로 전제정치에 대한 옹호라고 보았다.

오랜 기간 중요한 영향을 끼쳤던 이러한 관점은 마땅히 재검토되어야 할 것이다. 필자는 효에 대한 학설이 혈연관계라는 자연적 기초(혹자는 '연결고리'[紐帶]라고 한다.)를 가진다는 것을 부정하지 않으며, 가족윤리의 성질을 가진다는 것 역시 부정하지 않는다. 그러나 나는 이것이 반드시 정치적 전제주의로 발전되었다고 보지는 않는다. 제1장에서 확인할 수 있듯이, 가족적 감정에서 시작된 효는 전제주의와는 별개의 일이다. 오히려 둘 사이에는 일종의 긴장관계가 형성됐다. 효와 충의 관계가 효를 이용하여 충을 논증하는 방식이 된 것은, 후대의 통치자들이 정치권력을 이용하여 유학을 정치화한 결과이지 유학자들 스스로의 생각은 아니었다. 송대 유학자 주희 등의 인물은 "천하에 옳지 않은 부모는 없다"[3]고 했다. 이는 부모의 지위를 절대화한 설명 방식이기는 하지만, 정치적 절대주의와는 확실히 차이가 있다. 중국 역사상 오랫동안 유행했던 '충과 효를 동시에 실천할 수는 없다'는 설 자체가 양자는 한 가지 일이 아니며, 하나로 통일되기도 어렵다는 것을 설명하고 있다. 주희는 자식과 부모의 관계 문제에서는 효도를 주장했지만, 왕과 신하의 관계 문제에 있어서는 '마음을 바르게 하고 뜻을 진실하게 하는'(正心誠意) 학문을 주장했다. 여기에는 '왕의

---

2) 『論語』, 「學而」, "孝弟也者, 其爲仁之本與!"
3) 『孟子集注』, 「離婁上」, "昔羅仲素語此云: 只爲天下無不是底父母."

옳지 않은 마음을 바르게 한다'는 뜻이 포함되어 있다. 이 때문에 주희의 학문은 '거짓된 학문'(假學)으로 규정되어 억압을 받았으며, 주희 자신도 박해를 받았다. 훗날 그의 학문이 부흥한 것 역시 권력의 필요에 의해 이용당한 결과일 뿐이다.

감정과 정치의 관계는 본래 우리의 논의 범위에 속하는 것은 아니지만, 이 문제와 관련해서 간략하게 논하도록 하겠다. 우선 공자와 유가의 관점에서 보았을 때 가족적 감정으로서의 효는 가장 진실하고 본래적인 자연감정이며, 이러한 '멈출 수 없는' 감정이 있기 때문에 곧 마음 안에서 생겨나는 효도가 있을 수 있는 것이다. 효는 사랑과 같은 감정이 최초로 드러난 것이지 규범화된 원칙이 아니다. 이들이 비록 모종의 원칙 즉 '효도'가 됨에 따라 규범화·형식화되기는 하지만, 여전히 그 실제 내용인 가족적 감정으로서의 사랑과 분리되는 것은 아니다. 이 때문에 우리는 효를 외재적인 윤리원칙으로만 보아서는 안 되며, 내재적 자연감정의 직접적 표출로 보아야 할 것이다.

이른바 "효제란 바로 인을 행하는 근본이구나!"라는 것에서 '근본'(本)은 식물의 뿌리·생장점·싹이 나는 곳으로서의 근본이다. 따라서 이것을 서양철학에서 말하는 실체로서의 본체로 해석해서는 안 된다. 한 인간이 이 세상에 태어날 때, 그는 생명에 대한 관심 속에서 존재하는 것이지 끝도 없는 황막함 속에 내던져진 것이 아니다. 효와 부모의 사랑은 상호적이다. 무엇보다도 인간은 부모의 사랑 안에서 성장하는 존재로서, 단지 생명의 연속체일 뿐 아니라 생명에 대해 보답하는 존재이다. 모든 인간에게는 부모가 있고 형제자매가 있다.(지금의 외동 자녀들은 형제자매가 없으며, 따라서 이러한 문제를 해결할 수 있는 조치가 필요하다.) 인간의 본래적 감정은 첫째로 부모와 자녀 사이에서 표출되며, 그다음으로 형제자매 사이에서 표출된다. 인간은 고독한 존재가 아니다. 인간이 고독하지 않은 이유는 태어나서 가장 먼저 부모, 형제의 사랑을 느끼고 동시에 자신 역시 사랑으로 이에 보답함으로써 상호 간의 감정적 만족을 얻기 때문이다. 이것이 바로 유가에서 주장한 '가족적 감정'이다.

들어와서는 효성스럽고, 나가서는 공경스럽게 하라.[4]

이것은 공자가 일상생활 속에서 제시한 도리이며, 또한 인간감정에 대한 일종의 자각적 방향 제시이자 가르침으로, 여기에는 도덕적 의미가 담겨 있다. 인류 보편의 동정심과 사랑하는 마음은 가장 먼저 부모, 형제 간에서 시작된다. 맹자는 말했다.

걸음마를 뗀 아기도 그 부모를 사랑할 줄 모름이 없으며, 자라서는 그 형을 공경할 줄 모름이 없다.[5]

사랑함과 공경함은 매우 자연적이고 보편적인 감정으로, 이러한 감정들이 성장하고 발전하면 어진 품격과 행위로 이어질 수 있다.

효는 단지 물질적인 '부양'만 의미하는 것이 아니다. 가장 중요한 것은 공경하고 사랑하는 마음을 지니고 부모로 하여금 정신적인 위안과 즐거움을 느낄 수 있도록 하는 것이다. 그렇게 할 때 자신도 '마음이 편안하게'(心安) 되는 것이다. 편안함과 편치 않음은 개인에게 도덕감정이 있는지의 여부를 판단해 주는 중요한 징표이다. '마음이 편안함'은 곧 도덕감정

---

4) 『論語』, 「學而」, "子曰: 弟子入則孝; 出則弟."
5) 『孟子』, 「盡心上」, "孩提之童, 無不知愛其親者; 及其長也, 無不知敬其兄也."

이 만족되었다는 것이며, '마음이 편치 않다'는 것은 심리적 '결핍'이 있을 뿐만 아니라 일종의 자책과 가책이 있다는 것이다. 효는 부모가 옳을 때만 복종하는 것이 아니라 항상 부모의 권위에 복종하는 것이다. 부모에게 잘못이 있으면 정중히 권해드려야 하지만 부모의 마음이 다치게 해서는 안 되니, 이것 역시 인지상정이다. 공자와 맹자는 모두 이러한 문제에 대해 논했으며 또한 명확한 태도를 지녔다. 인자의 사랑은 본래 '시비를 따지는 마음'(是非之心)을 포함하며, 이는 결코 원칙 없는 사랑이 아니다. 물론 이러한 '시비'는 가치론 상에서 말한 것이지 사실의 문제에 관해서 말한 것이 아니다. 실제로 유학자들이 보기에 시비는 호오로 인해 결정되고, 호오는 선악의 기준이 되며, 선악의 기준은 보편적이고 객관적인 것, 즉 보편과 동일시된다. 이는 유학이 서양철학과 구분되는 가장 중요한 점 중 하나이다. 서양철학 특히 현대철학의 관점에서 보자면, 호오는 순수하게 개인적인 기호라서 여기에는 조금도 공통적이라고 말할 것이 없고 또한 이른바 공통적 가치와는 전혀 무관한 것이다. 신의 사랑이 있어야 비로소 인간은 일부분의 사랑을 함께 누릴 수 있고 서로에게 사랑을 베풀겠지만, 개인 자체에는 결코 공통의 사랑이 있을 수 없다. 그러나 유가의 입장에서 보자면, "오직 인자만이 다른 사람에게 사랑을 베풀 수 있고, 다른 사람을 미워할 수 있다"[6]고 할 수 있다. 인자의 호오에는 도덕적 가치가 있고, 선한 이를 좋아하고 악한 이를 싫어한다고 했을 때 선악은 객관성과 기준이 있는 것이다. 이러한 기준은 바로 천지의 끊임없이 낳고 낳음의 덕으로부터 근원한 것이다. '낳음'(生)의 목적성은 곧 선이며, 이에 거스르면 곧 악이다. 인자의 사랑은 바로 여기에서 나오는 것이며, 따라

---

6) 『論語』, 「里仁」, "子曰: 惟仁者, 能好人, 能惡人."

서 보편적이며 영원한 것이다.

이러한 상황 속에서 유가는 가치와 사실의 통일을 힘써 추구했다. 예를 들어 진실함과 거짓말하지 않음은 가치의 문제이면서 또한 사실의 문제였다. 그러나 어떤 상황에서는 가치와 사실이 결코 완전히 통일되지 않으며 심지어 충돌하기까지 한다. 예를 들어 공자가 말한 '곧음은 그 안에 있다'7)와 맹자가 말한 '(아버지를) 몰래 업고 도망침'8)의 경우, 이들은 사실을 부정하지도 거짓말하지도 않았지만, 사실에 근거하여 세워진 법률과 감정에 근거하여 세워진 도덕 사이에 충돌이 발생할 때, 유가는 후자를 선택했다. 이는 우리가 제1장에서 이미 논의한 것으로, 양자가 충돌하는 문제에서 유가는 매우 모순적이며 극복하기 어려운 상황에 빠지고 따라서 이러한 선택을 할 수밖에 없었다. 이러한 선택은 가치를 우선하는 유가의 경향을 잘 드러내 준다. 하지만 이 문제 자체는 분명 무척 어려운 것으로서 몇 마디 말로 해결될 수 있는 것이 아니다. 중국 고대의 '예치禮治'사회에서도 이 문제는 해결된 적이 없으며, 지금의 법치주의 사회에서도 이 문제는 완전히 해결됐다고 말할 수 없다. 이러한 의미에서 말하자면, 이러한 모순은 개별존재로서의 인간과 사회구성원으로서의 인간 간의 불가피한 충돌이라 할 수 있다.

효제란 '인을 행하는 근본'(爲仁之本)이며, 여기에서 원문 '위爲'자는 두 가지로 해석된다. 하나의 해석은 '이다'(是)로 보는 것으로, '위'는 계사가 되어 효제는 곧 인의 근본인 것이다. 다른 해석은 '위'를 '행하다'(行)로 보는 것으로, '위'는 동사가 되어 효제는 인을 실현하는 근본인 것이다. 이

---

7) 『論語』, 「子路」, "葉公語孔子曰: 吾黨有直躬者, 其父攘羊, 而子證之. 孔子曰: 吾黨之直者異
於是. 父爲子隱, 子爲父隱, 直在其中矣."
8) 『孟子』, 「盡心下」, "曰: 舜視棄天下, 猶棄敝蹝也. 竊負而逃, 遵海濱而處, 終身訢然, 樂而忘
天下."

구절은 공자의 제자 유약이 말한 것으로, 전체 구절은 다음과 같다.

군자는 근본에 힘써서 근본이 서게 하고 도가 나오게 하니, 효제라는 것
은 바로 인을 행하는(혹은 인의) 근본이구나!9)

전체 구절의 뜻에서 보면, 이 두 가지 해석은 모두 가능하지만, 그 뜻
이 완전히 같지는 않다. 첫 번째 해석에 따르면 효제는 인의 근본이니,
그렇다면 인덕仁德은 효제를 기반으로 한 것이다. 인은 사실상 효제이며,
이는 바로 맹자가 말한 "인의 실질은 부모님을 잘 모시는 것이다"10)와
같다. 공자와 맹자의 시대에 가족의 문제는 아주 중요했으니, 효제를 인
의 근본으로 간주하는 것은 충분히 이해할 만한 일이다. 하지만 이렇게
볼 경우 효제만으로는 인의 전체가 되지 못하며, 반드시 여기에서부터 발
전되어 "우리 집 어른을 모시는 것으로 다른 집 어른에게까지 미치고, 우
리 집 어린아이를 돌보는 것으로 다른 집 어린아이에게까지 미친다"11)는
확장이 있어야 비로소 높은 인덕仁德이라고 할 수 있다.

두 번째 해석에 따르면 효제는 인덕을 실현하는 근본이다. 이는 인덕
을 실현하는 것은 반드시 효제에서 시작되어야 하며, 효제는 단지 인의
'시작점'(發端處)일 뿐이지 인의 전체, 심지어는 인의 주요 내용도 아니라고
말하는 것이다. 이러한 해석은 인덕을 끊임없이 실현하고 완성해 가야
할 과정으로 본 것으로, 여기에는 풍부한 철학적 의미가 담겨 있다. 이러
한 입장을 가진 대표적인 인물이 정호와 왕수인이다. 그들의 사상은 인학

---

9) 『論語』, 「學而」, "君子務本, 本立而道生, 孝弟也者, 其爲仁之本與!"
10) 『孟子』, 「離婁上」, "孟子曰: 仁之實, 事親是也."
11) 『孟子』, 「梁惠王上」, "老吾老, 以及人之老; 幼吾幼, 以及人之幼."

사상의 진일보한 양상을 반영하고 있다. 왕수인은 이렇게 말했다.

인은 (천지의) 조화가 낳고 낳으면서 그치지 않는 이치라서 비록 두루 편재하여 이것이 아님이 없지만, 그 유행과 발생에는 역시 점진적인 과정이 있다. 때문에 끊임없이 낳고 낳으면서 멈추지 않게 되는 것이다. …… 점진적이기 때문에 시작점이 있고, 시작점이 있기 때문에 낳을 수 있으며, 낳을 수 있기에 그침이 없는 것이다. 나무에 비유한다면 처음 싹이 나오는 곳이 그 생명의 의지가 시작해 나오는 곳이다. 싹이 튼 이후 줄기가 자라나며 줄기가 자라난 이후 가지가 생겨나고 잎이 생겨나며 그런 뒤에 낳고 낳으면서 그치지 않는다. 만약 싹이 없다면 어찌 줄기가 있고 가지와 잎이 있겠는가? 싹이 틀 수 있다는 것은 분명 그 아래에 뿌리가 있다는 것이다. 뿌리가 있으면 살고 뿌리가 없으면 죽는다. 뿌리가 없으면 무엇으로부터 싹이 틔겠는가? 부자와 형제간의 사랑은 사람에게서 마음속 생명의 의지가 발단하는 곳이니, 나무의 싹이 틔는 것과 같다. 여기에서 출발하여 백성에게 어질게 대하고 사물을 사랑하는 것은 곧 줄기가 자라나고 가지와 잎이 생겨나는 것이다. 묵자의 두루 사랑하여(兼愛) 차등이 없게 함은 자신의 부모, 형제를 길거리의 사람들과 똑같이 본 것이니, 스스로 시작점을 없애는 것이다. 싹이 틔지 않는다면 그 뿌리가 없음을 알 수 있으며, 이는 곧 낳고 낳아 그침이 없음이 아니라는 것이다. 그러나 어찌 인이라고 할 수 있겠는가? 효제는 인을 행하는 근본이라고 했으니, 인의 이치는 이것(효제)으로부터 발생해 나오는 것이다.[12]

---

12) 『傳習錄』, 卷上, 93쪽, "仁是造化生生不息之理, 雖瀰漫漫周遍, 無處不是. 然其流行發生, 亦只有箇漸. 所以生生不息.……惟有漸, 所以便有箇發端處. 惟其有箇發端處, 所以生. 惟其生, 所以不息. 譬之木, 其始抽芽, 便是木之生意發端處. 抽芽然後發幹, 發幹然後生枝生葉, 然後是生生不息. 若無芽, 何以有幹有枝葉? 能抽芽, 必是下面有箇根在. 有根方生, 無根便死, 無根何從抽芽? 父子兄弟之愛, 便是人心生意發端處. 如木之抽芽, 自此而仁民, 而愛物. 便是發幹生枝生葉. 墨氏兼愛無苦等, 將自家父子兄弟與途人一般看, 便自沒了發端處, 不抽芽, 便知得他無根, 便不是生生不息, 安得謂之仁? 孝弟爲仁之本, 却是仁理從里面發生出來."

또 이렇게 말했다.

맹자의 "요순의 도는 효제일 따름이다"라는 말은 인간의 양지가 가장 절실하고 돈독하며 혼매함을 용납하지 않게 발현된 곳에서 인간을 일깨운 것이다. 그래서 임금을 모시거나 친구와 함께할 때 혹은 백성에게 어질게 대하고 사물을 사랑할 때 그리고 일체의 상황에서, 단지 부모를 모시고 형을 따를 때의 진심으로 측은하게 여기고 걱정하는(眞誠惻怛) 양지를 다하도록 하는 것일 뿐이니, 본래부터 이 도가 아님이 없다.……그래서 명도는 이렇게 말했다. "인을 행하는 것은 효제로부터 시작된다. 효제란 인의 첫 번째 일이니, 이것을 인을 행하는 근본이라고 하면 옳겠지만 인의 근본이라고 하면 옳지 않다."[13] 이 말이 옳다.[14]

왕수인은 비록 양지로 인을 해석했지만, 그의 해석은 깊이가 있으며 인의 정신에도 부합한다. '낳고 낳음의 이치'(生生之理)에 관해 우리는 반복해서 논했다. 여기에서 그는 효제를 인을 완성하는 시작점으로 이해했다. 이는 부모를 모시고 형을 따를 때의 '진심으로 측은하게 여기고 걱정하는'(眞誠惻怛) 마음이며, 여기에서 미루고 넓혀서 가려짐 없이 '백성에게 어질게 대하고 사물을 사랑하는 것'을 할 수 있어야 이것이 바로 인도(仁道)인 것이다. 효제는 단지 인을 행하는 것의 시작일 뿐이며, 인은 효제에만 머물지 않는다. 이 때문에 효제는 '인을 행하는 근본'이지 '인의 근본'이 아니라는 정호의 설명에 강력히 찬성한 것이다.

---

13) 『二程遺書』 18, 3쪽, "行仁自孝弟始, 蓋孝弟是仁之一事, 謂之行仁之本則可謂之是仁之本則不可."

14) 『傳習錄』, 卷中, 190쪽, "孟氏'堯舜之道, 孝弟而已'者, 是就人之良知發見得最眞切篤厚, 不容蔽昧處提省人. 於人於事君處友仁民愛物, 與凡動靜語默閒, 皆只是致他那一念事親從兄, 眞誠惻怛的良知, 卽自然無不是道.……明道云: 行仁自孝弟始. 孝弟是仁之一事, 謂之行仁之本則可, 謂是仁之本則不可. 其說是矣."

인은 일종의 인류 보편적인 감정이면서 사람 간에 서로를 배려하는 감정이다. 이는 일종의 인류애 즉 공자가 말한 '두루 뭇사람들을 사랑함'[15] 혹은 '다른 사람을 사랑함'[16]이다. 이것은 인간의 가장 중요한 도덕 감정이지만, 어떻게 이것을 실현할 수 있는가? 유가는 '사랑함은 부모를 모시는 것으로부터 시작'해야만 한다고 보았다. 이 안에는 당연히 차등의 원칙, 이른바 '가깝고 멂(親疎)의 구분'이 있지만, 이로부터 유가가 계급적 억압 또는 타인에 대한 배척을 주장했다는 결론을 이끌어 낼 수는 없다. 이러한 점은 일찍이 묵가로부터 '사랑에 차등이 있다'는 주장이 모든 사람을 더욱 보편적으로 더욱 광범위하게 사랑할 수 있는 '사랑에 차등이 없다'는 주장만 못하다는 비판을 받았다. 그리고 오늘날에도 수많은 사람들로부터 평등의 법칙에 위배되는 일종의 계급관념이라고 비판을 받고 있으며, 심지어 유가의 '부모를 부모로 모시는'(親親) 원칙이야말로 바로 유가가 현대사회에 적응하지 못하는 원인이라고 지목받기도 한다.

사실 기독교 역시 이와 같은 유형의 문제를 갖고 있다. 음식이 없고 한 덩어리 빵만 겨우 남아 있을 때, 이것을 자신의 아버지께 먼저 드려야 할까? 아니면 다른 사람에게 먼저 주어야 할까? 당연히 자신의 아버지께 먼저 드려야 한다. 유가가 비록 사랑에 차등이 있음을 인정하지만, 그렇다고 여기에 근거해서 유가가 계급적 억압 또는 타인에 대한 배척을 주장했다는 결론을 이끌어 낼 수는 없다.

묵가에 대한 왕수인의 비판은 바로 이 '시작점'에서 착안한 것이다. 인의 덕성은 생장, 발육하고 성장하는 과정(이른바 '점진적'[漸])이니, 나무의 싹틈과 풀의 움틈과 같은 시작점이 반드시 있다는 것이다. 이러한 시작점

---

15) 『論語』, 「學而」, "子曰: 弟子入則孝, 出則弟, 謹而信, 汎愛衆, 而親仁, 行有餘力, 則以學文."
16) 『論語』, 「學而」, "子曰: 道千乘之國, 敬事而信, 節用而愛人, 使民以時."

은 오직 인간의 최초의 그리고 가장 원시적인 자연감정에서 찾을 수 있는 것이지, 다른 곳에서는 찾을 수 있는 것이 아니다. 그리고 이러한 최초의 그리고 가장 원시적인 자연감정의 활동이 바로 부모, 형제간의 가족적 감정으로서의 사랑이며, 진심으로 측은하게 여기고 걱정하는 마음이다. 그러나 이는 결코 인이 효제에 한정된다거나 효제가 곧장 인이라는 의미는 아니다. 오히려 인이 인일 수 있는 이유는 이것이 반드시 막힘없이 타인에게 행해지기 때문이다. 이른바 차등의 원칙은 실제로는 하나의 '자연원칙'으로, 자연감정이 전개되는 필연적 과정이지 어떤 이상한 것이 아니다. 중요한 것은 반드시 효제에서부터 출발하여 타인에게까지 확장해 나가서 차별성과 보편성이 결합되어 모든 사람이 인애를 느낄 수 있도록 해야 한다는 것이다. 이는 가족을 경계로 삼아 나와 타인, 가족과 사회를 단절시키는 것이 아니며, 가족으로 사회를 대신하려는 것은 더더욱 아니다. 만약 정말로 '부모를 부모로 모시는 것'(親親)만을 경계선으로 본다면 이것은 '막힘'일 뿐 인이 아니다. 이른바 '사랑에 차등이 있다'는 것은 엄격한 의미에서의 계급적 관계가 아니라 가깝고 멂의 관계일 뿐이다. 즉 친소의 차이가 있다는 것이지 계급적으로 귀천이 있다는 것이 아니다. 가까운 곳에서 먼 곳에 미치는 것은 삶에서의 하나의 기본적인 사실로, 이는 인간감정의 자연스러운 전개 과정이다. 이에 근거해서 발생한 가치원칙이 근대의 평등원칙과 필연적으로 갈등 관계를 이루는 것은 결코 아니며, 오히려 결합되어 인류애가 진심에서 발출되도록 할 수 있다. 이러한 역사적 차원의 내용들은 역사의 흐름에 따라 바뀌어 가는 것이 당연하겠지만, 이들이 제시한 인간의 동정심이나 진심으로 측은하게 여기고 걱정하는 마음의 기본 정신은 역사를 뛰어넘는 영구적 가치를 지니고 있다. 부모를 사랑하는 마음이 결핍된 사람이 모든 사람을 보편적으로 사랑할 수 있다는 것은 상상하기 어렵다. 유가가 제시한 시작점으로서의 가족적 감정은 반드시 한 단계 발전하여 인간뿐 아니라 자연계의 생물, 그리고 무생물에 이르기까지 모두 사랑으로 가득 채워야 한다. 이는 추상적인 인류애보다 훨씬 더 절실하고 친숙할 수 있다. 하물며 이러한 감정이 자신의 마음 안에서 발출된 것이며, 이것이 바로 본질적으로 생명에 대한 관심이라는 점에 있어서이겠는가.

제2절 '충서'의 충위에서 본 인

인에 관한 공자의 주요사상은 아래와 같은 이른바 '충서忠恕의 도'이다.

자신이 원하지 않는 것을 다른 사람에게 베풀지 마라.[17]

자신이 서고 싶으면 남을 세워 주고, 자신이 달성하고 싶으면 남이 달성 하게 해 주어라.[18]

주희의 해석에 따르면 충은 '자신을 다함'(盡己)이며, 서는 '남에게 미루 어 감'(推己)으로[19], 모두 자신으로부터 시작하여 남에게 도달하는 것으로 서 이른바 감정이입 작용이다. '자신을 다함'이란 자신이 원하는 것을 남 에게 베풀어 주고자 하는 것이며, '남에게 미루어 감'이란 자신이 원하지 않는 것을 남에게 베풀지 않고자 하는 것이다. 이 두 가지는 모두 자신의

---

17) 『論語』, 「衛靈公」, "子曰: 其恕乎! 己所不欲, 勿施於人."
18) 『論語』, 「雍也」, "夫仁者, 己欲立而立人; 己欲達而達人."
19) 『論語集注』, 「里仁」, "盡己之謂忠, 推己之謂恕."

감정적 욕구(혹은 원치 않음)로부터 타인의 감정을 예측하고 대하는 것이다. 이것의 전제는 사람마다 모두 공통의 감정적 욕구(혹은 원치 않음)를 갖고 있다는 것이다. 이것은 유가의 덕성윤리를 사회적 차원에서 응용한 것으로 역시 '부모를 부모로 모시는 것'(親親)의 원칙이 한층 더 확장되고 발전된 것이다. 다만 이미 '가족윤리'를 넘어선 것이라는 점에서 유가적 '사회윤리'라고 말할 수 있다. 그러나 사실을 말하자면, 유가윤리는 가족윤리 혹은 사회윤리가 아니며 정치윤리는 더더욱 아니다. 이는 인간의 공통적 감정 위에 세워진 덕성윤리이며, 효와 충서는 사람의 이러한 덕성이 가족과 사회의 차원에서 응용된 것이다.

인간에게는 공통적 감정이 있는가? 이것은 상당히 논쟁적인 문제이며 또한 동서철학의 분기점이기도 하다. 서양철학에서는 오직 흄만이 감정과 윤리의 관계 문제를 제기했으며, 여기에서 출발하여 사회적 '정의의 원칙'을 세웠다. 쇼펜하우어는 한 발 더 나아가 동정심은 모든 윤리의 기초이며, 또한 인간의 동정심에는 국가와 민족의 경계가 없다고 보았다. 그러나 서양철학의 주류 전통, 특히 현대 '감정주의 윤리학'의 관점에서는 인간에게 공통의 감정이 없다고 보고 있다. 모든 감정은 개인적이고 주관적이며 변화무쌍한 것이어서 공통적 욕구도 없고 공통적 기준 역시 없다. 그들은 비록 윤리학이 감정 위에 세워진 것이라는 점을 인정하기는 하지만, 이러한 윤리학은 상대적이며 비과학적이고 개개인의 관심과 기호에 따라 결정되는 것이므로 개개인마다 옳고 그름 및 가치판단의 기준을 가진다고 생각한다. 이러한 윤리학은 이미 서양에서 매킨타이어 등의 비판을 받았다. 그는 '감정주의 윤리학'이 서양 윤리의 파산, 도덕의 상실을 야기하기에 충분하다고 보았다. 그는 아리스토텔레스의 덕성윤리로의 회귀를 주장했다. 물론 이른바 '회귀'란 아리스토텔레스 시대로 돌아가자는 것이 아니라, 그로 대표되는 정신으로 돌아가자는 것이다. 그러나 그는 아리스토텔레스의 덕성과 공자의 덕성이 결코 '함께 논의될 수 없으며', '서로 연결될 수도 없는' 것이라고 보았다.[20]

공자와 유가의 학설을 살펴보면 인간은 공통적 감정(동정심과 사랑)을 가졌을 뿐 아니라 도덕이성과 합치된다.[21] 그러나 이것은 과학을 통해 증명할 수 있는 것이 아니다. 왜냐하면 인간의 삶 특히 인간의 도덕적 삶은 과학의 문제가 아니라 가치의 문제이며, 그것은 과학보다 훨씬 복잡하기 때문이다. 그러나 과학적 방법을 통해 증명할 수 없다는 것이 곧 증명 자체를 할 수 없음을 의미하는 것은 아니다. 이를 증명하는 방법이란 바로 인간의 상호 교류, 상호 이해 그리고 도덕실천이다. 이론적으로 말하자면, 맹자가 말한 것처럼 인간은 모두 '동류'이며, 동류로서의 모든 인간은 공통의 감정을 가진다. 한 단계 더 나아가 유가는 인간의 도덕감정이 천지의 낳고 낳음의 덕에서 근원한다고 보았다. 이것이 바로 유가철학의 우주론적 전제라고 말할 수 있다. 이 전제는 전혀 근거 없는 것이 아니라, 바로 인간생존과 생명체험의 결과이다. 인간은 공통적 본성을 가지며 공통적 감정을 가진다. 동정심과 사랑이 바로 인류 공통의 본성이며 감정이다. 그렇지 않다면 인간이 어떻게 교류할 수 있겠는가? 언어적 차이가 감정의 소통과 교류의 장애물이 될 수는 없다. 비록 문화적 차이가 서로 다른 가치 선택의 차이를 대표하기는 하지만 이는 단지 상대적일 뿐이며, '함께 논의될 수 없음'을 의미하지는 않는다. 실천의 동태적 발전과 '전형'(範式)의 역사적 변천은 상호 교섭적인 것이었으며, 다원화와 일

---

20) 매킨타이어의 「덕성에 관한 '함께 고려될 수 없는 속성'(不可公度性), 진리의 문제와 유가 및 아리스토텔레스주의자의 대화」(『孔子硏究』 vol.4, 1998)를 참고했다.
21) 이 책의 3장부터 제6장을 참고할 것.

체화는 동시적으로 존재한다. 인간은 사회를 조직할 수 있고 또한 문화공동체를 조직할 수 있으며 더 나아가 '지구촌'을 이룰 수 있다. 롤스의 이론에 따르면 인간은 공적 이성[22]의 설정이 가능하다고 한다.[23] 그러므로 우리는 공적 감정의 설정도 가능하다는 것을 말하지 않아도 알 수 있다. 바로 그렇기 때문에 타인이 떠올리는 것을 자신도 떠올릴 수 있으며 타인이 바라는 것을 해 줄 수 있고 자신의 마음으로 상대방의 마음을 헤아려서 서로를 대할 수 있다. 적극적으로 말하자면 '자신이 서고 싶으면 남을 세워 주고, 자신이 달성하고 싶으면 남을 달성하게 해 주는 것'이며, 소극적으로 말하면, '자신이 원하지 않는 것을 다른 사람에게 하지 않는 것'이다. 이것이 바로 유가가 주장한 덕성이며, '사회윤리' 건설의 기초이다.

이른바 사회윤리란 사회규범을 원칙으로 하는 윤리를 가리키는 것으로, 공적 합의 아래 모든 사람이 합의한 사회규범을 제정해서 사람들로 하여금 이를 준수하고 실천하도록 하고, 실천하지 않을 때는 사회 여론의 질책을 받게 하는 것이다. 유학은 결코 이런 종류의 사회윤리가 아니다. 사랑은 인간의 가장 아름답고 고상한 감정이며 인은 사람의 가장 높은 덕성이다. 따라서 인으로 타인을 대한다면 자연히 충서忠恕의 도를 가질 수 있다. 충서는 인의를 실현하는 방법이며 인간 그 자체를 목적으로 한다. 공자가 말한 "나의 도는 하나로 관통된다"[24]는 말은 인간이라면 모두 갖고 있는 인덕에 근거하기 때문에 모든 것에 관통할 수 있다는 말이다.

---

22) 역자주: 공적 이성(Public reason)은 공적 관심사에 대한 개인들의 일반적인 숙려 방식을 지칭한다. 이 개념은 공적인 의사결정 과정뿐 아니라 공공에 중대한 영향을 미치지 않는 개인의 의사결정의 근거로서 적절하지 못한 것으로 판단되는 추정과 동기를 분명하게 배제한다.

23) 롤스의 『정의론』(북경: 중국사회과학출판사, 1998)을 참고했다.

24) 『論語』, 「里仁」, "子曰: 參乎! 吾道一以貫之."

만약 유가가 사회윤리를 갖고 있다고 말한다면, 그것은 주로 예를 가리켜 말한 것이며, 순자의 예론禮論이 바로 객관화된 사회윤리의 학설이다. 그러나 맹자의 입장에서 보자면 예는 단지 인의가 '절도에 들어맞음'(節文)[25]일 따름으로, 근본적으로 내재적 감정 즉 측은지심과 사양지심에 따라 결정되는 것이다. 후대 유가, 특히 송명 유학은 대체로 공맹의 사상을 계승하여 내재적 감정에 따라 결정되는 인의 덕성이 모든 윤리의 기초라는 주장을 받아들였다.

유가의 덕성 개념과 아리스토텔레스의 덕성 개념은 분명히 다르다. 먼저 아리스토텔레스는 인간을 '이성적 동물'로 간주했다. 이성은 인간의 가장 중요한 덕성이다. 그러나 아리스토텔레스는 이성을 말하면서 동시에 덕(arete) 개념을 제시했는데, 이는 당연히 인간의 가장 중요한 덕성이다. 고대 그리스의 스토아학파는 사람이 이성적 생활을 해야 한다고 주장했지만, 사실 이것은 신체적으로 건강하게 살아야 하는 것처럼 현명하게 살아야 한다는 말에 불과하다. 아리스토텔레스가 말한 덕은 두 가지 면을 포괄하고 있다. 하나는 마음의 지혜의 측면이고, 다른 하나는 도덕의 측면이다. 전자는 스토아학파에 가까우며, 후자의 경우에 있어서도 유가와는 근본적으로 큰 차이가 있다. 그는 인간의 영혼에는 격정·욕망·의지(ethos)가 있다고 보았다. 덕은 이 중 어디에 속하는가? 그는 덕이 의지에 속하지, 격정이나 욕망에 속하는 것이 아니라고 보았다. 아리스토텔레스가 언급한 격정은 감정에 해당하는 것이지만, 이는 정서로서의 감정에만 국한되는 것으로서 인간의 고급 감정이 아닐 뿐만 아니라 이성과는 조금의 관계도 없다. 감정에 대한 그의 이해는 플라톤과 일치한다. 바로 이

---

25) 『孟子』, 「離婁上」, "孟子曰: 仁之實, 事親是也; 義之實, 從兄是也. 智之實, 知斯二者弗去是也; 禮之實, 節文斯二者是也."

때문에 그는 다음과 같이 말했다.

덕과 악행은 모두 격정이 아니다. 왜냐하면 우리가 좋음, 혹은 나쁨이라고 일컫는 것들은 결코 우리의 격정에 근거한 것이 아니라 우리의 덕과 악행에 근거해서 좋음, 혹은 나쁨으로 일컬어지기 때문이다.

덕과 악행 역시 욕망이 아니다.…… 우리의 욕망은 자연성에서 나오는 것이지만 우리가 좋음과 나쁨으로 간주하는 것들은 자연성에서 나오는 것들이 아니다.

덕은 결국 의지이다.[26]

영혼에 대한 아리스토텔레스의 이해는 기본적으로 '분석'적이다. 이른바 '분석'적이란 것은 단지 영혼을 셋으로 나누었다는 것만을 말한 것이 아니라 이 세 부분이 각각의 기능을 가져 서로 상관이 없다고 본 점을 말한 것이다. 이는 비록 후대의 소위 이성적 분석이나 논리적 분석은 아니지만, 사유의 방식은 그와 일치하며 후대의 이성적 분석과 논리적 분석이 바로 여기에서 나왔다. 우리는 흔히 서양에 이성적 분석의 전통이 있다고 말하는데, 바로 이것을 가리켜 말한 것이다. 이른바 '분석의 시대'[27]가 비록 20세기의 특수한 시대적 사조를 가리키는 것이기는 하지만, 이것이 유구한 전통을 가졌다는 점은 부정할 수 없다. 또한 한 가지 중요한 점은 아리스토텔레스 학설 내에서 영혼은 육체와 구분되어 있어서, '영혼을 육체와 한 덩이로 보는 것은 옳지 않은 것'[28]이라는 점이다. 나중에

---

26) 『古希腊羅馬哲學』(고대 그리스 로마 철학, 北京: 三聯書店, 1957).

27) M. White, 『分析的時代』(北京: 商務印書館, 1987).

서양에서 발생하는 영혼과 육체의 이원론은 아리스토텔레스의 학설과 관계가 없지 않다.

유가에도 영혼에 대한 '분석'이 있다. 예컨대, 우리가 앞의 여러 장들에서 다룬 감정·의지·욕망·지성 등이 그것이다. 그러나 유가의 기본 정신과 관념은 총체적이고 유기적인 것이며 방법적으로는 종합적이라서 영혼과 육체는 완전히 통일된 것이다. 유가도 마음과 형체를 결코 하나로 보지 않았기에 "마음은 몸의 주인이다"라거나 "몸은 마음의 집이다"라고 했다. 그러나 이 두 가지는 결코 분리될 수 없는 것이며, 따라서 이를 구분하는 것은 합당하지 않다.

아리스토텔레스의 학설이 이성을 중심으로 한다면 유가의 학설은 감정을 중심으로 한다. 그러나 유가에서 말하는 감정이란 격정이 아니다. 유가가 강조하는 것은 분명 도덕감정이다. 인과 충서의 도는 바로 이러한 감정 위에서 세워진 것이며, 이성적인 것(보편성·필연성·객관성의 측면에서)이다. 이것은 일종의 '인간미'를 풍부하게 갖춘 이성, 즉 '감정적 이성'(情理)이지, 합리적 지성이라는 의미에서의 이성이 아니다.

덕성의 근원에 있어서도 유가와 아리스토텔레스는 서로 다른 관점을 지녔다. 아리스토텔레스는 이렇게 말했다.

> 덕에는 두 종류가 있으니 곧 지혜의 덕과 도덕의 덕이다. 지혜의 덕이 발생하고 발전하는 것은 대체로 교육의 덕택이며, 도덕의 덕은 곧 습관의 결과이다.…… 도덕의 덕에는 자연발생적인 것이 한 가지도 없다.[29]

---

28) 『古希腊羅馬哲學』, 281쪽.
29) 『古希腊羅馬哲學』, 322쪽.

교육과 습관은 모두 후천적으로 획득되는 것이지만, 교육은 지식의 전수와 학습의 누적을 필요로 하고 습관은 일상생활 속에서 형성되었다는 차이점이 있다. 유가 역시 교육과 습관을 매우 중시했다. 순자를 제외한(순자를 아리스토텔레스와 비교하려는 이도 있다. 이러한 측면에서 보면 일리가 없는 시도는 아니지만, 강조점에 있어 여전히 순자와 매우 다른 점이 있다. 예컨대, 지혜의 계발이라는 면에서도 그들은 상이하다.) 유학의 주류 전통은 도덕감정과 그 덕성이 선천적인 것이며, 이것이 자연으로부터 왔다고 본다.

여기에서는 또 하나의 중요한 문제로 넘어가니, 바로 '자연'을 어떻게 이해할 것인가의 문제이다. 유가에서 말하는 자연은 생명의 의미가 있는 것으로, 그 주요한 기능은 '낳음' 혹은 '낳고 낳음'이다. 이는 형체로서의 생명의 근원일 뿐 아니라 덕성의 근원이다. 이는 인간의 덕성이 자연계로부터 생성 혹은 발전되어 왔음을 말하는 것이다. 왕수인이 "인은 곧 천지의 '낳고 낳음의 이치'(生生之理)이며, '점진적'(漸)이다"[30]라고 말한 바로 그것이다. 이 '점진적'이라는 것은 바로 도덕 발전의 과정으로 체현된다. 아리스토텔레스가 말한 자연에도 생성의 의미가 있지만, 이는 인간의 육체적 생명과 관계가 있을 뿐 영혼과는 무관한 것이다. 때문에 인간의 영혼은 신체와 분명히 분리된다. 유가와 아리스토텔레스는 그들 간의 이러한 차이로 인해 분명 '함께 논의되기' 어려워 보인다.

그러나 전혀 공통점이 없는 것은 아니다. 그들은 모두 인간의 덕성 혹은 덕을 인정하고 중시했으며, 도덕이 덕의 중요한 일면 혹은 덕을 구성하는 중요한 부분임을 인식했다. 도덕의 근원 및 도덕과 영혼의 관계에 대해서만 서로 다른 답을 가졌을 뿐, 덕성의 구체적인 조목에서는 많은

---

30) 『傳習錄』, 卷上, 93쪽, "仁是造化生生不息之理. 雖瀰漫周遍, 無處不是. 然其流行發生, 亦只有箇漸."

부분 공통되거나 유사한 관점을 가졌다. 덕성과 자연의 문제에서 아리스토텔레스는 한편으로는 덕성이 자연으로 인해 발생하는 것이 아니라고 보았지만, 다른 한편으로는 자연의 작용과 의미에 대해서 결코 완전히 부정하지는 않았다. 그는 이렇게 말했다.

우리의 덕은 자연으로 인해 있는 것이 아니며, 자연에 반하여 발생하는 것도 아니다. 차라리 우리는 자연으로 인해 덕을 얻기에 적합하고, 습관을 통해 완성에 도달한다고 말할 수 있다.

자연이 나에게 준 모든 것에 관해 우리는 언제든 잠재적 능력을 먼저 획득한 후에야 실제적 활동으로 드러낼 수 있다. 그러나 덕의 측면에서 우리는 먼저 이들을 운용한 후에야 이들을 획득할 수 있으니, 기술·기예에서의 사정이 그러하다.[31]

이러한 것들을 보면 그가 덕성을 포함하여 자연이 인간에게 준 것을 완전히 부정한 것은 결코 아니지만 다만 인간이 획득한 것이 어디까지나 덕성의 '잠재적 능력'이며, 이러한 잠재적 능력은 먼저 이것을 운용해야 비로소 얻거나 드러낼 수 있다고 보았음을 알 수 있다. 이는 유가가 말하는 것과 매우 유사하다. 유가가 학습과 교육, 경험과 습관 등을 중시하는 이유는 비록 인간의 덕성이 자연적으로 주어지기는 했지만 이는 단지 잠재적인 것일 뿐이며 반드시 후천적인 노력과 실천수양을 거쳐야 비로소 실현될 수 있기 때문이다. 말할 것도 없이 공자의 "본성은 서로 가깝지만, 습관은 서로 멀다"라는 말과 '덕을 닦는'(修德) 학문, 그리고 맹자의 '우산

---

31) 『古希腊羅馬哲學』, 323쪽.

의 나무'와 '자신의 본래 모습을 실천에 옮기는'(踐形) 등의 학문은 모두 이 점을 설명한 것이다. 유가가 말하는 "하늘이 나에게 덕을 내렸다"[32], '하늘이 나에게 부여한 것'[33], "천명을 일러 성이라고 한다"[34] 등등은 실제로는 모두 '잠재적 능력'을 가리켜 말한 것이며, 이러한 잠재적 능력의 실현은 전적으로 후천적 실천에 달려 있다. 이른바 "그것을 계승한 것이 선이요, 이를 이루는 것은 성이다"[35]라는 것이다. 덕성을 영혼 안에 귀속시키고 위치지우는 문제에 있어서, 비록 유가와 아리스토텔레스 간에 그것이 감정에 속하는 것인지 아니면 의지에 속하는 것인지에 관한 관점의 차이가 있기는 하다. 하지만 이런 점에 대해서는 서로 비교를 통해 고찰할 수 있을 것이다.

아리스토텔레스와 유가는 덕성이 이론적 지식이 아니라 실천과 행위의 문제라는 점에 있어서는 이견을 보이지 않는다. 유가는 예로부터 덕성을 이론적 지식으로 연구하거나 추구한 적이 없었고, 이를 자신을 확립하고 일을 처리함에 있어서의 근본으로 보고 생명 중 가장 중요한 것으로 다루었다. 공자가 말한 "엎어지고 구를 때도 이로부터 하고, 아주 잠깐의 순간에도 이로부터 하라"[36]는 것은 인덕을 인간이 인간일 수 있게 하는 행위의 기준으로 간주한 것이다. 아리스토텔레스 역시 이와 다르지 않다. 그는 이렇게 말한다.

---

32) 『論語』, 「述而」, "天生德於予, 桓魋其如予何?"
33) 『孟子』, 「告子上」, "心之官則思, 思則得之, 不思則不得也. 此天之所與我者, 先立乎其大者, 則其小者弗能奪也."
34) 『中庸章句』, 제1장, "天命之謂性, 率性之謂道, 脩道之謂敎."
35) 『周易』, 「繫辭上」, "繼之者善, 成之者性."
36) 『論語』, 「里仁」, "子曰: 君子無終食之間違仁, 造次必於是, 顚沛必於是."

지금의 이 연구는 이론적 지식을 목적으로 하는 다른 연구들과는 다르다.(우리의 연구는 무엇이 덕인지를 인식하는 것이 아니라 자신을 좋게 변화시키는 것이기 때문이다. 그렇지 않다면 우리의 연구는 조금도 쓸모가 없을 것이다.) 그러므로 우리는 행위의 성질, 즉 우리는 어떠한 행동을 해야만 하는가에 대해 고찰해야만 했다. 왜냐하면 이러한 행위는 발생되는 의지에 의해 규정되기 때문이다.[37)]

서양철학의 원류로 간주되는 그리스철학은 확실히 인간의 덕성과 선행을 중시했다. 아리스토텔레스와 같은 박학다식한 철학자는 더욱 그렇다. 그들은 덕성과 지성, 실천과 지식을 명확히 구분했으며 또한 '자신을 더 나은 인간으로 변화시키는 것'을 인생의 중요한 목적으로 보았다.(아리스토텔레스는 최고의 덕성은 중용이라고 보았다. 공자 역시 중용을 제시하여, 이것을 '지극한 덕'[至德]이라고 불렀다. 이 두 가지를 비교할 수 있는지의 여부는 여기에서 논하지 않는다.) 이는 그가 유가의 공자와 마찬가지로 덕성실천을 중시했음을 말해 준다.

공자 인학의 의미는 인간을 목적으로 보지 수단으로 보지 않는다는 점과 타인의 인격과 존엄성을 존중해 준다는 점에 있다. 인간은 존엄성을 지니며 이는 침범될 수 없다고 공자는 보았다. 이른바 "자신이 원하지 않는 것을 다른 사람에게 하지 마라" 혹은 "자신이 서고 싶으면 남을 세워 주고, 자신이 달성하고 싶으면 남을 달성하게 해 주어라"라는 것은 타인을 나와 똑같은 인간으로 대우하라는 것이다. 여기에는 어떠한 공리주의적 고려나, 개인의 목적을 달성하기 위한 것이 아니라 오로지 타인에 대한 동정심과 존중에서 행하는 것이다. 이러한 동정심과 존중은 '희사'

---

37) 『古希腊羅馬哲學』, 324쪽.

(施舍)나 '하사'(恩賜)의 마음에서 나오는 것이 아니라 선량한 본성 즉 덕성에서 나오는 것이다. 이것이 바로 유가 덕성윤리의 핵심이다. 인간의 최고 덕성으로서의 인은 개인의 행위나 타인과의 관계 속에서 드러난다. 이 때문에 동정과 사랑은 인을 실현하는 가장 중요한 방법으로 간주된다. 여기에서 방법과 목적은 완전히 통일되어, 방법이 곧 목적의 실현이 된다. 충서는 곧 인을 실현하는 방법이니, 인 외에 어떠한 목적이 있는 것도 아니며 충서 외에 따로 어떠한 방법이 있는 것도 아니다. 이는 묵자의 겸애와 완전히 동일한 것은 아니다. 표면적으로 겸애는 유가의 인애보다 보편적이고 평등할 것 같지만, 이것은 사실 '두루 서로를 사랑함'이란 '두루 서로를 이롭게 함'과의 관계 속에서 함께 나온 것이다. '두루 서로를 사랑함'은 '두루 서로를 이롭게 함'을 위한 것이므로, 무엇이 목적이고 무엇이 방법인지 매우 분명해진다. 공리주의 역시 분명 윤리학의 일종이기는 하지만 덕성윤리와 비교해 보면 그 의미가 다르다. 덕성윤리는 개인의 가치를 존중하며 인간을 목적으로 삼는다.

충서의 도는 시장경제의 경쟁원칙과 서로 모순인가, 그렇지 않은가? 모순이 아니다. 시장 경제 하의 경쟁이 격렬하기는 하지만, 이것이 반드시 인간을 목적이 아닌 수단으로 간주한다는 의미는 결코 아니다. 만약 서로를 수단으로 간주한다면 이는 조금의 인간 존중도 없다고 말할 수 있을 것이다. 그러나 반대로 말하자면 충서의 도가 인간을 목적으로 여긴다는 것이 인간의 생존 방식을 부정하는 것은 아니다. 어떠한 사회적 조건 아래 놓인다 하더라도 인간은 반드시 살아갈 방도를 궁리하지만, 이와 동시에 인생의 가치적 목표도 필요하다. 만약 충서의 도를 현대적으로 설명해 내고 시장경제의 사회를 잘 운영해 낸다면 시공을 초월한 결합을 실현할 수 있을 것이다. 그렇다면 사람들은 '인도' 즉 인도적 원칙 하에서 공정한 경쟁을 진행할 수 있을 것이며, 온갖 비인도적이고 반인륜적인 일들 예컨대 인간을 수단으로 이용하고 대하는 것, 심지어 수단과 방법을 가리지 않고 남에게 해를 끼치면서 자신만 이롭게 하고 서로가 서로를 속이는 등등의 일들을 면할 수 있을 것이다. 공자의 제자 자공은 대상인으로, 공자의 제자 중에서 매우 개성적이면서 또 자유로운 의식을 가졌다. 그는 재무에 밝아서 공자가 말한 것처럼 '예측하면 자주 들어맞고' '수천금의 부'38)를 이루었다. 그리하여 제후와 더불어 '뜰에 자리를 마련하고 대등하게 예를 갖춤'39) 수 있었다. 그러나 그는 평생토록 공자의 학설, 특히 인에 대한 학설을 신봉했다. 유향劉向은 『신서新序』에서 자공이 일찍이 "덕은 인보다 더 큰 것이 없으며, 화는 잔혹함보다 큰 것이 없다"40)라고 주장한 것을 제시했으며, 자공은 상업에 종사하는 중에도 몸소 이를 힘써 행했다. 역사서의 기록에 근거할 때 그는 사회와 백성의 실정에 도움이 되는 수많은 일을 한 인덕이 있는 상인이었으며, 백성들의 찬사를 받았다. 후대의 『염철론鹽鐵論』「빈부貧富」편은 이렇게 평론했다.

자공은 재물을 축적하여 제후에게 높임을 받았고, 도주공(월나라 범여)은 재산을 불려서 당세에 존경을 받았다. 부유한 이와는 거래하고 가난한 이는 구제했으니 위로는 임금으로부터 아래로는 베옷을 입은 선비에 이르기까지 그 덕을 떠받들지 않는 사람이 없었다.41)

이것은 충서의 도와 시장경제의 결합이라는 문제에 대해 매우 중요한

---

38) 『孔子家語』, 「七十二弟子解」, "富累千金."
39) 『史記』, 「貨殖列傳」, "分庭抗禮."
40) 『新序』, "德莫大於仁, 而禍莫大於刻."
41) 『鹽鐵論』, 「貧富」, "子貢以著積顯于諸侯, 陶朱公以貨殖尊于當世. 富者交焉, 貧者贍焉. 故上自人君, 下及布衣之士, 莫不戴其德."

시사점을 제공한다.

인학은 도덕에서의 인격평등과 존엄성 등의 내용을 포함하고 있으며, 이는 "자신이 원하지 않는 것을 다른 사람에게 하지 마라"는 명제에서 아주 명백하게 드러난다. 이는 인간이 목적임을 인정한 것이며, 모든 사람은 인격적으로 평등하고 도덕과 인격에서 존엄성을 지니고 있음을 인정한 것이다. 이렇게 볼 때 유가는 오늘날의 인권사상과 결코 충돌을 일으키지 않으며 오히려 인권에 대한 논의를 풍부하게 발전시킬 수 있다. 공자는 자하에게 이렇게 말했다.

> 너는 군자와 같은 유자가 되어야지 소인과 같은 유자가 되어서는 안 된다.[42]

이것은 도덕의 실천 측면에서 군자를 말한 것이지 지위나 직종의 의미로 군자를 말한 것이 아니다. 그 당시의 농업사회에서도 이와 같았는데, 오늘날의 시장경제 사회에서 어떻게 인격존중이 필요하지 않겠는가? 오늘의 사회는 전문화되고 정보화된 사회로, 모든 사람이 특정 직업 즉 전문 분야에 종사하며 해당 분야의 정보를 숙달해야 한다. 이는 역사 발전의 결과이며 사회 발전의 요구이다. 물론 어떤 직종에 종사하면서 많은 정보를 숙달하는 것이 인간의 역할 중 가장 중요한 것이기는 하지만, 인간의 인격과 존엄성 또한 지켜져야 하며, 상호 존중·협력·공감·이해도 이루어져야 한다. 이렇게 해야 비로소 보편적 정의원칙을 세울 수 있다. 비록 사회계약론에서 출발하기는 했지만, 롤스의 『정의론』은 도덕적 근거를 갖고 있다. 그것은 칸트의 의무론적 윤리이다. 공자의 유가윤리는

---

42) 『論語』, 「雍也」, "子謂子夏曰: 女爲君子儒, 無爲小人儒."

일종의 덕성윤리이지 의무론적 윤리가 아니지만, 덕성의 실현이 의무와 책임으로 주어지며 '인간이 목적'(칸트의 말)임을 전제로 한다는 점에서, 양자는 서로 통하는 부분이 있다.

제3절 '만물을 사랑함'의 층위에서 본 인

유가의 인학은 인간뿐 아니라 만물을 사랑하고자(愛物) 하며, 인간뿐 아니라 만물에게까지 베풀고자 한다. 이렇게 해야 감정에 '가려짐'이 없게 되는 것이며, 인간의 인덕이 온전해질 수 있는 것이다. 유가의 인애와 기독교의 사랑을 비교하는 사람들은 이들 간에 서로 통하는 부분이 있다고 본다. 이는 매우 의미 있는 시도이다. 그러나 이는 '인간성'의 문제에서 가로막힌다. 그 외에도 둘 사이에는 매우 큰 차이가 있다. 기독교의 사랑은 결코 자연세계의 만물에 베풀어질 수 없지만 유가의 사랑은 자연계에 베풀어질 수 있을 뿐만 아니라 이렇게 해야 인덕이 진정으로 실현됐다고 인정한다는 점이다. 이것은 유가가 인간뿐 아니라 생명을 지닌 것이라면 무엇이라도 모두 가치를 지니고 있음을 인정한 것이며, 인간의 감정이 '동류'인 인간에 대해서뿐만 아니라 '이류異類'인 만물에 대해서도 통함을 주장한 것이다. 이 점은 사람들의 주목을 받지 못했으며 공허하고 추상적이라고 여겨졌다. 그러나 이제는 이것이 지닌 심오한 의미가 사람들에게 알려져야만 한다. 자연에 대한 사랑과 오늘날의 생태윤리는 완전히 결합되기 때문이다.

『맹자』에는 유명한 '인간과 금수의 구분'이 있다. 그는 인간이 금수와 다른 것은 '기희幾希', 즉 아주 드물다고 했지만 이 차이는 매우 중요하다.

이 얼마 안 되는 차이가 바로 인간이 갖고 있는 '차마 어쩌지 못하는 마음'(不忍之心), '측은하게 여기는 마음'(惻隱之心) 등의 도덕감정이기 때문이다. 이것이 바로 인간이 인간일 수 있게 하는 지점이며, 인간을 존귀하게 하는 것 즉 '하늘이 내린 지위'(天爵)[43]이자 '타고난 귀함'(良貴)[44]이다.

바로 이 '차마 어쩌지 못하는 마음'이 인의 뿌리이다. 사람마다 모두 이것을 가지고 있지만 관건은 과연 이것을 확충할 수 있는지의 여부이다. 만약 확충할 수 있다면 인자와 대장부가 될 수 있으나 확충할 수 없다면 금수에 가깝게 된다. 그러나 금수 역시 생명이므로 마땅히 사랑을 받아야 할 대상이다. 이른바 확충이란 인덕이 실현되어 '백성에게 어질게 대하고 만물을 사랑함'[45]에 도달하도록 하여, 인간과 인간 사이에서만이 아니라 사람과 만물 사이에도 조화롭게 공존할 수 있어야 비로소 인간의 감정적 욕구를 만족시킬 수 있으며 인간의 가치를 실현시킬 수 있다. 이것은 이상적 경지로, 이것을 실현시킬 수 있는지의 여부는 인간 자신에게 달려 있다. 여기에서 말하는 '만물'이란 금수도 포함하는 것이다. 금수가 비록 인간이 갖추고 있는 도덕감정과 덕성을 가지지는 못했지만 결코 생명이 없는 것은 아니므로, 그들을 인간의 적으로 간주해서는 안 된다. 생명의 의미에서 말하자면 인간과 금수는 모두 똑같은 '존재의 일원'(物)이다. 물론 인간만이 가진 것은 가장 좋고 가장 소중한 것이다. '차마 어쩌지 못하는 마음'이 소중한 이유는 이것이 인간만이 가진 것이기 때문만이 아니라, 이것이 인간뿐만 아니라 만물에게까지 베풀어져야 한다는 데에 있다.

---

43) 『孟子』, 「告子下」, "孟子曰: 有天爵者, 有人爵者. 仁義忠信, 樂善不倦, 此天爵也; 公卿大夫, 此人爵也."
44) 『孟子』, 「告子上」, "孟子曰: 欲貴者, 人之同心也. 人人有貴於己者, 弗思耳. 人之所貴者, 非良貴也."
45) 『孟子』, 「盡心上」, "君子之於物也, 愛之而弗仁; 於民也, 仁之而弗親. 親親而仁民, 仁民而愛物."

만물에게까지 베풀어질 때 비로소 그 소중함이 드러날 수 있다. 금수는 천지간의 존재 중 하나로서 당연히 사랑받아야 할 범위 안에 들어간다. 만약 인간을 만물 중 가장 존귀한 것이라고 여겨서 이 때문에 만물을 멸시하고 통제하고 못할 것도 없고 거리낄 것도 없이 행동하며 심지어 만물을 해친다면 이는 결코 유가의 사상이 아닐 뿐만 아니라 오히려 유가와 대척점에 있는 태도가 된다.

맹자는 '우산의 나무'(牛山之木) 비유를 통해 이러한 이치를 설명했다. 우산(당시 제나라 수도 臨淄의 교외에 위치한다.)에서 나무들은 햇빛과 비와 이슬 아래에서 싹을 틔우고 잘 자라나서 무성한 숲을 이루어 매우 아름다웠다. 이는 인간의 삶에서 불가결한 '자연환경'(오늘날의 용어로는 '생태환경')일 뿐만 아니라, 숲의 아름다움도 즐길 수 있게 해 주었다. 그러나 만약 이들을 아끼고 보호해 주지 않고 날마다 소와 양을 방목하고 칼과 도끼로 벌목한다면 오래되지 않아 우산도 민둥산으로 변할 것이니, 어떻게 이것을 '아름답다'고 말할 수 있겠는가?[46]

> 그러므로 제대로 된 보살핌을 받는다면 자라지 못할 것이 없고, 보살핌을 받지 못한다면 죽지 않을 것이 없다.[47]

만약 만물을 사랑하는 감정이 없다면 만물이 어떻게 '제대로 된 보살핌을 얻을'(得其養) 수 있겠는가?

이는 비록 '자신의 양심을 버려서는'(放其良心) 안 됨을 설명하기 위해

---

46) 『孟子』,「告子上」, "孟子曰: 牛山之木嘗美矣, 以其郊於大國也, 斧斤伐之, 可以爲美乎? 是其日夜之所息, 雨露之所潤, 非無萌蘗之生焉, 牛羊又從而牧之, 是以若彼濯濯也. 人見其濯濯也, 以爲未嘗有材焉, 此豈山之性也哉?"

47) 『孟子』,「告子上」, "故苟得其養, 無物不長; 苟失其養, 無物不消."

사용한 일종의 비유이기는 하지만, 이는 순수하게 비유이기만 한 것이 아니라 맹자 인학사상의 일부분이기도 하다. 그가 우산의 나무를 산의 '본성'(性)으로 설명하고, 그 본성을 '억압'(梏)하지 말 것을 주장한 것은 자연세계에 대한 맹자의 태도를 반영한 것이며, 대자연을 사랑하는 생명관을 드러낸 것이다. 이러한 생명관은 인간중심적이거나 도구적인 것이 아니라, 자연만물 각각이 모두 자신의 본성을 가지며 저마다 내재적 가치를 지님을 인정한 것이다.

맹자는 이런 일도 있었다. 제나라 선왕이 궁의 뜰에서 어떤 사람이 소를 끌고 가는 것을 보고서 왜 그러는지 묻자, 그 사람은 '제사에 쓸 희생'(血祭) 때문에 소를 죽인다고 답했다. 제선왕은 그 소가 죄 없이 죽임을 당하는 것이라 여겨서 '두려워 떠는 것'(觳觫)을 차마 어쩌지 못하여 양으로 대신했다.[48] 맹자는 이 지점으로부터 '차마 어쩌지 못하는 마음'을 지목해 내서, 이것이 바로 인을 행하는 방법(仁術)이며, 이는 도덕적 의의를 갖고 있다고 보았다.

> 군자는 금수에 대하여, 그 살아 있는 것을 보면 차마 그것이 죽는 것을
> 보지 못하고, 그 울음소리를 들으면 그 고기를 먹지 못한다. 이러한 까
> 닭에 군자는 푸줏간을 멀리한다.[49]

자연계의 나무에 대해서 차마 그 본성을 억압하지 못하고 금수에 대

---

48) 『孟子』, 「梁惠王上」, "曰: 臣聞之胡齕, 曰: 王坐於堂上, 有牽牛而過堂下者, 王見之, 曰: 牛何
之?, 對曰: 將以釁鐘. 王曰: 舍之, 吾不忍其觳觫, 若無罪而就死地. 對曰: 然則廢釁鐘與? 曰:
何可廢也? 以羊易之. 不識有諸?"
49) 『孟子』, 「梁惠王上」, "君子之於禽獸也, 見其生, 不忍見其死; 聞其聲, 不忍食其肉. 是以君子
遠庖廚也."

해서도 차마 그것이 죽는 것을 보지 못하니, 이것이 바로 군자다운 사람의 참된 감정이다. 일찍이 노신魯迅은 "군자는 푸줏간을 멀리한다"는 구절에 대해 비웃은 적이 있는데, 이것은 '고기를 먹음'에만 초점을 맞추어 말한 것이므로 잠시 제쳐두기로 하자. 맹자의 이 말은 진심에서 나온 것이다. 이는 인간의 감정이 피할 수 없는 것일 뿐만 아니라, 도덕적 의미가 가득 담긴 생명에 대한 관심이며 인덕의 참된 체현이라고 본 것이다.

이 때문에 맹자는 "마음을 기르는 것은 욕심을 적게 하는 것보다 좋은 것이 없다"는 관점을 제기하여 인간의 도덕감정을 배양할 것을 주장했다.

> 그 사람됨이 욕심이 적으면 비록 보존하지 못한 바가 있어도 잃은 바가
> 적을 것이요, 그 사람됨이 욕심이 많으면 비록 보존한 바가 있어도 얻은
> 바가 적을 것이다.[50]

여기에서 이른바 '보존함'(存)이란 마음에 보존된 것(心之所存), 즉 존재 의미에서의 도덕감정을 가리킨다. '차마 어쩌지 못하는 마음', '측은하게 여기는 마음' 등의 경우가 바로 '마음에 보존된 것'이다.

> 사람을 살펴보더라도 어찌 처음부터 인의의 마음이 없었겠는가?[51]

'인의의 마음'이 바로 차마 어쩌지 못하는 마음이며, 부끄러워하고 미워하는(羞惡) 마음이다. 인의의 마음은 이를 확충한 것일 뿐이다. 여기에서

---

50) 『孟子』, 「盡心下」, "其爲人也寡欲, 雖有不存焉者, 寡矣; 其爲人也多欲, 雖有存焉者, 寡矣."
51) 『孟子』, 「告子上」, "雖存乎人者, 豈無仁義之心哉?"

는 도덕감정이야말로 인간 존재의 핵심이라는 것을 밝히고 있다. 여기에서 말한 '욕심'(欲)이란 물질적 욕망을 가리킨다. 인간에게 욕망이 없을 수는 없지만 반드시 이것을 '적게'(寡) 해야 한다는 것이 유가의 일관된 주장이자 태도이다. 욕심이 적은 사람은 인의의 마음을 잃더라도 그 손실이 매우 커지지는 않으나, 욕심이 많은 사람은 인의의 마음을 비록 보존하고 있더라도 보존한 바가 매우 적어진다. 이를 위의 '차마 그 고기를 먹지 못한다'는 것과 연결시켜 보는 것도 의미가 있을 것이다. 이는 모두 인간의 덕성수양과 관계되는 것으로, 차마 어쩌지 못하는 마음을 보존하고 욕심을 줄일 수 있어야 도덕적 생활에 부합하는 것이다. 고대 그리스의 스토아학파는 주로 '이성'의 측면에서 학설을 제시했으며, 이들이 관심을 둔 것은 신체의 '건강'이었다. 맹자는 주로 차마 어쩌지 못하는 마음에서 학설을 제시했으며, 따라서 자연세계의 생명현상에 관심을 두어 이를 통해 인간의 도덕적 가치를 실현해야 한다고 주장했다.

맹자가 '인한 마음', '차마 어쩌지 못하는 마음'에 대해 논한 것은 물론 가장 먼저 인간의 차원에서 말한 것이다. 아울러 '부모를 사랑함'에서부터 출발하여, 이를 확충해서 인간과 인간 간에 배려하고 경외하고자 한 것이다. 그러나 인의 실현은 결코 여기에 제한되거나 그치는 것이 아니었으니, 인간은 반드시 초목과 금수를 포함한 만물에 동정심을 가지고 이들을 아껴야 한다. 인간과 금수초목은 '살아 있는' 것으로서, 모두 자연세계의 생명이며, 생명이 있는 모든 것은 모종의 '감정'을 가지기 때문에 서로 통한다. 바로 이를 통해 감정이입을 할 수 있는 것이다. 동물이 죽임을 당하면서 두려워하는 모습을 보았을 때, 감정과 의식이 정상적인 사람이라면 모두 '차마 어쩌지 못하는 마음'이 생긴다. 이것은 단지 자신의 감정을 동물에게 투사했기 때문만이 아니라, 동물 자체가 생명이 있고 감정이 있는 것이어서, 그 자체로 생명적 가치를 가졌기 때문이다. '두려워 떠는 것'은 바로 이러한 감정의 표현이며, 인간에 대한 간절한 호소이면서 또한 인간과의 최후의 감정적 소통이다. 이것은 곧 더욱 광범위한 의미에서의 생명적 의의가 담긴 '차마 어쩌지 못하는 마음'이며, 이러한 마음이 있기 때문에 인간과 동물의 관계에서도 도덕적 의식과 의무가 존재할 수 있는 것이다.

식물 역시 생명을 가진 것으로서 나무는 생장하여 삼림을 이루어서 인간 생존환경의 중요한 부분을 구성하며, 또한 생명의 '낳고 낳아 그치지 않음'을 몸소 드러낸다. 이들은 인간의 생명과 밀접한 연관을 가지지 않을 수 없다. 맹자는 나무 등 생물에 대하여 친근감을 드러내어, 이들이 '밤낮의 보살핌과 비와 이슬의 적셔 줌'[52]이 반드시 필요하며, 당연히 인간의 보호와 관심이 있어야 이들을 상해와 파괴로부터 지켜줄 수 있다고 보았다.

맹자의 인학은 공자의 인학과 마찬가지로 인간과 관련된 학설로서, "인이란 인간 그 자체이다"[53]라고 했다. 인간이 어떻게 인을 이루는가의 문제는 곧 인간이 어떻게 인간이 되는가(인간답게 되는가)의 문제가 된다. 이를 반대로 말해도 의미는 똑같다. 그러나 이것은 인간중심적이기만 한 것은 결코 아니다. 그의 인학은 인간과 자연세계를 대립시켜서 사람들로 하여금 만물의 주재자가 되어 만물에 대해 냉혹한 통치와 제재를 실행해도 된다고 주장한 것이 결코 아니다. 이는 인한 마음을 만사와 만물에서 운용하여 인간과 사물의 생명적 조화를 실현시키라는 것이다. '제례'를 행해야 했기 때문에 제 선왕은 여전히 양을 죽였고, 맹자 역시 양을 죽이

---

52) 『孟子』, 「告子上」, "是其日夜之所息, 雨露之所潤."
53) 『孟子』, 「盡心下」, "孟子曰: 仁也者, 人也."

지 말라고 주장하지는 않았다. 게다가 소와 양이 모두 가축이지만, 소는 농사일을 하는 가축이었기에 양은 죽음을 모면하기 어려운 운명이었다. 다만 여기에는 누구는 죽여도 되고 누구는 죽여서는 안 되는지와 어느 때에는 죽여도 되고 어느 때에는 죽여서는 안 되는지의 문제가 있을 뿐이다. 맹자가 이러한 종류의 구체적 논의를 한 적은 없지만 유가의 다른 저작과 문헌 중에는 이런 문제에 대해 논의하고 저술한 것이 무척 많다. 맹자가 관심을 기울인 것은 인간의 감정과 삶의 태도의 문제, 즉 금수와 모든 생명에 대하여 진정으로 배려하고 '차마 어쩌지 못하는 마음'을 가지도록 하는 것이었다. 이러한 관심이 있어야 구체적인 문제들에 대응함에 있어서 원칙이 서고 '기준'(規矩)이 있게 된다. 유가는 채식주의를 주장하지 않았으며, '살생을 하지 말라'와 같은 종교적 경지를 표현한 적은 없지만 결코 '함부로 죽임'(濫殺)을 주장한 적이 없다. 맹자는 살생이 몸에 밴 인간을 가장 증오해서 이러한 인간을 '잔인하고 해로운 사람'(殘賊之人)[54]이라고 불렀다. 인간에 대한 문제에서도 이와 같았으며, 생명의 문제에서도 당연히 이와 같았다.

자연계와 만물에 대한 관심은 유가의 일관된 전통이며, 또한 유가 인학의 중요한 내용이다. 공자는 자연을 열렬히 사랑하여 "지혜로운 이는 물을 좋아하고 인한 이는 산을 좋아한다"[55]라고 말했다. 이는 지혜롭고 인한 사람이라면 자연스럽게 자연계의 산수를 사랑하지 않을 수 없다는 것이다. 몇몇 연구자들은 공자의 인학을 사회윤리로만 간주하고 이를 인간관계에 관한 것으로 제한하지만, 사실 공자는 인간에 대한 관심과 자연에 대한 관심을 일치시켰다. 그의 유명한 "나는 증점과 함께하겠다"[56]라

---

54) 『孟子』, 「梁惠王下」, "曰: 賊仁者謂之賊, 賊義者謂之殘, 殘賊之人謂之一夫."
55) 『論語』, 「雍也」, "子曰: 知者樂水, 仁者樂山. 知者動, 仁者靜."

는 말은 봄바람 불고 햇살 좋은 자연에서 목욕하는 것과 "나이든 이는 나를 편안하게 여기고, 벗들은 나를 믿고, 젊은이들은 나를 마음에 품도록 하겠다"[57]는 인간에 대한 관심을 통일시킨 것이다. 이것이 바로 '시에 감정이 있고 그림에 뜻이 담겼다'(詩情畫意)는 이상적 삶이다. "흘러가는 것이 이와 같구나! 밤낮으로 그치지 않는구나"[58]라고 감탄한 것에는 인생의 철학적 이치와 이에 대한 깨달음이 응축되어 있다. 이러한 심오한 철학적 사고에는 시인의 정서도 깃들어 있으며, 여기에는 인생의 의미에 대한 탐색이 포함되어 있다. 이러한 관심은 자연세계의 생명에 대한 깨달음과 하나로 결합된다. 왜냐하면 자연세계의 산수와 흐르는 냇물에는 모두 만물을 '낳는' 천지의 숨결이 깃들어 있으며, 이러한 생명의 흐름은 인간의 생명과 밀접한 관련을 갖는 것이지 인간과 대척점에 있는 물리적 세계를 표현한 것이 결코 아니기 때문이다. 이른바 '시에 감정이 있고 그림에 뜻이 담기게' 살아가는 것이란 대자연에 융화되어 자신의 생명을 대자연의 생명의 흐름에서 분리될 수 없는 자연의 일부분으로 여기고, 그 속에서 인생의 의미와 즐거움을 몸소 경험하는 것이다.

맹자도 마찬가지이다. 그는 생명이 있는 모든 것들을 '사랑'하라고 주장했을 뿐 아니라 자연의 산수에 대한 열렬한 사랑을 주장했다. 그는 흐르는 물이 "웅덩이를 채우고 나아간다"[59]는 말로 생명의 근원과 내재적 충실함을 즐겨 비유했다. 그의 "충실한 것을 일러 아름다움이라 한다"[60]

---

56) 『論語』, 「先進」, "夫子喟然嘆曰: 吾與點也!"
57) 『論語』, 「公冶長」, "子曰: 老者安之, 朋友信之, 少者懷之."
58) 『論語』, 「子罕」, "子在川上曰: 逝者如斯夫! 不舍晝夜."
59) 『孟子』, 「離婁下」, "盈科而後進."
60) 『孟子』, 「盡心下」, "曰: 可欲之謂善, 有諸己之謂信. 充實之謂美, 充實而有光輝之謂大, 大而化之之謂聖, 聖而不可知之之謂神."

는 말은 대자연의 생명 원천으로부터 체득해 낸 것이다. 인간의 인한 마음(仁心)은 전적으로 자연계가 부여한 것이기 때문에 '하늘이 나에게 준 것'이라고 표현했다. 그가 추구한 '위아래로 천지와 동류가 되는'[61] 경지 역시 인간과 자연이 합일되는 생명의 깨달음이며 자연계의 생명의 의미에 대한 존경과 찬미를 표현한 것이 된다.

맹자는 공자의 인학을 심리적 감정의 측면에서만 논증한 것이 아니라 자연세계로 한 걸음 더 확장했다. 그는 최초로 '백성에게 어질게 대하고 만물을 사랑할 것'을 주장하여, 인간과 인간 그리고 인간과 자연을 통일하는 가치의 학설을 수립했다. 이는 맹자의 중요한 공헌 중 하나이다.

> 군자는 만물을 사랑하되 그들을 어질게 대하지는 않으며 백성에 대해서는 그들을 어질게 대하되 친애하지는 않으니, 부모를 친애한 다음에 백성에게 어질게 대하고 백성에게 어질게 대한 다음에 만물을 사랑한다.[62]

이것은 '부모를 친애함', '백성에게 어질게 대함', '만물을 사랑함'과 이들 간 상호관계에 대해 처음으로 전면적으로 논한 것이다. 여기에서 친애함, 어질게 대함, 사랑함을 구별한 것은 인의 서로 다른 층위를 설명한 것이지 이 세 가지를 대립시킨 것은 아니다. 좁은 의미에서 말하자면 친애함, 어질게 대함, 사랑함에는 차이가 있으나, 넓은 의미에서 말하자면 어질게 대함은 친애함과 사랑함을 포괄한다. 이처럼 가까운 것에서 먼 것으로 인간에서 사물에게로 미치는 인애의 학설이 차별성의 원칙을 담고 있기는 하지만 극도의 보편성 역시 가지고 있으며, 인간을 우선으로

---

61) 『孟子』, 「盡心上」, "上下與天地同流, 豈曰小補之哉?"
62) 『孟子』, 「盡心上」, "孟子曰: 君子之於物也, 愛之而弗仁; 於民也, 仁之而弗親. 親親而仁民, 仁民而愛物."

보기는 했지만 인간성에만 국한되지도 않았다. 이는 비록 부모를 가까이 섬기는 관계로부터 출발하기는 하지만 이 관계를 뛰어넘어 인류로 확장되고 자연계의 생명을 가진 모든 것들에 이르며 더 나아가 무생물에까지 이른다. '부모를 친애하는 것'은 인의 가장 참된 내용이기는 하지만 동시에 인의 출발점이기도 하다. '백성을 어질게 대함'은 백성들에 대한 사랑으로, 인격에 대한 존중의 의미를 포함하며 도덕적 측면에서의 평등함이라는 의미를 갖는다. '만물을 사랑함'은 생명에 대한 사랑이자 공감하는 마음이며, 이는 소중히 여김(愛好), 보호함(保護), 그리고 보살핌(養護)의 의미를 포괄한다. 이것은 인간의 감정적 욕구이자 또한 책임과 의무로, 이 안에서 생명가치에 대한 존중이 체득된다. 인간과 만물은 바로 생명가치의 의미에서 서로 연결되는 것이지, 결코 인간의 이익이라는 관점에서 인간과 만물의 관계에 대해 사고를 시작했던 것이 아니다. 생명의 의미에서 볼 때 인간과 만물 사이에는 평등적 관계가 존재하며, 이 때문에 '차마 어쩌지 못하는' 마음과 '만물을 사랑하는'(愛物) 마음이 있게 되는 것이다. 산수와 같은 무생물 역시 생명과 무관한 것이 아니라 매우 깊은 관계가 있다. 대지는 인간의 어머니이므로, 생명 존재의 기초로서 응당 사랑을 받아야 한다. '우산의 나무'의 경우 산과 떨어져서 어떻게 나무가 있겠는가? 나무는 산이라는 땅 위에서 생장해 나가는 것이다. 이 때문에 맹자는 초목이 우거진 것이 "산의 본성이다"[63]라고 말한 것이다.

유가와 묵가 간에 있었던 인(仁)의 문제에 대한 논쟁에는 앞에서 논했던 친소의 문제를 제외하더라도 여전히 하나의 문제가 남아 있다. 그것은 바로 묵자가 말했던 겸애가 인간에 대한 사랑으로만 제한된다는 것이다.

---

63) 『孟子』, 「告子上」, "人見其濯濯也, 以爲未嘗有材焉, 此豈山之性也哉?"

이 문제에 있어서 유가는 비록 '차등'을 말하기는 했지만 사랑은 제한이 없는 것으로서 결코 인간에만 제한되지 않고 만물에까지 미쳐야 한다고 주장했다. 이렇게 볼 때, 선진유가에서의 사랑은 범위가 더욱 광대해서 생태문제에 대한 의식도 갖고 있었던 것이다. 유가는 인간과 자연계 만물 간의 생명적 연결·자연계의 생명적 의의·자연계 만물의 내재적 가치를 중시했다. 그리고 인간을 우주의 낳고 낳으며 멈추지 않는 생명의 과정 속에서 이해했지 고립된 존재로서의 인간이 중심이 되어 자연계와 대립한다고 이해하지 않았다. 이 때문에 유가에서 말하는 사랑이란 목적적이라고 할 수 있는 것이다. 물론 이것은 묵가학설의 가치를 부정하는 것이 아니며, 묵가의 학설 역시 자연을 인식하고 개조하는 방향으로 발전할 수 있었다. 그러나 중국에서는 이러한 학설이 발전하지 못했다. 인간과 자연이 결합할 수 있는지 없는지, 혹은 이들이 어떻게 결합하는지의 문제는 가치와 과학의 관계 문제로 연결된다.

'백성에 어질게 대하고 만물을 사랑함'은 비록 맹자에 의해 주장된 것이지만, 맹자 홀로 가졌던 생각은 아니다. 이 학설은 후대의 유가들에 의해 보편적으로 받아들여졌으며, 또한 한층 더 발전되었다. 송명대의 유가들은 모두 각기 다른 방식으로 이 학설의 의미를 설명했다. 장재가 『서명西銘』에서 "백성은 나의 형제이고, 만물은 나와 함께한다"(民胞物與)라는 설을 주장한 것이 대표적인 경우이다. 장재는 이렇게 말했다.

천지가 나를 채운 것이 이 몸이요, 천지가 나를 이끄는 것이 본성이니, 백성은 나의 동포요 만물은 나와 함께한다.[64]

---

64) 『西銘』, "天地之塞, 吾其體; 天地之師, 吾其性, 民吾同胞, 物吾與也."

송명 유자는 우주론·존재론의 차원에서 인간의 감정 문제를 논하기를 좋아했는데, 장재 역시 예외가 아니었다. 그는 천도·천덕 및 '만물일원萬物一原'의 본성 등과 같은 범주를 주장해서 인간과 인간 그리고 인간과 만물 간의 관계를 일종의 생명관계로 설명했다. '천지가 나를 채움'은 기氣를 가리켜서 말한 것으로 기는 내 몸의 근원이다. '천지가 나를 이끎'은 천덕을 말한 것으로, 내 본성의 근원이다. 기와 본성은 인간과 만물의 공통된 본원이다. 이 때문에 나와 백성의 관계는 동포·형제의 관계가 되며, 나와 만물의 관계는 벗·반려자의 관계가 된다. 만물을 인간의 벗이나 반려자로 본다는 것은 '백성에 어질게 대하고 만물을 사랑함'에서 한 걸음 더 발전한 것이다. 만물이 인간의 벗이나 반려자인 이상 이는 마땅히 보호되고 사랑받아야 하며, 조화롭게 지내야 할 것이다. 인간과 만물은 모두 천지의 자녀이기 때문에(乾을 아버지라 칭하고, 坤을 어머니라 칭한다.) 인간과 만물의 관계는 단순히 보통의 보호하고 아끼는 정도가 아니라 매우 밀접한 관계가 된다. 인간 본성의 근본 내용은 인덕이며 인의 작용은 곧 '존재하는 모든 것에 대해 하나도 빠짐없이 체현하는 것'(體物而不遺), 즉 조금의 남김이나 빠뜨림도 없이 만물에게 사랑을 베풀어서 만물이 지닌 생명의 의미를 체득하는 것이다.

장재는 '당나귀 울음소리를 듣는 것'(聞驢鳴)을 좋아했다. 장재의 고향은 서북지방으로 당나귀가 많았다. 당나귀는 매우 중요한 가축이었다. 그는 당나귀가 일을 멈추고 쉴 때 내는 울음소리 듣기를 좋아했다. 이것은 노자의 "닭 울고 개 짖는 소리가 서로 들린다"[65]는 것과 같은 것으로, 인간과 자연 간의 일종의 생명적 조화를 체현해 낸 것이다. 장재가 '당나귀

---

65) 『老子』, 제80장, "國相望, 鷄犬之音相聞, 民至老死, 不相往來."

울음소리 듣기'를 좋아한 것은 바로 이러한 생명적 조화의 감수성과 체험으로부터 나온 것이다. 이것이 바로 인덕이 '만물을 체현함'이다. 다른 성리학자인 주돈이의 경우 '창 앞에 난 풀을 뽑지 마라'고 했는데, 그 이유를 묻자, '나와 뜻이 다르지 않다'고 답했다.[66] 이것이 어찌 초목에 대한 사랑이 아니겠는가? 이른바 나의 뜻과 같다는 것은 창밖의 풀이 자신과 마찬가지로 생명이 있고 감정이 있는 것이며, 매일 함께 지내며 그 성장을 볼 수 있었음을 말한 것이다. 소옹은 자신의 거처를 '안락와安樂窩' 즉 '안락한 둥지'라고 했는데, 그 뜻은 새와 마찬가지로 그 안에서 휴식하겠다는 것이다. 정호는 '삐약삐약 우는 병아리를 보는 것'을 좋아했는데, 병아리가 낳고 낳음의 인을 가장 잘 체현한다고 생각했기 때문이다. 정이는 '물고기가 즐겁게 노니는 것'을 보길 좋아했는데, 그 속에서 생명의 소중함을 몸소 이해했기 때문이다. 결국 성리학자들도 공맹과 마찬가지로 자연계의 생명에 대한 공감과 사랑을 가득 품고 있었다. 왜냐하면 이것이 바로 인의 표현이며, 인의 의미라고 보았기 때문이다. 이러한 생명에 대한 관심은 결코 대수롭지 않은 한담이나 심심풀이가 아니라 유가 인학의 중요한 내용이다.

제4절 '천지만물일체'의 층위에서 바라본 인

공자가 개창한 유가의 인학은 일종의 유기적 일체론 철학이다. 인의 가장 높은 층위의 내용은 '천인합일天人合一'의 경지를 실현하는 것으로, 이

---

66) 『二程遺書』 3, 21쪽, "周茂叔窗前草不除去, 問之云: 與自家意思一般."

것은 '천지만물일체天地萬物一體'의 경지라고 불린다. 이러한 경지는 '내가 있음의 경지'(有我之境)이건 '내가 없음의 경지'(無我之境)이건 상관없이, 인간이 주체이기는 하지만 인식주체가 아닌 덕성주체로 드러나는 것이다. 인간과 자연의 관계는 인식주체와 대상 간의 관계가 아니라, 덕성주체와 생명 존재 간의 관계가 된다. 물론 유가가 자연세계에 대한 인간의 인식작용을 완전히 부정한 것은 결코 아니다. 예를 들어 '하늘이 높고 땅이 두터운 까닭'과 만물의 소이연은 모두 인식될 수 있는 것들이다. 그러나 유가는 인간과 자연계의 조화로운 통일이라는 가치 관계를 더욱 중시했으며, 또한 인식 과정을 일체적 가치 관계 속으로 집어넣었다. 이렇게 인간과 천지만물은 근본적으로 생명유기체적 통일 관계가 된다. 이러한 관계 성립의 기본 전제는 자연계에 생명이 있고, 여기에 가치적 의미가 있으며, 자연계가 인간 생명과 가치의 근원이라는 점을 인정하는 것이다. 한 가지 기본적인 사실은 인간의 생명이 다른 곳이 아닌 바로 자연계로부터 왔고 대자연이 인간과 만물을 창조했으며 인간은 결국 대자연의 일부분이라는 것이다. 장재는 『서명』에서 이렇게 말했다.

> 건은 아버지이고 곤은 어머니이며, 나는 아주 보잘것없으나 혼연하게 그 가운데에 우뚝 서 있다.[67]

건곤은 곧 천지로서 자연계를 대표한다. 나는 천지를 부모로 삼고 천지 속에 살아가니, 이것이 바로 인간과 자연계의 관계이다.

공자는 이러한 도리를 가장 먼저 몸소 이해했다. 그는 이렇게 말했다.

---

67) 『西銘』, "乾稱父, 坤稱母, 予玆藐焉, 乃混然中處."

하늘이 무슨 말을 했는가! 사시가 운행하고 만물이 생겨남에 있어 하늘
이 무슨 말을 했는가![68)

'생겨남'(生)의 의미에서 하늘을 이해하는 것은 중국철학의 중요한 특
징이다. 인에 대한 학설은 바로 여기로부터 나온다. 위의 구절에서 말하
는 '생겨남'은 생성生成 혹은 창생創生으로, 생명의 창조와 가치적 의미를
지니고 있다. '온갖 것'이란 만물과 같이 많음을 표현하는 글자이지 특정
한 수량을 말하는 것이 아니다. '온갖 것'이란 곧 천지간에 존재하는 모든
것들이다. 인간 역시 그 안에 있는 것으로, 모두 하늘로부터 태어나는 것
이지 신이 창조해 낸 것이 아니다.

『주역』「계사」에서는 이렇게 말했다.

천지의 큰 덕을 일러 '낳음'이라고 한다.[69)

낳고 낳음을 일러 역이라고 한다.[70)

이는 공자의 학설에서 한 걸음 더 나아간 것이다. 천지는 단순히 낳기
만 하는 것이 아니라 낳고 낳음에 다함이 없고 쉼이 없는 것이다. 여기에
서 제시된 천지는 '낳음'을 큰 덕으로 삼는데, 덕은 하나의 가치범주로서
천지자연계는 가치적 의미를 지니고 있는 것으로 설명된다. 그리고 이것
은 인간 생명의 원천일 뿐 아니라 인간 가치의 원천이기도 하기 때문에,
인간이 가지고 있는 인덕은 하늘의 '낳고 낳음의 덕'으로부터 온 것으로

---

68) 『論語』, 「陽貨」, "子曰: 天何言哉! 四時行焉, 百物生焉, 天何言哉!"
69) 『周易』, 「繫辭下」, "天地之大德曰生."
70) 『周易』, 「繫辭上」, "生生之謂易."

설명된다.

이 때문에 인간과 자연의 관계는 외재적 관계가 아니라 내재적 관계가 된다. 이른바 '내재적'이란 자연계를 단지 인간의 생존에 요구되는 외부적 조건 또는 환경으로만 간주하는 것이 아니라, 인간의 생명활동과 자연계 간에 일종의 본질적인 연관이 있다고 보는 것이다. 바꾸어 말하자면, 자연계는 우리 인간에게 생명의 형체 즉 육신만을 준 것이 아니라, 인간의 영혼·감정·덕성까지도 함께 준 것이다. 인간이 어질게 될 수 있는 까닭이 바로 여기에 있다. 물론 이것은 하늘이 이미 우리에게 인덕을 주었으니 인간은 아무것도 안 해도 된다는 말이 결코 아니다. 오히려 정반대로 참된 인간이 되고자 한다면 반드시 실천 속에서 인덕을 실현해 내야 한다는 것이다. 즉 "인을 행하는 것은 내가 하는 것이지 남이 하는 것이겠는가!"[71]이다. 인덕을 실현하는 것은 남에게 기대서 하는 것이 아니며, 하늘에 기대서 하는 것도 아니다. 오직 자신이 하는 것이다. 인에 대한 학설은 인간의 주체성(덕성주체, 실천주체)을 긍정하지만, 자기 스스로를 지나치게 위대한 존재로 생각하는 태도도 비판한다. 즉 자신에게 무한한 우수성과 인식능력이 있다고 믿고서, 인간의 인식을 가장 중요한 수단으로 삼아 자신의 의지와 필요에 따라 자연계를 임의로 조작하는 태도를 비판했던 것이다.

인의 실현은 인간에 대한 또 생명 있는 모든 것들에 대한 동정 및 존중과 사랑으로만 표출되는 것이 아니라 인간과 자연계 전체의 관계로도 드러난다. 이는 일체론적인 보편적 생명연계가 보편적인 '우주적 관심'으로 표출되는 것이며, 이것이 바로 '천지만물일체'로서의 인의 경지이다.

---

71) 『論語』, 「顔淵」, "爲仁由己, 而由人乎哉!"

한편으로 인간은 자연계가 제공하는 자원에 의지하고, 이를 생존의 조건으로 삼아 자연계로부터 생존에 필요한 모든 것을 얻어야 한다. 이러한 의미에서도 자연에 대한 인간의 인식은 반드시 필요하다. 신농씨가 '갖가지 풀들을 맛본 것'(嘗百草)은 신화의 형식을 통해 이러한 인식의 중요성을 표현한 것이다. 공자가 "나는 저 논일하는 농부만 못하다! 나는 저 밭일하는 농부만 못하다!"[72]고 했던 것 역시 생산직을 천시하지 않고 존중했던 것이다. 물론 이러한 인식은 일반적으로 일상생활과 생산경험의 층위에서 머문 것에 불과하다는 점에서, 자연계에 대한 이론적 인식 즉 '이론적 이성'의 발전이라는 측면에서 유가는 분명 한계를 지닌다. 다른 측면에서 보자면, 인간의 생존에 필요한 모든 자원은 자연계로부터 온다는 점에서 인간은 반드시 '보은'의 사상을 가져야 한다. 즉 다시 자연계의 품으로 돌아가서 자연계를 자신의 진정한 집으로 삼아야 한다는 것이다. 이것은 유가와 도가를 포함한 모든 중국철학자들의 기본적인 태도이다. 이른바 '천지만물일체'의 인이란, 천지만물을 생명을 가진 하나의 전체로 보고 자연계의 만물을 자기 생명의 일부분으로 여기는 것으로, 자신의 생명을 아끼는 것과 같이 자연을 사랑하고 보호해서 이들이 상해를 입지 않도록 하는 것이다. 왜냐하면 모든 것은 천지의 '생명에 대한 의지'(生意)와 '생명의 이치'(生理)를 체현해서 저마다의 가치를 지니게 된 것이므로, 마땅히 존중과 사랑을 받아야 하기 때문이다. 인간은 단지 자신의 생존을 추구할 뿐 아니라, 모든 것들로 하여금 '저마다 자신의 삶을 완성'(各遂其生)하고 '저마다 자신의 본성을 따를'(各順其性) 수 있도록 해 주어야 한다. 이것이야말로 인의 진정한 실현이며 '천지만물일체'의 경지이다.

---

72) 『論語』, 「子路」, "樊遲請學稼. 子曰: 吾不如老農. 請學爲圃. 曰: 吾不如老圃."

'천지만물일체'라는 설은 정호가 명확히 제시했다. 사실 장재의 "모든 만물에 체현되어 하나도 빠짐이 없다"는 말은 이미 이러한 뜻을 포함하고 있다. 그는 『정몽』「천운」에서 이렇게 말했다.

하늘은 모든 만물에 체현되어 하나도 빠짐이 없으니, 마찬가지로 인은 모든 일에 체현되지 않은 곳이 없다.[73]

하늘은 어떻게 만물에 체현되는가? 바로 '낳음'(生)을 통해서이다. 하늘은 낳음을 덕으로 여기니, 만물을 낳음과 동시에 만물에 공감하고 연민한다. 인은 어떻게 모든 일에 체현되는가? 바로 그 마음을 통해서이다. 인간은 이 마음이 어질다고 여기는데, 마음의 인은 곧 하늘이 만물을 낳는 덕인 것이다. 그러나 인간의 마음에는 의식이 있고 목적이 있으므로, 만사와 만물에 몸소 자각적으로 공감하고 연민해야 한다. '만물에 체현됨'을 위해서 인간은 '마음을 넓게 가져야'(大其心) 한다. 여기에서 말한 '체현'에는 대상과 한 몸이 된다는 의미와 공감하고 연민한다는 의미가 있다. 오직 인간만이 인한 마음을 가지고 있어서 만물에 공감하고 연민할 수 있는 것이다. 만물에 공감하고 연민하는 인한 마음이란 실제로는 사사로움이 없는 도덕감정이다.

하늘에는 마음이 없다. 마음은 모두 인간의 마음일 뿐이다. 각 개인의 사사로운 견해(의 다름)는 다 말하기에 부족하지만, 모든 인간의 마음에서 공통된 것이 바로 의리이니, 요컨대 이것이 곧 하늘이다. 그러므로 하늘이라고 하고 신이라고 하는 것은 모두 '백성의 마음'(民之情)이 그것이다.[74]

---

73) 『正蒙』, 「天運」, "天體物不遺, 猶仁體事無不在也."

장재는 하늘의 마음을 인간이라면 동일하게 가지고 있는 마음, 즉 '백성의 마음'으로 귀결시켰다. 이것이 바로 '만물에 체현되어 하나도 빠진 것이 없음'의 진정한 함의이다.

정호는 이에 대해 무척 체계적인 주장을 펼쳤으며, 이러한 주장을 통해 유가 인학을 한 단계 높은 경지로 끌어 올렸다. 그는 이렇게 말했다.

만물이 일체라고 말하는 까닭은, 만물은 모두 이 이치를 가지고 있어 이로부터 나오기 때문이다. "낳고 낳는 것을 일러 역이라고 한다"고 했으니 낳음이란 한꺼번에 낳음이지만, 낳은 것마다 모두 이 이치를 완벽히 갖추고 있다. 인간은 이 이치를 미루어 나갈 수 있고 다른 것들은 기가 혼매하여 미루어 나갈 수 없지만, 다른 것들이 이 이치와 함께할 수 없다고 말할 수는 없다. 인간은 단지 자신만을 위하여 자신의 육체적 욕구로부터 의념을 일으키기 때문에 도리를 이해하는 경우가 무척 적다. 일신에서 벗어나 스스로를 만물 가운데 하나로 본다면 이 얼마나 유쾌한 일인가?[75]

또 이렇게 말했다.

의학서적에서는 손발이 마비되는 것을 '불인不仁'이라고 하는데, 이름을 아주 잘 붙였다. 인이란 천지만물을 한 몸으로 여겨서 자신이 아님이 없는 것이다. 모두 자신이라고 여길 수 있다면 어디엔들 미치지 못하겠는가? 만약 인이 자신에게 갖추어져 있지 않다면 그 즉시 자신과 아무런

---

74) 『經學理窟』, 「詩書」, "天無心, 心都在人之心. 一人私見固不足盡, 至於衆人之心同一, 則却是義理, 總之則却是天. 故曰天曰帝者, 皆民之情然也."

75) 『二程遺書』 2上, 135쪽, "所以謂萬物一體者, 皆有此理, 只爲從那裏來. 生生之謂易, 生則一時生, 皆完此理. 人則能推, 物則氣昏, 推不得, 不可道他物不與有也. 人只爲自私, 將自家軀殼上頭起意, 故看得道理小了佗底. 放這身來, 都在萬物中一例看, 大小大快活."

600

관계가 없는 것이 될 것이다. 수족이 마비되는 것은 기가 서로 통하지
않아서 모두 나에게 속하지 않게 되는 것이다.[76]

여기에서 그는 '천지만물일체'로서의 인이 지니는 두 가지 함의를 논
했다.

첫 번째 층위에서의 의미는 근원 즉 존재론 상에서 말한 것으로, 인간
이 진정으로 만물과 '일체'가 될 수 있는 것은 '모두 이 이치를 갖고 있고',
모든 것은 바로 '이 이치'로부터 나오기 때문이라는 것이다. '이 이치'란
어떤 이치인가? 이것은 바로 '생명의 이치' 혹은 '낳고 낳음의 이치'이다.
만물은 모두 이 이치로부터 태어나고 이 이치를 완벽히 갖추고 있다. 이
러한 의미에서 말하자면, 천지의 낳고 낳음의 이치는 인간에게서나 만물
에게서나 똑같은 것으로 어떠한 분별도 없다. 인간과 만물은 평등하며
어떠한 상하 구별도 없다. 이는 만물이 모두 생명의 가치를 지님을 말하
는 것이며, 인간이 그 위에 군림하면서 만물을 지배하고 부릴 수 있는
권리를 가진다고 여겨서는 안 된다고 말하는 것이다. 인간은 응당 자신을
만물 중 하나로 보아야 한다. 이렇게 해야 비로소 생명의 즐거움을 체득
할 수 있다. 인간이 만물을 불평등하게 취급하는 까닭은 바로 자신의 육
체적 욕구로부터 의념을 일으키면서 자신과 만물을 대립시키고 자신만
고려하면서 만물을 고려하지 않아, 인간과 만물 간에 장애가 생기고 천지
의 낳고 낳음의 이치에 흠집이 생기도록 했기 때문이다. 이것이 바로 '사
사로움'(自私)이다. 사사로운 마음이 있으면 당연히 '만물일체'의 인을 실현
할 수 없다. 여기에서 정호가 강조한 것은 만물이 나와 대립해서 존재하

---

76) 『二程遺書』 2上, 17쪽, "醫書言手足痿痺爲不仁, 此言最善名狀. 仁者, 以天地萬物爲一體, 莫
非己也. 認得爲己, 何所不至? 若不有諸己, 自不與己相干. 如手足不仁, 氣已不貫, 皆不屬己."

는 무생물적 대상이 아니라, 모두 '생명의 의지'와 '생명의 이치'를 가지고 있고 천지의 낳고 낳음의 이치를 체현하고 있다는 것이다. 인간과 만물이 유일하게 구별되는 점은 인간은 이 이치를 미루어 나갈 수 있지만, 사물은 그럴 수 없다는 점이다. 여기에서 이른바 '미루어 나감'(推)이란 논리적 추리가 아니라, '인仁을 미루어 나감'의 '미루어 나감'을 가리킨 것이니, 곧 자신의 인심을 만물로 확장하여 만물이 모두 그 인을 얻을 수 있게 하는 것이다. 이것은 '큰 도리'이지 '작은 도리'가 아니다. 만약 사사로운 마음에서 출발하여 만물을 대한다면 이것은 곧 '작은 도리'이다. 정호는 이런 명언을 남겼다.

내 속 가득히 측은지심이다.77)

이는 인간이 자신의 몸을 가득 채우고 있는 사랑과 동정심으로 만물을 대해야 한다고 주장하는 것이다. 왜냐하면 만물은 모두 생명적 의미와 가치를 지니고 있기 때문이다. 따라서 그는 다음과 같이 말하기도 했다.

만물의 생명에 대한 의지는 가장 보기 좋다.78)

바로 이와 같은 이유 때문에 인간은 '자신을 크게 여겨'(自大)서도 안 되고, '자신을 작게 여겨'(自小)서도 안 된다. 이른바 '자신을 크게 여김'이란 자신이 대단하여 만물을 주재할 수 있고 자신을 사사롭게 위하려는 목적으로 만물을 부릴 수 있다고 여기는 것을 가리킨다. 이렇게 자신을

---

77) 『二程遺書』 3, 45쪽, "滿腔子是惻隱之心."
78) 『二程遺書』 11, 42쪽, "萬物之生意最可觀."

크게 여기는 것은 곧 도리를 작게 여기는 것이다. 낳고 낳음의 이치는 결코 인간에게만 제한되는 것이 아니라 천지만물이 '모두 이 이치를 갖추고' 있고, 인간은 천지만물 중 하나이자 구성원일 뿐이기 때문에 인간의 우월감은 '자기중심벽'(Egomania)일 뿐이다. 이른바 '자신을 작게 여김'은 자신의 인심仁心을 망각해서, 천지의 대덕 즉 낳고 낳음의 이치와 자각적으로 하나가 될 수 없는 것이다. 즉 하늘과 인간이 '하나의 근본'이라는 경지를 달성하지 못하고 하늘과 인간을 '두 개의 근본'으로 만들어 버리는 것이다. 정호가 말했다.

> 만물의 생명 의지는 가장 보기 좋으며, '원元은 선善 중에서 으뜸이다'라는 것은 인을 말한 것이다. 인간과 천지는 하나인데 인간은 굳이 자신을 작게 여기니 이는 어찌된 것인가?[79]

여기에서 하늘과 인간이 '하나의 근본'이라는 의미에서 보면, 인간은 매우 위대한 존재이지 결코 미미한 존재가 아니다. 바로 이러한 까닭에 그의 주장은 장재의 '만물을 체득함'(體物)의 설보다 한 걸음 더 나아간 것이다.

> '천지의 화육(天地之化)을 체득한다'는 말에는 '체득한다'(體)는 말이 군더더기로 붙어 있다. 체득함 그 자체가 천지의 화육함이니, 그것과 구별되는 천지가 따로 있을 수 없다.[80]

---

79) 『二程遺書』11, 42쪽, "萬物之生意最可觀. 此元者善之長也, 斯所謂仁也. 人與天地一物也, 而人特自小之何耶?"
80) 『二程遺書』2上, 33쪽, "言體天地之化, 已剩一體字, 只此便是天地之化, 不可對此箇別有天地."

여기에서 말하는 '화육'이란 생장 · 변화의 의미이며, '체득함'이란 몸소 경험함, 몸소 이해함의 의미이다. 정호가 보기에 천지의 생장과 화육을 몸소 경험하고 이해하는 것은 어진 이의 당연한 일이다. 당시 사람들이 이런 식으로 '체득함'이란 말을 덧붙이고 있는데, 사실 인간의 마음은 이미 천지의 화육함을 체현했으므로, 인간의 마음이 곧 천지의 화육함이며 인간의 마음 안에 있는 인이 곧 천지의 덕이다. 이 때문에 인간은 자신을 작게 여기지 말아야 하며, 뿐만 아니라 천지의 덕을 실천하려고 해야 한다. 왜냐하면 '인간이 아니라면 천지를 이해할 수 없기' 때문이다. 이렇게 보자면, 인간이 천지간에서 높은 지위를 점하고, 주체성을 가진다는 것은 굳이 말하지 않아도 알 수 있다.

두 번째 층위에서의 천지만물일체의 의미는 생명 전체와 덕성주체의 의미에서 말한 것으로, 만물은 모두 나의 생명의 일부분이며 만물의 존재와 나의 생명은 밀접하게 연결되어 있어서 인간과 만물은 본래 일체라는 것이다. 이는 『맹자』에서 "만물이 모두 나에게 갖추어져 있다"[81]고 한 것에 대한 새로운 해석이자 발전으로, '내가 아님이 없다'(莫非己也)가 바로 이러한 의미이다. 정호는 의학의 "수족이 마비된 것을 일러 '불인'이라고 한다"라는 구절로 인간과 만물의 관계를 설명했으며, 실제로도 만물을 인간 생명의 일부분으로 보았다. 혈맥이 통하지 않고 수족이 마비되는 것은 곧 수족이 자신의 몸에 속하지 않는 것과 같아서, 지각이 없고 아픔이나 가려움이 없는 것을 '마비되어 막힘'(痲木不仁)이라고 부른다. 인간과 만물의 관계도 이와 같다. 인간이 만약 만물에 대해 지각하고 공감하지 못하며 보살피고 보호하지 못한다면 이는 의학에서 말하는 '마비되어 막힘'과

---

81) 『孟子』,「盡心下」, "孟子曰: 萬物皆備於我矣."

같은 것이다. 만물을 자기와 상관없는 것으로 여겨서 사물은 사물이고 자신은 자신이라는 식으로 생각한다면, 당연히 만물일체의 인이라고 말할 것이 없게 된다. 여기에서 말하는 '일체'란 곧 생명 전체이다. 이는 단지 본체 상에서 말하는 것일 뿐만 아니라 생명의 형체를 포함하여 살아 움직이는 모든 생명활동을 가리켜서 말하는 것이다. 생명에 대한 이러한 관심은 장재의 "백성은 나의 형제이고, 만물은 나와 함께한다"(民胞物與)[82]에서 한 걸음 더 나아간 것이다.

이것은 유가의 이른바 '형이상학'의 문제와도 연관되어 있다. 사람들은 모두 송명 성리학이 형이상학체계를 세웠다고 여긴다. 정이와 주희는 인이 사랑의 이치이지만 사랑 그 자체는 아니며, 사랑은 감정이지 본성(곧 이치)이 아니라고 주장했다. 그렇다면 그들은 천지만물일체의 인이라는 문제를 어떻게 해결하고 있는가?

사실 그들은 다른 문제에서와 마찬가지로 이를 이원론이 아닌 일원론으로 풀어내고 있다. 즉 사랑의 이치와 사랑은 본성과 감정의 관계와 마찬가지로 통일적이지 대립적이지 않다는 말이다. 인은 당연히 사랑의 이치이며 사랑 그 자체는 아니지만, 반드시 사랑이라는 감정을 거쳐야만 실현될 수 있다. 그러므로 감정으로 말미암아 본성을 알 수 있고 용으로 말미암아 체를 알 수 있는 것과 마찬가지로 사랑을 통해서 인을 알 수 있는 것이다. 만약 사랑이 없다면 사랑의 이치가 어디서 나오겠는가? 여기에서 '인'이라는 이치는 사랑을 통해서 실현될 수 있다. 언어학의 관점에서 말했을 때도 '사랑'이 위주가 되고, 인의 의미 역시 사랑을 통해서 설명된다.

---

82) 『西銘』, "天地之塞, 吾其體; 天地之師, 吾其性, 民吾同胞, 物吾與也."

인의 이치는 곧 '생명의 이치'(生理)이다. 앞에서도 언급했듯이 주희는 이치에 대해 여러 차례 해석을 가했지만 그 근본적 의미는 생명의 이치이며 이것은 모든 성리학자들의 근본이념이다. 그리고 이 생명의 이치는 생명의 기운(生氣), 생명의 도(生道)와 구분될 수 없으며(理氣之合), 생명의 기운과 생명의 도의 유행으로 말미암아 발육되고 실현되는 것이다. 주희는 이렇게 말했다.

천지는 만물을 낳음을 자신의 마음으로 삼고, 모든 태어난 만물들은 각각이 얻은 천지의 만물을 낳는 마음을 자신의 마음으로 삼으니, 그래서 인간은 모두 남에게 차마 어쩌지 못하는 마음을 갖는다.[83]

천지가 정말로 인간처럼 마음을 갖고 있는 것은 아니지만, 이른바 '하늘의 마음'이란 곧 '만물을 낳음'(生物)이다. 그러나 천지가 만물을 낳음을 자신의 마음으로 삼았다고 한 이상, 이러한 낳음은 일반적 의미에서의 낳음이 아니며 생물학에서 말하는 낳음도 아니다. 이러한 낳음은 목적적 의미와 가치적 의미를 지닌다. 그러나 이것은 오직 사람의 마음속에서만 실현될 수 있는 것이며, 따라서 인간은 천지가 만물을 낳는 마음을 자신의 마음으로 삼아서 모두 '남에게 차마 어쩌지 못하는 마음'을 가질 수 있는 것이다. 남에게 차마 어쩌지 못하는 마음은 맹자에게서 온 것이지만, 이는 사실 어진 마음(仁心)이자 사랑의 마음(愛心)으로, 주희의 말로 하자면 곧 '인이 발한 것'(仁之發)이다.[84] 이것은 분명 발생학적 의미를 담고 있다. 이른바 '인이 발한 것'이란 하늘의 '생명의 이치'가 인간의 마음 안

---

83) 『孟子集注』, 「公孫丑上」, "天地以生物爲心, 而所生之物因各得夫天地生物之心以爲心, 所以人皆有不忍人之心也."
84) 『孟子或問』, 「盡心上」, "惻隱親親固仁之發, 而仁則惻隱親親之未發者也."

에서 움터 나온 것이다. 주희는 존재론뿐 아니라 우주론·생성론도 논했는데, 이들 역시 생명의 이치를 통해 설명될 수 있다.

주희는 '천지만물일체'의 인의 경지를 가장 높고 총체적인 경지로 보았으며 따라서 이를 매우 중시했다. 그러나 이 경지는 결코 쉽게 실현될 수 없으며 또한 쉽게 논할 수도 없기 때문에, 반드시 한 걸음 한 걸음 노력해 가야 하며 그 사이에 매우 많은 공부를 수행해야 한다고 보았다. 그리하여 '사욕이 모두 사라지고 천리가 유행'하기만 한다면 이것이 곧 인이 실현된 것이라고 할 수 있다. 즉 "오직 인하게 된 이후에야 천지만물과 일체가 된다"[85]는 것이다. 주희는 천지만물일체의 인을 강조한 대목보다 공부에 대해 강조한 대목이 더 많다. 그러나 이는 인의 경지를 실현시키기 위한 것이므로, 주희가 천지만물일체에 대한 관심이 결핍되어 있었다고 말할 수는 없다.

왕수인 역시 공부를 무척 강조하여 '치양지致良知' 방법을 통해 천지만물일체의 인을 실현할 것을 강조했다.

> 성현이 되는 길은 오직 자기 자신을 위한 공부(爲己之學)일 뿐으로, 공부를 중시하지 효험을 중시하지는 않았다. 어진 이는 만물과 일체가 되니 일체가 되지 못하는 것은 오직 사사로운 뜻을 잊지 못했기 때문이다.[86]

여기에서 그는 중요한 원칙을 제시했다. 바로 천지만물일체의 인은 인생의 진정한 목적이지 수단이 아니며, 효험 즉 실제적인 효과나 이익의 측면에서 이를 고려해서는 안 되고 수양실천과 '덕을 완성함'(成德)의 측면

---

85) 『朱子語類』 6, 109쪽, "惟仁, 然後與天地萬物爲一體."
86) 『傳習錄』, 卷下, 285쪽, "先生曰: 聖賢只是爲己之學, 重功不重效驗. 仁者以萬物爲體. 不能一體, 只是己私未忘."

에서 이를 고려해야 한다는 것이다. 이것이 바로 유가에서 말하는 '자기 자신을 위하는'(爲己) 공부이다.

'자기 자신을 위함'이란 곧 '나를 참되게 함'(眞己)이다. '나를 참되게' 하면 나와 대상 혹은 안과 밖의 구분이 없어지게 되니, 이것의 실현이 바로 '천지만물일체'의 인이다. 양지설의 우주론적 의미는 바로 '낳음'이며, 이것의 진정한 의미는 인이고, 이에 대한 주체의 자각이 바로 지(知)이며, 그 최고의 목적은 '지극한 선'(至善)이고, 이를 최종적으로 실현한 것이 바로 '천지만물일체'의 경지인 것이다. '치양지'는 바로 이 경지를 실현하는 근본적 방법이다.

왕수인은 이렇게 말했다.

> 대인이란, 천지만물과 한 몸이 되는 자이다.…… 대인이 천지만물과 한 몸이 될 수 있는 것은, 그것을 의도했기 때문이 아니라 그 마음속의 인이 본래 그렇기 때문이니 그 때문에 천지만물과 하나인 것이다.[87]

천지만물을 일체로 여기는 것은 억지로 그렇게 하려고 하는 것이 아니라 인간의 마음속에 있는 인이 본래부터 그러하기 때문이다. 이 말의 의미는 '만물을 창조하고 끊임없이 낳는 이치'로서의 인 자체를 '아주 광범위해서 이것이 아님이 없는 것'[88]으로 보는 것이다. 인 그 자체가 곧 천지만물을 한 몸으로 여기는 것이다. 그래서 어진 이는 "천지만물을 나와 한 몸으로 본다." 이는 매우 자연스러운 일이며, 문제는 어떻게 해야 이것을 실현시킬 수 있는지에 달려 있을 뿐이다.

---

87) 『大學問』, "大人者, 以天地萬物爲一體也.……大人之能以天地萬物爲一體也, 非意之也, 其心之仁本若是, 其與天地萬物爲一也."
88) 『傳習錄』, 卷上, 93쪽, "雖瀰漫周遍, 無處不是."

'만물일체'는 일종의 보편적인 우주적 관심이며, 또한 궁극적 관심이라 불릴 수 있다. 인간과 인간 사이의 조화가 이것의 중요한 내용이지만 유일한 내용은 아니다.

중국은 모두 한 사람이요, 천하는 모두 한 집이다.[89]

이것은 참으로 이상적 경지이지만, 여기에만 멈추어서는 안 된다. 천지만물일체는 비단 인간에 대한 관심일 뿐만 아니라 반드시 자연계 전체와 그 안에 있는 만물에 대한 관심까지 포함하며, 인간과 인간, 인간과 사회, 인간과 자연계의 온전한 조화를 실현하는 것이다. 이것이 바로 유가에서 말하는 천지만물일체의 전체 내용이며, 또한 그것이 최종적으로 실현된 경지이다. 인간은 오직 '인간만을 사랑'(愛人)해서는 안 되며 생명을 가진 모든 것을 사랑해야 한다. 나아가 생명체에 대해서만 친애하고 보살필 것이 아니라, 기왓장이나 돌덩이 같은 무생물에 대해서도 소중히 여기고 보살펴야 한다. 즉 왕수인이 말한 것처럼, 인간에서부터 시작하여 "산천, 귀신, 동물, 초목까지 참으로 친애하지 않는 것이 없도록 하여 나의 인을 모두 발휘한 다음에야, 비로소 나의 명덕에 밝지 않음이 없어지고 천지만물과 일체가 되는 것이다"[90]라는 경지에 도달해야 한다. '천지만물일체'의 인은 인간들 간의 '일'(物)만 포함하는 것이 아니라 자연계의 '만물'(物)까지 모두 포괄하는 것으로, '아주 광범위해서 이것이 아님이 없는' 경지에 이르러야 함을 알 수 있다. 양지의 인은 바로 자연계의 '낳고

---

89) 『禮記』, 「禮運」, "故聖人耐以天下爲一家, 以中國爲一人者, 非意之也, 必知其情, 辟於其義."
90) 『大學問』, "以至於山川鬼神鳥獸草木也, 莫不實有以親之, 以達吾一體之仁, 然後吾之明德始無不明, 而真能以天地萬物爲一體矣."

낳으며 그치지 않음'의 이치이다. 자연계의 '생명의 이치'(生理)와 '생명 의지'(生意)가 애당초 인간과 만물에 대해 차별함이 없듯이 양지의 인 역시 인간과 만물에 대해 차별함이 없다. 인간이 '진정으로 가엾게 여기고 걱정하는'(眞誠惻怛) 마음을 가지고 '생명의 이치'를 완성해 낸다면 이러한 경지를 실현해 낼 수 있을 것이다. 사실 이것은 하늘이 인간에게 부여한 사명으로, 인간은 이 사명을 완성하고 이러한 목표를 실현시킬 책임과 의무를 가지고 있다.

'천지만물일체'의 인은 인간 본체의 경지이나, 이것은 오직 치양지공부 과정에서만 실현될 수 있는 것이다. 만약 이러한 공부를 하지 않는다면 본체라고 말할 것이 없게 된다. 이 때문에 '치양지'는 사실상 인생의 진정한 목적을 실현하는 무한한 과정이 된다. 여기에서 한 걸음 더 나아가 설명하자면, 대자연을 친근히 여기고 열렬히 사랑하는 것은 결코 도구적이고 공리적인 측면에서 대자연을 고려하는 것이 아니라, 그 자체로 목적적이고 궁극적인 문제이며 삶의 근본적인 태도이다. 대자연에 대한 태도 역시 감정의 문제로, 자연을 친근하게 여기고 열렬히 사랑하는 것은 일종의 위대한 관심이다. 이것이 바로 천지만물일체로서의 인의 경지가 가지는 진정한 의미이다. 이것은 비록 실천적 층위의 문제는 아니지만 생태 문제 등 이 시대 인류가 당면한 전 지구적 문제들에 대해 매우 중요한 선구적 의미를 지니고 있다.

제13장 즐거움에 대한 체험

　이성화된 감정철학으로서 유가철학이 제시하는 진정한 인생의 목적은 생명감정의 편안함과 만족 그리고 유쾌함을 얻는 데 있다. 이러한 만족과 유쾌함은 상당 부분 인생의 체험을 통해 얻을 수 있는 것이며 인생의 체험 역시 감정을 떠날 수 없다. 때문에 유가는 감정체험을 매우 중시한다.

　감정체험이 인간의 생명활동 중에서 중요한 위치를 차지하는 이유는 그것이 인생의 가치 혹은 의미 등 근본적인 문제와 분리될 수 없기 때문이다. 인생은 어떻게 해야 가치를 지닐 수 있는가? 인생의 가치는 무엇인가? 유가의 관점에서 이러한 문제는 깨달음의 체험을 통해 획득될 수 있는 것이지, 결코 개념적 인식에 의거하여 해결될 수 있는 것이 아니다. 이론적 측면에서 보았을 때, 여기에는 철학의 문제뿐만 아니라 미학적·종교적 문제도 결합되어 있다. 유가는 전체적 측면에서 마음의 존재를 이해하기 때문에, 또 그중에서도 도덕감정을 특히 중시하기 때문에 서양의 미학과 같이 독립적인 미학이 형성되지는 않았다. 오히려 일종의 예술화되고 시학화된 도덕철학이 있을 뿐이다. 그 특징은 심미와 도덕을 합일하는 것이다. 즉 도덕감정 및 그 형이상학적 초월 속에서 아름다움의 경지를 체험하고자 한다. 이것이 바로 이른바 '즐거움'(樂)에 대한 체험이다. 여기에서 말하는 '즐거움'이란 예컨대 희노애락에서의 즐거움과 같은 감정의 한 종류로서의 즐거움이 아니라, 인생의 행복을 대표할 수 있는 인생 전체의 쾌락이다. 이러한 맥락에서 어떤 사람은 유가의 문화를 '즐거움의 문화'[1]라고 귀결시키기도 했다. 여기에는 일정한 근거가 있다. 즐거움을 최고의 체험으로 여기는 경지 형태의 철학은 확실히 유가철학의 가장 중요한 특징이다. 그렇다고 해서 이것이 유가에 비극적 의식이나 우환 의식이 없었음을 의미하지는 않는다. 유가의 이상적 성인들은 언제나 걱정을 지니고 있다. 즉 유가가 추구하는 성인의 경지는 우환 의식을 지닌 것이다. 그러나 개인 인격의 측면에서는 반드시 마음속의 즐거움을 실현시켜야만 온전함에 도달했다고 할 수 있다. 즐거움은 인仁의 진정한 실현과 진선미의 통일을 의미하며 인생의 가장 큰 '행복'을 의미한다. 이는 중국식의 '덕과 복의 일치'라고 할 수 있다. 그러나 '즐거움'과 '복' 간에는 근본적인 차이가 있다.

제1절 인자의 즐거움

즐거움은 원래 유가의 '음악에 대한 가르침'과 관련이 있다. 고대에 음악은 매우 중요한 지위를 차지하고 있었다. 음악은 인간의 성정을 도야할 수 있고, 또한 즐거움을 줄 수 있기 때문에 유가에서 매우 중시했다. 유가의 창시자인 공자는 시 교육과 음악 교육을 매우 중시했다. 그는 한 개인의 공부는 시에서 시작하여 최종적으로 음악에서 완성되어야 한다고 생각했다. 즉 "시에서 일어나고 예에서 서며 음악에서 완성된다"[2]는 것

---

1) 역자주: 李澤厚는 서양문화를 '罪感文化'라고 규정하고, 이에 대해 중국의 문화를 '樂感文化'라고 불렀다.(李澤厚, 『論語今讀』, 天津社會科學院出版社, 2007, 274쪽)

이다. '시'는 직접적으로 감정을 표현하고, '예'는 감정의 기반 위에서 세워지며, '음악'은 최종적으로 감정을 완성시킨다. '시'에는 슬픔과 원망함이 있고, '예'에는 절도와 수식이 있고, '음악'을 통해서는 즐거움을 체험할 수 있다.

그러나 공자가 말하는 '낙樂'은 결코 음악으로 한정되지 않는다. 오히려 음악에서 시작하여 일반적인 인생의 체험 문제를 논하고 있다. 이것이 바로 '마음속 즐거움'의 문제이다. 공자 역시 미학의 차원에서 음악을 논하기는 했지만, 반드시 미학에서의 미와 도덕에서의 선이 통일되어야 한다고 주장했다. 그렇지 않으면 아무리 아름다운 음악이라 할지라도 결함이 있다고 생각했다. 이러한 관점은 유가의 일관된 전통이 되었다. 공자는 고대의 음악 즉 소위 '선왕의 음악'에 대해 논하면서 소악韶樂(즉 순임금의 음악)과 무악武樂(즉 주나라 무왕의 음악)을 비교했는데, 최종적으로 다음과 같은 결론을 얻었다. 즉 소악은 '완전히 아름답고 또 완전히 선하지만', 무악은 '완전히 아름답기는 하지만 완전히 선하지는 않다'[3]는 것이다. 이는 사실상 은근히 무악을 비판한 것이다. 공자의 관점에서 볼 때, 예술적으로 '완전히 아름다움'을 실현시켰다 하더라도 도덕적으로 '완전히 선하지' 않다면, 이는 온전하지 않은 것이다. 공자는 선함과 아름다움의 통일을 분명하게 요구했고, 음악의 감상 측면에서도 선함이 더욱 근본적이라고 생각했다.

한 걸음 더 나아가 말하자면, 도덕적인 충실함과 온전함이야말로 진정한 인생의 쾌락이다. 그러나 도덕적인 충실과 온전함이 생활 속에서 부귀 혹은 행복과 완전히 일치하는 것은 아니다. 때문에 '덕과 복은 일치'

---

2) 『論語』, 「泰伯」, "子曰: 興於詩, 立於禮, 成於樂."
3) 『論語』, 「八佾」, "子謂韶: 盡美矣, 又盡善也. 謂武: 盡美矣, 未盡善也."

할 수 없는 것이다. 그렇다면 이런 상황에서는 어떻게 해야 할 것인가? 공자의 관점에서는 도덕적 정취를 간직하고, 이로부터 만족과 쾌락을 얻는 것이 더욱 중요했다.

형편없는 밥을 먹고 맹물을 마시며 팔을 베고 누워도 즐거움은 그 속에 있다. 의롭지 못한 부귀는 내게 있어서 뜬구름과 같다.[4]

이처럼 아무리 가난하고 천한 상황일지라도 도덕적인 충실함을 추구할 때 얻는 즐거움은, 현실을 초월해서 추구하는 유가적 이상이 되었다. 공자는 일생동안 이처럼 쉼 없이 즐거움의 경지를 추구했다.

열심을 내어 먹는 것도 잊어버리고 즐거움으로 인하여 근심도 잊어버린 채 늙는지도 모르는 것을 말하는가?[5]

학습과 수양의 과정에서 끊임없이 인생의 의미를 찾고 인격의 힘을 증강시킬 때, 그 속에는 무한한 즐거움이 있다. 이러한 즐거움은 물질적인 소비를 통하여 얻을 수 있는 것이 아니다. 왜냐하면 그것은 내재적인 것이며 자신에게 속한 것이기 때문이다. 때문에 이 속에 진정한 생명의 가치가 있다. 오직 인하고 지혜로운 이만이 이러한 즐거움을 누릴 수 있다.

지혜로운 이는 의혹되지 않고, 인한 이는 근심하지 않는다.[6]

---

4) 『論語』, 「述而」, "子曰: 飯疏食飲水, 曲肱而枕之, 樂亦在其中矣. 不義而富且貴, 於我如浮雲."
5) 『論語』, 「述而」, "其爲人也, 發憤忘食, 樂以忘憂, 不知老之將至云爾."
6) 『論語』, 「憲問」, "子曰: 君子道者三, 我無能焉. 仁者不憂, 知者不惑, 勇者不懼."

'의혹되지 않음'은 단순히 인식적 혹은 지식적인 차원에서의 의혹되지 않음일 뿐만 아니라 각종 이익이나 명예의 유혹에 의해 흔들리지 않는 인격적인 의미에서의 의혹되지 않음이다. '근심하지 않음'은 마음이 담박하여 근심도 걱정도 없는 상태 즉 즐거움이다. 왜냐하면 마음속에 근심과 걱정이 없고 어떠한 의도나 안배가 없을 때라야 '마음이 편안'할 수 있고, '마음이 편안'해야 '이치에 합당'할 수 있으며, 이렇게 되었을 때라야 즐거울 수 있다.

> 지혜로운 이는 즐겁고, 어진 이는 장수한다.[7]

오직 인하고 지혜로운 이라야 그 마음속에 항구적인 즐거움이 있고, 항구적인 즐거움이 있어야 장수할 수 있다. 마음을 기르는 것과 몸을 기르는 것은 본래 일치한다. 이렇게 보자면 여기에도 '덕과 복의 일치'의 의미가 들어 있다고 볼 수 있다.

공자의 학생 중 안연은 공자의 사랑을 가장 많이 받은 제자이다. 안연이 공자의 인정을 받을 수 있었던 이유는 그가 오랫동안 마음속의 인을 유지하고 그럼으로써 마음속의 즐거움을 체험할 수 있었기 때문이다.

> 안연은 그 마음이 삼 개월 동안 인에서 벗어나지 않았다. 그 나머지는 하루에 한 번 혹은 한 달에 한 번 정도일 뿐이다.[8]

마음속으로 삼 개월 동안 '인에서 벗어나지 않음'을 해낼 수 있는 것

---

7) 『論語』, 「雍也」, "知者樂, 仁者壽."
8) 『論語』, 「雍也」, "子曰: 回也, 其心三月不違仁. 其餘, 則日月至焉而已."

은 매우 어려운 일이다. 그 나머지의 학생들은 이 경지를 쉽게 실현할 수 없었다.

> 현명하도다. 안회여! 한 바리 밥과 한 표주박의 물로 누추한 마을에서 살 경우 사람들은 그 근심을 견디지 못하지만 안회는 자신의 즐거움을 고치지 않았다.[9]

안연은 일생동안 청빈했고, 생활의 조건은 매우 어려웠다. 일반적인 사람이라면 그 어려움을 감당해 낼 수 없었지만 그는 '자신의 즐거움을 고치지 않을' 수 있었다. 이는 가난함을 즐거움으로 여긴다거나 혹은 가난함에서 오는 즐거움을 의미하는 것이 아니다. 이는 어려움에 의해 동요되지 않고 자신의 즐거움을 간직할 수 있는 것으로서, 이것이 바로 인자의 즐거움이다. 공자는 인을 최고의 덕성으로 여겼고 즐거움을 최고의 체험으로 여겼다. 때문에 인한 자는 즐겁고 즐거우면 인한 자이다. 안연은 인의 덕성을 오랫동안 간직할 수 있었고, 그 때문에 그 속의 즐거움을 체험할 수 있었다. 생활의 조건에 의해 자신의 즐거움을 바꾸지 않았으니, 이러한 경지는 자연스레 공자의 칭송을 받게 된 것이다. 이것이 바로 소위 '공자와 안연의 즐거움'(孔顔之樂)이다.

또한 공자는 자연을 감상하는 즐거움에 대해서도 언급했다. 여기에는 상당한 정도의 미학적 의미가 담겨 있다고 할 수 있다. 그러나 자연에서 아름다움을 느끼고 즐거움을 체험할 때에는 주체의 심미적인 의식뿐만 아니라 주체의 도덕적 의식도 필요로 한다. 이 둘은 결코 확연히 나누어

---

9) 『論語』, 「雍也」, "子曰: 賢哉, 回也! 一簞食, 一瓢飮, 在陋巷, 人不堪其憂, 回也不改其樂. 賢哉!"

질 수 있는 것이 아니다. 공자와 유가는 결코 심미적 체험과 도덕적 자각을 구분함으로써 서로 다른 두 개의 영역을 설정한 적이 없다. 이 때문에 자연의 아름다움을 대하는 유가의 사상에는 강렬한 인문도덕적 색채가 배어 있다.

> 지혜로운 이는 물을 좋아하고 인한 이는 산을 좋아한다. 지혜로운 이는
> 동적이고 인한 이는 정적이다.10)

여기서 인과 지를 나누어 말함으로써 각각 강조하는 영역은 있겠지만, 이들을 둘로 나누어 결코 서로 관계없는 것으로 본 것은 아니다. 오히려 지와 인은 서로 의존해서 존재한다. '지혜로운 이는 물을 좋아한다'에서 지혜(知)는 순수한 지성의 문제가 아니며 삶에서 얻어지는 지혜의 문제이다. 물을 과학적으로 연구하는 사람에 대해 우리는 그 사람도 물에 대해 일종의 흥미를 지니고 있다고 말할 수 있을 것이다. 그래서 '즐거워 근심을 잊는' 경지를 실현할 수 있을지도 모른다. 그러나 그것은 공자가 말한 즐거움이 아니다. 과학적 연구와 과학적 인식 자체에도 심미적 가치는 있다. 그러나 그것은 또 다른 문제의 영역이다. 공자가 말한 것은 자연속에서 인생의 의미와 즐거움을 깨닫는 것이지, 그 속에서 모종의 원리를 발견하고, 모종의 규칙을 인식하는 즐거움이 아니다. 공자는 또 이렇게 말했다.

> 흘러가는 것이 이와 같구나. 밤낮을 가리지 않는구나.11)

---

10) 『論語』, 「雍也」, "子曰: 知者樂水, 仁者樂山. 知者動, 仁者靜."
11) 『論語』, 「子罕」, "子在川上曰: 逝者如斯夫! 不舍晝夜."

앞 장에서 말한 것처럼 이 구절은 비록 강물에 대해 한 말이지만 실제로는 인간과 자연 사이에 존재하는 생명 관계 혹은 삶의 체험과 감탄을 표현한 것이며, 그 속에는 즐거움과 즐겁지 않음의 문제가 있다.

후대의 유자들이 칭송했던 "나는 중점과 함께하겠다"[12]라는 말은 공자의 인생 체험의 중요한 내용이며 동시에 인생 체험의 최고 경지이다. 그는 인간과 자연의 조화와 통일이라는 심미적 방식으로 인생의 이상과 강렬한 사회적 관심을 표현했다. 그것은 일종의 천인합일적 즐거움이다. 공자가 그의 학생들에게 각자 어떤 지향과 뜻이 있는지를 물었을 때 자로, 염구, 공서화 등은 모두 어떻게 국가를 다스릴 것인지 혹은 어떻게 예의를 실현할 것인지 등에 대해 답했다. 그러나 이에 대해 공자는 아무런 반응도 보이지 않았다. 오직 중점만이 그들과 달리 다른 사람들이 말할 때 한쪽에서 거문고를 연주했다. 다른 사람이 말을 마쳤을 때, 비로소 그는 다음과 같이 말했다.

늦은 봄에 봄옷이 완성되거든 어른 대여섯 명 그리고 젊은이 예닐곱 명과 함께 기수에서 목욕하고 무우에서 바람을 쐬다가 읊조리며 돌아오고 싶습니다.[13]

온화한 봄날에 봄옷을 입고 대여섯 명의 어른과 예닐곱 명의 아이들과 함께 기슷가에서 목욕하고 무우대(하늘에 기우제를 지내던 곳)에서 바람을 쐰 뒤에 노래를 부르며 집으로 돌아오는 것, 이것이 바로 중점의 바람이었다. 공자는 이 말을 듣고서 곧바로 "나는 중점과 함께하겠다"라고 감탄

---

12) 『論語』, 「先進」, "夫子喟然嘆曰: 吾與點也!"
13) 『論語』, 「先進」, "曰: 莫春者, 春服既成, 冠者五六人童子六七人, 浴乎沂, 風乎舞雩, 詠而歸."

하면서 찬동의 뜻을 표현했다. 이는 공자가 대자연 속에서 풍경을 감상하며 인생의 즐거움을 느끼고자 했음을 말해 준다. 이는 확실히 시적인 감정이다. 자연 속에서 아름다움을 느끼고 즐거움을 체험하는 것은 공자와 유가가 추구했던 인생의 즐거움이다. 하지만 이는 세상을 벗어난다거나 순수한 자연의 아름다움을 추구하는 것이 아니다. 그들이 추구했던 인생의 이상은 인간과 사회 그리고 자연이 온전히 조화를 이루는 것이었으며, 이것이야말로 가장 큰 즐거움이었다. 물론 그 속에는 인간적 관심이 포함되어 있다. 여기에서는 공자가 제자들과 각자의 생각을 논하면서 오직 증점에 대해서만 찬동의 뜻을 표현했지만, 다른 곳에서는 제자들이 각자의 포부를 말할 때에 공자는 자신의 이상을 다음과 같이 말했다.

> 노인들은 나를 편안하게 여기고 벗들은 나를 믿고 젊은이들은 나를 마음에 품기를 원한다.[14]

이러한 인간적 관심과 자연의 즐거움을 결합해야만 공자가 생각한 이상적인 인생의 즐거움이라고 할 수 있다. 사실 증점이 말한 '어른 대여섯 명, 젊은이 예닐곱 명'이라는 것은 이미 인간과 인간의 조화를 담아내고 있다. 이는 결코 혼자서 자연을 감상하거나 즐거움을 느끼는 것이 아니다. 만약 혼자서 자연을 감상했다면 아마도 '담담히 아무런 즐거움도 없었을 것'(索然無趣)이지 '읊조리며 돌아올' 수 없었을 것이다. 공자가 증점에게 찬동했던 이유에는 이러한 의미도 담겨 있다. 이는 곧 오직 인간과 인간 혹은 인간과 자연의 온전한 조화 속에서만 진정한 의미에서의 쾌락이 있을 수 있음을 의미한다. 이러한 윤리와 미학의 합일 혹은 인간과

---

14) 『論語』, 「公冶長」, "子曰: 老者安之, 朋友信之, 少者懷之."

자연의 합일에서 오는 즐거움에 대한 체험이야말로 유가 체험철학의 근본적 특징이다.

공자가 인자의 즐거움이라는 중요한 사상을 제시했다면, 맹자는 한 걸음 더 나아가 인과 성誠을 통일하여 "돌이켜 보아 진실하다면(誠) 이보다 더 큰 즐거움이 없다"15)라는 체험철학을 제시했다. 맹자가 말한 '진실함'(誠)은 자연의 도에 대한 인간의 본체 체인임과 동시에 인간의 존재 상태이다. 진실함은 천도이면서 동시에 인도이며, 또한 ('사유'[思]를 통한) 천도와 인도의 합일이다. 그러나 그 진정한 함의는 오직 인간의 진정한 감정이며 진실한 마음이다. '진실함'(誠)은 그 자체로 존재이지만 '진실함을 사유함'(思誠)은 능동적 활동이다. '진실함'과 '진실함을 사유함'의 통일이 바로 '진실함'의 경지이다. '진실함'의 경지를 실현해야 비로소 가장 큰 즐거움을 체험할 수 있다. 소위 '돌이켜 보아 진실함'은 자신의 내면으로 돌아와 사유를 통해 마음속의 진실함을 실현하는 것이다. 존양과 사유와 체험은 합일적이다. 따라서 진·선·미 역시 합일적이다. 이러한 경지에 들어서야 비로소 "지나가면 모든 것이 변화되고, 간직한 것은 신묘하여 위와 아래가 천지와 더불어 흘러간다"16)고 할 수 있다. 모든 것이 천도에 합치하고 모든 것이 자유롭기 때문에 어떠한 상황에서도 언제나 즐거울 수 있는 것이다.

진실함은 인과 마찬가지로 최고의 덕성이며 내면의 충실한 아름다움이다. 진실한 이후에야 즐거울 수 있다. 이는 심미의식과 도덕의식의 합일 그리고 도덕적 깨달음과 심미적 체험의 합일을 말한다. 진실함의 실현은 깨달음과 같은 생각에 의지하고 즐거움의 실현은 감정의 체험에 의지

---

15) 『孟子』, 「盡心上」, "孟子曰: 萬物皆備於我矣. 反身而誠, 樂莫大焉."
16) 『孟子』, 「盡心上」, "夫君子所過者化, 所存者神, 上下與天地同流, 豈曰小補之哉?"

한다. 진실함의 깨달음이 있어야 즐거움의 체험이 있을 수 있으며 그 반대 역시 마찬가지이다. 맹자는 '사유'를 중시했다. '돌이켜 진실함' 역시 '진실하기를 사유함'이다. 그러나 소위 '사유함'은 대상에 대한 사유가 아니라 존재에 대한 사유이다. 즉 이것은 분석적으로 이해하려는 사유가 아니라 온전하게 실천하려는 사유이며, 온전한 생명활동 방식으로서의 사유함이다. 이러한 사유는 그 자체로 체험적 성질을 지니고 있다. 왜냐하면 생명활동 방식으로서의 사유에는 감정적 요소가 없을 수 없기 때문이다.

맹자의 관점에서 보았을 때 어떠한 즐거움의 체험이라도 그것은 반드시 도덕감정 혹은 도덕의지를 기초로 한 것이어야 한다. 그렇지 않으면 그것은 가치적 의미를 상실하게 된다. 그는 이렇게 말했다.

> 바라도 좋은 것을 일러 선이라고 한다. 자신에게 있는 것을 일러 믿음이라고 한다. 충실하게 가득한 것을 일러 아름다움이라고 한다. 충실하면서도 빛나는 것을 일러 위대함이라고 한다. 위대하여 변화시키는 것을 일러 성인다움이라고 한다. 성인다움이면서 어떤 것인지 알 수 없는 것을 일러 신성함이라고 한다.[17]

이렇게 한 발 한 발 내면으로부터 외부로 끊임없이 확충해 가며 아래에서부터 위로 끊임없이 향상해 가는 과정이 바로 자신을 초월하는 과정이며 동시에 자신을 실현해 가는 과정이다. 그 처음 단계는 감정의 지향이고 그 최종적 목적은 신성함과 성인다움을 이루어 측량할 수 없는 천인

---

17) 『孟子』, 「盡心下」, "可欲之謂善, 有諸己之謂信. 充實之謂美, 充實而有光輝之謂大, 大而化之之謂聖, 聖而不可知之之謂神."

합일의 경지를 실현하는 것이다. 소위 "바라도 좋은 것을 일러 선이라고 한다"는 것은 사실상 인간의 내재적인 도덕적 지향 혹은 의지를 가리키고, 이것은 도덕감정으로부터 연원하며 도덕적 목적이라는 의미를 갖는다. "자신에게 있는 것을 일러 믿음이라고 한다"는 것은 진실하면서도 어떠한 거짓도 없는 마음의 존재를 가리킨다. 믿음과 진실함이 내재적으로 연결되었을 때 성신誠信 혹은 신실信實이라고 부를 수 있다. 즉 감정 존재의 진실한 상태이다. "충실하게 가득한 것을 일러 아름다움이라고 한다"는 것은 진실함(즉 선)의 내재적 충실함을 가리킨다. 아름다움에는 모종의 형식적 의미가 있지만, 선이 그 내재적 기초가 되고 동시에 수양공부를 필요로 해서, 그리하여 충실함이라는 도덕적 내용을 갖출 때라야 아름다움이라고 할 수 있다. '위대함'(大), '성인다움'(聖) 그리고 '신성함'(神)과 같은 것들은 내면의 진실함과 아름다움이 한 걸음 더 확장되어 크고 빛나게 된 상태이다. '빛남'(有光輝)은 겉으로 드러나는 형상을 가리키고 '위대하여 변화시킴'은 겉으로 드러나는 형상일 뿐만 아니라 화육과 교화의 작용을 갖는다. '성인다움이면서 어떤 것인지 알 수 없는 것'이란 변화무쌍하여 예측할 수 없는 상태를 가리킨다. 이러한 경지에 도달했을 때 얻어지는 즐거움이 어떨지는 충분히 예상할 수 있다.

맹자는 '하늘이 준 작위'(天爵)를 중시하고 '인간이 준 작위'(人爵)를 경시한 철학자이다.[18] 그는 도덕적 인격이야말로 즐거움을 체험하고 실현시킬 수 있는 진정한 주체라고 생각했다. 그래서 덕성주체를 떠난 느낌이나 체험에는 어떠한 즐거움도 있지 않다고 생각했다. 그러나 즐거움의 체험이 순전히 주관적이기만 한 것은 아니다. 오히려 그것은 도덕적 실천과

---

18) 『孟子』, 「告子下」, "孟子曰: 有天爵者, 有人爵者. 仁義忠信, 樂善不倦, 此天爵也; 公卿大夫, 此人爵也."

행위 속에서 구현되어 나오는 것이다. 때문에 여기에는 객관적 효과가 있게 마련이다. 그는 "군자에게는 세 가지 즐거움이 있다"[19]는 사상을 제기했는데 바로 여기에는 이 점이 충분히 드러나 있다. '세 가지 즐거움' 중 첫 번째 즐거움은 '부모가 모두 생존해 계시고 형제에게 아무런 변고가 없음'이다. 이는 그가 언급했던 "아버지를 등에 업고 달아난다"거나 혹은 "기꺼이 천하를 잊는다"[20]는 사상과 완전히 일치하는 것으로, 일종의 천륜의 즐거움이라고 할 수 있다. 두 번째 즐거움은 '우러러 하늘에 아무런 부끄러움이 없고 굽어보아 사람에게도 부끄럽지 않음'이다. 즉 매우 떳떳하여 마음속에 어떠한 부끄러움도 없는 것으로서 자신의 가치를 실현하는 일종의 인격적 즐거움이다. 그가 말했던 '대장부' 정신이 바로 이러한 인격을 의미한다. 세 번째 즐거움은 '천하의 영재를 얻어 가르침'이다. 이는 군자의 사회적 책임감이며, 사회적 가치를 실현하려는 군자의 인격이다. 만약 이러한 사회적 가치를 실현해 낼 수 있다면 저절로 즐거움을 느끼게 될 것이다. 눈여겨보아야 할 것은 이 세 가지 즐거움 중에 "천하의 왕 노릇 하는 것은 여기에 없다"라는 것이다. 보통 사람들에게는 최고의 권력과 부를 지니는 것이 가장 큰 즐거움이 될 것이다. 그러나 맹자가 보기에 군자에게는 이보다 더욱 귀중하고 가치 있는 즐거움이 있다. 때문에 군자의 세 가지 즐거움 속에 '천하의 왕 노릇 하기'는 절대 있을 수 없는 것이다. 이로써 맹자가 추구하는 인생의 즐거움이란 도덕적 인격이라야 경험할 수 있는 자아체험이지, 결코 권력욕의 만족이 아니라

---

19) 『孟子』, 「盡心上」, "孟子曰: 君子有三樂, 而王天下不與存焉. 父母俱存, 兄弟無故, 一樂也. 仰不愧於天, 俯不怍於人, 二樂也. 得天下英才而教育之, 三樂也. 君子有三樂, 而王天下不與存焉."

20) 『孟子』, 「盡心下」, "桃應問曰: 舜爲天子, 皐陶爲士, 瞽瞍殺人, 則如之何? 孟子曰: 執之而已矣. 然則舜不禁與? 曰: 夫舜惡得而禁之? 夫有所受之也. 然則舜如之何? 曰: 舜視棄天下, 猶棄敝蹝也. 竊負而逃, 遵海濱而處, 終身訢然, 樂而忘天下."

는 것을 알 수 있다.

공자는 물을 보기를 좋아했다. 그래서 거기에서 인생의 의미와 즐거움을 느끼곤 했다. 맹자 역시 물에 대해 말하기를 좋아했다. 그래서 거기에서 "충실하게 가득한 것을 일러 아름다움이라고 한다"와 같은 의미를 깨달았다. 자연의 아름다움에 대한 감상으로부터 인격의 아름다움에 대한 체험으로 나아가는 데에는 비록 유비의 방법이 사용되기는 했지만 여기에는 매우 심원한 의미가 담겨 있다. 『맹자』의 한 단락에서도 물을 묘사하고 있다. 맹자는 이러한 묘사를 통해 군자의 인격을 지닌 이가 무엇을 아름다움이라고 생각하는지를 비유하고 있다. 여기에는 심오한 의미가 담겨 있다.

> 서자가 말했다. "공자께서는 여러 번 물을 보시면서 '아, 물이 이렇지!
> 아, 물이 이렇지!'라고 하셨는데, 물에서 어떤 의미를 얻으셨던 것인가?'
> 맹자가 말했다. "근원이 있는 물은 흐르고 흘러 밤낮을 가리지 않고 가득 채운 이후에야 그다음으로 나아가 사해를 가득 채운다. 근원이 있다는 것은 이와 같으니 이것을 취하신 것이다. 만약 근원이 없다면 칠팔월 한여름에 장맛비가 내릴 적에는 강물도 도랑도 모두 가득 넘치지만 그 것은 금방 말라 버릴 것이다. 때문에 군자는 명성이 실제보다 지나친 것을 부끄러워한다.[21]

이는 물의 '근원이 있어 흐르고 흐름'과 '가득 채운 이후에야 그다음으로 나아감'을 들어 인간에게 '근원이 있음'에 비유한 것이다. 즉 인격의

---

21) 『孟子』, 「離婁下」, "徐子曰: 仲尼亟稱於水, 曰: 水哉! 水哉! 何取於水也? 孟子曰: 原泉混混, 不舍晝夜, 盈科而後進, 放乎四海, 有本者如是, 是之取爾. 苟爲無本, 七八月之閒雨集, 溝澮皆 盈, 其涸也, 可立而待也. 故聲聞過情, 君子恥之."

아름다움이란 자신 내면의 정신적 원천으로부터 얻어지는 것이지 외재적 명성에 의거하지 않음을 설명한 것이다. 이것이 바로 내재적인 아름다움이며 충실한 아름다움이고 근원이 있는 아름다움이다. 즐거움은 그 속에 있다. 인간은 마땅히 이렇게 살아야만 진정한 가치가 있고 그래야만 인생의 즐거움을 얻을 수 있다. 결코 외재적인 명성이나 이익을 추구해서는 안 된다. 왜냐하면 '명성'에 의해 얻어지는 즐거움이란 결코 근원이 없으며, 따라서 의지할 것이 못되기 때문이다.

공자와 맹자는 모두 도덕감정으로, 더 나아가 도덕적 인격의 자아체험으로 즐거움을 설명했다. 그들은 도덕적 직관을 심미적 체험과 동일시했고, 선과 아름다움을 동일시했으며, 이로부터 온전한 인생의 의미와 체험을 설명했다. 이러한 체험은 근본적으로 도덕적이라고 말할 수 있다. 다만 그 속에는 여전히 심미적 의미도 있다. 이것이 바로 유가 덕성문화의 분명한 특징이다.

제2절 예악의 즐거움

유가의 또 다른 대표적 인물인 순자는 즐거움에 대해 맹자와는 다른 해석을 내놓았다. 그는 도덕감정이나 이에 대한 자아의 체험이 아니라 자연적 감정의 사회화 및 사회적 교화의 작용으로 인생의 즐거움을 설명했다. 좀 더 구체적으로 말해 예악禮樂을 통한 교화에서 즐거움을 느낀다는 것이다.

순자는 감정의 감성적 측면을 비교적 중시하여 인간의 정서적 느낌과 생리적, 심리적 욕구를 중시했다. 그러나 그는 이것이 인생의 진정한 즐거움은 아니라고 생각했다. 그는 이성주의자로서 감정에 대한 심지心智 즉 이지理智의 조절능력 혹은 통제능력을 강조했다. 즉 그가 말하는 '이치로 감정을 조절함'(以理節情)이야말로 진정한 인생의 즐거움을 실현시킬 수 있는 전제인 것이다.

순자는 인간의 본성·감정·욕망은 모두 자연적이고 통일적이며, 여기에는 어떠한 도덕적 의미도 없다고 생각했다.

> 본성이란 날 때부터 그런 것이다. 감정이란 본성의 바탕이다. 욕망이란 감정이 응대하여 드러난 것이다. 욕망하는 것을 얻을 수 있다고 생각하여 구하는 것은 감정에 있어서 결코 제거할 수 없는 것이다. 그것을 유도할 수 있다고 생각하여 지력이 나오는 것이다. 때문에 아무리 그것을 막으려고 해도 욕망을 제거할 수 없으니, 이것은 본성에서 갖추어져 있기 때문이다. 아무리 천자라 하더라도 욕망을 모두 실현할 수는 없다. 비록 욕망을 모두 실현할 수 없다고 하더라도 어느 정도까지는 실현시킬 수 있다. 비록 욕망을 모두 제거할 수는 없다고 하더라도 절제할 수는 있다. 비록 욕망하는 바를 모두 실현할 수는 없다 하더라도 어느 정도까지 실현하기를 구할 수는 있으며, 비록 욕망을 모두 제거할 수는 없다 하더라도 구하는 것을 얻지 못했을 때 욕망하는 것을 절제할 수는 있다. 도는 적극적으로는 욕망을 어느 정도라도 실현시킬 수 있으며, 소극적으로는 절제하기를 구할 수 있다. 천하에 이만한 것이 없다.[22]

본성과 감정과 욕망이 통일적이고, 그 중에서 감정이 중심적 지위에

---

22) 『荀子』,「正名」, "性者, 天之就也; 情者, 性之質也; 欲者, 情之應也. 以所欲爲可得而求之, 情之所必不免也, 以爲可而道之, 知所必出也. 故雖爲守門, 欲不可去, 性之具也. 雖爲天子, 欲不可盡. 欲雖不可盡, 可以近盡也, 欲雖不可去, 求可節也. 所欲雖不可盡, 求者猶近盡, 欲雖不可去, 所求不得, 慮者欲節求也. 道者, 進則近盡, 退則節求, 天下莫之若也."

있다고 한 이상(왜냐하면 본성은 감정의 바탕이고 욕망은 감정이 웅대하여 드러난 것이기 때문이다.), 순자의 학설은 어째서 본성을 반드시 개조해야 하며('의지적 노력을 기울여 본성을 변화시킴'[化性起偽]) 감정과 욕망을 반드시 도로써 절제해야 한다고 주장했는가?

바로 감정과 욕망은 인간이라면 누구나 없을 수 없고 제거할 수 없는 것이지만, 그렇다고 해서 그것을 있는 그대로 발산시킬 수만은 없기 때문이다. 만약 그대로 발산시킨다면 아무리 천자라 할지라도 그것을 모두 실현시킬 수 없을 것이며, 아무리 문지기라 하더라도 그것을 온전히 제거할 수 없을 것이다. 때문에 유일한 방법은 심리적 기능의 '전환'을 진행하여 감정으로부터 본성을 끄집어내어 지성으로 변환시키는 것이다. 그래서 후천적 학습 속에서 사회적 이성 즉 소위 '도'를 수용하거나 획득하는 것이다. 그리하여 '본성을 변화시킴'을 완성하여 '의지적 노력을 기울임'으로 '전환'한 뒤에 이번에는 반대로 이것을 가지고 감정과 욕망을 통제하여 도에 합치하도록 한다. 이것이 바로 도에 맞게 '절제'하는 것이다. 여기에서 말하는 도란 다름 아니라 바로 예악의 도이다. 순자는 「예론禮論」을 쓰고 또 「악론樂論」도 썼다. 이는 이론적 측면에서 위의 문제를 다룬 것이다. 예의 근본적인 작용은 '감정을 기름'[23]이다. 그러나 어떻게 감정을 기를 것인가? 그것은 '순서에 맞게' 혹은 '분수에 맞게' 하는 것이다. 즉 모든 사람들이 각각 순서와 분수에 맞게 얻는 것이다. 음악(음악 혹은 음악 교육을 가리킨다.)의 근본적인 작용은 감정을 안정시키거나 혹은 편안하게 하여 사람으로 하여금 즐거움을 얻도록 하는 것이다. 그러나 어떻게 감정을 안정시키고 편안하게 할 수 있는가? 그것은 '같음에 합치하기'(슴

---

23) 『荀子』, 「禮論」, "孰知夫禮義文理之所以養情也?"

同)이다. 즉 모든 사람이 각자의 위치에서 서로 조화롭게 만날 수 있게 하는 것이다. 예와 악의 제작은 모두 인간의 감정과 직접적인 관련이 있다. 그러나 그 작용에는 서로 다른 점이 있다. 간단히 말해서 예는 '나눔'을 주로 하고 음악은 '합함'을 주로 한다. 여기에서 말하는 '나눔'과 '합함'은 모두 인간의 사회적 관계를 두고서 한 말이다. '나눔'은 사회의 등급질서를 가리키고 '합함'은 사회의 조화를 가리킨다.

> 음악이란 조화로움에 있어서 변할 수 없는 것이다. 예란 이치에 있어서 바꿀 수 없는 것이다. 음악은 합함이요 같음이고 예는 나눔과 다름이다. 예와 음악의 근간은 인간의 마음에 달려 있다. 그 근본을 궁구하여 변화에 지극히 맞춘 것이 음악의 실정이며, 진실함을 드러내고 거짓을 제거하는 것이 예의 본질이다.[24]

예와 악의 작용이 이처럼 중요한 지위까지 상승하게 됨에 따라, 이들은 인간의 사회적 지위를 결정할 뿐만 아니라 인간의 마음을 통제하게 되었다. 그리하여 예악은 자각적 인식과 가치 관념이 되어서 인간의 일상생활을 지도하고 이를 통해 인생의 즐거움을 얻게 했다. 이는 맹자가 주체 자신의 내재적 체험을 중시한 것과는 확실히 다르다. 순자는 좀 더 사회화의 작용을 강조하여 자연 상태의 인간은 오직 예와 악의 교화를 거쳐야만 사회구성원이 될 수 있으며 오직 사회구성원이 되어야 인생의 가치를 획득할 수 있고 인생의 즐거움을 향유할 수 있다고 생각했다. 이러한 즐거움은 제한적인 것이어서 예악의 도에 합치하는 것이지, 마음으

---

24) 『荀子』, 「樂論」, "樂也者, 和之不可變也; 禮也者, 理之不可易者也. 樂合同, 禮別異. 禮樂之統, 管乎人心矣. 窮本極變, 樂之情也, 著誠去僞, 禮之經也."

로부터 자연스럽게 생겨난 것이 아니다. 그는 음악이 '백성의 마음을 선하게 하고 풍속을 변화시킴'[25] 혹은 '혈기를 화평하게 하고 천하를 모두 편안하게 함'[26]과 같은 효과를 낼 수 있다고 생각했는데, 이는 바로 이상의 이론적 기반에서 출발한 것이다.

즐거움은 모든 인간이 필요로 하는 감정이다. 사람들은 모두 즐겁게 살아가기를 희망한다. 즐거움을 얻을 수 있어야 한다는 것은 순자가 매우 중시한 점이다. 순자는 비교적 일찍부터 '여섯 가지 감정' 혹은 '일곱 가지 감정'의 설을 제시했다.

> 본성에 있어서 좋아하고 싫어하고 기뻐하고 노여워하고 슬퍼하고 즐거워하는 것을 일러 감정이라 한다.

이는 감정을 여섯 가지로 분류한 것이다.

> 기뻐하고 노여워하고 슬퍼하고 즐거워하고 좋아하고 싫어하고 바라는 것에 의해 마음은 바뀐다.[27]

이는 감정을 일곱 가지로 나눈 것이다. 여섯 가지 감정이든 일곱 가지 감정이든 여기에는 모두 즐거움이 포함되어 있지만, 그것은 여전히 여섯 가지 혹은 일곱 가지 중에 하나일 뿐이다. 그러나 인간의 삶 전체 차원에서의 욕구라는 측면에서 보았을 때, 즐거움은 그저 심리적 감정 중 하나로만 이해되어서는 안 된다. 이러한 의미에서의 즐거움은 인생의 가장

---

25) 『荀子』, 「樂論」, "樂者, 聖人之所樂也, 而可以善民心, 其感人深, 其移風易俗易."
26) 『荀子』, 「樂論」, "故樂行而志淸, 禮脩而行成, 耳目聰明, 血氣和平, 移風易俗, 天下皆寧."
27) 『荀子』, 「正名」, "性之好惡喜怒哀樂, 謂之情."

근본적인 축으로 이해되어야 한다. 바로 그렇기 때문에 즐거움은 인생 차원에 좀 더 특수한 의의를 지니게 된다. 예와 악이 중요한 이유 역시 여기에 있다.

앞에서도 언급한 것처럼 순자는 인간의 자연적 감정 욕구를 제거할 수 없다고 보았다. 그러나 그는 동시에 그것을 그대로 발산시켜서도 안 된다고 보았다. 만약 그것을 그대로 발전시킨다면 '음란함이 생겨나고 예의와 문화가 사라지는'[28] 결과가 출현하게 될 것이다. 이것이 바로 그가 예로써 절제한다거나 음악으로 이끈다는 설을 주장한 이유이다. 물론 음악으로 이끈다는 것이 인간의 감정적 욕구를 제거한다는 것은 아니다. 다만 이들이 반드시 사회적 필요에 부합하고 사회적 규범을 준수하게 해야 한다는 것이다.

사회적 필요와 규범은 곧 선이다. 음악 교육의 작용은 바로 '인간의 선량한 마음을 감동시킴'이다. 여기에서 '감동'은 바로 감화이다. 때문에 그는 명확히 사회적 교화의 문제를 제기했다. 그는 다음과 같이 말했다.

음악은 즐거움으로서 인간의 감정에서 결코 제거할 수 없는 것이다. …… 그러므로 인간에게는 즐거움이 없을 수 없다. 즐거운 감정이 생기면 그것을 드러내지 않을 수 없다. 그것을 드러냄에 있어서 도에 의거하지 않으면 문란함이 생기지 않을 수 없다. 선왕은 문란함을 싫어했다. 때문에 훌륭한 음악으로써 그것을 인도했다. 그래서 그 소리가 즐거우면서도 지나치게 흘러가지 않도록 했으며, 그 가사가 마음을 표현하면서도 지나치게 직설적이지 않도록 했다. 음악이 곡진하거나 직설적이거나, 혹은 복잡하거나 간단하거나, 혹은 단순하거나 풍부하거나, 그 절조

---

28) 『荀子』, 「性惡」, "生而有耳目之欲, 有好聲色焉, 順是, 故淫亂生而禮義文理亡焉."

가 언제나 인간의 선한 마음을 감동시키기에 족하도록 했다.[29]

음악은 사람에게 즐거움을 주는 것이다. 때문에 음악은 곧 즐거움이라 할 수 있다. 즐거움을 추구하는 것은 '인간의 감정에서 결코 제거할수 없는 것'이다. 때문에 음악이 없을 수 없는 것이다. 음악이 그런 것처럼 여타의 예술 역시 그렇다. 순자는 「성상편成相篇」과 「부편賦篇」을 지었는데 이것은 일종의 문학적·예술적 창작물이자 개인의 감정을 표현한것으로서, 독자에게 예술적 감성을 부여해 주는 작품이다. 다만 순자와유가는 그중에서도 특별히 음악의 기능을 중시했다. 따라서 음악을 들어인간의 감정에서 빼놓을 수 없는 즐거움을 설명한 것이다. "인간에게는즐거움이 없을 수 없다"에서 '즐거움'이란 즐거움을 추구하는 인간의 감정적 욕구를 가리킨다. 인간이라면 누구나 이와 같은 감정적 욕구를 지니고 있다. "즐거운 감정이 생기면 그것을 드러내지 않을 수 없다"의 '드러냄'이란 감정활동이 겉으로 드러난 것을 의미한다. 인간의 감정활동은 맹자가 "손과 발이 춤춘다"[30]라고 했던 것처럼 오직 겉으로 드러날 때에만실현될 수 있다. 그러나 순자가 말하는 감정적 욕구에는 다른 감정적 욕구, 예컨대 정욕으로서의 욕구 같은 것도 포함되어 있는 것 같다. 만약겉으로 드러난 감정적 욕구와 그 행위가 도에 부합하지 않는다면 너무나쉽게 문란함이 생길 것이다. 가장 이상적인 상태는 '즐겁되 지나치지 않는' 상태이다. 즉 즐거움에 대한 욕구를 만족시키면서도 지나친 지경까지

---

29) 『荀子』, 「樂論」, "夫樂者, 樂也, 人情之所必不免也.……故人不能不樂, 樂則不能無形, 形而不爲道, 則不能無亂. 先王惡其亂也, 故制雅頌之聲以道之, 使其聲足以樂而不流. 使其文足以辨而不諰, 使其曲直繁省廉肉節奏, 足以感動人之善心."

30) 『孟子』, 「離婁上」, "樂之實, 樂斯二者, 樂則生矣; 生則惡可已也, 惡可已, 則不知足之蹈之, 手之舞之."

흘러가지 않는 것이다. 그렇게 하기 위해서는 '선왕의 음악' 혹은 '훌륭한 음악'으로 인도해야 한다. 그래야만 음악의 절조가 인간의 감정적 절조를 조절할 수 있다. 이것이 바로 '인간의 선한 마음을 감동시킴'이다. 이처럼 감정적 욕구와 그 체험은 사실상 사회화의 과정이 되는 것이다. 이것은 소위 '음악 교육'(혹은 '시 교육')을 통해 인간의 성정을 도야하고 본래의 자연적 감정이 사회적 내용을 획득하게 함으로써, 자연적 감정을 사회적 감정으로 변모시키는 것이다. 예악의 요구에 부응하면서도 내면으로부터 쾌락을 느낄 수 있는 것, 이것이 바로 도로 감정을 절제함 혹은 이치로 감정을 절제함이다.

여기에는 하나의 중요한 이론적 문제가 제기되고 있다. 즉 인간의 자연적 감정이 중시되는 상황에서 어떻게 해야 인간의 감정 욕구를 만족시킬 수 있는가, 혹은 어떻게 해야 즐거움을 얻을 수 있는가 하는 점이다. 순자의 이론에 따르자면, 그것은 사회적 이성의 작용을 통해 가능하다. 인간의 자연적 감정은 오직 사회화의 과정을 거친 다음에야 '합리'적 감정이 될 수 있다. 또한 사회적 도덕문화(예악문화)의 훈도와 교육을 통해야만 실현될 수 있다. 인간의 본성이 변화되는 과정이란 곧 감정의 사회화 과정이다. 소위 사회화란 감정이 실현될 때에 비록 그것이 원래의 자연적 감정이기는 하지만 사회적 의의 혹은 도덕적 내용을 갖추게 됨을 의미한다. 이는 맹자의 관점과 구별된다. 맹자 역시 후천적 교육을 매우 중시하기는 했지만, 그는 선천적인 도덕적 인성의 학설을 견지한 까닭에 인간의 즐거움을 주체 자신의 자아체험으로 귀결시키고 주체 자신의 자아에 대한 충실 및 그 발양을 강조했다. 맹자에게 있어 인생 체험의 근거는 여전히 주체 자신이며 후천적 교육은 다만 그것을 배양시키는 작용에 불과하다. 그러나 순자는 이와 상반된다. 그는 감정 그 자체에는 도덕적 의미가 없다고 생각했다. 도덕은 사회적인 것이다. 인간은 자연적 삶이 아닌 사회적 삶을 영위해야 한다. 그러나 인간의 자연적 감정의 욕구 역시 제거할 수 없기 때문에 그러한 욕구를 객관적이고 사회적인 이성 법칙으로 통솔하고 지도해야만 한다. 주체는 오직 마음의 지적 작용을 통해 사회의 이성 원칙을 받아들이고, 그렇게 함으로써 자신의 감정적 욕구가 사회화를 거쳐 즐거움을 얻게 해야 한다. 그가 도의 작용을 강조하며 도야말로 "천하에 이와 같은 것이 없다"라고 한 이유가 바로 여기에 있다. 음악 교화는 사실상 음악의 형식으로 진행되는 도의 교화이다.

사실 순자와 맹자는 모두 인간의 사회성을 중시했다. 다만 맹자는 인간의 사회성이 응당 인간의 내재적 본성을 기초로 해야 하고, 인간의 내재적 감정 위에서 건립되어야만 한다고 생각했다. 그러나 순자는 인간의 사회성이 응당 마음의 지적 작용을 통해야 하고 인간의 성정을 개조해야 얻을 수 있는 것이며, 마음의 인식 작용은 객관적 내용을 지니고 있다고 생각했다. 그는 인간의 내재적 도덕감정에서 출발한 것이 아닌 인간의 생물성에서 출발한 사회 인식과 사회 개조를 통해 인간의 사회적 본질을 실현할 것을 강조했다. 이는 바로 '외재적 교화'의 작용으로 드러난다.

음악의 근본 원칙은 '같음에 합치하기'(合同) 혹은 '중화中和' 즉 조화(和譜)[31]이다. 인간의 감정활동은 오직 조화의 상태에 놓일 때만 즐거움을 느낄 수 있다. 그런데 이러한 조화는 사회적 조화를 체현한 '선왕의 음악'을 원칙으로 한다. 순자의 관점에서 주체적인 인간은 오직 '선왕의 음악' 혹은 '훌륭한 음악'을 통해서만 자신의 성정을 개조하고 화해를 실현하며 진정한 쾌락을 느낄 수 있다.

---

31) 역자주: 여기에서 말하는 和譜란 서로 조화롭게 어울린다는 의미이다.

사람들에게 호오의 감정이 있을 때는 언제나 거기에 상응하는 기뻐하고 노여워하는 외재적 반응이 있어야 한다. 그렇지 않으면 문란해진다. 선왕은 문란함을 싫어했다. 때문에 그 행동을 가다듬고 그 음악을 바로잡았으니 이에 천하가 따랐다.…… 그러므로 즐거움이 행해지고 의지는 맑아지며 예는 갖추어지고 행위는 이루어지며 눈과 귀는 총명해지고 혈기는 화평해지며 풍속이 교화되고 천하는 모두 편안하게 되어 아름다움과 선함을 서로 즐거워했다.[32]

사람들에게 '호오'와 같은 감정적 욕구가 있을 때는 반드시 '기뻐하고 노여워함'과 같은 표현 형식으로 상응해 주어야 한다. 좋아하는 것에는 기뻐하고 싫어하는 것에는 노여워한다. 만약 기뻐하고 노여워하는 감정과 같은 표현 형식이 없다면 좋아함이 기뻐함에 상응하지 않고 싫어함이 노여워함에 상응하지 않게 되어 혼란이 발생하게 된다. 어떻게 해야 정당한 호오가 있으면서 혼란함에까지 이르지 않을 수 있는가? 바로 선왕이 제정한 예악에 맞춰 행해야 한다. 순자는 '선왕의 음악'이야말로 기뻐하고 노여워하고 좋아하고 싫어함의 원칙을 가장 잘 구현했다고 생각했다. 따라서 그는 적극적으로 '음악 교육'을 주장하며, 묵자의 '음악을 거부함'에 반대했다.

소위 "아름다움과 선함을 서로 즐거워했다"는 것은 심미적 체험과 도덕적 인식이 서로 결합됨을 의미한다. 심미적 원칙과 도덕적 원칙이 서로 결합해야만 진정한 즐거움을 느낄 수 있다. 따라서 소위 즐거움이란 '즐거움이 그 도를 얻었다'는 것이지 '즐거움이 그 욕망을 충족했다'는 것이

---

32) 『荀子』, 「樂論」, "夫民有好惡之情, 而無喜怒之應, 則亂. 先王惡其亂也, 故脩其行, 正其樂, 而天下順焉.……故樂行而志清, 禮脩而行成, 耳目聰明, 血氣和平, 移風易俗, 天下皆寧, 美善相樂."

아니다. 여기에 근본적 차이가 있다.

> 도로써 욕망을 제어하면 즐거우면서도 문란하지 않다. 욕망을 좇아 도
> 를 잊어버리면 의혹되면서도 즐겁지 않다. 때문에 음악이란 도로써 즐
> 거움을 제어할 수 있는 방법이 된다.[33]

'도'는 도덕적 규범 혹은 도덕원칙이다. '욕망'은 자연적 본능 즉 감정
의 '겉으로 드러남'이다. '도로써 욕망을 제어할' 때의 즐거움이란 도덕이
성의 지도를 받는 즐거움이다. 때문에 즐거우면서도 문란하지 않을 수
있는 것이다. '욕망을 좇아서 도를 잊어버리면' 그 즐거움은 그저 정욕의
즐거움일 뿐이다. 때문에 진정한 의미에서의 즐거움이 있을 수 없다. 여
기에서 알 수 있듯이 그가 말하는 즐거움이란 분명히 사회적·윤리적 색
채를 띠고 있다. 생리적·심리적 감정적 욕구를 사회화와 윤리화의 길로
이끄는 것이 바로 즐거움에 관한 순자 학설의 핵심 주제이다.

순자가 말하는 도는 외재화되고 객관화된 사회규범이다. 그가 말한
'즐거움을 도에 맞게 얻는다'고 할 때의 '얻는다'는 것은 내재화의 과정을
의미한다. 그 속에는 단순히 감정의 획득이나 체험만이 아니라 '사려나
마음의 지적작용'과 같은 인식 과정을 포함하고 있다. 때문에 '얻은' 뒤에
즐거울 수 있고 '안' 뒤에 체험할 수 있다. 그가 "도란 하늘의 도도 아니고
땅의 도도 아니고 인간의 도이다"[34]라고 말했던 것처럼, 여기에서의 도
역시 근본적으로 인간과 인간 혹은 인간과 사회 간의 조화로운 통일인
'인도'를 체현하는 것을 의미하지, 자연법칙 즉 '천도'를 체현하는 것을 의

---

33) 『荀子』, 「樂論」, "以道制欲, 則樂而不亂, 以欲忘道, 則惑而不樂. 故樂者, 所以道樂也."
34) 『荀子』, 「儒效」, "道者, 非天之道, 非地之道, 人之所以道也, 君子之道也."

미하지 않는다. 이것이 바로 순자가 주장한 천인상분설天人相分說 즉 하늘과 인간에게는 각자의 역할이 있다는 설의 주된 내용이다. 이러한 설명에 따랐을 때 "천명에 의거하여 쓴다"[35]는 말은 그저 자연을 인식하고 개조하는 것으로 이해되어서는 안 되고 응당 인도를 깨닫는 것이 천명에 따르는 것이라고 이해되어야 한다. 때문에 '선왕의 음악' 혹은 '훌륭한 음악'은 곧 인도의 핵심적 내용이 된다. 이러한 예악의 도가 인간의 감정체험으로 전화되기 위해서는 마음의 인지작용을 거쳐야 한다. "그러므로 마음은 도를 알지 않으면 안 된다"[36]고 한 것이다.

순자는 음악에 대한 느낌과 체험을 인지적 바탕 위에 수립했다. 이로써 그의 미학사상은 이성주의적 특징을 지니게 되었다. 어떤 의미에서는 일종의 인지미학 혹은 '받아들임'의 미학이라고 할 수 있다. 순자는 심미적 대상의 선택과 판별을 매우 중시했다. 그에게 있어서 좋은 음악은 인간의 선한 마음을 감발시킬 수 있지만 나쁜 음악은 인간을 미혹시키고 광폭하게 할 수도 있다. 그렇다면 어떻게 선택하고 판별할 것인가? 그것은 바로 마음의 지적 작용에 달려 있다.

> 본성에는 좋아하고 싫어하고 좋게 여기고 분노하고 슬퍼하고 즐거워함
> 이 있으니 이것을 감정이라 한다. 감정에서 그렇다고 느꼈을 때 마음은
> 선택하니 그것을 일러 사려라고 한다. 마음이 사려하여 그렇게 움직일
> 수 있는 것을 일러서 인위(僞)라고 한다.[37]

희노애락과 같은 감정은 인간이라면 누구나 지니고 있는 것이다. 그

---

35) 『荀子』, 「天論」, "從天而頌之, 孰與制天命而用之?"
36) 『荀子』, 「解蔽」, "故心不可以不知道."
37) 『荀子』, 「正名」, "性之好惡喜怒哀樂, 謂之情. 情然而心爲之擇, 謂之慮. 心慮而能爲之動謂之僞."

러나 그 중에서 선택해야 한다. 그러면 어떻게 선택할 것인가? 그것은 마음의 지적 작용의 문제이다. 사려는 마음의 지적 작용이 가진 주요한 기능이다. 아름다움과 추함 혹은 선과 악을 판별한 이후에 움직이고 그에 맞추어 인위의 역량을 발휘하여 선을 좇거나 아름다움을 좋아하게 된다. 이것이 바로 '화성기위化性起偽'이다. '본성을 변화시켜 인위를 세우는' 결과는 '즐거움이 그 도를 얻는' 것이다. '즐거움이 그 도를 얻는' 것은 도를 얻는 것을 즐거움으로 여긴다는 말이다.

맹자와 달리 순자는 심미원칙의 객관성과 사회성을 강조하고 인지기능의 감정체험에 대한 지도 작용을 강조했다. 주체는 반드시 마음의 지력과 사려 그리고 '습관과 인위'를 사용해야만 아름다움의 경지에 들어갈 수 있고 즐거움을 느낄 수 있다.

인위가 없으면 본성은 그 자체로 아름다울 수 없다.[38]

본성은 그 자체로 아름다울 수 없기에 감정은 그 자체로 즐거울 수 없다. 왜냐하면 본성은 감정에 의해 결정되기 때문이다. 인간의 본성이 아름다워지기 위해서는 '습관과 인위'가 있어야 한다. 오직 '습관과 인위'가 있어야 '도를 갖출 수' 있다. 오직 '도를 갖출 수' 있어야 비로소 '온전히 아름다울 수' 있다. 오직 '도를 갖추고 온전히 아름다운' 사람만이 진정한 쾌락을 얻을 수 있다. 이것이 바로 '성인의 즐거움'이다. 사람이 공부한다는 것은 성인이 되기 위한 것이지 '아무런 규범도 없는 사람'[39]이 되거나 지식을 획득하기 위함이 아니다. 성인은 '인류의 지극함' 즉 도덕윤

---

38) 『荀子』, 「禮論」, "無偽, 則性不能自美."
39) 『荀子』, 「禮論」, "不法禮, 不足禮, 謂之無方之民."

리의 전범일 뿐만 아니라 지혜와 아름다움과 덕성이 있는 사람이다. 때문에 '성인은 도를 갖추고 온전히 아름다운 자'[40]이다. 즉 최고의 지혜와 온전한 아름다움과 덕성을 갖춘 사람인 것이다. 여기에서 알 수 있듯이 순자가 생각하는 이상적인 인격 역시 진·선·미가 합일된 인간이다. 이 점은 맹자와 다르지 않다. 다만 이 이상 인격을 어떻게 실현할 것인가의 문제에 있어, 양자는 그 출발점과 과정에서 분명한 차이를 보인다.

제3절 본체의 즐거움

송명 성리학에서 즐거움은 매우 중요한 범주로서 천인합일 혹은 마음과 이성의 합일과 같은 본체체험에 해당하고, 본체에 대한 인지와 합일되는 것이다. 인생체험으로서의 즐거움은 감정적이면서 동시에 감정초월적이다. 그것은 인仁이나 성誠과 마찬가지로 마음의 온전한 경지이면서 동시에 최고의 경지이다. 마음의 경지는 비록 온전한 전체이지만 서로 다른 측면에서 설명될 수 있기 때문에 성·인·즐거움(樂)과 같은 구분이 있을 수 있다. 인은 주로 도덕적 경지 혹은 선의 경지를 의미하고, 성은 주로 진리의 경지 즉 참됨의 경지를 의미하며, 즐거움은 주로 심미적 경지 즉 아름다움의 경지를 의미한다. 이 셋은 확연히 구분되는 것이 아니기 때문에 그 중에 어느 하나를 말할 때에 나머지 둘 역시 그 안에 함축된다.

만약 즐거움이 심미적 경지라고 한다면, 이는 인이나 진실함으로부터 분리될 수 없다. 때문에 그것을 심미적 경지라고 하기보다는 인생 전체의

---

40) 『荀子』, 「正論」, "聖人, 備道全美者也."

의미에서 온전한 체험이라고 부르는 것이 더 나을 것이다. '마음속의 즐거움'이라는 표현은 비록 주체성과 주관성을 부각시킨 것이지만 완전히 주관적이라고만 할 수는 없다. 즐거움은 인·성과 함께 주객합일·내외합일·물아합일의 자아인식 혹은 자아체험을 이루기 때문이다. '대상과 내가 하나가 됨' 혹은 '안과 밖의 구분을 잊어버림'과 같은 통일에서야 비로소 정신적 유쾌함과 즐거움을 체험할 수 있다. 즐거움은 인·성과 분리될 수 없기 때문에 인과 성을 그 근본적인 내용으로 삼는다. 때문에 성리학 체계에서 즐거움은 결코 순수한 미학범주도 순수한 심미적 체험도 아니다. 성리학자들은 보편적으로 형이상적 존재론 철학(서양의 존재론과는 구분된다.)을 건립했기 때문에 즐거움의 체험 및 그 경지 역시 초월적 의미를 갖게 되었다. 그렇다고 즐거움이 완전히 초월적이기만 한 것은 아니다. 그것은 감성적 자아를 초월하고 어떠한 공리적 목적에 의해 동요되지 않는 것이지만, 오직 구체적 감정활동에서만 실현될 수 있다. 이렇게 감정으로부터 나왔으면서도 감정을 초월하는 본체 체험은 성리학의 경지론에서 또 하나의 중요한 특징이 된다.

북송 초기 성리학 개창 시기의 범중엄이나 구양수와 같은 사람들은 '백성을 조화롭게 함'이나 '백성의 바람을 이루어 줌'과 같은 사회적 관심의 측면에서 즐거움을 논했다. 범중엄은 "천하가 근심스러워하기 전에 근심스러워하고 천하가 즐거워한 이후에 즐거워한다"[41]는 명언을 남겼는데, 이는 도덕적 인격의 측면에서 인생의 즐거움을 논한 것으로서 맹자의 '여민동락'과 일맥상통한다. 그러나 그는 아직 본체 경지의 문제를 제기하지는 않았다. 성리학 형성시기 주돈이 등 성리학자들에 이르러서야 존

---

41) 『嶽陽樓記』, "先天下之憂而憂, 後天下之樂而樂."

재론의 수준에서 즐거움의 경지를 논하기 시작했다. 이에 '공자와 안자의 즐거움' 혹은 "나는 증점과 함께하겠다"와 같은 즐거움이 성리학자들의 중심 논제가 되었고, 이들은 인생에 걸쳐 추구해야 할 이상적 경지를 대표하게 되었다.

이정 형제에 따르면 그들이 주돈이 문하에서 공부할 때, 주돈이는 항상 "안자와 공자가 즐거워했던 것을 찾아야 한다. 그들이 즐거워했던 것은 무엇인가?"[42]라고 질문했다고 한다. 그들은 또 이렇게 말한다.

나는 주돈이를 두 번째 만나 본 이후로 바람을 읊조리고 달을 감상하며 돌아왔고, 내게는 "나는 증점과 함께하겠다"와 같은 뜻이 생겼다.[43]

또 이렇게 말했다.

주돈이는 창 앞에 피어난 잡초를 뽑지 않았다. 그 이유를 묻자 그는 이렇게 말했다. "나와 뜻이 다르지 않기 때문이다."[44]

이러한 언급들은 모두 주돈이가 이미 사회적 차원이 아닌 심성의 본체와 천인합일의 경지에서 즐거움의 체험을 논하고 있음을 보여 준다. 소위 '안자와 공자의 즐거움'이라는 것은 본질적으로 공자가 말한 것과 차이가 없다. 다만 그 이론적 형태에는 변화가 발생했다. 이는 주돈이의 '성誠·신神·기幾' 혹은 '리理·성性·명命'의 학과 관련이 있으며, 그의 "성인은 하늘을 바라고 현인은 성인을 바라고 선비는 현인을 바란다"[45]는

---

42) 『二程遺書』 2上, 23쪽, "昔受學於周茂叔, 每令: 尋顔子仲尼樂處所樂, 何事?"
43) 『二程遺書』 3, 10쪽, "某自再見茂叔後, 吟風弄月以歸, 有'吾與點也'之意."
44) 『二程遺書』 3, 21쪽, "周茂叔窗前草不除去, 問之云: 與自家意思一般."

공부와 일치한다. 이는 사실상 천인합일의 경지를 논한 것이다.

'공자와 안자의 즐거움'에 대하여 주돈이는 스스로 다음과 같은 해석을 내린 적이 있다.

> 부귀는 인간이라면 누구나 좋아하는 것이다. 그런데 안자는 그것을 좋아하지도 추구하지도 않고서 가난함 속에서 즐거움을 느꼈으니 도대체 그는 어떤 마음이었던가? 이 세상에는 지극히 귀하고 지극히 소중하여 추구할 만한 것이 있는데 그것은 부귀와는 다른 것이다. 더 좋은 것을 보았기 때문에 상대적으로 작은 것은 잊어버릴 수 있었던 것이다. 더 좋은 것을 보았기 때문에 마음은 편안하고 마음이 편안하기 때문에 부족함이 없었던 것이다. 부족함이 없었기 때문에 부귀와 빈천을 하나로 볼 수 있었던 것이다. 하나로 볼 수 있었기 때문에 변화시키고 그에 합치할 수 있었던 것이다. 때문에 안자는 성인에 버금간다.[46]

이 세상에서 지극히 귀하고 지극히 소중한 것이란 대체 무엇인가? 바로 성誠과 인의 본성이다.

> 잠잠하여 움직이지 않는 것이 진실함(誠)이다.[47]

> 생生이 곧 인仁이다.[48]

---

45) 『通書』, 「士學」, "聖希天, 賢希聖, 士希賢."
46) 『通書』, 「顏子」, "夫富貴, 人所愛也. 顏子不愛不求, 而樂乎貧者, 獨何心哉? 天地閒有至貴至愛可求, 而異乎彼者, 見其大, 而忘其小焉爾. 見其大則心泰, 心泰則無不足. 無不足則富貴貧賤處之一也. 處之一則能化而齊, 故顏子亞聖."
47) 『通書』, 「聖」, "寂然不動者, 誠也."
48) 『通書』, 「順化」, "生, 仁; 成, 義也."

이는 모두 존재론과 우주론의 측면에서 말한 것인데, 여기에서 인간의 본성과 우주본체는 합일된다. '안자의 즐거움'은 당연히 빈천이나 부귀에서 오는 즐거움이 아니라 성과 인의 본성이 본래부터 내면에 갖추고 있는 즐거움이다. 성과 인의 본성이 지극히 귀하고 소중한 이유는 그것이 생명 가치의 소재이기 때문이다. 때문에 부귀와 같은 것보다 더 좋아하게 마련인 것이다. 더 좋은 것을 볼 수 있으면 덜 좋은 것은 잊게 마련이기에 자연히 '마음이 편안'할 수 있다. '마음이 편안'하다는 것은 마음이 안정적이라는 말이다. 자신의 인한 마음(仁心)이나 진실한 마음(誠心)이 편안하다면 "부족함이 없을 것이다." 이것이 바로 즐거움이다. 감정체험으로서의 즐거움은 우주본체와 합일되는 즐거움이며 천지만물의 생생불식하는 인과의 합일에서 오는 즐거움이다. 때문에 그것은 부귀와 빈천을 초월할 뿐만 아니라 어떤 의미에서는 사회적 윤리도 초월한다. 따라서 부귀와 빈천을 하나로 볼 수 있을 뿐만 아니라 '똑같이 처할'(處之一) 수 있다. 즉 만물을 화육하고 성인과 어깨를 나란히 할 수 있는 것이다.

이른바 "나는 증점과 함께하겠다"는 말은 대상과 자신을 모두 잊어버리고 세상과 주체가 하나가 되며, 외부의 사태를 초월하고 생사와 공리를 초월하는, 일종의 자유의 경지에서 오는 즐거움이다. 소위 "창 앞에 피어난 잡초를 뽑지 않는다"에 대해서는 앞 장에서 이미 설명한 바 있다. 주돈이와 성리학자들의 정신적 풍모를 가장 잘 보여 주는 것은 '생生이 곧 인仁'이라고 말한 경지이다. 이는 "나는 증점과 함께하겠다"는 태도에서 한 걸음 더 나아간 것이다. 성리학자들에게 있어서 자신과 대상 혹은 안과 밖의 경계를 제거할 때만이 주체가 곧 객체이고 객체가 곧 주체일 수 있으며, 자연계의 만물에 충만한 생명의 기운과 자신 속에 가득 차 있는 생명의 의지를 체험할 수 있게 된다. 이것이 바로 즐거움의 경지이며 "나와 뜻이 다르지 않다"의 뜻이다. 여기에서의 '뜻'이란 생명의 의지, 인의 의지, 아름다움의 의지로서 그 속에는 본래부터 즐거움이 있다. 이는 언어로 표현되기 매우 어려운 것이다. 때문에 그저 '뜻'(意思)이라고 말한 것이다. '뜻'은 체험적으로 깨달아야 하는 것이다.

'바람을 읊조리고 달을 감상한다'(吟風弄月)는 것에는 어느 정도 시인의 풍모가 담겨 있으며, '한적함'의 정서를 표현하고 있기에 세상사를 떠나 있는 느낌을 준다. 일반적인 이해에 따를 때 성리학자들은 모두 도덕군자이다. 그런데 그들은 왜 '바람을 읊조리고 달을 감상'했는가? 이는 매우 재미있는 문제이다. 또 다른 성리학자인 소옹 역시 '바람을 읊조리고 달을 감상'하기를 무척 좋아했다. 그는 이를 통해 자신의 정신적 지향을 표현하고자 했는데 자신의 시집의 제목을 『격양집擊壤集』이라 짓고 '복희황제'를 모방하고자 했다. 이런 점은 우리의 궁금증을 충분히 설명해 준다. 정호 역시 이러한 기상이 있었다. 그는 자연계의 만사만물과 비바람의 변화 속에서 만물을 '잠잠히 관찰'(靜觀)하고 '생명의 의지'(生意)를 체득하여 인생의 즐거움을 깨닫고자 했다. 그는 다음과 같은 시를 지었다.

한가로워 모든 일들이 넉넉하고, 잠을 깨어 보니 동쪽 하늘은 이미 붉어 있다. 만물을 잠잠히 관찰하니 저마다 있어야 할 곳에 있고, 일 년 네 계절이 아름답게 피어나는 것은 사람도 매한가지이다. 온 천지에 도가 통하니 형체의 바깥에 머물고, 생각은 비바람의 변화 속에서 노닌다. 부귀는 나를 움직이지 못하고 가난함 속에서 즐거움을 느끼나니, 사내가 이만하면 호걸이라 하리라.[49]

---

49) 『二程文集』, 卷3, "閒來無事不從容, 睡覺東窓日已紅. 萬物靜觀皆自得, 四時佳興與人同. 道通天地有形外, 思入風雲變態中. 富貴不淫貧賤樂, 男兒到此是豪雄."

이렇게 한가롭고 넉넉한 정취가 바로 시인이 읊고자 하는 삶이다. 여기에는 억지로 힘쓸 필요도 없고 또 억지로 움켜쥘 필요도 없으니 오직 '자신을 돌이켜 진실하기'만 하면 인생의 즐거움을 체험할 수 있다. '넉넉함'(從容), '아름답게 피어남'(佳興)과 같은 것은 인간과 자연이 조화롭게 서로 만나는 상황에서 비로소 체험할 수 있는 것이다. '잠잠히 관찰함'은 넉넉하여 아무런 조바심도 없는 상태에서 그 속으로 깊이 빠져들어 가야 볼 수 있는 일종의 직관이며, 일종의 잠잠한 깨달음 혹은 완상이다. 즉 반드시 자신을 그 안에 위치시키고 만물과 함께 호흡할 때만이 만물의 생명과 자신의 생명의 근원이 하나로 융합되어 떨어질 수 없음을 깨달을 수 있다. 이것이 바로 "인자는 만물과 더불어 하나가 된다"(仁者與物同體)[50]는 즐거움이며, "만물 속에 놓아두고 동일하게 바라볼 때 즐거움은 이처럼 크다"[51]는 것이다. 도는 비록 천지만물 속에 있지만 그 지향은 천지만물의 밖을 향한다. 즉 초월성이 깃들어 있다. '도를 사유하는 자'는 반드시 천지만물과 비바람의 변화 속에서 도의 의미를 체험해야 한다. 오직 인간과 자연이 하나가 되었을 때라야 빈부와 귀천의 구별을 뛰어넘어 가장 큰 즐거움을 느낄 수 있다. 그가 여기에서 말한 '호걸'은 전쟁에서의 영웅호걸을 의미하지 않고 맹자가 말한 '대장부'처럼 정신적 경지를 의미한다.

만물을 '잠잠히 관찰함'은 '자신의 뜻'[52]을 깨닫는 것이기도 하다. 왜냐하면 천지가 '만물을 낳는' 것은 모두 동일하기 때문이다. 거기에는 높고 낮음이나 귀하고 천함의 구분이 있을 수 없다. 인간 역시 천지만물

---

50) 『二程遺書』 2上, 28쪽, "學者須先識仁, 仁者渾然與物同體, 義禮知信皆仁也."

51) 『二程遺書』 2上, 135쪽, "佗底放這身來都在萬物中一例看, 大小大快活."

52) 역자주: 주돈이가 창 앞의 풀을 제거하지 않은 이유에 대해 설명하면서 말했던 '자신의 생각과 같다'고 했을 때의 '자신의 생각'을 의미한다.

중 하나에 불과하기 때문에 특별히 고귀하다고 할 수 없다. 다만 인간에게는 '사유함'이 있기 때문에 '확장'이 가능하다. 즉 자신의 생명으로부터 천지만물의 생명으로 확장함으로써 천지의 '생명의 의지'를 체험할 수 있다. 이것이야말로 '잠잠히 관찰함'의 진정한 의미이다. 만물이 '있어야 할 곳에 있음'은 곧 '생명의 의지'인 인이 관통되는 것이며, 이럴 때 자신의 '생각' 역시 실현될 수 있다. 이로부터 '만물과 동체가 됨'에서 오는 즐거움을 체험할 수 있게 된다. '생명의 의지'는 원래 자연계의 생명현상과 그 속에 깃들어 있는 목적적 의미를 가리킨다. 인간은 이것을 체득해야 하며, 따라서 이를 '체인體仁'이라고 부르기도 한다. 이것을 깨달으면 '소리개가 날고 물고기가 헤엄치는' 혹은 '생기발랄한' 생명의 조화로움이 주는 아름다움과 생명의 기운이 뿜어내는 즐거움을 느낄 수 있다. 만약 이것을 깨닫지 못한다면 그것은 그저 '정신을 희롱함'일 뿐이어서 생명의 진정한 모습을 깨달을 수 없고 진정한 즐거움을 체험할 수도 없다. 때문에 그는 인간은 대자연계 속에서 평등의 태도로 만물을 대하고 그 속에서 인생의 즐거움을 누려야 한다고 주장했다. 그렇지 않으면 격절되고 가려져 인간은 인간이고 만물은 만물이어서 주체와 객체는 서로 융화되지 못하고 안과 밖은 서로 통하지 못하게 된다. 심지어는 '사사로이 마음을 씀'에 이르게 되어 육체만을 위하여 이리저리 마음을 쓰고 번뇌가 끊이지 않을 것이니, 여기에 무슨 즐거움이 있을 수 있겠는가?

소위 체험 혹은 체득의 관건은 '자득自得'에 있다. 이는 일반적인 의미에서의 소위 인식론적 언어로 표현이 불가능하다. 만약 '무엇이 체體인가'라는 식으로 해석하려 한다면 이미 여기에는 지적인 이해라는 의미가 결부되어 버린다. 그러나 '천인합일'의 즐거움은 순수하게 지적으로 이해될 수 있는 것이 아니다. 이는 오직 몸소 깨달을 수 있을 뿐 '말로 전할 수 없는 것이다. 말로 하는 순간 그것의 본래 의미는 상실된다.

천지의 변화를 깨닫는다(體)라고 말하는 순간 이미 깨달음이라는 말이
군더더기가 되는 것이다. 그것은 바로 천지의 변화일 뿐 그것 이외에
별도의 천지가 있는 것이 아니다.53)

'천지의 변화'는 바로 생명의 운행이며 인仁 본체의 운행이다. 그것은
나의 생명활동 속에 있고 나의 마음속에 있는 것이기에 스스로 체험 체득
해야만 하는 것이지 대상으로 삼아 인식해야 할 무엇이 아니다. 아무리
'천지의 변화를 체험한다'라고 하지만 만약 의도적으로 천지의 변화에 대
한 '체험'을 논하고자 한다면 이러한 '체험'은 이미 대상화 된 것이다. 천
지의 변화는 본래 인간 생명활동 그 자체이다. '천지의 변화를 깨달음'은
자신의 생명활동 속에서 체험하는 것이지 만물 속에서 체득하는 것이 아
니다. 소위 "만물을 잠잠히 관찰하니 저마다 있어야 할 곳에 있다"는 것
은 결코 만물을 대상화해서 관찰한 것이 아니며, 대상과 주체가 하나가
되어 관찰한 것이다. 그 관건은 '생명의 의지'를 체득하는 것이며, '생명의
의지'는 바로 마음속의 인이다. 때문에 '그것이 곧' 천지의 변화라고 하는
것이다. 내 자신의 생명활동이 곧 천지의 변화를 체현한 것이지, 인간의
생명활동 밖에 별개의 천지의 변화가 있고, 그것을 깨달아야 하는 것이
아니다. 여기에서의 핵심은 주체와 객체 혹은 안과 밖의 경계를 깨고 자
신의 주관적 인식의 한계를 벗어나는 것이다. 즉 자아를 초월하여 천지자
연의 위대한 운행 속에 들어가 천지의 변화를 스스로 체득하고 생명의
끊임없는 연속을 체험하는 것이다. 이것이 바로 '혼연히 만물과 동체가

---

53) 『二程遺書』 2上, 33쪽, "言體天地之化, 已剩一體字, 只此便是天地之化, 不可對此簡別有天地."

됨'에서 오는 즐거움이다. 이는 무한한 즐거움이다.

자신을 우주의 위대한 생명 속에 융화시켜 천지만물의 '생명의 의지'를 체득하는 것은 동시에 인의 경지를 실현하는 것이기도 하다. 왜냐하면 인은 곧 '생명'이기 때문이다. 인생의 의미가 완전히 실현되는 것은 분명 가장 큰 즐거움이라고 할 수 있다. 그러나 이러한 즐거움은 개인적인 것이며, 동시에 좀 더 보편적인 의미를 지니게 된다. 성리학자로서 정호가 우주존재론의 측면에서 인을 설명한 이후 이는 더 이상 인륜관계에만 머무르지 않고 인간과 우주자연계의 관계 문제로 변화되었다. 더 나아가 우주적 관심에서의 도덕적 의미뿐만 아니라 미학적 의미와 종교적 의미도 지니게 되었다.

성誠은 인과 마찬가지로 '천인합일'의 본체 경지이다. 때문에 즐거움과 진실함 역시 하나로 연결된다. "자신을 돌이켜 진실(誠)하다면 이는 커다란 즐거움이다"[54]라고 한 것은 성의 즐거움을 말한 것이다. 이는 인의 즐거움과 마찬가지로 초월적 의미를 지니고 있다. '진실함'이란 '정말로 그것이 있다'(誠有其物), 즉 맹자가 말한 '만물이 모두 내게 갖추어져 있다'는 의미이다. 여기에서의 '그것'이란 물질 존재로서의 그것이 아니라 일체의 '사태와 대상'을 가리킨다. 즉 존재가 존재인 이유 곧 천도가 유행하는 법칙 및 사물의 원칙을 포함한다. 마음속에 진실로 '그것'이 있다면, 즉 마음이 만물을 담고 있으면 대상과 주체 혹은 안과 밖의 구분이 없어지기 때문에 저절로 '천인합일'의 즐거움을 체험할 수 있을 것이다. 만약 자신을 돌이켜 진실하지 않는다면 이는 주체와 객체가 둘이 되어 대립하고 있는 것이다. 이미 대립하고 있다고 한다면, 이는 자신을 대상에 합치

---

54) 『二程遺書』 2上, 185쪽, "言反身而誠樂莫大焉, 却是著人上說."

하고자 하는 대상적 인식이 되어 버리고, 대상을 쫓아 변하게 된다. 끊임없이 대상을 쫓기만 한다면 "어찌 즐거울 수 있겠는가?"[55] 이렇게 보건대, 즐거움에 대한 체험은 진실함의 경지를 전제로 한다. 거꾸로 말해 즐거울 수 있을 때만이 그것을 지키고 잃지 않아 '자신에게 있음'(己有)이 될 수 있다. 즉 '물아일체'의 존재 상태가 될 수 있다. "체득하여 즐거울 수 있다면 그것을 지키지 못할 것을 걱정할 필요가 없다"[56]는 말은 즐거움의 체험은 본체의 경지를 유지하는 데 도움이 되며, '자신에게 있음'이란 가장 본질적인 자신의 존재 상태라는 말이다.

정이는 「안자가 좋아한 것은 어떠한 공부인가에 대해 논함」(顔子所好何學論)이라는 문장을 지었는데, 이는 주돈이가 제기한 "안자와 공자가 즐거워한 것은 무엇을 즐거워한 것인가?"에 대한 대답이다. 그는 이 역시 성인의 경지에 관한 문제라고 생각했다. 그는 성인을 배우기 위해서는, 즉 성인의 경지에 도달하기 위해서는 "자신의 마음을 반듯하게 하고 자신의 본성을 길러야 한다"[57]고 했다. 즉 마음과 본성을 수양해야 한다는 것이다. 정이의 관점에서 마음은 곡식의 씨앗과 같고 본성은 그것의 '생명의 이치'이다. 마음과 본성의 문제는 여전히 인의 문제이다. 때문에 그 역시 감정의 체험을 중시했으며, 그 방법은 자아의 고양 혹은 자아의 초월이다. 즉 "감정을 검속하여 그 중(中)에 합치하도록 한다"[58]는 것이다. '중'이란 바로 희노애락이 아직 발출되지 않았을 때의 '중(中)'이다. 즉 이상적 감정 상태이며 동시에 본성의 '몸뚱이'이다. '검속'에는 구속의 의미가 있다. 어떻게 구속할 것인가? 그는 "감정을 본성으로 구속한다"[59], 즉 이성으로

55) 『二程遺書』 2上, 28쪽, "又安得樂?"
56) 『二程遺書』 2上, 28쪽, "旣能體之而樂, 亦不患不能守也."
57) 『二程文集』, 卷8, 「顔子所好何學論」, "正其心, 養其性."
58) 『二程文集』, 卷8, 「顔子所好何學論」, "故覺者約其情, 使合於中."

감정을 구속하여 감정을 이성화해서 '그 중中에 합치하도록' 할 것을 주장했다. 그는 이러한 상태에 도달할 수 있으면, 이것이 바로 '공자와 안자의 즐거움'이라고 생각했다.

이러한 즐거움은 마찬가지로 보편적인 생명적 관심을 체현한 것이다. 즉 선과 아름다움 혹은 인과 즐거움이 합일된 경지이다. 그는 「물고기를 기르며 쓴 기록」(養魚記)에서 이러한 생각을 드러냈다. 그는 천지의 낳고 낳음의 이치라는 인학仁學적 관념에서 출발하여 물고기가 '자신이 있어야 할 곳을 얻고' 인간이 '내면에서 그것을 느낄 수 있음'을 마음속의 즐거움이라고 생각했다. 이러한 즐거움은 '대상을 기르면서 해하지 않는' 인의 심경을 드러내고 있다. 물고기가 '자신이 있어야 할 곳을 얻음'으로부터 확장하여 천지만물이 자신이 있어야 할 곳을 얻게 되는 것은 곧 내 마음의 인을 실현하는 것이다. 그는 만약 만물이 모두 자신이 있어야 할 곳을 얻게 되고 자신의 본질을 실현하게 된다면 내 마음의 즐거움은 "의당 어떻겠는가?"라고 강조했다.[60] 이렇게 만물이 각자 자신의 존재를 실현하고 자신의 본성을 따를 수 있도록 하는 관심과 또 그에 대한 체험은 바로 수많은 성리학자들이 이상적으로 추구했던 것이다. 이는 인간과 인간, 인간과 자연이 조화를 이루고 천지의 생생지리가 온전히 실현되도록 하는 심경을 담고 있다.

주희는 '마음과 이치가 하나'(心與理一)가 되는 온전한 경지를 실현하는 것을 인생 최대의 즐거움이자 목적으로 삼았다. 주희는 오직 마음속에

---

59) 『二程文集』, 卷8, 「顔子所好何學論」, "性其情."

60) 『二程文集』, 卷8, 「養魚記」, "書齋之前有石盆池. 家人買魚子食猫見其煦沫也. 不忍因擇可生者得百餘養. 其中大者如指, 細者如箸, 支頤而觀之者, 竟日忘舍之洋洋然魚之得其所也. 終觀之戚戚焉吾之感於中也. 吾讀古聖人書觀古聖人之政禁數罟不得入洿池魚尾不盈尺不中取市不得鬻人不得食, 聖人之仁養物而不傷也. 如是物獲如是則吾人之樂其生遂其性宜何如哉!"

천리가 유행하여 마음과 몸이 넉넉하고 본연의 모습을 얻었을 때라야 비로소 가장 즐거운 때라고 생각했다. 그는 명확히 '안자의 즐거움'을 제시했지만 그렇다고 그가 가난함을 즐겁게 여긴 것은 아니다. 즐거움과 빈부귀천 간에는 아무런 관련이 없다. 즐거움은 마음의 문제이기 때문에 마음이 청정하면 아무리 빈천하다 하더라도 즐거울 수 있고 마음이 청정하지 못하면 아무리 부귀하다고 해도 즐거울 수 없다. 그는 안자가 오직 "사사로운 욕심을 모두 제거했기 때문에 즐거울 수 있었다"[61]고 보았다. 사사로운 욕심이 모두 제거되면 마음속은 자연스레 화평해지고 어떠한 번뇌도 없어지기 때문에 즐거울 수 있다는 것이다. 소위 '천리가 유행함'[62]의 즐거움이란 심미적 원칙과 도덕적 원칙이 하나로 합일되는 체험을 의미한다. 심미체험은 동시에 도덕적인 깨달음이기도 하다. 그 속에는 종교적 체험을 포함하기도 한다. 주희는 다른 성리학자들과 마찬가지로 본체경지를 추구하는 과정에서 즐거움을 최고의, 그리고 궁극적인 목적으로 삼았다. 만약 '마음과 이치가 하나됨'의 즐거움을 실현할 수 있다면 더 이상 어떠한 목표도 있을 필요가 없게 된다.

증점의 즐거움은 무엇 때문에 공자의 칭찬을 얻을 수 있었고 또 무엇 때문에 후대 유자들이 즐겨 이를 언급한 것일까? 주희의 관점에서 증점이 다음과 같은 것을 해낼 수 있었기 때문이다.

가슴속이 넉넉하여 곧장 천지만물과 함께 위아래로 통하여 각기 자신이 있어야 할 곳을 얻는 오묘함을 실현했으니, 아무 말하지 않아도 겉으로 드러났다.[63]

---

61) 『朱子語類』 31, 55쪽, "曰: 顔子私欲克盡, 故樂."
62) 『論語集注』, 「顔淵」, "天理流行, 而仁不可勝用矣."

"천지만물과 함께 위아래로 통한다"는 것은 생명의 열어젖힘이며 또한 생명의 자유이다. 때문에 넉넉히 그것을 얻을 수 있다면 즐겁지 않음이 없는 것이다. '각기 자신이 있어야 할 곳을 얻음'이란 만물이 모두 각자의 욕구를 충족하고 자유자재로 살아갈 수 있는 것이다. "천지만물은 본래 나와 같은 몸이다"라는 것은 만물이 각기 자신이 있어야 할 바를 얻고 나의 생명 역시 그에 따라 실현될 수 있어서 넉넉히 본연의 모습을 얻는 데서 오는 즐거움을 의미한다. 이는 매우 높은 경지로, 주희는 '가슴속'·'마음속'·'기상'·'넉넉함'·'생각' 등의 표현으로 이러한 경지를 형용했다. 이러한 표현들은 천지만물일체의 경지가 거침없이 넉넉하고 대상의 범위를 뛰어넘어 언어로 표현할 수 없는 정도의 생명적 체험임을 말해준다. 이러한 체험 속에서는 '언제 어디서라도 즐겁지 않음이 없게'[64] 된다. 만물이 각기 자신이 있어야 할 곳을 얻음에서 오는 '오묘함'이란, 천지만물일체가 언어로 표현할 수 없는 '경지'라는 것을 의미한다.

이러한 '오묘함'은 확실히 언어로 표현할 수 있는 것이 아니다. 이러한 경지를 얻기 위해서는 반드시 일련의 절실한 수양공부가 필요하다. 이는 결코 아무렇게나 할 수 있는 것이 아니다. 형체의 가림을 제거하고 나의 사사로움을 극복하여 '무아'(사사로운 내가 없음이지 본래의 내가 없음이 아니다.)를 진정으로 실현하고 만물과 하나로 융화되어 어떠한 장애도 없을 수 있을 때, 오직 이런 때에야 비로소 마음속 즐거움이 넉넉히 생겨나 그만두고자 해도 그만둘 수 없는 것이다.

만물과 하나가 되어 아무런 막힘이 없어서 가슴속이 뻥 뚫리니 어찌 즐

---

63) 『論語集注』, 「先進」, "胸次悠然, 直與天地萬物上下同流, 各得其所之妙, 隱然自見於言外."
64) 『朱子語類』 40, 11쪽, "在在處處, 莫非可樂."

겁지 않겠는가?65)

이러한 즐거움은 주체와 객체 혹은 대상과 자신 그리고 내면과 외면이 통일되는 경지 속에서 실현되는 것이다. 동시에 이것은 일종의 초월적 본체체험이다. 즉 '대상과 내가 모두 사라지는 경지' 혹은 '인한 자와 지혜로운 자만이 얻을 수 있는 경지'이다. '대상과 내가 모두 사라지는' 것은 대상도 없고 자신도 없는 것이 아니며, 반대로 대상과 자신에 집착하는 것도 아니다. 오히려 유한함을 초월하여 무한함에 도달하면서도 그 무한함 속에 유한함이 여전히 존재하는 것이며, 순간을 초월하여 영원에 도달하지만 영원 속에 순간이 여전히 존재하는 것이다. 이는 유·불·도를 포함한 중국철학 전체의 경지론이 지니는 가장 큰 특징이다. '인한 자와 지혜로운 자만이 얻을 수 있는 경지'라는 것은 바로 이러한 경지가 수양의 결과이며 결코 누구나 쉽게 해낼 수 있는 것이 아님을 설명하고 있다.

'천리가 유행함'의 즐거움은 마음속에서 저절로 흘러나오는 것이지 어떠한 외부의 자극을 필요로 하는 것도 아니며, 또한 어떠한 물욕이나 이익에 대한 고려도 없는 것이다. 그러나 이것을 실현하기 위해서는 인식이라고 하는 단계를 거쳐야 하고 또 대상을 '궁리窮理'해야 한다. 즉 즐거움의 체험은 진리에 대한 인식 위에서 가능하다는 말이다. 바로 그렇기 때문에 주희는 증점의 즐거움이 아무리 '봉황이 천 길 벼랑 위에서 날아오르는 것 같아' 지극히 오묘하고 지극히 고원하기는 하지만, 학문의 누적이나 인식적 준비가 결여되어 있는 상태에서 우연히 말로 나온 것에 불과하기 때문에 어느 정도 장자莊子와 유사하다고 보았다. 주희의 관점에서

---

65) 『朱子語類』 31, 59쪽, "於萬物爲一, 無所窒礙, 胸中泰然, 豈有不樂?"

장자는 비록 뛰어난 재능을 지녔지만, "그는 이해만 할 뿐 실천에 옮기지는 못했다"[66]고 말한 것처럼 너무 '방탕'하고 '규범에 얽매이지 않아'[67] 이치와 규범을 가볍게 여겼다. 당연히 장자의 이러한 태도는 유가의 관점과 부합하지 않는다. 주희는 만약 '증점의 즐거움'을 배우려고만 한 채 "구체적인 일에서 배우려 하지 않고 오직 공자가 증점에 대해 인정한 것처럼 호탕하게 살고자 한다면 장래에는 미치광이 같은 사람들이 출몰할지도 모른다"[68]고 우려했다. 이는 주희가 이성적 인식을 매우 중시했음을 의미한다. 즉 오직 인식적 기초 위에서 '몸과 마음에서 절실히 체득'해야만 비로소 '천리가 유행함'의 즐거움을 체득할 수 있다는 것이다.

리학파가 '천리의 유행'을 즐거움으로 삼았다면, 심학파는 '본심'·'양자'의 발용을 즐거움으로 삼았다고 할 수 있다. 양자 모두 본체에 대한 체험으로 마음속의 즐거움을 설명했지만 여기에는 '무아無我'와 '유아有我'의 구분이 있다. 육구연 역시 '심즉리'의 의미에서 마음속의 즐거움을 논했지만 그는 좀 더 주체의 자아체험 혹은 자아실천을 강조했다. 그는 공자가 '칠십이 되어 마음이 원하는 것을 따라도 법도에 어긋남이 없음'[69]이 바로 '공자의 즐거움'이라고 보았다. 어째서 그런가? '몸소 실천했기 때문'이다. 그러므로 '시원하게 뻥 뚫려 천리와 회통하는'[70] 즐거움이 있을 수 있었던 것이다. 여기에서 그가 강조한 것은 실천이다. 그러나 그가 천리의 보편성을 부정한 것은 아니다. 다만 그의 관점에서 마음이 곧 천리이며 나의 마음이 곧 천리였던 것이다. 이 역시 '천인합일'의 즐거움이

---

66) 『朱子語類』 125, 老莊2, "莊周是箇大秀才, 他都理會得, 只是不把做事."
67) 『朱子語類』 125, 老莊2, "莊子跌蕩. 老子收斂, 齊脚斂手; 莊子卻將許多道理掀翻說, 不拘繩墨."
68) 『朱子語類』 40, 30쪽, "若都不就事上學, 只要便如曾點樣快活, 將來却恐狂了人去也."
69) 『論語』, 「爲政」, "七十而從心所欲, 不踰矩."
70) 『陸九淵集』, 卷35, 「語錄下」, "至四十始不惑. 不惑矣, 未必能洞然融通乎天理矣."

다. '나는 증점과 함께하겠다'라는 즐거움에 대해서 그는 다음과 같이 말했다.

> 세 사람(자로·염유·공서화를 가리킨다.)은 그저 특정한 사안으로 말했지만 증점은 바로 여기(본심)에서 드러낸 것이다.[71]

'사안'이란 사업 혹은 성취를 말한 것이다. 세 사람이 말한 것은 모두 성취나 이익의 측면에서 자신의 지향을 밝힌 것이다. '바로 여기'란 본심을 가리켜 말한 것이다. 증점이 말한 것은 외재적인 성취나 이익이 아니라 내 마음에 본래 갖추어져 있는 즐거움이다. 이것이야말로 진정한 즐거움이다.

육구연이 말한 즐거움은 의심할 것도 없이 형이상의 본체에서 느끼는 즐거움이어서 공리를 초월하는 성질이 있다. 그러나 여기에도 자신을 초월하는 공부가 요구된다. 일체의 '억지로 힘씀'을 제거하고 일체의 '모난 부분'을 갈아내어 어떠한 장애도 없도록 해야 한다.

> 광체와 정미함이 드러나 보여 '천지와 그 덕을 함께한다'라고 할 수 있으니 어찌 즐겁지 않겠는가?[72]

소위 '광체와 정미함이 드러남'이란 어떠한 얽매임도 구속도 없이 본심의 명덕에서 드러나 보여, 저절로 천지와 그 덕을 함께하고 일월과 그 밝음을 함께할 수 있어서, '천인합일'의 즐거움을 누릴 수 있다는 것이다.

---

71) 『陸九淵集』, 卷34, 「語錄上」, "三子只是事上着到, 曾點却在這裏着到."
72) 『陸九淵集』, 卷35, 「語錄下」, "寢潤著光精, 與天地合其德云云, 豈不樂哉?"

이 역시 대상을 뛰어 넘는 미감의 체험이지만, 동시에 그것은 도덕적 인격이 완전히 실현하는 것을 전제로 한다. 그는 '천천히'(悠然)·'넉넉하게'(恰然)·'담담히'(淡然)와 같은 표현을 사용함으로써 대상을 뛰어 넘는 미감의 체험을 설명하기도 했지만, 또 다른 측면에서는 '넓게'(廓然)·'충실히'(冲然)·'반듯하게'(坦然)와 같은 표현을 사용함으로써 스스로 주재하는 도덕적 경지를 설명하기도 했다. 사실 이 두 측면은 합일되는 것이다.

왕수인은 한 발 더 나아가 즐거움을 마음의 본체로 설명하면서, 이를 양지와 합일시켰다. 그러나 소위 본체의 즐거움이란 '칠정'과 분리되는 것이 아니며, 오히려 '칠정' 속에 있다.

> 즐거움은 마음의 본체이다. 이때의 즐거움은 비록 칠정 가운데 하나인 즐거움과 같은 것은 아니지만 그렇다고 칠정의 즐거움을 벗어나지도 않는다.73)

본체의 즐거움은 '진정한 자아'(眞己)와 마찬가지로 '진정한 즐거움'(眞樂)이다. 소위 '진정한 즐거움'이란 초월적 층위에서의 '천인합일'의 즐거움이고, '칠정'의 즐거움은 구체적인 감성적 즐거움이다. 이렇게 보자면 '진정한 즐거움'은 '칠정'의 즐거움과는 구분된다. 비록 그렇기는 하지만, '진정한 즐거움'은 오직 '칠정'의 즐거움 속에서만 실현될 수 있고 '칠정'의 즐거움 역시 '진정한 즐거움'의 또 다른 표현에 불과하다. 이는 왕수인의 '체용일원설'을 감정체험에 적용한 것이다.

'진정한 즐거움'과 '칠정'에서의 즐거움 간 관계는 바로 '진정한 자아'와 '몸뚱이' 즉 '형체로서의 자아'(形體我)의 관계라고 할 수 있다. 후자는

---

73) 『傳習錄』, 卷中, 166쪽, "樂是心之本體, 雖不同於七情之樂, 而亦不外於七情之樂."

구체적인 존재의 측면에서 말한 것이고, 전자는 본체체험의 측면에서 말한 것이다. '진정한 자아'는 본체로서의 자아(本體我) 즉 양지이고 형체적 자아는 구체적이고 감성적인 자아이다. 그러나 "진정한 자아는 결코 몸뚱이와 분리되지 않는다."[74] 진정한 자아의 즐거움으로서 '진정한 즐거움' 즉 '천인합일' 혹은 '천지만물일체'의 즐거움 역시 이와 마찬가지로 감성적 자아의 '칠정'의 즐거움을 벗어나지 않는다. 왕수인이 말하는 '칠정의 즐거움'이란 '칠정' 중의 어떤 한 감정을 의미하지 않는다. 오히려 '칠정' 중의 어떤 감정이라도 모두 '진정한 즐거움'을 표현할 수 있다. 소위 '칠정'은 기쁨·노여움·슬픔·두려움·사랑·미움·욕망을 가리킨다. 그 속에는 독립적인 즐거움이 없다. 다만 그 중의 어떠한 감정도 모두 즐거움의 본체체험이 될 수 있다. 이에 대해 그는 특별히 자세한 설명과 해석을 덧붙였다.

> 물었다. "'즐거움은 마음의 본체이다'라고 하시는데 큰 변고를 만나 슬프게 울 때에도 이 즐거움은 여전히 있다고 해야겠습니까?" 선생께서 말씀하셨다. "한바탕 크게 울고 나면 즐겁다. 울지 않으면 즐거울 수도 없다. 아무리 운다 하더라도 내 마음이 편안한 것이 즐거움이다. 본체는 결코 움직인 적이 없다."[75]

이는 인생의 진정한 즐거움은 결코 일상적으로 말하는 쾌락이 아니라 인생의 의미에 대한 체험 속에서 얻을 수 있는 즐거움이라는 것을 말해주고 있다. 인생의 의미를 실현하는 것 그 자체가 가장 큰 즐거움인 것이

---

74) 『傳習錄』, 卷上, 122쪽, "先生曰: 眞己何曾離著軀殼?"
75) 『傳習錄』, 卷下, 292쪽, "問: 樂是心之本體, 不知遇大故, 於哀哭時, 此樂還在否? 先生曰: 須是大哭一番了方樂, 不哭便不樂矣; 雖哭, 此心安處是樂也; 本體未嘗有動."

다. 오직 인생의 의미와 가치를 실현할 때만이 '마음이 편안'할 수 있다. 마음이 편안한 것이 바로 즐거움이다. 인생은 '칠정' 안에서 흘러가기 마련이다. 때문에 칠정이 없을 수 없다. 큰 변고가 있어 슬프게 울 때를 포함하여 칠정 속에서만이 '진정한 자아'를 실현할 수 있다. 진정한 자아를 실현하기만 한다면 '진정한 즐거움'이 있을 수 있다.

제4절 성정의 즐거움

왕수인 이후 유학에는 일련의 변화들이 발생했다. 그 중에서도 가장 큰 변화는 바로 본체와 공부 혹은 성리性理와 감정이 한층 결합된 반면 체험과 인지는 분화의 과정을 겪게 되었다는 것이다. 이러한 경향은 즐거움의 문제에서 더욱 분명하게 나타났다.

왕수인의 제자인 왕기王畿는 비록 "즐거움은 마음의 본체이다"[76]라고 했지만 그가 말한 본체란 결국 '신령한 기운'(靈氣) 즉 생명의 존재 그 자체가 아닐 수 없다. 바로 그렇기 때문에 본체의 즐거움은 '칠정' 속에 있는 것이다.

> 본래 살아 움직이고 본래 자유로운 것이어서 원래부터 아무런 장애도 얽매임도 없다.[77]

따라서 더욱더 감성적 특징을 지니게 된다. 소위 '성인의 즐거움'이란

---

76) 『王龍溪全集』, 卷3, 「答南明汪子問」, "樂是心之本體."
77) 『王龍溪全集』, 卷3, 「答南明汪子問」, "本自活潑, 本自洒脫, 本無挂碍系縛."

"이 살아 움직이고 자유로운 바탕을 잃지 않는 것이니, 거기에 그 무엇도 더해질 것이 없다."[78] 소위 '살아 움직이고 자유로운 바탕'이란 신령하고 밝은 지각의 바탕 즉 '생기生機'이다. 그것은 본래 감성적인 것이며 살아 움직이는 것이지, 형이상의 잠잠한 본체가 아니다. 왕기 역시 자아의 체험을 매우 중시했다. 그는 '공자와 안자의 즐거움'을 얻기 위해서는 오직 '내 마음의 즐거움'에서 구해야 한다고 생각했다. 공자와 안자의 즐거움이란 공자나 안자에게 있는 것이 아니라 자신의 마음속에 있는 것이기에, 그 즐거움을 얻는 것은 자기 스스로 그것을 구하느냐에 달려 있다.

> 내 마음의 즐거움을 구하고자 한다면 그것은 오직 반드시 무엇을 하고 야 말겠다는 사사로운 감정을 제거하는 데 달려 있다. 삿되고 잡스러운 것을 제거하여 조화롭고 두루 통하는 본래의 모습을 회복하는 것이 곧 진정한 즐거움을 찾는 길이다.[79]

이는 그 역시 주체의 수양을 중시했음을 설명해 준다. 그러나 그는 조화롭고 두루 통하는 본체를 '회복'할 것을 요구했으니, 이는 지각의 마음이요 유쾌함의 감정이다. 때문에 이것은 인간의 감성 존재와 떨어질 수 없는 것이다. 어떤 사람은 왕기에게서 불교 선종의 모습이 많이 보인 다고 말하는데, 어떤 의미에서는 옳은 말이다. 왜냐하면 선종 특히 후기의 선종은 '평상심'을 도로 여기는데, 그 역시 인간의 감정을 긍정했기 때문이다.

왕수인의 또 다른 제자인 왕간王艮은 「배우는 즐거움을 노래함」(樂學歌)

---

78) 『王龍溪全集』, 卷3, 「答南明汪子問」, "不失此活潑脫灑之機, 非有加也."
79) 『王龍溪全集』, 卷8, 「憤樂說」, "欲求吾心之樂, 惟在去其意, 必之私, 蕩邪消滓, 復還和暢之 體, 便是尋樂眞血脈路."

이라는 문장을 지었다. 그는 여기에서 성리학의 본체에 대한 즐거움을 일상생활 속에서의 감성적 특징을 좀 더 많이 지니는 몸과 마음의 즐거움으로 변화시켰다. 이처럼 그는 즐거움의 체험을 한층 더 세속화시켰다. 왕간의 가장 큰 특징은 "일에 직면하여 공부하고 일에 직면하여 도를 찾는다"[80]는 중요한 관점을 제기했다는 것이다. 그는 "몸과 도는 원래 하나이다"[81]라는 관점을 주장했다. 그는 몸과 마음과 본성과 천명을 한층 더 통일시키고, 그 중에서도 몸을 근본으로 삼았다. 이것은 왕수인 철학의 일대 변화이다. 이렇게 왕간이 이해한 '본체'는 사실상 인간의 신체 즉 현실적이고도 구체적인 생명의 몸이다. 바로 감성 존재에게서 공부와 즐거움이 진정으로 합일된다는 것이다. 공자는 이렇게 말했다.

아는 이는 좋아하는 이만 못하고 좋아하는 이는 즐기는 이만 못하다.[82]

이는 앎에서 즐거움으로 나아간 것이다. 이 구절에 대해 정호는 다음과 같이 설명하고 있다.

배움이 즐거움의 단계에 이르면 된 것이다.[83]

즉 배워서 즐거움의 체험에 들어갈 수 있으면 배움이 완성되었다고 할 수 있다는 말이다. 왕간은 배움이 곧 즐거움이요 즐거움이 곧 배움이어서, 그 둘은 본래부터 하나이자 둘이요 둘이자 하나인 관계라고 보았다.

---

80) 『明儒學案』, 卷33, 「明哲保身論」, "卽事是學, 卽事是道."
81) 『明儒學案』, 卷32, 「與兪純夫」, "身與道原是一件."
82) 『論語』, 「雍也」, "子曰: 知之者, 不如好之者; 好之者, 不如樂之者."
83) 『二程遺書』 11, 117쪽, "學至於樂則成矣."

인간의 마음은 본래 그 자체로 즐겁다. 자기 스스로 사욕으로 얽어맬 뿐이다. 사욕이 한 번 일어날 때에 양지는 그것을 깨닫게 되고, 그것을 깨달으면 사욕을 제거할 수 있으니 인간의 마음은 예전처럼 즐거울 수 있다.[84]

인간의 마음은 본래 즐거운 것이다. 본래 즐거운 마음이 곧 양지이다. 그러므로 사욕을 제거하고 본래의 즐거움을 회복할 수 있는 것이다. 그러나 어째서 다시 공부해야 하는 것인가? 왜냐하면 인간의 마음에는 사욕이 없을 수 없기 때문이다. 공부란 바로 이러한 사욕을 제거하는 것이다. 여기에서 알 수 있듯이 그가 말하는 배움이란 지식을 습득하는 것이 아니라 어떻게 살아갈 것인가를 배우는 것이다. 즉 마음을 다잡는 것이다. 다만 인간의 마음은 본래 즐거운 것이다. 때문에 왕간의 관점에서 배움과 즐거움은 서로 돕고 서로 완성해 주는 것이다. 즉 같은 일의 두 측면이라고 할 수 있다. 배우면 사욕을 제거할 수 있으니 자연스레 즐겁고, 즐거우면 사욕을 검속할 수 있으니 그것이 곧 공부이다. 만약 구별이 있다고 한다면 그것은 존재와 공부의 구별이다. 즐거움은 마음의 존재 상태이고 배움은 그 존재를 실현시키는 방법이자 공부인 것이다. 공부가 곧 존재이고 존재가 곧 공부이다. 따라서 다음과 같이 말했다.

즐거움은 이 공부를 즐거워하는 것이요, 배움은 이 즐거움을 배우는 것이다. 즐겁지 않으면 배움도 없고, 배우지 않으면 즐거움도 없다. 즐거운 다음에야 배울 수 있고, 배운 다음에야 즐거울 수 있다. 때문에 즐거움이 곧 배움이요, 배움이 곧 즐거움이다.[85]

---

84) 『明儒學案』, 卷32, 「樂學歌」, "人心本自樂, 自將私欲縛, 私欲一萌時, 良知還覺, 一覺便消除, 人心依舊樂."

여기에는 어떠한 사변적 성격도 없다. 오직 자아의 체험 즉 존재 체험과 자아의 인식 혹은 자아의 수양을 단순하게 결합한 것이다.

명청 교체기에 정세가 급변하면서, 감정의 지위는 더욱 부각되었다. 문학계의 원굉도袁宏道 같은 이는 성령문학性靈文學을 제시하여 개인의 감정 및 개성의 발전에 관심을 기울였다. 남녀의 애정을 다룬 희곡과 소설 역시 지속적으로 출간됐다. 사상계에서는 황종희 같은 사람이 본성의 자연스러움을 따를 것을 주장했다.

황종희는 즐거움의 체험이 인성의 자연스러움으로부터 나온다고 생각했다. 그는 사람마다 희노애락의 감정이 있으며, 이것이 바로 본성의 자연스러움이라고 주장했다. 만약 '하늘이 부여해 준 바에 따르면'[86], 즉 감정의 자연스러움에 따르고 어떠한 의도적 안배나 조작이 없으면, 자연계의 '소리개가 날고 물고기가 뛰어오르는' 것과 마찬가지로 저절로 즐거움이 있을 것이라고 생각했다. 즐거움의 관건은 주체와 객체 혹은 안과 밖이 합일되느냐이다.

> 만물이 만물이 아니고 나 역시 내가 아님을 보아야 한다. 하나가 되어 이 몸이 천지 속에서 아무런 결핍도 없다면 그 어떤 즐거움이 이와 같겠는가?[87]

이렇게 인간과 만물이 혼연일체가 되는 즐거움은 아름다움과 선함이 하나가 되는 온전한 경지라고 할 수 있다. 그러나 이것은 이미 송대 유학

---

85) 『明儒學案』, 卷32, 「樂學歌」, "樂是樂此學, 學是學此樂. 不樂不是學, 不學不是樂, 樂便然後學, 學便然後樂, 樂是學, 學是樂."
86) 『孟子師說』, 卷7, "任天之便."
87) 『孟子師說』, 卷7, "纔見得萬物非萬物, 我非我, 渾然一體, 此身在天地間, 無所欠缺, 何樂如之?"

과는 구별된다. 황종희는 그의 스승인 유종주와 마찬가지로 감정이 본성
이요, 기는 자연계의 근본적 존재이며, 인은 기의 이치로서의 감정이라고
주장했다. 때문에 인과 즐거움의 경지는 '형이상'의 본체 경지가 아니라
자연과 인간이 '하나의 기로서 어우러지는' 즉 감정과 대상이 서로 얽혀
융합되는 감정의 경지이다. 그는 비록 여전히 도덕존재론의 전통으로부
터 완전히 벗어나지는 않았지만, 개체의 심미적 정취가 발전해 가는 과정
에서 이미 큰 걸음을 내딛었다고 할 수 있다.

이 시기의 가장 중요한 사상가였던 왕부지는 정확하게 '감정과 대상
의 합일'이라는 미학관을 제시했다. 이는 명청 교체기의 시론詩論과 일치
하는 지점으로, 시대적 사조를 대표한다고 할 수 있다. 마찬가지로 그가
시학과 미학의 문제를 다룰 때에도 이를 인식론의 문제와 분명하게 구분
하고 있다. 완전히 명확하다고는 할 수 없지만, 그것은 분명 인지와 감정
혹은 지식과 가치를 분리하려는 경향을 드러낸 것이라 할 수 있다.

왕부지는 진정한 의미에서 주체와 객체의 관계로부터 시작하여 미감
美感 체험과 심미적 가치의 문제를 해결했다고 말할 수 있다. 그는 아름다
움에 대한 모든 감각은 언제나 감정과 대상의 통일 즉 감정과 대상의 합
일의 결과라고 생각했다.

감정과 대상은 이름은 둘이지만 사실상 떨어질 수 없다.[88]

소위 떨어질 수 없다는 것은 감정이 대상에 의해 생기고 대상은 감정
에 의해 존재한다는 것이다. 감정은 순수 주관적인 감정이 아니요, 대상

---

88) 『姜齋詩話』, "情景名爲二, 而實不可離."

역시 순수 객관적인 대상이 아니다. 감정은 대상 속의 감정이요 대상은 감정 속의 대상이다. 이렇게 감정과 대상은 서로 의존하여 존재한다.

> 대상 속에서 감정이 생기고 감정 속에서 대상이 생겨난다. 그러므로 대상은 감정의 대상이요 감정은 대상의 감정이라고 말하는 것이다.[89]

감정과 분리된 대상은 감정의 대상이 아니다. 즉 심미적 대상으로서의 세계가 아니라 그저 객관적인 대상일 뿐이라서, 인식의 대상은 될 수 있어도 감상의 대상은 될 수 없다는 것이다. 마찬가지로 대상과 분리된다면 감정은 대상세계에 대한 감정이 아니다. 즉 심미적 감정이 아니라 그저 개인의 내적 감수성 혹은 여타의 감정일 뿐이라서 아름다움의 체험을 만들어 내지 못한다. 이러한 사상은 성리학자 특히 심학파의 체험과는 확연히 구별된다. 왕부지는 심미적 체험 속에서의 주체와 객체의 관계 문제를 본격적으로 제시하면서 양자의 통일을 미학의 원칙으로 삼았다.

그러나 왕부지 역시 여타 유학자들과 마찬가지로 도덕적 이성주의자였다. 그가 비록 감정과 대상의 관계 문제를 제시하여 감정에 일정 정도의 독립적인 심미적 의의를 갖추도록 했지만 감정과 본성 혹은 감정과 이성의 관계 문제를 다룰 때에는 여전히 성리학적 사상을 준수하여 "본성으로 감정을 바르게 한다"[90]고 주장했다. 왕부지는 결코 본성과 감정을 대립적으로 이해하지 않았고, 이 점은 주희와 동일하다. 그러나 그는 만약 이성의 지도가 없으면 감정은 결국 이상한 방향으로 흘러가 본성과 서로 합치할 수 없다고 보았다. 감정은 매우 중요한 것으로 아름다움과

---

89) 『姜齋詩話』, "景中生情, 情中生景, 故曰景者情之景, 情者景之情."
90) 『詩廣傳』, 卷3, 「小雅五十一」, "以性正情."

즐거움의 심리적 기초가 된다. 때문에 왕부지는 심지어 "나의 감정은 그 자체로 본성이니 그것을 속박해서는 안 된다"[91]고 말했다. 이는 감정에 대한 가장 직접적이고 명확한 긍정이다. 그는 감정이 곧 본성이라고 생각했다. 때문에 '감정을 따르고 욕망을 이룬다'(順情遂欲)는 설이 있었던 것이다. 그러나 다른 측면에서 그는 감정이 본성으로부터 나오고, 감정은 너무나 쉽게 자기중심적으로 흘러갈 수 있기 때문에, '본성을 다함으로써 감정을 바르게' 해야 한다고 주장했다. 요약하자면 '이치를 궁구'하여 '본성을 다하고', '본성을 다하여' '감정을 바르게 한다'는 것이다. 이것이 바로 왕부지 성리학의 중요한 방법이다. 미학에 대해서 그는 진정한 심미 원칙은 '감정에서 나오지만 이치에 의해 멈추어야'[92] 한다고 보았다. 이 역시 일종의 이성주의적 미학관이라고 할 수 있다. 여기에서 그가 말하는 '이치'란 주로 도덕이성이다. 이러한 의미에서 볼 때 왕부지의 심미관과 도덕관은 여전히 합일된다고 할 수 있다. 이는 바로 유학의 전통이며, 왕부지 역시 이러한 전통을 완전히 극복하지는 못했던 것이다.

---

91) 『詩廣傳』, 卷1, 「邶風」, "我情自性, 不能自薄."
92) 『詩廣傳』, 卷1, 「邶風」, "發乎情, 至乎理."

제14장 경외의 마음

유학은 종교가 아니다. 유학을 단순히 종교로 간주해서는 안 된다. 그러나 유학은 분명 상당한 정도의 종교적 정신을 지니고 있어서 종교적 작용을 만들어 내고 종교적 기능을 수행하기도 한다. 때문에 유학에도 종교적 감정의 문제가 있다.

여기에서 말하는 유학이란 광의의 개념이지 유교와 상대해서 말하는 것이 아니다. 즉 유가 학설 이외에 또 다른 유가의 '교'가 있다는 말은 아니라는 것이다. 공자는 한 번도 자신의 학설을 종교의 교의로 간주하지 않았고, 자신을 교주로 생각하지도 않았다. 후대의 유가 사상가들 중에서도 동중서 등 소수의 사람들을 제외하고는 그 누구도 공자를 교주로 보지 않았다. 후대의 유자들은 공자를 성인으로 칭했지만 성인은 인간일 뿐 신이 아니다. 이는 분명히 구별해야 한다. 실제로 성인은 인생의 최고 경지 즉 천인합일의 경지를 가리킨다. 유가는 누구나 성인이 될 수 있다고 말하지만 그 의미는 누구라도 성인의 경지를 실현할 수 있다는 의미이지 결코 피안의 천당으로 가야한다는 것을 의미하지 않는다. 이 경지는 현실 생활 속에서 도달해야 할 마음의 경지 혹은 정신적 경지이다. 감정의 각도에서 말했을 때 최고 이상으로서의 성인의 경지는 감정적 태도이자 지향이다. 그 완전한 아름다움의 측면에서 볼 때 성인에게는 신성성이 갖추어져 있지만, 그렇다고 해서 성인이 곧 신은 아니다. 만약 유가를 종교라고 한다면 그것은 일종의 인문주의적 종교라고 할 수 있을 뿐이다.

유학은 인문주의 학설이며, 그 인문주의 정신은 시종 인간의 존재 및 그 가치와 의미의 문제를 주제로 해서 드러났었다. 감정의 문제는 이러한 주제 하에 제시되고 논의되어 왔던 것이다. 유학의 종교정신은 주로 초월성과 영원성의 의미를 추구하는 가운데 드러났으며, 이러한 과정에서 일련의 종교적 감정이 없을 수는 없었다. 이것이 바로 경외의 마음이다.

제1절 하늘이 지닌 의의의 근본적인 변화

유학은 하늘(天) 혹은 천도天道를 최고의 범주로 삼는다. 주지하다시피 공자 이전 은나라와 주나라(서주) 시기의 하늘은 최고의 인격신이었으며, 이는 서양의 하나님에 해당된다.(은나라 때에 하늘은 상제로 불렸다.) 그러나 춘추시기에 이르러 엄청난 변화가 발생했다. 하늘의 지위에 변화가 발생했고, 그에 따라 하늘이 지닌 의미 역시 변화되었다. 제자백가들은 각자의 철학적·문화적 입장에 따라 하늘을 해석했다. 풍우란 선생은 당시의 하늘에는 다섯 가지 뜻이 있다고 했는데, 이러한 설명은 당시의 변화를 잘 설명해 준다.[1]

공자의 시대에도 하늘의 종교적·신학적 의미는 여전히 상당히 영향을 미치고 있었지만, 공자의 최대 공헌은 근본적으로 하늘의 신학적 의미를 동요시키고 와해시키면서도 하늘의 종교적 의미를 유지시켰다는 점이다. 이렇게 말하는 것은 결코 모순이나 궤변이 아니다. 왜냐하면 신학은

---

1) 『중국철학사』 상 참조.

반드시 종교를 다루지만 그렇다고 해서 종교가 반드시 신학인 것은 아니기 때문이다. 특히 '종교성'의 문제는 분명히 어떤 철학적 입장과 결부되고 연결되기는 하지만, 종교성 문제에 결부되는 모든 철학적 입장이 종교신학이라고 할 수는 없다. 구체적으로 말해서 공자학설 속에서 하늘의 의미는 근본적인 변화를 겪게 된다. 하늘은 더 이상 인격신이 아니게 되었으며, 어떤 위상을 지니는 절대적 실체 혹은 명령을 내리는 주재자가 아니게 되었다. 그러나 어떠한 의미에서의 '신성' 혹은 신성성의 특징은 지녔다. 만약 공자의 사상 중에도 하늘에 대한 모종의 종교적·신학적 내용이 보전되어 있다고 한다면, 이 역시 수긍할 수 있다. 왜냐하면 공자는 어찌 되었든 '술이부작述而不作' 즉 문화적 유산을 계승하는 것을 자신의 임무로 생각했기 때문이다. 또한 그 자신도 그가 속한 종교적 문화적 역사 배경 안에서 살아갔던 인물이다. 예컨대 그는 다음과 같이 말했다.

나를 아는 이는 하늘이로다.[2]

내가 누구를 속이겠는가? 하늘을 속이겠는가?[3]

내가 잘못한 일이 있으면, 하늘이 미워하리라! 하늘이 미워하리라![4]

이러한 언급은 한둘이 아니다. 이러한 언급으로부터 보았을 때 공자의 관점에서의 하늘은 마치 지각도 있고 감정도 있고 의도도 있는 신인 것 같다. 만약 그것이 인격신이 아니라고 한다면 어째서 '나를 안다'와

---

2) 『論語』, 「憲問」, "知我者其天乎!"
3) 『論語』, 「子罕」, "吾誰欺? 欺天乎?"
4) 『論語』, 「雍也」, "夫子矢之曰: 予所否者, 天厭之! 天厭之!"

같은 언명이 있었던 것일까? 그러나 우리가 반드시 주의해야 할 점은, 이러한 종류의 고사들이 대부분 개인의 생활에 관한 문제 혹은 공자의 인격이나 행위에 대한 질문, 심지어는 그러한 것에 대한 회의를 논할 때에 제기된 것이지, 결코 그가 자신의 종교적 관점을 논하는 과정에서 제기된 학설이 아니라는 점이다. 뿐만 아니라 이런 것들은 그의 학설에서 중요한 내용도 아니었다. 아무리 공자의 학설이 언제나 제자들과의 대화 속에서 제시된 것이며 공자 스스로 언행일치를 주장했다 하더라도, 학설 혹은 주장과 개인의 행위를 완전히 동일시해서는 안 된다. 위에 제시된 공자의 언명들은 마치 후대의 사람들이 '하늘에 대고 맹세한다'라고 할 때와 마찬가지로 최후의 정신적 지지를 필요로 할 때 들먹이는 것과 같다. 그러나 도대체 하늘이 무엇인가에 대해서는 그들 자신도 분명히 알지 못했거나, 최소한 하늘이 그들의 말을 귀담아 들을 것이라는 것을 의식하지도 않았던 것으로 보인다. 다만 사태가 임박했을 때라야 비로소 하늘만이 유일한 최후의 심판자라는 것을 생각해 낸 것으로 보인다. 이것이 바로 '신성한 도가 가르침을 낸다'(神道設教)는 전통의 산물이다. 물론 공자는 한 명의 사상가로서 평범한 인간이 아니었다. 그가 위와 같이 말했을 때, 그의 태도는 물론 엄숙했고 진지했지 아무렇게나 말한 것은 아니다. 그러나 공자 역시 인간이다. 그가 오해를 받거나 혹은 이해되지 못할 때에 이러한 말을 하는 것은 충분히 이해될 수 있는 일이다. 이러한 현상은 공자사상의 잠재의식 속에 여전히 어느 정도의 종교적·신학적 흔적이 있었음을 설명해 줄 수는 있겠지만, 그가 종교인임을 입증하는 증거가 되지는 못한다.

왜냐하면 공자의 주요 학설은 여기에 있지 않기 때문이다. 그의 주요 학설은 바로 인을 핵심으로 하는 인문주의를 제시하고 실행하는 것이었다. 이러한 학설 속에서 인간의 지위는 향상되고 인간의 주체성은 부각되었다. 공자는 '도'를 최고의 진리로 여기고 '도를 추구함'(聞道) 혹은 '도에 뜻을 두는 것'(志道)을 최고의 염원으로 삼았다. 동시에 "사람이 도를 넓히는 것이지 도가 사람을 넓히는 것이 아니다"5)라고 하면서 인간의 주체적 정신을 고무했다. "도에 뜻을 두고 덕에 근거하고 인에 의지하며 예에서 노닌다"6)는 것이 바로 공자학설의 주요 강령이다. 도란 천도 즉 천명이다. (인간에게 명령으로 부여한다는 측면에서) 덕이란 덕성으로서 인간에게 명령된 천도이다. 인이란 최고의 덕성으로서 '마음의 온전한 덕성'이라고 불려진다. 예藝란 인문적 소양의 중요한 조건이면서 동시에 인덕이 드러나는 주된 방식이기도 하다.

여기에서 가장 중요한 것은 천도·천명 및 '지천명知天命'의 학문이다. 이러한 학설에서 하늘은 최고의 존재이지만 결코 인격신이 아니며 어떤 실체도 아니다. 오히려 운행의 과정 속에 있는 존재로서, 과정 그 자체가 존재이지 어떤 실체도 아니다.

> 하늘이 무슨 말을 하던가! 사시가 운행하고 만물이 생겨남에 있어 하늘
> 이 무슨 말을 하던가!7)

하늘의 근본적인 의미는 '생'이다. 『주역』「계사」에서 "하늘의 위대한 덕을 일러 생이라고 한다"8)라고(「계사」등 『역전』은 공자의 저작이라고 전해진다. 설령 공자의 저작이 아니라고 하더라도 공자의 사상을 대표한다고 할 수 있다.) 한 것처

---

5) 『論語』, 「衛靈公」, "子曰: 人能弘道, 非道弘人."
6) 『論語』, 「述而」, "志於道, 據于德, 依於仁, 遊於禮."
7) 『論語』, 「陽貨」, "子曰: 天何言哉! 四時行焉, 百物生焉, 天何言哉!"
8) 『周易』, 「繫辭下」, "天地之大德曰生."

럼 하늘은 '생'을 그 덕성으로 삼는다. 이는 하늘이 생명적 의미뿐만 아니라 가치적 의미를 지니고 있음을 말해 준다. 하늘은 자연계가 발육하고 유행하는 과정 즉 '생생불식'의 과정 그 자체이다. 여기에서 생명의 창조는 결정적인 의미를 지니게 된다. 물론 이것은 신이 인간을 창조했다는 식의 창조를 의미하지 않는다. 오히려 천도의 자연스러운 운행 속에서 만물을 만들어 내고 인간을 만들어 내는 것을 의미한다. 여기에서 말하는 '생'은 생성 혹은 창생을 의미한다. 그러나 그것이 반드시 자연과학적 의미에서의 생성은 아니다. 그보다는 좀 더 초월적 의미를 지닌다. 바로 이러한 의미에서 말했을 때 하늘은 만물의 '본원'이고 생명의 근원일 뿐만 아니라 가치의 근원이기도 하다. 이것이 바로 공자가 말한 '천명'이다. 명이란 인간에게 부여된 명령이다. 그러나 그것은 신의 명령이 아니라 목적적 의미에서의 자연이 부여해 준 것이다.

소위 '목적적 의미'란 하늘과 인간의 관계 문제를 두고 말한 것이다. 하늘과 인간의 관계를 탐구하는 것은 유가철학뿐만 아니라 전체 중국철학의 근본적 문제이다. 그러나 무엇을 두고 하늘과 인간의 관계라고 하는 것인가? 여기에서의 '관계'란 인간과 하늘 즉 자연계 사이의 영역 혹은 경계만을 의미하지 않는다. 더 중요한 것은 인간과 하늘 즉 자연계 사이의 상당히 미묘한 관계를(이는 중국어의 특징이다.) 의미한다. 그 중에서도 가장 중요한 것은 목적적 관계이다. 소위 '천명'이란 바로 이러한 관계에서 도출된 것이다.

많은 사람들은 '천명'을 객관성과 필연성 혹은 한정성의 의미로 해석한다. 그러나 그것은 명命의 한 측면 즉 명령의 의미만을 말한 것이다. 그러나 우리가 「제11장 감정과 지식」에서 이미 다루었던 것처럼 또 다른 측면에서의 명의 의미는 보다 근원적이고 중요하다. 이것이 바로 목적적 의미이다. 오직 목적적 의미에서 출발했을 때만이 인간의 도덕적 근원과 자유의 문제를 설명할 수 있다. 소위 '목적성'이라는 것은 당연히 인간의 목적을 두고 한 말이다. 인간 혹은 인간과 하늘의 관계 외에 자연계에 목적이 있는지와 같은 문제들은 유가에게 아무런 의미도 주지 못했다. 혹은 자연계의 생명현상이 어떻게 생겨났으며, 생명이 없던 것으로부터 생명이 생기는 과정이 어떻게 진행되었는지, 또 그 속에 목적성과 유사한 요인이 있는지 등과 같은 문제는 그저 순수과학의 문제일 뿐이다. 이러한 연구 역시 중요하며 현재 많은 사람들이 그러한 연구를 진행하고 있지만, 이는 생명에 대한 인간의 관심과 같은 문제일 수는 없으며, 또한 공자와 유가가 논한 문제도 아니다. 공자와 유가가 관심을 기울인 것은 생명의 의미 및 가치 등과 같은 문제였다. 즉 이것은 궁극적 관심의 문제이다. 바로 여기에서 목적성은 특히 중요한 의미를 지니게 된다.

어떤 측면에서 보았을 때, 하늘은 신도 아니고 실체도 아니다. 그것은 자연계 운행의 과정일 뿐이다. 때문에 거기에는 목적이 있을 수 없다. 이러한 의미에서 보자면 공자는 신학적 목적론을 부정했다. 그러나 다른 측면에서 보자면 하늘의 운행 과정은 '생생불식' 즉 부단한 생성과 창조의 과정이다. 그리고 이러한 과정 속에는 일종의 무목적적인 목적성이 있다. 인간은 바로 여기에 근거해서 도덕적 잠재능력을 획득하고, 그 덕성을 완성하게 되는 것이다. '생'은 목적적이다. 그 목적성은 바로 선이다. 목적이 선이고 선이 목적이다. 그러나 그 목적은 인간에 의해 실현되는 것이다. 때문에 하늘은 생을 자신의 덕성으로 삼고, 인간은 인을 자신의 덕성으로 삼는다. 이것이 바로 천명의 진정한 함의이다.

유가는 매우 빈번하게 이 문제를 논했다. "하늘이 내게 덕을 부여해 주었다"[9]라고 공자가 말한 것이나 『중용』에서 "하늘이 명해 준 것을 일러 본성이라고 한다"10)라고 한 것, 혹은『주역』「계사」에서 "그것을 계승한 것을 선이라고 하고, 그것을 이룬 것을 본성이라고 한다"11)라고 한 것, 그리고 맹자가 '하늘이 내게 부여해 준 것'12), 그리고 "그 마음을 다하면 자신의 본성을 알고, 자신의 본성을 알면 하늘을 안다"13)라고 했던 것 등등은 모두 하늘과 인간의 목적적 관계를 말하고 있다.『주역』복괘에는 "복에서 천지의 마음을 볼 수 있다"14)라는 구절이 있는데 여기에서는 '천지의 마음'이라는 문제가 제기되고 있고, 후대의 유자들은 더 나아가 "인간은 천지의 마음을 자신의 마음으로 삼는다"라고 말함으로써(장재나 주희 등이 모두 이렇게 말하고 있다.) '하늘과 인간의 관계'에 관한 문제를 새로운 단계로 발전시켰다. 그들이 말하는 '마음'에는 분명히 목적적 의미가 있다. 무엇을 보고 천지의 마음이라고 하는가? 그들은 모두 천지를 자연계라고 생각했다. 때문에 천지에는 마음이 없다. 설령 마음이 있다 하더라도 그것은 인간의 마음과 같은 마음은 아니다. 다만 천지는 "생을 자신의 마음으로 삼는다" 혹은 "만물을 낳는 것을 자신의 마음으로 삼는다"라고 하는 것처럼, 천지에 마음이 있다고 한다면 그것은 바로 '생'이다. 소위 마음이란 인간에게 해당하는 말이다. 그러나 인간의 마음에는 근원이 있다. 인간은 천지가 만물을 낳는 마음을 받아 자신의 마음으로 삼는다. 때문에 인간에게는 인한 마음(仁心) 혹은 차마 어쩌지 못하는 마음(不忍之心)이 있다. 인한 마음이나 차마 어쩌지 못하는 마음이란 도덕감정 즉 목적성을

---

9)『論語』, 「述而」, "天生德於予, 桓魋其如予何?"
10)『中庸章句』, 제1장, "天命之謂性, 率性之謂道, 修道之謂敎."
11)『周易』, 「繫辭上」, "繼之者善, 成之者性."
12)『孟子』, 「告子上」, "心之官則思, 思則得之, 不思則不得也. 此天之所與我者, 先立乎其大者, 則其小者弗能奪也."
13)『孟子』, 「盡心上」, "孟子曰: 盡其心者, 知其性也. 知其性, 則知天矣."
14)『周易』, 復卦, "復, 其見天地之心乎!"

지닌 감정으로, '생명의 이치'(生理) 즉 성性·인仁·양지良知를 실현하는 것을 목적으로 한다. 어떻게 이럴 수 있는가? 하늘과 인간이 '주고받는' 가운데 일종의 목적적 관계가 성립되기 때문이다. 하늘은 인간에게 본성을 '부여'하고, 인간은 그 선함을 계승하여 자신의 본성을 완성할 수 있기 때문이다. 바로 그렇기 때문에 하늘이 비록 신이 아니라 하더라도 일종의 신성성을 가지게 되며, 인간은 하늘에 대해 경외하는 마음을 지니게 된다.

하늘은 자연계이지만 생명적 의미를 지닌 자연계이다. 초월의 측면에서 보았을 때 하늘은 곧 도이고 이치이다. 천도와 천리는 하늘이 하늘인 이유이며, 하늘에 있어서는 도가 되지만 인간에게서는 본성이 된다. 여기에서 하늘과 인간의 관계에 대한 문제가 발생한다. 우주론적인 측면이든 아니면 존재론적인 측면이든 반드시 하늘의 선재성과 근원성을 인정해야만 한다. 분명한 것은 하늘이 인간에게 명령하여 본성으로 삼고 마음으로 삼는 것이며, 이에 근거해서 인간의 주체성이 확립되는 것이지, 그 반대일 수는 없다는 것이다. 이것이 바로 서양의 버클리와 같은 주관유심론이 중국철학에서 결코 출현할 수 없었던 이유이다. 설사 왕수인과 같은 주체론자[15]를 포함하더라도 말이다. 공자가 "하늘이 내게 덕을 부여해 주셨다"라고 말할 때에도 그가 반드시 하늘을 상제나 신이라고 생각한 것은 아니다. 그러나 하늘에 신성한 목적성이 있다고 생각한 것은 분명해 보인다. 때문에 내게 덕성을 '부여'해 준 것이다. 이는 그가 자신에 대해 무척 강력한 신념을 가졌음을 보여 줄 뿐만 아니라 그가 하늘에 대해 매우 깊은 경외의 마음을 지니고 있었음을 보여 준다. 도덕주체론을 주장한 맹자 같은 사람도 "우러러 하늘에 아무런 부끄러움이 없고 굽어보아 사람에게

---

15) 역자주: 대상세계의 객관적 지식이나 규율보다 주체의 도덕적 자각을 더욱 중시하는 왕수인의 철학적 입장을 저자는 '主體論'이라고 표현한 것이다.

도 부끄럽지 않음"16)을 말하면서 하늘에 대한 자신의 경외의 감정을 표명했다. 왕수인은 한편으로는 마음이 하늘의 '근원'17)이라고 하면서도 또 다른 곳에서는 하늘이 마음의 '근원'18)이라고 했다. 그는 양지설을 주장하면서 양지를 자신의 '준칙'이라고 보았지만, 양지는 어찌 되었든 천지의 '낳고 낳음의 이치'이자 '자연의 법칙'이다. 그가 언급한 '항상 깨어 있음'19) 역시 경외의 의미를 지니고 있다. 정이나 주희와 같은 여타의 유자들의 경우에는 더욱 말할 것도 없다.

때문에 공자의 '천명을 안다'(知天命)라는 것도 사실상 '본성과 천도'의 문제를 체인하는 것이다. 자공은 "선생님의 문장은 들을 수 있었지만 본성이나 천도에 관한 견해는 들을 수 없었다"20)라고 말했는데, 이는 공자 학설의 특징을 드러내는 매우 중요한 증언이다. 그러나 이 구절은 빈번하게 오독된다. 소위 '들을 수 없었다'는 것은 어디까지나 자공 자신이 본성과 천도에 대한 공자의 학설을 들을 수 없었다는 것이지, 공자가 이런 방면에 대한 사상이 전혀 없었다는 것을 의미하는 것도 아니요, 공자의 여타 학설 중 일부가 본성이나 천도에 관한 관점과 서로 대립된다는 말도 아니다. 만약 공자에게 이런 문제에 대한 사상이 없었다고 한다면 자공은 어디에 연유해서 본성과 천도에 관해 질문할 수 있었겠는가? 또한 만약 공자에게 본성이나 천도와 근본적으로 합치될 수 없는 학설이 있었다고 한다면, 자공은 결코 이런 문제를 제기할 수 없었을 것이다. 즉 이는 말했

---

16) 『孟子』, 「盡心上」, "孟子曰: 君子有三樂, 而王天下不與存焉. 父母俱存, 兄弟無故, 一樂也. 仰不愧於天, 俯不怍於人, 二樂也. 得天下英才而教育之, 三樂也. 君子有三樂, 而王天下不與存焉."

17) 『傳習錄』, 卷下, 222쪽, "先生曰: 人心是天淵."

18) 『傳習錄』, 卷下, 222쪽, "心之本體, 無所不該, 原是一箇天, 只爲私欲障礙, 則天之本體失了. 心之理無窮盡, 原是一箇淵, 只爲私欲窒塞, 則淵之本體失了."

19) 『傳習錄』, 卷中, 163쪽, "其印常惺惺, 常記得, 常知得, 常存得者乎?"

20) 『論語』, 「公冶長」, "子貢曰: 夫子之文章, 可得而聞也. 夫子之言性與天道, 不可得而聞也."

느냐 말하지 않았느냐 혹은 들었느냐 듣지 못했느냐의 문제일 뿐 실제 그런 사상이 있었느냐 없었느냐의 문제가 아님을 알 수 있다. '듣지 못했다'는 것으로부터 공자에게는 이러한 사상이 없었다거나 심지어는 이러한 사상과 서로 다르거나 상반되는 사상이 있었다고 추론할 논리적 근거는 어디에도 없다. 왜 듣지 못했는가에 대해서는 매우 넓은 해석의 여지가 있을 수 있다. 그러나 여기에는 매우 중요한 문제 즉 초월의 문제가 결부되어 있다. 공자는 하늘을 자연계로 해석할 때에도 하늘에 초월적 의의를 남겨두었다. 이에 근거해서 '본성과 천도'에 관한 문제나 '천명'의 문제가 나올 수 있었던 것이다. 공자의 학설은 모두 '문장' 속에서 표현된다. 즉 일상 언어 속에서 표현되었던 것이다. 때문에 "선생님의 문장은 들을 수 있었다"라고 말한 것이다. 공자는 형이상학적 언어를 거의 사용하지 않았으며(없는 것은 아니다.) 초월에 관한 문제를 직접적으로 다룬 경우는 거의 없었다. 그러나 그것이 공자가 이런 문제를 중시하지 않았다는 것을 의미하지는 않는다. 오히려 그 반대로 공자는 이미 이런 문제들을 제기하고 논했다. 그래서 자공이 '본성이나 천도에 관한 선생님의 견해'라는 문제를 제기할 수 있었던 것이다. 그러나 이런 문제들은 언설의 문제가 아니라 근본적으로 체험의 문제이며 실천의 문제이다. 때문에 공자는 "아래의 구체적인 것으로부터 배워 나아가 위의 단계로 올라간다"[21]라고 주장했던 것이다. '아래의 구체적인 것'이란 말할 수 있는 것이며 또 반드시 말해야 하는 것이다. '문장'은 바로 '아래의 구체적인 것'에 해당하는 것이다. 그러나 공자의 학설은 결코 '문장'에 머무르지 않는다. 오히려 '본성과 천도'의 학문에 도달해야 한다. 이것이 바로 '위의 단계로

---

21) 『論語』, 「憲問」, "子曰: 不怨天, 不尤人,下學而上達, 知我者其天乎!"

올라감'이다. '문장'의 중요성은 바로 여기에 있다. 그러나 '위의 단계로 올라감'은 초월적 단계의 일이지 '문장' 자체의 일이 아니다. 때문에 진정으로 위의 단계로 올라가기 위해서는 개인의 절실한 깨달음과 체인이 있어야 한다. 즉 '묵묵히 깨달아 마음으로 통함'이 있어야 한다. 이것이 바로 "선생님의 문장은 들을 수 있었지만 본성이나 천도에 관한 견해는 들을 수 없었다"는 말의 정확한 이해이다. 공자의 관점에서 본성과 천도에 관한 문제는 일반적인 언어로 표현될 수 있는 것이 아니며, 일반적인 인식방법으로 인식될 수 있는 것도 아니다. 그렇다 할지라도 공자는 여러 차례에 걸쳐 '천명을 앎'의 문제에 대해 논했다. 사실 천명을 안다는 것은 곧 위의 단계로 올라감을 의미한다. 이것은 신의 의지를 아는 것도 아니요, 소위 객관적 필연성을 인식하는 것도 아니라, 천도·천덕에 도달하는 것이다.

제2절 천명에 대한 경외

천명을 알기 위해서는 마음속에 경외의 마음을 품고 있어야 하며, 몸소 그것을 실천하면서 조금의 게으름이나 경솔함도 있어서는 안 된다. 더군다나 그것을 함부로 생각하는 마음이 있어서는 결코 안 된다. 왜냐하면 그것은 일상적인 인식의 문제가 아니라 생명의 의의에 관한 문제이며 생명의 귀속에 관한 문제이기 때문이다. 군자는 반드시 명을 알아야 한다. 군자의 학문이란 바로 명을 아는 학문이다.

명을 알지 못하면 군자라고 할 수 없다.[22]

소인은 명을 알지 못한다. 때문에 거리낄 것이 없다. 아무런 거리낄 것이 없어서 하지 못할 짓이 없고, 결국 자신의 생명까지 소진하고, '하늘이 부여해 준 것을 함부로 없애며' 극단적인 짓도 서슴지 않는다. 천명에 대한 경외는 사실상 자신이 담지하고 있는 신성한 사명감 혹은 책임감에 대한 존중이며, 이것은 다시 마음속에 있는 덕성에 대한 경각과 깨어 있음(즉 '항상 맑게 깨어 있음'[常惺惺])으로 전환된다. 왜냐하면 그것은 하늘이 부여해 준 것이기 때문이다. 행동에서도 이와 같아야 하겠지만, 말 한마디 행동거지 하나에서도 언제나 진중해야 한다. 즉 모든 일에 대해서 언제나 엄숙하게 대해야 하며 결코 소홀해서는 안 된다. 심지어는 용모와 복식에서도 일정한 틀을 유지해야 한다. 과거에 '선비연한다'는 말은 항상 우스갯거리였다. 사실 그 본래의 의미는 마음속 공경함을 표현하는 것이지 겉으로 드러나는 형식의 문제가 아니다. 소위 '목욕'이나 '재계' 같은 경우도 모두 마음속의 공경함을 표현하는 것이다. 그렇게 하지 않으면 마음속의 공경함을 표현할 수 없기 때문이다. 소위 "공경하는 마음으로 일하기를 마치 귀신을 공경하듯 한다"는 것이 바로 그런 것이다. 공자의 제자 중에 증자는 '독행篤行'·'독경篤敬'으로 유명했다. 증자의 언행은 유자가 지녀야 할 경외의 마음을 드러내기에 충분했다. "나는 하루에 나의 몸을 세 번 돌아본다"[23]라는 것을 그가 해낼 수 있었던 것은, 하늘이 자신에게 부여해 준 사명을 의식했을 뿐만 아니라 그러한 사명을 경외의 감정으로 대할 수 있었기 때문이다. 그는 『시경』속의 "전전긍긍하기를 마치 깊은 연못에 임한 듯 마치 얇은 얼음을 밟는 듯하네"라는 구절을 인용해서 자신의 이러한 감정을 표현하고, 실제로 그는 그렇게 하고 있었다는 것을

---

22) 『論語』, 「堯曰」, "子曰: 不知命, 無以爲君子也."
23) 『論語』, 「學而」, "曾子曰: 吾日三省吾身."

보여 준다. 그는 임종할 때 그의 제자들에게 다음과 같이 말했다.

내 발을 단속하고 내 손을 단속하라. 지금 이후에야 나는 면할 수 있게 되었다.[24]

이는 삶이 다해 가는 시점에서 돌아보았을 때 그의 일생 중 어떠한 유감도 또 천지에 대한 어떠한 부끄러움도 없었음을 보여 준 것이다. 이것이 어찌 종교적 정신이 아니겠는가?

이는 유가의 생사관이기도 하다. 공자는 이렇게 말했다.

삶을 알지 못하는데 어찌 죽음을 알겠는가?[25]

증자가 임종 전에 했던 말은 공자의 이러한 학설을 가장 훌륭하게 실천해 낸 것이라고 할 수 있다. 물론 삶과 죽음은 인생에서 가장 큰 일이라고 할 수 있다. 그러나 죽고 난 뒤에 어떻게 될 것인지에 대해서 유가는 문제의 존재를 인정하면서도 적극적으로 논하지 않는 태도를 취하고 있다. 유가의 어떤 학설도 죽은 뒤에 천당에 가는지에 대해서 혹은 귀신이 되는지의 여부에 대해서도 명확하게 답을 내리고 있지 않다. 그러나 그렇다고 해서 유가가 죽음을 중시하지 않았다고 말할 수는 없다. 오히려 그 반대로 유가는 죽음을 매우 중시한다. 유가는 제례를 강조했다.

제사를 지낼 때는 그 대상이 여기에 있는 듯이 해야 한다. 신에게 제사

---

24) 『論語』, 「泰伯」, "曾子有疾, 召門弟子曰: 啓予足, 啓予手. 詩云: '戰戰兢兢, 如臨深淵, 如履薄氷.' 而今而後, 吾知免夫, 小子."
25) 『論語』, 「先進」, "曰: 未知生, 焉知死?"

지낼 때는 신이 여기에 있는 듯이 해야 한다.[26]

이는 유가가 죽음을 중시했다는 것을 보여 준다. 소위 "삶의 끝을 신중히 하고 먼 조상을 존숭한다"[27]라는 것은 죽음을 삶의 과정 중 매우 중요한 일로 대하는 것이다. 죽음은 생명의 마무리이자 시작으로서 살아있는 이에게는 매우 중요한 의미를 지닌다. 죽음이 있기 때문에 삶을 중시해야 하는 것이다. 죽음의 의미는 삶을 어떻게 대할 것인가의 문제로 돌아온다. 삶의 의미는 죽음으로 인해 드러난다. 죽음이 무엇인지 알기 위해서는 삶 속에서 그 의미를 찾아야 한다. 삶의 의미를 알지 못하면서 어떻게 죽음의 의미를 알 수 있겠는가? 이것이 바로 공자가 말한 "삶을 알지 못하는데 어찌 죽음을 알겠는가?"라는 말의 진정한 의미이다.

증자는 이 점을 가장 잘 이해했기에 그런 말을 할 수 있었던 것이다. "지금 이후에야 나는 면하게 되었다." 이미 죽음을 목전에 두고서 또다시 무슨 힘쓸 것이 있겠는가? 너무 늦은 것이 아닌가? 뿐만 아니라 죽음 이후에 또 다른 세계가 있다고 말하지 않는 상황에서 무엇을 힘쓸 것인가? 사실 이는 죽음 뒤에 해당되는 말이 아니고 살아 있는 동안을 말한 것이다. 삶이 있어야 죽음이 있고 죽음이 있어야 삶의 진정한 의미를 알 수 있다. 오직 살아 있는 동안 시시각각 삶이 지닌 의미를 잊지 않고 경외하는 마음으로 삶을 대할 수 있어서 삶의 의미를 실현시키며 삶이 부여받은 책임을 완성해야만 그 삶이 다할 때에 이르러 어떠한 유감도 남지 않을 수 있는 것이다. 이때, 오직 이때만이 "지금 이후에야 나는 면하게 되었다"라고 말할 수 있는 것이다. 삶이 다하기 전에는 그 언제라도 이러한

---

26) 『論語』, 「八佾」, "祭如在, 祭神如神在."
27) 『論語』, 「學而」, "曾子曰: 愼終追遠, 民德歸厚矣."

말을 할 수는 없다. 왜냐하면 삶의 온전한 의미는 바로 죽음에 의해 증명되기 때문이다. 인간은 물론 죽음을 알 수 없고 죽음을 체험할 수도 없다. 그러나 죽음의 경계는 알 수 있다. 그로부터 죽음의 의미를 알 수도 있다. 그 의미는 전적으로 삶 속에 있다. 이 때문에 "삶을 알지 못하는데 어찌 죽음을 알겠는가?"라는 말은 "죽음을 알고 싶으면 반드시 삶을 알아야 한다"라는 말로 전환될 수 있다. 삶은 유한하다. 그러나 삶의 의미는 영원하다. 왜냐하면 그것은 천명으로부터 왔기 때문이다. 인간은 영생을 구할 수는 없다. 그러나 삶의 영원한 가치와 의미를 찾을 수는 있다. 이것이 바로 천명을 경외해야 하는 이유이다.

귀신의 문제에 대해서 공자는 한편으로는 매우 유연한 태도를 견지하면서도 또 다른 한편으로는 정성되고 경외하는 마음을 지닐 것을 요구하고 있다.

귀신을 공경하되 멀리하라.[28]

제사를 지낼 때는 그 대상이 여기에 있는 듯이 해야 한다. 신을 제사 지낼 때는 신이 여기에 있는 듯이 해야 한다.

이러한 언급들 속에서 그는 귀신의 존재 여부를 명확히 밝히지는 않았다. 그러나 "귀신을 공경하라"라거나 '신에게 제사 지냄'과 같은 종교적 활동에 대해서는 긍정하고 있다. 소위 '공경하되 멀리한다'(敬而遠之)라는 것은 공경하면서도 일정한 거리를 유지하라는 말이다. 이에 대해서는 다음과 같은 서로 다른 해석이 있을 수 있다. 먼저 귀신을 인정하기 때문에

---

28) 『論語』, 「雍也」, "子曰: 務民之義, 敬鬼神而遠之, 可謂知矣."

귀신을 공경하면서도 멀리하라는 것이다. 여기에서의 멀리함이란 신령의 위엄을 함부로 대할 수 없다는 것이다. 신령을 함부로 할 수 없기 때문에 멀리하는 것이고 따라서 멀리함은 그 자체로 공경함이다. 그러나 달리 보면 귀신은 없지만 '도를 펴고 교육을 세우기 위해' 공경할 수 있다는 것이다. 물론 그것을 가까이할 수는 없다. 후자의 해석은 바로 순자의 주장이며 교화적 작용만이 있다는 관점이다. 그러나 또 다른 해석도 있을 수 있다. 귀신이 있는지 없는지 관계없이 일종의 신앙으로서 그것을 공경할 수 있고, 또 반드시 공경해야 한다는 것이다. 그러나 귀신으로부터 무언가를 얻으려 해서는 안 된다. 오직 귀신을 공경하는 마음으로 인간사를 공경해야 하는 것이다. 아마도 이러한 해석이 공자의 사상에 더 가까울 것이다. 그러나 어찌 되었든 유가의 학설 속에서 귀신은 하늘이나 천명과 동일한 층위의 문제는 아니었다. 때문에 주요한 지위를 점하지 못했다.

자연현상에 대해 논할 때에도 공자는 경외의 감정을 드러냈다. 그 중에 가장 유명한 예는 "우레가 치고 돌풍이 불면 반드시 자세를 고쳐 잡으셨다"[29]이다. 우레와 돌풍은 자연계의 현상이다. 일종의 이상 현상에 불과한데 이것이 인간과 무슨 관계가 있다는 것인가? 어째서 '반드시 자세를 고쳐 잡아야', 즉 두려워하며 평소와는 다른 태도로 그것을 대해야 하는가?

여기에는 하늘과 인간의 관계에 대한 또 다른 층위의 의미가 숨어 있다. 즉 하늘(자연계)은 인간에 대하여 일종의 경계나 경고의 작용을 하며, 인간은 그 속에서 일정한 계시를 얻어 반성해야 한다는 것이다. 따라서 인간은 자연계에 대해 충만한 경외의 마음을 지니게 된다.

---

29) 『論語』, 「鄕黨」, "迅雷風烈, 必變."

고대 중국에는 하늘이 착한 이에게 상을 내리고 악한 이를 벌할 수 있다는 관념과 신앙이 있었다. 공자 이전 이러한 신앙은 매우 중요했다. 공자 이후에도 귀신을 공경해야 한다는 전통과 함께 민간에서 오래도록 유행했다. 그러나 이것은 어떤 구체적인 신 예컨대 산이나 강 혹은 땅의 신에 대한 신앙이 아니라 최고신 즉 천신에 대한 신앙이다. 민간에서 믿는 천신은 인격화된 신이다. 천신은 인간의 일거수일투족을 모두 볼 수 있다. 즉 천신은 의지를 지닌다. 천신의 의지는 사람들로 하여금 좋은 일을 하게 하고 나쁜 일을 하지 못하게 하는 것이다. 만약 좋은 일을 하면 하늘은 그에게 상을 내리고, 나쁜 일을 하면 하늘은 그에게 벌을 내린다.

공자는 하늘이 지닌 신학적 권위를 동요시키고 와해시켰다. 그래서 하늘을 자연계의 천도가 유행하는 것으로 간주하고 인간의 선악의 행위를 덕성의 문제로 돌려놓았다. 하늘은 오직 인간의 덕성을 통해서만 그 목적성을 실현할 수 있다. 그렇다면 인간사회의 악행 혹은 발생 가능한 악행에 대해서는 어떻게 할 것인가? 그는 자연계의 이상 현상을 예시로 하여 하늘이 인간에 대해 경고의 작용을 가진다고 주장하고 있다. 후대의 동중서는 이러한 예시들을 이용해서 '하늘의 경고에 관한 설'(天譴說)을 제기하여 하늘의 신학적 의미를 회복하려고 했다.

사실 이러한 경고·경계의 작용은 광의의 의미로 이해될 수 있다. 그 중에는 인간과 자연계의 조화로운 질서가 파괴됨으로부터 발생하는 하늘의 '징벌'이 있을 수 있다.(이러한 일은 오늘날 분명히 출현하고 있고, 점점 더 심각해지고 있다.) 또 자연의 변화에 직면한 인간의 무지나 맹목적 행동 혹은 우연적 요소로 인해 매우 심각한 결과가 초래될 수도 있다.(예컨대 우레·돌풍 등의 재난이 생명에 대해 유발하는 위해 등) 또 덕행의 측면에서 천명을 위반함으로 인해 발생할 수 있는 여러 문제들도 있을 수 있다. 이런 여러 문제들,

특히 덕행·덕성 측면의 문제들은 상당 부분 삶에서의 '믿음'의 문제, 태도의 문제이지 과학적 인식이나 지식의 문제가 아니다. 자연계에 대한 인간의 인식은 끊임없이 진보해 왔으며, 과학 역시 끊임없이 발전해 왔다. 그러나 자연계에 대한 인류의 인식은 영원히 끝날 수 없으며, 진리를 최종적으로 확인하는 최후의 날에 영원히 도달할 수 없을 것이다. 인간과 자연계 간에는 인식적 관계 이외에도 매우 중요한 관계가 있다. 때문에 자연계에서 발생할 수 있는 여러 현상들에 대해 우리는 인식적으로만 고려할 수는 없다. 즉 그것을 어떻게 인식하고 제어할 것인가와 같은 것만의 문제가 아니라는 것이다. 여기에는 좀 더 깊은 차원의 고려와 대처가 필요하다. 즉 인간과 자연의 관계는 생명 조화의 가치적 의의에서 고려되어야 한다. 이렇게 할 때 비로소 인류는 덕성을 완성하여 '참찬화육參贊化育' 즉 인간과 자연의 관계를 적절히 설정할 수 있을 뿐만 아니라, 일련의 자연적 이상 현상을 통해 반성하고 자연에 대해 가지는 경이로움을 유지할 수 있을 것이다. 그리하여 항상 하늘에 대한 경외심을 잊지 않아서 어리석은 일을 저지르지 말아야 할 것이다. 그렇지 않으면 징벌을 면할 수 없을 것이다.

만약 정말로 징벌을 받았다면 그것은 인간 자신이 초래한 것이다. 왜냐하면 그가 천도와 천명 즉 자연의 목적성을 위배했기 때문이다. 이러한 의미는 공자가 『주역』의 점에 대해 논하면서 한 말에서 잘 드러난다.

그 덕이 항상되지 않으면 혹 부끄러움을 얻을 것이라 했으니, 이에 대해서는 점을 칠 필요가 없다.[30]

---

30) 『論語』, 「子路」, "不恒其德, 或承之羞. 子曰: 不占而已矣."

이는 자신의 덕성을 계속해서 유지하지 못하여 부끄러움을 입게 되는 경우는 점을 칠 필요도 없이 그 결과를 알 수 있다는 말이다. 공자는 비록 점을 칠 필요가 없다고 말하기는 했지만, 그렇다고 어떤 징조도 인정하지 않는다는 말이 아니며, 하늘에 대해 공경의 뜻을 두지 않아도 된다는 말은 더욱 아니다.

제3절 경외에서 신독으로

천명에 대한 경외는 『중용』 등의 저작에서 더욱 발전되었으며 동시에 덕성의 수양과 실천의 문제로 전환되었다. 이는 매우 중요한 현상이다.

『중용』은 분명히 "하늘이 명한 것을 일러 본성이라 한다"는 명제를 제시했는데 이는 자공이 제기한 '본성과 천도'의 문제에 대한 가장 직접적인 대답일 뿐만 아니라 형이상학적 언어를 사용한 대답이라고 할 수 있다. 만약 『중용』이 자사의 저작이라고 한다면 이러한 대답은 자공과의 시간적 거리가 매우 가까운 것에 해당한다. 이는 자사가 '본성과 천도'와 같은 형이상학적 문제에 대해 자각적으로 논했음을 의미한다. 이렇게 공자의 학설은 한 걸음 더 명확해졌다. 결론적으로 『중용』이 출현한 이후 자공의 문제는 해결된 것이다.

본성이 하늘의 명령이요 하늘의 명령이 본성이라고 한다면 이는 하늘과 인간이 완전히 합일된 것이다. 즉 천명이 곧 본성이요 본성이 곧 천명이라고 할 수 있는 것이다. 그러나 본성은 인간의 본성이요 명령은 하늘의 명령이다. 인간과 하늘 중에 누가 진정한 주체인가? 여기에서 문제가 발생한다. 만약 실체란 의미에서 주체를 이해하자면 문제는 더욱 커진다.

우선 실체란 의미에서 주체 혹은 본체를 이해해서는 안 된다. 앞에서 논한 것처럼 하늘이나 천도·천명과 같은 것들은 모두 자연계의 끊임없이 낳고 낳는 유행의 과정을 두고서 한 말이며, 그것이 영원토록 쉬지 않기 때문에 영원성을 지니게 되는 것이다. 그러나 유행의 과정 속에 도가 있으므로, 유행은 곧 도를 체현하는 것이다. 도는 항상되고, 항상됨은 곧 영원함을 의미한다. 그러나 어찌 되었든 여기에서 말하는 영원한 도라는 것은 낳고 낳음의 도 즉 생명을 그 항상성으로 삼는 것이지 아무런 변화도 없이 고정되어 있는 것을 의미하지 않는다. 그 생명이라는 것 역시 유행의 과정 속에 있는 것이지 유행 밖에 있는 것이 아니다. 때문에 『중용』의 형이상학은 특수한 형이상학이다. 즉 일원적 형이상학이지 이원적 형이상학이 아니다. 이것은 천도와 화육의 관계에서만 그런 것이 아니라 정신과 육체의 관계에서도 역시 그러하다. 우리가 천도·천명의 초월적 의미에 대해 논할 때, 그것을 순수한 형이상학적 실체로 이해해서는 안 될 뿐만 아니라, 자연계의 발육과 유행 외부에 존재하는 주재자 혹은 '소이연자'로 이해해서도 안 된다. 천도의 형이상학적·초월적 의미는 화육과 유행 속에서 드러난다. 애당초 형이상의 본체계와 현실세계가 서로 대립되지 않기 때문에 본체계와 현상계 혹은 피안과 차안의 문제는 발생하지 않는다. 피안이 없으니 차안도 있을 수 없고 신이 있을 수 없으니 인간의 세속도 있을 수 없다. 인간의 본성이 귀한 이유가 바로 여기에 있다. 후대의 유자가 말하는 "본성이 하늘에 관통되어 있다"(性通天)라는 것 역시 그 초월적이면서도 객관적인 성격을 두고 한 말이다.

그러나 인간과 하늘 즉 자연계와의 사이에는 어찌 되었든 나름의 구별이 있을 수밖에 없다. 아무리 덕성의 측면에서 말한다 할지라도 그 둘이 완전히 같을 수는 없다. 이것이 바로 『중용』이 표현하려고 하는 것이다. 공자는 이렇게 말했다.

저 하늘이 위대하니 요임금이 그것을 본받으려 했다.[31]

요임금은 유가의 이상적 성인이다. 성인도 하늘을 본받아 행하고자
했는데 하물며 일반적인 사람이겠는가? 여기에서 말하는 '위대함'은 노자
가 도를 형용할 때 말했던 '위대함'("이름을 붙이자면 도라고 할 수 있고 억지로
이름을 붙여 위대하다고 할 수 있다."[32])과 비슷한 의미를 지닌다. 그것은 주로
무한성을 두고 한 말이지 공간적으로 크고 작음을 두고 한 말이 아니다.
공자는 하늘을 말하고 노자는 도를 말했지만 그들은 모두 천도를 말한
것이다. 또한 그들은 모두 천도가 무한하거나 혹은 무한성의 의미를 지니
고 있다고 말하고 있다. 요임금이 본받았던 하늘이란 바로 이러한 천도이
지 인격화된 신을 의미하지 않는다. 이러한 사상은 『중용』 속에서 한 걸
음 더 발전했다. 그러나 『중용』은 요임금이 아니라 문왕을 거론하고 있
다. 『중용』은 다음과 같이 말하고 있다.

하늘의 명령은 지극히 밝다.…… 문왕의 덕성은 순수하고…… 순수하여
그침이 없다.[33]

이는 전적으로 도덕성명의 측면에서 말한 것이다. 문왕이 '문文'인 이
유는 덕의 측면에서 말한 것이다. 문왕의 덕은 당연히 천명의 덕을 의미
한다. 그러나 어째서 또 '하늘의 명령은 지극히 밝다'라고 하는가? 천명이

---

31) 『論語』, 「泰伯」, "唯天爲大, 唯堯則之."
32) 『老子』, 제25장, "吾不知其名, 字之曰道, 强爲之名曰大."
33) 『中庸章句』, 제26장, "詩云: '維天之命, 於穆不已!'……文王之德之純!……純亦不已."

곧 본성이라고 한다면 어째서 직접적으로 본성에서 명을 말하지 않고 굳이 천명의 측면에서 천명을 말해야 하는가? 여기에는 종교성의 문제가 개입되어 있다.

덕성의 근원은 천명이다. 때문에 천명에는 당연히 본원성이 있다. 우주론의 측면에서든 아니면 존재론의 측면에서든 혹은 본체우주론의 측면에서든 언제나 하늘·천도·천명의 본원성이 전제되어야만이 소위 '내재성'과 '주체성'의 문제를 논할 수 있다. '지극히 밝다'는 것은 천명의 엄정함과 위엄 그리고 신성함의 의미를 묘사한 것이다. 바로 그렇기 때문에 그것을 위반할 수도 경시할 수도 없으며, 언제나 경외하는 마음을 지녀야 하는 것이다. 이러한 경외의 마음은 속죄의 방식 혹은 참회의 방식으로 표현되는 것이 아니라 덕성의 실천과 수양의 측면 즉 '덕성에 대한 경외'(敬德)의 방식으로 표현된다. 소위 '덕성에 대한 경외'란 덕성을 후천적으로 획득되는 것(경험·교육·학습·습관 등등)으로 보는 것이 아니라 반드시 하늘이 명령한 것 즉 자연계의 초월적 차원에서의 목적성으로부터 온 것으로 보는 것이다. 따라서 이것을 경외해야 하는 것이다. 문왕의 순수한 덕성은 바로 천명에 의해 보증된 것이다. '덕성에 대한 경외'는 어떤 의미에서는 '하늘에 대한 경외'라고 할 수 있다. 덕성과 천명은 서로 대립하지 않는다. 덕성은 천명으로부터 오기 때문에 덕성이 곧 천명이다. 그러나 천명이 지닌 절대적 보편성과 객관성의 의미는 부정될 수 없으며, 그 본원성·근원성의 의미 역시 부정될 수 없다. 따라서 반드시 먼저 '천명의 밝음'을 말해야 '덕의 순수함'을 말할 수 있다. 소위 '순수함'이란 지극히 순수하여 아무런 잡됨이 없다는 의미이다. 즉 후대의 유자들이 말하는 "오직 정미하고 오직 한결같다"(惟精惟一)는 의미이다. 여기에서의 '순수함'은 그 덕성을 형용할 뿐만 아니라 동사적 의미 즉 끊임없이 자신의 덕성을 순수하게 만든다는 의미도 담겨 있다. 문왕이 성인이기는 하지만 문왕의 덕 역시 실천 속에서 끊임없이 순수하게 됐던 것이다. 인간은 자신의 덕성을 순수하게 해야 하고 이것이 하늘이 부여해 준 명령임을 의식해야 한다. 이로부터 경외하는 마음이 있게 되고, 이 경외하는 마음을 유지해야만 진정으로 자신의 덕성을 순수하게 할 수 있다. 그렇지 않으면 쉽사리 제멋대로 되고 말 것이다.

『중용』에서는 또 이렇게 말했다.

넓고 넓은 하늘, 깊고 깊은 연못, 도탑고 도타운 어짊이여![34]

이 역시 하늘 혹은 천명의 무한성·절대성·영원성에 대한 일종의 경외의 표현이다. '넓다'는 것은 광대하다는 뜻으로 무한성을 의미한다. '깊다'는 것은 심원하다는 뜻으로 무궁함을 의미한다. '도탑다'는 심후하다는 뜻으로 풍성함을 의미한다. 동시에 생명이 덕성을 이루고 근원이 있음을 의미한다. 여기에서는 다시 한 번 하늘과 인간의 관계 문제를 제시하고 있다.

인仁은 곧 인간다움이다.[35]

인이란 인간이 인간일 수 있는 근원으로서의 본성이다. 도탑고 도타운 인은 넓고 넓은 하늘을 그 근원으로 삼는다. 때문에 인덕을 보존하기 위해서는 하늘의 덕성을 경외해야 하고, 하늘의 덕성이 지니는 객관성은

---

34) 『中庸章句』, 제32장, "肫肫其仁! 淵淵其淵! 浩浩其天!"
35) 『中庸章句』, 제20장, "仁者, 人也."

결코 회의될 수 없다. 하늘의 광대하고 심원한 덕성은 곧 인덕의 무한한 원천이 된다. 하늘의 덕성이 지니는 근본적인 의미는 '생' 즉 생명의 창조이다. 하늘의 덕성은 비록 초월적 단계의 목적적 의미를 지니지만, 동시에 자연계의 끊임없이 낳고 낳는 화육의 유행 속에서 존재한다. 뿐만 아니라 인덕은 하늘의 덕성을 진정으로 실현한 것이며, 또한 인덕은 개체로서의 생명 속에서 체현된다. 문왕이 바로 이러한 개체로서의 생명이었다.

인덕과 하늘의 덕성은 합일되지만 인간의 생명은 유한하다. 인간은 결코 사후에 천국으로 돌아가 신과 함께 복락을 누리는 것을 기대할 수 없다. 인간은 그저 유한한 생명 속에서 무한한 의미를 획득할 수 있을 뿐이며, 그것이 바로 '천지와 그 덕성을 함께함'이다. '천지와 그 덕성을 함께'하기 위해서는 충분히, 그리고 완전히 인덕을 실현해야만 한다. 이것이 바로 '자신에게 있는 것을 공경함'이다. '자신에게 있는 것'이란 바로 인덕이요 '천명이 부여한 본성'이다. 그러므로 사람들이 그렇게 하는 순간 그것은 실제로 자아를 초월하여 무한의 경지로 들어가는 것이다. 오직 하늘·천도·천명만이 무한하다. 사람들이 숙연하게 경외하는 마음은 바로 이러한 신념으로부터 나온다.

『중용』은 또 이렇게 말한다.

진실함(誠)은 하늘의 도요 진실하고자 하는 것(誠之)은 인간의 도이다.[36]

『중용』은 진실함의 철학을 제시했으며, 그 속에는 매우 심원한 종교적 정신이 담겨 있다. 진실함의 문제에도 종교적 감정의 문제가 있다. 즉 진실

---

36) 『中庸章句』, 제20장, "誠者, 天之道也; 誠之者, 人之道也."

하고 공경하는 마음 혹은 진실하고 공경하는 감정을 지녀야 하는 것이다.

진실함은 인과 마찬가지로 최고의 덕성으로서, 하늘에 있어서는 천덕·천도라고 하고 인간에 있어서는 인덕·인도라고 하는데, 이 둘은 원래 합일되는 것들이다. 그렇다면 『중용』은 어째서 천도와 인도를 구분했는가? 이 역시 본원과 실현의 관계 문제로서, "하늘이 명한 것을 일러 본성이라 하고 본성을 따르는 것을 일러 도라 한다"에서 한 걸음 더 나아가 전개된 것이다.

진실함은 실제적이다. 천도의 낳고 낳음이나 변화는 허망하지 않고 진실하다. 때문에 '실제로 있다'(實存)라고 칭할 수 있다. 그러나 여기에서 말하는 '실제로 있다'란 가치적 의의를 가리키지 과학철학자들이 말하는 '실제'와는 다른 것이다. 하늘은 진실함 혹은 성실함을 그 덕성으로 삼는다. 그러나 진실함의 덕성은 초월적 단계의 목적적 의미 즉 선을 지닌다. 이것 역시 실현되어 나와야 하는 것이다. 진실함이란 소위 "진실함은 가릴 수 없다"37)라는 것이다. 그것을 어떻게 실현하느냐는 인도의 일에 해당한다. 인도를 온전히 실현하는 것이 천도를 온전히 실현하는 길이다. '진실하게 함'이란 곧 진실함의 길이다. '진실하게 함'에서의 '진실함'은 명사가 아니라 동사로서, 존재의 의미가 아니라 실현의 의미를 지닌다. 다만 그것이 진정으로 실현되어 나온 이후에는 존재의 단계로 전환된다. 때문에 이 둘은 통일적이다. 이것이 바로 "진실함은 스스로 진실해짐이다"38)의 의미이다. 문제의 관건은 반드시 진실하고 공경하는 마음으로 이것을 실현해야 한다는 것이다. 하늘을 속일 수도 없고 자신을 속일 수도 없다. 자신을 속이는 것은 곧 하늘을 속이는 것이다. 『중용』이 강조하

---

37) 『中庸章句』, 제16장, "誠者, 眞實無妄之謂. 陰陽合散, 無非實者. 故其發見之不可揜如此."
38) 『中庸章句』, 제25장, "誠者, 自成也."

는 "자신을 속이지 말라"[39]는 것은 사실상 하늘과 천도에 대한 경외심을 자신의 내면에 갖추어진 진실하고 망령되지 않은 마음으로 전환시켜서 천도의 진실함을 실현시키라는 것이다. 진실하고 공경하는 마음을 한 번 간직하면 한 번 천도를 실현할 수 있는 것이고, 어느 정도 진실하고 공경하는 마음을 간직하면 어느 정도 천도를 실현할 수 있는 것이고, 만약 온 마음이 진실하고 공경하는 마음이라면 천도를 온전히 실현할 수 있는 것이다. 이것이 바로 『중용』의 "오로지 천하의 지극한 진실함만이 자신의 본성을 온전히 실현시킬 수 있다"[40]라는 말의 뜻이다.

진실하고 공경하는 마음은 천도의 진실함을 실현하는 중요한 조건이면서, 동시에 도덕적 주체를 드러내는 중요한 방식이기도 하다. 따라서 두 가지 기능을 지니고 있다. "진실함이란 스스로 진실해짐이다"와 "진실하지 않으면 아무것도 없다"는 모두 주체의 실천과 수양 차원에서 한 말이다. 천도의 진실함은 보편적이다. 그래서 스스로인가 아닌가, 혹은 진실가 그렇지 않은가의 문제가 있을 수 없다. '본래 진실함'이란 자신의 마음을 진실하게 하는 것이다. 자신의 마음을 진실하게 하는 것만이 천도의 진실한 덕성을 실현하는 길이다. 진실함은 비록 자신의 마음속에서 본성이 되기는 하지만, 여전히 그 본성을 온전히 실현할 수 있느냐의 문제가 존재한다. 온전히 실현한다는 것은 그것을 극대화시켜 모두 실현한다는 말이다. 만약 자신의 마음을 진실하게 할 수 없다면 자신의 진실한 본성을 온전히 실현할 수 없게 된다. 즉 진실하지 않게 된다. "진실하지 않으면 아무것도 없다"에서 '아무것'이란 어떤 특정한 일을 의미한다. 따라서 어떤 일도 완성할 수 없는 이상, 그 삶 전체는 말할 것도 없게 된다.

---

39) 『大學章句』, 제1장, "誠, 實也. 意者, 心之所發也. 實其心之所發, 欲其一於善而無自欺也."
40) 『中庸章句』, 제22장, "唯天下至誠, 爲能盡其性."

그러나 만약 진실하고 공경하는 마음으로 자신의 본성을 온전히 실현시킨다면 이는 곧 진정으로 자신을 초월하여 천지에 '참여'하는 것이다. 이것은 유한함에서 무한함으로 나아가는 과정이다.

자신의 본성을 온전히 실현시킬 수 있으면 타인의 본성도 온전히 실현시킬 수 있으며, 타인의 본성을 온전히 실현시킬 수 있으면 만물의 본성을 온전히 실현시킬 수 있고, 만물의 본성을 온전히 실현시킬 수 있으면 천지의 화육을 도울 수 있다. 능히 천지의 화육을 도울 수 있음은 곧 천지에 참여할 수 있음이다.[41]

자신으로부터 타인에게로, 다시 타인에서 만물로, 그리고 만물에서 천지의 화육으로, 그리고 마지막으로 천지와 더불어서 세 주체가 되는 것은 분명히 인간의 주체성을 실현해 가는 길이다. 그러나 그것은 결코 천지와 지위를 다투는 것이 아니라 천지와 그 덕성을 함께하는 것이다. 그 관건은 곧 천지의 화육에 참여하고 돕는 것이다. 오로지 천지와 '그 덕성을 함께'할 수 있어야만 천지의 화육에 참여하고 도울 수 있는 것이다. 그러나 '천지와 그 덕성을 함께함'을 실현하기 위해서는 '자신의 본성을 온전히 실현'함을 매우 엄숙한 마음으로 실천해야 한다. 즉 마음속에 경건함을 간직해야 한다. 이렇게 해 나가는 것은 사실상 천덕과 천도에 대해 진실하고 공경하는 마음을 갖는 것이다. 만약 천도에(나누어서 말하면 천도와 지도요, 합쳐서 말하면 천도라고 할 수 있다.) 대해 진실하고 공경하는 마음이 없다면, 이러한 마음으로 자신의 진실한 본성을 실현시킨다는 것 역시 전

---

41) 『中庸章句』, 제22장, "能盡其性, 則能盡人之性; 能盡人之性, 則能盡物之性; 能盡物之性, 則可以贊天地之化育; 可以贊天地之化育, 則可以與天地參矣."

혀 불가능해지며 더 이상 어떤 논의도 할 수 없게 된다.

마음에 진실함과 경건함을 간직하여 천명이 부여한 본성을 실현하는 것은 사실 하늘이 부여해 준 직책과 하늘이 부여해 준 사명을 온전히 실현시키는 것이다. 이것이 바로 인간 생명의 의미이며 인생의 목적이다. 여기에서 천명은 확실히 명령의 의미를 지니고 있다. 뿐만 아니라 그것은 지고무상至高無上의 최고 명령이다. 다만 여기에서는 두 가지 점을 주의해야 한다. 첫 번째는 여기에서 말하는 명령이란 결코 신이나 상제의 명령이 아니라(이 점에 대해서는 주희가 명확하게 밝혔다.) 인간의 자신에 대한 명령이요, 자신에 대한 마음의(형이상의 의미에서) 명령이라는 점이다. 이는 '순수이성'의 '요청'에 의해서 나온 것은 아니지만 분명한 근거를 갖춘 것이다. 그 근거란 바로 하늘 즉 자연계의 변치 않는 목적성이다. 또한 인간의 차원에서 말하자면 이는 선에 대한 추구이자 욕구이다. 본성은 본래 선하다. 그러나 그 선함을 자각하고 실현하는 데에는 다시 '선을 밝히는' 혹은 '선을 행하고 악을 제거하는' 인간의 인식적·실천적 노력이 요구된다. 이러한 노력은 근본적으로 말해 소리 없는 명령 즉 '환하고 그침이 없는' 하늘의 명령이다.

둘째, 여기에서 말하는 명령이란 오직 "하늘은 덕이 있는 이에게 명령을 내린다"[42]라고 했듯이 덕성을 유지하고 실현하는 이에게 있어서만 적극적인 의미를 지니지, 그 덕성을 유지하고 실현시키지 못하거나 오히려 그 덕성을 해치는 이에 대해서는 적극적인 의미를 지니지 못하고 심지어는 아무런 힘도 발휘하지 못한다는 것이다. 하늘의 신학적 의미는 점차 소실되고 따라서 징벌의 기능 역시 자연스럽게 상실하게 되었다. 따라서

---

42) 『書經』, 「皐陶謨」, "天命有德, 五服五章哉!"

유학에는 '원죄'의식이나 '속죄'의식이 결여되어 있다. 천명에 대한 경외는 오직 인간으로 하여금 마땅히 어떻게 해야 할 것인지를 알도록 해 줄 뿐, 만약 그렇게 하지 않는다면 어떻게 되는지의 문제를 해결해 주지는 못한다. 만약 이러한 문제가 발생한다면 오직 자신의 양심이나 양지에 의지할 수 있을 뿐이다. 지옥에 떨어진다는 이야기는 민간종교에서나 존재하지 고급문화로서의 유학에서는 존재하지 않는다. 공자는 자신의 제자인 자하에게 말했다.

너는 군자다운 유자가 되어야지 소인 같은 유자가 되어서는 안 된다.[43]

천명을 경외하는 것은 오직 군자에 대해서만 할 수 있는 말이고, 소인에 대해서는 "그렇게 될 수 있을지 알 수 없다." 맹자 역시 "부끄러움을 부끄러워할 줄 모르는 것이 정말 부끄러운 일이다"[44]라고 비판할 수 있었을 뿐이다.

경외의 마음이 한 걸음 더 나아가 수렴되고 내면화하고 실천되는 결과는 '신독愼獨'의 공부로 드러난다. 이는 『중용』과 『대학』에서, 그리고 훗날의 송명 유자들에 의해 강조된 것이다. 소위 신독이란 곧 '자신에게 있는 것을 공경함'이다. 자신에게 있는 것이란 바로 명덕明德이며, 진실함이고, 인한 본성이다. 이는 언제 어디서라도 견고하게 간직해서 잃지 말아야 하며, 조심스럽게 말하고 조심스럽게 행해야 한다. 설령 혼자 있는 때라 하더라도 마찬가지이다. 이는 주희가 '다른 사람은 모르고 자기만 아는 때'[45]라고 말했던 것처럼 본디 수양과 실천에 대한 자각이기는 하지만 동

---

43) 『論語』, 「雍也」, "子謂子夏曰: 女爲君子儒, 無爲小人儒."
44) 『孟子』, 「盡心上」, "無恥之恥, 無恥矣."

시에 그것은 마치 신이 밝게 들여다보는 것처럼 일종의 소리 없는 목소리 혹은 소리 없는 명령을 함축하고 있다. 그래서 '신을 대하듯' 혹은 '신명을 대하듯' 마음에 아무런 거리낌이 없어야 한다. 때문에 "자신을 속이지 말라"와 "공경함 아님이 없다"(無不敬)는 하나로 연결된다. 자신을 속이지 않아야만 공경함이 아님이 없을 수 있고 공경함 아님이 없어야만 자신을 속이지 않을 수 있다. 결국 이 둘은 상호 인과적 관계이다. 이는 죄책감 아래 이루어지는 속죄와는 전혀 다른 것이다. 본래 원죄가 없는데 또 무슨 속죄가 있겠는가? 이는 덕성의식 하에서의 자아각성이며, 초월적 의식 하에서의 스스로에 대한 경각심이다. 소위 초월이라는 것도 자기 스스로(유한함)를 초월하여 하늘과 그 덕성(무한함)을 함께함이다. 유한한 자아의 차원에서 보자면 이는 마치 외재적인 초월자가 존재하는 것처럼 보인다.

사실 절대적인 실체 혹은 신과 같은 초월자는 있을 수 없다. 그저 생생불식하는 천도 즉 소위 '환한 천명'(天命于穆)만이 존재하며, 그 의미는 영원하고 무한하다. 이는 인간에게 있어 목적성을 '보여 줌'(召示) 혹은 "마치 신령이 거기에 있는 것과 같음"(如有神焉)이다. 그러나 사실 이 모든 것들은 자신의 생명활동과 덕성의 실천 속에 존재하고 있을 뿐이다. 인간은 초월을 실현할 수 있고 유한함을 초월하여 무한함으로 진입할 수 있다. 문제는 인간에게 이러한 신념과 결심이 있어서 그것을 실천할 수 있는지의 여부이다. 그리하여 초월자에 대한 바람과 경외의 마음은 자신의 수양과 실천에 대한 종교적 감정 즉 '신독'으로 전환된다.

신독의 문제를 공자의 "신령에게 제사를 지낼 때는 마치 신령이 거기에 있는 것처럼 한다"[46]와 관련시켜 본다면, 유학의 종교적 정신을 한층

---

45) 『中庸章句』, 제1장, "獨者, 人所不知而己所獨知之地也."
46) 『論語』, 「八佾」, "祭如在, 祭神如神在."

더 깊게 이해할 수 있을 것이다. 여기에서의 '마치'가 지니는 함의는 매우 중요하다. 문제의 핵심은 '공경함'에 있다. 공경함이란 일종의 종교적 감정으로서 그 속에는 무한에 대한 기대와 소망을 함축하고 있다. 그러나 공경하려면 어찌 되었든 대상이 필요하다. 공경함의 대상은 결국 신성함 혹은 신성함을 갖춘 존재이다. 이 때문에 공경함과 두려움은 다시 하나로 연결된다. 왜냐하면 여기에서 말하는 공경함이란 통상적으로 말하는 누군가를 존경하는 것과 같은 것이 아니라 일종의 '궁극적'인 혹은 '목적적'인 의미이다. 그렇다면 결국 신이 있다는 것인가? 공자는 이에 대해 직접적으로 대답하지 않았다. 다만 신령을 공경하라고 했다.(제사란 행위 차원에서 공경함이 드러난 의식이며, 이는 공경함을 드러내는 방식이 된다.) 그것도 신령이 존재하는 것처럼 하는 정도를 넘어, 바로 너의 옆에 혹은 너의 앞에 있는 것처럼 해야 된다고 말한다. 이는 겉보기에 일종의 말장난 같지만, 사실 여기에는 매우 중요한 의미가 담겨 있다.

신神은 신성성을 갖추고 있어서 가늠할 수 없다는 특성을 지니고 있다. 신은 인식의 범위와 인간의 이성을 뛰어넘는다. 맹자는 "성인이면서 알 수 없는 경지를 일러 신이라고 한다"[47]라고 했고, 『주역』 「계사」에서는 "음인지 양인지 가늠할 수 없는 것을 일러 신이라고 한다"[48]라고 했다. 이는 모두 공자가 말한 신에 대한 해석이다. 『중용』도 마찬가지여서, 신은 미래를 예측할 수 있을 뿐만 아니라 선행에 대하여 복으로 보답하고 악행에 대하여 화를 내릴 수 있는 존재로 묘사하고 있다. 엄연히 이것은 지고지상의 인격신이다. 그러나 이러한 해석에 의거하자면 인간과 신 사이에는 오히려 엄격한 구분이 없다. 인간은 신과 소통할 수 있을 뿐만 아

---

47) 『孟子』, 「盡心下」, "曰: 聖而不可知之之謂神."
48) 『周易』, 「繫辭上」, "陰陽不測之謂神."

니라 신이 될 수도 있다. 이에 비해 신에 대한 공자의 관점은 좀 더 종교적 신학에 근접해 있다. 그것이 조상신이든 혹은 천신이든 혹은 여타의 신이든 그것은 모두 인격화된 신을 의미한다. 그러나 공자는 그들이 실제 존재하는지에 대해 인정도 부정도 하지 않았다. 오히려 있기도 하고 없기도 하고 혹은 있음과 없음, 존재와 부존재의 사이쯤에 있는 것처럼 보인다. 사실상 그는 신의 존재 여부의 문제를 저 위에 걸어두어 영원히 풀리지 않는 문제로 만들어 놓고, 사람들로 하여금 그것을 깨닫도록 하고 있다. 그는 이 문제를 해소하거나 해결하지 않았다. 왜냐하면 이 문제는 제거할 수도 없고 해결할 수도 없기 때문이다. 신의 존재 여부의 문제는 증명할 수 없다. 이에 대해 인간의 의식은 아무런 역할을 하지 못한다. 그러나 이는 인간의 삶에 있어 신앙과 신념으로서 강력히 요청되는 것이다. 따라서 공자는 문제의 핵심을 신의 존재 여부가 아닌 공경함에 두었다.

인간은 인생의 궁극적 의미를 추구하지 않을 수 없다. 또 무한과 영원에 대해서도 추구하지 않을 수 없다. 그러므로 경외의 마음, 신성함과 숭고함에 대한 숭배 역시 없을 수 없다. 마찬가지로 재난에 대한 두려움 역시 없을 수 없다. 비록 이러한 두려움들이 대부분은 양심의 문제이기는 하지만, 이러한 숭배와 신앙은 제사 행위 속에서 분명하게 드러난다. 이러한 까닭에 유가에는 매우 다양한 형태의 제례가 있었다. 경건함과 독실함이라는 내재적 감정들은 언제나 중시되어 왔다. 공경함이 없으면 제사라고 부르기에 부족하다. 설령 제사를 지낸다 하더라도, 공경함이 없으면 그것은 일련의 의식을 집행하는 것일 뿐 아무런 의미도 없게 된다. 심지어 차라리 제사를 지내지 않는 것만 못할 수도 있다. 그래서 군자의 공부는 신독에 핵심이 있는 것이다.

제4절 함양에서의 공경함

송대의 주돈이(周濂溪)는 "잠잠함을 주로 하여 인극을 세운다"[49]라고 함으로써 '잠잠함을 주로 함'(主靜)을 그 근본적인 수양 방법으로 삼았다. 따라서 그 역시 종교적 정신을 지녔다고 볼 수 있다. 다만 잠잠함을 주로 한다는 관점은 도가와 불교에서 왔다. 도가에는 '정허靜虛'와 '정독靜篤'이 있고, 불교에는 '정좌靜坐'가 있다. 이 때문에 이정 형제는 '공경함'(敬)을 제시하여 '잠잠함'(靜)을 대신함으로써, 유가 본래의 입장으로 돌아오게 되었다. 비록 후대의 성리학자들이 그들의 수양론 속에서 잠잠함을 완전히 부정하지는 않았지만, 그들의 기본적인 입장과 주장은 공경함이지 잠잠함이 아니었다. 이는 성리학이 불교와 도가를 일정 정도 수용하면서도 다시 유가적 특징을 회복한 것이라고 할 수 있다.

성리학자들이 말하는 공경함이란 이미 개인의 수양에 관한 것으로 전환되었다. 즉 심성을 함양하는 주된 방법이 된 것이다. 이로써 초기 유학과는 어느 정도 구분되게 되었지만, 그 기본적인 정신은 여전히 일치한다. 공경함은 내재적 도덕감정 외에도 종교적 감정을 드러내는 것이다. 바꾸어 말해 성리학자들의 종교적 감정이 주로 공경함으로 드러났다는 것이다.

정호는 인에 대해 말하기를 좋아하여 '식인識仁' 혹은 '체인體仁'과 같은 말을 했고, 또 본성에 대해 말하기를 좋아하여 '정성定性' 혹은 '성성成性'과 같은 말을 했다. 그러나 그는 여기에서 그치지 않고 인과 본성을 우주본체의 단계로 끌어올려 '천리天理'로 전환시켰으며, '하늘과 인간이 하나의

---

49) 『太極圖說』, "主靜, 立人極焉."

근본'이라는 사상을 논하기에 이르렀다. 그는 '천리' 두 글자는 자기 스스로 깨달아 얻은 것이라고 말했는데[50] 이는 도대체 무슨 의미인가? 여기에는 종교적 체험의 성격이 있는 것일까?

통상적으로 성리학은 비종교적이라거나 혹은 반종교적이라는 평가를 받는데, 이는 성리학자들이 하늘을 리理로 전환하고, 실제로 이성화의 길을 걸음으로써 종교적 성격을 잃었다는 의미이다. 그러나 이런 설명은 철저히 '신'을 중심으로 종교성을 논한 것이다. 하지만 우리가 논의하고 있는 것은 인문주의적 종교이다. 이 점에 대해서는 앞부분에서 이미 밝힌 바 있다. 인문주의 종교의 특징은, 신은 없지만 신성은 있고, 종교는 아니지만 종교정신은 있다는 점이다. 이 때문에 우리는 처음부터 그것을 철학의 범위 속에서 논했던 것이다. 성리학 역시 이와 마찬가지이다.

지금 우리의 문제는 정호를 포함한 여타의 성리학자들이 말하는 천리가 비록 이성화된 설명 방식이며 존재론의 영역이기는 하지만 그 천리가 결국 무엇인지에 관한 것이다. 그저 이성화된 도덕본체나 우주본체를 논하기만 하면 다 된다는 뜻인가? 우리가 앞에서 이미 다루었던 것처럼 성리학자들(유가 일반을 포함하여)은 이성을 말하기는 하지만 그들이 말하는 이성은 소위 '순수이성'도 아니고 수학적 논리에서의 형식이성도 아니다. 그것은 일종의 '자연이성'이며 '목적이성'이고, 그 안에는 종교성의 문제도 포함되어 있다.

만약 하늘의 근본적인 의미가 '생명'(生)이라고 한다면 천리의 근본적인 의미는 바로 '생명의 이치'(生理) 혹은 '생명의 의지'(生意)일 것이다. 정호가 말하는 인, 본성 또는 천리라는 것도 결국 철저하게 이러한 의미에서

---

50) 『二程外書』 12, 25쪽, "明道嘗曰: 吾學雖有所受天理二字, 却是自家體貼出來."

말한 것이다. 바로 이러한 점에서 그들의 학설은 초기 유학의 학설과 관통될 수 있는 것이고, 또한 종교적 감정의 문제가 쉽게 설명될 수 있는 것이다. '생'의 목적성은(이는 자연으로부터 내원하기 때문에 무목적적인 목적성이다.) 인한 본성의 우주론·존재론적 내원이며, 동시에 종교적 감정 즉 공경함의 기본 전제이다. 인한 본성은 마음속에 있는 것이기 때문에 마음이 바로 인이며 하늘이다. 때문에 "하늘과 인간을 합하다"에서 '합하다'라는 말도 불필요한 것이다. '그 자체로 하늘이기' 때문이다. 그러나 인이 인일 수 있는 이유는 하늘의 '생명의 이치'와 '생명의 의지'에서 왔기 때문이다. '오직 거기로부터 올 수 있을 뿐' 또 다른 내원은 있을 수 없다. 이것이 바로 "어떻게 그렇게 되었는지 모르지만 그렇게 된 것"51)이다. 하늘의 '생명의 이치'가 마음속에 있어서 인한 본성이 된다는 측면에서 보았을 때, 인간은 결코 자기 스스로를 과소평가해서는 안 된다. 하지만 하늘의 '생명의 이치'가 만물에 보편적으로 부여되어 있어서 모든 것이 '생명의 의지'를 지니고 있다는 측면에서 보았을 때, 인간은 스스로를 과대평가해서도 안 된다. 바로 그렇기 때문에 인간은 진실하고 공경하는 마음과 경외하는 마음을 지녀야 한다. 그래서 정호가 "먼저 인을 알아야 한다"라고 말했을 때(여기에서의 '안다'는 것은 깨달음 즉 체험적 깨우침을 의미하지 일반적으로 말하는 인식을 의미하지 않는다.), 그는 반드시 "자기 자신을 위해서는 정성스러움과 공경함으로 그것을 보존해야 함을 알아야 한다"52)라고 말했다. 여기에서의 정성스러움과 공경함에는 매우 깊은 의미가 담겨 있다. 그 함의는 인 즉 하늘의 생명 이치를 진실하게 대하고 숭배하는 종교적 심리이다. 이러한 심리적 감정이 갖추어졌을 때라야 비로소 인한 본성이 존재할

---

51) 『列子』, 「黃帝」, "長於水而安於水, 性也; 不知吾所以然而然, 命也."
52) 『二程遺書』 2上, 17쪽, "認得爲己, 何所不至若不有諸己."

수 있는 것이다. 이것이 바로 이정 형제가 공경함만을 계속해서 강조했던 이유이다.

공경함을 중시하기로는 정이 역시 정호 못지않으며, 오히려 더욱 중시했다고 할 수 있다. 다만 그는 '격물치지格物致知'를 강조했기 때문에 공경함과 앎의 범위를 구분했다. 즉 "함양은 반드시 공경함을 써야 하고 학문의 진보는 치지에 달려 있다"[53]라는 것이다. 이렇게 해서 공경함은 심성수양의 근본적인 공부가 되었다. 공경함에 대한 이정 형제의 가장 중요한 이해와 규정은 '주일무적主一無適'[54] 즉 하나에 집중하여 다른 데로 옮겨 가거나 다른 것을 고려하지 않는 것이다. 이는 사실상 불교 수양 방법 중의 '정定'의 내용을 받아들인 것이다. 정호는 '정성定性'과 함께 "움직일 때도 정하고 잠잠할 때도 정하여 나아감도 맞이함도 안도 밖도 없어야 한다"[55]라고 말하면서 불교의 관점을 차용하고 있음을 숨기려 하지 않았다. 그러나 정이 자신은 불교서적을 읽지 않았다고 밝히고 있다. 그러나 이것이 그가 불교의 영향을 받지 않았음을 의미하지는 않는다. 불교의 '정혜쌍수定慧雙修'에서 '정定'은 하나에 집중하여 옮기지 않는다는 의미로서, 이는 불교 수양의 근본적인 방법이다. 때문에 '정체定體'라고 불린다. 공경함의 함양공부에 대한 정이의 강조와 설명에 근거해 볼 때, 그가 가장 강조한 것은 '주일' 즉 하나에 집중함이다. 여기에는 분명 모종의 종교적 정신이 담겨 있다. 유가의 덕성 및 성인 공부와 불교의 불성 및 성불 공부는 비록 가치적 선택이라는 차원에서 구별되기는 하지만, 양자 모두 자아 초월을 실현하고자 한다는 점에서 초월을 실현하기 위한 실천

---

53) 『二程遺書』 18, 28쪽, "涵養須用敬, 進學則在致知."
54) 『二程遺書』 15, 4쪽, "主一無適, 敬以直內."
55) 『二程文集』, 卷2, 「答橫渠先生定性書」, "所謂定者, 動亦定, 靜亦定, 無將迎, 無內外."

방법이나 감정적 추구에 이르기까지 공통점을 지니고 있다.

주희는 이론적 측면에서 하나의 체계를 완성했을 뿐만 아니라 수양의 실천 측면에서도 체계적인 방법을 제시했다. 그 핵심이 바로 '공경함'(敬)이다. 주희는 그 어떤 성리학자보다 공경함을 중시하고 빈번하게 언급했으며, 공자 이래 일관된 정신을 계승하고 있다. 때문에 이것이 지니는 종교적 의미 역시 더욱 부각되었다.

주희는 이성적 정신을 갖춘 철학자이자 사상가였다. 그런 그가 또 무엇 때문에 수양과 실천 측면에서 공경함이라고 하는 종교적 정신을 강조했는가? 그것은 주희의 철학 중에도 초월적 의식이 분명히 존재했기 때문이다. 그의 태극설과 심설에서는 이러한 특징이 잘 드러난다. 이러한 초월적 의식 속에는 일종의 종교적 감정이 있으며 이러한 종교적 감정을 체현하는 근본적인 태도가 바로 공경함이다. 때문에 그는 "공경함은 성인의 학문에서 강령이 되며 존양의 가장 중요한 방법이 된다."[56] 또는 '모든 선의 근원'이라고 말한 것이다. 인생의 수양실천 중에서 공경함이 없는 곳은 없다. 즉 '위아래와 동정을 관통하는' 근본적인 방법인 것이다.

> 대저 공경함이란 위에서 아래를 관통하고 격물치지는 그 사이에서 절차적으로 나아가는 곳에 해당될 뿐이다.[57]

함양은 반드시 공경함을 써야 하고 학문의 진보는 치지에 달려 있기 때문에 그 둘은 마차의 두 바퀴 혹은 새의 두 날개와 같아서 어느 하나를 없앨 수 없다. 하지만 공경함은 상하와 시종 그리고 동정을 관통한다. 때

---

56) 『朱子語類』 12, 86쪽, "敬之一字, 眞聖門之綱領, 存養之要法."
57) 『朱子大全』, 권43, 「答林擇之」, "大抵敬字是徹上徹下之意, 格物致知乃其間節次進步處耳."

문에 더 근본적인 의미를 지닌다. 잠잠한 때에는 함양해야 하고 함양은 공경함을 필요로 한다. 움직일 때에는 성찰해야 하고 성찰도 공경함을 필요로 한다. 소위 '학문'이란 성인이 되기 위한 공부이지 지식을 추구하는 공부가 아니다. 주희는 성리학자 중에서 공부를 가장 중시한 사람이다. 때문에 어떤 사람은 주희가 그저 '도문학道問學'만을 중시하고 '존덕성尊德性'을 중시하지 않았다고 하지만, 사실 이 둘의 관계 문제에 있어서 주희의 관점은 매우 명확하다. 공경함은 존덕성이며 격물치지는 도문학이다. 공경함이 있어야 위로부터 아래를 관통할 수 있고 격물치지는 다만 덕성을 함양하는 과정에서 절차적으로 진행해야 하는 것일 뿐이다. 소위 위로부터 아래를 관통한다는 것은 형이상과 형이하, 그리고 체와 용 혹은 미발과 이발, 그리고 본성과 감정 등등을 관통한다는 말이다. 이렇게 볼 때 공경함이라고 하는 감정 혹은 공부는 형이하의 차원에서도 말을 할 수 있고 동시에 형이상의 차원에서도 말할 수 있다. 물론 이 모든 것은 결국 마음에서 말하는 것이다. 그러나 소위 절차적으로 진행해야 하는 것이란 오직 형이하로부터 형이상으로 나아가는 과정을 의미할 뿐이다. (즉 "형이하에서 형이상의 이치를 안다."[58])

여기에서도 여전히 감정과 앎의 관계 문제가 존재한다. 공경함은 일종의 감정이기 때문에 의지 혹은 의지 지향적 행위 즉 실천공부가 되고, 앎은 지성이기 때문에 격물치지의 인식활동이 된다. 이 둘은 초월적 측면의 리·성·명 즉 태극을 지향하고, 태극은 심체이다.('심이 태극이다'란 심체의 측면에서 말한 것이다.) 그러나 공경함은 도덕감정에서 말한 것이며 도덕감정은 도덕이성의 실현이다. 따라서 도덕감정은 근본적 의미를 지니고 있

---

58) 『朱子語類』 62, 72쪽, "所謂格物, 便是要就這形而下之器, 窮得那形而上之道理而已."

다. 이에 비해 앎은 비록 매우 중요하기는 하지만 어찌 되었든 격물이라고 하는 한 단계의 공부를 거쳐야 한다. 따라서 격물은 본래적이라고 할 수는 없다. 이것이 바로 주희가 공경함이야말로 성인의 학문에서 강령이 되며 존양의 가장 중요한 방법이 된다고 말한 이유이다.

공경함은 고도의 자각적인 감정의식이지만 동시에 자각적 인식을 수반해야 한다. 그러나 이를 위해서는 반드시 마음의 공부로 실천을 통해 드러내고 그리하여 성인의 경지로 들어가야 한다. 공경함이라고 하는 감정적 의지는 이렇게 시종 핵심적인 지위를 차지하게 된다. 공경함은 궁극적 목적 즉 '모든 선의 가장 좋은 상태'로서의 태극을 향하는 유일한 방법이다. 소위 '모든 선의 근원'이란 본원이나 본체의 측면에서 말한 것이 아니라 공부의 측면에서 말한 것이다. 이러한 공부가 없다면 인생의 궁극적 목적은 실현될 수 없다.

그러나 공경함이란 도대체 무엇인가? 공경함은 구체적으로 어떤 내용들을 포함하고 있는가? 이에 대해 주희는 체계적으로 개괄한 바 있다.

첫째, '주일무적主一無適' 즉 전일해서 방일放逸59)하지 않음이다. 이는 기본적으로 정이의 관점에서 온 것으로, 종교적 수양의 성격을 지니고 있다. '주일' 혹은 '전일' 그 자체가 공경함의 정신을 구현하고 있기는 하지만, 이것은 일반적으로 말하는 주의력의 집중을 의미하지는 않는다. 이는 견고한 신념 위에 수립되는, 몸과 마음의 모든 생명력의 응집이다. 이 신념이란 곧 천명이 유행함에 따라 이것이 인간에게 마음의 본체로서의 본성과 태극으로 부여되었다는 것에 대한 믿음이다. 소위 '주일主一'이란 이 둘도 아닌 하나의 심체 즉 본성에 집중하는 것이다. 이렇게 해야 비로소

---

59) 『朱子語類』12, 99쪽, "只是隨事專一, 謹畏, 不放逸耳."

순일하고 잡되지 않게 되어, '심체가 혼연'하고 '천리가 찬연'한 경지에 들어설 수 있다.

둘째 '몸과 마음을 거두어들임'(收斂身心)60) 즉 소위 '쉴 때도 일할 때도 공경함'이다. 주희는 결코 정좌를 부정하지 않았다. 그는 만년에 자신의 스승 이연평 선생이 주장했던 '잠잠함 속에서의 함양'을 매우 중시했다. 그러나 그는 하루 종일 앉아 정좌만 할 수는 없으며, 반드시 사물에 대응하지 않을 수 없다고 생각했다. 정좌할 때에도 공경함으로써 함양해야 하고, 사태에 대응할 때에도 공경함으로써 성찰해야 한다. 이것이 바로 몸과 마음을 수렴하여 자신을 방일하게 하지 않는 것이다. 여기에서 말하는 '수렴'이란 전적으로 내면에서 나온 명령이지 모종의 외재적 힘에 의한 것이 아니다. 그러나 여기에는 마치 어떤 주재자가 있어서 자신에게 명령하는 것처럼 보인다. 이 주재자는 오직 '신'(帝)일 수밖에 없다. 그러나 그 신이란 다른 것이 아니라 바로 마음속에 있는 이치일 뿐이다. 즉 마음 밖에 있는 별도의 이치가 들어와서 주재하는 것이 아니다. 주희는 분명히 본성과 천명의 이치를 말했으나, 마음은 그것을 '통섭'(統)할 수 있다. 통섭에는 '겸하다'(兼)라는 의미가 있다. 즉 체와 용 그리고 감정과 본성을 겸하여 지니고 있다는 것이다. 그런데 어째서 다시 신을 요청해서 심성의 지위와 기능을 설명하고 있는가? 이것이 바로 주희의 초월적 의식이 있는 지점이다. 주희의 관점에서 리의 객관성·보편성·절대성·무한성과 영원성은 인간으로 하여금 일종의 경외하는 마음을 지니게 하고, 그리하여 자신의 몸과 마음을 거두어들이지 않을 수 없도록 만들기에 충분하다. 이는 비록 각각의 인간의 마음속에 있는 것이기는 하지만 인간은 오직

---

60) 『朱子語類』 12, 75쪽, "只收斂身心, 整齊純一, 不恁地放縱, 便是敬."

자신을 초월했을 때에만 비로소 마음과 이치를 합일할 수 있다.

셋째 '정제엄숙整齊嚴肅'[61)이다. 여기에는 '행동할 때나 말할 때'나 혹은 '목욕재계'를 포함한다. 이는 마음속의 공경함이 말 한마디 행동 하나까지 일체의 행동 속에서 드러나는 것이다. 제사와 같은 행위에서는 더더욱 그러하다. 이는 인격 실천 속에서 자기 스스로에 대한 요구일 뿐만 아니라 타인의 눈으로 보았을 때에도 경외하는 마음을 불러일으킬 수 있는 것이다. 본래 의미에서 보았을 때 이것은 도덕을 실천하는 필요조건으로, 소위 엄숙한 체하는 것(道貌岸然) 혹은 마음으로는 그렇게 생각하지 않으면서 입으로만 그런 척하는 것과는 전혀 다른 것이다. 송대 유자들이 말하는 '기상氣象'이란 구체적으로 드러나는 것이지 결코 공허한 상상이 아니다. 여기에는 따뜻한 기상도 있고 엄숙한 기상도 있지만, 이는 모두 그 내면에서 이미 상당히 높은 경지에 다다라서 겉으로 드러난 것이다.

넷째 '경외敬畏'이다. 즉 "공경함은 그저 경외함이다."[62) 이 점에 대해서는 여타의 성리학자들은 별로 언급하지 않았다. 그러나 주희는 특별히 이 점을 논했고 여기에는 분명 깊은 의미가 담겨 있다. 공경함과 두려워함이 서로 연결되어 공경함 속에 두려워함이 있고 두려워함 속에 공경함이 있어야 비로소 그 종교적 정신을 드러낼 수 있게 된다. 칸트는 도덕감정을 제시했지만 동시에 도덕감정이 도덕형이상학의 기초가 됨을 부인했다. 그러나 오직 경외의 마음에 대해서만은 부정하지 않았을 뿐만 아니라 도리어 강조했다. 그 목적은 바로 도덕 명령의 중요성과 존엄성을 증명하기 위한 것이었다. 칸트는 "머리 위에는 빛나는 별이 있고 마음속에는 도덕률이 있다"라는 명언을 남겼다. 이 속에는 매우 깊은 경외의 마음이

---

61) 『朱子語類』 12, 105쪽, "曰: 不用解說, 只整齊嚴肅便是."
62) 『朱子語類』 12, 75쪽, "然敬有甚物? 只如畏字相似."

함축되어 있다. 소위 경외란 당연히 마음속의 도덕률에 대한 경외이다. 비록 마음속에 내재한 도덕률이지만 절대보편성을 지니고 있고, 스스로에 의한 입법이지만 최고의 권위를 지니고 있다. 머리 위의 별이 미학적 의미인지 도덕적 의미인지에 대해서 논할 필요는 없지만 이것이 결코 자연계(현상계)의 인과필연성이 아니라는 점만은 분명하다. 만약 이것이 도덕적 의미라고 한다면, 당연히 이것은 경외의 마음과 같은 도덕감정을 의미하고, 만약 이것이 미학적 의미라고 한다면 이것은 더더욱 감정일 것이다. 다만 그는 이것이 어떤 아름다움인지, 예컨대 자연적 아름다움인지 아니면 신성한 아름다움인지에 대해서는 논하지 않았다. 경외의 마음에 대한 칸트의 이러한 생각은 주희와 비교해서 논할 수 있다. 그러나 모종삼 선생은 주희에게도 '마음속의 도덕률'이 있는지에 대해서 부정적 입장을 취했다. 그러나 필자는 주희가 마음속의 태극(리)을 인정했다는 것은 결코 의심할 수 없다고 생각한다. 그리고 태극의 리는 바로 마음의 본체이다. 문제의 핵심은 바로 여기에 있다. 마음속의 태극은 사실 단지 '지극히 좋고 매우 선한 덕성'일 뿐이며 하나의 '도리'일 뿐이다. 이 덕성과 도리는 명령('당연')이며 또 목적('자연의 낳고 낳음의 이치' 즉 선)이다. '지극함'(至極)은 궁극적 목적이면서 보편성을 지닌 것으로, 또한 아름다움과 선함의 통일이다. 이렇게 볼 때 경외의 마음으로 '지극히 좋고 지극히 선한' 궁극적 목적을 실현한다는 것은 충분히 납득될 수 있다. 소위 종교적 정신은 이러한 초월적인 궁극적 목적에 대한 추구로 드러난다. 이것은 심미와 도덕을 합일하는 것이며 동시에 미학과 도덕을 초월하는 것이다. 다만 여기에서 오직 공경함과 실천을 추구하는 것만으로 순수한 이성인식이 완성될 수 있는지 논하기는 어려울 것이다.

제15장 감정철학의 현대적 발전

근현대 이후 중국전통철학은 서양철학과 문화의 전면적인 충격과 도전에 직면함에 따라 전례 없는 국면을 맞게 되었다. '경학'의 형식으로 전개되었던 유가철학은 더 이상 존재하지 않게 되었고, 서양철학을 소개하고 번역하고 전파하는 것이 시대적 사조가 되었다. 그러나 오직 감정의 문제에 있어서만큼은 한꺼번에 분출되어 나왔고, 이는 '5·4운동' 이후의 '과학·현학 논쟁'에서 핵심 논점이 되었다. 그리고 과학·현학 논쟁 이후에도 계속 논의를 진행해 나갔다. 이는 주목할 만한 현상이다.

5·4운동은 과학과 민주를 양대 구호로 삼았는데 중국판 문예부흥 혹은 계몽운동으로 칭해졌다. 5·4운동 이후 과학은 선진과 진보 그리고 현대화의 중요한 상징이 되었으며, 과학의 제창은 이미 온 중국인의 공통된 인식이 되었다. 사실 과학(기술)이 현대사회를 구성한다는 것은 회의될 수 없으며, 중국인들이 과학을 환영하는 것 역시 막을 수 없는 역사적 조류이다. 5·4운동 이후 지금까지 그 누군들 빈곤과 낙후로부터 탈피하여 세계 선진국의 대열로 들어갈 것을 바라지 않았겠는가?

문제는 문화와 학술의 관점에서 보았을 때 과학과 철학이 결국 어떤 관계를 맺어야 하는가이다. 중국의 전통철학은 현대사회에서 여전히 가치를 지니고 있는 것인가? 그렇다고 한다면 그것은 어떤 가치인가? 이는 중국과 서양의 문화가 충돌하는 과정에서 반드시 제기되어야 할 문제였다. 일련의 학자들은 5·4운동에 대한 반성을 포함하여 이미 이러한 문제들에 대해 반성을 진행하고 있다.

제1절 동서문화 비교 속에서의 감정 문제

5·4운동이 막 끝난 1921년 양수명梁漱溟은 『동서문화[1]와 그 철학』에서 이러한 문제에 대해 반성하면서 현학과 과학의 문제를 제기했다. 그는 동서문화의 비교 속에서 중국문화를 '현학적', 서양문화를 '과학적'이라고 규정했다.[2] 이는 비록 모호한 방식이기는 하지만 이후 동서문화의 논쟁에 일정한 영향을 미쳤다. 그는 더 나아가 동서문화와 철학의 차이에 대해 감정과 의지에 대한 중시와 이성에 대한 중시로 구분하고서, 감정철학의 가치를 인정했다.

> 서양인들은 이성을 사용하려고 하는 반면 중국인들은 주로 깨달음(감정)을 사용하려고 한다. 서양인들은 자아를 유지하려고 하는 반면 중국인들은 자아를 없애려고 한다.[3]

이것은 곧 현학과 과학 그리고 윤리 중심 사고와 개인 중심 사고의 심리적 기초를 구별한 것이다. 양수명은 결코 과학과 민주에 반대하지

---

1) 역자주: 원문은 中西文化이다. 중국인들은 동서보다는 중서라는 개념으로 비교하기를 좋아한다. 이 책에서는 서양과 대비되는 중국의 경우 그대로 중국으로 표기하고, 서양과 대비되는 의미에서의 '중서'의 경우 '동양과 서양' 혹은 '동서'로 번역한다.
2) 『양수명전집』 제1권(산동인민출판사, 1989년판), 358쪽 참조.
3) 『양수명전집』 제1권, 479쪽.

않았고, 서양문화에 반대하지도 않았다. 오히려 '전면적 수용'4)을 주장했다. 다만 그는 서양의 문화를 받아들이는 동시에 중국문화의 가치를 유지하려고 했다.

현재 서양에서 말하는 과학과 민주는 세계의 어느 지역 사람들을 막론하고 누구도 벗어날 수 없는 추세이다. 때문에 이 문제를 적절하게 처리하는지의 여부는 동양의 문화가 세계의 문화로 탈바꿈할 수 있느냐의 관건이 된다.5)

그의 관점에서 동양문화는 가치관 영역에서 나름의 장점이 있다. 그는 이것이 철학의 영역에서는 감정 이론이 되고 공자의 인학이 된다고 생각했다.

인은 바로 본능·감정·깨달음이다.…… 이성은 비록 사사롭지 않고 관조적이어서 나쁠 것이 없지만, 매번 감정적 충동이 일어난 이후에는 감정을 방해하거나 사사로움을 수반하게 되는 두 가지 문제가 있다. 때문에 공자는 이성을 매우 배척했던 것이다.6)

감정을 중시하느냐 이성을 중시하느냐의 문제는 동서 간의 중요한 구별이 될 뿐만 아니라 유가와 묵가의 구분이 되기도 한다.

묵자는 언제나 외면의 물질만을 보았고 공자는 언제나 인간 내면의 감

---

4) 『양수명전집』 제1권, 528쪽.
5) 『양수명전집』 제1권, 338쪽.
6) 『양수명전집』 제1권, 455쪽.

정만을 보았다.[7]

그는 베르그송 철학의 영향을 받아 감정을 깨달음과 연결시켰으며, 유가의 인설을 '본능적 충동'으로 보았다. 이런 점은 모두 그의 철학이 일종의 감성적 특징을 지니고 있음을 보여 준다.

그러나 그 이후에 그는 다시 한 번 더욱 명확한 설명을 제시하여, 동서문화의 구별은 '이성'과 '이지'의 구별이라고 규정했다. 그러나 그가 말하는 '이성'은 여전히 감정을 의미한다. 그는 더 이상 '본능적 충동'을 강조하지 않고 '향상하고자 하는 일념'의 합리성을 주장했다. 그는 『중국문화개요』에서 다음과 같이 말하고 있다.

> 이지와 이성은 마음과 사고 작용의 두 측면이다. 인지적 측면을 가리켜 이지라고 하고, 감정적 측면을 가리켜 이성이라고 한다. 이 둘은 본래 밀접하게 서로 관계되어 떨어질 수 없는 것이다.…… 이지의 쓰임에는 끝이 없지만 그 자체로는 주도적 작용을 할 수 없으며 그것을 주장하는 것은 이성이다. 이성의 취사는 한결같지 않지만 사사로움이 없는 감정을 중심으로 해야 한다.…… 인간의 삶이 일반적인 생물과는 다른 점은 향상하고자 하는 일념으로 삶의 합리성을 추구한다는 것이다.[8]

감정과 인지는 인간의 마음에서 분리될 수 없는 두 부분이다. 다만 각각에는 서로 다른 기능이 있다. 인지는 밖을 향해 가고 감정은 그에 대해 주도적 작용을 한다. 때문에 감정은 삶의 태도를 결정한다. 그 역시 감정의 '흐름이 한결같지 않음'을 인정하고 있다. 때문에 그는 사사로움

---

7) 『양수명전집』 제1권, 467쪽.
8) 『중국문화개요』(中國文化要義, 路明書店, 1949년판), 149쪽.

이 없음을 감정의 중심으로 삼아야 한다고 보았다. 이것 역시 감정이 지니고 있는 본래 면모이고, 이러한 의미에서 보았을 때 자연적이라고 할 수 있다. 이것이 바로 '향상하고자 하는 일념'의 합리성이며 또한 '자연이성'이다. 즉 그의 표현에 따르면 '정리情理'인 것이다.

이처럼 양수명이 말하는 '이성'은 특수한 함의를 지니게 된다. 이는 가치이성 혹은 목적이성(이익과 손해를 따지지 않고 조화로운 분위기를 추구하는 것으로서 종교를 대신한다.)으로서 이러한 이성은 감정으로부터 나오게 된다. 이에 반해 서양은 인지적 측면이 발전되어 '과학정신'을 지니게 된다. 때문에 이것은 '이지'적이다.

> 서양은 이지의 측면이 우세하고 이성의 측면이 열등하다. 반면에 중국은 이성의 측면이 우세하고 이지의 측면이 열등하다.…… 이성은 감정상의 이치이기에 '정리情理'라고 부를 수 있고, 이지는 대상사물에서의 이치이기에 '물리物理'라고 부를 수 있다.[9]

이 둘은 서로 다른 유형의 철학문화이다. 그는 '정리'를 중시하고 강조하는 점에 있어서만큼은 전통 유가철학 특히 송명 성리학을 능가한다. 왜냐하면 송명 성리학은 '성리性理'를 논하는데, 성리 역시 감정과 밀접한 관계에 있기는 하지만 '정리'만큼 직접적이지는 않기 때문이다. '정리'는 일종의 이성이지만 그것은 직접적으로 감정으로부터 나온 것이다.

> 나는 성리라는 용어를 사용하기를 좋아하지 않는다. 공자는 그저 인생이라고 말했지 성리라고 말한 적이 없다. 성리라는 용어는 송대 사람들

---

9) 『중국문화개요』, 139~140쪽.

의 용어일 뿐 공자는 그것에 대해 말한 적이 없다.10)

이는 비록 『동서문화와 그 철학』에서 제시된 관점으로서, 감정의 감성 부분을 중시한 그의 관점을 반영하고 있는 것이기는 하지만, 그 뒤로도 그는 '정리'만을 사용할 뿐 '성리' 개념을 사용하지 않았다. 이는 그가 '이성'을 논했지만 여전히 '감정'과 분리되지 않았음을 설명해 준다.

제2절 '과학·현학 논쟁'에서의 감정 문제

양수명이 『동서문화와 그 철학』을 발표하고 얼마 지나지 않은 1923년, 중국학술계에서는 일대 논쟁이 폭발했다. 즉 '과학·현학' 논쟁이다.

이 논쟁은 장군려張君勱가 청화대학교에서 〈인생관〉이라는 제목으로 진행한 강연으로부터 시작되었다. 이 강연은 그 해 『청화주간』 제272기에 수록되었다. 장군려는 이 강연에서 과학은 결코 인생관의 문제를 해결해 주지 못한다고 주장했다. 이는 동서문화의 문제이면서 동시에 20세기 인류문화와 철학의 문제이자, 중국철학의 현대적 운명과 직접적 관련이 있다. 그는 과학과 인생관의 차이점에 대해 집중적으로 논하면서, 인생관의 특징을 다섯 가지 즉 '주관성·직관성(直覺)·종합성·자유의지·단일성'11)으로 규정했다. 바로 이어서 과학자인 정문강丁文江이 「현학과 과학」이라는 글을 발표해서 장군려의 〈인생관〉을 비판했다. 그는 과학이 인생관의 문제를 해결할 수 있을 뿐만 아니라 해결해야 한다고 주장하면서 장군려

---

10) 『양수명전집』, 477쪽.
11) 장군려, 『과학과 인생관』(산동인민출판사, 1997년판), 38쪽 참조.

를 '현학 귀신'이라고 조롱했다. 그리하여 논쟁은 시작되었다. 당대의 주요 학자들 예컨대 양계초梁啓超·호적胡適·임재평林宰平·장동손張東蓀·왕성공王星拱·손복원孫伏園·오치휘吳稚暉·당월唐鉞·임숙영任叔永·주경농朱經農·범수강范壽康·육지위陸志韋·국농菊農(瞿世英) 등이 모두 이 논쟁에 참여했다. 이 논쟁은 매우 짧은 기간 진행되었으며 논쟁의 주제와 논점 역시 매우 혼란스러웠다. 예컨대 무엇이 '과학적 인생관'인지에 대해, 모든 사람들이 수긍할 만한 답은 제시되지 않았다. 또 장군려가 제시한 인생관의 5대 특징 역시 매우 혼란스러웠다. 비록 이러한 한계가 있기는 했지만 이 논쟁은 분명 매우 중요한 문제를 제기하고 있다. 그것은 바로 가치와 사실 혹은 감정과 지식의 관계 문제이다. 이 문제는 동양과 서양의 철학 모두와 관련이 있다.

장군려는 '자유의지'의 문제를 제시했는데 이는 분명히 칸트철학의 영향을 받은 것이다. 그러나 그 자체는 과학적 인식의 문제가 아니라(당시에 이해하고 있던 과학은 대부분 근대 자연과학적 지식과 방법으로부터 나온 것이다.) 도덕 가치의 문제였다. 또한 그는 '신송학新宋學'을 주장하여 송명 성리학의 심성 문제와 내면적 수양의 문제를 매우 중시했다. 이는 그가 신유학적 경향을 지니고 있었음을 보여 준다. 다만 그는 감정의 문제에 대하여 직접적으로 논하지는 않았다. 또 한 명의 논객인 양계초는 명확하게 감정의 중요성을 제시하며 감정이야말로 '삶의 원동력'이라고 주장했다. 그는 이렇게 말했다.

인간의 삶은 결코 이지理智를 떠날 수는 없지만 이지가 인생의 모든 내용을 포괄한다고 말할 수는 없다. 이 외에도 매우 중요한 부분이 있다. 이를 삶의 원동력이라고 부를 수 있는데 이것은 바로 '감정'이다. 감정의 표출에는 여러 가지 방향이 있을 수 있다. 그 중에 분명히 신비함을 갖추고 있는 적어도 두 가지 방향이 있는데, 바로 '사랑'과 '아름다움'이다. '과학제국'의 판도와 권위가 아무리 확대된다 할지라도 이들 '사랑 선생'과 '아름다움 선생'은 결코 강등될 수 없는 그들의 지고의 신분을 유지할 것이다.[12]

양계초는 지·정·의 삼분법에 따라 감정의 문제를 제기했지만, 감정을 미학의 범위 내로 한정했다. 그가 말하는 '아름다움'은 예술적 아름다움이며, 그가 말하는 '사랑'은 유가에서 말하는 인애가 아니라 남녀 간의 사랑을 의미한다. 그러나 그가 보기에 감정은 분명히 과학적 인식이나 과학적 분석의 문제가 아니라 심미적 가치와 관련된 것이다. 따라서 그는 다음과 같이 결론을 내린다.

인생에서 이지 측면과 관련된 일은 절대적으로 과학적 방법으로 해결해야 한다. 그러나 감정과 관계된 일에 대해서는 절대적으로 과학을 초월해야 한다.[13]

이는 매우 중요한 관점으로서 당시 서양철학에서 성행하고 있던 지식과 가치의 이분법을 반영하고 있을 뿐만 아니라 중국전통철학의 특징과도 맞물려 있다.

양계초의 이러한 관점은 즉각 모든 사람들의 주목을 끌었고, 많은 사람이 이와 관련된 견해를 밝히면서 토론했다. 지식의 문제와 마찬가지로 감정의 문제는 이 논쟁의 실질적인 문제였다. 예컨대 임재평은 「정재군

---

12) 장군려, 『과학과 인생관』, 141쪽.
13) 장군려, 『과학과 인생관』, 142쪽.

선생의 현학과 과학을 논함」이라는 글에서 감정의 중요성을 다시 한 번 강조했을 뿐만 아니라 이를 인격의 문제로 귀속시켜 동양의 도덕을 전적으로 긍정했다. 그는 감정과 의지에 관한 도정숙屠正叔의 관점을 인용하여 다음과 같이 말했다.

> 실제 삶에서는 이지의 측면뿐만 아니라 감정의 활동과 의지의 활동 역시 중요한 부분을 차지한다. 삶의 전체적 발전이 가능하기 위해서는 반드시 모든 영역이 조화를 이루어야만 하지, 결코 어느 한 측면만 발전해서는 안 된다.[14)

'삶의 전체적 발전'이라는 관점은 매우 중요한 의미를 지닌다. 이는 결코 '과학적 방법 만능주의자'가 생각할 수 있는 것이 아니다. 임재평은 감정활동이 주관적 성격을 지니고 있기는 하지만 동시에 결코 주관적이기만 한 것은 아니라고 보았다.

> 때로는 주관이니 비주관이니 하는 것도 모두 적합하지 않고, 그 영문을 알 수 없게 발동되기도 한다.[15)

이 말은 감정은 주객·내외가 혼연하여 나눌 수 없다는 것이다. 소위 주관이니 객관이니 하는 것도 그저 일종의 분석일 뿐이라는 말이다. 그는 정문강이 동양의 도덕을 너무 지나치게 경시하고 과학을 숭배하여 양심을 홍수나 맹수 같은 것으로 본다고 비판하면서 '이는 우리로서는 결코 상상할 수 없는 것'[16)이라고 했다. 임재평이 감정과 도덕을 긍정했다고

---

14) 장군려, 『과학과 인생관』, 176쪽.
15) 장군려, 『과학과 인생관』, 177쪽.

해서, 과학을 모두 부정하자고 주장한 것은 아니었다. 그는 그 둘을 일정한 영역으로 나누고서 사람들이 두 영역 모두에서 발전이 이루어지도록 하자는 것이었다. 그러나 그는 과학과 도덕이 어떻게 결합될 것인지에 대해서 방법을 제시하지도 않았고 또 제시할 수도 없었다.

과학파 역시 감정의 문제가 지니는 중요성을 무시할 수 없었고, 따라서 진지하게 대응에 나섰다. 정문강은 「현학과 과학—장군려에 답하여」라는 문장에서 지식과 감정의 관계 문제를 제시하며 인생관을 정의하려고 시도했다.

> 지식의 영역 내에서는 과학적 방법이 만능이다. 그러나 지식의 영역 밖에는 다시 감정의 문제가 있다. 감정의 영역 내의 미술이나 종교와 같은 것들은 모두 인간의 천성으로부터 나와 생존의 과정에서 발전된 것이다. 감정은 지식의 원동력이고 지식은 감정의 안내자이다. 때문에 누가 누구를 포기할 수는 없다. 나는 여기에서 과감히 인생관에 대해 다음과 같이 정의하고자 한다. "한 인간의 인생관은 그의 지식과 감정이며, 동시에 그의 지식과 감정에 대한 태도이다."[17]

인생관에 대한 그의 정의가 과연 '과학적'인지와 무관하게 그의 가장 큰 공로는 과학적 지식 이외에 또 감정의 영역이 있고 미술과 종교가 모두 감정의 영역 내에 해당한다고 인정했다는 점이다. 이는 과학적 지식이 감정을 대신할 수 없을 뿐만 아니라 종교처럼 감정에 속하는 것들 역시 인생관의 문제임을 의미한다. 예컨대 종교'관'은 사람마다 다를 수 있다. 어떤 사람은 신의 존재를 믿고 어떤 사람은 믿지 않는다. 신의 유무 여부

---

16) 장군려, 『과학과 인생관』, 178쪽.
17) 장군려, 『과학과 인생관』, 206쪽.

를 떠나 그것은 모두 신앙이므로, 과학적 지식이 증명할 수 없는 것이다. 이는 일종의 구획이다. 왜냐하면 그 둘은 각자의 영역을 지니고 있기 때문이다. 이는 물론 정문강 본인의 견해는 아니다. 그러나 '누구도 포기할 수 없는' 상황에서는 충분히 생각해 낼 수 있는 결론이다.

정문강은 어디까지나 과학을 신봉하는 인물이었다. 그는 지식이 과학적 방법을 획득할 때 감정을 지도할 수 있다고 생각했다.

> 감정은 완전히 천부적이지만 그 발전은 환경에 지배된다. 지식은 대부분 후천적으로 얻어지지만 그 원동력은 여전히 유전적이다. 지식은 감정과 마찬가지로 본래는 어떠한 기준도 있을 수 없다. 근 100년 이래에 자연과학이 진보함에 따라 비로소 지식을 구하는 방법이 발명되었다. 이러한 방법은 지식계의 어떤 영역에 쓰이더라도 모두 상당한 성과를 거두었다. 때문에 우리가 지식을 믿고 쓰는 것은 아무런 방법도 없는 감정보다는 더 좋다. 그래서 모든 감정의 충동은 지식의 지도를 받아서 그것을 얼마만큼 발전시킬 것인가 그리고 어떤 방향으로 발전시킬 것인가를 정해야 한다.[18]

그는 한편으로는 감정과 지식을 구분하면서도 다른 한편으로는 감정을 지식의 범위 내에 귀속시키고 있다. 그래서 지식이 과학적 방법을 갖추도록 한 뒤에 감정을 지도하여 적당한 방향으로 또 적당한 정도로 발전시켜야 한다고 생각했다. 그러나 그가 말하는 과학적 방법이란 주로 자연과학적 방법을 가리킨다. 그는 자신의 이러한 관점이 장군려가 말하는 '세계관'보다 현재의 세계에 더욱 적합하고, 좀 더 과학적 정신을 갖춘 내용일 뿐만 아니라 사람들에 의해 더 쉽게 받아들여질 수 있는, 즉 좀

---

18) 장군려, 『과학과 인생관』, 206쪽.

더 '시대성'을 갖춘 관점이라고 생각했다.

정문강과 호적 같은 사람들은 중국에 과학이 결핍되었고 중국인들에게 과학적 정신이 결핍되었음을 매우 유감스럽게 생각했다. 서양의 과학과 과학적 방법이 전래된 이후에 그들은 성심성의껏 그것을 받아들이려고 했으며, 동시에 이를 통해 중국인의 '국민성'을 개조하려고 했다. 그들의 이러한 마음은 충분히 이해될 수 있는 바이지만, 가치관의 문제를 자연과학적 방법으로 해결할 수 있는지의 여부야말로 진정한 시대적 과제였으며, 서양에서는 이미 이러한 문제에 대해 충분히 논쟁해 왔다. 과학·현학의 논쟁에서도 이 점은 충분히 반영되었으며, 정문강의 관점 역시 서양의 과학주의의 영향을 받지 않았다고 말할 수 없다.

국농은 「인격과 교육」이라는 문장에서 이 문제를 인격 교육의 문제로 귀결시켰다. 그는 '인생의 이상'과 '내심의 자유'를 인생의 근본 문제로 삼아 인간과 우주자연계의 '융합'을 추구했다. 이는 분명 중국 전통철학과의 관계가 더욱 밀접해진 것이라 하겠다. 그는 또한 심리의 지·정·의 삼분법에서 출발하여 지식 교육·예술 교육·의지 교육의 조화로운 발전이라는 문제를 제시했고, 특히 문예부흥 이래의 개인주의와 기계주의의 '현대 문명'에 반대했다. 이는 반성적 사유의 반영이라고 할 수 있다. 그 중에서도 그가 가장 관심을 기울인 것은 감정 문제였다.

인간은 감정의 동물로서 교육은 응당 인간의 감정을 훈련시켜 그것이 적절히 발현될 수 있도록 하는 것이어야 한다. 감정을 교육시키는 방법이 바로 예술이다. 그러나 그것은 모든 사람이 예술가가 되어야 한다는 말이 아니라 삶 자체를 예술화해야 한다는 말이다. 개인은 감정의 교육으로부터 시작하여 응당 자연과 융합될 수 있는 경지에서 살아가야 한다. 자연과 융합되어 아무런 간격이 없게 하면, 인생을 아름답게 할 뿐만 아니라 우주의 신비를 엿보고 초인격적 활동의 의미를 실현할 수 있게 해 준다.[19]

국농이 제기한 '인간은 감정의 동물'이라는 관점은 중국전통철학(특별히 유가와 도가)의 인격 이론의 화룡점정과도 같은 것으로, 서양의 '인간은 이성의 동물'이라거나 '인간은 언어의 동물'이라는 식의 관점과 매우 큰 차이가 있다. 감정 교육의 주된 목적은 사람들로 하여금 기계적인 삶이 아닌 '예술화'된 삶을 살게 하는 것이며, 일률적으로 자연을 인식하고 개조하는 것이 아니라 '자연과 융합되어 아무런 간격이 없도록' 하는 것이다. 이는 시대를 앞서 내다보는 안목이라고 할 수 있다. 과학적 지식을 제고하는 동시에 인간의 감정을 교육한다는 것은 인간과 자연계의 관계를 올바르게 처리하는 것이며, 이러한 관점은 오늘날에도 매우 큰 의미를 지닌다.

마지막으로 그는 '정신 교육'의 문제를 제기했다. 그는 이 문제가 가장 중요하다고 생각했다. 왜냐하면 정신 교육의 근본적인 목적은 "사람들로 하여금 인생의 의미와 가치를 이해해서 초월적 인격의 활동을 깨달아 인간과 우주의 조화를 실현하는 것"[20]이기 때문이다. 여기에서 우리는 중국전통철학이 현대인들에게 남겨진 위대한 유산임을 확인할 수 있다. 이는 진정한 가치에 관한 문제이다. 과학적 소양을 제고하고 이지적 능력을 배양하여 과학적 지식을 획득하는 것은 중국인들의 시급한 현안이다. 그러나 시급한 현안이라는 말은 오직 그것만이 유일한 문제라거나, 그것만 있으면 모든 문제가 해결된다는 것을 의미하지는 않는다. '인생의 의

---

19) 장군려, 『과학과 인생관』, 251쪽.
20) 장군려, 『과학과 인생관』, 251쪽.

'미와 가치'의 문제는 비록 과학적 지식을 필요로 하지만, 그렇다고 과학적 지식과 과학적 방법이 그 문제를 완전히 해결할 수 있는 것은 아니다. 때문에 반드시 또 다른 '방법'이 있어야 한다. 어떤 사람은 이 방법을 '신비'라고 부르기도 하고 어떤 사람은 '종합' 혹은 '깨달음'이라고 부르기도 한다. 혹은 또 다른 무엇(예컨대 默識冥想과 같은 것)이 될 수도 있다. 다만 그것은 언제나 생명활동과 관계가 있으며, 곧 생명의 '창조'이다. 만약 그저 '과학적 방법'(무엇이 과학적 방법인지에 대해서도 아직까지 일치된 견해가 도출되지 않았다.) 혹은 '분석적 방법'만 존재한다고 주장한다면 인간의 생명은 너무나 단조롭고 기계적인 것이 되고 말 것이다.

물론 과학파들은 여전히 과학적 방법 혹은 과학적 원리를 사용하여 감정의 문제나 인생의 문제를 해결하려고 하고 있다. 예컨대 당월은 아름다움은 분석될 수 있고 감정 역시 분석될 수 있다고 보았다. 그래서 그는 이렇게 말했다.

> 감정과 관계된 일들에 대해 우리의 지식이 미칠 수 있게 해야 하며 가능한 과학적 방법으로 해결하여야 한다.[21]

왕성공은 과학의 인과율과 모순율이라는 두 원리로 인생의 문제를 해결해야 한다고 생각했다.

> 과학은 인과율과 모순율이라는 두 개의 원리에 의해 구성되었다. 인생의 문제 역시 생명의 관념이나 혹은 삶의 태도를 불문하고 모두 이 두 개의 원리로부터 벗어날 수 없다. 때문에 과학은 인생의 문제를 해결할

---

21) 장군려, 『과학과 인생관』, 274쪽.

수 있다.[22]

오치휘는 심지어 감정·사상·의지 등등에 대해 환원주의의 방법을 사용하여 모두 '자질과 역량(質力)[23]으로 귀결시킴으로써 그 어떤 사람보다도 철저했다고 할 수 있다. 그러나 이러한 태도는 과학에 대한 그들의 강한 신념과 현실의 문제를 해결할 수 있다는 강렬하고도 간절한 바람을 표명했다는 의미 외에 그 어떤 문제도 해결할 수도 없었다. 왜냐하면 이 문제는 20세기 전체의 문제로서 당시 중국뿐만 아니라 서양세계 전체가 직면한 문제였기 때문이다. 만약 이 논쟁에 어떤 의의가 있다고 한다면 그 의의는 다음과 같을 뿐이다. 이택후 선생은 다음과 같이 말했다.

> 만약 순수하게 학술적 관점에서 보자면, 현학파가 제시한 문제와 일련의(그저 몇몇의) 기본적인 논점은…… 비록 낙관적이기는 하지만 단순한 결정론적 논점으로 논증을 진행했던 과학파의 관점에 비해 좀 더 심도 있고 좀 더 20세기의 사조에 부합한다고 할 수 있다.[24]

이러한 관점은 매우 타당하다.

제3절 '유정주의'철학의 제기

과학·현학 논쟁은 문제를 제기하기는 했지만 모두 초보적인 수준이

---

22) 장군려, 『과학과 인생관』, 286쪽.
23) 장군려, 『과학과 인생관』, 345쪽.
24) 『중국현대사상사론』(동방출판사, 1987년판), 59쪽.

었고, 논증 역시 매우 조잡했다. 이 논쟁 이후에 몇몇 사람들은 이러한 문제에 대하여 좀 더 깊이 고민하고 비교적 체계적인 이론을 제시했다. 감정의 문제에 있어서는 두 저작이 간행되었는데 하나는 원가화袁家驊의 『유정철학唯情哲學』(상해: 태동도서국, 1924)이고 다른 하나는 주겸지朱謙之의 『한 유정론자의 우주관과 인생관』(동일서국, 1928)이다. 이 두 권의 책은 과학 논 쟁과 직접적인 연관을 지니고 있으며, 과학·현학 논쟁 중에서 제기되었 던 감정과 관련된 문제들을 한 걸음 더 발전시킨 것이라고 할 수 있다. 그들 역시 마음속의 지·정·의라는 삼분법에서 출발하기는 했지만 이미 마음과 심리의 층위에 머무르는 것에 만족하지 못하고 우주존재론의 단 계로 진입하여 감정존재론의 문제를 제시함으로써 감정을 우주본체로 전 환시켰다. 원가화는 이렇게 말했다.

> 사람들아, 그대들은 오직 당신들 자신의 진정한 감정을 체인할 때만이 우주의 본체를 얻을 수 있다.[25]

이것이 바로 '유정'철학의 특색이다.

이는 분명히 서양의 의지철학 특히 쇼펜하우어의 의지철학으로부터 계발된 것이며, 또한 장군려의 '자유의지'의 문제를 중국전통철학의 감정 문제로 전환하여 인간의 가치를 새롭게 발견하고자 한 것이다. 그것이 의지철학으로부터 계발되었다는 말은 쇼펜하우어가 의지를 세계의 본체 로 삼고 감정과 인식을 현상계(의지에 대한 인식은 예외로 하고)로 귀속시켰기 때문이다. 그러나 중국철학은 의지론이 아니라 감정론이다. 때문에 그들 은 쇼펜하우어의 방법을 본떠 감정을 세계의 본체로 설명했다. 이처럼

---

25) 『유정철학』, 23쪽.

전통철학은 근대 혹은 현대의 형식을 획득하고, 그것을 기초로 삼아 세계관과 인생관의 문제를 해결했다.

특히 원가화는 '진정한 감정'이라는 개념을 제시하여 인간의 생명이 초월성과 절대성을 지니고 있다고 설명했으며, 또한 '내재적 초월'[26]의 문제를 제시하여 인간과 우주의 관계를 설명했다. 현대 신유가들의 '내재초월'의 이론은 비록 칸트의 관점으로부터 온 것이지만, 중국철학 자체의 발전에서 보자면 원가화는 이미 1920년대에 이러한 관점을 제시했던 것이다. 다만 원가화는 감정으로 의지를 대신하여 '실천이성'의 시각에서 소위 본체(물자체)를 논한 것이 아니라, 우주의 초월적이며 무한한 생명감정을 인간의 '진정한 감정'과 완전히 합일되는 것으로 보았다. 이 부분은 셸링 철학의 영향을 받은 것처럼 보인다.

진정한 생명이 바로 우주본체이며 진정한 나이다. 그것은 절대적인 초월이며 절대적인 실재이다.

우리는 나와 본체가 하나로 합치된다는 말에 반대하고 내가 곧 본체임을 주장한다.[27]

여기에서 말하는 '나'는 바로 '진정한 나'이자 '진정한 감정'으로서 내재적이면서도 초월적이고, 그 자체로 우주의 본체이다. 나와 우주는 '절대적인 하나'의 상태로 있기 때문에 "나와 우주의 만물은 일체이다"[28]라고 할 수 있다. 다만 여기에서 말하는 '일체'란 유가에서 말하는 '천지만물

---

26) 『유정철학』, 16쪽.
27) 『유정철학』, 27쪽.
28) 『유정철학』, 25쪽.

일체'와는 다르다. 유가에서 말하는 '일체'는 일종의 경지이며 존재 상태이지만 여기에는 세계의 차별성이 내재하므로, '리일분수'라고 말할 수 있다. 그러나 원가화가 말하는 '일체'란 그가 "우주만물은 결코 개개의 것이 다르지 않고 모두 합일된다"[29]라고 말했던 것처럼 일종의 절대적 동일성이며, 따라서 그 안에는 어떠한 차별도 있을 수 없다.

원가화의 유정철학이 비록 마음의 지·정·의의 삼분법에서 출발하기는 했지만 그 결과는 반의지적이며 동시에 반이지적이다. 때문에 비이성주의적 경향을 지니고 있다. 이는 유가철학과 매우 큰 차이가 있다. 왜냐하면 유가철학은 감정을 그 근본적인 내용으로 삼고 있기는 하지만 앞에서 언급한 것처럼 결코 의지와 이지 그리고 이성을 배재하지 않고 오히려삼자의 통일을 추구하기 때문이다. 그래서 근본적인 의미에서 유가철학은 이성주의라고 할 수 있다. 유가는 일종의 전체론적 철학이라고 할 수있는 반면에 원가화가 주장한 것은 일종의 단일한 감정철학이라고 할 수있다.

> 원시의 정신 상태에서는 지·정·의라고 할 것이 없다.…… 설령 고등한 정신현상의 경우라 하더라도 이 셋은 결코 분리되지 않고 실제로는 모든 경우에 서로 연결되게 마련이다.…… 그러나 전체의 측면에서 의지 혹은 이지 그리고 아무리 복잡한 감정 작용이라 할지라도 실제로는 모두 감정을 그 생명과 근본으로 삼고 있다.[30]

모든 진실한 의지는 감정 그 자체이며 엄격하게 말해 본래부터 의지라고 말할 것이 없다. 이지는 감정이 어떻게 변화하는지 그 성질의 변화를

---

29) 『유정철학』, 29쪽.
30) 『유정철학』, 73쪽.

드러낸 것이며 실제로는 이렇다 할 영역을 지니지 않는다.[31]

원시의 정신 상태에서는 소위 지 · 정 · 의라는 구분이 있을 수 없다는 말은 일리가 있다. 왜냐하면 원시의식은 자각적인 자아 구분이 없기 때문이다. 그러나 이것이 심리적 측면에서 서로 다른 기능이 없음을 의미하지는 않는다. 어떤 학자들은 의식을 감정과 이성의 두 부분으로 구분하는데 이러한 구분법에 의거했을 때 소위 의지라는 것은 본래 없는 것이다. '고등정신'에서 이 셋이 분리되지 않는다는 말 역시 일리가 있다. 왜냐하면 어떠한 인식이라 할지라도 감정의 작용과 의지와 지향의 활동이 없을 수 없으며, 어떠한 감정의 활동이라 할지라도 거기에는 인식과 의지의 참여가 있기 때문이다. 소위 순수한 이지에 '마음과 분리되는 경향이 있다'는 관점 역시 매우 깊이 있는 견해라고 할 수 있다. 그러나 의지와 이지를 모두 감정으로 귀결시키거나 혹은 감정이 변화된 상태로 이해하는 것은 지나치게 절대화한 것이다. 유가철학은 감정과 의지 및 이지의 관계를 그렇게 처리하지는 않는다. 비록 유가철학에 의지 및 이지와 감정을 긴밀히 연관된 것으로 간주하고 심지어는 이지를 경시하는 경향이 있기는 하지만, 그들은 의지와 이지 역시 마음의 중요한 구성 부분임을 인정한다. 그러므로 유가의 감정철학은 결코 유정주의가 아니다.

원가화 역시 깨달음을 매우 중시하여 그것만이 감정을 이해할 수 있는 유일한 방법이라고 생각했다. 그러나 그가 말하는 '깨달음'이란 모종삼과 같은 현대 신유가들이 말하는 '지적인 깨달음'이 아니며, 베르그송식의 깨달음(감성적 깨달음)도 아니다. 그것은 신비적 색채를 띤 깨달음이다.

---

31) 『유정철학』, 74쪽.

감정이 바로 심리의 온전한 상태이다.…… 심리 상태를 이해할 수 있는
유일한 방법은…… 바로 반성적인 내면 관찰법이다. 내면 관찰법의 가
장 큰 기능은 바로 '자신에 대한 인식'이며, 철학적 방법에서 그것은 깨
달음의 방법이다.[32]

'반성적 내면 관찰'은 확실히 전통철학의 중요한 방법이며, 이러한 방
법의 근본적인 특징은 바로 깨달음의 법칙이라는 점이다. 다만 이는 '자
신에 대한 인식'으로서, 일종의 인식방법이기는 하지만 객관대상에 대한
인식이 아니라 자기 자신에 대한 인식일 뿐이다. 이러한 자아인식은 분석
적이지도 추리적인 것도 아닌, 반대로 직접적이고 전체적인 것이다. 또한
감정의 체험과 연결되어 있다. 그러나 이 역시 일종의 인식활동이며 인식
능력이다. 때문에 감정 그 자체를 심리의 '전체 상태'라고 말할 수는 없다.
깨달음은 그저 감정의 활동방식일 뿐이다.

원가화의 유정철학은 근본적으로 자유와 인과론의 관계 문제를 해결
하고자 한 것이다. 이는 과학·현학 논쟁이 제기했던 문제이다. 그는 우
주의 진화에는 시작도 끝도 없으며, 다함도 없고, 예측할 수도 없으며,
고정되지도 않고, 법칙도 없으며, 한계도 없다고 생각했다. 즉 '절대자유'
이지 기계론이나 인과론 혹은 범신론이나 목적론이 아니라고 보았다. 그
시원을 거슬러 가면 의지가 아닌 감정에서 출발한다.

감정이 곧 우주존재의 원인이며…… 우주의 진실한 생명이다.[33]

---

32) 『유정철학』, 102쪽.
33) 『유정철학』, 261쪽.

그의 가장 큰 특징은 감정으로 의지를 대신하고 감정으로 자유를 해석했다는 점이다. 이렇게 해서 삶으로 하여금 도덕적 자유의지보다는 예술화의 특징을 지니도록 했다.

진정한 자유는 생명의 충동이며 절대적으로 감정에 내맡기는 것이다.[34]

인과법칙을 인정하지 않고 도덕법칙은 더욱 부정한다.[35]

그러므로 오직 예술화된 자유만이 있을 뿐이다.

5·4운동의 임무 중 하나는 봉건도덕을 비판하고 개인의 자유를 제창하는 것이었다. 5·4운동 이후에는 매우 적은 사람만이 시대에 역행해서 도덕을 제창했다. 과학·현학 논쟁 중 장군려는 심성과 도덕을 제창하여 자연스럽게 '현학 귀신'이라는 비판을 받게 되었다. 양계초 역시 '현학' 진영에 속하기는 하지만 장군려와 다른 점은 그가 감정이 아닌 의지를 제창하고, 심성의 수양이 아닌 사랑이나 아름다움을 제창했다는 점이다. 때문에 개인의 연애 문제 역시 논쟁에서 하나의 화제가 될 수 있었으며, 이는 5·4운동이 열어놓은 전통과 관련이 있다. 그러나 그들은 어찌 되었든 인과론이나 결정론의 문제가 아닌 자유의 문제를 해결하려고 했던 것이며, 과학으로 인생관의 문제를 해결하는 데에 반대한다는 점에서 일치했기 때문에 같은 진영에 속할 수 있었다. 원가화의 유정철학은 양계초의 사상을 더 많이 계승하여 한 걸음 더 발전시켰다고 할 수 있겠지만, '주지주의'를 반대하고 '실험주의'를 비판했다는 점에서는 장군려 등을 넘어선 면이

---

34) 『유정철학』, 159쪽.
35) 『유정철학』, 169쪽.

있었다고 할 수 있다.

주겸지의 철학적 전제는 원가화와 일치한다. 그 역시 '진정한 감정'을 제창하여 "내가 주장하는 우주생명은 바로 '진정한 감정의 유형'이다. 즉 인생철학에서는 '감정의 회복'을 주장하는 것이다"[36], "나는 감히 이 감정이 바로 우주의 근본 원리라고 주장한다"[37]라고 하였다. 그러나 그는 공개적으로 "절대적인 신앙의 태도로 인생의 원리를 인정한다"[38]고 선포했다. 이는 매우 극단적인 설명 방식이다. '신앙'은 근본적으로 지식이나 이지와는 대립하는 것이기 때문이다.

사상의 연원이라는 측면에서 원가화가 도가철학을 계승·발전시켰다고 한다면 주겸지는 유가학설을 보다 계승했다고 할 수 있다. 그는 심성이나 선에 대하여 말하기를 주저하지 않았으며, 감정과 본성과 선함은 본질적으로 통일된다고 보았다. 이러한 통일은 존재의 측면에서 말한 것이다.

> 인간이 인간인 이유는 '감정'을 그 근본적인 내용으로 삼기 때문이다. 소위 인생의 의미란 바로 이 감정이 있기 때문에 생기는 의미이다.[39]

> 인간의 삶은 본래 이 감정에 의거한 것이다. 이 감정이야말로 나의 영혼 속에 있는 진정한 삶이며 일종의 순수한 본연의 존재이다. 때문에 '본성'이라고 부를 수 있고, 지극히 선하여 악이 없기 때문에 '선함'이라고 부를 수 있다. 이 선함은 태어날 때부터 있는 것이지 태어난 이후에 비로소 찾아지는 것이 아니다.[40]

---

36) 주겸지, 『한 유정론자의 우주관과 인생관』(상해태동도서, 1928), 37쪽.
37) 주겸지, 『한 유정론자의 우주관과 인생관』, 53쪽.
38) 주겸지, 『한 유정론자의 우주관과 인생관』, 74쪽.
39) 주겸지, 『한 유정론자의 우주관과 인생관』, 81쪽.
40) 주겸지, 『한 유정론자의 우주관과 인생관』, 96쪽.

왜 그런지에 대해서 주겸지는 그것이 지식적 증명 혹은 논증의 문제가 아니라 인생의 '신념'의 문제라고 생각했다. 물론 이러한 '신념'은 삶의 경험과 관련된 것으로서, 삶의 경험으로부터 나오는 것이다. 이것이 바로 그가 말한 "나는 정말로 '현실주의자'이다"[41]라는 말의 의미이다. 이 점은 매우 중요하다. 한편으로는 그가 유가철학의 정신에 대하여 충분히 이해하고 있음을 보여 주면서, 다른 한편으로는 그가 감성적 정욕의 생활을 누리려는 것이 아니라 이상적인 인생을 추구한다는 점을 설명한다. 그는 '생명의 진리를 중시'할 것을 주장하며 진리가 곧 실제이며, 객관적이라고 생각했다. 그가 말하는 감정은 주관적이면서 동시에 객관적이다. 즉 일종의 주객과 내외가 통일된 보편적 감정이다. 때문에 그는 이상적인 인생은 응당 '유아'로부터 '무아'의 경지로 들어가야 한다고 생각했다.

> 모든 학문의 공부는 모두 '유아'와 '무아'를 변별하는 데에 달려 있다. 내가 있기 때문에 다른 것과 격리되는 것이고, 내가 없기 때문에 끝없는 감정의 용솟음으로부터 흘러나오는, 일종의 형용할 수 없는 즐거움이 충만할 수 있는 것이다.[42]

이러한 즐거움은 미학적이면서도 도덕적이다. 그것은 일종의 아름다움과 선함의 인생관으로서, 유가에서 말하는 '만물일체'나 '안과 밖을 모두 잊음'(內外兩忘) 혹은 '얽매임 없음'(無滯著)에서 오는 즐거움과 일맥상통한다.

전체적으로 보았을 때 주겸지의 유정론은 좀 더 감성적 특징을 지니고 있으며 감정의 '흐름'을 중시했다. 그리고 초월적이라거나 절대적 혹

---

41) 주겸지, 『한 유정론자의 우주관과 인생관』, 75쪽.
42) 주겸지, 『한 유정론자의 우주관과 인생관』, 108쪽.

은 무한이라는 표현은 거의 사용하지 않았다. 그 역시 진실한 감정이나 진실한 자아 혹은 진리에 대해 논하기는 했지만 그가 말하는 진실한 감정이란 '지금 여기에 원래부터 있는'(現前原有) 진실한 생명이며, 그가 말하는 진실한 자아란 '지금 여기의 나'이고, 그가 말하는 진리는 '끊임없이 변하는 이러저러한 감정'이다.

> 지금 이대로의 내가 본래의 '진실한 자아'임을 알아야 한다.…… 때문에 '무아'는 생명의 흐름을 역행해서 찾는 것이 아니라 생명의 흐름을 따라서 도달하는 것이다.[43]

이 생명의 흐름이야말로 생기발랄한 삶의 정취로 충만한 것이다.

생명철학을 논하는 사람들은 항상 깨달음을 말한다. 왜냐하면 생명철학은 이지적 분석이나 지식적 이론과는 근본적으로 다르기 때문이다. 주겸지도 장군려와 마찬가지로 깨달음을 주장했다. 그러나 그가 말하는 깨달음의 이론은 결코 감각을 떠나지 않고 도리어 감각을 그 기초로 한 것이다.

> 깨달음의 방법이 좋은 점은 나와 대상 간의 장애를 허물고 일종의 공감을 통해 대상의 내부 생명과 만난다는 점이다. 이는 감각보다 한층 더 들어간 것이다. 그러나 내가 말하는 깨달음은 일반적으로 공소한 이론이나 논하는 자들이 감각에 의지하지 않는 것과는 달리, 오히려 일상의 살아 있는 감각의 용솟음으로부터 나온 것이다.[44]

---

43) 주겸지, 『한 유정론자의 우주관과 인생관』, 110쪽.
44) 주겸지, 『한 유정론자의 우주관과 인생관』, 78쪽.

깨달음의 작용은 나와 대상 간의 장애를 제거하고 공감하는 마음으로 대상의 내부에 깊이 들어가 그 생명과 만난다는 점에서, 일반적인 감각과는 다르다. 그러나 감각을 떠나 순수한 형이상의 혹은 초월적인 깨달음이 있는 것이 아니다. 깨달음이란 언제나 감각에 의지하고 감각으로부터 용솟음쳐 나온다. 그가 말하는 깨달음에는 '직관'과 비슷한 점이 있으며, 감각경험의 내용 역시 포함된다.

바로 이 때문에 그의 감정철학은 남녀의 연애에 대해 적극적으로 인정하는 태도를 보인다.

> 생명파와 반생명파의 근본적인 차이점은 하나는 연애를 주장하고 또 하나는 연애를 주장하지 않는다는 것, 혹은 하나는 남녀 관계를 성결한 것으로 보고 또 하나는 남녀 관계를 성결하지 않은 것으로 본다는 점일 뿐이다.[45]

5·4운동은 청춘남녀의 자유연애를 주장하는데, 이것은 반'예교'적인 중요한 일면이다. 과학·현학 논쟁 중에서 현학파들은 이 문제에 대해서만큼은 결코 현학적이지 않았다. 그들은 감정적인 삶을 주장하고 기계적인 삶을 반대하면서 대부분 남녀의 연애를 예로 삼아 과학파를 비판했다. 이는 그들이 5·4운동의 자유정신을 계승하고 있음을 보여 준다. 주겸지 역시 예외가 아니었다. 이는 물론 유가철학이 본래부터 주장한 것은 아니었다. 그러나 유가의 감정철학이 현대로 전환하는 과정에서 이러한 결론을 도출하지 못할 이유는 없었다. 오직 감정이 현실의 생활영역으로 들어서고 시대의 흐름으로 들어서도록 하기만 한다면 이 문제는 결코 해결하

---

45) 주겸지, 『한 유정론자의 우주관과 인생관』, 119쪽.

기 어려운 것이 아니었다.

　결론적으로 1920년대 가치와 지식 혹은 자유와 인과라고 하는 시대적 과제를 둘러싸고 중국 전통의 감정철학은 새로운 단계로 발전했다고 할 수 있다. 그러나 그것은 어찌 되었든 서양의 철학과 문화가 정식으로 중국에 전래되어 들어오면서 중국사회가 근본적으로 변화하는 상황 하에서의 발전이었으며, 그 기본적인 특징은 감정과 이지의 분리 혹은 가치와 지식의 분리였다. 이러한 분리는 나름의 의의를 지닌다. 중국 유가의 감정철학은 기본적으로 가치론적이다. 그러나 자각적으로 그것을 지식론과 구분하지 못했기 때문에 지식론의 발전에 부정적인 영향을 미쳤다. 오직 근현대사회로 들어와 서양철학의 영향을 받은 후에야 이러한 분리가 출현하게 되었다. 그리고 이러한 분리야말로 중국철학 현대화의 매우 중요한 발걸음이었다. 인생관의 문제는 비교적 복잡하여 그 속에는 가치관의 문제도 있고 지식론의 문제도 있다. 논쟁이 그토록 혼란스러웠던 것은 이와 깊은 관계가 있다. 그러나 인생관은 어찌 되었든 인생의 문제로서 당연히 가치와 좀 더 많은 관계를 지니고 있다는 점만큼은 의심할 수 없다. 어떤 학자들은 '조화로운 발전'이나 '전체적인 발전'을 주장하기도 한다. 이는 물론 옳은 말이다. 그러나 우선적으로 무엇이 가치관의 문제이고 무엇이 지식론(과학적 인식을 포함하여)의 문제인지를 분명히 해야 한다. 그렇게 해야 비로소 '조화'나 '전체'가 가능해진다. 중국전통철학은 분석적 단계를 거치지 않은 전체론이라고 할 수 있다. 비록 그 속에는 풍부한 내용과 가치 있는 자원을 함축하고 있다고 할지라도 여전히 '혼란스럽고 분명하지 못한' 특징이 있다. 중국철학의 현대화는 단연 이성적 분석을 필요로 한다. 그래서 이러한 '혼란스럽고 분명하지 못함'을 '명명백백'하도록 해야 한다.[46] 새로운 전체론은 '분석'의 기초 위에서 세워져야 한다.

그런 다음에 가치와 지식의 분리를 초월해야 한다. 이것이 바로 오늘날의 철학이 주의를 기울여야 할 문제이다.

서양철학은 분석적 전통을 지니고 있으며, '분석의 시대'를 지나왔다는 것이 서양 이성주의 전통의 가장 큰 특징이다. 분석은 그 자체로 하나의 이지적인 작업이다. 서양철학은 이지와 이성에 편중하여 지식체계를 형성하는 것을 그 주된 임무로 삼아 왔다.(소위 '분석적 방법' 혹은 '철학적 방법' 역시 이 체계에 속한다.) 뿐만 아니라 인과론을 그 주된 근거로 삼고 있다. 오직 현대철학에 이르러서야 비로소 '임의성'의 문제나 확률, 통계의 문제들이 제기되었는데, 이는 인과필연성이 결코 모든 문제에 적용될 수 없음을 인식했기 때문이다. 이는 자연과학의 발전변화에 따라 변화한 것이기 때문에 과학과 매우 밀접한 관련을 지니고 있다. 과학·현학 논쟁 중에서 이해된 과학이란 주로 인과론을 내용으로 하는 고전적인 과학이다. 소위 과학을 사용하여 인생관의 문제를 해결하겠다는 것은 인과론으로 인생의 문제를 해결하겠다는 것을 의미한다.

그러나 인생의 문제에는 더 중요한 측면이 있다. 즉 자유의 문제이다. 자유를 '필연에 대한 인식'으로 귀결시킨 것은 헤겔의 학설이다. 그러나 서양철학에는 자유의 문제를 다루는 또 다른 전통이 있다. 기독교철학 특히 아우구스투스의 '자유의지론'은 비록 종교철학이기는 하지만 이론적 측면에서 자유를 인식의 범주가 아닌 의지의 범주에 귀속시키고 있다.[47] 칸트의 '자유의지' 역시 비록 '순수실천이성'의 형식으로 표현되지

---

46) 풍우란, 『三松堂自序』(북경: 삼련서점, 1984).

47) 역자주: 자유의지(free will, liberum arbitrium voluntatis)는 일반적으로 외적인 강제·지배·구속을 받지 않고 자발적으로 행위를 선택할 수 있는 의지를 말한다. 아우구스티누스는 『자유의지론』(395)에서 죄와 자유의지의 관계를 논하고, 그로써 마니교의 선악이원론을 극복하였다. 이 경우 자유의지는 단순한 선택의 작용이 아니며,

만 그것은 여전히 인식의 문제가 아니라 의지의 문제이다. 장군려의 '자유의지설'은 바로 여기에서 나온 것이다. 후대의 쇼펜하우어는 의지로 칸트의 '물자체'를 대신했고, 의지를 세계의 본체로 삼았다. 니체는 실존철학에서 출발하여 의지를 인간의 권력의지로 전환했다. 현대 서양철학에서 자유는 사회적 자유로 변화되었으며, 현대의 실존주의자들은 자유를 선택의 자유로 해석했다. 그러나 여기에서 한 가지 분명한 점은 이러한 전통에서의 자유는 인간의 문제이며 의지의 문제 혹은 실존의 문제이지 인식의 문제가 아니며, 과학적 인식과는 무관하다는 점이다.

칸트의 '자유의지설'은 서양학자들의 비판을 받았을 뿐만 아니라 과학·현학 논쟁 중에서도 일련의 중국학자들의 비판을 받았다. 그들은 의지는 존재하지 않으며 자유의지는 더더욱 존재하지 않는다고 보았다. 양계초부터 주겸지까지 일련의 중국철학자들은 중국전통철학에서 '지혜'를 취하여 감정의 각도에서 자유의 문제를 해결하려 했다. 양계초의 '아름다움'과 '사랑'(자유연애) 그리고 주겸지의 '진정한 자유'[48]가 대표적이다.

확실히 서양철학은 이지적 인식과 의지의 이론 양 방면에서 풍부한 전통을 간직하고 있다. 그러나 감정 문제에 대해서만큼은 큰 결핍이 있다. 이지·이성과 감정을 분리 대립시키는 것은 서양 이성주의 전통의 중요한 특징이다. 이러한 특징에 의해 서양의 이성주의 전통이 이지적 인식의 독립성과 중립성 그리고 권위를 확보한다는 것은 분명하다. 그러나 또 다른 측면에서는 확실히 인간 본래의 모습과는 더욱더 멀어졌다고도 할 수 있다. 어떤 학자가 이러한 경향을 두고 '인간으로부터 멀어지는 경

의지의 전체와 통일이 이루어지는 것이고, 회심 없이는 일어나지 않는다고 하였는데 여기에서 그리스적 주지주의에 대신하는 그리스도교적인 주의주의가 성립했다.(출처: 『종교학대사전』)

48) 『한 유정론자의 우주관과 인생관』, 145쪽.

향이라고 불렸는데, 이는 분명 일리가 있다. 이와 반대로 중국의 유가철학은 시종 인간의 감정 문제에 천착해서, 그것으로 인간의 가치와 의미의 문제를 해결하려고 했다. 이는 인류 철학의 발전에 대한 공헌이라고 말하지 않을 수 없다.

현재의 문제는 어떻게 감정과 인식의 관계를 해결할 것인가, 또 어떻게 공통의 감정과 개인의 감정의 관계를 해결할 것인가이다. 이는 본래 과학·현학 논쟁에서 제기된 문제이다. 이러한 의미에서 과학·현학 논쟁은 결코 과거의 문제가 아니라고 할 수 있다.

제4절 이성주의철학에서의 감정 문제

1930·40년대의 중국철학은 한층 더 발전했다. 김악림金岳霖·풍우란馮友蘭과 같은 철학자들이 서양의 이성주의 방법으로 중국철학을 해석함으로써 중요한 공헌을 했다. 김악림의 지식론은 중국철학에 있어서 '완전히 새로운' 것이라고 할 수 있다. 그가 사용하는 개념과 분석 방법은 모두 서양의 것이었지만, 그는 서양철학의 심신·주객의 이분법을 극복하려 했고, 인식 문제에 있어서 서양철학의 인간중심적 사고를 비판하고 '도'의 관점에서 출발해서 인식의 문제를 논했다. 이렇게 그는 중국철학에서의 인식론의 '결핍'을 보충했을 뿐만 아니라 중국적 인식론을 수립하는 데 있어서 매우 귀중한 공헌을 했다. 그가 『도를 논함』(論道)에서 사용하고 있는 대부분의 개념은 서양철학의 것이었지만, 그는 인간의 감정적 욕구를 특별히 중시했고, 따라서 철학은 '이지적 이해'뿐 아니라 '감정적 만족'을 추구해야 한다고 보았다. 그는 "나의 마음을 움직이고 나의 감정을

기쁘게 하고 나의 본성을 기르기"[49] 위해서는, 오직 중국철학의 '도'만이 이지적 욕구를 만족시킬 수 있을 뿐만 아니라 감정적 욕구도 만족시킬 수 있다고 생각했다. 그는 서양철학은 이지만을 중시하고 감정을 중시하지 않기 때문에 그 자신은 감정의 문제에 있어서만큼은 중국적이라고 말했다. 그래서 그는 지식론에서 다루는 것은 '이지理智'이지만, 철학(그는 '元學'이라고 불렀다.)에서 다루는 것은 '온전한 인간 전체'[50]라고 주장했다. 감정과 이성의 통일을 추구하며 '도'를 통해 이러한 통일을 이루어 낸 것이 바로 김악림 철학의 특징이며, 이것은 그가 동서철학을 융합시킬 때 사용했던 주된 사유방식이다. 그의 논증방법이 비록 이지적이기는 했지만 그가 관심을 기울인 것은 인간의 본성과 감정의 문제였다. 때문에 중국철학에서 일련의 중요한 범주들 예컨대 무극·태극·감정·본성·체·용과 같은 범주들은 그의 철학에서 중요한 지위를 차지했고, 그의 철학은 궁극적으로 진·선·미 통일의 경지를 지향해 나아갔다.[51]

풍우란 역시 논리와 개념 분석의 방법으로 자신의 철학적 체계를 수립했다. 그러나 그는 중국철학의 정신은 경지설이라고 생각했다. '정원육서貞元六書'의 하나인 『신원인新原人』이야말로 풍우란 철학사상의 핵심을 이룬다고 할 수 있다. 그는 '사경지설'(四境界說)에서 '하늘과 같아지는'(同天) 경지가 최고의 경지라고 했는데, 하늘과 같아지는 경지란 곧 '하늘을 즐거워하는'(樂天) 경지라고 할 수 있다. 이러한 경지는 일반적인 철학적 언어로 '설명'될 수 없다. 왜냐하면 일반적인 언어는 분별적이기 때문이다. 이러한 경지는 분별이 없는 차원이다. 때문에 오직 '제거'(負)의 방법으로

---

49) 金岳霖, 『論道』(상무인서관, 1987), 17쪽.
50) 金岳霖, 『論道』, 53쪽.
51) 金岳霖, 『論道』, 213쪽.

설명될 수 있을 뿐이다. 이는 이미 논리적 개념의 범위를 깨고 감정의 세계로 들어간 것이다. 소위 '하늘을 즐거워한다'에서의 '즐거워함'은 최고 체험으로서, 어떤 의미에서는 종교적 체험과 관련이 있다고 할 수 있다. 그는 만년에 철학과 신화·종교의 목적과 기능이 서로 같다고 주장했다.

> 신화와 종교의 목적과 기능은 모두 인간과 자연의 관계를 설명하고, 인간으로 하여금 자연계 속에서 자신의 위치를 깨달아 그 속에서 '안신입명'의 경지를 찾도록 하는 것이다. 이는 철학의 목적과 기능이기도 하다.[52]

비록 그는 철학이 자연에 대하여 '한층 더 깊은 이해'를 가능하게 해 준다고 했지만 이러한 이해는 결코 개념적 인식으로 완전히 도달할 수 있는 것이 아니라고 생각했다. 그래서 그는 「『중국철학사신편』에 대한 총결」에서 이지와 깨달음을 '결합'하여 리학과 심학의 논쟁을 종결시키고자 했다.[53] 이는 매우 중요한 관점으로서 풍우란 선생의 '만년정론'이라고 할 수 있다. 그러나 깨달음의 방법 역시 감정적 체험과 분리될 수 없다. 특히 생명에 대한 깨달음은 더욱 그렇다. 때문에 경지 역시 인식이라고 한다면 이러한 인식은 세계와 인생의 의미에 대한 인식일 뿐만 아니라 생명 존재에 대한 체험이기도 한 것이다. 인간과 자연계의 관계는 이지적 인식의 관계일 뿐만 아니라 감정체험의 문제이기도 하다. 마찬가지로 '안신입명'은 이지적 인식의 결과일 뿐만 아니라 일종의 감정태도이기도 하다. 결론적으로 인생의 의미라는 문제를 해결하기 위해서는 감정에 대해

---

52) 『삼송당자서』, 264~265쪽.
53) 『중국현대철학사』(광동인민출판사, 1999), 244~245쪽 참조.

고려하지 않을 수 없다. 바로 이 지점이 필자가 풍우란 선생의 관점에 대해 보충하고자 하는 부분이다.

1950·60년대 이후로 현대 신유가들은 서양철학과 과학적 이성의 도전에 직면하여 줄곧 '본위문화本位文化'의 태도를 견지했다. 그들은 이론적 학설을 지속적으로 수립하는 과정에서 이성주의의 문제를 무시할 수 없었다. 그럼에도 반드시 중국의 유가철학과 서로 결합하여 새로운 유학체계를 수립해야만 했다. 웅십력熊十力이 개창한 현대 심학은 한층 더 발전해 나갔고, 그 후에 모종삼 등은 유가철학의 핵심이 심성의 학문이며 심성의 학문만이 생명력을 지니고 있다고 주장했다. 그러나 심성의 학문을 논하기 위해서는 결코 감정의 문제를 벗어날 수 없다. 유가철학에서 심성과 성정은 본래부터 하나로 연결되는 것이었지, 나누어서 다룰 수 있는 것이 아니었다. 당군의唐君毅는 종교적 감정과 종교적 체험의 문제를 매우 중시하여 '종교적 지혜'를 주장했는데, 이러한 '지혜'는 결국 '감정적 타당함'(情誼)이라고 할 수 있다.[54] 그는 종교의식의 핵심은 신(그는 우주를 신처럼 보았다.)에 대한 귀의의식이라고 생각했다. 그는 이러한 의식에 대해 "우리가 이성적 활동에서 신의 존재를 인정한다고 해서 나오는 것이 아니다. 다시 말해 단순히 신의 존재에 대한 사유로부터 나오는 것이 아니다"라고 말했다. 그러한 의식은 곧 신과 감통하고자 하는 것이다.

> 우리가 신과 감통한다는 것은 단순히 그것을 우리 사상의 근거로 삼는 것이 아니라 우리의 감정과 의지 더 나아가 온전한 생명의 근거로 삼는 것이다.[55]

---

54) 『당군의신유학논저집요』(중국광파전시출판사, 1992), 24쪽 참조.
55) 『당군의신유학논저집요』, 184쪽 참조.

이처럼 감정은 종교적 의식의 중요한 내용이다. 이 점에 대해서는 이미 서양의 많은 철학자들과 신학자들이 인정한 바 있다. 그러나 당군의는 중국의 종교신학을 세우려고 했던 것이 아니라 철학과 문화의 방식을 통해 유가적 '우주의식'을 수립하려고 했던 것이다. 그가 관심을 기울인 것은 바로 인간의 이성과 감정활동이며, 그 둘 중 어느 하나도 결핍되어서는 안 된다.

우리는 진심을 찾는 행위와 이성적 활동을 통해서 객관적인 신에 대한 관념을 가질 수 있고, 동시에 신의 존재를 논증하고 증명할 수 있다. 또한 만물에 대해 감정을 전이하는 심미적 의식에 근거하여 만물의 유행과 변화에 대해 상호적으로 관통하는 가운데 우주생명 내부의 움직임을 깨달음으로써 신의 존재와 직접 접촉할 수도 있다. 그러나 이 두 가지 방식 모두 종교적 숭배 및 귀의의식을 포함하지는 않지만, 숭배와 귀의의 의식은 바로 종교의식의 핵심이다.[56]

이 말은 이성과 사유와 감정(감정의 전이)이 모두 종교적 의식을 향하고 있지만, 이는 그저 종교적 의식의 구성 부분일 뿐 전체의 본질을 대표하지는 않는다는 말이다. 이른바 전체의 본질이란 바로 '생명 전체'이다. 이것이 바로 중국식의 전체론(整體主義)이다. 당군의가 말하는 신은 신이 아니다.

신이란 그저 하나의 초월적 정신의 의지적 역량이다.[57]

---

56) 『당군의신유학논저집요』, 188쪽.
57) 『당군의신유학논저집요』, 278쪽.

당군의는 물론 '유정론자'가 아니다. 그러나 그가 말하는 '종교의식'이나 '우주의식'은 반드시 감정의식을 포함해야 한다. 그렇지 않으면 어떤 것도 불가능하다. 당군의가 말하는 감정이란 개인의 사적인 감정에서 종교적 감정으로 초월하는 감정이다. 그는 유가철학에서의 감정을 한층 더 초월화·형이상학화하고 있으며, 이는 감정철학의 현대적 발현 방식 중 하나라고 볼 수 있다. 그는 이렇게 말했다.

중국문화에는 종교적 초월 감정이 있다.[58]

이는 양수명이나 양계초와 같은 이들이 사회적 감정과 개인적 감정을 더욱 강조했던 것과는 다른 맥락이다.

그러나 그는 유가의 인의예지와 같은 도덕을 논함에 있어서는 그것들이 모두 감정으로 드러난다고, 즉 모두 감정의 영역에 속한다고 보았다.

이처럼 가장 원시적인 인의예지의 표출은 자각적으로 합리를 구하려는 이성 활동보다도 앞서 자연적으로 이치에 합치하는 것으로서, 그 표출은 모두 감정의 형태로 드러난다.…… 그러므로 인은 여기에서 오직 타인과 혼연하여 아무런 간격이 없음과 차마 어쩌지 못하는 심정으로 드러난다. 의는 여기에서 오직 자신과 타인의 서로 다른 처지를 인정하고서 자신의 사적인 욕망을 스스로 제어하며 부끄러움을 당하지 않으려는 감정으로 드러난다. 예는 여기에서 오직 타인 앞에서 사양하려는 것으로 드러난다. 지는 여기에서 오직 좋아함과 싫어함으로 드러난다.[59]

---

58) 『당군의신유학논저집요』, 337쪽.
59) 『당군의신유학논저집요』, 146쪽.

유가 도덕철학에 대한 이러한 해석은 유학의 정신에 완전히 부합하며, 이것이 바로 필자가 언급했던 '자연이성'이다. 이러한 자연 이성은 무엇보다도 가장 원시적인 자연감정으로 표출된다. 어떤 사람들은 유가의 '지智'를 이지·이성으로 해석하여 감정과는 무관한 것으로 간주함으로써 유가의 이성적 면모를 증명하려고 한다. 이러한 시도들은 당군의가 지智를 호오로 해석하는 것에 비하자면 유학사상의 본래 면목과 상당히 동떨어져 있다고 평가할 수 있다.

모종삼은 '완전히 이성적인' 도덕형이상학('도덕적 형이상학'이지 '도덕의 형이상학'이 아니다.)을 수립하고자 했다. 그러나 그 역시 감정의 중요성을 인식했고 유가에서 말하는 이성과 감정이 결코 분리될 수 있는 것이 아님을 인정했다.

> 중국인들은 정리情理 혹은 사리事理를 논하기를 좋아하는데 그것은 모두 살아 있는 것으로, 인간의 감정 속에 존재하는 것이다. 이치라는 것도 감정 혹은 사태와 혼융되어 함께 있다.[60]

이러한 관점은 매우 타당하다. 이러한 관점에 입각했을 때 감정과 사태는 동일한 층위에 있으며, 감정은 살아 있는 생명 존재이자 실재하는 것이며 심미적인 것이라고 볼 수 있다. 바로 그렇기 때문에 유가철학에서 말하는 이치(본성)는 결코 완전히 '초월'적이지도 순수히 '형이상학'적이지도 않으며, 오히려 형이상과 형이하가 '혼융되어 함께 있는 것'이다. 그러나 이렇게 되었을 때 어떻게 도덕의 보편적 유효성 즉 필연성을 보증할 수 있는가? 이것이 바로 모종삼이 가장 관심을 기울였던 문제이자, 그가

---

60) 『모종삼신유학논저집요』, 155쪽.

말했던 것처럼 "순수이성이 어떻게 그 자체로 실천될 수 있는가?"의 문제이다.

바로 이러한 측면에서 그는 칸트의 문제에 대답하면서 동시에 유가의 입장으로 돌아가려고 했다. 그것은 오직 '칸트가 주의를 기울이지 않은' '마음'의 문제에서 해답을 구하는 것이었다. 그러나 "마음은 상하로 논할 수 있다."[61] 만약 위로 올라가면 초월의 본심이 되어 칸트의 문제를 해결할 수 있게 되어 도덕법칙을 세울 수 있을 뿐만 아니라, "마음이 도리를 좋아하고 도리가 마음을 기뻐하는" 단계에 이를 수 있다. 그러나 반대로 아래로 내려가면 사사로운 욕망의 마음과 사사로운 욕망의 감정이 되어 칸트의 문제를 해결할 수 없게 되며, 따라서 도덕법칙을 세울 수 없을 뿐만 아니라 마음이 도리를 기뻐하고 도리가 마음을 기뻐하는 단계에 이를 수 없게 된다. 여기에서 그는 다시 한 번 칸트철학으로 회귀한다. '삶의 특수한 구성'으로서 도덕감정은 경험적이며 후천적이어서 도덕법칙을 세울 수도 없고 도덕법칙에 관심을 가질 수도 없다.[62] 따라서 유일한 방법은 감정을 '끌어올려'(上提) 본래의 감정이 되도록 하는 것이다.

> 마음(관심·감정)을 끌어올려 초월적인 본래의 마음이 된다면 그것은 실제적 차원에서의 재성才性이나 기성氣性 속의 마음이 아니다. 마음속에 이치를 간직하면 마음이 곧 이치가 된다. 이와 같을 때 마음 역시 '도덕판단의 기준'이 된다. 기준이면서 동시에 그 드러남이기에 주관과 객관의 통일이라고 할 수 있다. 이렇게 되면 도리가 반드시 나의 마음을 기쁘게 하고 내 마음이 반드시 도리를 기쁘게 할 수 있게 된다. 이치가 정상적이고 항상적일 때 마음 역시 정상적이고 항상적이며 감정 역시 정상적

---

61) 『모종삼신유학논저집요』, 323쪽.
62) 『모종삼신유학논저집요』, 323쪽.

이고 항상적이다. 이것이 바로 '순수이성이 어떻게 그 자체로 실천될 수 있는가?'의 문제에 대한 진정한 해답이다.[63]

여기에서의 관건은 마음은 반드시 초월적인 본래의 마음이어야 하고, 감정은 반드시 초월적인 본래의 감정이자 깨달음의 감정이어야 한다는 것이다. 그러나 모종삼이 말하는 '사사로운 욕망의 감정'이라는 것이 칸트가 말하는 도덕감정과 다른 것은 아니다. 왜냐하면 칸트가 말하는 것은 '사사로운 욕망의 감정'과 도덕이성 간의 관계 문제가 아니라 도덕감정과 도덕이성의 관계 문제이기 때문이다. 감정으로서의 도덕감정이 경험적이고 실제적인 것이라고 한다면 여기에는 과연 선천적인 필연성이 존재하는가? 이에 대해 칸트는 분명히 부정하고 있다. 그렇다면 모종삼이 말하고 있는 '끌어올림'이란 또 무슨 의미인가? 그것은 경험적이고 실제적인 도덕감정을 초월적 본래의 마음 혹은 본래의 감정으로 '끌어올린다'는 말인가, 아니면 '사사로운 욕망의 감정'을 본래의 마음이나 본래의 감정으로 '끌어올린다'는 것인가? '끌어올림'은 이론적 구성을 위한 것인가 아니면 도덕적 실천을 위한 것인가? '끌어올림' 이후 감정은 여전히 경험적이고 실제적인 층위로 돌아올 수 있는 것인가?

모종삼의 설명에 따르면, 감정이 초월적이면서도 정상적이고 향상적인 본래의 감정으로 되고 나면 다시는 실제적인 층위의 감정이 될 수 없고 그 자체로 도덕법칙을 수립할 수 있게 된다. 그러나 어떻게 그것을 실천할 수 있다는 것인가? 다시 말해 어떻게 그것을 실현할 수 있는가? 칸트의 관점에 따르면, 도덕감정이 도덕법칙을 수립할 수 없고 선험적 필연성을 지니고 있지 않다는 것은 자명하다. 왜냐하면 칸트는 경험과 초월

---

63) 『모종삼신유학논저집요』, 325쪽.

사이에 분명한 경계선을 긋고 있기 때문이다. 그래서 그는 이성적 법칙을 '요청'했다. 그런데 모종삼의 관점에 따르면 '마음'으로 돌아와 문제를 해결함으로써 칸트의 '요청'을 증험할 수 있는 것으로 전환시켰다. 그러나 반드시, 그리고 오직 초월적인 본래의 마음 혹은 본래의 감정으로만 증험할 수 있다. 그렇다면 "마음은 상하로 논할 수 있다"는 말은 또 어떻게 되는 것인가? 감정은 오직 상층에서 논의될 수 있을 뿐 하층에서 논의될 수 없게 된다. 본래의 마음이나 본래의 감정 그 자체가 도리이고 도덕법칙이며 자유의지이다.(이것은 분석명제로 이해될 수 있다.) 그렇다면 이것은 칸트와 도대체 무슨 차이가 있게 되는가? 결국 칸트의 '이성'이 초월적인 본래의 마음 혹은 본래의 감정이 되었을 뿐이다.

도덕감정이 위로 이성(도리·성리)과 통할 수 있으면서도 동시에 아래로 경험·실제와 통할 수 있다는 것을 인정하지 않고 도덕감정을('사사로운 욕망의 감정'은 또 다른 문제다.) 경험적이고 실제적인 층위로 제한하거나 아니면 초월적 본래의 감정으로 삼아 버리는 것은 그 자체로 칸트철학의 한계(즉 현상과 본체 혹은 경험과 초월이라는 이분법적 대립)를 극복한 것이 아니다. 오직 도덕감정이 개인적이면서도 동시에 공통적이며, 특수하면서도 보편적이며, 경험적이면서도 초월적일 때라야 비로소 칸트철학의 한계를 벗어날 수 있다. 그렇게 해서 '구체적 이성'의 사유로 돌아올 때에야 도덕의 문제는 해결된다. 여기에는 논리적 증명의 엄밀성이 결여되어 있는 것이 아닌가? 우리는 이 문제에 대답하기에 앞서서 도덕의 문제가 '순수한' 논리적 증명의 문제인지부터 질문해야 한다. 게다가 모든 논리적 증명은 언제나 더 이상 증명이 필요하지 않은 자명한 '소여'로부터 출발한다는 것도 잊지 말아야 할 것이다.

칸트의 도덕철학은 이론적으로 우수하고 역사적으로도 공헌을 했다.

그 주요 공헌은 도덕의 보편필연성을 수립하고 논증했으며 자유의지와 도덕의 필연성을 통일시켰다는 점이다. 그러나 칸트의 도덕철학에도 문제는 있다. 가장 큰 문제는 도덕감정과 도덕이성의 관계를 갈라놓아 생명을 지니고 있는 도덕감정을 아무런 의미도 없는 '특수'한 것으로 삼아 버리고, 도덕이성 역시 조금의 생명도 지니지 않은 순수한 형식으로 만들어 버렸다는 점이다. 이로 인해 그의 "자유의지가 어떻게 가능한가?"의 문제는 시종 증명될 수 없었다. 이 점을 모종삼은 예리하게 간파했다. 그러나 그는 그저 '마음'의 문제로 돌아왔을 뿐이다. 그는 '마음'을 초월적인 '본래의 마음' 혹은 '본래의 감정'으로 변환시켰던 것에 불과하기 때문에 진정한 의미에서 칸트의 문제를 해결했던 것은 아니다. 본래의 마음과 본래의 감정이 '기준이면서 동시에 그 드러남'이라는 것 역시 증명을 필요로 한다. 무엇이 '드러남'이고 어떻게 하는 것이 '드러남'인가? 만약 경험과 초월의 사이에 시종 넘어설 수 없는 칸트식의 경계를 인정한다고 한다면 설사 '마음'으로 돌아온다고 해도 칸트의 문제는 여전히 해결될 수 없다.

유가철학의 특징은 모종삼 선생이 말했던 것처럼 이치와 감정 즉 도덕이성과 도덕감정(사사로운 욕망의 감정이 아니고)이 하나로 '혼융'되는 것이다. 그래야 비로소 '살아 있는' 것이 된다. 여기에는 형이상학적인 순수성은 없지만 생명을 창조할 수 있는 풍부함이 있다. 우리는 칸트를 '소화'해내고 칸트철학으로부터 지혜를 얻어서 유가철학에 대해 '분석'을 진행할 수 있다. 그러나 '분석' 이후에는 여전히 유가철학의 정신으로 돌아와야 한다. 그래서 심리적 기초에서 출발하여 도덕실천의 문제를 해결해야 한다. 유가는 감정의 고양을 주장하고 있다. 그런데 고양 그 자체는 이미 실천적이다. 그 목적은 모종의 도덕적 경지를 실현하고 인간의 정서를 고양하는 것이지 하나의 '초월적 형이상학' 혹은 도덕존재론을 수립하려는 것이 아니다. 이러한 측면에서 도덕감정에 대한 유가의 학설은 진정한 생명력을 지니고 있다고 할 수 있다.

내가 중국철학을 연구해 온 길

나는 비교적 특수한 환경과 배경 하에서 중국철학을 연구해 왔다. 그 과정에서 내가 느낀 체험과 감상을 여기 풀어놓음으로써 젊은 연구자들과 공유하고자 한다.

제1절 기초 교육

나는 1938년 감숙성甘肅省 장랑현莊浪縣의 한 농촌 가정에서 태어났다. 아버지는 교육받은 사람으로서 당시의 난주고급사범학교를 졸업하고 현의 중학교에서 국어를 가르치셨다. 어머니는 나름의 문화적 배경이 있는 가정에서 태어났다. 나는 형제 중 세 번째로, 두 형님은 어려서 집안의 학교(할아버지께서 선생님을 모셔다가 집안의 아이들을 가르치셨다.)에서 배웠지만, 나중에 아버지 형제가 분가하면서 가정 형편이 나빠져 두 형님은 더 이상 공부할 수 없게 되어서 농사에 전념하게 되었다. 강직한 성품의 아버지는 직장의 윗사람에게 미움을 사 중학교 교직을 잃게 되셨고, 나중에 부근의 촌락에 있는 한 서당에서 가르치시게 되었다. 나는 이 무렵 비로소 처음 교육을 받게 되었다.

궁벽한 산촌이지만 우리 집안은 그래도 글깨나 읽은 집안으로서 몇 대에 걸쳐 학문으로 명성을 떨쳤다. 할아버지께서는 청나라 말년의 공생貢生[1]으로서 현에 학교를 세워 가르치셨고, 민국 초년에는 장랑현여자학교의 초대 교장을 역임하셨다. 내가 어렸을 때 집안은 비록 청빈했지만 아버지는 "집안에 그래도 공부하는 사람이 있어야 한다"는 생각에 따라, 결국 '책 읽는 등불'을 꺼뜨리지 않기 위해 나를 공부시키기로 결심하셨다. 내게는 아래로도 여동생과 남동생이 있었지만 그들은 나처럼 공부할 기회를 얻지는 못했다.

나는 여덟 살이 되어서 아버지를 따라 학교에서 공부하기 시작했는데, 아버지는 워낙에 엄격한 분이셨지만 내게는 특별히 더 엄격하셨다. 학생들은 매일 아침마다 책을 암송해야 했는데 순서대로 암송하는 것이 아니라 선생님께서 지정하시는 부분을 무작위로 암송해야 했다. 내 차례가 되면 더 많은 부분을 암송했어야 할 뿐만 아니라 절대 틀려서는 안 되었다. 그렇지 않으면 곧장 회초리를 맞았다. 기억하기로 아버지께서 우리에게 암송시키신 책들은 『삼자경三字經』이나 『백가성百家姓』과 같은 어린이 필독서나 '사서오경'과 같은 유가 경전이 아니라, 고전문학이나 역사서 등이었다. 아마도 이런 부분이 바로 이전 시기의 학교와 달랐던 민국시기 학교의 특징이었을 것이다. 이렇게 몇 년을 배운 뒤에 나는 조금씩 책 속의 의미를 깨닫게 되었고 부지불식간에 고서에 대해 흥미를 갖게 되었다.

우리 집에는 상당수의 옛날 책들이 있었는데 대부분은 할아버지로부터 물려받은 것이었다. 아버지께서는 그 책들을 읽으시다가 나중에는 더 이상 읽지 않으시고 한쪽에 치워 두셨다. 나는 호기심에 그 책들을 꺼내다

---

1) 전통시기 지방의 과거에 통과한 초급 관리 후보자.

가 이리저리 읽으면서 과연 내가 이해할 수 있는 것인지 확인해 보았다. 결과는 큰 실망뿐이었다. 그 책들은 내가 암송했던 책들보다 훨씬 어려워서 내게는 그저 '검은 것은 글씨요 흰 것은 종이'일 뿐이었다. 그래도 우연히 뽑아든 몇몇 책들이 읽을 만하면 문간에 앉아 읽어 내려갔다. 지나가던 동네 사람이 그 모습을 보고서 "셋째는 저렇게 어린데 벌써 『자치통감』을 보네"라고 말하면, 나는 속으로 득의양양했다. 어려운 옛날 책을 나도 읽을 수 있게 되었다고 생각했지만, 사실은 아무것도 이해하지 못했다.

큰형은 고서를 읽을 수 있어서 매일 일이 끝나면 책 속에 파묻혔고 그것은 내 호기심을 자극했다. 나중에 알게 된 거지만 큰형이 읽은 책은 『삼국연의』나 『수호전』 같은 고전소설이었다. 형의 영향으로 나도 소설책을 좋아하게 되었다. 그러나 가장 먼저 내 관심을 끈 것은 번역된 안데르센의 동화집이었다. 그 중 『성냥팔이 소녀』는 완전히 이해할 수 있었을 뿐만 아니라 이야기에 완전히 감동되었다.

대략 이 시기에 나는 호적胡適이나 노신魯迅 같은 이름도 알게 되었다.

아버지께서는 비록 민국시기에 학교를 다니셨지만 그 학문적 뿌리는 여전히 전통적인 국학에 두고 계셨다. 아버지는 기본적으로 유가 지식인이셨다. 나는 아버지의 가르침 하에 부모님께 효도하기, 웃어른과 선생님 존경하기, 예의 바르게 처신하기와 같은 인간의 도리를 깨닫게 되었다. 이러한 배경 아래 내게는 '교양인'이 되어야겠다는 생각이 조금씩 형성되었다.

아버지께서는 당신의 모든 지식을 내게 전해주고자 하셨는데, 책을 읽는 것뿐만 아니라 옛날이야기로도 각종 지식을 전해주셨다. 매일 밤 잠들기 전에 아버지는 온갖 지혜가 담겨 있는 역사 이야기나 문학적 전고를 말씀해 주셨고, 나 역시 이것을 무척 좋아했다. 이렇게 전통문화는 조금씩 내 어린 시절의 생활 속에 자리를 잡아갔다.

나는 곧장 소학교 4학년으로 입학했다. 과목 중에서 내가 가장 좋아한 것은 수학이었다. 왜냐하면 수학은 죽어라 외울 필요가 없었기 때문이다. 수학은 마치 놀이처럼 느껴졌다. 계산 방법만 알면 아무리 많은 문제라 하더라도 다 풀 수 있었기 때문이다. 소학교의 어문 과정에서 고문은 이미 거의 남아 있지 않았지만, 유년시기에 배웠던 것들이 가끔씩 도움을 주곤 했다. 예컨대 소학교 고학년 때 학교에서는 일종의 공개토론회를 개최했는데, 주제는 산문과 시부 중에 어느 것이 더 국가에 중요한가였다. 나는 산문 쪽이었고, 발언 중에 아버지께서 해 주셨던 이야기들이 생각나 내 관점을 입증하는 논거로 삼았다. 당연히 설득력이 높아졌다. 공개토론회에 대해 선생님들은 승패를 판정하지 않으셨지만, 이 토론회는 내게 큰 훈련이 되었고 또 나를 충분히 고무시켰다. 내게 큰 인상을 남긴 이 토론회는 내 견식과 안목을 넓혀 주었고 사유의 영역을 넓혀 주었으며 책에서는 배우지 못한 지식을 배울 수 있게 해 주었다. 이는 이후의 내 공부에 헤아릴 수 없을 만큼의 영향을 주었다.

중학교에 들어간 이후 어문·역사·지리와 같은 과목들은 내게 적지 않은 인문적 지식을 보태 주었다. 한번은 전교 규모의 사생대회가 개최되었는데 그 주제가 '나의 어머니'였고 이는 훗날 대학입학 작문 문제이기도 했다. 이 주제는 의심의 여지없이 전통문화에 대한 나의 기억과 생각들을 불러일으켰다. 어머니는 나의 가슴속에서 가장 부지런하고 가장 선량하며 가장 자비롭고 가장 이타적인 존재였다. 기억나는 때부터 내가 보아 온 어머니는 일 년 내내 아침부터 저녁까지 쉬지 않고 일을 하셨다. 그 당시 우리 집 형편은 무척 좋지 않았다. 어머니 혼자서 온 집안의 생계를 꾸려 가셨다. 집안일은 말할 것도 없고, 우리 형제들을 혼자 돌보시면서 농사일까지 도맡아 하셨다. 우리를 위해 어머니께서 치르신 고생에 대해 우리는 결코 보답할 수 없었다. 그러나 어머니는 조금도 우리를 원망하시거나 무엇인가를 요구하지 않으셨다. 모든 식구가 배불리 먹을 수 없을 때는 차라리 당신이 굶을망정 우리는 다 먹을 수 있게 해 주셨다. 마을 어느 집에 무슨 어려움이라도 있을라치면 어머니는 당장 달려가 도와주시곤 하셨기 때문에 어머니는 마을에서 상당히 존경받는 인물이었다. 모든 중국 전통 미덕이 어머니에게 다 모여 있었다고 하겠다. 이런 일들은 내 가슴 깊은 곳에 새겨져 있었기 때문에 글은 술술 풀려나왔다. 그래서 나는 전교 사생대회에서 일등을 했고 나중의 대학입시에서도 높은 점수를 받을 수 있었다.

사실, 내게 무슨 특별한 글솜씨나 화려한 어휘가 있었던 것은 아니다. 그저 내 마음속의 진실한 감정을 글로 풀어내어 어머니에게서 느꼈던 전통문화의 정신적 힘을 표현했을 뿐이다. 어렸을 때부터 배워 왔기 때문에 잠재적인 혹은 반자각적인 생명의식이 있었고, 인·효·예 그리고 부모님에 대한 사랑과 같은 도리를 어느 정도 깨닫고 있었을 뿐이다. 마음속에서 우러나오는 부모님에 대한 사랑이 글 속에서 스며 나와 심사위원과 선생님들을 감동시켰을 것이다.

고등학교에 들어가니 교육체제와 분위기는 확연히 바뀌었다. 이과가 주류여서 우위를 점하고 문과는 열세였다. 학생들 사이에는 "과학적으로 배우기만 한다면 뭘 해도 무서울 것이 없다"는 사고가 유행했다. 이런 상황인 데다 수학을 좋아했기 때문에 나는 자연스럽게 이과로 진학했다. 대학입시가 다가왔을 때 본래 나는 공과대학에 진학하려고 했다. 공과가 이과보다 '실질적'이라고 생각했기 때문이다. 그러나 많은 학우들은 내게 이과대학을, 그것도 북경대학교에 진학할 것을 권했다. 학우와 선생님의 격려 하에 나는 대담하게도 북경대학교에 지원했고 결과는 합격이었다.

제2절 철학을 선택하다

북경대학에 입학하기 전날 밤 아버지께서는 내게 "이제 바라던 대로 되었다. 북경대학은 유명한 대학으로서 채원배가 총장을 지낸 그런 곳이다. 입학하거든 네 마음껏 해보도록 해라"라고 하셨다. 아버지는 북경대학에 대해서도 잘 아셨고 아들에 대해 큰 기대를 지니고 계셨다.

나는 부푼 꿈을 안고 북경대학의 교문을 들어섰다. 그러나 나를 맞이한 첫 번째 수업은 중국으로 치닫고 있는 정치운동 즉 '반우파' 투쟁이었다. 학교 당국은 재빨리 우파 분자의 '반동적 본질'을 적나라하게 드러내려는 신입생 토론회를 조직했다. 이름하여 '소독消毒' 즉 독소를 제거하는 작업이다. 우리 반에는 일대 격론이 벌어졌다. 우파 분자는 본질적으로 나쁜가, 아니면 기탄없이 자신의 견해를 밝히던 중에 나빠진 것인가? 소위 나빠졌다는 것은 '질적인 변화'인가 '양적인 변화'인가? 일단의 젊은 학생들은 '우파'로 규정되었는데, 그들은 어떻게 '나쁜 인간'이 되었는가? 학생들 사이에 완전히 다른 두 가지 관점이 빠르게 형성되었다. 이 두 가지 관점은 결코 절충될 수 있는 것이 아니었다. 그래서 학생들은 각자 한 명씩의 대표자를 선출하여 당시의 당위원회 서기이자 부총장이던 강융기江隆基 선생을 찾아가 해답을 찾고 그것을 동학들에게 전달하도록 했는데, 그 일을 내가 담당하게 되었다.

각 진영의 대표자와 나 이렇게 세 사람이 강 부총장을 찾아갔을 때 그는 매우 진지하게 우리를 대해 주었다. 그는 두 진영의 관점에 대한 나의 설명을 다 듣고 난 뒤에 어느 쪽 관점에 동의한다는 명확한 입장은 밝히지 않은 채, 매우 평이하지만 깊은 뜻이 담겨 있는 말을 해 주었다. 구체적인 내용은 이미 기억나지 않지만 대략적인 의미는 다음과 같은 것이었다. 나쁜 사람들은 언제라도 있기 마련이다. 그러나 대부분의 학생들은 모두 훌륭하고, 몇몇 잘못을 저지른 학생들이라 할지라도 본질적으로는 좋은 사람으로서 혈기왕성한 젊은이들이 나라를 사랑하는 마음에서 소소한 잘못을 저지르는 것은 충분히 있을 수 있는 일이다. 이런 설명은 어느 진영도 만족시킬 수 없었지만, 나는 그의 말 속에서 그가 진심으로 학생들을 사랑하고 있다는 것을 느낄 수 있었다. 나는 금방 그에 대해 존경하는 마음과 친근감을 느끼게 되었다. 동학들에게 돌아가서 우리는 강 부총장의 말을 전달해 주었고, 그 뒤로 두 진영의 논쟁은 점점 잦아들게 되었다.

학교는 한참 뒤에야 수업을 재개할 수 있었다. 이 '반우파'운동 기간에 등장한 많은 문제들로부터 대자보에 실린 수많은 '경전을 인용한' 견해들까지 대부분은 들어 보지도 못한 것들이었다. 그 중에서도 어떤 것은 진정한 철학적 문제에 해당했으며, 이는 나의 흥미를 불러 일으켰다. 일대 논쟁을 겪고 나서 학교 전체에는 이론적인 문제에 두루 관심을 기울이는 풍조가 생겨났다. 그런데 나는 신입생 신체검사 중에 색약이라는 것이 밝혀져 지질학을 공부하는 데 부적합하다는 판정을 받게 되어 이과에서 철학과로 옮기게 되었다.

그때 나는 뭐가 철학인지 전혀 알지 못하고 있었다. 그러나 철학이 매우 심오한 학문이고 그 속에는 수많은 이론적인 문제들이 있다는 정도는 느낄 수 있었다. 나는 이러한 이론적인 문제에 매우 흥미를 느끼게 되었다. 1~2학년에 배운 과목들은 비교적 광범위했다. 자연과학(수학이나 물리학 등)적 기초와 논리학 그리고 정치경제학이나 당의 역사 같은 과목들이었다. 그 당시 동학들이 말한 것처럼 '철학은 만병통치약'이었다. 무슨 병이든지 치료할 수 있었다. 그러나 어떤 병이라도 모두 잘 치료하는 것은 아니었다. 나는 그것도 나쁘지 않다고 생각했다. 비록 전문적이지는 않지만 매우 넓었다. 나중에 중국철학사와 서양철학사를 배운 뒤에야 무엇이 진정한 철학인가를 나는 비로소 느꼈던 것 같다. 그 특징은 바로 '사변성'이었다.

1957년의 '반우파'운동 이후 1958년에는 다시 '대약진大躍進'운동이 일어 학생들은 대거 하방을 겪게 되었다. '좌파' 노선의 영향 하에 철학과는 운동의 선봉이 되었다. 당시의 구호는 "철학을 실천해 내자" 혹은 "실천 속에서 철학을 배우고 사용하자"였다. 그러나 '농촌혁명'(深翻地)이나 '철 모으기 운동'(大煉鋼鐵) 등에서는 어떠한 이론도 배울 수 없었고 내 마음은 무척 조급해졌다. '삼 년의 고난 기간'을 맞고서야 우리는 역설적으로 앉아서 책을 볼 수 있게 되었다.

그러나 수업에서 듣는 거라고는 모두 유물주의와 유심주의의 투쟁뿐이었다. 모든 철학은 유물주의와 유심주의로 양분되었다. 정흔鄭昕 선생이 「유심주의 개방」이라는 글을 발표한 이후로 내 마음속에는 미묘한 동요가 일었다. 유심주의에도 분명 나름의 풍부한 내용이 있어 보였고 유심주의에 어떤 매력이 있는지 무척 알고 싶었다. 얼마 지나지 않아 역시 일련의 수업들이 개설되었다. 철학과의 유명한 교수님들 역시 수업을 열었다. 나는 들을 수 있는 과목은 모두 들었다. 하지만 정흔 선생이 개설한 '칸트 수업'에서마저도 나는 별다른 철학사상을 들을 수 없었다. 그것은 나에게 철학적 기초 지식이 없었기 때문이기도 하지만 정흔 선생의 수업 방식과도 연관이 있었다. 이 칸트 전문가는 수업 중에 칸트를 설명하기에 앞서서 칸트를 비판하거나 아니면 통렬하게 자아를 비판하기 일쑤였다. 풍우란 선생의 『중국철학사신편中國哲學史新編』(정식으로 출판되었을 때 나는 이미 대학원생이었고, 이 책은 나중에 『신편 초고』[新編試稿]라고 다시 이름을 바꿨다.) 역시 '환골

탈태'했음을 밝힌 뒤에야 출간할 수 있었다. 다시 말해 서양철학이든 중국철학이든 이 당시에는 '유물주의와 유심주의의 투쟁'이라고 하는 공식 하에 출판도 수업도 가능했다.

엄청나게 많은 책을 읽은 뒤에야 나는 철학에 대해 매우 거칠지만 나름의 이해를 얻을 수 있게 되었다. 나는 중국철학사와 서양철학사에 대해 흥미를 느꼈고, 그 중에서도 서양철학사 속에서 '사변적'인 이론 지식뿐만 아니라 매우 엄밀한 논리적 추론 방법이 있다고 느꼈다. '형이상학'(아리스토텔레스의 형이상학이 아닌 엥겔스의 형이상학이다.)의 역사적 위상과 작용에 대한 수업의 토론 중에 나는 대담하게 서양철학사에서 형이상학은 역사를 진보시켰다는 관점을 발표했다. 나는 이 관점을 당시의 『전선前線』이라는 잡지에 발표했지만 어떠한 비평도 받지는 못했다. 내 생각에 그 첫 번째 이유는 당시 내가 대학생에 불과했고, 두 번째 이유는 '변증법과 형이상학의 투쟁' 역시 결국은 '유물주의와 유심주의 투쟁'에 속한 것이기 때문이다. 왜냐하면 두 번째 이유야말로 철학의 당파성과 계급성에 관련되는 근본적인 문제이기 때문이다.

내가 비록 서양철학을 무척 좋아하기는 했지만 그래도 중국철학이 더욱 친근하고 더 재미있다고 느꼈다. 이는 분명 내가 어려서부터 받은 전통문화에 대한 훈습과 관련이 있다. 그리고 고등학생 시절에 책을 통해 풍우란 선생이 중국의 유명한 철학자라는 것을 이미 알고 있었다. 그때 나는 『광명일보光明日報』에 실린 풍 선생의 「철학적 유산의 계승 문제」라는 글을 읽었다. 이 글은 나중에 '추상적 계승법'이라고 불리면서 비판을 받았지만, 나는 풍 선생의 분석과 논술이 무척 흥미롭다고 생각했다. 추상이나 구체와 같은 단어들은 나도 이미 알고 있는 것이었지만, 풍 선생의 글 속에서 이것은 철학적 개념이 되어 추상과 구체의 문제를 제기함으로써 일종의 이론이자 학설이 되었다. 아 철학은 이론이요 학설이구나!
철학과에 진학한 뒤로 풍 선생은 비록 끊임없이 비판을 받았지만 학생들
은 그의 수업을 좋아했다. 특별히 선생을 모셔다가 『장자』「제물론」을 강
의해 주십사 부탁하기도 했다. 풍 선생의 수업은 평범함 속에 유머가 담
겨 있고 통속적이면서도 지혜가 담겨 있었다. 동학들은 농담 삼아 이렇게
말하곤 했다. "풍 선생은 초두부 같다. 냄새는 지독하지만 맛은 아주 좋
아." 비판은 비판이고 훌륭한 것은 훌륭한 것이다. 이 역시 그 당시의 분
위기였다. 나는 최종적으로 중국철학사를 나의 전공으로 결정했다.

목표가 정해진 뒤로 나는 전심을 다해 공부하고자 했다. 그러나 학교
에는 다시 '정치냐 전공이냐'는 논란이 일어 정치적 관심 없이 전공만
공부하는 학생들을 비판했다. 나는 비록 전공만 공부하는 유형의 전형으
로 치부되지는 않았지만, 정치에는 관심이 없고 전공만 열심인 경향이 있
다는 경고를 계속해서 들어야 했다. 그래서 나는 어쩔 수 없이 그쪽에
한 발을 담가 놓지 않을 수 없었다. 내 마음속에는 언제나 무형의 압력이
있었다. 철학을 공부하는 것은 일종의 '모험'으로 느껴졌다.

제3절 기초를 세우다

졸업이 임박했을 때 철학과에서 대학원에 진학할 것을 권했다. 미처
생각해 보지 않았던 일이지만 나는 풍우란 선생 지도의 대학원 과정에
지원했고 결과는 합격이었다.

대학 기간에 나는 비교적 체계적으로 중국철학사를 공부했기 때문에
내 딴에는 연구 능력을 충분히 갖추었다고 생각했다. 따라서 대학원 기간
에는 연구와 논문 작성에만 주력해야겠다고 생각했다. 나는 풍 선생을

찾아가 논문 작성에 들어가도 좋을지를 물었다. 풍 선생은 곧장 내게 면박을 주시지는 않았지만, 어떻게 기초를 세워야 할지, 또 갑자기 나타난 문제를 어떻게 해결해야 하는지, 그리고 외국어와 한문을 어떻게 공부해야 하는지 등에 대해 말씀해 주셨다. 그런 뒤에 나를 위해 상세한 독서계획을 세워 주셨는데, 고문헌으로부터 현대 연구서들까지 일련의 독서목록을 세세히 작성해 주셨다. 뿐만 아니라 풍 선생은 책을 어떻게 읽어야 하는지에 대해서도 말씀해주셨다. 고문헌을 읽을 때는 무턱대고 비판해서는 안 되고 우선은 충분히 이해해야 하며, 저자의 입장에서 저자의 의도를 충분히 느끼고 완전히 이해한 뒤에야 그에 대해 비판을 해야 한다는 것이다. 이는 사실상 '동정적 이해'라고 할 수 있다. '독서백편의자현讀書百遍義自見' 즉 어떤 책을 백 번 정도 읽으면 그 의미가 저절로 드러난다는 말은, 그 대상에 대해 선입견을 지녀서도 안 되고 또 어떤 한 구절만을 취하는 '단장취의斷章取義'를 해서도 안 된다는 뜻이다.

나는 열심히 책을 읽는 외에도 각종 선수 과목을 수강했다. 풍 선생의 지도에 따라 서양철학 수업이나 중요한 역사 수업은 모두 수강했다. 이때 나는 장세영張世英 선생이 개설한 '헤겔철학'(서양철학 관련 수업은 당시에 이 한 과목이었다.)과 등광명鄧廣銘 선생이 개설한 '송대사'를 수강했다. 이처럼 '기초를 세운다'는 것은 전공 기초를 세우는 것뿐만 아니라 전공 이외의 과목에 대해서도 폭넓게 공부하는 것을 의미한다. 따라서 삼 년의 기간은 주어진 독서목록을 다 읽기에도 부족했다. 따라서 논문을 발표한다는 것은 꿈도 못 꿀 일이었다.

풍 선생은 이 외에도 특히 연구 경향을 파악해 둘 것을 내게 요구하셨다. 학계의 연구 동향과 그 전개를 이해하고 거기서 도출된 문제가 무엇인지 충분히 장악하면서 다른 사람들의 연구 성과에 대해 나름의 견해를 갖추도록 한 것이다. 이는 학술을 연구하는 태도의 문제일 뿐만 아니라 학풍의 문제이자 연구윤리의 문제였다.

비록 내가 중국철학을 좋아했다고는 하지만 그간 읽은 것이라고는 단편적인 것들에 불과했다. 하물며 중국철학의 문헌이라는 것은 그야말로 바다와 같아서 그것을 온전히 이해한다는 것은 정말 어려운 일일 수밖에 없었다. 중국철학을 공부하는 사람들에게는 이중의 임무가 주어져 있다. 중국철학 관련 서적을 읽어야 할 뿐만 아니라 서양철학 관련 서적도 공부해야 한다. 풍 선생께서 학생들에게 '기초를 세우라'거나 '기본 공력을 키우라'고 요구하신 것은 경험에서 우러나온 말씀일 뿐만 아니라 학생들에 대한 진심 어린 관심이자 책임이었다고 할 수 있다. 나는 급히 결과를 얻으려는 마음을 이겨내고 그때부터 착실하게 앉아서 공부하기 시작했다. 대학원 기간 동안 비록 논문을 발표하지는 못했지만(『광명일보』에 작은 글 하나를 발표한 것이 유일하다.) 돌이켜 봐도 나는 전혀 후회나 아쉬움이 없다. 오히려 그와 반대로 무엇이 학술 연구의 정확한 길이고 근본인지에 대해 깨닫게 되었다. 이 기간 동안 비교적 체계적으로 독서를 했지만 진정한 연구와는 아직도 상당한 거리가 있었다. 시간과 공력이 부족하다고 절감했다. 이때에야 '공부할수록 부족함을 느낀다'는 말이 무슨 의미인지 깨닫게 되었다.

'문화대혁명' 기간에 나는 완전히 미로에 갇혀 버려 차분히 앉아서 공부할 수 없었다. 1968년부터 직업 배정이 시작되었는데, '지식이 많을수록 반동'이라는 시대적 분위기 때문에 대학원생들은 좋은 직업을 배정받기가 무척 어려웠다. 나는 천진시의 중학교 교사가 되었다. 배정받은 학교에 부임하자 나는 '수정주의의 싹'이라고 불리며 개조되어야 할 대상으로 낙인찍혔다. 한편으로는 수업하면서 다른 한편으로는 개조되어야 한다니나로서는 어찌해야 할 바를 몰랐다. 그러나 나는 결코 나의 전공을 포기하고 싶지 않았다. 차츰 평정을 되찾은 뒤로 나는 동요되지 않는 결심과 의지로 다시금 중국철학과 중국문화의 정신세계로 돌아왔다. 낮에는 학생들에게 수업하고 밤에는 한 권 한 권 처음부터 다시 읽기 시작했다. 내가 갖고 있던 책이 부족했기 때문에 시 도서관에서 빌려 읽기를 장장 10년, 나의 공부는 결코 중단이 없었다. 옛사람은 '십 년간의 고된 공부'(十年寒窓)라고 하지만 나는 '십 년간의 고된 밤'이었다. 나중에는 낮에도 책을 읽을 수 있게 되었고, 나는 그 속에서 즐거움을 얻었다.

문화대혁명 기간에 한 외국인 기자가 풍 선생에게 "당신은 왜 중국철학을 연구하는가?"라고 질문한 적이 있었다. 이에 대해 풍 선생은 "중국철학은 무척 재미있다"라고 대답했다. 그때 나는 그게 무슨 말인지 이해하지 못했다. 일종의 '자조'인지 아니면 그 말에 또 무슨 심오한 의미가 담겨 있는지 알 수가 없었다. 뒷날, 귀주貴州에 갔을 때 왕수인이 용장의 깨달음을 얻었다는 곳에 간 일이 있다. 거기에는 '완역와玩易窩' 즉 『주역』을 즐기는 움집'이라는 곳이 있다. 여기서 말하는 '즐긴다'라는 말은 논다는 의미가 아니라 분명히 『주역』 「계사」에서 말하는 "괘효상을 관찰하고 괘효사를 즐기며, 그 변화를 관찰하고 그 점을 즐긴다"[2]라고 할 때의 '즐김'이다. 즉 '충분히 익힌다'(玩習) 혹은 '깊이 음미한다'(玩味)는 뜻이다. 거기에는 우주와 인생의 의의에 대한 체험이 담겨 있고, 끝없는 즐거움으로 충만해 있었다. 공자가 말한 "배우는 것은 좋아하는 것만 못하고, 좋아하는 것은 즐기는 것만 못하다"[3]라는 말을 음미해 본다. 공부하는 동안에 정말로 즐거움을 찾을 수만 있다면 그것이야말로 공부의 목적이라고 할

---

2) 『周易』, 「繫辭上」, "君子居則觀其象而玩其辭, 動則觀其變而玩其占."
3) 『論語』, 「雍也」, "子曰: 知之者, 不如好之者; 好之者, 不如樂之者."

수 있다. 이는 책을 즐기는 것이지 읽는 것이 아니다. 그러나 이러한 경지에 들어서는 것은 참으로 쉽지 않다. 옛사람들이 '공자와 안자의 즐거움'을 인생의 최고 경지로 생각한 것이 바로 이런 의미일 것이다.

나는 책을 읽으면서 아직 이러한 경지까지는 들어가지 못했다. 나는 책을 지식의 대상으로 읽는다. 그러나 마음으로 정확히 이해하면서 나 스스로를 잊을 때면 그와 비슷한 즐거움을 느끼는 것 같다. 그리고 그 순간은 나의 경지를 한 단계 끌어올린 것 같다. 옛 책에서 만나는 수많은 인생의 지혜는 단지 지식으로 간주하여 읽어서는 안 된다고 생각한다.

나의 독서 인생에서 이때 십 년은 진정으로 나의 기초를 쌓은 중요한 시기였다. 이에 비하면 대학과 대학원 시기의 공부는 그저 그 시작에 불과했다. 대학원 시기의 기본적인 훈련 덕에 나는 책을 어떻게 읽어야 하는지 그리고 어떻게 사고해야 하는지는 알고 있었다. 그러나 책을 완벽하게 읽어낸 것은 아니었다. 이십 년간의 독서 역시 '완벽한 이해'는 아니었다. 그저 '대략적인 이해' 정도라고 할 수 있다. 만약 내게 대학과 대학원 단계의 준비와 훈련이 없었다면 이 무미건조한 '골동품'을 나 혼자서 읽어낼 수는 없었을 것이다. 그러나 이십 년간의 고된 독서가 없었다면 나는 마찬가지로 학술 연구를 진행해 나갈 자격이 없었을 것이다. 이는 마치 계단을 오르는 것과 같다. 멈추어 설 수도 없고 뛰어넘을 수도 없다. 어느 하나라도 부족할 때 나는 그 결핍감을 견딜 수 없었다. 나는 한참 뒤에야 학계로 돌아올 수 있었다. 내가 학술 연구를 수행함에 있어서 나름의 발언권을 지니고 있다면, 그것은 오로지 이때 십 년간의 공부 때문이라고 말하지 않을 수 없다.

풍 선생은 대학원생을 길러내는 것을 수영을 가르치는 것에 비유한 적이 있다. 물에 집어넣어서 스스로 수영을 배우게 하는데, 만약 잘 배운다면 어디든 갈 수 있지만 만약 배우지 못하면 그냥 물에 빠져 죽는 것이다. 이 이야기는 풍 선생께서 내게 직접 하신 말씀은 아니고 탕일개湯一介 선생이 한 말을 들은 것이다. 이 말은 분명 그럴듯하다. 대학원생 동안에 나는 일주일에 한 번 적어도 한 달에 한 번 풍 선생을 찾아가 공부 경과를 보고하고 학술적 문제에 대한 가르침을 받았다. 동시에 다른 선생님이나 교수들도 찾아가 가르침을 받았다. 그러나 학술계로부터 멀어진 이 기간은 마치 일엽편주처럼 비바람 속에서 표류해야만 했다. 의지할 거라고는 오직 나 스스로였다. 그러나 내게는 여전히 일종의 갈망과 신념이 있었다. 마치 "덕 있는 자는 외롭지 않으니 반드시 함께하는 이가 있다"[4]라는 『논어』「이인」편의 말처럼, 아무리 중국문화가 완전히 훼멸되어 가는 상황이라 할지라도 나는 그에 대한 경외감과 기대감을 지울 수 없었다. 그것은 결코 사라지지 않을 것이다.

제4절 독립적으로 사고하다

연구자로 돌아온 이후에는 나는 다시 '공부'와 '사고' 사이의 곤혹스러움에 직면하게 되었다. 공자는 "배우기만 하고 생각하지 않으면 멍하고 생각하기만 하고 공부하지 않으면 위태롭다"라고 했는데, 이 말이야말로 영원한 진리라고 하겠다. 학문이 있다고 해서 사상이 있는 것은 아니다. 사상이야말로 중요한 것이다. 사상이야말로 한 사람의 행동을 지도하고 사회와 역사에 영향을 미칠 수 있다. 옛사람의 사상을 이해했다고 해서 그것이 곧장 자신에게 사상이 있음을 의미하지는 않는다. 그것을 자신의 사상으로 만들기 위해서는 정신적 창조의 과정을 거쳐야 한다. 이것이야

---

4) 『論語』, 「里仁」, "子曰: 德不孤, 必有隣."

말로 인류의 문화와 사상이 끊임없이 발전해 갈 수 있었던 원인이다. 정신적 창조에는 개체성이 담겨 있고 이것이 우리에게 더 높은 것을 요구한다.

옛것을 기록하기만 하고 그에 대해 생각하지 않는 것은 옛사람들이 한 말을 반복하는 것에 불과하다. 그러나 옛사람은 그가 살았던 시대와 문화의 배경 하에서 말을 한 것이다. 우리는 중국철학 연구자로서 자신의 두뇌를 그저 단순한 '기억의 창고'로 만들어서는 안 된다. 시대의 변화에 적응할 수 있는 가치 있는 새로운 사상을 만들어 낼 수 있어야 한다. 하지만 만약 그저 생각하기만 하고 공부하지 않는다면 그 역시 그저 상상에 기댄 것에 불과하다. 심지어는 멋대로 생각한 것에 불과해 진정한 정신적 성과를 만들어 낼 수 없다. 이 둘을 어떻게 결합할 것인가는 매우 중요한 문제이다. 과거에 공자의 이 구절을 읽을 때는 크게 와 닿는 것이 없었다. 그러나 내가 본격적으로 연구자의 길로 들어선 이후에야 비로소 그 어려움을 깨닫게 되었다. 여기에는 방법적인 문제뿐만 아니라 지식의 구조 문제도 있다. 장기간에 걸쳐 학문을 놓아버린 채 '교조화'의 과정을 거친 상황 하에서, 옛사람들의 지혜를 진정으로 소화하고 창조적인 사유를 운용하여 시대적 요구를 반영한 가치 있는 사상을 제시한다는 것은 매우 어려운 일이었다. 나는 이때에야 비로소 '사상의 자유'가 갖는 소중함을 느꼈다.

개혁개방 이후에 나는 이전에 맛보지 못했던 즐거움을 느꼈다. 소위 '개방'이라는 것은 결코 경제적인 의미에서의 개방만이 아니었다. 우선 그것은 관념의 개방이요 사상의 해방이었다. 연구자에게는 이것이 더욱 중요하다. 사상적 해방의 과정은 동시에 자신을 뛰어넘는 과정이기도 하다. 그것은 외부의 학술 정보와 새로운 관념을 적극적으로 받아들여 기성의 것과 시대에 뒤처진 지식의 구조를 고쳐 나가는 과정이다. 나는 오직 '사상의 자유'와 개인의 '독립적인 사고'가 결합될 때만이 비로소 창조성 있는 사상을 만들어 낼 수 있다고 생각한다. 이것은 고통스럽지만 동시에 즐거움으로 가득 찬 과정이며, 곧장 문제를 파고 들어가 진정으로 연구한 뒤에야 맛볼 수 있는 것이다.

여기에는 반드시 독립적으로 사고할 수 있는 자유로운 공간이 필요하다. 『장자』의 감동적인 구절이 생각난다.

물고기는 강과 호수에서 모든 것을 잊고, 인간은 도의 세계에서 모든 것을 잊는다.[5]

1980년대 초에 중국철학사 학계에서는 비로소 서로 다른 목소리들이 출현하기 시작했다. 당시 나는 '새롭고 서로 다른 관점'을 세울 수 있는지에 대해 논쟁을 벌인 적이 있다. 나는 적극적으로 학술에서는 '새롭고 서로 다른 관점'을 세울 수 있어야 한다고 주장했다. 그러나 상당한 사람들의 반대에 직면했다. 심지어 어떤 사람은 "몽배원蒙培元은 풍우란의 길을 걸으려 한다"라고 말하기도 했다. 지금 보면 별것 아닌 문제로 보일 수도 있지만, 당시에 이것은 일종의 '원칙'에 해당하는 문제였다. 사실 '새롭고 다른 관점'을 세운다는 것이 아무런 근거도 없이 아무렇게나 말하는 것도 아니요, 하고 싶은 대로 자신의 주관적인 관점을 떠벌이는 것도 아니다. 그것은 일체의 교조적인 관점을 깨뜨리고 이전의 것을 그저 묵수하려는 태도를 고치자는 것으로서, 철학적 발전의 '옳음'과 '진리'이며, 일체의 가치를 새롭게 세워 가는 것이다.

새로운 사조가 물밀듯이 밀려올 때 우리는 어떻게 해야 하는가? 내 경험으로는 우선 마음과 눈을 열고 새로운 지식의 영양분을 적극적으로

---

5) 『莊子』, 「大宗師」, "孔子曰: 魚相造乎水, 人相造乎道."

이해하고 받아들여야 한다. 지금 시대에 중국철학을 연구하면서 서양철학을 이해하지 못해서는 결코 안 된다. 그러나 서양철학을 이해한다는 것이 서양철학의 관념과 방법으로 중국철학을 해석하는 것인가? 이 문제에 대해 나는 장기간 고민해 왔다.

학술 교류가 한층 확대되면서 홍콩이나 대만 그리고 외국의 신유가[6] 저작을 이제 국내에서도 읽을 수 있게 되었다. 이는 나의 시야를 넓히는 데 큰 도움이 되었다. 나는 엄청난 열정으로 그들의 저작(비록 전부는 아니지만)을 읽었다.

서양철학과 신유가의 관점을 이해하는 과정에서 나는 차츰 나름의 관점을 정하게 되었다. 즉 서양철학을 이해해야 하지만 서양철학에 기대서는 안 된다는 것이다. 서로를 비교는 하되 비슷하게 얼버무려서도 안 된다. 서로를 받아들일 수는 있지만 서로를 대체해서는 안 된다. 철학에는 보편성의 문제도 있지만 특수성의 문제도 있다. 소위 보편성의 문제라는 것도 서로 다른 민족과 문화라는 특수한 환경 속에서 형성된 것이며 서로 다른 문제 제기 방식과 해결 방법을 지니고서 서로 다른 언어로 표현된 것이다. 이것이 소위 다원화이다. 우리는 무엇보다 비교 속에서 중국철학의 특수한 의미와 가치를 드러내야 한다. 현대 신유가를 포함하여 선배 학자들이 이룩해 낸 성과는 존중하고 받아들여야 한다. 그들을 비껴간 채 무슨 '참신함'은 있을 수 없다. 그러나 우리는 어찌 되었든 그들의 기초 위에서 더 나아가야 한다. 그렇지 않다면 우리의 연구가 무슨 의의가 있겠는가? 선배 학자들은 그들이 처했던 시대에서 다른 무엇과도 바꿀 수 없는 공헌을 일구어 냈다. 그들은 어쨌든 중국의 문화가 처음으로 서

---

6) 역자주: 여기서 말하는 '新儒家'라는 것은 특히 牟宗三·唐君毅와 같은 현대 유가 연구자들을 지칭한다.

양의 것과 대규모로 접촉하고 교류하는 중에 철학 연구와 창조적 활동에 종사한 이들이다. 그 중 나름의 성과를 이루어 낸 철학자 대부분은 모두 서양철학 중의 특정한 학설로 중국철학을 해석함으로써 자신의 철학적 체계를 세웠다.

지금과 같은 문화적 다원화 정보화의 시대에 우리는 서양의 어떤 학설로 중국철학을 해석해야 할까? 물론 우리는 서로 다른 각도에서 서로 다른 서양철학을 끌어다가 중국철학을 해석하고 새롭게 세워 갈 수 있을 것이다. 그래서 서로 다른 중국철학의 연구 계통과 방법을 수립할 수 있을 것이다. 그러나 그렇게 수립한 중국철학은 여전히 서양식이다. 하물며 서양의 철학과 문화라는 것도 끊임없이 변화하면서 매일같이 새로워진다. 오늘 중국철학과 결합될 수 있다고 생각한 것이 내일은 적당하지 않아질 수도 있다. 이 점은 과거에도 그리고 지금도 분명하게 증명되고 있다. 만약 계속해서 그렇게 한다면 우리는, 그저 그리고 영원히 서양철학의 뒤꽁무니만 쫓아다니면서 중국철학에 맞는 '대응물'을 찾아야 할 것이다. 선배 학자들의 공헌은 중국철학의 근대화, 현대화에 있다. 그래서 중국철학이 서양철학과 대화할 수 있게 만들어 주었다. 그러나 우리에게 남겨진 임무 역시 그 속에 있다. 즉 우리가 어떻게 서양철학의 그림자에서 벗어나 독립적인 발전의 길을 걸을 것인가이다. 서양철학의 언어를 포함한 현대 언어를 사용하면서 중국철학의 특징을 말할 수 있어야 한다. 관건은 우리가 중국철학의 정신을 실질적으로 이해하는 것에 있다.

서양철학에는 수없이 많은 유파가 있고 그 변화도 다채롭지만 그 속에 과연 공통의 문화적 배경과 공통적인 특징이 있는가? 나는 있다고 생각한다. 중국철학 역시 마찬가지이다. 중국철학에 비록 유가·불교·도가의 분기가 있고 각각의 학파 속에도 다시 서로 다른 유파가 있기는 하지만, 중국철학에는 공통의 언어 및 문화적 배경과 특징이 있다. 동서철학은 비록 서로 다르지만 비교할 수 있다고 생각한다. 우리의 임무는 비교 속에서 중국철학의 특징을 드러내는 것이다. 이것이 동서철학의 관계에 대한 나의 최종적인 관점이다. 이러한 관점은 동서철학에 대한 나의 이해를 기초로 하여 형성되었다. 여기서 서양철학에 대한 나의 이해에는 약간의 오류가 있을 수도 있다. 그러나 중국철학에 대한 나의 이해에는 충분한 근거가 있다. 나의 연구는 이러한 체험적 깨달음 하에서 진행된 것이다.

중국 고대 철학은 성리학의 단계에서 성숙했다. 그러나 과거의 성리학에 대한 연구는 매우 부족했다. 그 중요 원인 중 하나는 성리학을 봉건사회 후기의 반동적 사상으로 간주했기 때문이다. 개혁개방 이후 성리학에 대한 연구는 한꺼번에 폭발했다. 특히 당대 신유가는 비판이든 계승이든 모두 성리학을 이은 것이었다. 나의 연구 역시 성리학으로부터 시작했다.

그러나 과거 연구의 주된 관점은 성리학(광의의 성리학 즉 도학을 가리킨다.)을 정주리학과 육왕심학의 두 유파로 구분하는 것이었다. 구분의 근거는 정주리학파가 '성즉리性卽理'를 주장하는 데 반해 육왕심학파는 '심즉리心卽理'를 주장한다는 것이다. 정주리학은 리를 마음속에 '갖추어진' 본성으로 보고 마음은 본성도 리도 아니라고 생각하는 반면에, 육왕심학은 마음이 곧 본성이요 리라고 보았다는 것이다. 전자는 리를 본체로 후자는 마음을 본체로 여긴다. 풍우란 선생이 이러한 관점을 제기한 이후로 이러한 관점은 성리학 연구의 상식이 되었다. 모종삼 선생은 풍우란 선생과 완전히 상반되는 철학적 입장을 취했다. 풍 선생이 '신리학新理學'의 대표자라고 한다면 모 선생은 '신심학新心學'의 마지막 대표자라고 할 것이다. 그러나 성리학의 '집대성자'인 주희에 대해서만큼은 두 사람의 관점이 일치한다. 즉 모 선생의 주희에 대한 관점은 풍 선생의 그것을 벗어나지 않는다.

나는 나름의 독립적인 사고를 통해 두 선생과는 다른 관점을 제기했다. 이 점에 있어서만큼은 '선생님을 존중하지만 진리를 더욱 사랑하는' 격이라고 하겠다.

주희는 분명 '성즉리'를 주장했다. 그에게서 리는 최고의 본체로서 '리본론理本論'이라고 부를 수 있다. 그러나 나는 주희에게도 분명히 심학사상이 있음을 발견했다. 이는 단지 주희가 마음의 문제를 매우 중시하여 마음에 대해 많이 논했기 때문만은 아니다.(錢穆 선생은 이를 근거로 주희가 '심학자'라고 단정했다.) 주희는 분명히 심본체의 사상을 나타냈다. 이는 주희에게도 심학사상이 있다고 판단한 주요 근거이다. 주희는 "마음에 리가 갖추어져 있다"[7]고 했을 뿐만 아니라 "마음에는 체용이 있다"고 보았다.[8] (정이로부터 왔다.) 그래서 마음의 본체는 본성이요 리이지만, 마음의 작용은 감정이요 지각(인지적 의미에서의 지각)인 것이다. 여기서 말하는 '마음의 체'(心體)라는 것은 형체나 몸뚱이의 의미가 아닌 본체의 의미이다. 이로부터 우리는 다음과 같은 결론에 도달한다. 즉 본체의 의미에서 보았을 때 마음이 곧 본성이요 리이다. 이는 지극히 분명하다. 그의 "마음이 태극이다"(心卽太極)[9]라거나 "오직 마음에는 짝이 없다"[10]라는 말은 이러한 의미에서 한 것이다.

과거에 사람들이 리학과 심학을 대립적으로 이해했던 까닭은 서양의 주·객 이분법적 사유 방식으로 성리학을 이해했기 때문이다. 즉 리는 객관적이고 외재적인 데 반해 마음은 주관적이고 내재적이라는 것이다. 그

---

7) 『朱子語類』 9, 44쪽, "一心具萬理. 能存心, 而後可以窮理."
8) 『朱子語類』 2, 62쪽, "曰: 心有體用, 未發之前是心之體, 已發之際乃心之用."
9) 『朱子語類』 100, 31쪽, "或問: 康節云: 道爲太極. 又云: 心爲太極. 道, 指天地萬物自然之理而言; 心, 指人得是理以爲一身之主而言? 曰: 固是. 但太極只是箇一而無對者."
10) 『朱子語類』 2, 22쪽, "惟心無對."

래서 객관과 주관 혹은 타율과 자율이라고 구분한 것이다. 그러나 중국철학과 성리학에는 이처럼 분명한 주·객 구분이 없었다. 성리학의 근본 종지는 마음과 대상, 안과 밖이 합일되는 학문으로서 본성과 리는 안과 밖이 없다. 즉 안과 밖이 하나의 리요 우주와 인간이 하나가 되는 학문이다. 이것이 바로 중국철학의 특질이면서 주희철학의 특질이다. 그래서 나는 성리학의 변천 과정을 기술할 때 서로 다른 두 개의 노선 혹은 세 개의 노선을 설정하지 않고 '집대성자' 주희로부터 시작하면서 완전히 서로 다른 서술 방식을 선택한 것이다. 사람들은 흔히 왕수인의 심학이 곧장 육구연으로부터 온 것이라고 생각한다. 결론적으로 보면 이러한 관점이 틀린 것은 아니다. 그러나 역사적 변천이라는 각도에서 볼 때 왕수인 사상은 주자학의 변천으로부터 나온 것이다. 좀 더 정확하게 말하면 주자학이 분화된 결과인 것이다. 즉 성리학 발전의 내재적 맥락에서 볼 때 주자학에서 '마음과 리가 하나임을 어떻게 실현할 것인가?'라는 내재적 모순을 해결하기 위한 것이다. 이렇게 나의 첫 번째 연구인『성리학의 변천』(理學的演變)이 완성되었다. 내용 중 몇몇 관점과 논술은 충분히 정돈되지 못했지만 기본적인 관점은 지금까지 변하지 않았다.

이러한 관점이 전통에 반하는 것이기는 하지만, 그 결론이 타당한지의 여부는 여기서 논하지 않겠다.(후대의 역사적 평가가 말해 줄 것이다.) 다만 자신의 독립적인 사고를 거쳤느냐에 대해서는 그렇다고 할 수 있고, 또 중국철학의 연구에 일정한 기여를 했다는 점에서 나는 이미 만족한다. 당초 주희가 말한 '마음의 본체가 곧 본성'이라는 주장이 곧 심성합일론이라는 관점을 내가 제시했을 때, 어떤 학자들은 반대의 의견을 보였고 어떤 사람들은 침묵을 지켰다. 이십여 년이 지났다. 요즘은 적지 않은 학자들이 나의 관점을 받아들이고 있다. 이에 대해 나는, 나의 길을 감으로써 다른 이들을 침묵하게 한다는 태도를 가질 뿐이다.

『성리학의 변천』이후 나는 다시『성리학의 개념들』(理學範疇系統)[11]을 완성했다. 앞의 책이 역사적 종적 연구라면 뒤의 책은 이론적 횡적 연구이다. 이 책은 범주 연구로부터 시작했는데, 범주 문제는 당시에 아주 유행하던 문제였다. 성리학에는 수많은 공통의 범주가 있다. 그러나 개별 사상가들은 각각의 철학적 주장을 서로 다른 개성으로 표현해 내었다. 그들 사이에는 어떤 차이가 있는가? 그리고 그것을 어떻게 구별해 낼 것인가? 과거의 연구는 대부분 인물에 대한 연구로 시작하여 그들 각각의 사상적 특징을 설명했다. 그렇다면 성리학자들에게는 과연 공통의 문제와 목표가 있었던가? 그 공통점은 어디에 있는가? 나는 범주에 대한 연구를 통하여 이러한 문제를 해결할 수 있다고 생각했다.

여기서 고려되어야 할 것은 각각의 범주가 지니는 함의를 해석할 뿐만 아니라, 그보다 더욱 중요한 것은 범주 간의 관계를 드러내 보여 주는 것이라는 점이다. '범주'는 서양철학으로부터 번역되어 온 말로서 그 자체 고유한 함의를 지니고 있다. 중국철학에도 서양철학적 의미에서의 범주가 있는가? 나는 가장 광범위한 의미에서 보았을 때 중국철학에도 고유한 범주가 있다고 생각한다. 그러나 이 개념을 사용할 때는 반드시 신중을 기해야 하며, 동·서철학의 차이에 대해 인식하고 있어야 한다. 그 가장 큰 차이는 범주와 그 관계로 대표되는 사유 방식의 차이에 있다.

때문에 나는 성리학의 몇몇 범주들을 단순히 배열하고 조합한 뒤에 그것을 해석하는 것으로 끝내지 않았다. 중요한 것은 각 범주 사이의 유기적 연계를 드러내는 것이며, 사유의 방식으로부터 중국철학의 본질적

---

11) 몽배원 저, 홍원식·황지원·이기훈·이상훈 공역, 『성리학의 개념들』.

특징을 설명해 내는 것이다. 『성리학의 개념들』의 초점은 범주의 '계통'에 있지 '범주' 자체에 있지 않다. 각각의 범주는 하나하나 독립적으로 존재하지 않고 모두 상호 간의 '관계' 속에 존재하면서 하나의 유기적인 체계를 이룬다. 바로 이러한 연계가 중국철학의 가장 기본적인 사유 특징 즉 '천인합일'의 온전한 사유를 구현해 낸 것이다. 이것은 서양의 분석적 사유와의 큰 차이점이다.

책은 네 단락으로 구성되었는데, 리기편理氣篇·심성편心性篇·지행편知行篇·천인편天人篇이다. 수십 개의 중요한 범주들을 네 개의 단락 중 어느 하나에 집어넣어 다루었다. 이렇게 한 것은 '논리적 구조'의 필요에 의한 것이다. 그러나 각 편 속에 혹은 서로 다른 편 속에 배속된 범주들 사이에는 서로 나눌 수 없는 연속성이 있다. 이는 '인식'의 문제가 아니라 사실상 '존재'의 문제이다. 리기편에서는 소위 우주본체론의 문제를 다루었다. 그러나 이것은 인간의 문제와 분리되지 않는다. 이는 모든 범주 체계 속에서 가장 기본적인 전제이며, 반드시 심성편으로 넘어온 다음에야 완성되는 것이다. 심성편은 인간의 문제를 다루는데 인간의 문제에서 다루어지는 제 범주들은 모든 범주 체계의 중심적 위치에 놓여 있다. 그러나 이것들 역시 리기편의 제 범주와 서로 분리되고 대립하는 것이 아니다. 지행편의 범주는 방법론적 의미를 지니며 인간과 자연을 연결해 주는 역할을 한다. 그러나 이것 역시 순수한 방법론이라고 할 수는 없고 인간의 존재 문제와 밀접한 관계를 지닌다는 점에서 그 자체로 실천적이면서 또 목적적이다. 마지막으로 천인편은 모든 범주 체계의 완성에 해당한다. 즉 '천인합일' 경지의 실현이다. 그 중 성誠·인仁·악樂은 진·선·미를 대표하고 이 셋은 다시 통일된다. 때문에 모든 범주 체계는 최종적으로 진·선·미가 통일되는 '천인합일'의 경지로 종결된다. 이는 성리학자들의 공통적인 목표이고, 여기에 예외는 없다. 이것이 바로 '성리학 범주 체계'가 가능한 원인이요 근거이다.

범주 간에 존재하는 연속성과 관계를 통하여 성리학 내지 중국철학의 '천인합일'이라고 하는 총체적 사유 방식을 설명하는 것은 나의 일관된 연구 기획이자 독립적인 사고의 결과이다. 모든 철학자들에게 비록 각각의 철학 체계가 있다 하더라도 그들에게는 다시 공통의 범주가 있을 뿐만 아니라 그들은 모두 '천인합일'의 경지를 최고의 목표로 삼고 있다. 이 때문에 그들은 공통의 사유 방식을 갖게 된다. 이 역시 서양철학 범주론과는 구분되는 중국철학 범주론의 특징이다.

제5절 문제의식

철학 연구에서는 '문제의식'을 특히 강조한다. 즉 문제를 발견하고 제기한 다음에 자기만의 대답을 찾아야 한다는 것이다. 그렇게 해야 철학 연구의 발전을 이끌어 낼 수 있다. 그러나 '거짓된 문제'가 아닌 '진정한 문제'를 제기해야 한다. 이것이야말로 가장 중요하고 또 가장 어려운 것이다. 우리는 일련의 문제들은 곧잘 진정한 문제가 아니라 거짓된 문제임을 발견하게 되곤 한다. 이렇게 연구를 진행하면 사실상 아무런 의미도 없게 된다. 이런 측면에서 보자면 거짓된 문제가 아닌 참된 문제를 제기하는 것은 그것에 답하는 것보다 더욱 어렵다. 참된 문제는 흔히 연구의 처음이 아닌 마지막에 발견되곤 한다. 왜냐하면 우리가 오랫동안 연구를 진행하고 사고한 뒤에야 비로소 문제가 드러나 보이기 때문이다. 문제의 해답은 종종 실험적이거나 선택적인 것일 수 있다. 한 문제에는 언제나 서로 다른 해답의 방식이 있다. 여기에서 무엇이 결론인지는 그다지 중요치 않다.

나는 연구를 진행하면서 자주 곤혹스러워지곤 한다. 왜냐하면 문제를 찾지 못했기 때문이다. 문제를 제기하려면 끊임없이 사고하고 캐물어야 한다. 나는 차츰 나 스스로에게 묻는 습관을 형성하면서, 연구가 진행되어 감에 따라 끊임없이 새로운 문제를 제기하곤 했다. 한 문제를 해결한 뒤에는 다시 '가시밭을 더듬으며 장미를 찾아내듯이' 새로운 문제를 제기했다. 나의 연구는 끊임없이 문제를 제기하는 과정이었다. 일단 문제를 제기하지 못하면 그것은 연구의 중지를 의미한다. 나는 나름의 연구 기초 위에서 열심히 사유함으로써 문제를 제기했다.

때문에 나는 『성리학의 변천』과 『성리학의 개념들』을 완성한 뒤로는 더 이상 한 시대를 대상으로 하는 혹은 특정한 주제를 대상으로 하는 연구를 진행하지 않았다. 물론 큰 틀에서 보는 '중국철학사'와 같은 연구도 하지 않았다. 그보다는 문제를 중심으로 하는 연구에 몰두했다. 한 문제를 제기하고 그에 대해 연구한 뒤에는 다시 또 다른 문제를 제기하고 거기에 대해 계속해서 연구하는 것이다. 그렇게 지금까지 계속해 왔다.

성리학에 대한 연구를 일단락 지은 뒤, 나는 한 가지 문제를 제기했다. 성리학의 핵심 문제는 과연 무엇인가? 내 고민의 결과는, 인간과 자연의 관계 문제는 성리학 더 나아가 중국철학의 기본 문제이지만 그 핵심 문제는 역시 심성 문제라는 것이다. 왜냐하면 '천인합일' 경지의 실현은 사실상 인간 자신의 문제로서 심성의 수양에 의거하기 때문이다. 물론 실천의 문제는 매우 중요하다. 그러나 실천의 주체는 인간이고 인간의 존재 본질은 심성에 있다. 심성의 문제는 확실히 성리학의 핵심 문제이다.

이 문제에 있어서 나는 당대 신유가 특히 모종삼 선생으로부터 계발을 받았다. 모 선생의 『심체와 성체』는 지대한 영향을 미친 저작이다. 나는 탕일개 선생으로부터 처음 이 책을 빌려 보았다. 열심히 읽은 뒤에 나는 모 선생이 심성의 문제로 성리학 전체를 관통하는 고유한 연구를 진행했고 그에 대해 체계적인 평가를 내린 공헌이 있다고 생각했다. 비록 모 선생의 관점에 완전히 동의하는 것은 아니지만, 심성의 문제가 성리학을 '해부'해 내는 중심적인 문제라는 점을 내가 인식해 낸 것은 그의 계발 덕분이다. 이어지는 문제는 심성의 문제가 그저 불교의 '자극' 혹은 '도전' 하에서 성리학의 핵심 문제가 된 것인가 아니면 그 자체로 발전해 간 내재적 계기가 있었는가이다. 이 문제와 관련하여 나는 풍우란 선생과 탕일개 선생 등에게 가르침을 청한 적이 있다. 풍 선생의 철학적 관심이 비록 이 문제에 있지 않았고 또 자신만의 관점이 있었지만, 그는 나의 견해에 흔쾌히 동의하면서 "심성 문제는 중국철학의 중요한 문제이다"라고 말씀하셨다. 탕일개 선생 역시 나의 연구를 지지해 주셨다. 이에 나는 『중국심성론中國心性論』을 완성했다. 이 책에서는 유·불·도 삼가의 심성사상과 그 상호 관계를 다루었다. 이 역시 하나의 공백을 매운 작업이었다고 할 수 있다. 지금 와서 생각해 보면 이 책에는 아직 충분히 정돈되지 못한 부분이 많이 있었다. 그럼에도 내가 이 책을 쓴 것은 모종삼 선생과 비교하기 위해서가 아니라 중국철학의 특징을 드러내기 위한 것이었다.

여기에서는 중국철학의 주체 문제를 다루었다. 이는 심성 문제에서 피할 수 없는 문제이면서 동시에 당시 중국철학 연구의 주된 논점이기도 했다. 이 문제에 대해 두 가지 대립적인 관점이 존재했다. 하나는 중국철학에도 주체에 관한 사상이 있다는 관점이고, 다른 하나는 중국철학에는 주체에 관한 사상이 없다는 관점으로, 양자는 첨예하게 대립했다. 그러나 나는 이 두 가지 관점이 대립함에도 불구하고 하나의 공통점이 있다는 것을 발견했다. 그것은 양자 모두 서양철학 특히 서양 근현대철학의 주체에 대한 담론을 가지고 중국철학을 조망하고, 사실상 서양의 인식론적 관점으로 주체에 관한 사상을 논하는 것이다. 이런 관점에서 보면 주체와 객체의 경계는 분명하게 둘로 나뉘어 대립한다. 소위 주체는 그저 인식의 주체가 되며, 주객 관계는 인식주체와 인식대상 간의 관계가 된다.

나는 중국철학에도 주체에 관한 사상이 있다고 인정한다. 그러나 이것은 위에서 말한 그런 의미에서의 주체에 관한 사상이 아니었다. 그래서 다시 『중국철학의 주체 사유』[12]를 완성했다. 이 책의 도입부에서 나는 다음과 같이 밝혔다.

내가 제시하는 주체 사유의 문제는, 중국철학의 가장 근본적인 사유로서의 의미이지 그저 통상적인 인식론적 의미로 이해하려는 것이 아니다. 나는 중국철학의 기본적인 특징에 초점을 맞추어 이 문제를 이해하려고 한다.

중국철학의 특징은 주체와 객체의 분리와 대립을 주장하지 않고 둘의 통일과 합일을 주장한다는 점이다. 이러한 통일 속에서 인간은 주도적인 지위를 점하게 된다. 다시 말해 중국철학이 해결하려는 것은 인간의 문제이지 객관대상의 문제가 아니다.

이처럼 문제는 사실상 중국철학에 주체에 관한 사상이 있느냐 없느냐가 아니라 주체에 관해 어떤 사상이 있었느냐의 문제로 전환된다.

중국철학과 서양철학 사이에 많은 차이점이 있다고 한다면, 중국철학은 결국 어떤 형태의 철학인가? 이것이 바로 내가 다음으로 천착한 문제이다. 이 문제의 의의는 그것이 전체에 대한 문제이지 개별적인 혹은 국지적인 문제가 아니라는 점이다. 이를 위해서는 중국철학을 전체로 조망

---

12) 『中國哲學主體思維』(人民出版社, 1997).

할 수 있어야 한다. 때문에 그에 따른 어려움 역시 상당했다. 성리학에 대한 연구로부터 시작해서 범주를 통한 사유 방식에 대한 연구 그리고 심성 문제에 대한 연구를 마친 뒤, 나는 더 이상 이 문제를 피해갈 수 없다는 것을 느꼈다. 왜냐하면 중국철학에 인식론적 전통이 없는 이상 그것은 여전히 존재론·본체론과 같은 종류의 문제일 수밖에 없다. 그리고 여기서 말하는 심·성·리·기·천 등의 중요한 범주들은 모두 본체론과 관련을 갖는다. 그렇다면 중국철학에서 말하는 본체란 결국 무엇인가?

중국철학을 연구하는 사람치고 본체론의 문제를 다루지 않은 사람이 없을 것이다. 그러나 많은 사람들은 본체와 실체를 같은 것으로 보아 본체가 곧 실체이고 본체론이 곧 실체론이라고 생각한다. 다시 말해 서양의 주류 철학적 의미에서 중국철학을 논한다는 것이다. 나도 중국철학을 연구하면서 본체론을 다루었다. 처음에는 그다지 명확하지 않았지만 연구를 진행해 가면서 서양의 실체론으로 중국철학을 다루는 것에는 많은 어려움이 있다는 것을 발견했다. 그래서 중국철학이 결국 어떤 형태인가에 대한 문제를 제기하게 되었다.

주지하는 바와 같이 중국철학은 '도道'를 최고의 범주로 하고, 이 도는 다시 '천도'와 '인도'로 구분된다. 그러나 중국의 주요 철학자들은(주류적 유파) 모두 이 둘의 합일을 주장한다. 이것이 바로 '천인합일'의 학문이다. 유가든 도가든 그렇지 않은 경우가 없다. '도'란 무엇인가? 그 특징은 어디에 있는가? 이것이 바로 문제이다. 내가 보기에 두 가지는 분명하다. 하나는 중국철학은 그 처음부터 '생성'의 문제를 중시했다는 것이다. 노자가 "도가 하나를 낳고 하나가 둘을 낳고 둘은 셋을 낳고 셋이 만물을 낳았다"[13]라고 한 것이든 공자가 "하늘이 만물을 만들어 내었다"[14]라고 한 것이든, 이들은 사실 우주생성론을 논한 것이고, 여기에서의 '생'이란 하나의 과정이다. 이러한 의미에서 볼 때 '도'(혹은 天)는 만물 생성의 근원이지 구성주의15)에서와 같은 '기원'이 아니다. 다른 하나는 '도'와 만물의 관계인데, 이 관계는 존재와 기능·작용 간의 관계이지 실체와 속성 간의 관계 혹은 주체와 현상 간의 관계가 아니다. 서양의 본체론은 본체와 현상 간에 넘을 수 없는 경계를 분명히 했다. 한편으로 본체는 현상의 원인이고 현상은 본체의 드러남이면서도, 다른 한편으로는 본체는 영원히 현상의 배후에 있고 현상은 본체를 온전히 드러낼 수 없다. 그러나 중국철학에서의 본체는 '현상'을 통해 작용하고 '현상' 속에 존재한다. 여기서 말하는 '현상'은 사실 본체 자신의 기능·작용이기에 작용을 떠나서 본체는 존재할 수 없다. 때문에 중국철학에서는 '체용(體用)'만을 말할 뿐 '본체와 현상' 혹은 '본질과 현상'을 말하지 않는다. 우리는 흔히 '본질과 현상'으로 '체용' 관계를 해석하곤 하지만 이는 문제가 있다.

중국철학에는 또 '형이상과 형이하'의 문제도 있다. 일반적인 상황에서 '도'는 '형이상자'이고 '형이상자'는 곧 본체이다. 그런데 '형이상자'는 항상 시공을 초월한 정신적 실체 혹은 관념적 실제로 이해된다. 이렇게 되면 '존재론'(實有論) 즉 실체론의 문제가 되어 버린다. '기'도 마찬가지이다. 중국철학자들이 '기'를 본체로 볼 때 '기' 역시 실체로 해석되곤 한다.

그러나 서양철학에서의 본체 즉 실체는 단일하고 불변하며 정지해 있고 자아 동일적인 것으로서, 여기에 침투할 수도, 더 이상 나눌 수도 없

---

13) 『老子』 제42장, "道生一, 一生二, 二生三, 三生萬物."

14) 『列子』, 「天瑞」, "孔子問曰: 先生所以樂, 何也? 對曰: 吾樂甚多. 天生萬物, 唯人爲貴. 而吾得爲人, 是一樂也."

15) 역자주: 구성주의(construciton theory 혹은 constitution theory)는 철학의 논리실증주의에서 특정 개념, 특히 과학적 개념은 결국 경험과의 관계를 표현하는 다른 개념에 의해 분석되고 정의된다는 관점이다.(출처: Encyclopedia Britannica)

다. 이것이 실체론의 근본 특징이다. 그러나 중국철학에서 말하는 '도'와 '기'는 유행하고 유동하며 변화하고 발전하는 것으로서 과정 속에 존재하며 그 자체가 곧 과정이다. 최초의 '길'이라는 의미로부터 후대의 '천도유행天道流行'이나 '도체유행道體流行'에 이르기까지 '도'의 근본적인 특징은 변화하지 않았다. 뿐만 아니라 '도'의 근본적인 특징은 '생생불식生生不息'하는 생명의 창조이고, 그 속에는 지극히 풍부한 내용을 담고 있다.

그렇다면 '형이상'과 '본체'의 관계를 어떻게 이해할 것인가? 이 역시 하나의 문제이다. 나의 연구에 의하면 '형이상 형이하'와 '체용' 범주는 동일한 층위의 범주가 아니다. 전자는 논리적 인식의 층위로서 '형이상자'는 논리적 추상의 과정을 거친 관념 형태의 것이다. 후자는 존재의 층위로서 '본체'는 일체 존재의 근원이다. 요즘의 말로 하자면 '형이상자'는 인식의 문제이고 '본체'는 존재의 문제이다. 중국철학에서는 인식 중의 관념을 진실한 '존재'로 여기지 않고 '본체'를 진실한 존재로 여긴다. 다시 말해 '본체'야말로 '형이상자'로서 존재의 기초가 된다. 그러나 마치 나무에 뿌리와 기둥이 있는 것처럼 '본체'에는 근본의 의미가 있다. 나무가 뿌리로부터 잎까지 하나이듯 체용과 본말은 본래 분리되지 않는다. 때문에 '형이상'과 '형이하' 역시 분리되지 않는다. 이로 인해 소위 '동動'과 '정靜'의 문제 역시 해결된다. 만약 오로지 '형이상'의 관점으로만 보자면 '도'는 정지해 있다고 말할 수 있다. 그러나 본체의 입장에서 보자면 '도'가 움직이지 않는다고 말할 수는 없다. 오히려 '천도유행'이나 '도체유행'처럼 작용을 통해 존재를 드러낸다고 할 수밖에 없다. 결론적으로 중국철학에는 오직 하나의 세계만이 있을 뿐 서양철학처럼 본체와 현상의 이원대립적인 두 세계는 없다.

이러한 인식적 기초 위에서, 나는 『영혼의 초월과 경지』(心靈超越與境界)

를 완성했다. 여기서 나는 중국철학이 실체론이 아니라 경지론 철학이라고 주장했다. 소위 '경지'란 영혼의 존재 방식이다. 이러한 의미에서 보자면 중국철학 역시 영혼 철학이라고 할 수 있다. 영혼은 신체 이외의 '영혼'이 있다는 식의 별개의 사물이 아니다. 또 어떤 사람들이 말하는 것처럼 '마음의 지혜'(心智)도 아니다. 경지는 영혼의 자아 초월로서 '형이상'의 세계라고 칭할 수 있다. 그러나 이것은 현실의 세계를 떠난 별개의 세계, 예컨대 '관념의 세계'와 같은 것이 아니다. 그것은 존재론이지 관념론이 아니다.

풍우란 선생은 중국철학에서 불교가 경지 형태라고 보았다. 모종삼 선생 역시 불교와 도가가 경지 형태라고 보았다. 풍 선생은 경지는 '실재'는 아니고 그저 일종의 주관적인 정신 상태라고 보았다. 모 선생은 경지가 '존재'(存有)는 아니고 다만 일종의 '인식의 수평선적'인 주관적 관조로서 아직 '주체의 깨달음'에 해당하는 존재론으로 진입한 것은 아니라고 보았다. 그러나 두 사람은 모두 중국철학에서의 경지 문제를 매우 중시했다. 풍 선생은 인仁을 최고의 경지로 보았고, 모 선생 역시 '인체유행仁體流行'이 존재이면서 동시에 경지이기도 한 형태라고 보았다. 여기에서 또 다른 문제가 발생한다. 즉 소위 '존재'와 '경지'가 두 개의 형태라고 한다면 이 둘은 또 어떻게 통일될 수 있는가?

문제는 '실재'여도 좋고 '존재'여도 좋은데 그것이 실체론인가 하는 것이다. 만약 실체라고 한다면 그것은 경지 형태의 철학이기는 어렵고 서양식의 '실유론'이거나 '실재론' 혹은 '관념론'에 불과할 것이다. 만약 중국철학이 비실체론이라고 한다면 주관적인 정신 혹은 인식이 아닌 존재적 의미에서의 경지론이 될 수 있다. 중국철학에는 분명 우주본체론의 문제와 '실재'의 문제가 있다. 이는 유가·불교·도가 모두 공통된 것이다. 불교와 도가에서 말하는 '공空'과 '무無'는 아무것도 없음이 아니다. 이는 일체를 끊어 내는 것도 아니고 존재하지 않음도 아니라 부정적인 형식으로 표현된 자취 없음의 '존재'이다. 유가에서 말하는 '있음'(有)은 실체적인 의미에서의 '실유'가 아니라 인仁이나 성誠과 같은 적극적인 형식으로 표현된 보편적 가치의 세계로서 그것은 존재론적 기초를 지니고 있다. 주희가 말한 것처럼 리(즉 도)는 '실제로 뭔가 있는 것'이 아니다. 여기에는 '무無'의 형식도 있다. 즉 유와 무의 통일인 것이다.

이러한 추론의 과정을 거쳐 나는 불교와 도가만이, 혹은 불교만이 경지 형태인 것이 아니라 유가·도가·불교 모두 경지 형태 철학이라고 생각하게 되었다. 그렇다면 중국철학이 모두 경지 형태의 철학이라는 결론이 성립된다. 이에 나는 『영혼의 초월과 경지』를 완성한 것이다.

그러나 소위 '영혼 존재'란 또 무엇인가? 이는 한층 더 들어간 질문이다. 이러한 질문은 실질적인 것이지 논리적인 추론이 아니다. 바로 이러한 질문과 사고 하에서 나는 다시 『감정과 이성』(情感與理性)을 완성했다.

내가 말하는 '존재'란 일반적으로 말하는 의미가 아니라 생명적 의미에서 말한 생명 존재를 의미한다. 나는 생명 존재의 의미에서 중국철학을 논하는 것이 좀 더 중국철학의 정신에 부합한다고 생각한다. 어떤 사람은 내가 실존주의 철학의 영향을 받았다고 말한다. 한편으로는 서양의 실체론을 비판하면서도 다른 한편으로는 서양의 실존주의를 받아들였다고 하니, 결국에는 서양철학으로부터 벗어나지 못한 것이 된다. 나는 내가 실존주의의 영향을 받았음을 인정한다. 그러나 나는 실존주의로 중국철학을 해석하지 않았다. 중국철학은 '존재' 자체의 문제를 다룰 뿐만 아니라 인간 존재와 그 의미 및 가치의 문제도 다룬다. 존재와 본질은 분리되지 않는다. 때문에 '본질이 실존에 우선한다'는 본질주의도 아니고 그렇다고 '실존이 본질에 우선한다'는 실존주의도 아니다. 그것은 '본질이 곧 실존'

이라고 할 수 있는 생명철학이다.

영혼이란 생명 존재가 가장 집중적으로 체현된 것이다. 때문에 중국 철학자들은 모두 영혼의 문제를 매우 중시한다. 생명과 그 의의의 문제에 있어서는 전적으로 영혼의 존재 문제를 논할 수 있다. 영혼은 일단 존재 한다. 동시에 의의를 지닌다. 인간의 존재 즉 영혼 존재의 가장 기본적인 방식은 무엇인가? 그것은 다름 아닌 생명의 감정이다. 감정은 가장 원시 적이고 가장 기본적인 것이다. 동시에 그것은 가장 '형이상학적'인 것이 기도 하다. 감정은 형이상과 형이하 양쪽 측면에서 설명될 수 있다. 생명 의 문제를 다루면서 감정의 문제를 다루지 않는 것은 마치 꽃을 보면서 꽃술은 보지 않는 것과 같아서, 생명의 문제를 이해해 내기 어렵게 된다. 중국철학 특히 유가철학에서 감정을 중시하고, 이것을 전체 학설의 출발 점으로 삼는 원인이 여기에 있다. 공자의 인학仁學으로부터 맹자·순자의 인성人性설 그리고 송유의 심성지학과 성리지학으로부터 왕부지·대진戴 震의 성정性情과 리욕理欲에 관한 학설까지 모두 감정을 그 기본적인 내용 으로 한다. 성리학자들은 모두 '형이상'의 성과 리를 중시했다. 그러나 만 약 감정을 떠난다면 소위 성이나 리는 말할 수 없게 된다. 아무리 유가철 학 내에서 심·성·정·리 등등의 관계에 대해 서로 다른 해석이 존재한 다 하더라도 본성과 감정 혹은 리와 감정 간 통일의 실현은 그들이 모두 공통적으로 주장하는 것이다. 어떻게 그럴 수 있는가? 왜냐하면 그들이 말하는 본성과 리는 모두 감정을 내용으로 하는 도덕이성이요 가치이성 이기 때문이다. 이는 또한 유가가 주장하는 이성이 왜 순수한 인지이성이 나 순수한 형식이 아닌 감정이성이고 내용을 갖는 형식인지, 그리고 개념 과 같은 추상이성이 아닌 '일상의 윤리'를 떠나지 않는 구체적 이성인지 를 설명해 준다. 이 점 역시 서양의 이성주의와 구분된다. 나는 이에 근거하여 중국철학이 경지 형태라는 것을 제시한 뒤에 다시금 중국철학 특히 유가철학이 인지형이 아니라 감정형 철학이라는 관점을 『감정과 이성』에서 다룬 것이다.

이는 동시에 중국철학에는 왜 서양과 같은 인식론 전통이 결핍됐는지, 그리고 왜 서양 근현대의 과학적 지식과 과학적 방법이 없는지와(그렇다고 중국에 과학이 없다는 말은 아니다. 중국에는 또 다른 형태의 과학이 있다.) 같은 문제에 대한 답이 된다. 왜냐하면 중국철학은 시종 생명의 문제와 인간의 생명가치에 관심을 기울였기 때문이다. 가치의 문제는 언제나 과학적 인식이 아닌 감정의 차원에서 다루어졌다. 이 문제에 있어서 누가 우세하고 누가 열등한지는 말할 수 없다. 다만 동서철학이 관심을 기울인 문제가 달랐다고 할 수 있다. 사실 둘은 모두 인간의 문제로부터 벗어나지 않는다. 그러나 서양철학이 좀 더 인간의 지성과 지식을 중시했다면, 중국철학은 인간의 감정을 좀 더 중시했다. 지식은 곧 권력이고 서양은 거기에서 행복을 찾았다. 동양은 삶의 가치를 실현함으로써 감정의 만족을— 이것이 행복이다.— 얻었다. 이러한 의미에서 중국철학은 시적이라고 할 수 있고 예술적인 삶을 추구했다고도 할 수 있다.

그러나 나 역시 중국철학을 반이성적인 낭만주의로 보는 것에는 동의하지 않는다. 낭만주의는 서양철학에서 이성주의와 서로 대립하면서도 상호 의존하는 관계를 맺었던 유파이다. 낭만주의든 이성주의든 공통점은 감정과 이성을 나누어 대립시킨다는 것이다. 그러나 중국철학은 감정과 이성의 통일이다. 이성은 감정을 떠나 밖으로 발전해 가서 인식의 주체를 세우고 객관적인 지식을 획득하는 것을 그 주된 임무로 삼지 않는다. 지정합일知情合一, 즉 이성은 감정과 하나로 결합하여 자신의 행위가 합당한지 아닌지를 반성함으로써 덕성의 주체를 세우는 것을 그 주된 임무로 삼는다.

　이러한 관점들은 모두 '문제의식'의 추동 하에 끊임없이 파고든 결과이다. 그 결론이 어떻든 간에 나는 이 문제들이 모두 진실한 문제였다고 생각한다.

제6절 현실적 관심

　어떤 철학이든 이론은 그것이 제기하는 문제로부터도 벗어나지 않지만 현실의 삶과 현실 사회가 제기하는 문제로부터도 벗어나지 않는다. 근본적으로 이러한 문제들에 대답하는 과정 속에서 철학은 발전한다. 중국철학 역시 예외는 아니다. 철학은 우리로 하여금 현실적 관심을 갖도록 강력히 요구한다. 그러나 '현실적 관심'이라는 것이 덮어놓고 현실에 대해 논증하는 것을 의미하지는 않는다. 철학의 주된 기능은 비판에 있다. 즉 비판의 방식을 통해 현실 속의 문제들을 해결한다. 이러한 '해결'은 결코 직접적인 것이 아니다. 그것은 여전히 이론적인 형식으로, 일반적인 가치 원칙을 제시함으로써 사람들의 행동을 지도하는 것이다. 이것이 바로 철학의 현실적 기능에 대한 나의 이해이다.

　현대화 및 현대성의 문제는 지금 중국철학 연구가 직면한 가장 중요한 현실 문제이다. '전근대'의 전통철학으로서 중국철학은 현대화와 어떤 관계에 있는가? 과연 현대성에 적응할 수 있을 것이며 또 어떻게 적응할 것인가? 이와 같은 것들은 모두들 관심을 기울이는 문제이다. 물론 이러한 문제는 연구할 필요와 가치가 있는 것으로서 이미 상당한 연구가 진행되고 있다. 그러나 이 밖에도 또 다른 중요한 문제가 있다. 바로 현대화(즉 공업화)가 야기한 심각한 부작용들 특히 물질적 이익과 욕망에 대한 무한 추구 하에서 자연계에 대한 가혹한 수탈로부터 야기된 심각한 생태환경 파괴는 이미 인간의 생존에 미증유의 위기를 초래했다. 여기에서 새로운 문제가 제기된다. 즉 인간은 도대체 어떻게 살아가야 하는가?

이것은 매우 현실적이면서도 동시에 철학적인 문제이다. 철학의 언어로 표현하자면 이것은 인간의 '생존 방식'에 대한 문제이다. 중국철학은 사실 처음부터 이 문제에 대해 이론적으로 접근했다. 그래서 나는 그것을 '근원적 문제'(原問題)라고 부른다. 이 문제는 다름 아닌 바로 '자연과 인간의 관계'(天人之際) 문제이다. 어떤 학자들은 중국철학을 논하면서 그저 일반적인 수준에서 이 문제를 다룰 뿐 심각하게 생각하지 않는다. 또 어떤 학자들은 이것이 중국철학의 기본적인 문제가 아니라고 생각하며, 심지어는 중국철학의 기본적인 문제 밖으로 몰아내 버리기도 하는데, 나는 이것이 커다란 오해라고 생각한다. "우주와 인간의 관계를 연구하다"라는 말을 역사가인 사마천이 말했다고 해서, 그것이 중요한 철학적 문제가 아니라고 여겨서는 안 된다. 사실 선진시기로부터 전근대시기에 이르기까지 중국철학은 모두 이 문제를 중심으로 전개되었다. 사마천은 이 기본적인 문제를 정확하게 문장으로 짚었을 뿐이다. 나 역시 중국철학에 대한 장기간에 걸친 연구를 통해, 특히 중국철학과 현대성의 관계 문제에 대한 끊임없는 고민을 통해, 비로소 이 문제의 중요성에 대해 점점 분명하게 인식하게 되었다.

근래에 나는 생태문제와 생명문제에 대해 특별히 관심을 갖게 되었다. 이에 일련의 글을 지속적으로 발표했고 결국 『인간과 자연―중국철학의 생태관』(人與自然―中國哲學生態觀)을 완성했다. 이 책은 나의 중국철학 연구의 '총결'이기도 하다. 왜 그렇게 말하는가 하면, 중국철학의 '문제'에 대한 연구를 거쳐 다시금 이 기본적인 전제로 돌아오고 나니 거기에서 다룬 내용과 의미에 대한 이해가 한층 더 깊어졌기 때문이다. 내가 이 책을 매우 중요하게 생각하는 이유는, 중국철학의 '근원적 문제'를 찾았기 때문만이 아니라, 강렬한 현실적 관심으로부터 출발한 것이기 때문이다. 나는 중국 고대의 사상가들은 한결같이 위대한 생명의식과 생명에 대한 관심을 지녔다고 생각한다. 그에 비해 현대인들은 이에 대해 관심을 가지지 않는다. 이러한 인식이 곧 현대화에 대한 부정을 의미하는 것은 아니다. 그것은 어떻게 현대화의 길을 걸을 것인가에 관련되어 있다. 다만 나의 이러한 인식은 '현대성'이 함축하고 있는 인간중심주의에 대해서만큼은 비판적이다. 나는 학자들과 있을 때 항상 "나는 일종의 생태적 강박관념이 있다"라고 말한다. 이 말은 사실 내 마음에서 우러난 말이다. 어떤 사람이 마음대로 나무를 베거나 잔인하게 동물을 살해할 때, 혹은 함부로 자원을 낭비하거나 쓰레기를 만들 때, 그리고 자연계를 끊임없이 수탈하면서도 책임을 다하지 않을 때, 또한 욕망의 만족만을 구할 뿐 아무런 동정심을 지니지 않아 건조화, 사막화, 공기오염, 기후온난화 등을 야기할 때, 그래서 생존 조건이 점점 악화될 때, 나는 무척 가슴이 아프고 심각하게 걱정된다. 고대인들의 수많은 가르침을 돌이켜 보면 마치 그들은 모든 것을 예견하고 있었던 듯 전혀 생소하지 않다. 내가 옛날을 그리워하며 걱정한다거나 하늘이 무너질까 걱정했던 사람처럼 쓸데없는 걱정을 하는 것은 아니다.

이 문제와 관련된 글을 발표한 뒤로 어떤 젊은 학자가 내게 이렇게 말했다. "선생님께서 최근에 발표하신 글과 관심을 기울이시는 문제들로 볼 때 선생님의 연구가 새로운 국면 즉 실용의 단계로 접어들었다고 볼 수 있겠습니까?" 당시에 나는 "그렇게 말할 수 있겠네요"라고 말했다. 그러나 나중에 생각해 보니 그것은 비단 '실용'의 문제만이 아니라 동시에 이론의 문제이기도 하다.[16] 내가 그렇게 말한 이유는 중국의 사상가들이 당시의 현실 문제에 대해 관심을 기울였을 뿐만 아니라 이론의 측면에서도 인간과 자연의 관계 문제 그리고 자연계 내에서의 인간의 지위와 역할의 문제를 해결하려고 했기 때문이다. 그래서 인간은 '어떻게 살아가야 할 것인가?'라는 즉 '생존 방식'의 문제를 해결하려고 했다. 이러한 문제는 현대인들에게 있어서 결코 시대에 뒤떨어진 문제일 수도 없으며 오히려 오늘날에 있어 특수한 현실적 의의를 지닌다. 중국의 '천인합일'론에는 우리가 미처 분명히 생각해 내지도 못한 풍부한 내용이 담겨 있다. 만약 서양철학의 어떤 방식으로 이러한 것들을 해석하려고 한다면 분명하게 밝혀내는 것은 더욱 어려울 것이다. 내가 이렇게 말하는 것은 결코 남들을 놀라게 하기 위함이 아니다. 중국의 '천인합일'학설은 역사적 층위의 내용을 담고 있을 뿐만 아니라 역사를 뛰어넘는 영원한 가치도 지니고 있다. 이 점에 대해서 우리는 진지하게 검토해야 한다.

요즘 들어서 사람들이 생태 문제에 관심을 갖기 시작했다. 왜냐하면 점점 더 심각해지는 생존의 위기에 이미 직면했기 때문이다. 그런데도 어떤 사람들은 여전히 서양 사람들의 뒤에 숨어서 서양의 생태학·생태문화·생태철학으로부터 한 걸음도 벗어나지 않은 채 자신들의 전통문화와 전통철학에서 얻을 수 있는 풍부하고 깊이 있는 생태적 내용에 대해서는 못 본 체하고 있다. 어떤 사람들은 이 문제를 아예 이해하지 못했거나 아니면 이해하려고 하질 않는다. 또 어떤 사람들은 그것이 더 이상 돌아볼 것도 없는 '전근대'에 속한 것이라고 여겨 현대화가 초래한 문제를 해결할 수 없다고 생각하거나, 아니면 이것을 과거의 농업사회로 돌아가자는 것

---

16) 『인간과 자연—중국철학의 생태관』(北京: 人民出版社, 2004), 자서 참고.

으로 이해한다. 나는 이러한 심리상태가 무척 비정상이라고 생각한다.

따라서 나는 '원점으로 돌아감'의 문제를 제기하고자 한다. '원점으로 돌아감'이란 결코 과거로 회귀하는 것을 의미하지 않는다. 이는 케케묵은 전근대의 농업사회로 돌아가자는 것이 아니라 중국문화의 근원 문제로 돌아가 역사의 간격을 뛰어 넘어 미래를 향해 걸어가자는 것이다. 그래서 현대화가 초래한 문제들을 적극적으로 극복하자는 것이다. 솔직하게 말해서, 현대화의 과정 중에 출현하게 된 수많은 문제들은 우리가 전통문화의 '구습'을 이어받아 생긴 것이 아니다. 오히려 전통문화 속의 수없이 많은 정신적 자원(물론 '구습'이 존재하기는 하겠지만 이러한 정신적 자원에 그러한 구습이 있는 것은 아니다.)들을 잃어버렸기 때문에 생긴 것이다. 중국철학의 '천인합일론'에 대해서는 당연히 현대적으로 설명할 필요가 있다. 그러나 그러한 설명은 근본적으로 '천인합일론'이 담고 있는 깊은 의미를 충분히 드러낸 것이어야 하며, 그로부터 이것이 지니고 있는 본래의 기능을 충분히 발휘할 수 있는 것이어야 한다.

'하늘과 인간의 관계'(天人之際) 문제는 사실 인간과 자연의 관계 문제이고, 그 핵심은 '생명'(生)의 문제 즉 생명 및 그 생명 창조와 가치의 문제이다. "천지는 그저 생명을 도로 삼는다"(정호의 말)[17]라고 했는데, 자연계에는 생명이 있다. 그것은 일체 생명과 그 가치의 근원이다. "인간은 어디에서 왔으며 어디로 가는가?"의 문제에 대해 철학은 응당 여기에서 대답을 찾아야 한다. 자연계에는 '내재적 가치'가 담겨 있을 뿐만 아니라 그것이 만들어 낸 일체의 생명 역시 모두 각자의 가치를 지니고 있다. 즉 생존의 권리를 지니고 있다. 인간은 물론 '천지의 마음'이며, 만물 중에서 가장

---

17) 『二程遺書』 2上, 109쪽, "天只是以生爲道, 繼此生理者卽是善也."

귀하고 가장 영명한 존재이다. 그러나 인간의 고귀함과 영명함의 근거는 자연의 위에 군림하면서 자연계의 만물을 수탈하여 무한히 팽창하는 욕망을 만족시키는 데 있지 않다. 그것은 자연계에 대한 신성한 사명을 짊어지고 만물을 사랑하고 자연을 보호함으로써 인간과 자연의(이는 인간과 사회의 관계를 포함한다.) 조화와 통일을 실현해야 하기 때문이다. 이것이야말로 인간의 가장 이상적인 생존 방식이다. 인간에게는 창조성이 있다. 그러나 인간의 창조성은 자연을 정복하는 데 있지 않고 '인문을 완성'(人文化成)하고 '화육에 참여'(參贊化育)하면서 '천지만물일체'의 인仁의 경지를 실현하는 것에 있다.

우리는 이미 자연을 생명이 없는 기계적 자연계로 보아서 오로지 이용하고 개조해야 할 대상으로만 간주하는 데 익숙해져 있으며, 오직 인간의 이익과 권리만을 중시한다. 우리는 마땅히 진지하게 반성하고 인간과 자연의 관계를 새롭게 인식해야만 한다. 도가는 '자연'을 숭상했는데, 그것은 결코 생명이 없는 기계적인 자연이 아니라 생명의 조화를 의미한다. 유가의 '사람을 어질게 대하고 만물을 존중함'[18]이나 '백성은 나의 형제요 만물도 나와 함께함'(民胞物與)[19]이라는 것, 그리고 '천지만물일체'는 자연과 생명에 대한 진지한 존중을 의미하고, 그것을 통해 인간과 인간·인간과 자연의 생명이 조화를 이루는 것을 최고의 경지로 삼은 것이다. 이는 인류에 대한 중국철학의 공헌이다. 우리는 마땅히 이것을 자각해야 한다.

이로부터 나는 한 가지 깨달음을 얻었다. 즉 현실 문제로부터 출발해서 중국철학을 연구하는 것은 비단 '실용'의 문제일 뿐만 아니라 어떻게 이론을 발전시킬 것인가의 문제라는 점이다. 우리는 역사적 간격을 좁히

---

18) 『孟子』, 「盡心上」, "君子之於物也, 愛之而弗仁; 於民也, 仁之而弗親. 親親而仁民, 仁民而愛物."
19) 『西銘』, "天地之塞, 吾其體; 天地之帥, 吾其性, 民吾同胞, 物吾與也."

고 심지어 역사를 뛰어넘어 그로부터 진정으로 가치 있는 정신적 자원을 발굴해서 현대 생활과 현대사회에 영향을 미치고 역할을 하도록 해야 한다. 그리하여 우리의 연구에 생명력과 활력이 충만하도록 해야지, 무미건조한 문자의 유희에 빠져서는 안 된다. 우리는 '문화적 사막'에서 살아가고 있는 것이 아니다. 우리의 오아시스는 우리가 살아가고 있는 이 땅에 있다. 다만 우리의 관심과 보호가 필요하다. 물론 다른 문화로부터의 자양분 역시 필요하다.

마지막으로 몇 마디 하자면, 나의 연구를 한층 구체화·심층화하기 위해, 최근 일련의 개별적 연구를 진행했다. 소책자 두 권을 썼는데, 『몽배원이 말하는 공자』(蒙培元講孔子, 이미 출간이 되었다.)와 『몽배원이 말하는 맹자』(蒙培元講孟子, 곧 출간될 예정이다.)이다. 이 책들은 북경대학출판사 양서란楊書瀾 선생과의 약속에 따라 쓴 글이다. 이 두 권의 책은 모두 '본원적 문제'에 대한 고민 하에서 쓴 것이다. 즉 이 축심문화(軸心文化20))의 '원형'이 내놓은 '인간과 자연의 관계에 대한 고민'에서 공자와 맹자 및 그들의 학문을 새롭게 읽어 낸 것이다. 공자의 인학 혹은 천명에 대한 경외의 학문이나 맹자의 인성론과 그것이 나타내는 주체적 사상 등은 오직 이 '문화적 원형'이라는 구도 하에서만 분명하게 밝혀질 수 있으며, 유가를 창시하고 발전시켰던 그들이 현대인에게 전해 준 가장 중요한 공헌 역시 여기에 있다. 노벨상을 수상한 알빈(Hannes Olof Gösta Alfvén)21) 교수는, 인류가 계속해서 생존하기 위해서는 반드시 이천오백 년 전으로 돌아가 "공자의 지혜를 배워야 한다"고 했다. 이 얼마나 대단한 탁견인가.

---

20) 역자주: 칼 야스퍼스가 『역사의 기원과 목표』라는 책에서 사용한 용어로서 기원전 800년에서 200년 사이에 소크라테스, 부처, 공자, 노자와 같은 사상적 주축이 될 수 있는 사상가가 출현한 시기와 그 문화를 가리킨다.
21) 역자주: 1970년에 노벨 물리학상을 수상한 스웨덴의 천체물리학자.

후기

원고가 완성된 이후에 여돈강余敦康 교수·섭진빈聶振斌 교수·김오륜金吾
倫 교수·채중덕蔡仲德 교수·곽제가郭齊家 교수 등에게 의견을 구했는데, 그
분들은 내게 찬동의 뜻과 함께 격려를 보내 주었고 동시에 많은 고귀한
의견을 보내 주었다. 이 자리를 빌려 진심 어린 감사의 마음을 표한다.

이 책의 제1장을 『신시야新視野』 2001년 제1기와 제2기에 발표하고, 제
12장 중의 일부분을 『중국철학사』 2000년 제4기에 발표한 것 이외의 모든
내용은 처음으로 발표하는 것이다. 이 책은 중국사회과학원의 중요 연구과
제로서 원고를 작성하고 출판하는 과정에서 지원을 받았다. 이 자리를 빌
려 감사한다.

중국사회과학출판사의 풍춘봉馮春鳳 여사는 이 책이 출판되는 데 많은
도움을 주었다. 이 자리를 빌려 진심 어린 감사를 올린다.

찾아보기

지은이 蒙培元

1938년 중국 甘肅省의 莊浪에서 태어났다. 1963년 북경대학 철학과를 졸업하고, 1966년 북경대학 대학원에서 중국철학사를 전공하고 졸업하였다. 현재 중국사회과학원 철학연구소 연구원이며, 박사지도 교수이다. 중국철학연구실의 주임, 중국철학사 학회의 부회장, 『中國哲學史』의 편집주간 등을 역임하였다. 주요 저서로는 『理學的 演變』, 『理學範疇系統』, 『中國心性論』, 『中國哲學主題思維』, 『心靈超越與境界』, 『情感 與理性』, 『國學擧要·儒卷』(공저), 『人與自然—中国哲學生態觀』 등이 있으며, 이 외에 도 200여 편에 달하는 논문이 있다.

옮긴이 주광호

고려대학교 한문학과를 졸업하고 같은 학교 철학과에서 석사학위를 취득한 후 중 국 북경대학에서 「주자 태극론 연구」로 박사학위를 받았다. 현재 동덕여자대학교 교양대학 교수로 있다. 저서로는 『주역, 운명과 부조리 그리고 의지를 말하다』, 『맹 자, 나를 이기는 힘』, 『역주와 해설 성학십도』(공저) 등이 있고 역서로는 『역학철학 사』(전 8권, 공역), 『중국사상사』(공역) 등이 있으며, 논문으로는 「周易本義의 성리적 성격에 관한 연구」, 「신화적 사유로 본 북송 성리학에서 '생성'의 의미」 등이 있다.

임병식

미국 University of Natural Medicine을 졸업하고, 고려대학교 대학원 철학과에서 석사 와 철학박사학위를 취득했다. 현재 고려대학교 죽음교육연구센터장을 맡고 있다. 저 서로는 『바울과 이제마』, 『임종영성프로그램』, 『우리가 죽음과 함께 산다는 것은』, 『품위 있는 마무리』, 『죽음교육교본』 등이 있으며, 논문으로는 「맹자의 자연감정과 인지감정」, 「주희는 어떻게 죽음불안을 극복했는가」 등이 있다.

홍린

고려대학교 철학과를 졸업했으며, 같은 학교 대학원에서 「주륙성학비교연구」로 석 사학위를 받았다. 현재 북경대학교 철학과 박사과정에서 중국철학을 전공하고 있 다. 역서로는 『공자의 인, 타자의 윤리로 다시 읽다』(공역)가 있다.

예문서원의 책들

역학총서

주역철학사 (周易研究史) 廖名春·康學偉·梁韋弦 지음, 심경호 옮김, 944쪽, 45,000원
송재국 교수의 주역 풀이 송재국 지음, 380쪽, 10,000원
송재국 교수의 역학담론 ─하늘의 빛 正易, 땅의 소리 周易 송재국 지음, 536쪽, 32,000원
소강절의 선천역학 高懷民 지음, 곽신환 옮김, 368쪽, 23,000원
다산 정약용의 『주역사전』, 기호학으로 읽다 방인 지음, 704쪽, 50,000원
주역과 성인, 문화상징으로 읽다 정병석 지음, 440쪽, 40,000원
주역과 과학 신정원 지음, 344쪽, 30,000원
주역, 운명과 부조리 그리고 의지를 말하다 주광호 지음, 352쪽, 30,000원

한국철학총서

조선 유학의 학파들 한국사상사연구회 편저, 688쪽, 24,000원
조선유학의 개념들 한국사상사연구회 지음, 648쪽, 26,000원
유교개혁사상과 이병헌 금장태 지음, 336쪽, 17,000원
쉽게 읽는 퇴계의 성학십도 최재목 지음, 152쪽, 7,000원
홍대용의 실학과 18세기 북학사상 김문용 지음, 288쪽, 12,000원
남명 조식의 학문과 선비정신 김충열 지음, 512쪽, 26,000원
명재 윤증의 학문연원과 가학 충남대학교 유학연구소 편, 320쪽, 17,000원
조선유학의 주역사상 금장태 지음, 320쪽, 16,000원
심경부주와 조선유학 홍원식 외 지음, 328쪽, 20,000원
퇴계가 우리에게 이윤희 지음, 368쪽, 18,000원
조선의 유학자들, 켄타우로스를 상상하며 理와 氣를 논하다 이향준 지음, 400쪽, 25,000원
퇴계 이황의 철학 윤사순 지음, 320쪽, 24,000원
조선유학과 소강절 철학 곽신환 지음, 416쪽, 32,000원
되짚어 본 한국사상사 최영성 지음, 632쪽, 47,000원
한국 성리학 속의 심학 김세정 지음, 400쪽, 32,000원
동도관의 변화로 본 한국 근대철학 홍원식 지음, 320쪽, 27,000원
선비, 인을 품고 의를 걷다 한국국학진흥원 연구부 엮음, 352쪽, 27,000원
실학은 實學인가 서영이 지음, 264쪽, 25,000원
선사시대 고인돌의 성좌에 새겨진 한국의 고대철학 윤병렬 지음, 600쪽, 53,000원
사단칠정론으로 본 조선 성리학의 전개 홍원식 외 지음, 424쪽, 40,000원

성리총서

송명성리학 (宋明理學) 陳來 지음, 안재호 옮김, 590쪽, 17,000원
주희의 철학 (朱熹哲學研究) 陳來 지음, 이종란 외 옮김, 544쪽, 22,000원
양명 철학 (有無之境─王陽明哲學的精神) 陳來 지음, 전병욱 옮김, 752쪽, 30,000원
정명도의 철학 (程明道思想研究) 張德麟 지음, 박상리·이경남·정성희 옮김, 272쪽, 15,000원
송명유학사상사 (宋明時代儒學思想の研究) 구스모토 마사쓰구(楠本正繼) 지음, 김병화·이혜경 옮김, 602쪽, 30,000원
북송도학사 (道學の形成) 쓰치다 겐지로(土田健次郎) 지음, 성현창 옮김, 640쪽, 32,000원
성리학의 개념들 (理學範疇系統) 蒙培元 지음, 홍원식·황지원·이기훈·이상호 옮김, 880쪽, 45,000원
역사 속의 성리학 (Neo-Confucianism in History) Peter K. Bol 지음, 김영민 옮김, 488쪽, 28,000원
주자어류선집 (朱子語類抄) 미우라 구니오(三浦國雄) 지음, 이승연 옮김, 504쪽, 30,000원

불교(카르마)총서

유식무경, 유식 불교에서의 인식과 존재 한자경 지음, 208쪽, 7,000원
박성배 교수의 불교철학강의: 깨침과 깨달음 박성배 지음, 윤원철 옮김, 313쪽, 9,800원
불교 철학의 전개, 인도에서 한국까지 한자경 지음, 252쪽, 9,000원
인물로 보는 한국의 불교사상 한국불교원전연구회 지음, 388쪽, 20,000원
은정희 교수의 대승기신론 강의 은정희 지음, 184쪽, 10,000원
비구니와 한국 문학 이향순 지음, 320쪽, 16,000원
불교철학과 현대윤리의 만남 한자경 지음, 304쪽, 18,000원
유식삼십송과 유식불교 김명우 지음, 280쪽, 17,000원
유식불교, 『유식이십론』을 읽다 효도 가즈오 지음, 김명우·이상우 옮김, 288쪽, 18,000원
불교인식론 S. R. Bhatt & Anu Mehrotra 지음, 권서용·원철·유리 옮김, 288쪽, 22,000원
불교에서의 죽음 이후, 중음세계와 육도윤회 허암 지음, 232쪽, 17,000원
선사상사 강의 오가와 다카시(小川隆) 지음, 이승연 옮김, 232쪽, 20,000원
깨져야 깨친다 ─불교학자 박성배 교수와 제자 심리학자 황경열 교수의 편지글 박성배·황경열 지음, 640쪽, 50,000원